Gestion de patrimoine

Gestion de patrimoine

Stratégies juridiques, fiscales et financières

2e édition

Coordonné par
Arnaud Thauvron

DUNOD

Tous les droits d'auteur de cet ouvrage seront versés à la Fondation de France.

Conseiller éditorial : Olivier Meier

Maquette de couverture : MATEO

ISBN 978-2-10-054649-7

Les auteurs

Coordination :

Docteur en Sciences de gestion, **Arnaud Thauvron** est Maître de conférences en finance à l'Université Paris-Est Créteil (anciennement Université Paris 12), dont il dirige l'Institut d'Administration des Entreprises (IAE Gustave Eiffel). Il y est également responsable du Master Gestion de patrimoine. Son domaine de spécialité est l'évaluation d'entreprise, thème sur lequel il a publié un ouvrage : *Évaluation d'entreprise*, 3e édition, Economica, 2009.

Contributeurs :

La plupart des contributeurs de cet ouvrage interviennent au sein du Master Gestion de patrimoine de l'Université Paris-Est Créteil (IAE Gustave Eiffel).

Serge Anouchian, expert-comptable et commissaire aux comptes, est titulaire d'un DES de Gestion de patrimoine (Clermont-Ferrand) et d'un DU de Gestion fiscale des entreprises (Dijon). Président-fondateur du Club Expert-Patrimoine, il est chargé d'enseignement à l'AUREP et à l'université de Montpellier. Ses domaines de prédilection sont l'immobilier d'entreprise et la société civile, ainsi que l'ISF. Il est l'auteur d'un livre intitulé *L'ISF et les biens professionnels*, paru chez Gualino.

Juriste de formation notariale, **Catherine Bienvenu** est Maître de conférences associée à l'Université Paris-Est Créteil. Elle est, par ailleurs, responsable juridique du service des donations et legs des Petits Frères des Pauvres. Son domaine de spécialité est le droit de la famille.

Diplômée d'une maîtrise de Finance de marché et Gestion de l'épargne puis du Master de Gestion de patrimoine de Clermont-Ferrand, **Roseline Charasse Labat** a débuté en 1999 en tant que Conseil en Gestion de patrimoine à Paris au sein de BNP Paribas-Banque Privée, pour exercer ensuite la fonction d'Ingénieur Patrimonial à Marseille dans le même établissement.

Docteur en Sciences de Gestion, **Pierre Chollet** est Professeur agrégé à l'IAE Gustave Eiffel de l'Université Paris-Est Créteil. Il est responsable du Master Recherche de Finance et coresponsable du Master d'Ingénierie Financière. Il dirige, par ailleurs, le pôle de recherche en «*Finance et comptabilité*» de l'Institut de Recherche en Gestion (IRG). Ses sujets de recherche portent notamment sur les options, les produits dérivés actions et l'Investissement Socialement Responsable.

Après un début de carrière à Paris en qualité d'Ingénieur patrimonial, **Vincent Cornilleau** conseille désormais une clientèle internationale à Luxembourg. Il développe cette clientèle en s'appuyant principalement sur les techniques d'*estate planning*, d'assurance-vie et de constitution de sociétés. Il est aussi intervenant à l'ISG Paris sur le thème du Diagnostic patrimonial, et y est responsable des séminaires «Reprise et transmission d'entreprises». Il est notamment coauteur de l'ouvrage *Pratique du démembrement de propriété* aux éditions Litec (2e édition).

Jean-Pierre Cossin est Conseiller maître à la Cour des comptes, Professeur associé à l'Université de Paris-Est Créteil, ancien secrétaire général du Conseil des impôts et du Conseil des prélèvements obligatoires, membre du conseil des prélèvements obligatoires. Il est également membre de diverses commissions fiscales et du jury de l'examen de Commissaire aux comptes. Il est l'auteur d'un rapport sur la fiscalité des petites et moyennes entreprises à la demande du premier ministre (1991).

Juriste de formation, **Thierry Creux** conseille des familles depuis 10 ans au sein d'un cabinet de conseil en Gestion de patrimoine indépendant. Il intervient plus particulièrement auprès des chefs d'entreprise dans l'organisation patrimoniale, avant et après la cession de leur entreprise.

Bruno Dalmas (DEA de droit de Paris II et DES Gestion de patrimoine de Clermont-Ferrand) est fondateur de Patrimoine Office, cabinet de conseil en stratégie patrimoniale et en investissement s'adressant aux groupes familiaux et leurs actionnaires, dirigeants d'entreprises et équipes dirigeantes, investisseurs en capital, cédants et acteurs du *private equity*. Il assure la formation de conseillers en Gestion de patrimoine depuis dix ans. Il est coauteur des ouvrages *Pratique du démembrement de propriété*, Litec, 2009 et *La société civile, instrument majeur de la gestion de patrimoine*, Gualino, 2006.

Jérôme Dubreuil, diplômé de l'Université Paris Dauphine (DESS 223 Droit du patrimoine professionnel, maîtrise d'Ingénierie banque-finance-assurance et maîtrise des Sciences de gestion), est responsable d'équipe Banque privée au sein de BNP Paribas. Il est également chargé d'enseignement au Master 223 de l'Université Paris Dauphine et en licence professionnelle Banque-assurance de l'Université de Poitiers.

Diplômée d'un DEA de fiscalité et finances publiques, **Gwénaëlle Laize** a travaillé au sein du département fiscalité personnelle et mobilité internationale du cabinet d'avocats Landwell & Associés, où elle s'occupait de la situation fiscale des salariés impatriés et expatriés, des problématiques liées aux transferts internationaux et des stock-options. Plus récemment, elle était en charge des problématiques juridiques et fiscales au sein du Pôle Expertise Patrimoniale de la société Cyrus Conseil avant de s'installer aux États-Unis.

Sorti de l'École Nationale des Impôts en 1995, **Olivier Lejeune** est inspecteur principal des impôts. Son domaine de spécialité est le contrôle fiscal des particuliers et la détection des montages juridiques frauduleux.

Expert-comptable stagiaire, **Benoit Nowaczyk** est diplômé du DESS Droit des Affaires & Fiscalité, DJCE ainsi que du Master Comptabilité-Contrôle-Audit de l'Université Nancy 2. Il intervient également au sein de l'enseignement de droit fiscal du Master Droit de l'entreprise de l'Université Nancy 2.

Notaire à Taverny, Maître **Frédéric Petit** est diplômé du DES Gestion de patrimoine (Faculté de Clermont-Ferrand). Il est également membre du conseil d'administration de l'Institut Notarial du Patrimoine et de la Famille et chargé d'enseignement à l'Université Paris-Est Créteil et à l'Université Jean Moulin (Lyon 3).

Pascal Pineau est consultant et formateur, spécialiste en stratégie et communication comportementale au sein du cabinet MÉTISSE Formation. Son approche intégrative lui permet d'aborder en complément d'outils opérationnels des dimensions émotionnelles et non verbales, sources de confiance et de récurrence dans le monde des affaires. Il travaille tout particulièrement auprès des métiers de la Banque Finance.

Diplômé du Master de Gestion de patrimoine à l'Université Paris-Est Créteil, **Mario da Silva** a passé 3 ans au sein d'un important cabinet de conseil parisien en Gestion de patrimoine, en tant que consultant patrimonial. Il y a notamment développé son expertise auprès de cadres de groupes internationaux bénéficiant de *stock-options*. Aujourd'hui associé fondateur de PEA Malin, société spécialisée dans le conseil en gestion de PEA, il se concentre sur l'optimisation financière de la gestion de cette enveloppe.

Sortie de l'École Nationale des Impôts en 1986, **Emmanuelle Roy** est inspectrice principale des impôts. Son domaine de spécialité est le contrôle fiscal des entreprises et la fiscalisation des particuliers (revenus distribués).

Renaud Salomon est conseiller référendaire à la Cour de cassation et professeur associé à l'université de Paris-Est Créteil, où il enseigne le droit des marchés financiers, le droit fiscal et le droit pénal des affaires. Directeur d'une chronique mensuelle à la revue Droit des sociétés, il est l'auteur d'ouvrages (*Précis de droit commercial* aux PUF et *Manuel de droit pénal des affaires* chez Litec) et de publications dans ces branches du droit.

Avocat et docteur en droit, **Sabine Vacrate** est spécialisée en droit des sociétés et en gestion de patrimoine. Elle exerce au sein d'un cabinet pluridisciplinaire à Paris et intervient régulièrement en formation dans ces domaines pour le compte d'organismes tels que Francis Lefebvre Formation.

Remerciements

Ce livre est le fruit d'un long travail collectif, associant une grande partie du corps professoral actuel ou passé du Master Gestion de patrimoine de l'Institut d'Administration des Entreprise (IAE Gustave Eiffel) de l'Université Paris-Est Créteil. Je tiens ainsi à remercier sincèrement les différents contributeurs de cet ouvrage : Serge Anouchian, Catherine Bienvenu, Roseline Charasse-Labat, Pierre Chollet, Vincent Cornilleau, Jean-Pierre Cossin, Thierry Creux, Bruno Dalmas, Jérôme Dubreuil, Gwénaëlle Laize, Olivier Lejeune, Benoît Nowaczyk, Frédéric Petit, Pascal Pineau, Emmanuelle Roy-Spiridion, Renaud Salomon, Mario da Silva et Sabine Vacrate.

Cet ouvrage est également l'occasion de remercier les autres intervenants du master : Frédéric Aumont, Sylvain Cassel, Sandrine Colas-Jacomme, Fabrice Cossin, Maria Cruz Poveda, Matthieu Déhu, Christophe Ducassé, David Gandar, Maria Guibert, Daniel Guiroy, Jean-Philippe Sportouch et Bérénice Tournafond.

Gestion de patrimoine est un projet qui n'aurait pu voir le jour sans le travail de Geneviève Curlier, assistante pédagogique du programme de Master.

Jean-Pierre Rondeau (Megara Finance), par sa contribution à la création du Master Gestion de patrimoine en formation continue de l'IAE, a ouvert à ce dernier de nouveaux horizons.

Enfin, je tiens à exprimer ici ma gratitude à mon collègue Olivier Meier, à l'origine de ce projet.

Qu'ils trouvent ici l'expression de mes sincères remerciements.

Arnaud Thauvron

Table des matières

Partie 2
La dimension juridique de la gestion de patrimoine

Partie 3
La dimension fiscale de la gestion de patrimoine

Partie 5
Le dirigeant d'entreprise

Partie 6
Études de cas de stratégie patrimoniale

Introduction

Arnaud THAUVRON

La gestion de patrimoine peut se définir comme l'activité qui permet d'optimiser le patrimoine d'une personne. Cette activité est, par nature, pluridisciplinaire car l'optimisation peut s'entendre du point de vue juridique, fiscal et/ou financier. Plus précisément, la gestion de patrimoine va avoir pour objet de faire fructifier un patrimoine, tout en le protégeant des aléas de la vie personnelle ou professionnelle et en limitant autant que faire se peut son imposition. Elle doit, par ailleurs, permettre sa transmission dans les meilleures conditions possibles.

Cet ouvrage s'organise ainsi autour de **six parties**.

La **Partie 1** (**Le conseil en gestion de patrimoine**) débute par une présentation des différents acteurs de cette activité, et des règles juridiques qui les encadrent (**Les professionnels de la gestion de patrimoine**). Puis est présentée la démarche de diagnostic, préalable à tout conseil (**Le diagnostic patrimonial**). Enfin, elle se termine par une réflexion sur le premier des actifs dont toute personne dispose, son nom de famille (**Vers une gestion globale du patrimoine**).

La **Partie 2** (**La dimension juridique de la gestion de patrimoine**) présente en détail les différentes règles de droit qu'il est impératif de connaître. Cette partie débute par trois chapitres que l'on pourrait résumer par *tout va bien* (**Les régimes matrimoniaux**), *tout va mal* (**Le divorce**) et *tout est fini* (**Les succes-**

sions). Mais le droit n'est pas une discipline statique, il se gère de façon dynamique. L'utilisation des règles du droit peut permettre d'aider un proche (**Les libéralités**), de protéger son conjoint (**La protection du conjoint survivant**) ou son enfant incapable (**La protection d'un incapable**). Enfin, le droit peut être utilisé comme un outil d'optimisation, que ce soit au travers du démembrement (**Le démembrement de propriété**) ou du recours à une forme particulière de société (**La société civile**).

La **Partie 3** (**La dimension fiscale de la gestion de patrimoine**) traite d'un sujet, ô combien sensible en France, l'impôt. Après une présentation générale des grands principes de l'impôt sur le revenu (**L'impôt sur le revenu**), sont détaillées deux des principales catégories de revenus patrimoniaux, ceux issus du patrimoine financier (**L'imposition des revenus du patrimoine financier**) et ceux provenant du patrimoine immobilier (**L'imposition des revenus du patrimoine immobilier et les produits de défiscalisation immobilière**). Cette partie se termine par de longs développements sur l'ISF (**L'impôt de solidarité sur la fortune**), pour finir par une présentation du bouclier fiscal (**Le bouclier fiscal**).

La **Partie 4** (**La dimension financière de la gestion de patrimoine**) débute par une présentation des différents produits financiers dans lesquels un particulier peut être amené à investir (**Les produits d'épargne et de placement**). Puis l'assurance-vie, support d'investissement préféré des Français est expliquée en détail (**L'assurance-vie et les contrats de capitalisation**). Une des règles de base de la finance est que la rentabilité espérée d'un placement est proportionnelle au risque encouru. Ce principe et son utilisation sont ainsi détaillés (**La gestion d'un portefeuille titres**). Enfin, la constitution d'une épargne en prévision de la retraite fait l'objet du dernier chapitre (**L'épargne retraite**).

La **Partie 5** (**Le dirigeant d'entreprise**) se focalise sur une catégorie spécifique de particuliers, les dirigeants. Après une présentation des particularités fiscales auxquelles ils sont soumis (**Le régime fiscal des rémunérations des dirigeants**), le système des stock-options et les pistes de son optimisation sont traités (**Les stock-options**). De par son activité, le dirigeant est amené à prendre des risques. Il est alors important pour lui de mettre en place des outils de protection de son patrimoine privé (**La protection du patrimoine du dirigeant**). Enfin, à l'occasion de la transmission de son entreprise, certaines impositions sont dues. Afin d'éviter que ces dernières soient pénalisantes pour l'activité économique et la pérennité des entreprises, le législateur est intervenu afin d'en limiter les conséquences (**La fiscalité de la transmission d'entreprise**).

Enfin, la **Partie 6** (**Études de cas de stratégie patrimoniale**) conclut l'ouvrage par trois études de cas dont l'objet est de montrer que le patrimoine des particuliers doit se gérer de façon active et selon une approche pluridisciplinaire, faisant tout autant appel au droit, à la fiscalité et à la finance.

Public intéressé par l'ouvrage

Grâce à la rigueur de son contenu et à son approche résolument opérationnelle, cet ouvrage s'adresse :

– aux étudiants des masters de gestion de patrimoine, de droit (fiscal ou notarial) et de finance, des universités et écoles de commerce ;
– aux professionnels de la gestion de patrimoine, qu'ils soient conseillers indépendants ou salariés des réseaux bancaires ;
– aux particuliers soucieux de gérer de façon éclairée leur patrimoine.

Partie 1

Le conseil en gestion de patrimoine

Le conseil en gestion de patrimoine est une activité en plein essor. Afin de protéger les épargnants, la Loi de sécurité financière de 2003 a encadré l'activité de conseil en investissements financiers et des associations professionnelles ont fait l'objet d'un agrément par l'Autorité des Marchés Financiers. Le chapitre 1, rédigé par Renaud Salomon (Cour de Cassation et Université Paris 12) présente les cadres juridiques associés à cette activité. Préalablement à tout conseil, il est impératif de réaliser un diagnostic, par le biais d'un recensement patrimonial, avant de pouvoir aboutir à une analyse puis à la définition d'une stratégie patrimoniale. Ce thème, très opérationnel, fait l'objet du chapitre 2, coécrit par Bruno Dalmas (conseiller en gestion de patrimoine indépendant), Pascal Pineau (Métisse Finance) et Vincent Cornilleau (Natixis Private Banking Luxembourg). En matière de conseil en gestion de patrimoine, chaque cas est un cas particulier. Il est donc primordial, pour le conseiller en gestion de patrimoine, de tenir compte des spécificités de chaque client dans ses recommandations afin d'intégrer tout ce qui fait son patrimoine, y compris ce qui relève de l'immatériel, qu'il s'agisse de son nom de famille ou de ses valeurs. C'est ce thème qui est traité par Pascal Pineau au sein du chapitre 3.

Chapitre 1

Les professionnels de la gestion de patrimoine

Renaud SALOMON

La France compte quelque 3 000 conseillers en gestion de patrimoine, regroupés en près de 1 500 établissements, tenus aux trois quarts d'entre eux par des professionnels indépendants.

Cette profession, longtemps dépourvue de statut, s'est structurée depuis la loi du 1er août 2003 de sécurité financière. Ainsi, tout d'abord, cette dernière a défini la profession de conseiller en investissement financier (art. L. 541-1 du Code monétaire et financier), dont le périmètre d'activité, qui recoupe partiellement celui du conseiller en gestion de patrimoine, est soumis à la tutelle de l'Autorité des marchés financiers (AMF) et qui s'est vu doter d'un encadrement juridique destiné à moraliser la profession. Par ailleurs, la profession de conseiller en gestion de patrimoine se structure autour d'organisations professionnelles qui offrent à leurs adhérents une assurance de responsabilité civile professionnelle, leur propose des formations ainsi que des guides de bonnes pratiques professionnelles uniformes.

Le conseil en gestion de patrimoine, dont l'activité consiste à orienter son client dans des choix de placement ainsi qu'à l'informer des conséquences juridiques et fiscales des orientations prises, reste cependant très hétéroclite. Révélateur à cet égard sont les diverses professions qui participent à cette activité de gestion de patrimoine : outre les conseillers indépendants, les banques, entreprises d'investissement, assureurs, experts-comptables, gérants de portefeuilles, commissaires-priseurs, notaires…

À défaut de statut autonome du conseil en gestion de patrimoine, le droit financier renvoie indirectement aux règles concernant les prestataires de services d'investissement ainsi que sont les conseillers en investissement financier (CIF).

Section 1 LES OBLIGATIONS DES CONSEILLERS EN GESTION DE PATRIMOINE

Il convient de distinguer les obligations propres au conseiller en investissement financier de celles propres au prestataire de services d'investissement.

1 Les obligations spécifiques du conseil en investissement financier (CIF)

Le CIF est soumis à des obligations liées à son activité de conseil, mais également à des obligations quant à son organisation.

1.1 Les obligations inhérentes à l'activité de conseil

L'obligation d'information

Il s'agit de l'obligation minimale qui s'impose au professionnel. « Elle se caractérise par sa neutralité, dans la mesure où elle n'implique aucune impulsion à agir mais "porte sur des faits objectivement vérifiables"[1]. »

Ainsi, tout d'abord, le CIF doit remettre à son client, dès son entrée en relation avec celui-ci, un document comportant son statut de CIF et son numéro d'adhérent à l'association dont il dépend, l'identité des établissements promoteurs de produits financiers avec lesquels il entretient une relation significative de nature capitalistique ou commerciale (art. 335-3 du Règlement général de l'AMF). Par ailleurs, l'article 335-4 du Règlement général de l'AMF prévoit que, avant de formuler un conseil, le CIF délivre à son client une lettre de mission, comprenant notamment la nature et les modalités de la prestation, les modalités de l'information due au client ainsi que les modalités de sa rémunération.

1. S. Tandeau de Marsac, *La responsabilité des conseils en gestion de patrimoine*, Litec, 2006, n° 374.

L'obligation de conseil

Débordant largement la simple obligation d'information, l'obligation de conseil « implique une véritable immixtion dans les affaires du client, une orientation positive de l'activité de l'activité du partenaire à qui le conseil est dû »[1]. Le CIF doit donc fournir un conseil adapté, en fonction tout à la fois de la situation financière du client, de son expérience en matière financière et de ses objectifs en matière d'investissements. À cette fin, la pratique du bilan patrimonial est le préalable indispensable à la délivrance d'un conseil adapté. Enfin, l'article 335-5 du règlement général de l'AMF pose le principe de la nécessaire information du client sur les risques juridiques, fiscaux et financiers que comportent les propositions de placement du CIF.

L'obligation de discrétion

Comme tout professionnel, le CIF est soumis au secret professionnel, dans les conditions de droit commun, le cas échéant, sous peine de sanctions pénales (art. 226-1 du Code pénal). En outre, l'article 335-7 du Règlement général de l'AMF prévoit que, sauf accord exprès du client, le CIF doit s'abstenir de communiquer et d'exploiter, pour son propre compte ou pour le compte d'autrui, les informations relatives au client qu'il détient du fait de ses fonctions.

1.2 L'obligation d'organisation

En application de l'article 335-8 du Règlement général de l'AMF, le CIF doit disposer de moyens et de procédures adaptées à l'exercice de son activité et notamment de moyens techniques suffisants et d'outils d'archivage sécurisés. Par ailleurs, selon l'article 335-9 du Règlement général de l'AMF, lorsque le CIF emploie plusieurs personnes dans le cadre de son activité, il se dote de procédures écrites lui permettant d'exercer son activité en conformité avec les dispositions législatives, réglementaires et déontologiques en vigueur.

2 Les obligations spécifiques au prestataire de services d'investissement (PSI)

2.1 Les obligations inhérentes à l'activité de conseil

Le prestataire de services d'investissements doit constamment évaluer les compétences de son client et doit, à ce titre, se renseigner sur sa situation patrimoniale et connaître les objectifs de gestion avant de préciser les opérations ou les investisse-

1. S. Tandeau de Marsac, *op. cit.*

ments conseillés. À l'instar du CIF, le PSI doit informer le client des risques inhérents à la nature des opérations envisagées (risques financiers, juridiques et fiscaux) et conseiller le client sur les aspects fiscaux et financiers des produits proposés. Enfin, en application de l'obligation de coopération dans le contrat (art. 1134 al. 3 du Code civil), le PSI doit exécuter avec loyauté ses obligations et privilégier l'intérêt de son client avant ses propres intérêts.

2.2 Les obligations déontologiques

Le déontologue a pour mission d'assurer au sein de l'entreprise de PSI le respect des règles de bonne conduite (art. 332-26 à 332-32 du Règlement général de l'AMF). Il incombe donc au déontologue d'établir un recueil de bonnes pratiques, notamment d'éviter la circulation d'informations privilégiées au sein de l'entreprise, par l'édification de « murailles de Chine » entre front et back-office. Le déontologue sensibilisera tout particulièrement les collaborateurs du PSI aux obligations pesant sur eux de secret professionnel et d'abstention sur le marché, dès lors qu'ils détiennent des informations de marché confidentielles.

Section 2 LA RESPONSABILITÉ DES CONSEILLERS EN GESTION DE PATRIMOINE

1 La responsabilité civile

La mise en cause de la responsabilité civile du conseiller suppose que soit établie à l'encontre de ce dernier une faute (1.1) en relation causale (1.3) avec le dommage éprouvé (1.2).

1.1 La faute

La faute, qui est de différents types, peut être limitée de diverses façons.

Les divers types de faute

Le conseil en gestion de patrimoine doit tout d'abord établir le profil du client et ses objectifs afin d'être en mesure d'effectuer les choix les plus judicieux au profit de ce dernier. Par ailleurs, le conseil doit se renseigner sur la nature juridique, la fiscalité ainsi que les caractéristiques financières des produits qu'il est susceptible de conseiller. Pèse ensuite sur le conseil une obligation d'informer les clients des risques encourus par les opérations qu'il propose. En pratique, c'est essentiellement en matière de défiscalisation que se concentrent les principaux manquements de ce professionnel à son obligation d'information, en cas de redressement opéré par l'administration fiscale. À cet égard, si pèse sur le conseil une obligation de résultat en cas d'information donnée sur le contenu d'une règle fiscale déterminée, l'obligation d'information n'est que de moyen en cas d'incertitude sur l'efficacité d'un montage. Enfin, le conseil en gestion de patrimoine est tenu à une obligation de conseil qui, débordant l'obligation d'information portant sur des faits objectivement vérifiables, consiste à orienter les choix du client en fonction de ses objectifs et de ses besoins. C'est particulièrement en matière d'abus de droit (art. L. 64 du *Livre des procédures fiscales*) que se pose de façon cornélienne la responsabilité du conseil : si le conseil doit faire preuve d'optimisation, voire d'imagination fiscale, celles-ci ne doivent pas dégénérer en abus, sous peine d'engager sa propre responsabilité.

La limitation de la faute

La faute du conseil en gestion de patrimoine peut se trouver atténuée lorsqu'il est en présence d'un client averti, soit parce qu'il possède une compétence propre, soit parce qu'il est conseillé par ailleurs en matière juridique et fiscale. Mais cette limitation de responsabilité ne joue que pour l'obligation d'information, et non pour l'obligation de conseil (Cass. civ. 1re, 13 décembre 2005 à propos d'un notaire). Par ailleurs, le principe de liberté contractuelle posé à l'article 1134 du Code civil n'interdit pas l'insertion de clauses de limitation de responsabilité contractuelle dans les contrats passés entre les conseils et leurs clients. La jurisprudence veille seulement à ce que de telles clauses ne privent pas le contrat de cause en application de l'article 1131 du Code civil. Au demeurant, de telles clauses sont systématiquement écartées par le juge en cas de dol ou de faute lourde du professionnel.

1.2 Le préjudice

La victime d'un manquement du conseil de gestion de patrimoine à ses obligations professionnelles doit établir le préjudice qu'elle a subi. Ce préjudice doit être tout à la fois réel, certain et direct. En vertu du droit à la réparation intégrale, ce préjudice doit correspondre tant au gain manqué qu'à la perte subie (art. 1149 du Code civil). Mais, en marge des textes, la jurisprudence a admis le droit à réparation du client en cas de perte de chance réelle et sérieuse de gain.

1.3 Le lien de causalité

La victime doit enfin établir le lien de causalité ente la faute commise et le préjudice subi. En premier lieu, le professionnel de la gestion de patrimoine parviendra à écarter sa responsabilité s'il établit que le dommage résulte non de sa faute, mais des choix de gestion faits par la victime. De même, la responsabilité de ce professionnel peut être écartée si ce dernier établit un aléa financier ou encore une faute de la victime.

2 La responsabilité pénale

Cette responsabilité peut résulter d'infractions de droit commun (2.1) et d'infractions boursières (2.2).

2.1 Les infractions de droit commun

La lutte contre le blanchiment de l'argent sale passe par une répression du conseil en gestion de patrimoine lorsque celui-ci « facilite, par tous moyens, la justification mensongère de l'origine des biens ou des revenus de l'auteur d'un crime ou d'un délit ayant procuré à celui-ci un profit direct ou indirect ou (...) apporte un concours à une opération de placement, de dissimulation ou de conversion du produit direct ou indirect d'un crime ou d'un délit » (art. 324-1 du Code pénal). Par ailleurs, dans la mesure où le conseil en gestion de patrimoine se fait remettre des fonds à l'occasion de sa profession, lui est également imputable le délit d'abus de confiance en cas de détournement « au préjudice d'autrui des fonds, des valeurs ou d'un bien quelconque qui lui ont été remis et qu'elle a accepté à charge de les rendre, de les représenter ou d'en faire un usage déterminé » (art. 314-1 du Code pénal).

2.2 Les infractions boursières

Les infractions boursières présentent en droit français une double face. En effet, la France est un des rares pays connaissant une double définition des actes illicites en matière boursière, tout à la fois pénale et administrative. Dans le premier cas, il s'agit des délits, prévus et réprimés par les articles L. 465-1 et L. 465-3 du Code monétaire et financier. Dans le second, il s'agit des manquements administratifs au Règlement général de l'AMF, dès lors que les pratiques boursières ont pour effet, de « fausser le fonctionnement du marché, procurer aux intéressés un avantage injustifié qu'ils n'auront pas obtenu dans le cadre normal du marché, porter atteinte à l'égalité d'information et de traitement des investisseurs ou à leurs intérêts, faire bénéficier les émetteurs et les investisseurs des agissements d'intermédiaires, contraires à leurs obligations professionnelles. »

Cette réglementation duale vise des pratiques boursières diverses, notamment de la part des conseils en gestion de patrimoine. Ainsi, l'utilisation et la communication d'une information privilégiée, avant que le public en ait connaissance, sont simultanément constitutives des délits d'initié et de communication d'information privilégiée, prévus à l'article L. 465-1 alinéas 1 et 2 du Code monétaire et financier, et du manquement d'initié prévu aux articles 621-1 et suivants du Règlement général de l'AMF. De même, l'inobservation des règles générales d'information sur le marché est constitutive tout à la fois du délit de fausse information de l'article L. 465-2 alinéa 2 du Code monétaire et financier et du manquement à la bonne information du public prévu à l'article 632-1 du Règlement général de l'AMF. Enfin, la manipulation de cours peut être appréciée au regard, tant du délit prévu à l'article L. 465-2 alinéa 1er du Code monétaire et financier que des articles 631-1 à 631-4 du Règlement général de l'AMF.

Cette double réglementation des comportements boursiers est l'œuvre de pouvoirs normatifs distincts. En effet, s'il revient à la loi, en vertu de l'article 34 de la Constitution de 1958, d'incriminer et de sanctionner les délits boursiers, c'est à l'Autorité des marchés financiers qu'incombe le soin de prendre, en application de l'article L. 621-6 du Code monétaire et financier, « pour l'exécution de ses missions un règlement général » définissant les contours des manquements boursiers. Coexistent donc le plus souvent une incrimination de nature pénale et un manquement administratif de nature para-pénale, pouvant respectivement donner lieu à une condamnation pénale, prononcée par la juridiction correctionnelle, et à une sanction administrative, prononcée par l'Autorité des marchés financiers.

Repères

Liste des associations professionnelles agréées

CHAMBRE DES INDÉPENDANTS DU PATRIMOINE (CIP)
10, rue de la Pépinière, 75008 Paris
Téléphone : 01 44 69 88 88
Télécopie : 01 44 69 88 81

ASSOCIATION DES ANALYSTES CONSEILLERS EN INVESTISSEMENTS FINANCIERS (AACIF)
24, rue de Penthièvre, 75008 Paris
Téléphone : 01 56 43 43 10
Télécopie : 01 45 63 00 58

COMPAGNIE DES CONSEILLERS EN INVESTISSEMENTS FINANCIERS (CCIF)
20, rue de l'Arcade, 75008 Paris
Téléphone : 01 44 94 27 70
Télécopie : 01 44 94 14 89

CHAMBRE NATIONALE DES CONSEILLERS EN INVESTISSEMENTS FINANCIERS (CNCIF)
72, avenue Kléber, 75116 Paris
Téléphone : 01 56 26 06 01
Télécopie : 01 56 26 06 03

ASSOCIATION NATIONALE DES CONSEILS FINANCIERS-CIF (ANACOFI-CIF)
91, rue Saint Lazare, 75009 Paris
Téléphone : 01 42 81 92 72
Télécopie : 01 42 82 91 10

ASSOCIATION FRANÇAISE DES CONSEILLERS EN INVESTISSEMENTS FINANCIERS, CONSEILS EN GESTION DE PATRIMOINE CERTIFIÉS (CIF CGPC)
5, rue Tronchet, 75008 Paris
Téléphone : 01 40 06 08 08
Télécopie : 01 40 06 96 23

Chapitre

2 Le diagnostic patrimonial

Bruno DALMAS, Pascal PINEAU et Vincent CORNILLEAU

Nous venons de découvrir, dans les pages qui précèdent ce chapitre, que la gestion de patrimoine est une activité qui embrasse un champ vaste de matières aux frontières étendues[1].

Section 1 PRÉAMBULE

Le diagnostic patrimonial contribue à la réalisation d'une mission. Avant d'aborder le contenu de cette mission, il convient d'en définir le champ d'intervention.

1. S. Tandeau de Marsac, *La responsabilité des conseils en gestion de patrimoine*, Litec, 2006.

1 Définition de la gestion de patrimoine

« Elle consiste à promouvoir un ou plusieurs produits patrimoniaux en s'appuyant sur une prescription justifiée par la situation patrimoniale de la personne conseillée. »[1] Cette définition fixe deux domaines d'intervention : la gestion des actifs financiers ou immobiliers, et le conseil patrimonial. Le conseil patrimonial s'attache à déterminer les structures juridiques d'accueil des biens du patrimoine, adaptées aux besoins du client. Le gestionnaire d'actifs, quant à lui, propose des produits correspondants aux attentes du client, qu'il s'agisse, à titre d'exemple, de la valorisation d'un capital ou de la recherche de revenus. Autrement présenté, le conseil patrimonial serait le contenant de la gestion de patrimoine et la gestion d'actifs son contenu.

Ses deux activités sont-elles complémentaires ou en opposition ? Compte tenu du mode de rémunération des conseils en gestion de patrimoine, les commissions versées provenant quasi exclusivement de la commercialisation des produits financiers, deux écoles semblent aujourd'hui se distinguer. Il y a ceux qui considèrent que l'activité de conseil patrimonial est exclusive de toute vente de produits financiers afin de garantir au client l'objectivité de la préconisation. Il se rémunère par des honoraires sur le conseil donné. D'autres, au contraire, estiment que ces deux domaines, conseil et vente d'un produit, sont complémentaires. À l'appui de leur argumentation, ils font valoir que :

- Se limiter à préconiser les axes d'une stratégie sans accompagner le client dans sa mise en œuvre revient à le laisser au milieu du gué.
- Vouloir distinguer la vente du conseil comme garant de l'objectivité n'est qu'un paravent dans un marché inondé par l'offre de produits immobiliers ou financiers. Uniquement dans le secteur financier, ce sont près de 25 000 OPCVM qui sont proposés en Europe dont 40 % en France. Comment être assuré de l'objectivité de celui qui préconise dans un choix aussi vaste ? Aura-t-il véritablement la faculté de comparer efficacement toutes les offres ? Par ailleurs, les conditions de gestion comme des prélèvements des frais sont aujourd'hui largement standardisés, et les marchés évoluent de la même manière pour tous les acteurs. La différence ne tient-elle pas finalement à la qualité de l'individu, et au-delà, du suivi de son client ?

2 La gestion d'actifs

Si l'on met de côté le marché particulier de l'art, le choix des investisseurs se retrouve toujours face à trois secteurs : le marché financier, le marché monétaire, et

1. P.M. Guillon, *La gestion de patrimoine*, Economica, 1996.

le marché de l'immobilier. Il est curieux que l'assurance-vie soit systématiquement présentée comme un secteur d'investissement. Ce réflexe conduit d'ailleurs à la confusion des clients. Un conseil qui préconise l'assurance-vie peut être rapidement considéré comme un « vendeur d'assurance ». En outre, les fluctuations de la valeur de rachat peuvent être inacceptables venant d'un produit dit d'« assurance ». Il convient de rappeler avec force que l'assurance-vie n'est qu'un mode de détention particulier d'actifs qui peuvent être financiers, monétaires ou immobiliers ; un cadre juridique qui, par ses caractéristiques propres, recèle des atouts certains.

Quoi qu'en disent les représentants des plus belles maisons de gestion, les prévisions économiques n'engagent que ceux qui les annoncent. Force est de constater qu'un analyste sur deux se trompe. C'est la raison pour laquelle les principes qui gouvernent la gestion d'actifs restent profondément ancrés sur des préceptes simples. Seule une diversification permet d'obtenir une relative sécurité dans la fluctuation d'un patrimoine en vue d'obtenir une rentabilité acceptable. Quant aux meilleurs moments pour arbitrer, nul ne sachant le niveau le plus haut pour céder un actif, ni le plus bas pour l'acheter, ici encore il est régulièrement fait référence aux adages classiques : « pierre qui roule n'amasse pas mousse », « un tient vaut mieux que deux tu l'auras », etc. Comme tout est question de mesure, ce seront le tempérament d'investisseur du client et les conditions de marchés qui viendront tempérer ou amplifier les comportements.

3 Le conseil patrimonial

L'activité de conseil patrimonial, structurée comme elle l'est aujourd'hui, est récente. On peut la dater de la fin des années 80. Jusqu'à alors, beaucoup de professions liées au conseil revendiquaient la pratique du conseil patrimonial. Mais bien peu avait un regard sur toutes les dimensions juridique, fiscale et économique du patrimoine privé comme du patrimoine professionnel. Le conseiller patrimonial moderne, véritable point géodésique du patrimoine global, doit développer des compétences générales et spécifiques dans des matières aussi riches que diversifiées. On attend de lui qu'il affiche des compétences dans les domaines du droit civil (droit de la famille, droit des libéralités, droits des successions, droit des biens, droit des personnes), du droit social (droit de la protection sociale et droit du travail), du droit commercial (droit des sociétés), du droit fiscal (fiscalité de la personne physique et fiscalité d'entreprise), et encore de la comptabilité et de la gestion. Cette réalité se retrouve dans le contenu des enseignements universitaires dédiés récemment à la gestion de patrimoine. Il convient de noter que les champs du droit liés à la gestion de patrimoine offrent un large espace de liberté. Contrairement aux idées reçues, les Français disposent d'outils efficaces, simples d'utilisation, pourvu que l'on en face un emploi raisonné. Charge aux conseillers de le leur faire découvrir[1].

1. Exemple : article 1387 du Code civil.

4 La combinaison des activités de conseil et de gestion

Comment utiliser les outils juridiques dans la réalisation d'objectifs financiers ? Selon la réponse, l'exercice du métier de conseil en gestion de patrimoine aura une teinte plutôt juridique ou plutôt financière.

Deux positions s'affrontent généralement. Il y a ceux qui considèrent le droit comme un outil au service du financier[1]. Dans cette conception économique de la gestion de patrimoine, on estime que le droit est un véhicule devant faciliter le mouvement des biens dans le temps et à travers les générations. On peut remarquer que grand nombre des étudiants en master de gestion de patrimoine viennent de filières de gestion et non de droit. À l'opposé, il y a les partisans du respect de l'application classique de la règle de droit ne devant pas s'affranchir des principes de protection de la paix familiale. Outre les risques fiscaux que font peser certaines préconisations originales, il convient aussi de mettre en avant les risques humains de discordes. Certaines stratégies peuvent se révéler de véritables bombes à retardement au sein des familles. La fin économique ne justifie pas que l'on ait recours à n'importe quel moyen de droit détourné de son objectif premier.

La vérité est certainement entre ces deux positions. La gestion de patrimoine a pour objectif exclusif de mettre le patrimoine des individus à leur service, en tenant compte des principes de modération qui gouvernent leurs relations. Au risque de décevoir un grand nombre de conseils, la fiscalité n'est pas un objectif patrimonial, même si la recherche d'optimisation reste le « sport préféré des Français ». Réduire son assiette d'imposition ou son impôt passe par des choix d'investissements comme des cadres juridiques dont les conséquences vont bien au-delà de l'économie fiscale. D'ailleurs, nombreux sont les conseillers qui ont pu constater dans leur clientèle les effets dévastateurs de cette quête quasi mystique.

5 L'exercice du conseil en gestion de patrimoine

La difficulté liée à ce métier est double :

- Elle tient, d'abord, à l'intimité nécessaire de la relation entre le client et son conseiller. En Angleterre, on appelle les conseillers en gestion de patrimoine les *moneys doctors*. La qualité de la relation humaine est déterminante dans la réussite de la mission. C'est ce que l'on a désigné par relation commerciale. À la différence d'un médecin qui n'a que des patients, le CGP a une activité marchande, qu'il propose un conseil juridique ou un produit financier. Cet aspect commercial du métier de gestion de patrimoine est encore trop souvent entaché d'une connotation péjora-

1. Un des partisans de cet instrumentalisation du droit au service de la matière financière est Jean Aulagnier.

tive, liée à une réalité historique non contestable, qui ne tient pas compte de la difficulté et des qualités requises pour offrir à son interlocuteur une écoute efficace.
– Elle tient, ensuite, à la matière qu'elle touche : l'argent. Il est inutile de rappeler que la culture judéo-chrétienne nourrie un rapport à l'argent particulier que l'on ne rencontre pas, par exemple, dans le protestantisme[1].

Le domaine d'intervention du conseiller en gestion de patrimoine ainsi défini, reste à fixer les modalités selon lesquelles il va réaliser sa mission.

6 Définition du diagnostic patrimonial

Le diagnostic patrimonial consiste à collecter les informations pertinentes du client, à les organiser et à les traiter pour proposer des stratégies.

La collecte. Derrière ce mot simple se trouve la plus grande des difficultés. Il s'agit, en effet, de capter des informations à travers des échanges matériels (de documents) et verbaux.

Première difficulté : les mots renferment les valeurs de celui qui les prononce. Dans les discussions entre individus, le premier réflexe est d'entendre son interlocuteur avec ses propres croyances et valeurs. Le message enregistré a donc de fortes chances d'être faussé. La qualité de cette collecte repose sur la capacité d'écoute du conseil.

Les informations pertinentes. La qualification de la pertinence des informations va dépendre du CGP. Des filtres vont nécessairement apparaître en fonction de son historique propre, professionnel ou non. Selon son analyse, un tri s'opère naturellement entre ce qui est important de ce qui ne l'est pas pour le client.

L'organisation des informations. Le diagnostic patrimonial revêt un aspect formel incontournable. En la matière à chacun son style.

Traitement des informations. La méthode de traitement des informations est propre à chacun. Il convient néanmoins d'être attentif au vocable employé. La perception par le client du travail accompli peut être biaisée.

Il peut s'agir :
– d'un bilan, c'est-à-dire d'une photographie du passé immédiat ;
– d'une étude : un ensemble de travaux qui précèdent l'exécution d'un projet ;
– ou encore d'un audit : procédure de contrôle pour vérifier que l'organisation patrimoniale du client correspond à ses objectifs.

1. Voir sur cette approche sociologique notamment M. Weber, *L'éthique protestante et l'esprit du capitalisme*, Gallimard, 2004.

Si, sur le fond, le traitement aboutit à un même résultat, ces trois documents (bilan, étude et audit) semblent répondre à des attentes apparemment différentes. Le sentiment du client sur la qualité du travail réalisé dans un bilan n'est pas le même s'il attendait de son conseiller un document intitulé étude. Partant, le CGP peut suivre une multitude de démarches dans son approche avec le client. De manière générale, le diagnostic patrimonial se décompose en trois phases : le recensement patrimonial, l'analyse, et la stratégie.

Section 2 LE RECENSEMENT PATRIMONIAL

Au fil du temps et des modes, de multiples techniques de communication ont été développées. Leur utilisation excessive, parfois à la limite de l'agressivité, a fait la renommée des démarcheurs financiers bien malgré eux. Pourtant, utilisées à bon escient, il convient de reconnaître qu'elles facilitent l'échange entre le professionnel et le profane.

Après avoir présenté une méthode d'approche dans la prise de renseignements par le conseiller, nous nous arrêterons sur le contenu même du recensement patrimonial.

1 La prise de renseignements par le conseiller en gestion de patrimoine

Deux points apparaissent essentiels : d'une part, l'identification par le conseiller des attentes du client et, d'autre part, la présentation d'une organisation particulière dans la prise de renseignements.

1.1 L'identification des attentes du client

Présentation

Utilisons une image : à quoi peut bien servir une voiture de Formule 1 si l'on doit faire le Paris-Dakar ? Inversement, un véhicule tout terrain serait bien ridicule au départ d'un grand prix.

Quel que soit le contenu de son savoir ou de ses compétences, la première de toutes les précautions à prendre est de les adapter aux attentes de son interlocuteur. Il est peut-être inutile de réaliser une étude en profondeur pour un client qui souhaite simplement mettre en place une épargne. La démarche vise aussi à éviter une multitude d'embarras au rang desquels on peut retrouver une question complètement étrangère au domaine de compétence du conseiller. Si l'offre de conseil n'est pas en phase avec la demande du client, il est inutile de poursuivre la relation. Par ailleurs, renoncer à répondre à une question en dehors de son champ d'intervention n'est pas une preuve d'incompétence, mais au contraire une preuve de lucidité plutôt rassurante pour le client. De manière schématique, on retrouve deux types d'attente chez le client :

– soit il souhaite une réponse à une question bien déterminée ;
– soit il est dans l'attente d'une démarche globale.

L'approche spécifique

L'énoncé d'une question particulière n'appelle pas, a priori, de longs développements. Elle peut se décliner soit dans le volet juridique et fiscal, soit dans le volet économique.

Les questions d'ordre patrimonial que l'on rencontre sont, par exemple :

– la rédaction d'une donation entre époux ;
– la rédaction d'un engagement collectif de conservation de titres ;
– remplir une déclaration de revenus…

Au plan financier, les questions semblent évidentes :

– faire l'acquisition d'une résidence principale ou secondaire ;
– anticiper le financement des études de ses enfants ;
– valoriser un capital…

À ces questions pratiques, le client attend une réponse de même nature. Sans que cela présume de la plus ou moins grande complexité de cette réponse. Pour faire face à cette demande, le CGP aura besoin d'un minimum de renseignements qu'il obtiendra par une évaluation simple de la situation. Une grille de renseignements classique est généralement utilisée, au sein de laquelle seront déterminés les moyens, les motivations et les objectifs poursuivis. La réponse qui s'en suit est généralement rapide et orientée vers un produit financier si la demande a un caractère économique, ou vers la rédaction d'un acte (ou l'orientation vers le professionnel compétent le cas échéant) s'il s'agit d'un besoin patrimonial. Il convient de préciser que dans ce contexte, la préconisation d'un produit financier, même rapide, n'est pas choquante. À une demande spécifique, il est répondu par un produit particulier adapté. En revanche, la relation entre le CGP et le client a de fortes chances d'échouer si le conseiller propose à son interlocuteur une démarche en profondeur tant d'un point de vue du recensement que de l'analyse. Elle est alors perçue comme trop indiscrète, en tous les cas incongrue. Dans son travail de vérification le CGP, pourra néanmoins contrôler que, derrière la question simple formulée, ne se dissimule pas en réalité une problématique globale mal exprimée par le client. Profane, le client ne mesure pas la pertinence de tous les éléments de sa réflexion et ne livre, au moins dans les premiers instants de la relation, que quelques bribes.

L'approche globale

A contrario, toutes les fois où le client exprimera des besoins plus larges, une approche en profondeur s'imposera. On retrouve très fréquemment comme préoccupations générales qui entrent dans ce type d'approche la protection du conjoint survivant, la préparation de la retraite, la transmission de son entreprise. Toutes ces questions embrassent en même temps :

– la nature des relations entre les individus ;
– la répartition des prérogatives, actuelle ou future, sur les biens entre le conjoint survivant et les enfants ;
– la fiscalité du patrimoine, des revenus, ou successorale ;
– la répartition des actifs du patrimoine ;
– la perception de revenus complémentaires…

Le niveau de renseignements requis pour répondre aux attentes du client est bien supérieur à celui réclamé pour une question spécifique. Dans ce cadre, la mission du CGP est généralement fixée par convention pour limiter au mieux l'étendue des travaux à réaliser. Ici, le CGP qui offrirait une solution « produit » simple ou élaborée, même parfaitement adaptée, serait indéniablement perçu comme un marchand.

Démarche spécifique ou globale ?

Quel que soit le niveau de compétence du conseil, il y a des choses qui ne se devinent pas. Et le meilleur moyen de connaître les attentes de son interlocuteur, c'est encore de les lui demander. L'expérience nous montre que même si cela va sans le dire, cela va mieux en l'écrivant. Cela se matérialise par des questions élémentaires.

Exemples

> « En quoi puis-je vous aider ? », « Avez-vous une attente précise pour laquelle vous voulez une réponse du même ordre, ou souhaitez-vous, au contraire, une étude approfondie de votre situation pour vérifier tous les paramètres qui pourraient influer sur la préconisation ? », « Souhaitez-vous que l'on réalise un bilan global, ou les seuls éléments que vous m'avez confiés doivent me suffire à la construction d'une solution ? », etc.

1.2 La méthode d'approche

La méthode présentée suit un parcours ordinaire mais irréductible. Elle se décompose en quatre étapes : la situation présente, les projets, les obstacles à la réussite du projet, et les ressources nécessaires au projet.

L'état présent

• L'écoute du client

Le CGP entre dans la phase de découverte de son client. Il s'agit de faire connaissance. En la matière, il existe une méthode universelle qui est celle du silence et de la reformulation des questions, pour faire préciser au maximum son interlocuteur. Elle conduit le client à mieux définir le sens de ses propos. Ce mode de communication tente d'éviter les *a priori* générés par les propres croyances et valeurs du CGP.

Exemples

Et donc ?... Pouvez-vous préciser ? Vous êtes satisfait ?... Cela pose problème ? Quelles conséquences ? Avant d'entrer dans les différentes solutions que vous avez adoptées, d'après vous, sont-elles efficaces ?... Et suffisantes ?

Cette phase d'écoute permet de vérifier le niveau d'autorisation octroyé par le client au CGP dans le cadre d'une approche spécifique ou dans le cadre d'une approche globale. Le client peut, en effet, au fil des entretiens, exprimer des objectifs ambitieux en ayant livré peu d'éléments pour élaborer une stratégie. Et à l'impossible, nul n'est tenu. Il suffira dès lors de lui faire remarquer que son niveau d'exigence est parfaitement inadapté à la qualité des éléments qu'il aura fourni.

Elle offre aussi un regard sur le niveau de stress du client par rapport à la problématique qu'il soulève. Il peut avoir une vision confuse de sa situation patrimoniale alors qu'elle se révèle sans difficulté. Cette écoute permettra finalement de rassurer le client et de le conforter dans ses choix.

• L'inventaire patrimonial

Il correspond à la partie chiffrée de la phase de découverte du client. Dans la première partie de l'entretien, le CGP a dû relever les informations relatives aux structures juridiques qui composent le patrimoine[1]. Si la connaissance qualitative de ces différentes composantes est essentielle, la connaissance quantitative va permettre de mieux appréhender les enjeux des questions soulevées. Le CGP est-il face à des enjeux financiers significatifs ou à des questions de principe entre différents individus auxquels il peut répondre seul ? Cette mesure est d'importance, car elle va permettre au CGP de vérifier si les solutions envisageables nécessitent ou non l'intervention d'autres professionnels du conseil. Il pourra ainsi valider, soit un travail complémentaire à réaliser avec les partenaires actuels du client, soit proposer une offre de service globale avec ses propres partenaires.

1. Voir *supra*, section 2 point 2.6.

Repères — **Méthode de collecte des informations**

Il est toujours craint que l'interlocuteur ressente négativement cet interrogatoire sur le contenu financier du patrimoine. Il s'agit, alors, de montrer que le quanta n'est qu'un élément parmi tant d'autres. Pour y parvenir, différentes méthodes existent.

Exemple : Vous détenez quoi ? Depuis quand ? Vous l'avez reçu comment (achat, donation, succession) ? Combien ? (L'aspect quantitatif sera toujours réservé pour la fin !)

Les projets

Cette seconde phase vise à déterminer l'état désiré dans lequel le client souhaiterait se retrouver une fois la stratégie mise en place. Il s'agit de définir les objectifs mais aussi les contraintes de gestion. Autrement dit, il y a ce que le client désire, et la manière selon laquelle il va y parvenir. Le contrôle est toujours présent. Le CGP vérifie en permanence la sincérité des informations délivrées par le client.

Exemple de questions

> Idéalement, quelles mesures sont nécessaires ? En quoi est-ce utile ? Est-ce simplement utile pour vous, ou également pour d'autres ? Pour quel objectif ? Comment saurez-vous que vous êtes dans la bonne direction ? Comment saurez-vous que vous avez atteint votre objectif ?
>
> La dernière question donne un indice particulièrement intéressant pour le CGP. Il peut ainsi noter les critères de réussite définis par son client pour les constater le moment venu.

Attention

Comme cela a été rappelé précédemment, la fiscalité n'est pas un objectif patrimonial.

Les obstacles à la réussite du projet

La volonté n'est pas tout. Des freins à la réussite existent, ils peuvent être extérieurs ou propres à soi. Les identifier permet d'évaluer les chances de réussite, a priori, du projet. Il est évident que si le client exprime en même temps des contre-indications rédhibitoires à la mise en place de la stratégie, il y a peu à attendre de son succès. Ici, on mesure aussi le niveau de motivation du client, car ne perdons pas de vue que choisir une stratégie, c'est aussi renoncer à autre chose. Par exemple, donner la nue-propriété d'un bien, c'est renoncer à sa libre disposition. Il serait dommage d'inscrire un client indécis dans une stratégie irréversible.

Il faut enfin connaître ces aversions à la perte (quantitative), à la dépossession (valeur affective) et au risque (aléas immédiat et futur). Ces trois aversions développées par la finance comportementale[1] influencent la prise de décision du client. Il est

1. Voir les travaux de Daniel Kahneman, prix Nobel d'économie en 2002.

donc nécessaire d'établir un cadre de référence de ce qui est supportable ou non, permettant de mettre en perspective les choix et leurs conséquences.

Exemple de questions

> Existe-t-il un aspect qui vous empêche de réaliser votre objectif ? Existe-t-il des inconvénients, pour vous ou pour d'autres ? Et si jamais vous n'y arrivez pas ?... Que perdriez-vous ? Etc.
>
> Cette phase importante, s'il en est, révèle les contraintes fixées.

Les ressources nécessaires au projet

Cette phase identifie les moyens concrets que le client est prêt à mobiliser pour parvenir à son objectif.

Exemple

> Le client souhaite obtenir un capital de 1 000 000 € dans 10 ans. Pour cela, il est prêt à faire un effort d'épargne annuel de 50 000 €. Or, pour atteindre son objectif avec les ressources qu'il est prêt à y consacrer, il faudrait soit que le taux de rentabilité annuelle soit supérieur à 14,5 %, soit pour un taux plus raisonnable de 5 % qu'il consente à allonger le terme à plus de 14 ans.

Exemple de questions

> De quoi avez-vous besoin pour réaliser votre objectif ? Que vous faut-il exactement pour réussir ? Les avantages sont-ils plus importants que les inconvénients ? De quels moyens disposez-vous en termes de partenaires, d'épargne, de capital ? De qui avez-vous besoin ? Que décidez-vous ? Quand commencez-vous ?

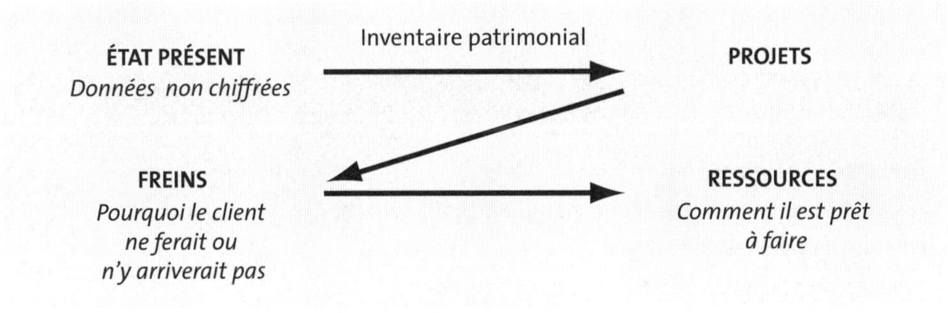

Figure 2.1 – Synthèse

2 Le contenu du recensement patrimonial

L'offre en logiciels pour faciliter le travail des CGP est aujourd'hui conséquente. Généralement de bonne facture, on peut néanmoins leur faire un reproche lié à leur avantage : la standardisation des données. Pour les clients à la surface financière restreinte, ils conviennent parfaitement. En revanche, ils se prêtent moins aux patrimoines plus étendus et complexes.

Quelle que soit la méthode employée, le recours à un document de synthèse s'impose pour plusieurs raisons :

- il fournit au client un état clair de sa situation, à lui faire valider ;
- il matérialise aux yeux du client l'emploi des données confidentielles qu'il a fourni au CGP ;
- ce document délivre un premier aperçu des qualités intrinsèques du CGP. Il montre au client sa capacité de synthèse, sa clarté, et son efficacité ;
- enfin, il donne une indication supplémentaire au client sur la démarche globale entreprise.

Sauf cas particulier, si cette étape n'est pas franchie, cela peut être un signe que le CGP n'a pas l'adhésion du client. Dans ce cas, il est préférable de stopper la relation.

Les éléments présentés ci-après n'ont pas la prétention d'être exhaustifs. Ils sont une illustration de la démarche proposée tant sur le fond que sur la forme. Retenons toutefois que l'on mesure la qualité d'un conseil à ses questions et non à ses réponses.

2.1 La situation familiale

On entre ici dans l'intimité du client. Il s'agit de mêler des prises d'informations basiques et plus techniques.

Repères — **État civil**

Âge/date de naissance des époux.

Prénom des enfants/âges/régime matrimonial s'ils sont mariés/profession.

Prénom des petits-enfants/âges.

Nom/prénom/âge des parents du client.

Nature du régime matrimonial. Il permet de connaître la répartition de la propriété des biens entre les époux. Une déclaration d'ISF ne la précise pas. S'ils ont fait un contrat de mariage, il est important d'en avoir la copie. Il arrive fréquemment que les clients ne soupçonnent pas le contenu ingénieux de leur convention.

En présence d'un régime de communauté, les récompenses sont fréquentes et peuvent créer un passif dans la succession. Il faut alors ventiler les biens en fonction de leur nature juridique :

– biens propres de Monsieur ;
– biens propres de Madame ;
– biens communs.

En présence d'un régime de séparation de biens, il convient de vérifier la pertinence du régime au jour de l'analyse :

– soit le régime de la séparation de biens a été respecté et l'un des époux ou les deux ont constitué un patrimoine propre important grâce à une réussite professionnelle ou un héritage. Dans cette hypothèse, le régime ne protège plus le patrimoine contre le risque économique si c'est celui qui détient l'intégralité du patrimoine du couple qui en supporte le risque ;
– soit le régime de la séparation de biens a pu aboutir à un déséquilibre des patrimoines entre Monsieur et Madame, ce qui peut être un inconvénient pour la protection du conjoint survivant selon l'ordre des décès ;
– soit le régime n'a pas été respecté et toutes les acquisitions ont été faites ensemble (indivision). Auquel cas, il conviendra de vérifier si un régime communautaire semble plus adapté.

2.2 La situation sociale

Il s'agit d'identifier le statut et le régime social auxquels les clients sont soumis :

– profession de Monsieur, de Madame ;
– identifier les différents mandats (gérant, administrateur, président…) ;
– selon le cas, demander si un chiffrage de la retraite a été réalisé.

Question

Quel est le niveau de risque économique qui pèse sur l'activité ? Cette question anodine permet de vérifier si une intervention éventuelle sur le régime matrimonial est envisageable.

2.3 Les libéralités antérieures

Dans cette étape, il s'agit d'identifier les différentes mutations à titre gratuit (donations et testaments) qui sont intervenues dans le champ familial au sens large :

• Un testament a-t-il été rédigé ? Si oui, quel est son contenu ?

• Une donation entre époux a-t-elle été rédigée ? Si oui, en relever la copie. Attention il n'est pas rare que certains clients aient rédigé sans le savoir des actes particuliers. À titre d'exemple, on trouve régulièrement des donations entre époux qui ne contiennent qu'une seule option : 100 % en usufruit. Jusqu'à la loi du 23 juin 2006[1], cette rédaction pouvait se révéler inadaptée par rapport à la capacité du

1. La loi du 23 juin 2006 a modifié la règle d'imputation pour éviter cette conséquence issue de la loi du 3 décembre 2001.

conjoint survivant de revendiquer aussi le ¼ en pleine propriété de la dévolution légale. À ce stade de prise d'informations, l'objectif n'est pas de commencer une analyse sur le vif du contenu des actes. Il s'agit simplement de recueillir les éléments qui permettront ensuite de rendre une analyse précise de la situation juridique des clients.

Repères

Pour éviter de répondre à des questions alors que ce n'est pas l'objet du rendez-vous, généralement les conseillers diffèrent leur réponse.

Exemple : « Je note que cette question vous intéresse, nous y reviendrons lorsque je vous présenterai le résultat de mon analyse. »

• Si un parent est décédé, comment s'est déroulée la succession ? Le défunt avait-il consenti une donation entre époux au profit du survivant ? Le parent vivant a-t-il pris 100 % en usufruit ou une autre option ? Quel est l'état de la fortune des parents ? Ont-ils reçu des donations de leurs parents ? Si oui, quoi, quand et combien ? Si cela paraît significatif, ou s'il y a un démembrement, en demander l'acte. Si s'agit d'une donation de parts de SCI, demander l'acte.

Repères

Dans l'acte de donation, en général au moins six informations sont intéressantes :
– Date : pour le rappel fiscal.
– Qui reçoit.
– Quoi et combien.
– Si démembrement : y a-t-il une clause de réversion d'usufruit ?
– Si donation de parts de SCI, quelle valeur a été retenue ?
– Y a-t-il une clause d'exclusion de communauté ?

En présence de plusieurs enfants, toutes les donations autres que les donations partages peuvent contenir un risque juridique. Il peut être intéressant de connaître les raisons pour lesquelles les clients ont procédé de la sorte. Il convient de partir du principe que ces motivations ont toujours une source valable.

Exemple

Un client donne, en 1992, un appartement à l'un de ses enfants qui part faire ses études à Paris. Valeur 1 MF, donation simple en avance d'hoirie. En 2007, son deuxième enfant, à son tour débute des études supérieures à Bordeaux. Il souhaite lui faire aussi la donation d'un appartement d'une valeur de 150 000 €. Valeur de l'appartement parisien : 400 000 €.

Question : A-t-il conscience des difficultés juridiques que cette situation peut occasionner dans le temps ?

2.4 Les objectifs patrimoniaux

Les objectifs peuvent être soit purement financiers, soit purement patrimoniaux, soit la combinaison des deux. Chaque conseiller développe un champ de compétence et d'activité qui lui est propre. Définir au préalable avec précision les attentes du client évitera pour les uns comme pour les autres de faire fausse route.

Exemple

Objectifs patrimoniaux : transmission, protection du conjoint survivant, protection d'un enfant diminué, etc.

Objectifs financiers : construction, recherche de revenus complémentaires, constitution d'un capital, financement des études des enfants, la retraite, etc.

Une fois les objectifs définis, il convient de les hiérarchiser par ordre de priorité et selon la durée de l'investissement. Cette précision est essentielle pour la construction d'une stratégie et d'un plan de travail adapté.

2.5 Les contraintes de gestion

Après la définition de l'objectif (quoi ?), il faut établir la façon dont le client souhaite y parvenir (comment ?). Il fixe son idéal.

Avantages :

- Cela vient de lui.
- Si ce n'est pas atteignable, le CGP l'identifie immédiatement. Il n'est pas obligé de poursuivre la relation. Est-ce bien raisonnable de courir après un objectif qu'on ne pourra jamais atteindre[1] !
- Cela permet de vérifier que ce que le client attend de son CGP entre bien dans le champ de ses compétences, et non pas celles de l'avocat, du notaire ou de l'expert-comptable.

Exemple

Comment va-t-on arriver à votre objectif ? Comment saura-t-on que nous y sommes parvenus ?

2.6 La composition du patrimoine privé

C'est une photographie complète du contenu du patrimoine privé.

1. Voir *infra*, section 2.

Parmi les questions à poser

Est-il suffisamment diversifié selon vous ? Les liquidités sont-elles suffisantes ou surabondantes ? Y a-t-il un déséquilibre entre le patrimoine de Monsieur et celui de Madame ? La pression fiscale est-elle maîtrisée ? Quel degré de risque est accepté dans la gestion de ce patrimoine ? Etc.

Tableau 2.1

	Monsieur	Madame	Communauté/ indivision	Passif	Total
Marché monétaire :					
Compte sur livret Compte chèques Assurance-vie					
Total					
Marché financier :					
PEA Comptes titres Assurance-vie					
Total					
Marché immobilier :					
Résidence princ. Résidence sec. Locatif SCPI SCI					
Total					
Total global					

Renseignements relatifs aux sociétés civiles

Comme cela a été précisé dans le chapitre relatif à la société civile, lorsque le capital social est faible et que le bien détenu par la société civile a été acquis à crédit et dont le financement est terminé, alors des comptes courants d'associés sont présents. Seule une comptabilité correctement tenue permet de les matérialiser. Si ce n'est pas le cas, il y a de fortes probabilités pour que la déclaration d'ISF, s'il y en a une, soit mal rédigée. Elle ne peut faire apparaître ses comptes courants, et la valeur des parts sociales est généralement estimée pour la valeur du bien, ce qui est faux.

Exemple

Associés :
– M : X %.
– Mme : Y %.
– Enfant 1 : W %.
– Etc.

Capital :
Valeur des biens :
– À l'achat.
– Aujourd'hui.

Financement :
– À crédit ? En cours ou terminé ?

Revenus :

Charges :

Renseignements relatifs à l'assurance-vie

Il s'agit de collecter des données. Ce n'est pas le moment de faire l'inventaire de tous les avantages de l'assurance-vie, ou de critiquer la rédaction d'une clause bénéficiaire, etc.

Tableau 2.2

Intitulé du contrat/ souscripteur	Date de souscription	Date de versement des capitaux	Clause bénéficiaire

Renseignements relatifs aux valeurs mobilières

Il s'agit de connaître la façon dont sont gérés ces actifs. La personne les gère-t-elle seule, ou par l'intermédiaire d'un professionnel ? Quelle stratégie de gestion ? Quelle répartition géographique, sectorielle, etc. ?

Exemple

Sur la diversification sectorielle : services, banque, assurance, distribution, bâtiment, pétrole, etc.

Sur la diversification géographique : Amérique, Europe, Asie, etc.

Sur le nombre de lignes : s'il y en a beaucoup trop, si certaines sont insignifiantes ou conséquentes par rapport au capital, lignes en plus-values ou moins-values, etc.

Sur la répartition du couple rendement/risque : % risque, % sécurité, % coté, % non coté, etc.

Si le portefeuille est démembré : qui de l'usufruitier ou du nu-propriétaire paie l'impôt plus-value ?

2.7 La composition du patrimoine professionnel

Un schéma évite bien des difficultés de compréhension. Les informations comptables sont nécessaires pour appréhender la situation économique de l'entreprise, son mode fonctionnement et ses propres contraintes. Elles mettent aussi en lumière la méthode de gestion du chef d'entreprise.

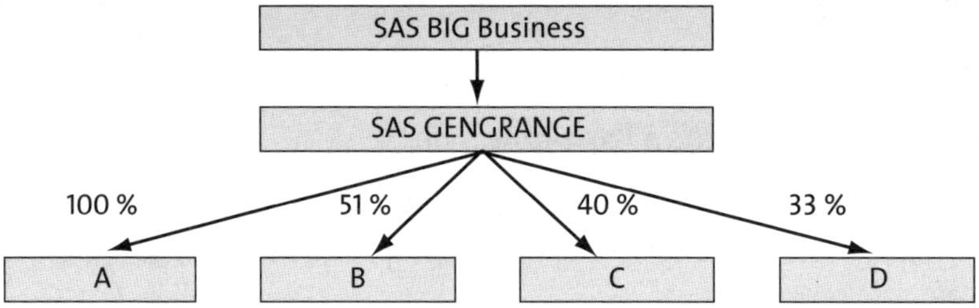

Figure 2.2

Exemples

Avez-vous réalisé un engagement collectif de conservation de titres : ISF/ transmission ?

Existe-t-il un pacte d'associés ?

Avez-vous songé à la transmission de votre entreprise, totalement ou partiellement ?

Avez-vous des projets de développement, de croissance interne ou de croissance externe ?

Souhaitez-vous basculer une partie de votre richesse industrielle dans votre patrimoine privé ?

Pour y parvenir, êtes-vous prêt à intégrer un tiers au capital ?

Etc.

2.8 La fiscalité

Impôt sur le revenu

Il convient de se munir des avis d'imposition comme de la déclaration elle-même. En effet, certaines informations essentielles n'apparaissent pas dans la première (ex. : ligne EE, les revenus soumis à prélèvement libératoire). Le contribuable a-t-il fait une demande en restitution sur le fondement du bouclier fiscal ?

Les revenus fonciers : déclarations 2044/2072

Il peut être intéressant de dresser le tableau suivant afin de mesurer la véritable rentabilité du patrimoine immobilier. Pour cela, encore faut-il prendre la valeur du bien pour son prix de marché actuel.

Tableau 2.3

	Immeuble 1	Immeuble 2	Immeuble 3
Revenus bruts avant charges			
Revenus bruts après charges			
Revenus nets après IR			
Valeur vénale (prix du marché)			
Taux de rendement avant ISF			
Taux de rendement après ISF			

L'impôt sur le patrimoine : ISF

Assiette taxable/tranche maximum/montant.

Vérification de l'optimisation du plafonnement. Plus tard, il sera toujours temps de comparer avec l'utilisation du bouclier fiscal, la meilleure des deux parades pour réduire la pression de cet impôt.

2.9 Le bilan retraite

Selon l'âge du client et de ses préoccupations, il peut être nécessaire d'avoir une vision précise de cette projection.

Section 3 L'ANALYSE PATRIMONIALE

À partir du recensement patrimonial, il s'agit de vérifier si oui ou non ce qui a été réalisé par le client est en adéquation avec ses objectifs et ses contraintes de gestion. L'objectivité de l'analyse est garantie parce qu'elle se fonde sur des informations incontestables, celles communiquées par le client lui-même. C'est dans cette phase que le CGP dévoile ses compétences techniques. Il peut être confronté à un dilemme : comment annoncer les résultats d'un choix mal évalué ? Même si un conseiller n'a pas à rechercher la popularité, il sait aussi ce qu'il advient du messager de mauvais augure. Il convient alors d'adapter le fond à la forme.

Dans cette phase d'analyse, ici encore, plusieurs formes de présentation sont possibles. Elle doit être adaptée à la situation patrimoniale du client. Certains distinguent l'audit économique de l'audit juridique. D'autres auront plutôt tendance à suivre une méthode thématique selon les objectifs énoncés par le client.

Section 4 LA STRATÉGIE PATRIMONIALE

Elle se décline sous ses trois aspects juridiques, fiscaux et économiques. L'ordonnancement de ces attributs est dépendant des attentes du client. Il est difficile de préconiser une méthodologie particulière. Le CGP s'adapte en permanence.

Quelques précautions de bon sens peuvent être néanmoins énoncées :

- Répondre directement aux questions qui sont posées. Un client n'attend pas de son conseil qu'il fasse un cours ou un livre sur sa problématique. Dans ce sens, les documents de plusieurs dizaines de pages, sauf cas particuliers, sont à proscrire. Ils ne rassurent et ne servent que ceux qui les rédigent.
- Adopter une démarche pédagogique : le CGP est amené à utiliser des notions familières pour lui mais à chaque fois découverte par le client. Le principal reproche formulé à l'encontre de certains conseils est le langage abscons usité. Ce n'est pas un facteur positif qui incite le client à s'inscrire dans une stratégie, et ce quelle que soit sa pertinence.
- Les comparaisons de stratégie éventuellement proposées doivent s'attacher à présenter les facteurs soumis à la comparaison. Il s'agit d'éviter de comparer des éléments incomparables.

Chapitre 3

La dimension émotionnelle de la gestion de patrimoine

Pascal Pineau

Parler d'une gestion *globale* du patrimoine, c'est prendre le risque d'être généraliste et d'oublier la notion de spécificité de chaque cas. Cependant, ces deux approches, *globale* et *spécifique,* sont indissociables. En quelque sorte, il s'agit de travailler à la *louche* et à la *loupe*.

Faire systématiquement ce chemin de la *louche* à la *loupe,* et inversement, est nécessaire pour valider, ou non, sa solution. C'est reconnaître que cette solution n'est souvent qu'une ébauche. C'est revenir sans cesse sur ce qui est commun et sur ce qui est différenciant. Là se trouve la critique constructive de son propre travail en tant que conseiller en gestion de patrimoine. C'est ici que l'on gère l'angle mort de toute prise de décision. C'est ce petit détail anodin, plus ou moins pris en compte, qui donne la préconisation juste et pas juste une préconisation.

Le principe de précaution nous demande donc de partir de notre plus petit dénominateur commun, de ce qui nous est universel, de ce qui représente la genèse de notre patrimoine. Il nous ramène ainsi à notre première valeur, notre premier actif : notre nom patronymique.

Section 1 LE NOM PATRONYMIQUE, LE PREMIER TITRE DE PROPRIÉTÉ

Notre nom patronymique est porteur de l'histoire vécue par les nôtres et il est parfois déjà lourd d'impacts sur les décisions futures à prendre. Le conseiller en gestion de patrimoine se doit d'intégrer cette donnée. C'est d'ailleurs cette donnée qui lui a permis d'obtenir un rendez-vous (par recommandations, par prescription ou par téléphone) pour présenter son activité et ses services. C'est le point de départ de toute relation humaine, commerciale et contractuelle. Mais a-t-il fait le lien avec la gestion de patrimoine si globale et si dédiée ?

1 De la famille

Dès notre conception, les nôtres nous intègrent déjà dans la lignée de La famille. Ils nous projettent dans l'histoire, nous imaginent un métier, un positionnement, une qualité de vie…

Pour assurer ce scénario, ils nous *équipent* souvent de leurs propres valeurs – de ce qui est bien et mal, de ce qui coûte et de ce qui rapporte, du degré d'autonomie ou de coopération dans un projet, des droits et devoirs et de toutes les dérogations possibles pour parvenir à ses fins. Et pour les plus chanceux, de moyens matériels, de biens et de capitaux.

À chacun de prendre ou de laisser ce cadeau. C'est avec leur nom patronymique que nous allons signer et engager notre vie. Ce nom, notre nom, recouvre de nombreuses réalités : notre réputation, notre image, notre origine familiale, nos réseaux relationnels induits, notre puissance financière, nos entités structurelles et déjà nos successions à prévoir ! À chacun selon sa famille. Mais déjà, je possède !

Et même sans aucun actif financier, je peux gérer un potentiel. Tout n'est pas écrit, bien entendu, et heureusement, mais en filagramme, l'espoir des nôtres vibre. À partir de ce constat, nous pouvons décider, quel que soit l'âge d'ailleurs, de ne pas suivre la voie tracée et de renier ce nom.

Ou de le garder et de se faire un prénom. Exister…

2 De l'impact de notre famille sur la qualité de notre signature

Ce nom nous donne aussi la qualité de notre signature : ouvrir un compte en banque, investir, devenir propriétaire de biens concrets, valider les écritures des autres, protéger les miens, témoigner du passé, prouver mes droits et mes devoirs…

Je suis qui je signe.

Mon nom patronymique devient une valeur plus ou moins reconnue des autres, voire du marché. Dans une approche patrimoniale digne de ce nom, il serait dommage que le conseiller en gestion de patrimoine ne prenne pas le temps de relever les effets induits de l'histoire de ce nom.

En fait, *qui signe ?*

Monsieur D. ou Monsieur D. investi d'une mission de tradition familiale – de la sienne et parfois de sa belle famille ! La qualité de ma signature peut-être une ressource, un accélérateur, un créateur de droit comme une limite à mes projets, à ma conception d'investissements – *on n'a jamais dans notre famille fait de telles opérations, ça ne se fait pas, ce n'est pas bien.*

D'où viennent ces « on, ça, ce » ?

3 Du poids de la tradition familiale sur la stratégie patrimoniale

Quel est le service réel de cette filiation dans un monde en perpétuel mouvement avec de nouveaux outils financiers et de nouveaux textes de lois ?

Quelle est votre stratégie patrimoniale… peut se révéler une question complexe.

Traduisons-la par : Existe-t-il une ligne directrice personnelle quand vous prenez des décisions quant à votre patrimoine ? Souvent, cette ligne n'est pas consciente. Il peut être important de la définir pour mieux comprendre la motivation du client, son motif d'action. Les premiers actes patrimoniaux enclenchent, s'ils sont réussis, une croyance positive du dispositif de prise de décision. La validation des éléments retenus, du mode de réflexion et de calcul, des conseillers sollicités se font par la validation des résultats souhaités et obtenus. La fin justifie les moyens.

On ne change pas un processus qui fonctionne et qui apporte le résultat escompté. On le valide comme vrai. Ma manière de voir l'environnement, de gérer les contraintes et les opportunités est la bonne, la meilleure ! Telle est ma croyance.

Bien évidemment, l'inverse est vrai : l'échec d'un montage, par un effet de généralisation, écarte un système complet de prise en compte du problème et des facteurs qui lui sont associés : un produit, une fiscalité, un individu, un rythme de décision, un environnement… Rares sont ceux qui analysent séquence par séquence ce qui est à garder et ce qui est à remettre en cause. Le cerveau par un raccourci (trop) rapide décide que c'est dorénavant ainsi que « ça marche » ou que « ça ne marche jamais ».

Vous remarquerez que l'honnêteté du cerveau n'est pas toujours une donnée fiable.

Ainsi, il existe une vraie stratégie (et pas toujours la meilleure) qui nous anime. Nous avons tous remarqué que les scénarios d'investissement de certains clients sont verrouillés : « J'ai toujours acheté mes investissements avec un apport personnel de 30 % en taux fixe et amortissable, alors même si c'est mieux de faire un crédit *in fine*, je maintiens ma décision. »

Et donc, dans certains cas, la solution n'est pas optimisée. La gestion de patrimoine est globale, elle prend en compte des données qualitatives de l'histoire de vie du client – *son scénario de vie*, le conseiller peut essayer de les traiter, de les relativiser en montrant que le contexte et les objectifs ne sont plus les mêmes. Il doit surtout ne pas oublier *qui* signe.

Le respect de la relation humaine, pas toujours porteuse de la solution la plus optimale, est la base de cet *intuitu personae.*

4 De la personne et de son patrimoine mesurable

Ce patrimoine, obtenu par héritage ou par acquisition, est vivant. Il évolue, fluctue et le marché lui donne l'occasion d'être mesuré, pesé, arbitré. Son propriétaire est sollicité pour élaborer un bilan patrimonial notamment par son conseiller (ou la concurrence qui y voit une porte d'entrée en vue d'une déstabilisation potentielle) afin de constater la bonne santé des comptes, des acquis et des flux financiers. Tel un vrai bilan, l'idée est de répertorier son *actif* et son *passif* bien entendu, mais aussi d'aller jusqu'à la prise en compte des éléments personnels et professionnels. Souvent, le *hors-bilan* est négligé : les assurances (hors capitalisation), les responsabilités, les cautionnements, le mode réel de détention des biens, les héritages à venir…

Ces données sont incontournables, et une fois de plus, c'est par ces éléments que le conseiller accède à la gestion globale du patrimoine. Il s'agit donc bien d'aller au-delà de ce qui pèse uniquement sur le plan comptable. Le simple vendeur de produits financiers basiques, de solution *one shot* ne s'intéresse pas ou peu à ces éléments – presque invisibles : il n'a pas besoin de les prendre en compte, il n'aura pas à gérer l'histoire de sa vente. Pour le client, c'est un des marqueurs de crédibilité de son interlocuteur : *à qui vais-je confier la gestion de mes biens ?*

5 Du pouvoir de disposer de son patrimoine

Posséder c'est avoir du pouvoir. Notamment celui de choisir : l'arbitrage.

Pour piloter son patrimoine, dans un souci de cohérence (c'est le cas le plus souvent rencontré), son propriétaire, nourrit de ses expériences, définit donc une ligne de conduite. C'est d'ailleurs une des premières décisions qu'il va prendre et qui peut changer dans le temps : *vais-je piloter seul ou m'entourer ?*

Quel degré d'autonomie vais-je laisser au professionnel de la gestion de patrimoine pour arbitrer – mandat sous gestion, accord de principe par prise d'avis, ratification de chaque mouvement ? Et ce degré d'autonomie accordé n'est pas toujours lié au degré de compétence de l'un comme de l'autre d'ailleurs. Cette expérience de *pouvoir délégué* voire *transféré* – selon les résultats obtenus et leurs prix à payer (en temps, en énergie, en argent, en conflits), sera déterminante lors de la préparation de la transmission du patrimoine avec les débats *démembrement, indivi-*

sion, mandataire, pacte familial... Ne pas reproduire les sources échecs ou valider les facteurs de succès d'hier aux miens. La boucle est bouclée...

Section 2 DE LA PROPRIÉTÉ À L'UTILITÉ

1 Du patrimoine global au service d'une mission spécifique

Quelle est la mission de ce patrimoine, quelle est son utilité aux yeux de son propriétaire ?

En effet, hormis ceux qui considèrent (et il y en a) que le but est d'avoir plus, toujours plus, d'autres pensent que leur patrimoine est un outil au service de quelque chose de plus *noble* : la protection des leurs, la vie sans souci lors de la retraite, la possibilité de changer le monde par la réalisation d'un projet, d'une création, d'une invention, l'indépendance pour faire ce que l'on souhaite... Une solution patrimoniale qui ne répondrait pas à cet aspect (peu révélé par le client car trop souvent non recherché par son conseiller) ne saurait durer à travers le temps. Le conseiller passerait ainsi du *pourquoi* (origine de la problématique) au *pour quoi* (destination de la solution) : quel en est l'enjeu ?

2 De l'objectif à un besoin de gestion spécifique

Quelle gestion serait la plus adaptée au profil de ce client compte tenu de son objectif et de la durée estimée de réalisation ?

La prise de risque est aussi une histoire de vie dans sa globalité à rapporter à l'instant présent : l'enjeu réel de son objectif. Certains clients alors qu'ils ont largement le temps et les liquidités de se positionner sur des contrats à échéance moyen-long terme boycottent des solutions de types *assurance-vie* ou investissements en valeurs mobilières. Une aberration pour les professionnels, une décision invivable pour les propriétaires. La rentabilité parfois obsédante pour certains clients et conseillers n'est qu'une donnée (à faible coefficient de pondération) pour d'autres. C'est une fois de plus un tout qu'il faut gérer, le tout du client.

Le profilage des actifs de type *Prudent, Équilibré, Offensif* est un début de réponse dont la loi a précisé les contours pour éviter les abus. Cependant, même contrôlée, et même bien bordée par les textes légaux, la gestion patrimoniale est avant tout une gestion de croyances personnelles.

Se positionner sur des taux variables pour l'acquisition d'un immobilier locatif (dans la mesure où objectivement c'est le meilleur taux et la meilleure configuration compte tenu du marché) peut-être mal vécu par un client de typologie *prudent*. Son interprétation pourrait être : j'achète à crédit avec une dette indexée sur la bourse !

3 De la gestion patrimoniale au management du patrimoine

Car il s'agit bien de manager un individu, un client (avec un nom patronymique) et ses croyances (comme une règle de gestion de son patrimoine), ses droits et ses devoirs sur ses biens : un vrai management de contraintes et d'opportunités à la fois du client mais aussi du marché.

La finance comportementale (selon Daniel Kahneman, lauréat du prix Nobel d'économie en 2002) nous apprend que l'on ne gère pas l'argent d'un individu mais un individu qui a de l'argent !

Transformer les éléments, les souhaits, les croyances de la vie quotidienne du client en positionnements juridiques et financiers, telle est la mission du conseiller en gestion de patrimoine. Plus le patrimoine est conséquent, plus la diversification semble facile. Quoique. Là aussi, la gestion globale du patrimoine n'est pas un vain mot. Une préconisation pourrait s'envisager comme une véritable combinaison de plusieurs facteurs. Nous pourrions parler d'un *Rubbick's Cube*© avec ses six facettes :

- **financière** : que la solution réponde à la diversification des supports d'investissement (le fameux dicton : *ne pas mettre tous les œufs dans le même panier*) ;
- **fiscale** : que le choix se porte sur l'ouverture des faits générateurs des niches existantes (évitant d'en privilégier une et d'être menacé de sa fermeture par simple décret politique) ;
- **successorale** : que cet aspect soit anticipé (sans jouer les alarmistes) en complétant les propositions *produits* avec des aménagements juridiques ;
- **sociale** : que les aléas et les certitudes soient débattus et trouvent une réponse (le décès, l'invalidité, les retraites, les pensions de réversion…) ;
- **contractuelle** : que la meilleure rentabilité ne soit pas tributaire de pénalités excessives, de conditions contraignantes et abusives ;
- **psychologique** : que la solution soit compatible avec le client, son histoire et ses croyances…

4 Du contrôle et de l'adaptabilité

Le contrôle des combinaisons permet de valider dans sa **globalité** si les décisions prises sont saines, cohérentes et adaptables dans le temps. Cette dernière notion d'adaptabilité est certainement la plus décisive. Elle donne le droit au propriétaire de changer d'avis, de nuancer ses choix et de ne pas (trop) subir l'environnement économique et familial.

Face à cette complexité, qui pourrait être ce conseiller en gestion de patrimoine respectant le client dans la globalité ?…

Partie 2 La dimension juridique de la gestion de patrimoine

Dans la vie d'un couple, il arrive un moment où la question du cadre juridique de ce dernier se pose. Faut-il opter pour l'union libre, le mariage ou le PACS ? Et, au sein du mariage, quel régime doit être retenu, compte tenu des deux patrimoines en présence, des revenus respectifs, des objectifs recherchés… ? Puis vient, éventuellement, le moment où la vie de couple ne correspond plus aux attentes d'une ou des deux parties. Une procédure de divorce peut alors être engagée, avec des conséquences patrimoniales diverses. Si le divorce n'est jamais certain, le décès finit toujours par arriver. En présence d'un patrimoine, se pose alors la question de la succession, qui aura pu être préparée ou non par le défunt. Il est cependant possible de ne pas attendre ce moment fatal pour transmettre à titre gratuit tout ou partie de son patrimoine. Cette possibilité est cependant très encadrée afin de ne pas trop porter préjudice aux héritiers. Ces différents points font l'objet de quatre chapitres (4. les régimes matrimoniaux, 5. le divorce, 6. les successions, 7. les libéralités) rédigés par Catherine Bienvenu (Maître de conférences associée à l'Université Paris 12 et Responsable des donations et legs aux Petits Frères des Pauvres).

Le futur défunt peut souhaiter qu'une fois plus de ce monde, son patrimoine serve à protéger son conjoint ou un incapable, que cette incapacité soit liée au fait que la personne à protéger soit mineure, majeure aux facultés personnelles altérées ou handicapée. Le thème de la protection du conjoint survivant fait l'objet du chapitre 8, rédigé par Frédéric Petit (Notaire), et celui sur la protection d'un incapable du chapitre 9 écrit par Catherine Bienvenu.

Enfin, le droit français est une matière suffisamment riche pour permettre des montages optimisant la gestion d'un patrimoine. Ceci peut se faire faire, notamment, par le recours au démembrement de propriété. Cette technique conduit à séparer les droits d'user (*usus*) et de tirer des revenus (*fructus*) d'un bien du doit de propriété de ce dernier (*abusus*). Ceci aboutit alors à distinguer l'usufruitier du bien de son nu-propriétaire. Cette technique est présentée en détail par Bruno Dalmas (Conseil en gestion de patrimoine indépendant) au chapitre 10.

Un autre outil très utile en matière de gestion de patrimoine est le recours à la société civile. Ce type de société présente l'immense avantage de laisser une grande liberté dans la rédaction de ses statuts. Elle fait l'objet du chapitre 11, rédigé par Serge Anouchian (Expert-comptable), comprenant par ailleurs deux études de cas très éclairantes.

Chapitre

4 Les régimes matrimoniaux

Catherine BIENVENU

Les régimes matrimoniaux sont une partie des règles qui constituent le statut des époux dans leurs rapports mutuels et dans leurs relations avec les tiers. Ces règles permettent de répondre à diverses interrogations, dont certaines concernent la vie de tous les jours :

- Quelle répercussion l'état d'époux a-t-il sur le sort des biens détenus avant et après le mariage, ainsi que sur le passif, les dettes ?
- Qui va gérer ces biens ? Monsieur, Madame, les deux et alors dans quelles conditions ?
- Comment vont être réglés les intérêts des époux à la dissolution du lien conjugal, quelle qu'en soit son origine ?

Mais les régimes matrimoniaux ne sont qu'une partie des évènements, des relations, des devoirs, des obligations et de tout ce qui peut arriver pour le meilleur et pour le pire à un couple. Le mariage a des effets d'ordre personnel et financier. Le droit patrimonial de la famille se consacre exclusivement aux effets pécuniaires. De nombreuses autres règles régissent les époux, en tant que couple, comme l'obligation alimentaire, les libéralités ou les successions qui sont vues dans d'autres matières et, dans leurs relations avec les autres, et au premier chef avec leurs enfants.

Le régime matrimonial se limite donc à déterminer la propriété des biens et leur gestion.

Il n'existe pas un seul régime matrimonial. Le mariage est un fait, mais c'est aussi un contrat passé entre deux personnes. Même si les époux n'ont rien signé car, dans ce dernier cas, ce sont les règles établies par le Code civil qui s'appliqueront. Le législateur a laissé une grande liberté aux futurs époux, qui peuvent prévoir le règlement de leurs relations comme ils l'entendent, sous réserve, bien entendu, de respecter l'ordre public et les bonnes mœurs ainsi qu'un certain nombre de dispositions relatives à ce que l'on pourrait appeler les devoirs des époux, et qualifié par la pratique de régime primaire ou statut impératif de base.

Si le législateur a laissé une grande liberté, il a également prévu des régimes types pour ceux qui n'auraient pas fait précéder leur union d'un contrat (régime légal de la communauté réduite aux acquêts) ou qui se seraient contentés des dispositions proposées par le Code civil et reprises dans les modèles de contrats de mariage des notaires (séparation de biens, participation aux acquêts et communauté universelle). La liberté des conventions matrimoniales permet aux futurs époux (ou suite à un changement de régime matrimonial, possible après 2 ans sous un régime précédent), par contrat de mariage, d'aménager comme ils le jugent souhaitable leurs relations patrimoniales entre eux et avec les tiers.

À côté du statut impératif de base ou régime primaire (section 1), qui est commun à tous les régimes, le Code civil prévoit le régime légal de la communauté réduite aux acquêts (section 2) et des régimes conventionnels communautaires et séparatistes (section 3).

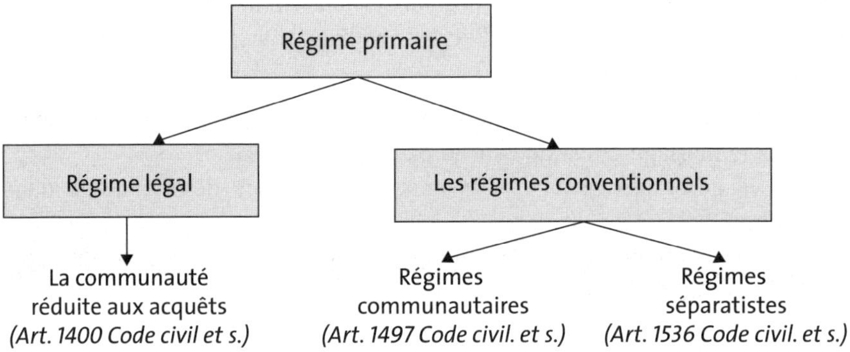

Figure 4.1

Section 1 ▪ **Le régime primaire**

Section 2 ▪ **Le régime légal de la communauté réduite aux acquêts**

Section 3 ▪ **Les régimes conventionnels communautaires et séparatistes**

Section 1 LE RÉGIME PRIMAIRE

Le statut impératif de base (Code civil 214 à 226) est fondamental car il s'impose aux époux quel que soit le régime matrimonial et quelle que soit la date de leur mariage. Ces dispositions sont d'ordre public, on ne peut donc pas y déroger, y compris dans le contrat de mariage. Le régime primaire permet d'éviter, à la fois, que l'état d'époux ne constitue une entrave à l'autonomie juridique, et que cette autonomie ne nuise aux fins du mariage. Il protège la famille contre l'époux. Ces articles ont une importance d'autant plus pratique qu'ils concernent la vie de tous les jours et de tous les couples, même ceux dont la valeur du patrimoine est très faible.

1 Le logement de la famille

Dans le but de protéger le logement commun, l'article 215 alinéa 3 du Code civil prévoit :

- une atteinte au droit de propriété si le bien est propre ou personnel ;
- une atteinte au pouvoir de propriétaire de l'époux sur ses biens personnels en régime de séparation de biens et d'administration et de jouissance de bien propre en communauté.

Ainsi, les époux ne peuvent, l'un sans l'autre, vendre le logement familial (la résidence principale uniquement), ni son contenu. Le propriétaire, marié, ne peut réaliser les actes privant la famille de son logement, sans le consentement de son conjoint (vente, promesse de vente, apport en société, constitution d'hypothèque, donation, bail, résiliation d'un contrat d'assurance habitation). Mais la protection a une limite puisque l'époux propriétaire peut vendre ou donner avec réserve d'usufruit à son profit (même sans réversion d'usufruit au profit de son conjoint). Cet article n'empêche pas les hypothèques légales, n'évite pas les droits des créanciers, notamment les saisies (sauf déclaration d'insaisissabilité). De la même manière, le droit au bail sur le logement de la famille, même conclu par un seul époux, et même avant le mariage, est réputé appartenir aux deux époux.

Ces atteintes s'expliquent car le logement de la famille ne s'entend plus avec sa valeur patrimoniale. Même si souvent un tel bien constitue l'essentiel du patrimoine du couple, les limitations de pouvoirs du propriétaire trouvent leurs causes dans l'évidente protection de la famille tant matériellement (en interdisant la réalisation dudit bien immobilier) que financièrement, par le crédit qu'a le ménage vis-à-vis des tiers lorsqu'il est propriétaire foncier.

L'importance de la protection du logement familial se retrouve en matière de divorce[1] et de succession[2], mais aussi dans le cadre de la vie des affaires grâce à la déclaration d'insaisissabilité. Pour parer au drame que pourrait constituer la disparition du logement de la famille, souvent seul bien de valeur dans de nombreux couples, la loi du 1er août 2003 sur l'initiative économique (art. 526-1s du Code de commerce) prévoit que l'entrepreneur individuel (commerçant, artisan, agriculteur et profession libérale) a la possibilité de procéder, par acte notarié, à une déclaration d'insaisissabilité des droits sur l'immeuble où est située sa résidence principale. Cette déclaration n'est opposable qu'aux seuls créanciers dont les droits naissent à l'occasion de l'activité professionnelle de l'époux et postérieurement à ladite déclaration. La résidence principale peut être propre à l'entrepreneur ou commune. La loi de modernisation de l'économie du 4 août 2008 a étendu ce dispositif à tout bien foncier bâti ou non, non affecté à son usage professionnel.

2 Les charges du mariage

Deux articles règlent le sort des charges du mariage :

- L'article 214 du Code civil permet de rechercher dans quelle mesure chacun des époux doit prendre part à ce type de dépenses. C'est **la contribution à la dette**.
- L'article 220 du Code civil, quant à lui, permet de déterminer l'étendue du droit de poursuite du créancier, notamment lorsque les époux sont communs en biens, de savoir si ce droit peut être exercé non seulement sur les biens personnels du débiteur mais aussi sur ceux dépendant de la masse commune, voire sur les propres du conjoint. C'est **l'obligation à la dette.**

2.1 La contribution des époux aux charges du mariage

La contribution à la dette concerne les relations mutuelles des époux. La notion de charges du mariage est plus large que celle de dettes ménagères car elles dépendent du train de vie que, d'un commun accord, les époux se sont donnés. Elles ne se limitent pas au strict nécessaire (essentiellement les dépenses d'entretien du ménage et d'éducation des enfants (même ceux d'un 1er lit), nourriture, logement, vêtements, agréments, loisirs…), mais aussi une acquisition immobilière si elle représente le seul moyen d'assurer le logement de la famille. Il a même été jugé que la contribution aux charges du mariage peut inclure des dépenses d'agrément telles l'acquisition d'une résidence secondaire.

1. Voir chapitre « Le divorce ».
2. Voir chapitre « Les successions » (les droits spécifiques du conjoint survivant sur son logement).

Si les conventions matrimoniales ne règlent pas la contribution aux charges du mariage, les époux y contribuent à proportion de leurs facultés respectives. Le contrat de mariage ne peut pas exonérer totalement l'un des époux de cette contribution, qui peut revêtir diverses formes : remise de deniers au conjoint, paiement direct, collaboration non rémunérée à la profession de l'autre époux, temps passé aux taches ménagères... L'époux peut demander au Juge aux Affaires familiales de fixer cette contribution (art. 1069-3 NCPC). L'époux fautif, s'il ne s'y conforme pas, s'expose à des sanctions pénales (délit d'abandon de famille) et une poursuite par son conjoint sur ses revenus.

2.2 La solidarité vis-à-vis des tiers

L'obligation à la dette concerne les relations des époux avec les tiers.

Le principe : la solidarité

La loi de 1965 a attribué, en toute réciprocité, à chacun des époux, le pouvoir de passer valablement seul les contrats ayant pour objet l'entretien du ménage et l'éducation des enfants. Le corollaire de cette parfaite égalité est l'association des époux dans la responsabilité des dettes qui en découlent puisque, par le canal de la solidarité, l'article 220 du Code civil ouvre aux créanciers (qui doivent toutefois prouver le caractère ménager de la dette) l'accès à l'ensemble des biens appartenant au couple, ce qui augmente le crédit de ce dernier. Ainsi, en régime séparatiste, le conjoint qui a payé peut se retourner contre son époux et, en régime communautaire, la dette fait partie de la communauté. Le créancier peut poursuivre le paiement sur les biens communs, ceux propres de son cocontractant et ceux propres du conjoint en vertu de la solidarité.

La notion de dettes ménagères est évidente pour l'éducation des enfants, la nourriture, le chauffage, l'habillement ou les frais de maladie. Elle a été étendue en jurisprudence, notamment : les loyers, cotisations retraites, santé, eau, gaz, électricité, charges de copropriété (même pour un immeuble propre servant au logement), acquisition d'automobiles, salaires d'une employée de maison, frais de scolarité, livres, séjour linguistique. Au contraire, la nature ménagère n'a pas été admise pour des dépenses d'investissements ou professionnelles.

Les exceptions : il n'y a plus solidarité

Il n'y a plus solidarité lorsque les dépenses sont manifestement excessives et lorsqu'il y a achat à tempérament ou crédit, à moins que le bien acquis soit de valeur modeste et nécessaire à la vie courante. L'exclusion de la solidarité signifie que l'engagement demeure valable mais que la dette est personnelle. Ainsi, en régime de séparation, la masse débitrice sera constituée des biens personnels du débiteur et, en régime de communauté, des biens communs et des biens propres du cocontractant (mais donc pas des biens propres de son conjoint).

3 L'exercice d'une profession

Chaque époux est libre de décider de travailler ou non et de choisir sa profession. Il existe cependant des situations particulières, lorsque les époux participent à un même commerce. La liberté d'exercer une profession isolément n'interdit pas aux époux de travailler ensemble. Cette dernière situation, longtemps ignorée par la loi, est désormais organisée. Il existe donc :

- des règles permettant à l'époux qui travaille avec son conjoint d'obtenir la qualité de commerçant (ou au contraire d'éviter d'être qualifié comme tel s'il le préfère) ;
- des présomptions de pouvoirs dans l'exercice de la profession sont accordées au conjoint collaborateur via le système du mandat (que n'aurait pas un autre collaborateur) ;
- des règles qui fixent le statut social et fiscal du conjoint salarié ainsi que celui des époux participant à une même exploitation agricole.

La loi reconnaît donc le travail de l'époux auquel il donne les mêmes droits qu'un travailleur non marié avec quelques nuances eu égard à la situation particulière des relations ; soit par la reconnaissance dudit travail soit, au contraire, en limitant certaines déductions fiscales sur les salaires.

Les conséquences de cette liberté concernent le sort des gains et salaires. La notion des gains et salaires porte sur la rémunération principale comme ses accessoires, telle une prime. Les bénéfices commerciaux et agricoles sont également des gains et salaires.

L'article 223 donne une pleine liberté de principe à l'époux sur ses gains professionnels après avoir satisfait les besoins du ménage. La règle est remarquable, surtout en régime communautaire, car les revenus professionnels (biens communs) échappent aux restrictions que connaissent les pouvoirs respectifs des époux et au principe de la gestion concurrente. Aux termes de l'article 1422 du Code civil, « les époux ne peuvent, l'un sans l'autre, disposer entre vifs, à titre gratuit, des biens de la communauté ». Cet article l'emporterait sur l'article 223 dès lors que les gains et salaires ont été économisés. C'est ainsi que la Cour de cassation a affirmé (29 février 1984), à propos d'une donation de gains professionnels par un mari à sa maîtresse, que les juges du fond avaient pu admettre la validité de principe de la libéralité, car elle avait été consentie au moyen de sommes provenant de gains et salaires alors que ces sommes n'avaient pas été économisées. Ainsi, les gains et salaires, une fois économisés, s'apparenteraient à des acquêts ordinaires.

L'époux a une libre perception de ses gains et salaires, qui « ne peuvent être saisis par les créanciers de son conjoint que si l'obligation a été contractée pour l'entretien du ménage ou l'éducation des enfants, conformément à l'article 220 (dettes solidaires) » (art. 1414 du Code civil).

Lorsque les gains et salaires sont versés à un compte courant ou de dépôt, ceux-ci ne peuvent être saisis que dans les conditions définies par décret. Il est ainsi laissé immédiatement à la disposition de l'époux, commun en biens, une somme équivalant, à son choix, au montant des gains et salaires versés au cours du mois précédant la saisie ou au montant moyen mensuel des gains et salaires versés dans les douze mois précédant la saisie. Il y a donc une insaisissabilité de principe des gains et salaires d'un époux par les créanciers du conjoint.

4 L'autonomie bancaire des époux

Le Code civil (art. 221) pose une présomption de pouvoirs sur tous types de comptes ouverts au nom d'un époux, mais non une présomption de propriété (un compte au nom d'un seul époux est, *a priori*, commun en régime communautaire). L'ouverture du compte est libre. Pour le fonctionnement de tout compte et pour toute opération, la règle est la présomption irréfragable de pouvoir. En conséquence, le conjoint du titulaire du compte ne pourra faire bloquer ledit compte qu'en prouvant que les fonds lui appartiennent, soit en suivant les voies judiciaires de droit commun avec notamment une saisie-attribution des sommes déposées, soit en suivant les voies du régime matrimonial en obtenant le pouvoir de gérer le compte du titulaire (1426 et 1429 du Code civil. *Cf. infra* situations de crise). La présomption de libre disposition est maintenue à la dissolution du mariage.

5 Gestion des situations de crise

5.1 Mécanismes judiciaires réglant les conséquences d'un désaccord entre époux ou la défaillance de l'un d'eux

Il s'agit de mécanismes judiciaires permettant de pallier les conséquences d'un désaccord entre les époux ou de la défaillance de l'un d'eux pour le bon fonctionnement de leur régime matrimonial.

Autorisation judiciaire à agir seul en cas d'incapacité ou de refus à agir du conjoint

L'article 217 du Code civil dispose : « Un époux peut être autorisé par justice à passer seul un acte pour lequel le consentement de son conjoint serait nécessaire, si celui-ci est hors d'état de manifester sa volonté ou si son refus n'est pas justifié par l'intérêt de la famille. » Ainsi, l'époux autorisé va agir en son nom propre pour des actes qu'il aurait dû faire avec son conjoint (cogestion en communauté). Ce qui exclut tout acte sur les biens propres en communauté et les biens personnels en régime de séparation de biens.

Mandat judiciaire en cas d'incapacité à agir

Si l'un des époux se trouve hors d'état de manifester sa volonté, l'autre peut se faire habiliter par justice à le représenter, d'une manière générale ou pour certains actes particuliers, dans l'exercice des pouvoirs résultant du régime matrimonial… (art. 219 du Code civil)

Tableau 4.1

	Article 217	Article 219
Circonstances	– absence ou maladie du conjoint – refus de consentir du conjoint	– absence – maladie du conjoint
Domaine quant aux biens	Biens relevant d'un régime de gestion conjointe (certains biens communs/logement de la famille).	Biens privatifs du conjoint.
Domaine quant aux actes	Un acte nécessitant le consentement des deux époux.	Un ou plusieurs actes relevant du pouvoir exclusif de l'époux absent ou malade.
Effets	L'acte autorisé par le juge est opposable à l'époux qui n'a pas consenti : celui-ci n'est pas personnellement engagé.	Le ou les actes autorisés par le juge engage(nt) directement le conjoint empêché lequel est représenté (on peut ainsi éviter la mise en place d'une tutelle).

L'article 220-1 du Code civil

Si l'un des époux manque gravement à ses devoirs et met ainsi en péril les intérêts de la famille, le juge peut prescrire toutes les mesures urgentes que requièrent ces intérêts. Il peut notamment interdire à cet époux, sans le consentement de l'autre, tout acte de disposition sur ses biens propres ou sur ceux de la communauté, meubles ou immeubles. Lorsque les violences exercées par l'un des époux mettent en danger son conjoint, un ou plusieurs enfants, le juge peut statuer sur la résidence séparée des époux en précisant lequel des époux continuera à résider dans le logement conjugal. Sauf circonstances particulières, la jouissance de ce logement est attribuée au conjoint qui n'est pas l'auteur des violences. Le juge se prononce, s'il y a lieu, sur les modalités d'exercice de l'autorité parentale et sur la contribution aux charges du mariage. Les mesures prises sont caduques si, à l'expiration d'un délai de quatre mois à compter de leur prononcé, aucune requête en divorce ou en séparation de corps n'a été déposée. La durée des autres mesures prises en application du présent article doit être déterminée par le juge et ne saurait, prolongation éventuelle comprise, dépasser trois ans.

La mise en application de cet article requiert trois conditions : l'urgence, le manquement par un époux à ses devoirs et la mise en péril des intérêts de la famille. Il permet alors d'élargir le domaine de la cogestion en portant atteinte à la libre disposition des biens propres.

Section 2 LE RÉGIME LÉGAL DE LA COMMUNAUTÉ RÉDUITE AUX ACQUÊTS

Cette section concerne les époux soumis au régime légal, issu de la loi du 13 juillet 1965, c'est-à-dire s'appliquant aux époux mariés sans contrat depuis le 1er février 1966 : **le régime de la communauté réduite aux acquêts.**

Les époux mariés sans contrat avant le 1er février 1966 sont soumis au régime légal de la communauté de meubles et d'acquêts. La différence fondamentale vient de ce que, dans ce cas, les biens meubles tombent toujours en communauté, c'est-à-dire l'argent liquide, les comptes bancaires, les livrets, les portefeuilles de valeurs mobilières, les actions, les obligations, le mobilier, les meubles meublants, les tableaux, les véhicules, les fonds de commerce… et ce quelle qu'en soit l'origine.

Les époux mariés sans contrat avant le 1er février 1966 ont eu la faculté d'opter pour le nouveau régime par simple déclaration notariée jusqu'au 31 décembre 1967. Peu d'époux ont usé de cette possibilité. Beaucoup de couples sont encore soumis au régime légal de la communauté de meubles et d'acquêts où tous les biens meubles sont, en principe, dans la masse commune.

Aux termes de l'article 1401 du Code civil. « La communauté se compose activement des acquêts faits par les époux ensemble ou séparément durant le mariage et provenant tant de leur industrie personnelle que des économies faites sur les fruits et revenus de leurs biens propres. » L'article 1402 du Code civil précise qu'« est un bien commun tout bien dont les époux ne rapportent pas la preuve du caractère propre ».

Le Code civil établit donc une présomption de communauté :

- Entre époux : c'est donc à l'époux qui invoque un bien propre qu'il incombe d'en apporter la preuve, en principe par écrit. D'où l'intérêt du contrat de mariage (même pour un régime légal) où l'on peut insérer un inventaire successoral ou dressé entre époux, notamment quant aux biens meubles. La preuve pourra en être rapportée par tous moyens, en cas d'impossibilité morale ou matérielle, mais sera rarement admise.
- Vis-à-vis des tiers : la preuve qu'un bien est propre, par un époux contre un tiers, se fera par écrit et la preuve d'un tiers contre un époux par tous moyens.

1 La composition de la communauté légale

1.1 Les gains et salaires (produits de l'activité professionnelle des époux)

Ils sont communs avant même leur perception. Chacun des époux peut néanmoins en disposer librement après s'être acquitté des charges du mariage (art. 223). Depuis la loi du 23 décembre 1985, ils ne peuvent être saisis par les créanciers du conjoint (voir *supra*). Les substituts de gains et salaires sont aussi communs. Ainsi, l'indemnité de licenciement versée à un époux tombe en communauté.

1.2 Les acquêts

Les acquêts sont tous les biens, meubles ou immeubles, acquis à titre onéreux par l'un ou l'autre époux, voire les deux, pendant le mariage ainsi que ceux créés. Ils comprennent notamment :

- l'entreprise commerciale (exploitée à titre individuel ou en société), acquise ou créée pendant le mariage, bien qu'exploitée par un seul des époux ;
- la valeur du fonds libéral, créé ou acquis pendant le mariage, y compris la valeur du matériel et des locaux ;
- la valeur de rachat des contrats d'assurance-vie souscrits pendant la communauté et non dénoués au jour de la dissolution (Civ. 1re 31 mars 1992, Praslika, toujours applicable sur le plan civil) ;
- la valeur des contrats de crédit-bail souscrits dans les mêmes conditions (Civ. 1re 1er juillet 1997) ;
- la valeur des options de souscription non encore levées au jour de la dissolution du mariage (réponses ministérielles publiées aux *JO* des 16 juin et 23 août 2001) ;
- l'industrie personnelle, qui comprend tout ce qui provient du travail, au sens large (ex. : table fabriquée, même un gain du loto), l'œuvre de l'esprit où le monopole exploitation est propre mais le droit pécuniaire commun.

1.3 Les fruits et revenus de biens propres

La communauté n'a droit qu'aux fruits perçus et non consommés.

Mais récompense pourra lui être due à la dissolution de la communauté pour les fruits que l'époux a négligé de percevoir ou a consommés frauduleusement, sans qu'aucune recherche, toutefois, soit recevable au-delà de cinq années[1].

• **Les revenus consommés :** chaque époux a la libre administration de ses biens propres. Il a donc le pouvoir de consommer les fruits et les revenus de ceux-ci après avoir acquitté sa contribution aux charges du mariage, sans récompense au profit de la communauté. Néanmoins, si l'un des époux utilise les revenus d'un bien propre en vue de son amélioration (ex. : travaux d'agrandissement), cet acte, bien que non frauduleux, donnera lieu à récompense. En revanche, les travaux d'entretien, financés de la même manière, ne donnent lieu à aucune indemnité au profit de la communauté (charges usufructuaires). De la même manière, aucune récompense ne sera due pour les intérêts d'emprunt de l'acquisition d'un bien immeuble propre ;

• **Les revenus non consommés :** ils sont communs dès leur perception.

1. Art. 1403 al. 1 et 2.

1.4 Les biens communs par la volonté du donateur ou du testateur

« La libéralité peut stipuler que les biens qui en font l'objet appartiendront à la communauté. Les biens tombent en communauté sauf stipulation contraire, quant la libéralité est faite aux deux époux conjointement. »[1] En pratique, l'utilisation de cet article remplit les objectifs d'un couple souhaitant transmettre un bien qui doit profiter à son enfant (et son conjoint), puis à ses petits-enfants. On peut envisager deux solutions.

Analyse comparative

- **Donation consentie à l'enfant et à son épouse conjointement**

Lorsque la donation est faite conjointement aux deux époux avec stipulation que le bien deviendra commun aux donataires (généralement les enfants), elle s'analyse comme une donation faite pour moitié à chacun d'eux. Les droits de mutation à titre gratuit sont liquidés suivant le degré de parenté des donataires avec le donateur. Le conjoint de l'enfant n'a pas, en vertu de la loi, de lien de parenté avec le donateur. Il ne peut donc bénéficier, ni de l'abattement personnel, ni du tarif en ligne directe[2]. L'enfant acquittera des droits de mutation à titre gratuit sur la moitié du bien, avec abattement et tarif en ligne directe. Son conjoint devra, lui, acquitter les droits de mutation à titre gratuit sur la moitié du bien, sans abattement et au tarif entre étrangers (60 %).

- **Donation consentie à l'enfant assortie d'une stipulation de communauté**

La donation est considérée comme faite en totalité à la personne désignée au contrat. Le régime fiscal des droits de mutation en ligne directe est donc applicable à la totalité de l'opération (réponses ministérielles des 22 mars 1969 et 16 février 1987). L'enfant sera soumis aux droits de mutation à titre gratuit sur la totalité du bien, avec abattement et tarif en ligne directe. Son conjoint n'aura aucun droit de mutation à acquitter, et n'a ni à intervenir ni à consentir à l'acte.

Application

Monsieur B. est propriétaire à titre personnel d'un terrain à bâtir d'une valeur de 300 000 €. Il en fait donation à son fils Jean, marié sous le régime de la communauté légale, pour y construire la résidence du couple. Aussi souhaite-t-il en faire également profiter sa belle-fille. Deux solutions sont envisageables (voir tableau page suivante).

1. Art. 1405 al. 2.
2. Voir chapitre « Les libéralités ».

1. Donation conjointe au profit de Jean et de sa femme :	2. Donation du terrain à Jean, assortie d'une stipulation de bien commun :
Droits dus par Jean : Assiette : 300 000 € / 2 = 150 000 € Abattement : 156 974 € Soit : 0 **Droits dus par la femme de Jean :** Assiette : 300 000 € / 2 = 150 000 € Taux : 60 % Soit : 90 000 € (Fiscalité au 01.01.2010)	**Droits dus par Jean :** Assiette : 300 000 € Abattement : 156 974 € Base taxable : 143 026 € Droits à : 5 % (sur 7 953) soit 397,65 € 10 % (sur 3 977) soit 397,70 € 15 % (sur 3 767) soit 565,05 € 20 % (sur 127 329) soit 25 465,80 € Soit : 26 826,20 € NB : Cette solution est applicable aux legs à un descendant marié sous condition d'entrée du bien dans la communauté.

Difficultés d'application de cette donation

Il faudra attirer l'attention des parties sur l'égalité entre les successibles. La donation est rapportable[1], pour la totalité, par l'époux donataire et imputable pour le tout sur sa part de réserve. Ce qui créera un déséquilibre avec les frères et sœurs. L'effet de cette clause est immédiat, et définitif, entre époux. Il est toutefois possible de prévoir une clause de condition résolutoire en cas de divorce ou de stipuler une clause de récompense dans l'acte.

2 La composition du patrimoine propre

2.1 Les biens propres à raison de leur origine

Les biens présents

Restent propres les biens dont les époux avaient la propriété ou la possession au jour de la célébration du mariage[2].

Les biens acquis à titre gratuit : dévolution successorale légale, legs, donation (art. 1405 al. 1)

Sauf volonté contraire du donateur ou du testateur[3], les biens acquis à titre gratuit restent propres à l'époux gratifié, y compris le capital issu du dénouement, par le décès du souscripteur, d'un contrat d'assurance-vie lorsque celui-ci constitue « une

1. Voir chapitre « Les successions ».
2. Art. 1405 al. 1.
3. Art. 1405 al. 2.

opération de capitalisation » et réalise « la transmission d'une épargne en vertu d'une intention libérale »[1].

Les biens acquis à titre d'accessoire d'un bien propre

« Forment des propres, sauf récompense s'il y a lieu, les biens acquis à titre d'accessoires d'un bien propre… »[2] En matière immobilière, c'est l'application de la notion d'accession. Ainsi, un époux est propriétaire d'un terrain au jour du mariage. Le couple finance la construction de la maison familiale (opération à titre onéreux, acquêt de communauté). La théorie de l'accession permet à l'époux propriétaire du terrain de conserver en propre la propriété de la maison moyennant récompense. En matière de biens professionnels, c'est l'accessoire au service de l'unité d'exploitation. Ainsi, le matériel destiné à l'exploitation d'un bien propre en est l'accessoire (destination économique) ; il est propre même s'il est acquis à titre onéreux pendant le mariage. L'extension d'activité d'un bien professionnel propre en est aussi l'accessoire, sauf création d'une clientèle nouvelle (Civ. 1re 17 décembre 1996). S'agissant des plus-values apportées par le travail d'un époux sur son bien propre, ou même celui de son conjoint, **lui restent propres**, sans récompense.

Les biens acquis par accroissement

Forment également des biens propres, les valeurs nouvelles et autres accroissements se rattachant à des valeurs mobilières propres[3].

En cas d'augmentation de capital d'une société anonyme, le droit préférentiel de souscription est propre ainsi que les valeurs préférentiellement et nouvellement acquises, sauf récompense à la communauté lorsque des deniers communs ont été utilisés pour acquérir les actions nouvelles. De même, lorsqu'il y a augmentation de capital par incorporation de réserves, les « actions gratuites » restent propres (sauf mise en réserve anormale). Il en va différemment avec la question de la gestion d'un portefeuille de valeurs mobilières (voir *infra*).

La cession de droits indivis

L'acquisition faite à titre de licitation ou autrement, de portion d'un bien dont l'un des époux était propriétaire par indivis, ne forment point un acquêt, sauf la récompense due à la communauté pour la somme qu'elle a pu fournir[4].

L'indivision peut être d'origine successorale ou conventionnelle. L'acquisition peut se faire à titre onéreux, sous forme de partage, de vente, de licitation, de droit

1. Civ. 1re 18 juillet 2000, arrêt Leroux confirmé par Civ. 1re 29 janvier 2002.
2. Art. 1406 al. 1.
3. Art. 1406.
4. Art. 1408.

de préemption du co-indivisaire ou de substitution[1]. Il n'est pas nécessaire que la cession fasse cesser l'indivision. Il n'est pas tenu compte de la part contributive de la communauté. Ainsi, si par succession, l'un des époux est propriétaire d'un dixième d'un bien, il peut acquérir celui-ci qui lui restera propre contre récompense à la communauté à hauteur des 9/10ᵉ.

2.2 Les biens propres par nature

Forment des propres par nature, quand même ils auraient été acquis pendant le mariage, les vêtements et linge à usage personnel de l'un des époux, les actions en réparation d'un dommage corporel ou moral, les créances et pensions incessibles, et plus généralement tous les biens qui ont un caractère personnel et tous les droits exclusivement attachés à la personne. Forment aussi des propres par nature, mais sauf récompense s'il y a lieu, les instruments de travail nécessaires à la profession de l'un des époux, à moins qu'ils ne soient l'accessoire d'un fonds de commerce ou d'une exploitation faisant partie de la communauté[2].

Les dispositions de cet article s'appliquent depuis la loi du 23 décembre 1985 également aux époux mariés sans contrat avant le 1er février 1966, donc soumis au régime légal de la communauté des meubles et acquêts.

2.3 Les biens propres par subrogation

La subrogation réelle automatique

Les créances et indemnités qui remplacent un bien propre « forment aussi des propres, par l'effet de la subrogation réelle, les créances et indemnités qui remplacent les propres… »[3] Par exemple, le prix de vente d'un bien propre reste propre comme l'indemnité d'assurance à la suite d'un sinistre ou l'indemnité d'expropriation.

Le bien acquis en échange d'un bien qui appartenait à l'un des époux est lui-même propre, sauf la récompense due à la communauté ou par elle, s'il y a soulte. Toutefois, si la soulte mise à la charge de la communauté est supérieure à la valeur du bien cédé, le bien acquis en échange tombe dans la masse commune, sauf récompense au profit du cédant.[4]

Les parts souscrites en contrepartie de l'apport en société de biens ou de deniers propres sont propres sans qu'il y ait lieu de procéder à déclaration de remploi[5]. Cette situation ne doit pas être confondue avec l'acquisition de parts existantes à l'aide de

1. Art. 815-14 et 815-15.
2. Art. 1404.
3. Art. 1406 al. 2.
4. Art. 1407.
5. Civ. 1re 21 novembre 1978.

deniers propres qui nécessite une déclaration d'emploi pour assurer le maintien dans le patrimoine qui l'a financé.

Pour les valeurs acquises à l'occasion d'arbitrages dans la gestion d'un portefeuille de valeurs mobilières propre, il y aurait probablement application de la notion d'universalité dégagée par la Cour de cassation le 12 novembre 1998 (arrêt Baylet) à propos d'un portefeuille démembré.

La subrogation réelle par emploi ou remploi

L'emploi est l'utilisation de deniers propres reçus par succession ou libéralités ou possédés antérieurement au mariage. Le remploi est l'utilisation du prix de vente d'un bien propre. Pour qu'un bien, acquis à l'aide de deniers propres, demeure propre à l'un des époux, celui-ci doit le revendiquer.

- **L'emploi ou le remploi concomitant**

L'emploi ou le remploi est censé fait à l'égard d'un époux, toutes les fois que lors d'une acquisition, il a déclaré qu'elle était faite de deniers propres ou provenant de l'aliénation d'un propre et pour lui tenir lieu d'emploi ou de remploi.[1]

Il est nécessaire qu'il y ait une double déclaration dans l'acte d'acquisition :
- manifestation unilatérale de volonté (l'accord du conjoint est inutile) ;
- la double déclaration (origine des deniers et souhait de (r)emploi) est nécessaire dans l'hypothèse d'une acquisition. Elle n'est donc pas indispensable lorsqu'un époux réalise un placement à l'aide de deniers propres (placement en compte épargne : Civ 1re 3 novembre 1983).

L'époux doit en outre se ménager la preuve de l'origine des deniers utilisés pour éviter toute contestation ultérieure de la part du conjoint ou des créanciers.

- **Le remploi *a posteriori***

À défaut de cette déclaration (manifestation de volonté) dans l'acte, l'emploi ou le remploi n'a lieu que par l'accord des deux époux et il ne produit ses effets que dans leurs rapports réciproques[2].

Ainsi :
- le consentement du conjoint est nécessaire puisqu'il s'agit de faire sortir un bien de la communauté ;
- il est, par ailleurs, utile de se ménager une preuve écrite de l'accord du conjoint ;
- ce remploi n'a que des effets limités : il est inopposable aux tiers.

1. Art. 1434.
2. Art. 1434 *in fine*.

- **Le remploi par anticipation**

Si l'emploi ou le remploi est fait par anticipation, le bien acquis est propre sous la condition que les sommes attendues du patrimoine propre soient payées à la communauté dans les 5 ans de la date de l'acte[1].

Ainsi :

– l'acquisition précède la vente ;
– il faut une double déclaration unilatérale dans l'acte d'acquisition ;
– la reconnaissance du caractère propre du bien est subordonnée au remboursement de la communauté dans les délais impartis par la loi ;
– tant que la communauté n'est pas remboursée, le bien est considéré comme commun.

Tableau récapitulatif des biens propres par subrogation

Tableau 4.2

	Subrogation automatique	Subrogation non automatique
Opérations	– créances et indemnités remplaçant un bien propre – échange – apport – arbitrages	– emploi de deniers propres – remploi de deniers propres
Formalisme	Aucun	– double déclaration unilatérale dans l'acte d'acquisition – ou accord des époux manifesté postérieurement à l'acte
Limites	En cas d'échange, si la contribution de la communauté est supérieure à la valeur du bien propre, le bien devient commun.	Si la contribution de la communauté est supérieure à la valeur du bien propre, le bien devient commun.

3 Les pouvoirs de gestion dans la communauté légale

Les pouvoirs de gestion sont différents selon la nature des biens propres ou communs. Il y a une variation des pouvoirs sur les biens communs en fonction de la nature de l'opération. Il existe, en effet, 3 types de gestion :

– la gestion concurrente (art. 1421 al. 1 Code civil), qui concerne la gestion des biens que chacun des époux a le pouvoir d'administrer seul et d'en disposer ;
– la gestion exclusive (art. 1421 al. 2 Code civil), qui concerne la gestion des biens réservée exclusivement à l'un des époux ;

1. Art. 1435.

– la cogestion (art. 1422, 1424 et 1425 Code civil), qui concerne les biens nécessitant l'intervention des deux époux.

Sur les biens propres, la gestion est toujours exclusive, exception faite de l'immeuble assurant le logement de la famille (art. 215 al. 3 Code civil) et, ponctuellement, lors des situations de crise.

Tableau 4.3

Opération sur bien commun	Type de gestion
PRINCIPE	**GESTION CONCURRENTE (art. 1421 al. 1)**
Actes courants (achats, vente mobilière, bail d'habitation, prêt...)	Gestion **concurrente** (art. 1421 al. 1)
Cautionnement	Gestion **concurrente**
EXCEPTIONS	**GESTION EXCLUSIVE OU COGESTION**
Actes courants concernant l'exercice d'une activité professionnelle, séparée (accord du conjoint s'il est salarié ou collaborateur)	Gestion **exclusive** de l'exploitant (art. 1421 al. 2) sauf cas cogestion (***infra***)
• Donations (directes, indirectes, déguisées, dons manuels) • Sauf présents d'usage (sauf si disproportionnés)	**Cogestion (art. 1422)** exception faite des gains et salaires (art. 223) avec la distinction s'ils ont été économisés (1422) ou non (223)
Ventes immobilières et constitutions d'hypothèque ou d'usufruit, ventes et nantissements de fonds de commerce ou exploitation dépendant de la communauté, apports en société de ces mêmes biens	**Cogestion (art. 1424)**
Cessions de droits sociaux non négociables (parts de société de personnes ; parts SARL)	**Cogestion (art. 1424)**
Bail commercial et bail rural	**Cogestion (art. 1425)**
Cession de bail, location gérance si le conjoint participe à l'activité du chef d'entreprise	**Cogestion (art. 2 loi 10 juillet 1982)**
Revenus des biens propres Gains et salaires	Gestion exclusive (art. 1403 al. 2 et 223) tant qu'ils ne sont pas économisés
Apport de biens communs à société ou acquisition de parts sociales non négociables	Cogestion et information du conjoint (art. 1832-2 du Code civil) pour revendiquer la qualité d'associé
Legs	Gestion exclusive Mais (art. 1423) un époux ne peut léguer plus que sa part dans la communauté. Un legs particulier sera délivré en nature ou en valeur selon le résultat du partage de la communauté

En raison de la grande liberté de gestion laissée aux époux, la loi a prévu, à côté des règlements des situations de crise issus du régime primaire (voir *supra*), des mesures de dessaisissement judiciaire propres au régime de la communauté.

D'une part, l'article 1426 du Code civil sur les biens communs, lorsqu'il y a incapacité, inaptitude ou fraude du conjoint. L'époux qui sollicite le dessaisissement a déjà tout pouvoir sur la communauté. Il demande seulement à agir seul. Il n'y aura substitution que dans les cas où le conjoint avait des droits exclusifs comme dans l'exercice d'une profession séparée. D'autre part, l'article 1429 du Code civil sur les biens propres du conjoint si ce dernier est dans l'incapacité d'agir ou a des comportements répréhensibles (laisse dépérir ses propres ou les détourne). Le conjoint demandeur pourra alors représenter son époux pour les actes d'administration et de jouissance.

4 Passif dans la communauté légale

Il y a lieu de distinguer entre l'obligation (relations des époux avec les tiers) et la contribution (relations mutuelles des époux) à la dette :

- Une dette peut être commune sous le double aspect de l'obligation et de la contribution. Il s'agit d'un passif définitif à la communauté qui devra récompense au patrimoine propre qui l'acquitterait.
- Une dette peut être propre sous le double aspect de l'obligation et de la contribution. Il s'agit d'un passif définitif pour le patrimoine propre qui devra récompense à la communauté si elle a été réglée avec des deniers communs.
- Une dette peut être commune du point de vue de l'obligation, mais personnelle quant à la contribution. Si le créancier a poursuivi le règlement sur la communauté, elle aura droit à récompense.

Les dettes nées au cours du mariage sont communes au plan de l'obligation (vis-à-vis des tiers créanciers). Toutefois, en fonction de l'auteur de la dette (un seul époux ou les deux ensemble) et de sa nature, le gage des créanciers (le ou les patrimoines qu'ils pourront poursuivre) sera plus ou moins large :

Tableau 4.4

Dettes	Biens communs	Biens propres
Dettes d'un époux avant le mariage et dettes successorales	Uniquement les revenus du débiteur	Du seul époux débiteur
Dettes ménagères même par un seul époux (art. 220 Code civil)	Tous	Des 2 époux
Dettes postérieures au mariage du chef d'un seul époux	Tous sauf 1/12e annuel des gains et salaires du conjoint du débiteur ou montant des gains et salaires versés le mois précédant la saisie	Du seul époux débiteur
Emprunt ou cautionnement souscrit par un seul époux	Uniquement les revenus du débiteur	Du seul époux débiteur
Emprunt ou cautionnement souscrit par un époux avec accord du conjoint	Tous	Du seul époux débiteur
Emprunt ou cautionnement souscrit par les 2 époux	Tous	Des 2 époux

La contribution à la dette est relative à la répartition définitive du passif. Lors de la liquidation du régime matrimonial, il y aura lieu de distinguer le passif définitif de la communauté et son passif provisoire. Ainsi, les dettes incombant à un seul des époux, qui auraient été acquittées avec des deniers communs, feront l'objet d'une récompense du patrimoine propre de l'époux débiteur au patrimoine commun (voir *infra*). Inversement, une dette commune acquittée par un des patrimoines propres engendrera une récompense depuis le patrimoine commun vers le patrimoine propre qui l'a acquittée.

5 La dissolution et la liquidation de la communauté légale

5.1 Les causes de dissolution du régime

Tableau 4.5

CAS DE DISSOLUTION	DATE D'EFFET	
	Entre époux	**À l'égard des tiers**
Décès	Au jour du décès	
Absence déclarée	Date de la transcription en marge de l'acte de naissance	
Divorce ou séparation de corps	Date de l'assignation ou date de cessation de la cohabitation ou de la collaboration	Date de la mention en marge de l'acte de mariage et des actes de naissance
Divorce par consentement mutuel	Loi 26.05.2004 : Date d'homologation	
Autre divorce	Ordonnance de non-conciliation	
Séparation de biens judiciaire	Jour de l'assignation	

On peut noter qu'une dette née après la date d'effets entre époux et avant la date effets vis-à-vis des tiers est une dette entrant dans la communauté.

5.2 Les effets de la dissolution

Dans l'attente de la liquidation et du partage de la communauté, c'est une indivision post-communautaire qui s'installe.

Application des articles 815 et s. du Code civil entre les indivisaires

Dès la dissolution de la communauté, c'est le droit de l'indivision qui s'applique entre les époux ou entre le conjoint survivant et les héritiers du défunt. Tout bien acquis pendant l'indivision est présumé personnel à l'époux acquéreur. L'indivision se compose des biens communs.

Application de l'article 815-17 du Code civil au profit des créanciers

Les créanciers de l'indivision (ceux dont la créance est née de la conservation et de la gestion des biens indivis pendant l'indivision et les créanciers qui auraient pu agir sur les biens de la communauté avant qu'ils ne tombent dans l'indivision) ont le droit d'être payés par prélèvement sur l'actif indivis avant le partage. Les créanciers personnels des indivisaires (ceux dont la créance est née après la dissolution de la communauté pour une autre cause que la conservation et la gestion des biens indivis et ceux qui, en cours de mariage, n'auraient pas eu de droit de poursuite sur le patrimoine commun) n'ont aucun droit sur l'actif indivis.

5.3 Les opérations de liquidation

Elles ont pour but de permettre à chacun des époux de reprendre ses biens propres et de se partager l'actif commun.

La reprise des biens propres

Elle suppose la preuve du caractère propre des biens et donc le renversement de la présomption de communauté de l'article 1402 du Code civil.

Le calcul des récompenses

Il est destiné à corriger les mouvements de valeur entre les patrimoines propres et communs[1] et est soumis aux règles d'évaluation de l'article 1469 du Code civil. En principe, la récompense est égale à la plus faible des deux sommes entre :

- la dépense faite au jour où elle a été réalisée ;
- le profit subsistant, évalué au jour de la liquidation.

Par exception :

- la récompense ne peut pas être inférieure à la dépense faite si elle était nécessaire ;
- elle ne peut pas être inférieure au profit subsistant lorsque la valeur utilisée a servi à acquérir, à conserver ou à améliorer un bien.

1. Art. 1433 et 1437 du Code civil.

Tableau 4.6

Cause de la récompense	Montant de la récompense
Dépense utile	La plus faible des 2 sommes entre dépense faite et profit subsistant
Dépense nécessaire	Au moins la dépense faite
Acquisition, amélioration, conservation	Au moins le profit subsistant

Une fois les récompenses établies, on en fait le compte, de sorte que le solde donnera lieu à règlement. Le règlement en numéraire n'est possible que si la récompense est due par la communauté à un des époux. Le règlement peut, dans un sens ou dans l'autre, se faire par incorporation au partage de la communauté. Le solde des récompenses est alors un actif ou un passif de la communauté. Il y aura lieu de partager le solde de la communauté en attribuant à l'époux créancier ou débiteur cet actif ou ce passif.

Les époux pourront aussi procéder à des opérations de prélèvements préalables au partage de la communauté. « Les prélèvements s'exercent d'abord sur l'argent comptant, ensuite sur les meubles et subsidiairement sur les immeubles de la communauté. »[1] Ainsi, l'époux créancier pourra prélever des biens communs à concurrence de sa créance. En sens inverse, si c'est un des époux qui est débiteur, c'est son conjoint qui procédera au prélèvement. Il ne restera plus alors qu'à partager la communauté par moitié selon la volonté des parties ou par voie judiciaire en cas de désaccord.

Tableau 4.7

Bilan du régime légal	Atouts	Limites
Équilibre des patrimoines	La présomption de communauté profite à la masse commune. Mais les époux conservent la propriété des biens présents et des biens d'origine familiale.	Pour assurer le maintien de son patrimoine propre, chaque époux doit être titulaire de deniers propres et procéder à une déclaration de remploi.
Les règles de gestion	Les 2 époux ont aujourd'hui les mêmes pouvoirs. Les actes les plus importants nécessitent leur accord.	Risques de conflit et de blocage, corrigés par les mécanismes (judiciaires) du régime primaire. Atteinte à l'autonomie de l'époux professionnel qui exploite un fonds commun.
La protection du conjoint	Le conjoint qui n'exerce pas d'activité rémunérée profite de l'activité de l'autre. Le conjoint survivant ou l'ex-époux conserve sa part de communauté.	Si l'un des époux est salarié de l'autre, la déduction fiscale de son salaire est limitée en raison des interférences entre les patrimoines propres et communs, le partage peut compliquer le règlement de la succession ou du divorce.
La répartition des dettes des époux	L'étendue du gage des créanciers permet à la femme comme au mari d'obtenir du crédit.	L'accumulation des dettes du chef de l'un et de l'autre risque de mettre en danger le patrimoine familial et/ou professionnel, malgré les règles protectrices de la loi de 1985.
Conclusion	Régime adapté à de jeunes époux dont un seul exerce une activité rémunérée ou exerçant tous les deux une activité salariée.	Régime à déconseiller pour des époux dont l'un (ou les deux) a (ont) une activité présentant des risques financiers et/ou supposant un bien professionnel à sauvegarder.

1. Art. 1470.

Section 3 LES RÉGIMES CONVENTIONNELS COMMUNAUTAIRES ET SÉPARATISTES

1 Les régimes conventionnels communautaires

Il est possible aux futurs époux, ou lors d'un changement de régime matrimonial, d'établir dans un contrat de mariage un régime matrimonial sur mesure en modifiant :

- la composition des patrimoines ;
- la gestion des patrimoines (cet aménagement n'est que difficilement envisageable car il s'agirait d'augmenter les situations de cogestion, situation difficile à vivre en pratique) ;
- la liquidation et le partage des biens communs.

Les règles de la communauté légale restent applicables pour tous les points qui n'ont pas fait l'objet d'un aménagement.

1.1 L'aménagement de la composition des patrimoines

Il pourra se faire par l'établissement de clauses particulières :

- Clauses restrictives de la masse commune : on pourra ainsi prévoir une stipulation de bien propre pour des biens communs sous le régime légal en excluant, notamment, les gains et salaires ou un bien professionnel particulier.
- Clauses extensives de la masse commune : on prévoira ainsi l'ameublissement d'un bien, propre en régime légal, par une stipulation de communauté.

Ce sera également le cas des deux contrats prévus par le Code civil, la communauté de meubles et acquêts et la communauté universelle, qui, eux aussi sont adaptables.

La communauté de meubles et acquêts

La composition active du patrimoine commun est celle de la communauté légale, augmentée de tous « les biens meubles dont les époux avaient la propriété ou la possession au jour du mariage ou qui leur sont échus depuis par succession ou libéralité, à moins que le donateur ou le testateur n'ait stipulé le contraire »[1]. En conséquence, les biens propres sont les immeubles possédés par les époux avant le mariage et ceux recueillis par succession ou libéralité, les biens meubles qui auraient formé des biens propres par nature sous le régime légal en application de l'article 1404 du Code civil, les acquisitions à titre d'accessoire de propre[2], les acquisitions

1. Art. 1498 al. 1.
2. Art. 1406 du Code civil.

assorties de subrogation réelle dans les mêmes conditions que dans le régime légal (subrogation automatique ou par la technique de l'emploi ou du remploi) ainsi que les donations et legs de meubles avec stipulation de propres.

Le passif se gère comme en régime légal, sauf les dettes antérieures au mariage afférentes aux meubles qui tombent en communauté. Les règles de gestion sont celles du régime légal et, lors de la dissolution du régime, il y a un partage par moitié sauf stipulation contraire.

La communauté universelle

La composition active de la communauté comprend tous les biens appartenant aux époux avant le mariage et ceux qui leur échoient par succession ou libéralité pendant le mariage. Ce qui ne signifie pas qu'il ne puisse pas y avoir de biens propres. D'une part, les biens déclarés propres par l'article 1404 du Code civil ne tombent pas dans la communauté, sauf si les époux en manifestent la volonté. D'autre part, les époux peuvent recevoir des biens avec exclusion d'entrée dans la communauté.

La communauté supporte définitivement toutes les dettes des époux, présentes et futures. Les règles de gestion sont celles du régime légal. Quant à la dissolution du régime et, à défaut de stipulation contraire, la communauté fait l'objet d'un partage par moitié entre le conjoint survivant et les héritiers. Toutefois, le plus souvent, le régime est assorti d'une clause d'attribution intégrale de la communauté au conjoint survivant (*cf. infra* la technique de l'avantage matrimonial).

1.2 Aménagement du partage et de la liquidation de la communauté

Renvoi *infra* aux développements sur la protection du conjoint survivant.

Tableau 4.8

	Clauses de prélèvement moyennant indemnité	Clause préciputaire	Stipulation de parts inégales	Attribution intégrale
Fondement (Code civil)	Art. 1511	Art. 1515	Art. 1520	Art. 1524
Assiette	Biens communs en pleine propriété ou en usufruit			
Bénéficiaire	Le conjoint survivant ou l'époux désigné. Prévoir l'application de la clause au seul cas de dissolution par décès			
Nature de l'opération	Opération de partage	Avantage matrimonial		
Protection des héritiers			Possibilité de prévoir une clause de reprise des apports	
Protection enfants de 1er lit		**Action en retranchement**		
Fiscalité	Droit de partage			Aucune

1.3 Aménagement de la liquidation des biens propres : la faculté d'attribution ou d'acquisition

Renvoi *infra* aux développements sur la protection du conjoint survivant.

Tableau 4.9

Fondement	Art. 1390 Code civil
Assiette	Biens propres de l'époux prédécédé
Bénéficiaire	Le conjoint survivant
Nature de l'opération	1) Partage si le conjoint est appelé à la succession 2) Vente s'il n'y est pas appelé
Fiscalité	Droit de partage + droit de mutation à titre onéreux sur l'éventuelle soulte

2 Les régimes conventionnels séparatistes

2.1 La séparation de biens pure et simple

Tableau 4.10

	Biens personnels	Biens indivis
Composition des patrimoines	Chaque époux est privativement propriétaire des biens qu'il possède au jour du mariage et des biens qu'il acquiert individuellement pendant le mariage à titre gratuit ou à titre onéreux. Il est prudent de se ménager des modes de preuve et/ou de prévoir dans le contrat de mariage des présomptions de propriété. Le titre l'emporte sur le mode de financement (Civ 1re 17 décembre 1997).	Les époux peuvent créer volontairement une masse de biens indivis en réalisant des acquisitions au nom de l'un et de l'autre (ex. : le logement familial est souvent acquis en indivision). Lorsque les époux n'apportent pas la preuve de leur propriété individuelle, l'article 1538 du Code civil prévoit une présomption d'indivision applicable pendant la vie du régime comme à la dissolution.
Pouvoirs de gestion	Chaque époux conserve « l'administration, la jouissance et la libre disposition de ses biens personnels » (art. 1536 al. 1), à l'exception des biens qui assurent le logement de la famille (art. 215 al. 3).	Principe d'unanimité pour les actes d'administration et de disposition (art. 815-3).
Les dettes	Chaque époux « reste seul tenu des dettes nées en sa personne, avant ou après le mariage » (art. 1536 al. 2), sauf les dettes ménagères de l'article 220 Code civil, l'engagement solidaire et le cautionnement de l'un au profit de l'autre.	Les créanciers des époux peuvent atteindre les biens indivis dans des conditions prévues à l'article 815-17 Code civil.
La dissolution	Chaque époux conserve la propriété de ses biens personnels sous réserve d'en rapporter la preuve.	Quelle que soit la cause de dissolution, il y a lieu à partage des biens indivis (art. 1543). Perception du droit proportionnel de partage étendu au montant des soultes éventuelles, sauf si les époux avaient prévu une clause de tontine en vertu de laquelle l'époux survivant sera réputé seul propriétaire du bien rétroactivement depuis l'acquisition.

Tableau 4.11

Avantages	Limites
Indépendance des époux.	**Régime peu équitable** lorsqu'un époux n'a pas d'activité rémunérée ou peu de revenus : il ne profite pas de l'activité de l'autre.
Le patrimoine de l'un est protégé contre les risques de l'activité de l'autre.	Sauf : société de fait ou co-exploitation/solidarité conventionnelle/cautionnement.
La liquidation du régime est en principe simple sous réserve des difficultés éventuelles de preuve et du règlement des créances entre époux (soumises depuis la loi du 23 décembre 1985 aux règles d'évaluation de l'art. 1469).	Sauf requalification de certaines opérations en donations **indirectes, désormais irrévocables** depuis la loi du 26 mai 2004 réformant le divorce (achat au nom de l'un et financé en tout ou partie par l'autre), avec les risques de révocation en cours de régime ou au jour de la dissolution par le divorce des époux ou de réduction pour atteinte à la réserve au cas de dissolution par décès (*cf.* successions).
Régime à conseiller : • aux commerçants, aux époux ayant une activité présentant des risques financiers ; • aux époux ayant chacun un patrimoine et souhaitant une indépendance totale ; • aux époux ayant des enfants d'un précédent mariage.	**Régime à proscrire :** • si l'un des époux n'a ni patrimoine personnel, ni activité rémunératrice, même pour quelques années (épouse voulant élever ses enfants, époux touché par la maladie, l'invalidité, le chômage...).

2.2 Aménagement de la séparation de biens : la séparation de bien avec adjonction d'une société d'acquêts

Tableau 4.12

	Biens de Madame	Biens de Monsieur	Biens constitutifs de la société d'acquêts
Composition des patrimoines	Propriété privative	Propriété privative	La société d'acquêts peut être constituée de biens acquêts au sens du régime de communauté légale (acquis à titre onéreux pendant le mariage), mais aussi de biens acquis antérieurement au mariage, voire issus de successions ou libéralités. **La société d'acquêts peut être plus ou moins large selon la volonté des époux et tenir compte par exemple :** – de la nature des biens (ex. : le logement familial et les meubles le garnissant ; revenus des époux ; tous les acquêts immobiliers ou mobiliers ; tous les biens des époux autres que professionnel...) ; – de leur mode d'acquisition (ex. : biens acquis pendant le mariage avec les économies faites sur les revenus des époux, biens issus de successions et/ou libéralités...). Selon les cas, prévoir la question du changement d'affectation des biens (ex. : logement familial), et/ou celle de l'emploi ou du remploi de deniers personnels.
Règles de gestion	Indépendance de l'époux propriétaire	Indépendance de l'époux propriétaire	– application des règles de gestion de la communauté légale (gestion concurrente mais aussi conjointe au sens des articles 1424 et s. Code civil) ; – attention aux articles 1413 et 1415 Code civil également applicables aux biens constitutifs de la société d'acquêts (il convient donc d'en limiter le contenu).

	Biens de Madame	Biens de Monsieur	Biens constitutifs de la société d'acquêts
Conséquences de la dissolution	Reprise des biens personnels	Reprise des biens personnels	– partage par moitié des biens constitutifs de la société d'acquêts, sauf aménagement de la dissolution du régime en cas de décès avec la prévision d'un avantage matrimonial : clause d'attribution intégrale de la société d'acquêts au conjoint survivant, clause de préciput...

2.3 La participation aux acquêts

Ce régime est un compromis entre la séparation de biens, dont elle emprunte les règles en cours de régime, et la communauté de biens à la dissolution du régime car les époux participent à l'amélioration, en valeur, du patrimoine de l'autre.

Tableau 4.13

	Madame	Monsieur
Pendant la vie du régime	Biens personnels soumis à gestion autonome. Dettes personnelles sauf exceptions. Biens indivis soumis à l'article 815-3.	Biens personnels soumis à gestion autonome. Dettes personnelles sauf exceptions. Biens indivis soumis à l'art. 815-3.
	Fonctionnement identique à un régime de séparation de biens.	
À la dissolution du régime	Patrimoine final – Patrimoine originaire = Enrichissement	Patrimoine final – Patrimoine originaire = Enrichissement
	Chacun des époux a droit en valeur, à la moitié de l'enrichissement réalisé par l'autre. Le résultat compensé donne lieu au versement d'une créance de participation.	

Le patrimoine d'origine (biens n'ouvrant pas droit à participation) comprend (art. 1570 du Code civil) :

– les biens appartenant aux époux au jour du mariage ;
– les biens reçus par succession ou libéralité ;
– les biens propres par nature n'ouvrant pas droit à récompense ;
– tout bien subrogé à l'un de ceux-ci, à l'exclusion de ceux dont l'époux a disposé par donation. De la même manière, les fruits ne sont pas comptabilisés.

La preuve de la consistance du patrimoine originaire pèse sur l'époux auquel on conseillera de faire inventaire (valeurs et état) et des déclarations de remploi en cours de régime. L'évaluation du patrimoine se fait en fonction de l'état au jour du mariage ou de l'acquisition avec la valeur au jour de la liquidation ou de l'aliénation sauf subrogation. Les dettes dépendant du patrimoine d'origine sont les dettes présentes au jour du mariage et celles grevant les successions et libéralités pour leur valeur nominale ou réévaluée (selon les règles de l'art. 1469 du Code civil) s'il s'agit d'une dette d'acquisition, d'amélioration ou de conservation des biens.

Le patrimoine final comprend tous les biens existants à la dissolution du régime, donc en ce compris les biens originaires qui s'y trouvent, sans omettre les créances entre époux et les biens légués. Les biens sont évalués selon leur état au jour de la dissolution avec leur valeur au jour de la liquidation. On y réunit fictivement, parce que leur disparition n'est pas opposable au conjoint, les biens d'acquêts donnés sans le consentement du conjoint ou aliénés frauduleusement (art. 1573), les améliorations apportées pendant le mariage à des biens originaires, donnés sans le consentement du conjoint (art. 1574) et le déficit du patrimoine originaire (art. 1571 al. 2) engendré par les acquêts. Les biens donnés sont évalués selon leur état au jour de la donation et leur valeur au jour liquidation. Les améliorations sont évaluées au jour de l'aliénation. En principe, la créance de participation se règle en numéraire, dans un délai maximum de 5 ans. Par exception, et si les deux époux en sont d'accord, la créance peut être réglée en nature par remise d'un bien.

Chapitre 5 Le divorce

Catherine BIENVENU

Avec la réforme du divorce par la loi du 26 mai 2004, le législateur a maintenu la pluralité des cas, tout en simplifiant les procédures et en permettant d'adapter les demandes en cours d'instance. Elle prévoit également un accompagnement des époux afin de les aider à organiser les conséquences de leur séparation le plus efficacement possible, en évitant les conflits après le prononcé du divorce.

Section 1 LES CAS DE DIVORCE

1 Le divorce par consentement mutuel

Il s'agit de l'unique procédure envisageable lorsque les époux s'accordent à la fois sur le divorce et sur ses conséquences. Ils présentent alors au juge une convention reprenant tous les points d'accord sur la rupture du mariage et ses effets, y compris la liquidation du régime matrimonial. Le divorce est désormais prononcé, en principe, à l'issue d'une seule audience, au lieu de deux auparavant.

2 Le divorce accepté

Le juge constatera l'accord des époux sur le principe de la rupture, sans considération des faits à l'origine de celle-ci. Par contre, les époux s'en remettent au juge pour statuer sur les conséquences de la rupture, faute d'avoir pu trouver un accord.

3 Le divorce pour altération définitive du lien conjugal

Dès lors que le juge constate que les conditions de l'altération définitive du lien conjugal sont réunies, il doit prononcer le divorce, sans rechercher les causes de la rupture comme auparavant. Le conjoint subissant la rupture pourra obtenir une compensation financière (soit une prestation compensatoire, soit des dommages et intérêts sur le fondement de l'art. 266 Code civil).

Le but de la loi étant de pacifier les situations, ce cas de divorce permet d'éviter un divorce pour faute :

- soit parce qu'il est demandé à titre principal, même par un seul des époux, dès lors que la communauté de vie a cessé depuis plus de deux ans lors de l'assignation en divorce (et non plus de la requête comme précédemment) ;
- soit parce qu'il est demandé à titre reconventionnel, sans condition de délai, ni de cessation de vie commune, dès lors que la demande principale en divorce pour faute est rejetée.

4 Le divorce pour faute

Il nécessite que le conjoint ait commis une violation grave ou renouvelée des devoirs et obligations liés au mariage, rendant intolérable le maintien de la vie commune. Les faits sont laissés à l'appréciation du juge. On notera qu'en cours d'instance, la loi a prévu des passerelles vers les divorces les moins contentieux en cas d'accord des époux.

Section 2 LES CONSÉQUENCES PATRIMONIALES DU DIVORCE

La nouvelle loi tendant à ce que les époux règlent définitivement les effets du divorce, il y a lieu d'en prévoir minutieusement les conséquences patrimoniales en amont. Contrairement à la législation antérieure, le divorce est désormais sans incidence sur les droits que les époux tiennent de la loi (pensions de retraite…) ou de conventions passées avec les tiers (assurance-vie…).

Pour l'établissement des conventions relatives à la liquidation du régime matrimonial (art. 265-2), et quel que soit le cas de divorce, un acte notarié n'est exigé que si la liquidation porte sur des biens soumis à publicité foncière. Dans les autres cas, elle peut résulter d'une convention établie, par les parties et leurs avocats, qui sera soumise à l'homologation du juge. Le recours au notaire est toutefois recommandé puisqu'il est le spécialiste du droit de la famille. Nous n'évoquerons ici que les conséquences pécuniaires entre époux, mais c'est bien l'ensemble des conséquences de la rupture qui doivent être prévues, notamment en ce qui concerne les enfants.

Il y a lieu d'être particulièrement vigilant sur la date et le report des effets du divorce dans les rapports entre époux et la date des mêmes effets vis-à-vis des tiers. Une dette contractée par un époux entrera dans la communauté, vis-à-vis du tiers créancier, si elle est née entre ces deux dates. En cas de divorce par consentement mutuel, le jugement prend effet à la date de l'homologation de la convention réglant les conséquences du divorce, à défaut de clause particulière. Dans les autres cas, ses effets sont fixés, non plus à la date de l'assignation, mais à celle de l'ordonnance de non-conciliation. Ceci n'interdit pas à un des époux de demander, en cours de procédure, au juge de fixer les effets du jugement à une autre date (cessation de la cohabitation notamment). À l'égard des tiers, la dissolution du mariage n'est opposable qu'à la date de la mention du jugement de divorce en marge de l'acte de mariage et des actes de naissance.

Nous verrons ainsi le sort qui est réservé aux libéralités et avantages matrimoniaux (1), au logement de la famille (2), les indemnités financières qui peuvent être dues entre époux (3) et la liquidation du régime matrimonial (4).

1 Libéralités et avantages matrimoniaux (art. 265 Code civil)

Désormais, le sort des avantages matrimoniaux et des libéralités ne dépend plus du cas de divorce mais de leur nature. En principe, ceux qui produisent leurs effets en cours de mariage, donc avant le divorce, sont maintenus. Au contraire ceux qui n'ont pas encore produit leurs effets sont révoqués de plein droit.

1.1 Les donations de biens présents

Le nouvel article 1096 du Code civil pose le principe de l'irrévocabilité des donations de biens présents entre époux (qui ont donc produit leurs effets pendant le mariage), sauf application des dispositions de droit commun (inexécution des conditions sous lesquelles elles ont été faites et l'ingratitude). Comme sous l'empire de la loi antérieure, ces donations ne sont pas révoquées pour cause de survenance d'enfant (art. 1096 al. 3). L'article 1096 du Code civil ne s'applique, en dehors de toute procédure de divorce, qu'aux donations consenties après le 1er janvier 2005. En conséquence, toutes les donations faites pendant le mariage avant le 1er janvier 2005, demeurent librement révocables.

1.2 Les dispositions à cause de mort

Le testament ou la donation au dernier vivant (classiquement nommée également « donation entre époux » sous entendu de biens à venir) consentis par un époux, par contrat de mariage ou pendant le mariage, sont révoqués de plein droit par l'effet du divorce, quelle que soit sa cause. Toutefois, l'époux qui les a accordés peut décider de les maintenir. Dès lors sa volonté doit être constatée par le juge car le maintien a pour conséquence de rendre la libéralité irrévocable (art. 265 al. 2).

1.3 Les avantages matrimoniaux

Selon le nouveau principe de prise en compte des actes selon qu'ils ont ou non pris effet au cours du mariage, il y a lieu de distinguer :

- les avantages matrimoniaux, qui prennent effet au cours du mariage (apport d'un bien propre par un époux à la communauté, par exemple) restent irrévocables ;
- les avantages qui prennent effet à la dissolution du régime matrimonial, sous entendu par décès ou changement de régime matrimonial (clause de préciput, clause de partage inégal) sont révoqués de plein droit par l'effet du divorce, quelle que soit sa cause.

Toutefois, la liberté d'organisation des effets du divorce permet, comme en matière de libéralités, à l'époux qui les a consentis de les maintenir. Ici encore, cette volonté devra être constatée par le juge lors du prononcé du divorce puisqu'ils ne pourront plus être révoqués.

2 Le logement de la famille

Comme évoqué dans les parties réservées aux régimes matrimoniaux et aux successions, le législateur organise toujours le sort du logement occupé par la famille. La loi du 26 mai 2004 a mis en place un certain nombre de mesures provisoires, à la disposition du juge, permettant d'organiser la vie du couple séparé. L'une de ces mesures est la résidence séparée des époux jusqu'au prononcé du divorce. La protection édictée par l'article 215 alinéa 3 (voir régime primaire des régimes matrimoniaux) demeure, pendant toute la durée du mariage, que les époux soient séparés de fait ou même de droit, donc en vertu d'une autorisation de résidence séparée. C'est donc le juge qui va attribuer la jouissance du logement et du mobilier du ménage. La jouissance du logement et du mobilier peut ainsi être attribuée à titre provisoire à l'un des époux, que ce logement soit la propriété des deux époux ou de l'un d'entre eux, ou que celui-ci soit détenu en vertu d'un bail d'habitation.

La nouveauté de la loi du 26 mai 2004 impose au juge de préciser le caractère gratuit ou non de la jouissance du logement[1]. Aux termes de l'article 262-1 alinéa 4 *in fine* du Code civil, jusqu'à l'ordonnance de non-conciliation, la jouissance du logement par un seul époux conserve un caractère gratuit, sauf décision contraire du juge.

Si la jouissance du logement revêt un caractère gratuit, elle repose sur l'exécution du devoir de secours entre époux, devoir qui subsiste au cours de la procédure en divorce. Si la jouissance du logement fait l'objet d'une indemnité d'occupation, le juge n'a pas le pouvoir pour la fixer. Soit les époux s'accordent pour la fixer, soit le juge y pourvoira à l'occasion de la liquidation du régime matrimonial lors de la procédure de partage judiciaire.

Lorsque le logement de la famille appartient en propre ou personnellement à l'un des époux, le juge peut le concéder à bail à son conjoint, quel que soit le cas de divorce, si trois conditions sont réunies :

- cet époux exerce seul ou en commun l'autorité parentale ;
- un ou plusieurs enfants résident habituellement dans ce logement ;
- l'intérêt des enfants commande une telle solution.

Le juge doit alors fixer la durée du bail, qui peut être renouvelé jusqu'à la majorité du plus jeune des enfants. Il pourra également le résilier si des circonstances nouvelles le justifient.

3 Les indemnisations financières

Quel que soit le cas de divorce, un des époux peut être amené à indemniser son conjoint.

3.1 Les dommages et intérêts (art. 266 du Code civil)

Des dommages et intérêts peuvent être demandés à l'occasion de l'action en divorce (sauf pour le divorce par consentement mutuel) sur deux fondements :

1. Ce qui posait de nombreuses difficultés auparavant, lorsque l'ordonnance de non-conciliation ne précisait rien quant à la prise en charge de cette jouissance au titre du devoir de secours : jouissance gratuite ou à l'existence d'une éventuelle indemnité d'occupation.

– L'article 266 du Code civil, (preuve par le demandeur qu'il subit des conséquences particulièrement graves, tel l'abandon de la femme et de leur fille handicapée au profit d'une maîtresse) permet l'allocation de dommages et intérêts au défendeur à un divorce pour altération définitive du lien conjugal ou à l'époux qui obtient le divorce aux torts exclusifs de son conjoint.
– L'article 1382 du Code civil répare les fautes commises par un conjoint pendant le mariage, mais sans que le préjudice soit lié à la dissolution du mariage (injures par exemple).

3.2 La pension alimentaire entre époux

Une telle pension pourra être fixée pendant le cours de l'instance en divorce et prendra fin avec son prononcé. Elle a pour but de maintenir le niveau de vie d'un des époux. Elle sera fonction des revenus et charges de chacun des époux et est révisable.

3.3 La prestation compensatoire

Définition

La prestation compensatoire a un caractère forfaitaire, et est donc déterminée lors du divorce. Son montant ne peut pas être révisé. Son objet est de compenser la disparité dans les conditions de vie respectives des époux engendrée par la dissolution du mariage.

Conformément au souci du législateur de ne plus lier les conséquences patrimoniales du divorce à sa cause, le droit à bénéficier d'une prestation compensatoire est désormais généralisé et ne dépend plus du cas de divorce ou de la répartition des torts. Toutefois, le juge peut la refuser si l'équité le commande. Sa demande doit être faite en cours d'instance où le juge apprécie, à la fois, qu'il existe une disparité dans les conditions de vie des époux et, que cette disparité résulte de la rupture du mariage.

La prestation compensatoire prend, en principe, la forme d'un capital, la rente viagère demeurant l'exception. Toutefois, les époux ont une grande liberté quant à la forme de son paiement, notamment en mixant les types de versements. S'ils trouvent un accord, les époux peuvent déroger aux principes généraux fixés aux articles 274 à 276 et déterminer librement le montant et les modalités de paiement de la prestation. Ils peuvent notamment décider que la prestation compensatoire cessera à compter de la réalisation d'un événement déterminé (retraite, remariage du créancier…), voire qu'elle prendra la forme d'une rente temporaire. La convention devra être homologuée par le juge qui vérifiera qu'elle préserve suffisamment les intérêts des époux et des enfants.

Formes de la prestation compensatoire

• Principe du capital

Le capital peut prendre deux formes distinctes ;

– le versement immédiat d'une somme d'argent ;
– l'attribution d'un bien en propriété ou d'un droit temporaire ou viager d'usage, d'habitation ou d'usufruit (pour l'attribution en propriété d'un bien propre reçu par succession ou donation, le juge doit obtenir l'accord exprès du débiteur).

En cas d'impossibilité pour le débiteur de verser immédiatement l'intégralité de la somme fixée, le capital peut être fractionné sur une période n'excédant pas huit ans, sous forme de versements périodiques. Il est possible de s'acquitter de la prestation en cumulant le versement d'une somme d'argent, l'attribution d'un bien et un capital échelonné. Le débiteur peut se libérer du solde à tout moment, sans intervention judiciaire. Le calcul du solde à payer doit s'effectuer à partir du capital indexé.

Fiscalement, les incidences ne seront pas les mêmes :

– **En matière d'impôt sur le revenu** : lorsque la totalité de la prestation est versée en numéraire sur moins de douze mois, ou en cas d'affectation de biens ou de droits, l'article 199 octodecies du CGI prévoit une réduction d'impôt sur le revenu[1] calculée en fonction de la valeur des biens ou droits cédés, qui doit être fixée dans la convention ou le jugement. À défaut, le débiteur ne peut prétendre à aucune réduction d'impôt. En cas de prestation mixte et dès lors que le versement est effectué sur plus de douze mois, le débiteur ne peut bénéficier de la déduction de ses revenus, que des sommes effectivement versées. Le créancier doit ne déclarer que ces mêmes sommes (art. 156 du Code général des impôts).
– **En matière de droits d'enregistrement** : lorsque la prestation est payée sur des biens communs, il y a application du droit de partage de 1,10 %. Lorsque la prestation est payée au moyen de biens propres, il y a une imposition fixe de 125 € s'il s'agit d'un bien meuble, ou d'un droit d'enregistrement de 0,60 % s'il s'agit d'un bien soumis à publicité foncière.

La prestation compensatoire a un caractère forfaitaire et ne peut donc pas être révisée. Toutefois, les modalités de paiement du capital échelonné peuvent être révisées, à titre exceptionnel, et à la seule demande du débiteur. Le juge échelonnera donc son versement sur une durée supérieure à 8 ans.

• L'exception, la rente viagère

Le juge peut, à titre exceptionnel, octroyer une rente viagère[2], en considération de la situation du créancier, lorsque son âge ou son état de santé ne lui permet pas de

1. 25 % du montant du capital, dans la limite de 30 500 €.
2. Par application de l'article 276 alinéa 1.

subvenir à ses besoins. Le montant de la rente, indexé comme en matière de pension alimentaire, peut être fixé de manière uniforme ou varier selon l'évolution probable des ressources et des besoins (mise à la retraite avec pour corollaire une baisse de revenus). Il est possible d'attribuer une fraction de la prestation compensatoire en capital, lorsque les circonstances l'imposent, le montant de la rente étant en conséquence minoré. Sur le plan fiscal, en cas de cumul, seules sont prises en considération les sommes versées au titre de la rente (art. 199 octodecies II CGI), qui peuvent alors être déduites du revenu imposable du débiteur.

On notera, qu'en principe, la prestation compensatoire ne peut être assortie de l'exécution provisoire. Toutefois, cette règle peut s'avérer très préjudiciable aux intérêts du créancier, lorsqu'un recours est formé sur cette prestation alors que le principe du divorce est acquis. Le divorce étant devenu définitif, le devoir de secours prend fin, privant ainsi le créancier du droit à la pension alimentaire alors que la prestation compensatoire n'est pas encore exigible. Ainsi, par exception et lorsque l'absence d'exécution de la prestation compensatoire aurait des conséquences manifestement excessives pour le créancier, l'exécution provisoire peut alors être ordonnée pour tout ou partie de la prestation. Contrairement à la prestation en capital, la prestation compensatoire sous forme de rente peut être révisée, suspendue ou supprimée en cas de changement important dans les ressources ou les besoins de l'une ou l'autre des parties, que la rente ait été fixée avant ou après la date d'entrée en vigueur de la loi. Toutefois, le montant initial de la rente ne pourra pas être dépassé.

Le débiteur d'une rente peut solliciter qu'il y soit substitué un capital à tout moment alors que le créancier ne le peut que s'il justifie qu'une modification de la situation de son ex-conjoint rend possible la substitution. Le juge n'est pas lié par la demande et peut, par une décision spécialement motivée, refuser d'y faire droit. Le montant du capital est déterminé, à partir du montant de la rente annuelle indexée et de l'âge du créancier, en fonction de son espérance de vie et d'un taux de capitalisation de 4 %.

Le décès du débiteur

La loi de 2004 a supprimé le principe de la transmissibilité de la prestation compensatoire aux héritiers du débiteur, qui ne sont donc plus en principe tenus personnellement à son paiement. On y a substitué un mécanisme automatique de prélèvement sur la succession, dans la limite de l'actif de celle-ci (art. 280 du Code civil). La prestation compensatoire constitue une dette de la succession. S'il y a également un conjoint survivant bénéficiant d'une créance d'aliments (art. 767 du Code civil), ils seront tous deux en concours. Lorsque la prestation a été fixée par le juge sous forme d'un **capital** échelonné, le solde de ce capital indexé est immédiatement exigible.

Lorsque la prestation compensatoire prenait la forme d'une **rente viagère ou temporaire**, il lui est substitué un capital immédiatement exigible, après déduction des pensions de réversion versées du chef du conjoint survivant, par application de l'article 280-2 (en l'absence de clause particulière de la convention). Par exception, les héritiers peuvent solliciter, à l'unanimité, le maintien des modalités de paiement qui incombaient au débiteur lors de son décès. Ils sont alors tenus personnellement au paiement de la prestation et bénéficient des mêmes droits que ceux dont bénéficiait le débiteur lui-même en matière de révision ou d'apurement.

4 La liquidation du régime matrimonial

Les époux doivent la prévoir avant le dépôt de la requête initiale en cas de divorce par consentement mutuel puisque, par définition, il y a accord et sur le principe du divorce, et sur ses conséquences. Dans les autres cas de divorce, une procédure souple permet de présenter un acte de liquidation à tout moment de la procédure, même s'il est incomplet, voire après le prononcé du divorce. Dans ce dernier cas, la présentation de la liquidation au juge est encadrée dans des délais stricts.

Lorsqu'il y a accord des époux, ils peuvent soumettre à l'homologation du juge leur convention réglant tout ou partie des conséquences du divorce, concernant tous leurs intérêts tant patrimoniaux qu'extrapatrimoniaux. L'homologation globale permet des arbitrages par les époux en fonction de leurs souhaits, sachant que le juge veillera, en tout état de cause, à la préservation des intérêts de chacun des époux et des enfants. À défaut d'un règlement conventionnel de la liquidation par les époux lors du prononcé du divorce, le juge ordonne la liquidation et le partage des intérêts patrimoniaux des époux et statue, s'il y a lieu, sur les demandes de maintien dans l'indivision ou d'attribution préférentielle. Le juge peut aussi accorder à l'un des époux une avance sur sa part de communauté ou de biens indivis.

Afin d'accélérer le règlement définitif des intérêts patrimoniaux des époux qui n'aurait pas pu avoir lieu lors du prononcé du divorce, la loi impose la mise en œuvre de la liquidation et du partage dans un délai d'un an après que le jugement est passé en force de chose jugée. Lorsque, à l'expiration de ce délai, ces opérations ne sont pas achevées, le notaire transmet au tribunal un procès-verbal de difficultés reprenant les déclarations des parties. Au vu de ce document, le tribunal peut soit octroyer un délai supplémentaire de six mois maximum, lorsqu'il apparaît qu'un accord peut encore être finalisé entre les parties, soit statuer sur les contestations subsistant entre elles, si les éléments transmis par le notaire le permettent. Si les parties ne s'accordent toujours pas, le notaire en informe le tribunal et établit un nouveau procès-verbal, afin qu'il soit statué sur les désaccords persistant entre les époux. Le tribunal statue sur ces contestations, puis renvoie les parties devant le notaire afin d'établir l'état liquidatif.

Chapitre

6 Les successions

Catherine Bienvenu

Au décès, le patrimoine est immédiatement dévolu aux héritiers.

En l'absence d'expression de volonté du défunt, la loi prévoit la dévolution de la succession (section 1). Sous réserve des dispositions d'ordre public, telle que la réserve, le défunt peut organiser différemment la transmission de son patrimoine, par l'établissement d'un testament ou d'une donation entre époux conférant au conjoint des droits supplémentaires (section 2).

Pour hériter, il suffit d'être conçu et de naître viable. Il ne faut pas non plus être indigne (sanction suite à une condamnation pénale lorsqu'on a attenté à la vie du défunt). On peut refuser d'hériter en renonçant à la succession. La qualité d'héritier se démontre par l'état civil qui est repris dans l'acte de notoriété dressé par le Notaire. En cas d'incertitude, on aura recours à un généalogiste pour vérifier l'existence de parents.

Section 1 LES HÉRITIERS À DÉFAUT DE VOLONTÉ EXPRESSE DU DÉFUNT

1 La dévolution successorale en l'absence de conjoint

Les principes de dévolution font appel à deux notions : l'ordre et le degré. Les membres de la famille sont classés par ordres :

- le 1er ordre est celui des descendants ;
- le 2e celui des ascendants privilégiés (père et mère) et collatéraux privilégiés (frères et sœurs) ;
- le 3e celui des ascendants ordinaires (grands-parents) ;
- le 4e celui des collatéraux ordinaires (oncles et tantes, cousins et cousines) ;
- si le défunt n'a pas de famille proche, son successeur sera l'État.

Un seul représentant d'un ordre élimine tous les ordres subséquents (l'ordre des descendants exclut celui des ascendants : l'enfant du défunt héritera de son père et exclura son grand-père, père du défunt). À l'intérieur de chaque ordre, la successibilité est déterminée par le degré, c'est-à-dire le nombre de générations séparant le défunt de l'héritier. Le parent du degré le plus proche élimine le plus éloigné (l'enfant du défunt exclut le petit enfant).

À ces deux mécanismes, la loi a ajouté deux tempéraments que sont la **représentation** qui permet à un héritier de degré subséquent de remplacer celui qui l'a exclu (le petit enfant viendra à la place de son père pour hériter de son grand-père), et la **fente,** qui permet une répartition entre les deux familles d'origine du défunt. Ainsi, pour déterminer qui doit hériter, il faut procéder par étapes. Les successibles doivent être classés par ordres, puis degrés mais il faut avoir à l'esprit que les mécanismes de la représentation et de la fente peuvent intervenir pour rétablir une dévolution perturbée par, notamment, le prédécès d'un héritier.

1.1 Le classement par ordre (1re étape)

Le **1er ordre** est celui des descendants, composé des enfants du défunt quelle que soit leur filiation et de leurs propres descendants sans limitation. S'il existe un descendant, il n'y a pas lieu de s'intéresser aux autres membres de la famille pour déterminer les successeurs.

À défaut de descendants, ce sont les membres du **2e ordre** qui viendront à la succession : les ascendants privilégiés (les père et mère du défunt) et les collatéraux privilégiés (ses frères et sœurs ou leurs descendants). Il y a concurrence entre ces personnes. Le père a droit à un quart de la succession, la mère un quart et les frères et sœurs à la moitié. S'il ne reste que le père ou la mère, le survivant conservera son quart et les frères et sœurs se partageront donc les trois quarts restants. Si les deux parents sont prédécédés, les frères et sœurs se partageront l'intégralité de la succession. À défaut de frère et sœur, les père et mère se partagent la succession chacun pour moitié. Si un seul parent a survécu, il héritera de la totalité des biens de son enfant, à la condition qu'il n'existe pas d'ascendant ordinaire dans l'autre branche (voir la fente *infra*).

S'il n'existe aucun des héritiers ci-dessus, c'est au **3e ordre** des ascendants ordinaires que reviendront les biens. Le patrimoine sera alors dévolu aux grands-parents, arrières grands-parents etc. Faute d'existence de membres des ordres ci-dessus, la succession profitera au **4e ordre** des collatéraux ordinaires, comprenant les oncles et tantes, grands oncles et grandes tantes ainsi que les cousins et cousines jusqu'au 6e degré.

Au-delà, et à défaut de dispositions prises par le défunt, son patrimoine revient à l'État.

1.2 La notion de degré (2e étape)

À l'issue de la 1re étape, on a déterminé l'ordre de la succession. Il n'y a plus lieu de s'intéresser aux autres ordres. Toutes les personnes appartenant au même ordre ne seront pas héritiers. La successibilité est, en effet, déterminée par le degré. Le degré correspond au nombre de générations séparant le défunt de celui dont on veut calculer la qualité de successeur. Le plus proche en degré exclut les autres. Pour ce faire, on suit les branches de l'arbre généalogique. Entre ascendant et descendant, la ligne est **directe**, le degré se calcule par génération (espace) entre le défunt et le présomptif héritier.

Exemple

> Au décès d'un grand-père laissant un fils et un petit-fils, les successibles appartiennent à l'ordre des descendants dans lequel on retrouve le père au 1er degré (une génération entre le défunt et lui) et le petit-fils au 2e degré (une génération entre le défunt et le fils et une autre entre le fils et le petit-fils). Le père exclut le fils, lui seul héritera.

Deux lignes reliées par un ancêtre commun, sont **collatérales**. Déterminer le degré impose de calculer le nombre d'espaces (de générations) en passant par l'ancêtre commun.

Exemple

> Le défunt laisse un cousin germain, fils du frère de son père (donc oncle du défunt) et une cousine issue de germaine, petite fille d'une sœur de son père (donc tante du défunt). Il n'existe aucune famille du côté de sa mère.

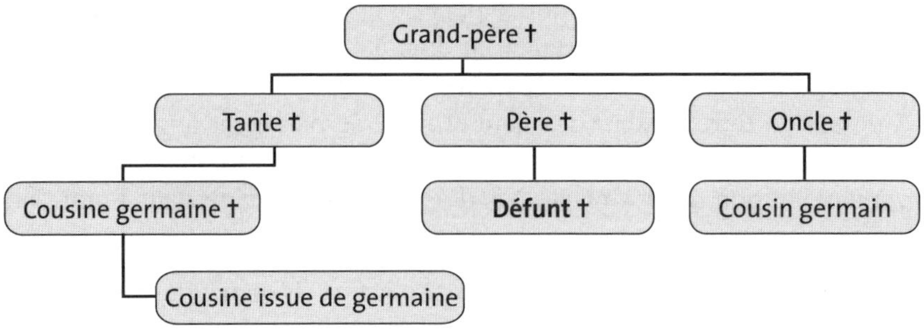

Le cousin germain, collatéral ordinaire, est au 4e degré : un degré entre le défunt et son père, un 2e entre son père et son grand-père (également père de son père et de son oncle), un 3e entre son grand-père et son oncle et enfin un 4e entre son oncle et le fils de ce dernier.

La cousine issue de germaine, également collatérale ordinaire, est au 5e degré : un degré entre le défunt et son père, un 2e entre son père et son grand-père (également père de son père et de sa tante), un 3e entre son grand-père et sa tante, un 4e entre sa tante et la fille de cette dernière, également cousine germaine du défunt et enfin, un 5e entre sa cousine germaine et la fille de cette dernière.

Seul le cousin germain au 4e degré héritera, la cousine issue de germaine étant au 5e degré, elle est exclue.

1.3 Les tempéraments (3e étape)

Les règles ci-dessus ne sont justes que si l'ordre naturel des décès est respecté. La loi y pallie par deux mécanismes que sont la représentation et la fente.

La notion de représentation

Elle ne joue que dans l'**ordre des descendants** et dans celui des **collatéraux privilégiés**. Elle permet à un héritier évincé en fonction du degré, de prendre la place de son auteur, qui, dans l'ordre naturel des choses et des décès, aurait dû être appelé à succéder au défunt.

Exemple

Un père laisse 3 fils dont un prédécédé ayant lui-même 5 enfants.

Si les 3 enfants avaient tous survécu, ils auraient eu chacun 1/3. Sans représentation, les 2 enfants vivants, au 1er degré, excluent les 5 petits-enfants qui se trouvent au 2e degré. Mais, par le jeu de la représentation, les 5 petits-enfants (du fils déjà décédé) vont venir prendre la place de leur père et donc être au 1er degré, comme leurs 2 oncles. Ils auront droit, ensemble, à la part du 1/3 de leur père prédécédé.

Il n'y a plus de condition quant à la qualité de celui qu'on représente, qu'il soit prédécédé, sous le coup d'une condamnation ou qu'il ait renoncé à la succession. Lorsqu'il n'y a pas représentation, on divise la succession en autant de parts qu'il y a d'héritiers. Lorsqu'il y a représentation, on divise la succession en autant de parts qu'il y aurait eu d'héritiers, sans tenir compte du fait que tel ou tel héritier n'y participe pas. Le partage par têtes se transforme en partage par souches.

La notion de fente

Elle ne joue que dans 3 situations, et lorsqu'il n'y a pas de conjoint survivant :

1) dans l'ordre des ascendants ordinaires ;

2) dans celui des collatéraux ordinaires ;

3) entre un ascendant privilégié d'une branche (le père) et des ascendants ordinaires dans l'autre branche (le grand-père maternel), depuis la loi du 23 juin 2006 (738-1 C. Civ.).

La fente tempère le principe d'unité de la succession car, avant de partager en fonction des ordres et des degrés, on va procéder à un partage entre la banche maternelle et la branche paternelle. Lorsqu'on est dans un des 3 cas ci-dessus, procéder à la fente successorale devient la 1re étape dans la recherche de la dévolution. Pour sa mise en œuvre, la fente respecte l'ordre (les ascendants excluent les collatéraux ordinaires…) et le degré dans chaque ordre déterminé.

Exemple

> Le défunt laisse un grand-père et un arrière-grand-père paternels (ascendants ordinaires au 2e et 3e degré) et une arrière-grand-mère maternelle (ascendant ordinaire au 3e degré). On partage la succession en deux, de sorte que le grand-père paternel (et non l'arrière-grand-père paternel au 3e degré évincé par le grand-père au 2e degré) et l'arrière-grand-mère maternelle hériteront chacun de la moitié.

2 La dévolution successorale en présence d'un conjoint

Le conjoint survivant est successible dès lors qu'il n'est pas divorcé et quand bien même il existe contre lui un jugement de séparation de corps (Loi 23 juin 2006). Outre des droits successoraux (2.1), le conjoint a également un droit particulier sur son logement (2.2).

2.1 Les droits légaux du conjoint survivant

En présence de descendants

Si les enfants sont communs au couple qu'il formait avec le défunt, il a un droit personnel de choisir entre la pleine propriété du quart de la succession ou la totalité en usufruit. Si un des enfants est issu d'une précédente union du défunt, le conjoint n'a droit qu'à la pleine propriété du quart de la succession. L'étendue des droits du conjoint diffère selon leur nature.

Les droits en usufruit du conjoint : l'usufruit[1] porte sur les biens existants au décès (biens qui se trouvent dans le patrimoine, au décès), desquels on déduit les biens légués par testament. On notera que tant que le partage n'est pas réalisé, l'usufruit peut être converti en rente viagère à la demande du conjoint ou des enfants. Si cette conversion est imposée au conjoint, elle ne peut pas porter sur le logement occupé par lui, ni sur le mobilier le garnissant. Fiscalement, le conjoint sera imposé à l'impôt sur le revenu car il s'agit d'une rente constituée à titre onéreux et les nus-propriétaires ne pourront pas la déduire de leur revenu imposable. L'usufruit peut également être converti en capital si conjoint et enfants en sont d'accord.

Les droits en propriété du conjoint : si le défunt n'a consenti aucune libéralité (par donation de son vivant ou par testament), le quart (revenant en pleine propriété au conjoint) s'exercera sans difficulté sur les biens existants au décès. Par contre, si le défunt a consenti des libéralités, il y a lieu de reconstituer le patrimoine sur lequel les droits du conjoint auraient porté en l'absence de libéralité.

Repères — Estimation de l'étendue du patrimoine en cas de libéralité

L'estimation de l'étendue du patrimoine en cas de libéralité se fait en trois étapes :

1. Estimation de la **masse de calcul**, qui est constituée des biens existants au décès. À cette masse de calcul, on réunit fictivement les biens donnés ou légués aux successibles uniquement (y compris au conjoint) lorsqu'ils sont rapportables (voir *infra* le rapport). Ceci permet de définir les droits théoriques du conjoint ;

2. Détermination de la **masse d'exercice** sur laquelle les droits du conjoint vont effectivement s'exercer, c'est-à-dire tous les biens dont le défunt n'aura pas disposé par donation ou legs (rapportables ou préciputaires), ni sur la réserve des enfants ;

3. Estimation des **droits du conjoint**. Soit la masse d'exercice est supérieure aux droits du conjoint (= ¼ de la masse de calcul), il sera rempli complètement de ses droits. Soit elle est inférieure, ses droits seront réduits à la masse d'exercice.

Exemple 1

Monsieur a donné à chacun de ses trois enfants en avancement de part successorale 1 000. Au décès du père, les biens existants sont de 1 200. Le conjoint a opté pour recevoir ¼ en pleine propriété.

Masse de calcul : 3 000 (les 3 donations rapportables) + 1 200 (biens existants) = 4 200

Masse d'exercice : 1 200 (biens existants, mais sans préjudicier à la réserve, ici de ¾ de 4 200 dont les enfants ont déjà reçu 3 000)

Droits théoriques : ¼ × 4 200 = 1 050

1. Droit qui permet à l'usufruitier de se servir d'un bien (*usus*) et d'en recevoir les revenus (*fructus*) mais ne permet pas d'en disposer (*abusus*), de le vendre par exemple. Voir chapitre « Le démembrement de propriété ».

Le conjoint a donc droit à la quasi-totalité des biens existants en pleine propriété ; il n'y aura pas de réduction de ses droits puisque la masse d'exercice (1 200, dont il y aura lieu de déduire le solde de réserve) est supérieure à ses droits (1 050). Les enfants n'auront que 150 à se partager car ils ont déjà reçu leur part du vivant de leur père.

Exemple 2

Monsieur a légué à un tiers un immeuble (valeur 200) et a un enfant d'un premier lit. Au décès de Monsieur, les biens existants (outre l'immeuble) ont une valeur de 320 (avoirs bancaires).

Masse de calcul : 320 (et non 520 car le legs n'est pas rapportable)

Droits théoriques ¼ × 320 = 80

Masse d'exercice = 0 (car les avoirs bancaires constituent la réserve, voir *infra*, qui est de moitié et s'exerce sur tous les biens existants, ici 520)

Le conjoint n'aura rien, car Monsieur a disposé en faveur d'un tiers qui sera alloti avant lui. On notera qu'ici le conjoint survivant est indirectement déshérité, n'étant pas réservataire.

En présence d'ascendants privilégiés

Les droits légaux des père et mère sont du quart de la succession en l'absence de descendant. En conséquence, le conjoint du défunt aura la moitié ou les trois quarts de la succession selon que les deux parents ou un seul aient survécu à leur enfant défunt.

Pour les successions ouvertes à compter du 1er janvier 2007, les père et mère n'ont plus de réserve. Par contre, ils bénéficient d'un droit de retour sur les biens qu'ils ont donnés à leur enfant. Leurs droits légaux restent d'un quart chacun. Il y a lieu, là aussi, de déterminer l'étendue des droits du conjoint. Ces droits ne peuvent porter sur les biens ayant fait l'objet d'une libéralité ou bénéficiant du droit de retour aux parents (par ordre) :

- droits théoriques du conjoint sur la **masse de calcul** : biens existants au décès, auxquels on réunit fictivement les biens donnés ou légués lorsqu'ils sont rapportables et desquels on déduit les biens donnés par les père et mère ;
- **masse d'exercice** sur laquelle les droits du conjoint vont effectivement s'exercer et ne comprenant que les biens existants au décès, à l'exclusion des donations (rapportables ou préciputaires), des legs (rapportables ou préciputaires) et des biens bénéficiant du droit de retour aux père et mère ;
- **droits du conjoint** : soit la masse d'exercice est supérieure aux droits du conjoint (= ½ ou ¾ de la masse de calcul), il sera rempli complètement de ses droits, soit elle est inférieure, ses droits seront réduits à la masse d'exercice qui devra correspondre, au moins, à sa part de réserve du quart de la succession (voir *infra*).

En l'absence de descendant et d'ascendant privilégié

Dans cette situation, le conjoint recueille l'intégralité de la succession. Toutefois, il n'aura aucun droit sur la moitié des biens (se retrouvant dans le patrimoine au décès) reçus par le défunt de tous ses ascendants (privilégiés ou non) qui reviennent à ses frères et sœurs (ou à leurs descendants) à la condition que les ascendants du défunt soient également ceux desdits frères et sœurs (ne concerne donc pas les demi-frères et sœurs issus d'une autre ascendance). Il est à noter que lorsque le conjoint a droit à la totalité ou aux 3/4 de la succession, les ascendants ordinaires dans le besoin ont une créance d'aliments contre la succession.

2.2 Les droits du conjoint survivant sur son logement

Le conjoint bénéficie de divers droits sur le logement qui constituait la résidence principale du couple.

Le droit temporaire au logement

Le droit temporaire au logement est la jouissance gratuite du logement et du mobilier pendant 12 mois, même en cas de remariage du conjoint survivant dans ce délai. C'est un droit d'ordre public qui découle des effets du mariage et non du droit successoral. En conséquence, si le logement est légué, le légataire doit laisser le conjoint dans les lieux. S'il renonce à la succession, il conserve son droit. Ce droit n'a pas de valeur patrimoniale susceptible d'être déduite de ses droits sur la succession.

Si le bien est la propriété du défunt ou des époux, les charges afférentes au logement doivent être remboursées au conjoint survivant par la succession. Si le logement était loué, les loyers seront remboursés par la succession et pourront être déduits sous forme de provision (à régulariser) au passif de la déclaration de succession. Ce droit est également accordé au partenaire lié par un PACS mais n'est pas d'ordre public et, faute d'être un effet du mariage en l'occurrence, il est un droit successoral dont il peut être privé par testament.

Droit viager au logement

À la suite du droit temporaire de 12 mois, le conjoint peut demander à bénéficier du droit viager sur le logement et le mobilier lorsqu'il dépendait de la succession ou appartenait aussi au conjoint (le logement ne devait pas appartenir, en indivision, au défunt et à une tierce personne). Si le logement était loué, ce droit se limite au mobilier.

Eu égard à la nature d'ordre successoral de ce droit, le conjoint doit avoir accepté la succession. La valeur de ce droit s'impute sur ses droits dans la succession. Si ses droits sont en usufruit, ils absorbent le droit viager. Si ses droits sont en pleine propriété et que la valeur des droits viagers est supérieure, le conjoint conserve son droit sans devoir aucune indemnité à la succession. Sa valeur est, fiscalement, fixée forfaitairement à 60 % de celle de l'usufruit mais les parties peuvent décider une évaluation économique. Ce droit n'est pas d'ordre public et le défunt peut en priver son conjoint, mais par testament authentique uniquement. Ce droit viager peut être converti en rente viagère. Il ne profite pas au partenaire lié par un PACS.

Attribution préférentielle du logement

Le conjoint a un droit préférentiel prioritaire (sur les autres propriétaires) sur le logement dès lors qu'il hérite d'une quote-part de la succession en pleine propriété. Le partenaire lié par un PACS y a également droit si le défunt l'a prévu par testament, mais il ne pourra pas solliciter de délai pour s'acquitter de l'éventuelle soulte due, contrairement au conjoint.

Section 2 LES HÉRITIERS SUIVANT LA VOLONTÉ EXPRESSE DU DÉFUNT

Le défunt a pu organiser la transmission de son patrimoine. Tout d'abord, il a pu faire des donations de son vivant. Ensuite, il a pu prévoir la dévolution de ses biens à son décès, soit par testament, soit par donation entre époux. La liberté de transmettre son patrimoine est limitée par la **réserve héréditaire**, qui est la quote-part du patrimoine dont on ne peut pas disposer. Son pendant est la **quotité disponible** dont le défunt pourra disposer librement. En effet, celui qui souhaite disposer de son patrimoine n'est pas totalement libre dès lors qu'à son décès il laissera des réservataires. La quote-part réservataire est déterminée au jour du décès, compte tenu des libéralités faites par le défunt à son décès bien sûr, mais également tout au long de sa vie.

1 La réserve et la quotité disponible

Les réservataires sont les descendants, quel que soit leur degré et, en leur absence, le conjoint non divorcé. Les ascendants ne sont plus réservataires mais la loi a institué à leur profit un nouveau droit de retour évoqué ci-dessus pour les biens qu'ils auraient donnés au défunt.

1.1 La quotité disponible ordinaire

La réserve des descendants

La réserve des descendants est fonction du nombre d'enfants. Lorsque le bénéficiaire de la libéralité n'est pas le conjoint, la réserve est une quote-part en pleine propriété. En présence d'un enfant, la quotité disponible correspond à la moitié de la succession et la réserve à l'autre moitié. Le défunt peut donc disposer de la moitié de son patrimoine au profit de toute personne de son choix. Lorsque le défunt laisse deux enfants, la quotité disponible est du 1/3 et la réserve des 2/3. La réserve globale se répartit entre les enfants. Dès lors que le défunt avait trois enfants, ou plus, la quotité disponible est fixée au 1/4 et la réserve globale aux 3/4. On tient compte de l'enfant prédécédé s'il est représenté (répartition par souche) et de l'enfant renonçant s'il est représenté ou lorsqu'il devra rapporter une libéralité (voir le rapport *infra*).

La réserve du conjoint survivant

En l'absence de descendant, la réserve du conjoint est fixe et représente le quart en pleine propriété de la succession. La quotité disponible est donc des 3/4.

1.2 La quotité disponible spéciale entre époux

En présence d'enfants et lorsque le bénéficiaire de la libéralité est le conjoint, la quotité disponible est plus large que la quotité disponible ordinaire car le conjoint survivant peut bénéficier de l'usufruit de la réserve. Le défunt peut ainsi disposer au profit de son conjoint des quotités suivantes :

- la pleine propriété de la quotité disponible ordinaire, donc 1/2, 1/3 ou 1/4 si le défunt laisse 1, 2 ou 3 enfants ;
- le quart en pleine propriété et les 3/4 en usufruit ;
- la totalité en usufruit.

Le défunt peut décider laquelle de ces 3 possibilités il accorde à son conjoint. En pratique, l'option est laissée au conjoint qui l'exercera en fonction de sa situation et de celle de ses enfants au jour du décès. Hors l'option pour la quotité disponible ordinaire qui laisse pleine et entière la réserve globale des descendants, le choix a, bien entendu, une incidence sur la réserve globale des enfants.

Quel que soit le nombre d'enfants :

- si le conjoint opte pour 1/4 en pleine propriété et 3/4 en usufruit, la réserve globale sera des 3/4 en nue-propriété ;
- si le conjoint opte pour la totalité en usufruit, la réserve globale sera de la totalité en nue-propriété.

Tableau 6.1

Droits du conjoint selon l'option choisie \ Réserve des enfants	En présence d'1 enfant	En présence de 2 enfants	En présence de 3 enfants ou plus
Option pour la quotité disponible	QD = 1/2 → R = 1/2 PP	QD = 1/3 PP → R = 2/3 PP	QD = 1/4 PP → R = 3/4 PP
Option pour 1/4 PP + 3/4 U	R = 3/4 NUP		
Option pour la totalité en usufruit	R = Totalité en NUP		

* QD (quotité disponible), R (réserve), PP (pleine propriété), NUP (nue-propriété), U (usufruit).

En présence d'enfants issus du seul défunt, si le conjoint est gratifié en pleine propriété (cette quote-part pourra se retrouver dans sa succession à laquelle les enfants du seul défunt ne participeront pas), ces derniers pourront imposer au conjoint que la pleine propriété soit convertie en usufruit en lui abandonnant la part d'usufruit que ces enfants auraient eue en l'absence de conjoint. L'usufruit forcé n'est pas possible lorsque :

- le conjoint bénéficie du 1/4 en pleine propriété et des 3/4 en usufruit car il n'y a pas d'usufruit à abandonner par les enfants ;
- le défunt s'y est opposé, même tacitement, en laissant au conjoint le choix entre les 3 options.

Le conjoint ne peut pas cumuler ses droits légaux avec les libéralités qui lui sont consenties. Les libéralités consenties au conjoint s'imputent d'abord sur ses droits successoraux. Si les libéralités sont moindres que ses droits légaux, il aura droit au complément, dans la limite de la quotité disponible spéciale. La loi du 23 juin 2006 permet au conjoint de cantonner son émolument. Lorsqu'il est en concours avec des descendants, il peut limiter ses droits sur une partie des biens seulement composant la libéralité : Le conjoint survivant peut décider de prendre moins que ce que le défunt avait décidé de lui octroyer. En conséquence, il renonce à une partie de ses droits, ce qui accroît d'autant la quote-part revenant aux descendants, sans que cela soit regardé comme une libéralité faite aux successibles, donc sans droit de succession.

La quote-part ainsi abandonnée revient directement aux descendants et sera taxée aux droits de succession directement au nom des enfants, plutôt que de subir un premier transfert (exonéré) entre époux, puis des droits de succession (ou de donation) entre le survivant et les enfants.

2 La protection de la réserve : le mécanisme du rapport et de la réduction

La réserve dont bénéficient les descendants constitue une manifestation de l'ordre public. Deux mécanismes permettent de la protéger :

- **le rapport** qui, au-delà de la présence d'héritiers réservataires ou non, permet de reconstituer la masse successorale en tenant compte des libéralités que le défunt a consenties de son vivant ;
- **la réduction** qui sanctionne l'empiétement sur la réserve héréditaire.

2.1 Le rapport successoral

Ce mécanisme assure l'égalité entre les héritiers. Tout héritier venant à la succession doit y rapporter les biens qui lui ont été donnés par le défunt car la loi présume que ce dernier veut l'égalité entre ses successeurs. La donation ne serait donc qu'une avance sur la succession. Ainsi, la loi établit une présomption :

- les legs sont présumés hors part successorale (anciennement préciputaires) c'est-à-dire non rapportables ;
- les donations sont présumées en avancement sur part successorale (anciennement en avancement d'hoirie), c'est-à-dire rapportables.

Mais le donateur ou testateur peut prévoir expressément le contraire, afin que la donation soit hors part successorale et que le legs soit rapportable.

Qui doit le rapport ?

S'agissant de reconstituer le patrimoine du défunt, pour l'égalité des héritiers, le rapport est dû par tout héritier venant à la succession, réservataire ou non. Le rapport est dû aux seuls héritiers. Depuis la réforme, le donataire[1] qui n'était pas héritier présomptif lors de la donation (le petit-fils du vivant de son père lorsque le donateur est le grand-père) et qui se retrouve héritier au décès du donateur (parce que son père n'y vient pas), ne doit pas le rapport de la libéralité, sauf si cela a été expressément exigé dans l'acte de donation. De la même manière, celui qui renonce à la succession est dispensé du rapport à moins que le donateur n'ait prévu le contraire. Le légataire universel ou à titre universel ne doit pas le rapport.

De quelles libéralités ?

Toutes les donations sont rapportables, sauf :

- s'il y a une dispense expresse dans l'acte car le donateur aura voulu avantager le bénéficiaire ;
- les donations-partages, avec une nuance pour la nouvelle donation-partage transgénérationnelle : le rapport pourra être dû par les petits-enfants dans la succession de leur père ou mère et non dans celle du grand-parent donateur.

1. Ne pas confondre « donataire », celui qui reçoit, et « donateur », celui qui donne.

Au contraire, les legs ne sont pas rapportables, sauf volonté contraire du testateur. Le rapport aura ici pour intérêt d'attribuer un bien en particulier à un héritier sans pour autant lui donner plus.

Comment ?

Le rapport se fait au moment du partage. Le bénéficiaire de la libéralité met dans la masse à partager la valeur du bien (et non le bien lui-même). Le bien est rapporté pour sa valeur au moment du partage d'après son état à l'époque de la donation. Ainsi, il sera attribué à l'héritier donataire ou légataire le montant de l'indemnité (qu'il ne doit pas verser[1]) augmentée d'autres biens dépendant de la succession pour compléter ses droits s'il y a lieu. Si l'indemnité est supérieure à ses droits, il y aura réduction de ladite libéralité (voir *infra*).

En cas d'aliénation du bien donné, le rapport est égal à la valeur du bien ce jour-là, compte tenu de son état au jour de la donation ou, si le prix a été remployé, au bien qui lui aura été subrogé compte tenu de son état lors de l'acquisition et proportionnellement à la valeur du bien initialement donné. En cas de donation d'argent, il y aura lieu de rapporter cette même somme. Si un bien a été acquis, le rapport sera calculé sur celui-ci. Si le bien a disparu pour une raison dont le donataire n'est pas la cause, il n'y aura pas rapport (sauf à ce qu'il ait reçu une indemnité). Sinon, il rapportera la valeur que le bien aurait eue au jour du partage. Le règlement de l'indemnité de rapport s'effectue donc en moins prenant.

Exemple

Un père laisse deux enfants Arnaud et Bernard. Arnaud a reçu par donation un immeuble valant 100 000 tant au jour de la donation qu'au jour du décès.

Biens existants au décès :

Valeurs mobilières :	150 000	
Maison :	300 000	550 000
Appartement :	100 000	

Total de la masse à partager (biens existants + donation) = 650 000

Droits de chacun : 1/2 × 650 000 = 325 000

Attributions lors du partage :

Arnaud		Bernard	
Indemnité de rapport :	100 000	Maison :	300 000
Appartement :	100 000	Valeurs mobilières :	25 000
Valeurs mobilières :	125 000		

Par exception, le rapport se fera en nature s'il en a été convenu ainsi dans la libéralité ou si le donataire le souhaite, à la condition que le bien soit libre de toute charge et occupation. L'intérêt pour le donataire est alors de remettre le bien lui-même dans la masse à partager et de s'en faire attribuer un autre.

1. Il a déjà reçu le bien, on lui attribue fictivement cette indemnité pour assurer l'égalité avec ses cohéritiers.

2.2 La réduction des libéralités

L'héritier dont la réserve est entamée par une libéralité consentie à une autre personne peut exercer une action en réduction. Dans cette situation, la libéralité dépasse la quotité disponible, et empiète donc sur la réserve. La libéralité est alors réduite de telle sorte que la réserve soit reconstituée.

Les héritiers réservataires peuvent renoncer à exercer l'action en réduction après le décès, mais aussi désormais par avance. Dans ce cas, la renonciation porte non pas sur le droit à réserve, mais sur l'exercice de l'action en réduction. Cette renonciation ne peut avoir lieu que dans le cadre d'un pacte de famille établi par deux notaires et signé, séparément, par chaque renonçant pour garantir leur liberté et la bonne compréhension des conséquences juridiques, qui doivent également être inscrites dans l'acte. Le bénéficiaire de la renonciation doit être nommément désigné ainsi que l'absence de contrepartie. La renonciation peut porter sur la totalité de la réserve ou une partie seulement ou sur un bien précis, sans pour autant qu'elle dégénère en une libéralité de la part du renonçant (ou de ses représentants).

2.3 Le montant de la réserve héréditaire

Comme on l'a vu plus haut, la personne ayant des héritiers réservataires (descendants ou conjoint en l'absence d'eux) doit leur réserver une part de son patrimoine et n'a toute liberté que sur la quotité disponible. Ce n'est qu'au décès que l'on peut apprécier si, oui ou non, le défunt a respecté la réserve (raison pour laquelle la nouvelle possibilité de renoncer à l'action en réduction des libéralités excessives avant même le décès est une opportunité importante pour assurer le maintien des libéralités et donc la volonté du donateur).

Pour apprécier si une libéralité (donation ou legs) peut conserver ou recevoir son entière exécution, il y a lieu de procéder à la reconstitution du patrimoine. Nous avons vu les fractions de la réserve et de la quotité disponible. Lors du règlement d'une succession, il faut en chiffrer la valeur au jour du décès pour pouvoir imputer les libéralités faites et savoir s'il reste assez de biens dans la succession pour que les héritiers réservataires soient remplis de leurs droits minimums que constitue la réserve.

Comment chiffrer la réserve ?

Le montant de la réserve héréditaire est déterminé par l'application de sa fraction (1/2, 2/3, 3/4…) à la masse de calcul composée :

- des biens existants au décès, évalués à ce jour, en ce compris les legs et l'éventuelle donation entre époux ;
- déduction faite des dettes du défunt.

On réunit alors fictivement tous les biens donnés pour leur valeur au jour du décès en fonction de leur état au jour de la donation (comme en matière de rapport), quels que soient les bénéficiaires, la nature de la donation ou sa forme, donc en ce compris les donations-partages. Ceci ne doit pas être confondu avec le mécanisme du rapport, qui concerne l'égalité entre les héritiers et non leurs droits minimums.

Il y a lieu d'y ajouter la pleine propriété des biens vendus par le défunt moyennant rente viagère ou avec réserve d'usufruit à un présomptif héritier à moins que les héritiers réservataires aient consenti à cette vente qui est présumée être une donation hors part successorale. Pour mémoire, les avantages matrimoniaux n'étant pas des libéralités, il n'y a pas lieu de les réunir à la masse de calcul (voir l'action en retranchement des enfants de 1er lit). À cette masse de calcul, on applique le taux de la réserve et son pendant qu'est la quotité disponible. On peut, ensuite, imputer les libéralités faites par le défunt pour s'assurer qu'elles n'empiètent pas sur la réserve.

Exemple

Un père laisse deux enfants Arnaud et Bernard, issus de son union avec le conjoint survivant.

De son vivant, le père a donné :

– À Arnaud un immeuble valant 300 au jour de la donation et 350 au jour du décès.

– À sa nièce une somme de 50.

– Par donation entre époux, il attribue à son épouse la quotité disponible.

– Par testament, il lègue à son neveu la somme de 100.

Les biens existants au décès sont de 550. Il laisse un passif de 50.

1 – En présence de 2 enfants, la réserve est des 2/3. Ces 2/3 ne sont pas à calculer sur les 550 de biens existants mais sur une masse à reconstituer tenant compte des libéralités faites par le défunt.

2 – Le montant chiffré de la réserve est de :

Masse de calcul :

Biens existants :	550
– Passif :	– 50
+ Donation Arnaud :	+ 350
+ Donation nièce :	+ 50
	900

Réserve = 2/3 × 900 = 600, soit moitié pour chaque enfant = 300

Et la quotité disponible = 300

Suite du cas ci-après.

Imputation des libéralités

On impute les libéralités dans l'ordre suivant :

– Les donations, puis les legs.

– Puis, concurremment, les legs avec la donation au dernier des vivants. On notera que les époux peuvent prévoir à l'acte de donation qu'elle s'imputera avant les legs.

Ainsi, s'il n'y a pas assez de biens pour remplir chacun de ses droits, ce sont les legs qui seront réduits en premier. Les libéralités peuvent s'imputer sur la réserve ou sur la quotité disponible, selon le bénéficiaire et la nature de la libéralité.

S'imputent sur la réserve, les donations faites en avancement de part successorale aux réservataires puisqu'il s'agit d'une avance sur la succession. C'est également le cas de la donation faite à l'héritier réservataire renonçant mais représenté, sauf volonté contraire du donateur. Si la donation faite au réservataire dépasse sa part de réserve, le surplus est imputé sur la quotité disponible. Si la quotité disponible est insuffisante, l'excédent correspondra à la réduction que devra subir la libéralité. Le donateur peut prévoir à l'acte de donation faite à un héritier réservataire que la donation s'imputera sur la réserve globale (celle de tous les réservataires) de sorte que la quotité disponible sera moins vite atteinte. Mais il ne donne pas ainsi plus de droit au réservataire ayant reçu la donation qui sera, en tout état de cause, réduite du montant de la réserve personnelle qu'elle dépasse.

On imputera sur la quotité disponible les donations faites en avancement de part successorale dépassant la part de réserve de l'héritier réservataire concerné ainsi que les libéralités faites hors part successorale à un réservataire et celles faites aux non réservataires. La libéralité excédant la quotité disponible est alors réductible pour l'excédent, même si elle est faite à un réservataire car il n'y aura pas imputation sur sa part de réserve. Lorsque le conjoint est bénéficiaire d'une libéralité, il y a lieu de combiner les quotités disponible et spéciale. Les deux quotités ne s'additionnent pas : elles se recouvrent pour la pleine propriété et le conjoint peut être gratifié de l'excédent en usufruit. Ainsi, les libéralités en pleine propriété s'imputent sur la quotité disponible ordinaire et, pour l'excédent, sur ce que la quotité disponible spéciale lui donne en plus. L'excédent sera réduit. Les libéralités en usufruit s'imputent, en priorité, sur la quotité disponible spéciale. Le conjoint est en concours avec les autres bénéficiaires de libéralités en fonction de la nature et de la date de la libéralité.

Exemple (suite du cas)

Imputation des donations :

La donation faite à Arnaud (350), héritier réservataire, a été faite en avancement de part successorale (sinon il aurait fallu que le père le décide expressément). Elle s'imputera donc sur sa part de réserve (300) et pour le surplus sur la quotité disponible (300).

La donation faite à la nièce (50) s'imputera sur la quotité disponible (300).

La quotité disponible n'est donc plus que de 300 – (50 + 50) = 200

Imputation du legs et de la donation entre époux :

Suite aux imputations des donations, le solde de quotité disponible (200) n'est pas suffisant pour remplir le neveu et le conjoint de leurs droits.

Réserve globale = 600		Quotité disponible = 300		
300 = Réserve Arnaud	300 = Bernard	50 = Arnaud	50 = nièce	Reste 200

Suite du cas ci-après.

La réduction des libéralités

Si les héritiers en font la demande, il y aura réduction des libéralités dans l'ordre inverse des imputations :

– en premier lieu, les legs concurremment (en ce compris la donation au dernier vivant s'il n'a pas été prévu qu'elle soit réduite après eux) ;
– puis les donations en commençant par la plus récente.

Jusqu'à présent, la réduction s'opérait en principe en valeur pour les donations faites aux successibles et en nature pour les autres. Avec la loi du 23 juin 2006, les règles de réduction ont été modifiées. Désormais, la réduction s'opère en valeur dans tous les cas. Il n'y aura réduction en nature que lorsqu'elle sera demandée par le bénéficiaire de la libéralité lui-même ou si l'action est exercée contre un tiers détenteur du bien donné. Le bénéficiaire ayant reçu trop ne rend donc pas le bien mais la partie de sa valeur excédant ce dont le défunt pouvait disposer à son profit. Il est donc redevable à la succession d'une indemnité de réduction. Cette indemnité correspond à la valeur du bien donné ou légué au jour du partage, selon son état au jour de la libéralité, comme en matière de rapport. Elle sera acquittée lors du partage en moins prenant si son débiteur intervient au partage (parce qu'il est par ailleurs héritier) ou versée dans la masse à partager.

Exemple (suite du cas)

Le legs (100) au bénéfice du neveu et la donation entre époux (300) consentie à l'épouse vont devoir être réduits concurremment puisque le solde de la quotité disponible n'est plus que de 200.

Les deux libéralités vont devoir être réduites du montant de l'excédent (400 – 200) par rapport au montant total des libéralités (100 + 300), soit :

(400 – 200) / (100 + 300) = 1/2

Le legs au neveu sera réduit de 100 × 1/2 = 50

La donation au conjoint de 300 × 1/2 = 150

La succession se répartira ainsi :

Réserve globale = 600		Quotité disponible = 300			
300 = Réserve Arnaud	300 = Bernard	50 = Arnaud	50 = nièce	50 = neveu	150 = conjoint

Mais il y a encore lieu de procéder à la liquidation de l'indivision et son partage, notamment avec le rapport des libéralités (*supra* 2.1). À ce stade, on a seulement déterminé définitivement le maintien (donation à Arnaud et à la nièce) ou la réduction des libéralités (legs au neveu et donation au conjoint).

Pour les enfants, il faut procéder au partage égalitaire entre eux puisque la donation faite à Arnaud est présumée faite en avancement de part successorale.

La masse partageable dégagée comprend :

1) En nature, les biens existants (550 – 50 de passif), à l'exception de ceux dont le défunt avait disposé à cause de mort, avant réduction [legs au neveu (100) et donation entre époux (300)].

2) En valeur, les rapports des libéralités aux enfants (350). Les indemnités de réduction des libéralités excédant la quotité disponible (50 + 150), il n'y a plus lieu de tenir compte de la donation à la nièce, comme ce serait le cas de la donation hors part successorale à un réservataire car il n'en a été tenu compte que pour s'assurer qu'elle n'empiétait pas sur la réserve.

La masse partageable est donc de :

Biens existants	500
– Legs neveu	– 100
– Donation entre époux	– 300
	100
+ Rapport libéralité Arnaud	+ 350
+ Indemnité réduction neveu	+ 50
+ Indemnité réduction conjoint	+ 150
	650

Revenant à chacun des enfants pour moitié, soit 325 chacun.

De sorte que la succession sera ainsi dévolue :

Réserve globale = 600		Quotité disponible = 300		
Droits des enfants = 650		50 = nièce	50 = neveu	150 = conjoint
Arnaud = 325	Bernard = 325			

Section 3 LES RÈGLES FISCALES

La loi n° 2007-1223 du 21 août 2007 en faveur du travail, de l'emploi et du pouvoir d'achat, dite loi TEPA, vise à alléger la charge fiscale des Français dans divers domaines. Elle s'applique pour les successions ouvertes à compter de sa publication, soit le 22 août 2007. La mesure majeure concerne la suppression totale des droits de succession entre époux et entre partenaires liés par un PACS et le principe d'une actualisation au 1er janvier de chaque année des barèmes et des abattements.

1 Les droits de succession

1.1 Les abattements

On applique à la part nette reçue par chaque successeur un abattement avant de calculer les droits de succession.

Tableau 6.2

Personne concernée	À compter du 1er janvier 2009	À compter du 1er janvier 2010
En ligne directe : – sur la part de chacun des enfants vivants ou représentés (en cas de représentation, l'abattement se divise entre les représentants) ; – sur la part de chacun des ascendants.	156 357 €	156 974 €
Frères et sœurs*.	15 636 €	15 697 €
Neveux et nièces.	7 818 €	7 849 €
Tout autre héritier ou légataire (dont les petits-enfants s'ils ne viennent pas en représentation de leur auteur).	1 564 €	1 570 €
Héritier ou légataire handicapé. Cet abattement s'ajoute aux autres abattements dont le successeur peut être bénéficiaire.	156 357 €	156 974 €

* Exonération entre frères et sœurs si le bénéficiaire est célibataire, veuf, divorcé ou séparé de corps et à la double condition :
– d'être âgé de plus de 50 ans ou infirme ;
– d'avoir eu un domicile constant avec le défunt pendant les 5 ans précédant le décès.

1.2 Taux d'imposition

La part taxable (part nette reçue sous déduction du ou des abattements) est taxée suivant la qualité du successeur. On applique un barème progressif, chaque tranche étant taxée à un taux différent[1].

1. Pour un calcul rapide, on taxe la totalité de la part reçue à la tranche supérieure et on retranche l'impôt des tranches inférieures. Voir chapitre « L'impôt sur le revenu » pour une présentation du principe de progressivité.

Taux d'imposition à compter du 1er janvier 2010

Tableau 6.3

FRACTION DE PART NETTE TAXABLE	TAUX	CALCUL RAPIDE
En ligne directe		
N'excédant pas 7 953 €	5 %	5 % × PNT
De 7 953 à 11 980 €	10 %	10 % × PNT – 398 €
De 11 930 à 15 697 €	15 %	15 % × PNT – 994 €
De 15 697 à 544 173 €	20 %	20 % × PNT – 1 779 €
De 544 173 à 889 514 €	30 %	30 % × PNT – 56 196 €
De 889 514 à 1 779 029 €	35 %	35 % × PNT – 100 672 €
Supérieure à 1 779 029 €	40 %	40 % × PNT – 189 623 €
Entre frères et sœurs		
N'excédant pas 24 069 €	35 %	35 % × PNT
Supérieure à 24 069 €	45 %	45 % × PNT – 2 407 €
Entre collatéraux jusqu'au 4e degré		
Sur la part nette taxable	55 %	55 % × PNT
Entre collatéraux au-delà du 4e degré et entre non parents		
Sur la part nette taxable	60 %	60 % × PNT

Tableau 6.4 – Taux d'imposition pour les successions ouvertes entre le 1er janvier et le 31 décembre 2009

FRACTION DE PART NETTE TAXABLE	TAUX
En ligne directe	
N'excédant pas 7 922 €	5 %
De 7 922 à 11 883 €	10 %
De 11 883 à 15 636 €	15 %
De 15 636 à 542 036 €	20 %
De 542 036 à 886 020 €	30 %
De 886 020 à 1 772 041 €	35 %
Au-delà de 1 772 041 €	40 %
Entre frères et sœurs	
N'excédant pas 23 975 €	35 %
Au-delà de 23 975 €	45 %
Entre collatéraux jusqu'au 4e degré	
Sur la part nette taxable	55 %
Entre collatéraux au-delà du 4e degré et entre non parents	
Sur la part nette taxable	60 %

Exemple

Soit pour un enfant héritant de son père, décédé le 15 janvier 2009, de la somme de 1 200 000 € :

Part brute	1 200 000
– Abattement	– 156 357
	1 043 643

7 922 € × 5 % =	396,10 €
11 883 – 7 922 = 3 961 × 10 % =	396,10 €
15 636 – 11 883 = 3 753 × 15 % =	562,95 €
542 036 – 15 636 = 526 400 × 20 % =	105 280 €
886 020 – 542 036 = 343 984 × 30 % =	103 195,20 €
1 043 643 – 886 020 = 157 623 × 35 % =	55 168,05 €
	264 998,40 €

1.3 La réduction sur les droits dus

Tout héritier, donataire ou légataire ayant au moins 3 enfants vivants ou représentés bénéficie d'une réduction de :

– 610 € par enfant en sus du deuxième, si la transmission s'opère en ligne directe ou entre époux ;
– 305 € par enfant en sus du deuxième, pour les autres transmissions.

2 Paiement des droits de succession et pénalités de retard

Les droits de succession doivent être réglés à la Recette des Impôts dans un délai de 6 mois à compter du décès, à défaut de quoi des intérêts et majorations sont encourus :

– au-delà de six mois du décès : 0,40 % par mois de retard ;
– au-delà de douze mois du décès : une majoration de 10 % ;
– lorsque la déclaration de succession n'a pas été présentée dans les 90 jours après la première mise en demeure : une majoration de 40 % ;
– lorsque la déclaration de succession n'a pas été présentée dans les 30 jours après la seconde mise en demeure : une majoration de 80 %.

Le versement d'un acompte sur les droits de succession dans un délai de six mois du décès, ou même ultérieurement, arrête le cours des intérêts et éventuellement les majorations des droits. Les héritiers sont solidaires du paiement (à l'exception du conjoint depuis la loi du 21 août 2007 puisqu'il n'est plus redevable de droit), mais l'administration ne peut demander le paiement intégral à l'un d'entre eux : elle doit le demander à tous les héritiers. L'Administration dispose de 3 ans, plus l'année en cours, pour contester les énonciations de la déclaration. Elle a 6 ans depuis la loi TEPA (antérieurement le délai était de 10 ans) pour constater toute omission dans la déclaration.

3 La déclaration des revenus courus du 1er janvier au jour du décès

La déclaration des revenus du décédé doit être déposée dans un délai de 6 mois à compter du décès. Il y a lieu de déposer deux déclarations de revenus pour l'année : la première reprendra tous les revenus se rapportant à la période écoulée depuis le 1er janvier jusqu'au jour du décès avec le nombre de tranches correspondant à la situation du couple au premier janvier. La deuxième portera sur les revenus encaissés depuis le jour du décès, jusqu'au 31 décembre, avec le même quotient familial qu'au 1er janvier de l'année d'imposition.

4 Les pièges fiscaux à éviter

4.1 Compte indivis ou joint avec un héritier (art. 753 du CGI)

Tous les titres ou sommes d'argent figurant sur ce compte seront censés faire partie de la succession pour moitié. Toutefois, l'Administration a la faculté de retenir, comme base de calcul, l'intégralité du compte joint au nom du défunt, en apportant la preuve notamment que l'héritier n'a effectué aucun dépôt sur ce compte ou bien encore qu'il avait des revenus très faibles ne lui permettant pas de l'alimenter.

4.2 Comptes ouverts au nom des mineurs (art. 784 du CGI)

S'il s'avère que le compte a été uniquement alimenté par les parents, les fonds doivent être rapportés à la succession (sauf à les analyser comme des cadeaux ou présents d'usage).

4.3 Retraits bancaires avant le décès (art. 752 du CGI)

L'Administration a la faculté de réintégrer dans l'actif taxable, toutes sommes retirées dans l'année précédant le décès, à charge par elle de prouver la conservation de ces sommes. Par ailleurs, il est rappelé que tout retrait même au-delà d'un an peut être constitutif d'un don manuel qui, en tant que tel, serait réintégré dans la succession.

4.4 Dettes du défunt envers ses héritiers (art. 773 du CGI)

Toute dette due par le défunt envers ses héritiers, quand bien même serait-elle réelle et sincère, ne pourra être déduite de l'actif successoral qu'à condition qu'elle soit établie par un document ayant date certaine ou par acte notarié. Par exemple, si un héritier a payé des factures pour le compte du défunt avant le décès, sans autre formalité, il ne pourra les déduire.

4.5 Biens appartenant en usufruit au défunt et en nue-propriété aux héritiers (art. 751 du CGI)

Ils sont réputés, jusqu'à preuve contraire, faire partie intégralement de la succession. Néanmoins, cette règle ne s'applique pas lorsque le démembrement de propriété résulte d'une donation établie plus de 3 mois avant le décès. La preuve contraire consiste notamment à démontrer que le nu-propriétaire a effectivement acquis la nue-propriété à l'aide d'une somme d'argent lui appartenant personnellement.

4.6 Donations antérieures (art. 784 du CGI)

Toutes donations antérieures consenties à un titre ou sous une forme quelconque par le défunt, à l'exception de celles passées depuis plus de 6 ans, doivent être déclarées.

4.7 Biens existants au premier décès et taxés une deuxième fois au second décès

- **Les comptes titres.** Si, au premier décès, le compte titres est laissé intégralement au nom du conjoint survivant seulement, sans faire état des droits des enfants en nue-propriété, l'ensemble de ces titres sera taxé lors du deuxième décès sauf à établir un compte d'administration reprenant les différentes opérations ayant eu lieu entre le premier et le second décès. Pour éviter cela, il convient simplement d'effectuer un acte de partage au lendemain du premier décès qui organisera la gestion de ces titres et qui évitera une double taxation au second décès.
- **Les sommes d'argent** (art. 587 du Code civil). Il convient de déduire au deuxième décès, au titre d'une dette de restitution, la valeur nominale des sommes d'argent ayant été déclarées au premier décès. Mais aucun texte fiscal ne consacre cette solution. Il est préférable alors d'avoir établi un acte notarié de « reconnaissance de quasi-usufruit ».

Chapitre

7 Les libéralités

Catherine BIENVENU

La libéralité est l'acte par lequel une personne transmet à titre gratuit tout ou partie de ses biens ou de ses droits au profit d'une autre personne (art. 893 al. 1, C. civil). Celui qui dispose doit donc avoir une intention libérale et doit s'appauvrir. Il ne peut le faire que par donation, pour une transmission de son vivant, ou par legs, pour une transmission à son décès.

Comme on l'a vu plus haut (chapitre « Les successions »), toute libéralité peut être touchée par une action en réduction pour atteinte à la réserve héréditaire. Ce n'est donc qu'au décès du donateur que l'on connaîtra le sort de cette libéralité, ce qui fragilise la situation du bénéficiaire et des tiers. La loi du 23 juin 2006 a cependant renforcé la sécurité juridique de la libéralité. D'une part, il y est affirmé le principe de la réduction en valeur, celle en nature étant l'exception et ce, qu'il s'agisse d'une donation ou d'un legs, à un successible ou non. En cas de réduction, c'est donc bien une somme d'argent que le gratifié sera tenu de restituer et non pas le bien lui-même. D'autre part, alors qu'il n'était possible de renoncer à exercer l'action en réduction qu'une fois la succession ouverte, la loi rend licite le pacte par lequel l'héritier réservataire présomptif y renonce du vivant du disposant.

Cette innovation de la loi constitue une véritable opportunité patrimoniale, adaptée à la réalité économique et sociologique de notre époque, ainsi qu'à l'évolution actuelle de l'espérance de vie. En effet, elle va permettre de consolider les donations qui sont faites aux petits-enfants, d'envisager différemment les transmissions de patrimoine au sein des familles recomposées, d'assurer efficacement la protection d'un enfant handicapé, de faire échapper les changements de régimes matrimoniaux aux actions en retranchement… Finalement, plus qu'un pacte de renonciation, la loi consacre un véritable pacte de famille.

Section 1 LA DONATION SIMPLE

Le donateur doit être propriétaire du bien au moment de la donation et avoir le droit d'en disposer. Il s'en dépouille irrévocablement. Le donataire accepte la donation. Ces donations peuvent porter sur toutes sortes de biens dont la valeur est évaluée au jour du décès du donateur[1].

Section 2 LA DONATION-PARTAGE

La donation partage est un acte double.

D'une part, elle réalise une donation irrévocable, par des parents de leur vivant, de certains biens à leurs enfants ou, depuis la loi du 23 juin 2006, à leurs petits-enfants ou présomptifs héritiers (notamment les frères et sœurs) et même au sein des familles recomposées voire au profit d'une tierce personne lorsqu'il s'agira de

1. Voir chapitre « Les successions ».

l'allotir d'une entreprise individuelle (c'était déjà le cas avant la réforme) ou exploitée sous forme de société, à la condition que le donateur exerce une fonction de direction. D'autre part, elle constitue un partage anticipé et définitif avec la possibilité de réintégrer les donations antérieures (évaluées contractuellement) et de composer des lots d'inégale valeur. Cet acte permet un partage définitif des biens donnés qui sont définitivement évalués au jour de la donation. Il est exonéré du droit de partage de 1,10 % (sauf sur les biens réintégrés).

1 La donation-partage transgénérationnelle

La donation partage aux petits-enfants en présence d'enfants s'effectuera par souche. La génération intermédiaire devra donner son accord (on retrouve l'idée du pacte de renonciation à la réserve). Techniquement les petits-enfants seront censés avoir reçu les biens de leur auteur direct. Une telle donation ne peut être consentie qu'entre petits-enfants. S'agissant d'un partage anticipé de la succession, un présomptif héritier (enfant) au moins doit y participer. Toutefois, le donateur qui n'a qu'un enfant peut consentir une donation transgénérationnelle au profit de cet enfant unique et de ses petits-enfants ou même au profit uniquement de ses petits-enfants.

L'enfant qui abandonne ainsi ses droits doit donner son consentement à l'acte. Toutefois, il ne faut pas oublier que d'écarter un de ses enfants lors d'une donation-partage au profit de descendants de degrés différents fait perdre l'avantage de figer la valeur des biens donnés. En effet, un des avantages de la donation-partage est de pouvoir maintenir la valeur des biens donnés au jour de la donation, pour le calcul de la réserve, à la double condition que tous les enfants de l'ascendant donateur aient donné leur consentement au partage et qu'il n'ait pas été prévu de réserve d'usufruit sur une somme d'argent.

2 La donation-partage dans les familles recomposées

La donation-partage conjonctive permet aux parents, mariés sous le régime de la communauté, de répartir, ensemble, leurs biens – propres et communs – entre leurs enfants et descendants.

Mais, avant la loi du 23 juin 2006, la donation-partage conjonctive soulevait des difficultés lorsque les époux avaient des enfants qui ne leur étaient pas communs (tel un enfant d'un premier lit). La jurisprudence déclarait nulle la donation-partage conjonctive « portant indistinctement sur les biens des deux époux ».

Avec la réforme, il est possible de réaliser une donation-partage conjonctive en présence d'enfants qui ne sont pas issus des deux époux. Désormais :

– Les enfants non communs ne peuvent donc recevoir que des biens propres de leur auteur ou des biens communs. S'agissant des biens communs, l'autre époux ne peut pas se porter codonateur. Il n'intervient que pour donner son consentement, conformément à l'actuel article 1422 du Code civil.
– Les enfants communs, quant à eux, peuvent recevoir indifféremment des biens propres et des biens communs de leur père et mère.

Section 3 LES CLAUSES CONVENTIONNELLES AUTORISÉES

Les libéralités peuvent être faites avec charge[1] tant qu'elles conservent leur nature de libéralité (la charge ne doit pas avoir une valeur supérieure au bien donné) et que la charge soit possible, licite et morale.

On listera ici un certain nombre de clauses.

La **clause d'inaliénabilité** (Code civil, art. 900-1) qui doit être temporaire et justifiée par « un intérêt sérieux et légitime. Même dans ce cas, le donataire ou le légataire peut être judiciairement autorisé à disposer du bien si l'intérêt qui avait justifié la clause a disparu ou s'il advient qu'un intérêt plus important l'exige ». La Cour de cassation juge temporaire l'inaliénabilité stipulée pour la vie du donateur lorsque la clause garantit l'un de ses intérêts qui est lui-même viager.

La **clause de retour conventionnel** (art. 951 et 952 du Code civil) par laquelle le « donateur pourra stipuler le droit de retour des objets donnés, soit pour le cas du prédécès du donataire seul, soit pour le cas du prédécès du donataire et de ses descendants ». Une telle clause évitera d'avoir à acquitter des droits de succession si le donataire venait à décéder avant le donateur, qui serait alors son héritier. On peut prévoir un droit de retour même si le bien a été vendu. L'avantage sera de créer un passif dans la succession du donataire.

La **clause de dispense de rapport** (art. 844 du Code civil) pour la donation hors part successorale (voir chapitre « Les successions »).

La **clause de rapport forfaitaire** (art. 860 du Code civil). Les règles légales d'évaluation du rapport peuvent être conventionnellement modifiées dans une donation simple. Notamment, il peut être prévu de fixer le rapport à une somme

1. Celui qui bénéficie de la libéralité doit, par ailleurs, supporter une charge.

forfaitaire, insusceptible d'évoluer. Par exemple pour la donation de parts sociales dont on sait que la plus-value sera acquise par le travail du donataire.

La **clause d'exclusion ou d'inclusion de la communauté** (ou de la société d'acquêts) du donataire qui permet, soit de maintenir au bien son caractère propre dans le temps, soit de l'inclure immédiatement dans la communauté de biens du donataire. Il y a lieu de prévoir également la révocation ou la reprise en cas de divorce. Par exemple, lors de la transmission d'une entreprise, la clause d'inclusion permet de tenir compte du travail du conjoint par une donation consentie au couple et non pas simplement à l'enfant du donateur. Fiscalement, une donation conjointe à un enfant et au conjoint de celui-ci entraînera une taxation au titre des droits de donation au taux en ligne directe pour l'enfant sur la moitié de la valeur du bien et au taux entre étranger pour le conjoint de l'enfant pour l'autre moitié. Alors qu'une donation à l'enfant avec stipulation de communauté (1404 al. 2 Code civil) n'engendrera des droits qu'en ligne directe sur la totalité de la valeur du bien transmis. Toutefois, si cet enfant a des frères et sœurs, c'est bien la totalité de la donation dont il sera tenu compte dans ses droits (dans la succession de son père donateur) et non pas seulement la moitié.

La **clause d'administration**, pour les donations consenties à un mineur, permet de stipuler dans l'acte de donation que les fonds donnés ne seront pas gérés par les parents (administrateurs légaux) mais par toute autre personne (grands-parents, frère…).

L'**obligation d'emploi** permet de stipuler dans l'acte de donation les conditions d'emploi des biens donnés.

La **gestion de l'après cession** d'un bien démembré. Cette clause organisera les conséquences de la cession d'un bien démembré par l'usufruitier et le nu-propriétaire. En principe, toute cession d'un bien démembré entraîne le partage du prix de cession en fonction de la valeur respective de chaque droit, mais il est possible de déroger à cette règle, notamment en prévoyant le maintien du démembrement sur un nouveau bien.

La **donation de *residuo* ou résiduelle** s'analyse comme une clause de substitution. Elle opère une double mutation. Elle est désormais autorisée quels que soient les liens de parenté ou non, entre le disposant, le grevé et le premier gratifié. Elle ne peut jouer qu'à concurrence de la quotité disponible, sauf accord du premier gratifié. Le donateur va imposer au donataire la charge de restituer ce qu'il reste des biens donnés au décès du donataire à une personne désignée, qui doit être conçue au moment de l'acte de donation. Le donataire n'a pas la charge de conserver le bien donné (contrairement à la donation graduelle, voir *infra*). Si la donation est exempte de toute charge, elle peut porter sur la part de réserve héréditaire. Ainsi, le premier gratifié peut disposer du bien par acte entre vifs, que ce soit à titre onéreux ou à titre gratuit (sauf clause contraire de l'acte dans ce dernier cas, encore que cette clause contraire ne puisse peser sur les biens donnés en avancement de part successorale à l'héritier réservataire). Cependant, comme il a l'obligation de transmettre au second gratifié ce qui restera, il ne peut en disposer à cause de mort, mais ici encore, l'héritier réservataire, à qui les biens ont été donnés en avancement de part successorale, ne supporte pas cette restriction et il conserve la liberté de disposer à cause de mort. Le second gratifié tient ses droits directement du disposant, ainsi n'est-il pas exposé à une action en réduction des héritiers réservataires du premier gratifié. Cette donation bénéficie d'un régime fiscal de faveur. Au décès du disposant, seul le premier gratifié acquitte les droits comme sur n'importe quelle libéralité. Les droits de succession au décès du premier gratifié sont calculés en fonction du lien de parenté existant entre le disposant et le second gratifié : les taux applicables et la valeur imposable du bien transmis sont déterminés au jour du décès du premier gratifié, mais les droits acquittés lors du décès du disposant (par le premier gratifié) sont imputables sur ceux dus sur le même bien par le second gratifié. Par exemple, un couple de grands-parents souhaite donner à leur petit-fils une somme d'argent. Ils tiennent à ce qu'en cas de décès du donataire, cette somme revienne exclusivement à leur fille, mère du donataire. Ils feront une donation *de residuo* avec comme premier donataire le petit-fils et comme donataire en second leur fille. De la même manière, pour un couple ayant deux enfants, dont l'un est handicapé et n'aura jamais de postérité. À la donation consentie à l'enfant handicapé, il va être stipulé une clause *de residuo* au profit de son frère.

La **donation graduelle** issue de la loi du 23 juin 2006 permet au donateur d'imposer au donataire la double charge de conserver les biens donnés et de les transmettre, à son décès, à une autre personne désignée par le donateur lui-même. Jusqu'à présent, une telle donation (dite substitution fidéicommissaire) était interdite sauf si le disposant était le père ou la mère du grevé ou, en l'absence d'enfant, le frère ou la sœur. Maintenant, peu importe le degré de parenté avec le second gratifié, qui peut même être un étranger à la famille. Le second gratifié ne pourra pas avoir l'obligation de conserver le bien. Si la donation est faite à un héritier réservataire, elle devra être faite hors part successorale, la part réservataire ne devant pas supporter de charge. Toutefois, le grevé pourra consentir à ce que la charge porte sur tout ou partie de sa réserve, à condition que la libéralité bénéficie de plein droit à ses enfants nés et à naître. Fiscalement, lors de la libéralité, le premier gratifié acquitte les droits de mutation à titre gratuit sur la valeur totale des biens transmis. À son décès, le second gratifié acquittera les droits en fonction de son degré de parenté avec le premier gratifié, mais les droits acquittés lors du premier décès ne seront pas imputables.

On notera qu'une autre forme de libéralité permet une transmission similaire, avec une fiscalité moins lourde : la **double libéralité d'usufruit à une personne** (qui serait le premier gratifié dans la libéralité graduelle) **et de nue-propriété à une autre** (qui serait le second gratifié dans la libéralité graduelle). Les droits seront alors calculés sur les valeurs respectives de l'usufruit et de la nue-propriété mais uniquement en fonction du lien de parenté entre le disposant et chacun des bénéficiaires.

Avec la **clause de réserve d'usufruit**, le donateur conserve le droit de jouir (de manière viagère en général) du bien dont le donataire a la propriété mais à charge d'en conserver la substance. Il y aura réserve de quasi-usufruit si le bien donné est consomptible (bien qui disparaît à l'usage, une somme d'argent par exemple).

La **réserve d'un usufruit successif** conduit à ce que l'usufruit soit constitué au profit de plusieurs personnes appelées à en jouir successivement. Le titulaire d'un usufruit successif devient usufruitier avec tous les droits attachés à cette qualité, à l'extinction de l'usufruit précédent. La Cour de Cassation l'analyse comme une donation à terme de biens présents. C'est le cas de la réversion d'usufruit entre époux. Il y a lieu de préciser que depuis la loi du 26 mai 2004 sur le divorce, les donations de biens présents entre époux consenties à compter du 1er janvier 2005 sont irrévocables. Ainsi, si l'acte a été passé avant le 1er janvier 2005, la réversion reste librement révocable. Toutefois, la loi du 23 juin 2006 a aménagé l'irrévocabilité des donations de biens présents entre époux, puisque seules y seront désormais soumises les donations qui prennent effet au cours du mariage. Les donations qui ne prennent pas effet au cours du mariage redeviennent par conséquent librement révocables.

Enfin, la **délivrance à terme du bien donné** permet de stipuler, sur une donation de somme d'argent par exemple, une remise à terme. Il s'agit alors d'une donation d'une créance que le donateur crée sur lui-même et dont l'exigibilité est reportée. Le terme peut même être le décès du donateur. La donation constituera un passif successoral.

Section 4 LE SORT DES DONATIONS AU DÉCÈS DU DONATEUR

On renverra aux développements sur les successions. Pour rappel, les donations ne doivent pas porter atteinte à la réserve héréditaire. Mais le donateur peut avantager la personne de son choix par le biais de la quotité disponible.

Section 5 L'ÉVALUATION DES BIENS DONNÉS

Les biens doivent être évalués pour leur valeur vénale au jour de la donation. Il doit être tenu compte de la nature juridique et du statut des biens transmis (participation minoritaire d'une société familiale, bien immobilier occupé mais en tenant compte du rendement locatif qui, s'il est élevé, ne permettra pas une décote importante...). Lors du décès du donateur, il y aura lieu de procéder à une nouvelle évaluation des biens donnés (voir chapitre sur les successions : droits du conjoint survivant, rapport, réduction) afin d'assurer l'égalité des héritiers et la protection de la réserve.

Section 6 LE RÉGIME FISCAL DES DONATIONS ET LE PAIEMENT DES DROITS DE DONATION

La loi prévoit que les frais et droits sont acquittés par le donataire. Cette disposition législative n'est pas d'ordre public. Ainsi, il est possible de prévoir, dans l'acte de donation, une clause stipulant que les frais de donation seront à la charge du donateur. Cet avantage n'est pas taxable, le paiement des droits par le donateur n'étant pas regardé comme un supplément de donation.

Comme en matière de successions (voir *supra*), la loi TEPA du 21 août 2007 a allégé la charge fiscale en matière de donation. Elle s'applique aux donations consenties à compter de son entrée en vigueur, soit le 22 août 2007. La nouveauté majeure concerne l'égalité de traitement entre les époux et les partenaires liés par un Pacs et, comme en matière successorale, le principe d'une actualisation au 1er janvier de chaque année des barèmes et des abattements.

1 Les abattements au 1er janvier 2010

On applique à la part nette reçue par chaque donataire un abattement personnel avant de calculer les droits de donation. L'abattement se reconstitue tous les 6 ans.

Tableau 7.1

Personne concernée	Montant de l'abattement
En ligne directe	156 974 € entre parent et enfant 31 395 € entre grand-parent et petit-enfant 5 232 € entre arrière-grand-parent et arrière-petit-enfant
Entre époux et partenaires liés par un PACS	79 533 €
Entre frères et sœurs (sauf exonération sous les mêmes conditions qu'en matière successorale)	15 697 €
À un neveu ou une nièce	7 849 €
Personne handicapée	156 974 € qui se rajoutent aux autres abattements dont le donataire peut être bénéficiaire

2 Les taux d'imposition au 1er janvier 2010

La part taxable (part nette reçue sous déduction du ou des abattements) est taxée suivant la qualité du donataire. On applique le même barème progressif qu'en matière successorale[1].

1. Voir chapitre « Les successions ».

Tableau 7.2 — Entre époux et entre partenaires liés par un Pacs

Fraction de part nette taxable (PNT)	Taux	Calcul rapide
N'excédant pas 7 953 €	5 %	5 % × PNT
De 7 953 à 15 697 €	10 %	10 % × PNT – 398 €
De 15 697 et 31 395 €	15 %	15 % × PNT – 1 183 €
De 31 395 à 544 173 €	20 %	20 % × PNT – 2 752 €
De 544 173 à 889 514 €	30 %	30 % × PNT – 57 170 €
De 889 514 à 1 779 029 €	35 %	35 % × PNT – 101 645 €
Supérieure à 1 779 029 €	40 %	40 % × PNT – 190 597 €

3 Les réductions supplémentaires sur les droits dus

Lorsque la donation est faite en nue-propriété et que le donateur a :

– moins de 70 ans, la réduction sur les droits dus est de 35 % ;
– de 70 ans révolus à moins de 80 ans, elle est de 10 %.

Lorsque la donation est faite en pleine propriété ou en usufruit et que le donateur a :

– moins de 70 ans, la réduction sur les droits dus est de 50 % ;
– de 70 ans révolus à moins de 80 ans, elle est de 30 %.

4 Réduction forfaitaire complémentaire sur les droits dus

La même réduction qu'en matière de succession s'applique :

– 610 € par enfant en sus du deuxième, si la transmission s'opère en ligne directe ou entre époux ;
– 305 € par enfant en sus du deuxième, pour les autres transmissions.

La loi TEPA a étendu cette réduction aux donations réalisées entre partenaires liés par un Pacs.

5 L'exonération des dons familiaux de sommes d'argent

La loi TEPA a prévu une exonération permanente des droits de donations, dans la limite de 31 395 € réactualisée au 1er janvier 2010, pour les dons de sommes d'argent consentis en pleine propriété au profit d'un enfant, d'un petit-enfant ou d'un arrière-petit-enfant ou, à défaut d'une telle descendance, d'un neveu ou d'une nièce. Ce dispositif ne peut s'appliquer qu'une seule fois (même après l'écoulement d'un délai de 6 ans). Le donateur doit être âgé de moins de 80 ans lorsque le don est réalisé avec un saut de génération ou moins de 65 ans pour les dons consentis à un enfant ou à un neveu ou à une nièce et le bénéficiaire avoir 18 ans révolus ou être émancipé.

Section 7 LE TESTAMENT

1 Les différentes formes de testament

Le testament olographe doit être écrit en entier de la main du testateur mais également daté et signé de sa main. **Le testament authentique** est reçu par deux notaires ou un notaire et deux témoins. Il doit être dicté au notaire par le testateur. **Le testament mystique** est clos, cacheté et scellé. La forme manuscrite n'est pas obligatoire.

Le testament international (Convention de Washington du 28.10.1973) ne nécessite pas un élément international. Le terme « international » fait référence à la source juridique. Il n'est pas nécessaire que le testament soit écrit de la main du testateur mais, il doit être signé par le testateur sur chaque page. Le testament fait l'objet d'un acte de dépôt chez un notaire. Il permet de rendre un testament valable en la forme, quel que soit le pays où il a été établi, qui, notamment, n'impose pas nécessairement les mêmes conditions de validité que dans le pays où il devra être exécuté.

Le **mandat à effet posthume**, qui doit être donné et accepté par acte notarié, à l'effet de gérer ou administrer tout ou partie de la succession revenant à un héritier déterminé, peut être donné depuis le 1er janvier 2007. Le mandat doit être motivé par un intérêt sérieux et légitime (car il prive l'héritier du droit d'administrer ses biens) lié à la personne (incapacité d'un héritier) ou à l'existence d'un bien, notamment professionnel, dont la gestion requiert des compétences particulières. La durée du mandat est en principe de 2 ans mais peut être de 5 ans avec une ou plusieurs prorogations à solliciter auprès du juge.

2 Les fonctions essentielles d'un testament

La rédaction d'un testament permet de modifier les règles légales de transmission en effectuant des legs ou, à l'inverse, en exhérédant un héritier. Il permet de désigner des bénéficiaires pour les contrats d'assurance-vie ou les personnes habiles à gérer le patrimoine d'un mineur ou encore de nommer un exécuteur testamentaire.

On peut y inclure les clauses listées ci-dessus. Avant la loi du 23 juin 2007, l'exécuteur testamentaire avait pour seule mission de veiller à la bonne exécution des volontés du testateur. Il pouvait prendre des mesures conservatoires mais devait être autorisé par le juge pour agir. Désormais, sous certaines conditions, il pourra exécuter lui-même les volontés du défunt qui pourra étendre sa saisine, c'est-à-dire sa compétence aux biens immobiliers en l'absence d'héritier réservataire.

Chapitre 8 La protection du conjoint survivant

Frédéric Petit

Depuis la « loi en faveur du travail, de l'emploi et du pouvoir d'achat » du 21 août 2007, la protection du conjoint survivant prend une nouvelle coloration. En effet, désormais, tant le conjoint survivant que le partenaire survivant sont totalement exonérés de droits de succession. Il en résulte que la protection du conjoint survivant se traite désormais exclusivement d'un point de vue patrimonial et juridique, l'objectif étant de lui conférer un pouvoir d'action circonstancié (maximum, ou au moins ciblé) sur le patrimoine du *de cujus*.

Cet objectif a notamment pour contraintes, la situation familiale (familles recomposées...), la structure patrimoniale (biens frugifères[1] ou non, aisément cessibles ou non...), la nature des droits détenus sur ce patrimoine (biens propres ou communs, droits en pleine propriété, en démembrement...). Ainsi compris, l'objectif de protection du conjoint survivant va pouvoir être réalisé en agissant sur trois niveaux : le régime matrimonial, les libéralités et succession et enfin, l'assurance-vie.

1. Bien mobilier ou immobilier qui rapporte des fruits.

Section 1 LA PROTECTION DU CONJOINT SURVIVANT PAR LE RÉGIME MATRIMONIAL

1 Du choix du régime légal ou régime conventionnel

1.1 Le choix initial

La loi prévoit différents régimes matrimoniaux, qu'elle réglemente à défaut de conventions contraires. En terme de protection du conjoint survivant, ce choix initial n'est pas neutre. À l'évidence, un conjoint survivant n'ayant jamais travaillé sera mieux protégé par un régime de communauté légale (ou de séparation avec participation aux acquêts ou de séparation avec société d'acquêts), grâce auquel il aura la moitié des acquêts de l'autre, que par un régime de séparation de biens pure et simple. Au surplus, la convention initiale peut prévoir des avantages matrimoniaux en cas de dissolution par décès.

1.2 La modification du régime matrimonial

Mais, dans 95 % des cas, les époux, par ignorance, n'envisagent pas une telle convention. Il leur est pourtant possible, après deux années d'application du régime matrimonial d'origine, de modifier totalement ou partiellement leur régime matrimonial, ce qui peut donc arriver plusieurs fois au cours d'une même union.

Compte tenu du principe de déjudiciarisation, et ce depuis la loi du 23 juin 2006 (art. 1397 du Code civil), un acte notarié peut être suffisant pour opérer cette modification. Ceci n'est cependant pas possible dans les cas suivants :

- en présence d'enfants mineurs ou de petits enfants mineurs venant par représentation ;
- en cas d'opposition des enfants majeurs ou des créanciers ou des personnes qui avaient été parties dans le contrat modifié.

Sous peine de nullité (nullité absolue selon une doctrine majoritaire), l'acte doit contenir une liquidation du régime modifié, lorsque celle-ci est nécessaire (précision issue de loi du 5 mars 2007). Selon les travaux parlementaires de cette loi, et une réponse ministérielle du 11.11.08, « il appartient au notaire, voire au juge, de décider de la nécessité ou non de la liquidation ; lorsque l'opération ne conduit à aucun changement dans la composition et l'organisation des patrimoines des époux, la liquidation peut être inutile. »

Toutefois, on mesure bien tout l'intérêt d'une telle liquidation lors du passage d'une communauté légale à une communauté universelle :

- il est important de déterminer les biens propres et les causes de récompenses pour permettre la reprise en cas de divorce ultérieur, en cas d'exercice d'action en retranchement, pour faire prendre conscience aux époux de ce qu'ils abandonnent ;
- il convient de mesurer l'utilité du changement de régime et peut être qu'à la suite de cette liquidation ne sera-t-il pas nécessaire d'effectuer ce changement ;
- il convient de déterminer l'impact du changement de régime sur les donations antérieures (qui peuvent devenir de ce fait réductibles) et sur les clauses contradictoires inclues dans des actes antérieurs.

2 La stipulation d'un avantage matrimonial

2.1 La notion d'avantage matrimonial

Il peut être défini comme l'avantage qu'un époux tire de son contrat de mariage du fait de l'adoption d'un régime de communauté conventionnelle, par rapport aux règles de la communauté légale.

Exemple 1 – **Communauté légale avec clause de préciput sur le logement**

Communauté = logement (100) + liquidités (50) = 150

Droits du conjoint sous ce régime : 100 % du logement (préciput) + ½ liquidités = 125

Droits du conjoint sous communauté légale : ½ logement + ½ liquidités = 75

Avantage matrimonial = 125 – 75 = 50

Exemple 2 – **Communauté universelle avec attribution intégrale**

Communauté = 1 000 000 (dont 400 000 d'apports)

Droits du conjoint sous ce régime = 1 000 000

Droits du conjoint sous communauté légale = ½ × 600 000 (compté hors apports) = 300 000

Avantage matrimonial si l'époux apporteur survit = 300 000

Avantage matrimonial si l'époux non apporteur survit = 700 000

L'avantage matrimonial peut résulter des clauses extensives de la composition de la communauté (communauté universelle, communauté meubles et acquêts, apport d'un bien) ou des clauses relatives au partage (préciput, stipulation de parts inégales dont fait partie l'attribution intégrale de communauté au survivant). Il ne peut porter que sur des biens communs ou assimilés (société d'acquêts, participation aux acquêts...).

Sur le plan fiscal, l'avantage matrimonial perd désormais sa spécificité par rapport aux droits de succession du conjoint survivant puisqu'il est également exonéré de tout droit de mutation à titre gratuit. Mais le préciput, le prélèvement moyennant indemnité et la clause de partage inégal (sauf celle d'attribution intégrale) sont fiscalement considérés comme des opérations de partage et donnent lieu au droit de 1,1 %. Par ailleurs, l'avantage matrimonial ne donne plus lieu à perception d'honoraires pour le notaire rédacteur.

Sur le plan civil, les avantages matrimoniaux ne sont pas considérés comme des donations, tant sur la forme que sur le fond, mais comme des conventions de mariage et entre associés. Ainsi, ces avantages consentis au conjoint ne sont pas soumis aux règles du rapport et de la réduction pour atteinte à la réserve héréditaire, en présence d'enfants communs. Par ailleurs, le conjoint peut cumuler ces avantages matrimoniaux s'il y a lieu avec ses droits successoraux et ces avantages ne peuvent être révoqués pour cause d'ingratitude. L'avantage matrimonial constitue donc un outil privilégié de la protection du conjoint survivant.

2.2 Les limites de l'avantage matrimonial

L'action en retranchement

Puisque l'avantage matrimonial peut aboutir à léser les enfants au profit du conjoint survivant, la loi vient ici protéger les enfants qui ne sont pas issus des deux époux. Il s'agit des enfants naturels, simples ou adultérins, et des enfants d'un précédent mariage. Sont, au contraire, considérés comme issus des deux époux, les enfants de l'un, adoptés même simplement par l'autre (arrêt Cour Cass. du 7 juin 2006). Les enfants communs profitent de l'exercice de cette action par les autres, mais ne peuvent eux-mêmes l'exercer. L'action en retranchement a pour effet de réduire l'avantage matrimonial et de le limiter à la quotité disponible entre époux prévue à l'article 1094 – 1 du Code civil.

Pour autant, les titulaires de cette action (les enfants non issus des deux époux) peuvent chacun ne pas l'exercer, et le conjoint survivant conserve alors l'avantage matrimonial, toujours en franchise fiscale (arrêt cour cass 1re civile du 6 mai 1997). Ils peuvent aussi renoncer par avance à l'exercer (art. 1527 al. 3 du Code civil. Loi du 23 juin 2006). Si le formalisme est le même que celui de la renonciation anticipée à l'action en réduction (articles 929 et 930 du Code civil), la portée s'en éloigne car la renonciation n'est ici que provisoire en ce sens qu'il y aura lieu de déterminer, au premier décès, le montant du retranchement pour ne le revendiquer qu'au second décès. Cet outil de protection du conjoint survivant dans les familles recomposées sera à utiliser en cas de bonne entente. Un peu comme un quasi-usufruit, le conjoint survivant est en situation de débiteur à terme de somme d'argent, même si les renonçants bénéficient de certaines garanties (inventaire des meubles, état des immeubles, privilège de plein droit sur les immeubles que l'on inscrira ou non).

Le droit de reprise (art. 1525 du Code civil)

Les biens propres mis en communauté par leur auteur peuvent être repris par leurs héritiers, sauf clause contraire, ce qui devrait être une clause de style dans la convention matrimoniale lorsque celle-ci a pour but d'augmenter la protection du conjoint survivant.

Le divorce (art. 265 du Code civil)

La loi du 26 mai 2004 portant réforme du divorce a opéré une distinction :

- sont révoqués de plein droit par le divorce, les avantages matrimoniaux prenant effet à la dissolution ou au décès d'un époux (c'est-à-dire toutes les clauses de partage) ;
- sont maintenus ceux prenant effet au cours du mariage (c'est-à-dire toutes les clauses liées à la composition de la communauté).

Toutefois, la loi du 23 juin 2006 a validé « la clause alsacienne » par laquelle les époux peuvent reprendre, en cas de divorce, les biens qu'ils auront apportés à la communauté. Il est également opportun de prévoir une clause révoquant tous ces avantages matrimoniaux en cas de décès pendant une instance en divorce.

3 Les variétés d'avantages matrimoniaux

3.1 Les clauses liées à la composition de la communauté

Il s'agit ici d'élargir la communauté en prévoyant qu'un bien, normalement propre sous le régime légal, sera commun. La clause peut viser tel bien précis ou bien une catégorie de biens (tous les meubles ou tous les immeubles par exemple), qu'ils soient détenus avant et/ou après le mariage, par succession ou donation.

La clause la plus extrême est la **communauté universelle de biens présents et à venir**. Sous l'angle de la protection du conjoint survivant, l'intérêt d'une telle clause de mise en communauté est que le conjoint non-apporteur devient propriétaire pour moitié du bien apporté, voire même davantage en cas de clause de partage en ce sens. Toutefois, un tel mécanisme peut s'avérer inefficace dans le cas particulier d'un bien apporté provenant d'une donation contenant une clause de droit de retour, une clause d'interdiction d'aliéner ou une clause d'interdiction d'entrée en communauté. Il convient alors de faire intervenir les parents donateurs pour y renoncer. L'adoption d'une communauté universelle de biens présents et à venir doit se faire à bon escient. Elle étend les règles contraignantes de gestion, issues du régime de communauté, aux biens propres devenus communs. Elle élargit le passif commun qui devient également universel (une prestation compensatoire, par exemple, versée sous forme de rente par l'époux apporteur, qui doit alors être supportée pour moitié par chaque époux en cas de communauté universelle, et en totalité par l'époux survivant en cas d'attribution intégrale).

3.2 Les clauses liées au partage de la communauté

Les clauses d'attribution et de prélèvement

Ces clauses ont en commun qu'elles visent au profit du seul conjoint survivant (possibilité de prévoir des clauses différentes selon que ce soit Monsieur ou Madame), un bien précis en nature, une somme d'argent, ou une certaine quantité d'une espèce déterminée de biens, le tout en pleine propriété ou en usufruit ou même en quasi-usufruit.

La faculté d'attribution ou d'acquisition vise les biens propres du prédécédé et constitue une sorte d'attribution préférentielle pour le conjoint survivant. Au contraire, la clause de préciput et la clause de prélèvement moyennant indemnité ont pour objet des biens de communauté. La clause de préciput rompt l'égalité en nature et en valeur au profit du conjoint survivant puisqu'elle lui permet d'appréhender le bien avant tout partage sans rien devoir. Par contre, la clause de prélèvement rompt l'égalité en nature mais non en valeur, le conjoint survivant prélevant le bien mais devant une indemnité d'égal montant (ce qui ne constitue pas un avantage matrimonial et est donc utile dans les familles recomposées, sauf si le versement de l'indemnité est stipulé payable au second décès). Ces clauses ont surtout pour avantage qu'elles sont d'exercice facultatif pour le conjoint survivant. Ce caractère essentiel donne toute sa souplesse au mécanisme. La recherche du « sur-mesure » en faveur du conjoint survivant sera atteinte en prévoyant dans l'acte une série de préciputs en pleine propriété, en usufruit ou en quasi-usufruit, sur tout ou partie des différents éléments pouvant composer la communauté au décès… Reste alors au conjoint survivant à faire son « marché ».

Les stipulations de parts inégales

Contrairement au principe du partage par moitié, il est possible de prévoir d'autres quotités, par exemple l'attribution des immeubles à un époux et des meubles à l'autre, les 5/8es en pleine propriété et les 3/8es en usufruit ou en quasi-usufruit au survivant, l'attribution intégrale en pleine propriété au survivant… Seule l'attribution intégrale ne peut se faire qu'au profit du survivant. Pour ce qui est du passif, chaque époux en recueillera une part proportionnelle. Les stipulations de parts inégales ne sont pas facultatives, d'où leur manque de souplesse. Aussi a-t-on envisagé valablement des clauses alternatives (c'est-à-dire différentes stipulations de parts inégales selon qu'il y a divorce ou décès, selon qu'il y ait des descendants ou non ; selon que le conjoint survivant est capable ou non…) et a t'on aussi envisagé, mais beaucoup plus discutablement, des clauses optionnelles au seul choix du conjoint survivant (ex. : « 5/8e en pleine propriété 3/8e usufruit ou attribution intégrale »).

C'est pourquoi il est conseillé d'utiliser diverses clauses de préciputs (*cf. supra*), qu'il convient de coupler avec une stipulation de parts inégales neutre (100 % de l'usufruit au conjoint survivant et 100 % de la nue-propriété au prédécédé).

Section 2 LA PROTECTION DU CONJOINT SURVIVANT PAR LES LIBÉRALITÉS ET LORS DE LA SUCCESSION

1 L'anticipation successorale et la protection du conjoint survivant

Cette anticipation peut se réaliser par des libéralités de biens présents et des libéralités de biens à venir.

1.1 Les donations de biens présents au profit du conjoint survivant

La donation-partage au profit des présomptifs héritiers (art. 1075 al. 1 du Code civil)

C'est une innovation de la loi du 23 juin 2006 que d'ouvrir la donation-partage non plus seulement à ses descendants, mais désormais à tous ses présomptifs héritiers, et tel est le cas de son conjoint en présence d'enfants. L'intérêt pour le conjoint est de pouvoir bénéficier d'une évaluation au jour de l'acte pour ce qui est de l'imputation et du calcul de la réserve (art. 1078 du Code civil) si les conditions en sont réunies. Qui plus est, la donation-partage n'est pas rapportable. Cependant, il conviendra de rappeler à l'époux donateur qu'une telle donation, de biens présents et prenant effet au cours du mariage, est irrévocable (art. 1096 du Code civil). De plus, sur le plan fiscal, l'époux donataire demeure taxable au-delà de 79 533 € (en 2010) (contrairement à l'époux héritier). Une telle donation-partage, certes intéressante pour le conjoint, sera donc à étudier au cas par cas.

La donation d'usufruit successif

Il est fréquent que des parents donateurs de la nue-propriété se réservent un usufruit, qu'ils se donnent mutuellement et successivement. Une telle clause s'analyse en une donation à terme de biens présents et le droit du second usufruitier lui est définitivement acquis dès le jour de l'acte, seul l'exercice de ce droit s'en trouvant différé au décès du donateur[1]. La loi du 23 juin 2006 a confirmé (art. 1096 *a contrario* et débats parlementaires) qu'une telle donation, de biens présents mais ne prenant pas effet au cours du mariage, demeurait révocable. Sur le plan fiscal, alors que les donations de biens présents entre époux demeurent taxables, il est désormais précisé que les réversions d'usufruit au profit du conjoint survivant bénéficient de l'exonération de droits de succession lui profitant (art. 796-0 quater nouveau CGI).

1.2 La donation de biens à venir au profit du conjoint survivant

Les droits successoraux du conjoint survivant, en l'absence de tous testaments ou libéralités (« vocation *ab intestat* ») tels qu'ils résultent de la loi du 3 décembre 2001, lui sont désormais très favorables. Malgré cela, la donation au dernier des vivants lui apporte toujours une protection supérieure.

La supériorité quantitative de la donation au dernier des vivants sur les droits ab intestat *du conjoint survivant*

Tableau comparatif :

Tableau 8.1

Héritiers en concours	Loi de 3 décembre 2001	Donation entre époux
Absence de descendants, frères, sœurs ou neveux et nièces	Tout en pleine propriété (art. 757-2) Héritier réservataire pour 1/4	Idem
Frères, sœurs ou neveux et nièces	• Totalité en pleine propriété (art. 752-2) • Réserve d'1/4 en pleine propriété (art. 914-1) (même si instance en divorce ou séparation de corps et même si jugement de séparation de corps a été prononcé – loi 23 juin 2006) • Droit de retour de moitié en pleine propriété au profit des collatéraux (art. 757-3)	Idem Clauses sur droit de retour : l'écarter ou le maintenir totalement ? L'organiser ? En ce sens : Rép Mi du 13 février 2007
Ascendants	• Moitié en pleine propriété en présence père et mère (art. 757-1 al. 1) • 3/4 en pleine propriété en présence de père ou mère (art. 757-1 al. 2)	• Totalité en pleine propriété (art. 1094 du C. civ.) • Les ascendants ne sont plus réservataires – (suppression de l'art. 914 – loi 23 juin 2006)

1. Arrêt Cour Cass. Civ. 1re 21 octobre 1997 et Arrêt Cour Cass. Ch. mixte 08 juin 2007.

Héritiers en concours	Loi de 3 décembre 2001	Donation entre époux
	• Droit de retour d'1/4 chacun sur les biens qu'ils ont donnés, en nature ou en valeur, s'imputant sur leurs droits successoraux : d'ordre public (art. 738-2 loi 23 juin 2006) • Non taxable (art. 763 Bis CGI issu art. 48 LFR 2006) • Totalité en pleine propriété en présence d'autres ascendants (art. 757-2) • CS est réservataire d'1/4. (art. 914-1 C. civ. – Loi 23 juin 2006)	• Droit de retour d'1/4 chacun sur les biens qu'ils ont donnés, en nature ou en valeur, s'imputant sur leurs droits successoraux : d'ordre public (art. 738-2 loi 23 juin 2006) Non taxable (art. 763Bis CGI issu art. 48 LFR 2006)
Enfants issus des 2 époux	1/4 en pleine propriété ou Totalité en usufruit (art. 757)	Article 1094 – 1 Totalité en usufruit Ou 1/4 en pleine propriété + 3/4 en usufruit ou Quotité disponible ordinaire : – 1/2 en pleine propriété si 1 enfant – 1/3 en pleine propriété si 2 enfants – 1/4 en pleine propriété si 3 enfants et plus.
Enfants non issus des 2 époux	1/4 en pleine propriété (art. 757)	Idem que ci-dessus

La supériorité liquidative de la donation au dernier des vivants sur les droits **ab intestat** *du conjoint survivant*

Tableau 8.2

	Loi	Donation entre époux (DEE)
Usufruit	Tous les biens existants sauf ceux légués	Tous les biens existants
Pleine Propriété	**Masse de calcul :** Biens existants + libéralités non préciputaires **Masse d'exercice :** Biens existants sauf les légués, et sans préjudicier aux droits de réserve et de retour	Art. 922 Biens existants + toutes libéralités Peut porter sur tous les biens existants même légués
Commentaire	Le conjoint survivant voit ses droits réduits par les libéralités faites à d'autres personnes et qui s'imputeraient sur la quotité disponible.	Il en va de même mais dans une moindre mesure car DEE et legs s'imputent concurremment (arrêt Cour Cass du 10.02.1998). Clauses à insérer : exécution prioritaire de la DEE / autres legs (art. 927 du C. civ)

Exemple 1

Soit un conjoint avec 3 enfants :

– bien existant = 1 600

– le défunt avait fait un legs au profit de sa voisine pour un montant de 400

1. ***Hypothèse : le conjoint opte pour le quart légal en pleine propriété***

a) Masse de calcul

Bien existant	1 600
Sous déduction du legs	– 400
Total	1 200

Dont le quart représente la vocation théorique du conjoint, un quart = 300.

b) Calcul de la quotité disponible (art. 922 C. Civ)

Bien existant	1 600
Dont la quotité disponible égale au quart soit :	400

La quotité disponible est totalement absorbée par le legs ; le conjoint ne reçoit rien.

2. ***Hypothèse : le conjoint opte pour un 1/4 en pleine propriété et 3/4 en usufruit en vertu d'une donation entre époux***

La quotité disponible demeure égale à 400 comme précédemment. Mais, cette fois-ci, le legs et la donation seront réduits concurremment de telle sorte que le legs sera réduit à hauteur de 400/800 × 400 = 200.

La vocation en pleine propriété du conjoint sera réduite à 200 (et il aura l'usufruit de 1 200).

3. ***Hypothèse : le conjoint opte pour un 1/4 en pleine propriété et 3/4 en usufruit en vertu d'une donation entre époux avec clause d'exécution prioritaire***

La quotité disponible demeure égale à 400 comme précédemment. Mais cette fois-ci la quotité disponible est totalement absorbée par la donation entre époux.

Le conjoint reçoit 400 en pleine propriété et l'usufruit de 1 200.

La légataire ne reçoit rien.

Par ailleurs, depuis la loi du 23 juin 2006, et sauf volontés contraires du disposant, les libéralités consenties au conjoint survivant s'imputent sur ses droits dans la succession (art. 758-6 C. civ). Lorsque les libéralités ainsi reçues sont inférieures à sa vocation légale, le conjoint survivant peut en réclamer le complément, sans jamais pouvoir dépasser chacune des quotités définies aux articles 1094-1. **Cette imputation signifie que le conjoint survivant ne prendra sa part successorale que diminuée de ce qu'il a déjà reçu.**

Exemple 2

Donation en pleine propriété de biens présents à son épouse : 40 (portefeuille d'actions)

Biens existants au décès de M. : 120 (résidence principale)

1 enfant commun

Mme opte pour ¼ en PP

1. *Masse de calcul (on inclut la donation au conjoint survivant)*

Biens existants	120
Donation rapportable .	40
160 × 25 % =	40

2. *Masse d'exercice*

	160
Réserve	– 80
	80

3. *Imputation sur les droits légaux*

40 (1/4 légal) – 40 (donation) = 0

Donc le conjoint survivant ne prend rien de plus dans les biens existants. Avec une donation entre époux, le conjoint aurait eu l'usufruit des biens existants.

Exemple 3

Donation en pleine propriété de biens présents à son épouse : 10 (portefeuille d'actions)

Biens existants au décès de M. : 100 (résidence principale)

1 enfant commun

Mme opte pour la totalité en usufruit (évalué, par hypothèse, à 50 % de la propriété, compte tenu du barème de l'art. 669 CGI).

Pour imputer des droits en pleine propriété reçus par libéralité sur des droits légaux reçus en usufruit, il faut convertir cet usufruit en pleine propriété.

En l'absence de libéralités, le conjoint survivant aurait un usufruit de 110, soit à 50 % = 55

Donc, 55 (vocation légale) – 10 (donation) = 45

ainsi Mme aura sur les biens existants l'usufruit de 90 (car 50 % = 45)

S'il y avait eu une donation au dernier des vivants, le conjoint survivant aurait eu l'usufruit de tous les biens existants ! (Et il aurait également conservé sa donation). Le tout étant inférieur à l'article 1094-1 du C. civ.

Variante :

La donation au conjoint du bien valant 10 n'est plus faite en pleine propriété mais en usufruit (il s'agit par exemple d'une réversion en usufruit).

Les biens existants au décès valent toujours 100.

– Avec un usufruit légal (sur option offerte par l'article 757 C. civ) et du fait de l'imputation prévue à l'article 758-6 C. civ, le conjoint survivant n'a droit qu'à l'usufruit de 90 (usufruit de 100 moins l'usufruit de 10 déjà reçu).

– Avec un usufruit converti (issu d'une donation au dernier vivant) le conjoint a droit à un usufruit de 100, c'est-à-dire l'usufruit de tous les biens existants, et ce, tout en conservant le bénéfice de la précédente libéralité en usufruit (la seule limite, non dépassée ici, étant celle de l'article 1094-1 C. civ).

La supériorité qualitative de la donation au dernier des vivants

La donation au dernier vivant peut, par ailleurs, servir de support à un certain nombre de clauses, telles que :

– une renonciation à exercer l'action en réduction (RAAR), de façon à augmenter les droits du conjoint survivant par une libéralité en pleine propriété ou par une renonciation à la faculté de conversion en rente viagère ou à l'obligation d'emploi (permettre de conférer un quasi-usufruit sur tels actifs) ;
– en présence d'enfant d'une précédente union, il est possible d'assortir les droits en pleine propriété conférés au conjoint survivant, d'une clause de *residuo* ;
– clause précisant que les arbitrages effectués par l'usufruitier sur un portefeuille de valeurs mobilières le seront librement, sans qu'il puisse y avoir d'atteinte à la substance ;
– clause stipulant que si l'emploi est demandé par les enfants, le conjoint aura tous pouvoirs pour déterminer la nature du remploi ;
– clause prévoyant un usufruit temporaire ou un simple droit d'usage et d'habitation ;
– clause attribuant au conjoint la pleine propriété de toute la succession (ou le quasi-usufruit), libre alors aux enfants de demander la réduction, ou bien au contraire ne conférer d'emblée que tout ou partie des quotités disponibles entre époux.

Seulement s'il a été gratifié par testament ou donation au dernier des vivants (et donc tel n'est pas le cas lorsque l'usufruit est reçu par convention matrimoniale ou par la Loi), le conjoint survivant peut cantonner son émolument (art. 1094-1 al. 2 et 1002-1 Code civil), sauf disposition contraire du disposant. Le conjoint peut alors limiter l'effet de son acceptation à une partie seulement des biens et droits dont il a été gratifié, sans que cette limitation soit analysée comme une libéralité.

Cette faculté est très utile. Elle permet aux descendants d'hériter immédiatement de certains actifs en évitant une double taxation (auparavant, le principe de l'indivisibilité de l'option faisait que le conjoint était censé accepter le tout puis faire donation d'une partie). Elle constitue une arme de négociation pour le conjoint survivant (par exemple, pour obtenir en échange un quasi-usufruit).

S'applique à toutes les donations entre époux déjà faites. Neutralité fiscale : les biens ainsi recueillis par un héritier ou un légataire sont réputés transmis à titre gratuit par le défunt[1] et non par le renonçant.

1. Art. 788 bis CGI – issu LFR 2006 art. 53.

2 La gestion successorale et la protection du conjoint survivant

2.1 Le bilan patrimonial

Préalablement à la mise en place d'outils de protection du conjoint survivant, il convient de procéder à un bilan patrimonial.

Analyse de la famille

Les héritiers du défunt et du conjoint survivant sont-ils les mêmes ? L'entente est-elle bonne avec les enfants ? Avec leur famille ? Quelle est la situation matrimoniale des enfants ? Ce bilan patrimonial doit permettre de mesurer l'adéquation de la situation avec les objectifs de chacun, et de proposer, le cas échéant, des conventions visant à organiser le démembrement, voire d'autres actes (donation, partage...).

Analyse économique des éléments composant la succession

On peut citer par exemple :

- la distinction des biens propres, communs, indivis (en incluant ceux qui sont « hors succession », tels que les contrats d'assurance-vie présents et à venir, les successions à recevoir, ceux détenus en pleine propriété, nue-propriété ou usufruit) ;
- l'analyse par catégorie d'actifs : en distinguant les stocks et les flux, à l'actif et au passif, en comparant la maturité de ces biens/espérance de vie du conjoint survivant, en incluant le patrimoine social (réversions de retraites...) en analysant l'état des biens (par le biais d'expertises, par exemple) ;
- l'analyse « affective » : (ex. : c'est le défunt qui gérait le portefeuille de valeurs mobilières, le conjoint survivant n'y connaît rien, « maison de famille », souhait d'un des enfants de conserver tel actif...).

Analyse politique des droits et obligations de chacun sur les éléments composant la succession

En distinguant les pouvoirs d'administration et de disposition, les actes relevant d'une gestion exclusive, concurrente ou de la cogestion et leurs conséquences (par exemple, la vente d'un immeuble pour aller en maison de retraite), les décisions immédiates (accepter ou non une clause bénéficiaire, partager le compte titres ou convention de quasi-usufruit, demander l'emploi ou y renoncer, cantonner l'usufruit sur certains biens seulement...) et les décisions futures (réparations à faire, assemblée de copropriété, arbitrage des actifs ou des modes de détention...), ce qui relève du postulat et ce qui peut être mis en œuvre par convention...

Analyse des incidences fiscales

Conséquences immédiates : Calcul des droits de succession, modalités de paiement (paiement différé, fractionné…), quels actifs arbitrer pour payer, évaluation des biens (problème ISF antérieur déclaré ou non, – 30 % sur la résidence principale, choix du cours à retenir pour les valeurs mobilières…).

Conséquences futures : Incidence des choix d'aujourd'hui sur la succession future, problème des plus-values (sur un portefeuille valeur mobilière laissé au nom des nus-propriétaires ou les faire supporter par l'usufruitier…), incidences futures sur le patrimoine des enfants (ISF, plus-values, transmission à leurs enfants…).

2.2 La protection légale des nus-propriétaires

L'obligation pour le conjoint survivant usufruitier de faire inventaire

Au terme de l'article 600 du Code civil, « l'usufruitier prend les choses dans l'état où elles sont, mais il ne peut entrer en jouissance qu'après avoir fait dresser inventaire des meubles et état des immeubles sujets à usufruit, en présence du nu-propriétaire ». Le but de cet article est de permettre au nu-propriétaire de se préconstituer la preuve de la consistance des biens soumis à usufruit. Les frais de l'acte sont à la charge de l'usufruitier. Si l'usufruitier refuse de faire inventaire, le nu-propriétaire peut refuser l'entrée en jouissance des biens et faire ordonner leur séquestre provisoire.

L'inventaire est d'ordre public dans les libéralités entre époux en présence de descendants (art. 1094-3 du Code civil). Pourtant, en pratique, on trouve souvent une dispense insérée dans l'acte : le nu-propriétaire peut cependant demander qu'il soit fait inventaire, mais alors, les frais sont à sa charge. L'usufruitier peut entrer immédiatement en jouissance. À défaut d'inventaire effectué, le nu-propriétaire peut alors prouver par tous les moyens l'état de la consistance des biens soumis à usufruit.

L'obligation pour le conjoint survivant usufruitier de fournir une caution

Cette formalité à la charge de l'usufruitier permet d'assurer le respect de ses obligations envers le nu-propriétaire, et de garantir son obligation de restitution en cas d'insolvabilité. À défaut de caution, l'usufruitier peut présenter une garantie équivalente (hypothèque, gage…). L'intérêt de fournir une caution réside dans le cas de mésentente ou d'héritiers du défunt et de l'usufruitier qui ne seraient pas les mêmes.

En cas de non-respect de son obligation de caution (art. 602 Code civil) : les immeubles sont loués ou mis en séquestre et les sommes d'argent sont placées… L'auteur de la libéralité peut dispenser l'usufruitier d'avoir à fournir une caution. Si l'usufruitier est dispensé d'avoir à fournir une caution par le nu-propriétaire, il n'a donc pas à faire emploi des sommes, à mettre sous séquestre les immeubles… (qui ne sont que les sanctions du défaut de caution). Il y a donc un véritable quasi-usufruit sur les sommes d'argent.

L'obligation pour le conjoint survivant usufruitier de faire emploi des sommes d'argent

Deux cas sont à distinguer :

- Il y a obligation d'emploi lorsque l'usufruitier était tenu de fournir caution mais qu'il n'a pu satisfaire à cette obligation. Dans ce cas, l'emploi est une sanction.
- Il y a obligation d'emploi lorsque l'usufruit procède d'une libéralité au profit du conjoint survivant et en présence de descendants. L'article 1094-3 du Code civil dit que « les enfants ou descendants pourront, nonobstant toute stipulation contraire du disposant, exiger quant aux biens soumis à usufruit… qu'il soit fait emploi des sommes… ». Ce texte est donc d'ordre public mais les descendants peuvent y renoncer après ouverture de leurs droits. Ce texte n'est pas applicable en cas de convention matrimoniale (il est possible de stipuler un quasi-usufruit avec dispense de fournir caution et donc emploi) sauf en présence d'enfants non issus des deux époux : le quasi-usufruit sur une fraction excédant la quotité disponible serait vraisemblablement un avantage matrimonial.

Repères — **Constat**

- Le conjoint survivant usufruitier légal se trouve de plein droit soumis au droit commun de l'usufruit (art. 600, 601, 602 Code civil). Il n'y a pas de titre constitutif du démembrement ;
- Le conjoint survivant bénéficiaire d'une libéralité en présence de descendants est finalement dans la même situation en ce qui concerne l'emploi (néanmoins, les clauses qui le dispensent de fournir une caution l'obligent *ipso facto* à faire emploi des sommes d'argent) ;
- Le conjoint survivant est dans une bien meilleure situation lorsqu'il tient son usufruit d'une convention matrimoniale (sauf en présence d'enfants non issus des deux époux).

En pratique, et compte tenu des actes standardisés, trop de dispenses ou de renonciations à emploi, caution et inventaires sont libellées sans que les parties concernées ne prennent la mesure de ces engagements.

2.3 La convention organisant le démembrement

La loi, en matière de démembrement, n'est bien souvent pas d'ordre public et il convient alors d'organiser les relations économiques, politiques, juridiques, fiscales, entre usufruitier et nu-propriétaire, sur la totalité des actifs détenus.

La convention d'usufruit

Une convention d'usufruit est possible, tant sur des biens meubles qu'immeubles. Par exemple :

- sur un immeuble :
  - prévoir qui participera et votera aux assemblées de copropriété,
  - prévoir qu'en cas de vente le prix ne sera pas partagé mais fera l'objet d'un quasi-usufruit ou d'un remploi,
  - qualifier davantage ce qui relèvera des grosses réparations ou des réparations d'entretien ; on pourrait aussi répartir différemment la charge des réparations… ;
- sur un portefeuille de valeurs mobilières :
  - définir le degré de liberté de l'usufruitier quant aux arbitrages,
  - organiser l'information du nu-propriétaire,
  - déterminer qui supportera la plus-value (le nu-propriétaire par principe ou l'usufruitier par convention) et organiser le moyen de la financer,
  - apport à société civile, mandat de gestion…

La convention de quasi-usufruit

La convention de quasi-usufruit peut porter sur des biens consomptibles ou non. Seuls des biens consomptibles peuvent, par nature, faire l'objet d'un quasi-usufruit. La convention permet alors l'organisation des rapports entre quasi-usufruitier et nu-propriétaire.

La reconnaissance d'un **quasi-usufruit sur les biens consomptibles** permet de prendre acte de la renonciation à demander emploi, de notifier aux banques les droits du quasi-usufruitier, de figer la bonne entente sans pouvoir revenir dessus après (mésentente ultérieure, prédécès d'un enfant) et de conserver la mémoire de la créance de restitution tant vis-à-vis de l'Administration fiscale (futur passif fiscal et civil) que de chacune des parties (hypothèse d'héritiers différents, de prédécès).

Il est conseillé au notaire d'inscrire cette convention au « Fichier des dispositions de dernières volontés » au nom tant de l'usufruitier que du nu-propriétaire (en cas de prédécès sa créance constitue un actif).

La convention permet également de mesurer le quantum de la restitution (en tenant compte du calcul des récompenses, du passif, des droits et frais de succession…). Elle permet d'organiser la protection du nu-propriétaire pour sécuriser son droit à restitution lors du décès du quasi-usufruitier (garanties à prendre, indexation conventionnelle…). Quant aux biens non consomptibles, ils nécessitent une convention pour faire l'objet d'un quasi-usufruit.

***Exemple* – Sur une voiture neuve au jour de la succession (ou sur des meubles meublants)**

Valeur 15 000 €

Droits payés par l'enfant = 3 000 € (droits à 20 %)

Valeur au deuxième décès = 0

Alors qu'avec la convention de quasi-usufruit, la dette de restitution sera de 15 000 € à porter au passif et imputable sur les autres actifs.

Exemple – **Sur un portefeuille de valeurs mobilières**

Les plus values deviennent imposables chez le quasi-usufruitier. Par ailleurs, une telle convention offre plus de sécurité fiscale au second décès, car elle évite une pratique fiscale qui consiste, malgré l'arrêt Baylet (C. Cass. 12.11.98), à demander un compte de remploi sur les différents arbitrages du portefeuille ; évite les problèmes issus de la « pollution » du portefeuille ;

Dans cet acte, on fixera également les modalités de calcul de la dette de restitution à porter au passif successoral du quasi-usufruitier.

Exemple

- fixer une clause d'indexation (sur tel indice en rapport avec l'objet de la convention ou l'activité de l'une des parties ; en prévoyant un indice de substitution en cas de disparition de l'indice de référence) ;
- adopter le système de la dette de valeur en prévoyant la subrogation ;
- prévoir un seuil plancher (la valeur actuelle du portefeuille en pleine propriété).

On organisera l'information du nu-propriétaire, en prévoyant éventuellement l'obligation de remploi (au seul nom du quasi-usufruitier) : ce qui serait à mi-chemin entre l'usufruit et le quasi-usufruit. On pourrait garantir le nu-propriétaire en le désignant bénéficiaire à titre onéreux, d'un contrat d'assurance-vie souscrit par le quasi-usufruitier et qu'il aurait accepté… (ex. : dans les familles recomposées).

Section 3 LA PROTECTION DU CONJOINT SURVIVANT PAR L'ASSURANCE-VIE

1 Les clauses bénéficiaires au profit du conjoint

Deux questions sont ici évoquées. Quelle rédaction adopter pour rendre bénéficiaire son conjoint en cas de décès ? Quels sont les risques d'une telle désignation en cas de divorce ?

1.1 La portée des différentes clauses bénéficiaires au profit du conjoint survivant

Désigner son conjoint en tant que bénéficiaire d'un contrat d'assurance, peut se faire sous différents libellés, dont il faut mesurer la portée.

« Mon conjoint »

Cette désignation indirecte est valide en ce que le bénéficiaire est déterminable (art. L. 132.8). La clause vise ici celui qui aura cette qualité lors du décès de l'assuré et non pas celui lors de la souscription du contrat (*cf.* art. L. 132-8 al. 4). Le concubin peut-il prétendre revêtir cette qualité ? C'est ce qui a été décidé par la cour d'appel de RENNES le 6 novembre 2002, en considérant qu'il résultait des pièces fournies que telle était l'intention de la souscriptrice qui était veuve depuis plusieurs années, et considérant que sous la clause type, il n'y en avait pas de seconde qui prévoyait « si exceptionnellement cette clause ne convient pas, indiquer ci-dessous celle demandée »…

« Madame F X, mon conjoint »

Cette clause n'est efficace que si Madame X est effectivement le conjoint lors de l'exigibilité. Si le divorce est prononcé, le contrat sera réputé sans bénéficiaire désigné alors même que le souscripteur s'est remarié.

Toutefois, la jurisprudence a admis parfois que le bénéfice soit versé à l'ex-époux. Ainsi, dans un arrêt de la Cour d'Appel PARIS du 11 juin 2002, dans le cas d'un contrat avec pour clause « mon épouse, née Martine D », la Cour énonce la clause qu'« en mentionnant sur le bulletin individuel d'adhésion les nom et prénom de sa première épouse, l'assuré a voulu faire de celle-ci la bénéficiaire du capital décès quelles que soient les circonstances ultérieures ».

« Madame X »

La désignation est ici directe, donc Madame X recevra le bénéfice alors même qu'elle ne serait plus le conjoint.

« Madame X » qui est la maîtresse

Cette clause pose le problème de l'assurance-vie souscrite en vue du maintien de relations sexuelles, notamment adultérines. Elle serait désormais valable car « n'est pas contraire aux bonnes mœurs la cause de la libéralité dont l'auteur entend maintenir la relation adultère qu'il entretient avec le bénéficiaire » (Cass. 1re Civ. du 3 février 1999).

1.2 Le sort de la clause acceptée par le conjoint

La clause en faveur du conjoint : les limites en présence d'une libéralité indirecte ?

En principe, la stipulation pour autrui ne peut plus être révoquée lorsque le tiers bénéficiaire a déclaré vouloir en profiter (art. 1121 du Code civil et art. L. 132-9 C.

Ass.). Entre époux, il faut prendre garde au fait que l'acceptation puisse être constatée dans l'acte de liquidation partage de la communauté après divorce.

Que se passe-t-il si, alors marié, le conjoint a accepté le contrat et que le divorce a été prononcé par la suite ? Dans quelle mesure le souscripteur peut-il révoquer la clause bénéficiaire malgré l'acceptation ? Depuis les lois du 26 mai 2004 et du 23 juin 2006, seules les donations de biens présents qui prennent effet au cours du mariage sont irrévocables. Or, bien que le contrat d'assurance soit porteur d'une donation indirecte, il ne peut pas s'agir d'une donation de biens à venir, pour cause de mort. La donation ne porte pas sur tout ou partie de la succession du souscripteur, mais bien indirectement sur les primes versées, représentées alors par la valeur de rachat, au jour de l'acceptation.

Si le contrat d'assurance est porteur d'une donation indirecte de biens présents, celle-ci prend-t-elle « effet au cours du mariage » ? La réponse à la question posée est négative car il nous semble que l'assurance-vie, si elle est qualifiée de libéralité, doit s'analyser en une donation à terme de biens présents. À ce titre, le droit du bénéficiaire lui est définitivement acquis dès le jour de son acceptation et seul l'exercice de ce droit s'en trouve différé au décès du souscripteur. Dès lors, et tout comme en matière d'usufruit successif entre époux (c'est d'ailleurs l'objectif poursuivi par la loi du 23 juin 2006), une telle donation demeure révocable. Au demeurant, la rétroactivité de l'acceptation ne change rien, car tout comme en matière d'usufruit successif accepté au jour de la donation, c'est au décès que le bénéficiaire appréhende le capital. En l'absence d'une jurisprudence en ce sens, il conviendra plus encore qu'hier, d'établir la clause bénéficiaire par testament.

La loi du 17 décembre 2007 vient néanmoins diminuer la portée de cette discussion puisque désormais le Législateur subordonne l'acceptation du bénéficiaire et son effet de blocage, à l'accord du souscripteur. Sous un autre angle, on notera la prééminence de l'article 1096, en ce sens qu'un époux, qui aurait ainsi validé l'acceptation de son conjoint bénéficiaire, pourrait toujours, malgré cela, révoquer sa désignation…

La clause en faveur du conjoint : en l'absence d'une libéralité indirecte ?

La désignation du conjoint a été envisagée comme ayant été faite à titre gratuit. Faut-il encore que l'intention libérale existe. Tel n'a pas été le cas, selon la Cour de Cassation, dans l'affaire des époux Noguer (arrêt Cour Cass. 13 mai 1998). Les faits étaient les suivants : chacun des époux avait adhéré de façon concomitante à une assurance groupe, en désignant comme bénéficiaire le conjoint, à défaut les enfants. Puis Monsieur modifie la clause quelques années après au profit de ses parents, et décède. La Cour énonce :

> *Attendu que la Cour d'Appel a constaté que les assurances des époux étaient contractées dans l'intérêt de la famille, et que la désignation de chaque conjoint en qualité de bénéficiaire du capital décès avait pour contrepartie la désignation de l'autre, de sorte qu'aucune donation indirecte n'était réalisée faute d'intention libérale ; qu'enfin, en*

relevant la volonté commune des époux quant à la désignation du bénéficiaire, la Cour d'Appel a par là même caractérisé l'acceptation de l'épouse de sa désignation comme bénéficiaire, ce qui avait pour effet de la rendre irrévocable.

Les juges considèrent ici logiquement que l'opération de prévoyance écarte l'intention libérale, ce qui écarte l'application de l'article 1096 du Code civil et donc la désignation devient irrévocable.

Sous l'empire des textes nouveaux, il n'est pas sûr que la solution soit différente : en effet la loi du 17 décembre 2007 ne s'applique qu'aux contrats non encore acceptés ; or c'est cette désignation réciproque qui caractérise l'acceptation du contrat par le bénéficiaire mais aussi, peut-être, l'accord du souscripteur au sens de la nouvelle loi : prudence donc…

2 Le contrat d'assurance et ses incidences liquidatives sur les époux

Les incidences liquidatives de la souscription d'un contrat d'assurance sont différentes selon que le contrat est dénoué (par le fait du décès de l'assuré) ou non (divorce ; contrat souscrit par le conjoint survivant).

2.1 Le contrat est dénoué

Le contrat est dénoué au bénéfice du conjoint

Trois cas sont à distinguer :

- Dénouement en cas de vie (assurance en cas de vie souscrite par un époux sur sa propre tête) : lorsque les primes étaient communes, il en est de même du capital versé pendant la communauté car nul époux ne peut se constituer un bien propre avec des fonds communs.
- Dénouement en cas de décès lorsque le contrat a été souscrit par un tiers au profit de l'un des époux : s'agissant des contrats modernes d'assurance-vie (réalisant une donation indirecte), le conjoint bénéficiaire ne reçoit le capital qu'à titre de propre, comme procédant d'une intention libérale.
- Dénouement en cas de décès lorsque le contrat a été souscrit par un époux au profit de son conjoint : nous sommes pleinement dans l'hypothèse visée à l'article L. 132-16 du Code des assurances et « le bénéfice de l'assurance contractée par un époux commun en biens en faveur de son conjoint, constitue un propre pour celui-ci. Aucune récompense n'est due à la communauté en raison des primes payées par elle, sauf dans les cas spécifiés dans l'article L. 132-13, deuxième alinéa ». Ici, le capital perçu par le conjoint bénéficiaire lui sera propre, soit par

nature lorsque la souscription poursuit un but de prévoyance, soit parce qu'elle réalisera une libéralité indirecte.

Mais récompense est due lorsque les primes sont manifestement exagérées (art. L. 132-16 al. 2). Ici le texte renvoi à l'article L. 132-13. La notion, on le sait, est floue puisque le législateur n'a pas fixé de critères précis. On peut s'inspirer de la jurisprudence rendue au regard de l'article L. 132-13 :

- un premier critère est la comparaison entre le montant des primes d'une part et le patrimoine et les revenus du souscripteur d'autre part ;
- un second critère est celui de l'utilité de l'opération pour le souscripteur (*cf.* arrêt Régent Cour Cass. 01.07.1997).

Il nous semble que le redevable de la récompense est le souscripteur (ou sa succession) car si l'on suit un raisonnement classique, en droit des régimes matrimoniaux, la récompense est due à la communauté par l'époux qui a appauvri cette dernière (*cf.* art. 1412), peu importe la qualité du donataire (en l'occurrence ici l'autre époux).

Quelle est la fiscalité applicable au contrat dénoué, souscrit par un époux au bénéfice de son conjoint ?

Depuis la loi du 21 août 2007, le conjoint survivant est totalement exonéré de droits de succession ; il en est de même lorsqu'il est bénéficiaire d'un contrat d'assurance-vie, que ce dernier relève de l'article 757-B ou 990-I du CGI[1].

Le contrat est dénoué au bénéfice d'un tiers

L'article L. 132- 16 ne concerne pas cette hypothèse puisque le contrat n'est pas dénoué ici au bénéfice du conjoint mais d'un tiers et dès lors une récompense est due à la communauté (Arrêt Daignan Cour Cass. civ. 1re – 10 juillet 1996). Sauf donc le cas de prévoyance (art. 1409 C. civ.), une récompense peut être due même si le bénéficiaire est un enfant, et notamment en cas de clause bénéficiaire démembrée (on peut douter qu'il y ait dépense de prévoyance en ce qui concerne la nue-propriété)… Ce que l'on oublie peut être trop souvent… Mais le cas d'application des récompenses, n'étant pas d'ordre public, une clause du contrat de mariage (ou changement de régime) pourrait écarter la récompense dans cette hypothèse.

L'application d'une récompense, quand les bénéficiaires sont les enfants communs, peut avoir son intérêt fiscal (au premier décès seulement cependant… car la récompense viendra augmenter la masse taxable de la deuxième succession). Lorsque la récompense est due, quel en est son montant ? La question est ici de

1. Ce qui est particulièrement intéressant en cas de clause démembrée lorsque le conjoint survivant est l'usufruitier, puisque selon l'Administration, seul l'usufruitier est redevable de l'article 990-I : Instruction 7K-1-06 du 12 janvier 2006.

savoir si la récompense est égale à la dépense faite (c'est-à-dire les primes acquittées voire augmentées des autres frais d'entrée…) ou égale au profit subsistant (capital perçu par le bénéficiaire). La jurisprudence est incertaine et la doctrine est divisée mais penche en faveur du « profit subsistant ».

2.2 Le contrat n'est pas dénoué, mais la communauté est dissoute

Le sort civil du contrat non dénoué

Le souscripteur détient à l'encontre de la compagnie un droit de créance sous forme d'un droit de rachat ; « ce droit à remboursement, même différé, a une valeur économique prédéterminée par le jeu même du taux d'intérêt du contrat aux dates prévues » (arrêt Cour Cass. 24 juin 1997). Dès lors que cette valeur de rachat s'est constituée sur la base de primes prélevées sur la communauté (d'où l'importance de la clause de remploi, s'il y lieu voir *supra*), elle constitue un actif de communauté, évalué à la date de la dissolution de la communauté (date des effets patrimoniaux du divorce, date du décès du conjoint du souscripteur).

Cette solution, logique juridiquement, a été posée par la jurisprudence arrêt PRASLICKA rendu par la Cour de Cassation le 31 mars 1992. La solution a été confirmée par la suite :

> *(…) la somme représentant l'épargne faite sur un contrat d'assurance-vie en cours au jour de la dissolution de la communauté entre dans l'actif de la communauté… l'éventuel caractère aléatoire du contrat ou encore l'existence d'une contre assurance étant indifférents à la solution apportée.* Arrêt Cour Cass. du 19 avril 2005

La solution consacrée par l'arrêt Praslicka s'applique quelle que soit la cause de la dissolution de la communauté. Le conjoint souscripteur pourra se voir alors attribuer dans le partage de la communauté, la valeur de rachat (en moins prenant). Comme tout partage de communauté, le droit de partage de 1,10 % sera appliqué. La solution est applicable à tous contrats où il y a une valeur de rachat (ce qui *a contrario*, exclut les contrats d'assurance décès) et donc en ce compris les souscriptions conjointes avec dénouement au second décès. Quelle parade ? Sur un plan civil, il est possible de faire en sorte que la valeur de rachat soit attribuée au conjoint survivant, sans aucune contrepartie : par le jeu des clauses de partage d'une convention de mariage.

Le sort fiscal du contrat non dénoué

Intégrer la valeur de rachat à l'actif de communauté en cas de décès conduisait à la rendre taxable pour moitié dans la succession de l'époux prédécédé… Après moult remous, l'administration a instauré une neutralité fiscale, ce qui a donné lieu à la réponse ministérielle Bataille du 3 juillet 2000 :

> *Lorsque les héritiers considèrent que le contrat d'assurance souscrit à l'aide de deniers communs par le conjoint survivant au bénéfice de son époux prédécédé constitue un bien*

commun, ils liquident la succession sur le plan civil de telle sorte que l'émolument du ou des héritiers autre que le conjoint survivant est supérieur à celui qu'il aurait été si le contrat avait été considéré comme un propre. L'impôt de succession, liquidé sur les parts nettes civiles des héritiers, est donc calculé par voie de conséquence sur cet accroissement qui provient de la prise en compte du contrat d'assurance. Dans l'autre cas de figure, c'est-à-dire lorsque les héritiers considèrent que le contrat d'assurance constitue un bien propre au conjoint survivant, l'Administration ne remettra plus en cause les parts nettes civiles calculées en conséquence au seul motif de la transposition de la jurisprudence PRASLICKA. L'Administration fiscale se bornera à tirer les conséquences des parts civiles déclarées par les redevables en ce qui concerne les contrats d'assurance.

La réponse maladroite qui a été formulée amène à une confusion des genres. Dire qu'on ne taxe pas un bien ne signifie pas qu'on n'en tiendra pas compte pour la détermination des droits des héritiers… Or l'Administration semble bien indiquer que l'on ne peut effectuer une liquidation fiscale différente de la liquidation civile. Par là même, elle renvoie aux héritiers le soin de qualifier eux-mêmes la valeur de rachat, de bien commun ou de bien propre, ce qui est contraire au principe d'intangibilité des régimes matrimoniaux (et puis quid en cas de désaccord entre héritiers ?)[1].

1. Confirmation par Rép. ministérielle du 18 janvier 2001 Doublet.

Chapitre

9 La protection d'un incapable

Catherine BIENVENU

Toute personne physique de plus de 18 ans a la capacité juridique d'exercer les droits dont elle a la jouissance. La capacité juridique n'est, en principe, pas accordée aux mineurs et peut être retirée aux majeurs dont les facultés sont altérées. Les personnes vulnérables peuvent faire l'objet d'une protection, dans le cadre d'un dispositif légal, réformé récemment, mais qui conserve la plupart des règles de la tutelle des mineurs et les régimes de protection des majeurs. L'adaptation porte sur de nouvelles institutions comme le mandat de protection future. La loi du 5 mars 2007, dernier texte majeur en la matière, est entré pleinement en vigueur que le 1er janvier 2009 suite aux décrets d'application et la mise en place des nouvelles institutions. La réforme ne concerne les mineurs que pour la tutelle. Par contre, elle refond toutes les mesures relatives aux majeurs.

En raison de l'allongement de l'espérance de vie, les mesures de protection devraient concerner prochainement un million de personnes.

Pour s'assurer de la capacité juridique d'une personne, il suffit de solliciter son extrait d'acte de naissance en marge duquel peut être porté le numéro d'une mention au répertoire civil, dite mention « RC ». Ces mesures indiquent les jugements concernant, notamment, les mesures de protection qui auraient pu être prises. Il y aura également lieu de prendre connaissance du contenu du jugement qui peut adapter les règles légales.

Section 1 LES MINEURS

En principe, le mineur est privé de la capacité juridique pour tous les actes de la vie civile. Il peut néanmoins conclure des actes dans trois circonstances :

– les actes conservatoires qui ont pour but d'éviter une perte patrimoniale ;
– les actes d'administration dès lors qu'il n'y a aucune lésion ;
– les actes autorisés par l'usage.

Notamment, le mineur peut se faire ouvrir un livret bancaire (mais non un compte de dépôt) sans l'intervention de ses représentants légaux :

– avant 16 ans, il ne pourra faire aucun prélèvement sans l'accord du représentant légal ;
– à partir de 16 ans, il peut retirer seul des sommes dès lors qu'il n'y a pas d'opposition de la part du représentant légal.

À partir de 16 ans, une demande d'émancipation pourra être demandée au juge des tutelles à condition qu'elle soit motivée. Le mineur émancipé dispose alors de tous les pouvoirs d'un majeur.

1 La représentation du mineur

Pendant sa minorité, l'enfant est représenté. En premier lieu, les représentants légaux de l'enfant sont ses père et mère, dès lors que la filiation est légalement établie et qu'ils ont sur lui l'autorité parentale. On parle alors d'administration légale pure et simple. En cas de prédécès de l'un d'eux, le parent survivant devient administrateur légal sous contrôle judiciaire.

Les parents disposent d'un droit de jouissance légale sur les biens du mineur jusqu'à l'âge de 16 ans. Ils ont alors le droit de percevoir les revenus des biens de leur enfant, même si ces revenus dépassent les frais d'entretien et d'éducation à l'exception de 3 catégories de biens :

– les fruits du travail de l'enfant ;
– les donations ou legs faits à l'enfant prévoyant que les parents n'en jouiront pas et qu'ils seront administrés par la personne désignée dans la libéralité ;
– les successions recueillies en représentation du parent indigne.

Le représentant doit administrer les biens de l'enfant dans un but de préservation. Il peut faire tous les actes d'administration qui sont ceux pour lesquels une autorisation spéciale n'a pas été prévue dans le régime de la tutelle. Les règles relatives à la gestion du patrimoine figurant aux nouveaux articles 496 à 515 du Code civil sont communes aux mineurs et aux majeurs sous tutelle (voir *infra*).

2 Les pouvoirs des parents du mineur

Avant la loi du 5 mars 2007, chaque parent pouvait désigner un tuteur en cas de décès avant la majorité de son enfant, mais le choix ne s'imposait pas au juge. À défaut, la tutelle était déférée à l'ascendant le plus proche en degré. Suite à la réforme, l'utilisation du mandat de protection future (voir *infra*) permet aux parents, notamment, de désigner un tuteur mais également de prévoir d'autres points, comme l'orientation de la gestion du patrimoine. La tutelle des ascendants est, quant à elle, supprimée.

Dans l'**administration légale pure et simple**, chaque parent a le pouvoir de passer seul les actes d'administration et de gestion. À l'égard des tiers, ils sont censés avoir reçu de l'autre le pouvoir d'agir seul.

Pour les actes de disposition (acquisition, acceptation d'une donation, d'une succession, signature d'un bail commercial…), les deux parents doivent nécessairement agir conjointement. À défaut d'accord, l'acte devra être autorisé par le juge des tutelles. Même en cas d'accord des deux parents, l'autorisation du juge des tutelles sera nécessaire pour les actes ayant des conséquences lourdes : la vente de gré à gré, l'apport en société d'un bien immobilier ou d'un fonds de commerce, l'emprunt, la renonciation à un droit et le partage amiable.

Dans l'**administration sous contrôle judiciaire**, le parent ne peut faire seul que les actes d'administration. Pour tous les autres actes, il devra demander l'autorisation au juge des tutelles. Il pourra y avoir nomination d'un administrateur *ad hoc* lorsque les intérêts du parent s'opposent à ceux du mineur pour une opération précise et uniquement pour celle-ci.

La **tutelle** du mineur sera mise en place en l'absence de parent titulaire de l'autorité parentale (parents déchus ou décédés). Elle pourra également être sollicitée, dans l'intérêt de l'enfant, en cas d'administration sous contrôle judiciaire, voire d'administration pure et simple. L'enfant est alors représenté par un tuteur, éventuellement assisté d'un conseil de famille, qui donne les lignes directrices d'entretien et d'éducation, organise la tutelle, nomme les intervenants comme le subrogé tuteur qui surveille la gestion du tuteur ou le mandataire bancaire qui gérera un portefeuille de valeurs mobilières. C'est également lui qui autorise les actes de disposition. Le conseil de famille est présidé par le juge des tutelles qui a une voix délibérative et prépondérante.

Section 2 LES MAJEURS

Les majeurs ont, en principe, la capacité juridique d'exercer les droits dont ils ont la jouissance. Ils peuvent néanmoins en être privés en cas d'altération de leurs facultés personnelles.

La loi du 5 mars 2007 a maintenu les 3 mesures judiciaires traditionnelles que sont la **sauvegarde de justice**, la **curatelle** et la **tutelle** en recadrant chacune des institutions. La réforme a voulu, d'une part, réserver les régimes de protection aux seules personnes dont l'altération des facultés personnelles a été médicalement constatée (fin de la curatelle pour prodigalité, intempérance et oisiveté), d'autre part, renforcer les droits de la personne en la consultant autant que son état le permet et en adaptant son régime de protection selon que son état s'aggrave mais aussi s'améliore.

Comme nous le verrons plus loin, les mesures judiciaires deviennent subsidiaires et ne seront donc mises en place que si aucun mode de représentation ou d'assistance plus souple n'est envisageable. De manière générale, quel que soit le régime de protection, la personne chargée de s'occuper des biens du majeur protégé ne peut passer aucune convention sur le logement, les meubles et objets personnels du majeur (vente, bail…). Une autorisation du juge des tutelles ou du conseil de famille, en cas de nécessité ou dans l'intérêt du majeur, devra être sollicitée. La personne chargée de s'occuper des biens du majeur protégé ne peut pas non plus, seul, modifier les comptes ou livrets ouverts au nom de son protégé, ni ouvrir un autre compte ou livret.

1 La sauvegarde de justice

Il s'agit d'une mesure temporaire laissant au majeur sa capacité. Il peut donc agir sans représentation ni assistance. Mais cette mesure ouvre les actions de la lésion (action en nullité de l'acte passé s'il y a préjudice pour le majeur) et de la réduction de ses engagements en cas d'excès. Outre la nécessité du constat médical et l'audition du majeur, la procédure prévoit qu'en cas de besoin, le juge des tutelles pourra nommer un mandataire spécial pour accomplir des actes d'administration et de disposition. Dès lors, à peine de nullité, le majeur ne pourra pas passer les actes prévus audit mandat. La mesure, toujours temporaire, sera d'un an maximum, renouvelable une fois.

2 La curatelle et la tutelle

Lorsque la sauvegarde de justice se révèle insuffisante, on pourra mettre en place d'autres mesures de protection : le majeur n'agira plus seul ; il sera assisté s'il est placé sous curatelle. Le majeur pourra même se voir retirer ses droits à agir ; il sera représenté s'il est placé sous tutelle.

Le curateur et le tuteur sont désignés par le juge des tutelles qui pourra même en nommer plusieurs pour une même personne, l'exercice de la mission étant alors commun. Cette nouveauté évite d'avoir à choisir entre les parents d'un enfant majeur. Le juge pourra également désigner un curateur ou tuteur pour la personne du majeur et un autre pour ses biens. Il pourra, en outre, désigner un curateur ou tuteur adjoint pour la gestion de certains biens nécessitant une compétence particulière.

2.1 Les principes communs

Dans les deux régimes de curatelle et tutelle, la loi du 5 mars 2007 instaure une période suspecte de 2 ans précédant la mesure de protection pendant laquelle les actes passés par le majeur seront susceptibles d'une action en réduction ou en nullité pendant 5 ans. Après l'ouverture de la mesure de protection, les nouveaux articles du Code civil distinguent :

- si le majeur a agi seul alors qu'il devait être assisté, la nullité ne pourra être prononcée que s'il y a preuve d'un préjudice ;
- si le majeur devait être représenté, l'acte sera nul sans condition ;
- si le curateur ou le tuteur passe seul un acte alors qu'il devait y être autorisé par le juge ou se contenter d'assister le majeur, celui-ci sera nul sans condition.

La loi du 5 mars 2007 permet au majeur lui-même (ou les parents du majeur incapable) de désigner ces personnes par le mandat de protection future (voir *infra*) pour le temps où il n'aura plus la capacité d'agir seul. Le juge pourra désigner un subrogé curateur ou tuteur, notamment pour adjoindre la famille à la protection si le curateur ou le tuteur est un mandataire judiciaire. Son rôle sera de surveiller le curateur ou tuteur ou d'intervenir en cas d'opposition d'intérêts. Comme auparavant, un curateur ou tuteur *ad hoc* pourra être nommé en cas d'opposition d'intérêts ou si les missions confiées au mandataire initial sont trop limitées. Enfin, le juge pourra décider d'adjoindre un conseil de famille.

2.2 Les règles spécifiques

Dans le régime de la *curatelle*, le majeur doit être assisté de son curateur pour les actes de disposition et peut agir seul pour les actes d'administration car le majeur n'a besoin que d'assistance ou de contrôle. Lorsqu'un acte écrit doit être passé, le curateur doit le signer, aux côtés du majeur. Le curateur ne peut agir seul, sauf lorsqu'il y a été autorisé par le juge. En sens inverse, le majeur peut être autorisé à agir seul lorsque le curateur refuse, sans raison valable, d'intervenir. Le juge peut moduler l'application de la curatelle en précisant les actes que le majeur peut passer seul ou ceux que le curateur devra passer seul.

Le *tuteur* est, quant à lui, le représentant du majeur qui n'a plus de capacité juridique. La tutelle peut être allégée, le juge énumérant alors les actes que le majeur aura la faculté d'accomplir seul ou avec l'assistance (et non la représentation) de son tuteur.

Section 3 LES ACTES INTÉRESSANT LA GESTION DE PATRIMOINE

La distinction entre les actes d'administration (simple gestion) et de disposition (actes importants avec des conséquences lourdes) fera l'objet d'un décret d'application.

1 Les actes à caractère personnel concernant les seuls majeurs

Si le juge n'en a pas décidé autrement, le majeur sous protection peut passer les actes suivants, sous conditions :

- **Contrat de mariage et changement de régime matrimonial :** Avant, le régime était le même pour ces deux types d'actes. En matière de tutelle, l'accord du conseil de famille ou des père et mère était nécessaire. Sous curatelle, le majeur avait besoin de l'assistance de son curateur. Avec la loi du 5 mars 2007, pour le contrat de mariage, la personne protégée devra être assistée de son curateur ou de son tuteur. Quant aux changements de régime matrimonial, sous le régime de la curatelle comme celui de la tutelle, il fait l'objet d'une autorisation préalable du juge des tutelles ou du conseil de famille.
- **Mariage :** Avant comme après la réforme, la personne placée sous curatelle doit recevoir l'autorisation du curateur ou du juge. Le majeur sous tutelle devait avoir le consentement du conseil de famille ou celui de ses père et mère. La loi du 5 mars 2007 impose qu'il soit autorisé par le juge ou le conseil de famille.

- **Donation :** Le donateur sous curatelle doit être assisté de son curateur, la réforme ne modifie pas cette intervention. Lorsqu'il est sous tutelle, le donateur doit être autorisé par le conseil de famille et la donation doit être faite en avancement de part successorale aux seuls descendants ou au conjoint. La loi du 5 mars 2007 modifiera la situation puisque c'est désormais le juge ou le conseil de famille qui décidera si le majeur doit être assisté ou représenté en fonction de son état de discernement.
- **Testament :** La personne sous curatelle pouvait librement tester et le peut toujours suite à la réforme. En matière de tutelle, avant, la personne protégée ne pouvait pas tester et le testament établi avant la mise en place de la mesure était valable sauf si la cause qui avait déterminé le testateur a disparu. Désormais, la loi du 5 mars 2007 distingue :
  - le testament antérieur à la mise sous tutelle demeurera valable sauf disparition de la cause qui l'avait déterminé ;
  - un testament pourra être établi en cours de tutelle avec l'autorisation du juge ou du conseil de famille. Il n'y a ni assistance ni représentation par le tuteur. Le majeur agira seul ;
  - le majeur protégé pourra révoquer seul son testament établi antérieurement ou postérieurement à sa mise sous protection avec le risque d'une contestation pour trouble mental ;
- **Renonciation anticipée à l'exercice de l'action en réduction des libéralités excessives** (voir *supra*) : Elle sera ouverte au majeur sous curatelle avec l'assistance de son curateur mais à laquelle ni le majeur sous tutelle ni son tuteur n'ont accès.

2 Les actes à caractère patrimonial concernant les majeurs et mineurs

Les pouvoirs de la personne protégée ou de son représentant sont, comme auparavant, déterminés par rapport aux pouvoirs du tuteur. Le majeur sous curatelle ne peut accomplir seul que les actes que le tuteur a le pouvoir de réaliser sans autorisation, à savoir les actes conservatoires et d'administration. En matière de tutelle, les règles relatives à la gestion du patrimoine sont communes aux majeurs et mineurs.

Le tuteur peut accomplir sans autorisation les actes conservatoires et d'administration nécessaires à la gestion du patrimoine ainsi que les actions en justice pour faire valoir les droits patrimoniaux de son protégé. Par contre, le tuteur ne peut passer les actes de disposition qu'avec l'autorisation du conseil de famille ou du juge. Aucune autorisation n'est nécessaire lorsque l'acte de disposition n'émane pas d'une décision du tuteur (vente judiciaire). Notamment, le tuteur devra être autorisé par le conseil de famille ou le juge pour signer un contrat de gestion de valeurs mobilières. Le tuteur choisira le gestionnaire et, à compter du 1er janvier 2009, il pourra résilier, à tout moment, et même en présence d'une clause contraire, le contrat de gestion.

De la même manière, dès le 1er janvier 2009, le tuteur, autorisé par le juge, pourra souscrire ou racheter un contrat d'assurance-vie et en désigner le bénéficiaire (initial et en cas de substitution).

Un certain nombre d'actes ne peuvent être accomplis par le tuteur. La liste de ces actes est donnée par le nouvel article 509 du Code civil :

- les actes qui emportent une aliénation gratuite des biens ou des droits du protégé, comme la renonciation anticipée à l'action en réduction des libéralités excessives ;
- les actes ayant pour objet d'acquérir d'un tiers un droit ou une créance que ce tiers détient contre le protégé ;
- l'exercice d'un commerce ou d'une profession libérale au nom de la personne protégée ;
- l'achat des biens du protégé ainsi que la mise en location d'un bien du protégé sauf si cet acte est autorisé par le conseil de famille ou le juge et que le tuteur ne soit pas un mandataire judiciaire. L'opération doit être exceptionnelle et dans l'intérêt du protégé.

Section 4 LE MANDAT DE PROTECTION FUTURE

La loi du 5 mars 2007 a introduit une nouvelle institution en créant une mesure de protection conventionnelle : le mandat de protection future.

Le nouvel article 428 du Code civil énonce le principe de subsidiarité des mesures judiciaires de protection des incapables qui ne pourront être ouvertes que si les dispositifs suivants, plus souples, se révèlent inefficaces ou insuffisants :

- droit commun de la représentation ;
- droit des régimes matrimoniaux ou les règles fixant les droits et devoirs entre époux ;
- mesure de protection conventionnelle, c'est-à-dire le mandat de protection future.

La loi a prévu deux sortes de mandat :

- Le mandat de protection future pour soi-même, qui permet à une personne majeure ou émancipée ne faisant pas l'objet d'une mesure de tutelle, de désigner un mandataire chargé de la représenter, pour le jour où elle ne pourra plus pourvoir à ses intérêts. La personne sous curatelle devra être assistée de son curateur pour établir un tel mandat.

- Le mandat de protection future pour autrui, qui peut être établi par les parents d'un enfant mineur, pour le cas où ils disparaîtraient avant sa majorité. Ou encore, et surtout, par les parents d'un enfant handicapé pour organiser sa vie lorsqu'ils n'en seront plus eux-mêmes capables ou suite à leur décès, par la personne de confiance de leur choix.

Le mandataire pourra être une personne physique, au choix du mandant, ou une personne morale qui devra alors être choisie sur la liste des mandataires judiciaires à la protection des majeurs. L'objet du mandat pourra concerner tant la protection de la personne (dans un cadre légal organisé) que ses intérêts patrimoniaux. Le mandat ne sera effectif qu'en cas de besoin, sur production d'un certificat médical établi par un médecin autorisé attestant que le mandant n'est plus capable d'agir pour lui-même ou son enfant. Le mandataire sera autorisé à agir après vérification par le greffier du tribunal d'instance que le mandant ne peut plus pourvoir seul à ses intérêts. Un inventaire du patrimoine devra alors être dressé.

Le mandat fonctionnera selon les règles de la protection des majeurs et du droit commun du mandat lorsqu'il ne s'opposera pas à celles-là. Les actes et mesures dont le mandataire sera à l'origine seront rescindables (annulables) pour simple lésion ou réduits en cas d'excès mais non annulés. L'action appartiendra à la personne protégée ou ses héritiers dans le délai de 5 ans.

Le choix de la forme du mandat est important car il ne donnera pas les mêmes pouvoirs au mandataire :

- Le mandat conclu sous seing privé ne permettra au mandataire d'effectuer que les actes qu'un tuteur peut faire sans autorisation ;
- Le mandat conclu par acte notarié donnera la possibilité au mandataire de réaliser tous les actes patrimoniaux que le tuteur a le pouvoir d'accomplir, seul ou avec autorisation, et donc même les actes de disposition (à l'exception des actes de disposition à titre gratuit qui nécessiteront une autorisation du juge des tutelles). Cette forme est obligatoire pour le mandat pour autrui (parents pour enfant handicapé).

Chaque année, le mandataire établira le compte de sa gestion qui sera supervisée selon les indications du mandat mais également par le juge. À l'expiration du mandat, et pendant 5 ans, il devra pouvoir produire à la personne prenant sa suite tout inventaire, compte de gestion et autre pièce nécessaire à la poursuite de la gestion. La responsabilité du mandataire sera celle du droit commun du mandat.

Si le mandat a été conclu par acte notarié, le notaire recevra les comptes annuels et les pièces justificatives. Il n'aura pas de rôle de contrôle mais une obligation de conservation. Toutefois, il devra saisir le juge des tutelles pour tout mouvement de fonds ou acte non justifié ou ne paraissant pas conforme aux termes du mandat.

Le mandat prendra fin par le décès du protégé ou du mandataire. Il prendra également fin lorsque les facultés du mandant auront évoluées :

- soit parce qu'il aura recouvré une certaine autonomie et que des institutions plus souples suffiront (représentation de droit commun, règles des régimes matrimoniaux…) ;
- soit, au contraire, parce que l'aggravation de sa dépendance nécessitera une protection renforcée par la mise en place d'une mesure judiciaire de protection.

Toute personne intéressée pourra saisir le juge des tutelles aux fins de contester la mise en œuvre du mandat ou de voir statuer sur les conditions et les modalités de son exécution. Le juge pourra alors substituer ou adjoindre au mandat une protection juridique.

Section 5 CAS PARTICULIER DE L'ADULTE HANDICAPÉ

La présence d'un enfant handicapé dans une famille impose de prévoir son avenir. Il existe, à ce titre, de nombreux outils en matière de droit de la famille comme en gestion de patrimoine afin de préparer au mieux la vie de l'enfant lorsque les parents ne le pourront plus ou auront disparu, tout en évitant la charge financière à la famille. Au-delà de la protection pure et simple de la personne de l'enfant, il convient donc d'assurer son autonomie financière en en minimisant les conséquences perverses :

- lui attribuer trop de revenus risquerait de le priver d'aides sociales telles que l'Allocation aux adultes handicapés (AAH) qui assure aussi sa couverture sociale ;
- le doter d'un patrimoine trop conséquent serait pénalisant en terme de transmission ultérieure, si l'enfant n'a pas de descendant et que son patrimoine revienne à ses frères et sœurs ou neveux et nièces supportant des droits de succession élevés.

Des solutions personnalisées existent et leur intérêt a été renforcé par les récentes réformes des successions et libéralités ainsi que celle de la tutelle. Comme nous l'avons vu ci-dessus, si l'enfant doit être mis sous tutelle, les deux parents pourront être tuteurs conjointement, il n'y aura plus à choisir entre eux. Le mandat de protection future pour autrui permettra également au survivant des parents d'organiser la vie de son enfant, selon ses désirs, pour le jour où il ne le pourra plus ou disparaîtra.

L'handicapé, bien que pouvant avoir une activité professionnelle, ne percevra généralement que de faibles revenus, augmentés de diverses allocations allouées en fonction de son revenu imposable. Il y a donc lieu de prévoir pour son enfant des placements défiscalisés (Livret A, Livret d'épargne Populaire ou Livret de développement durable), dont les intérêts ne sont pas pris en compte dans ses ressources. En complément, les parents ainsi que les grands-parents, frères et sœurs et oncles et tantes peuvent souscrire un contrat de rente-survie à son profit. Au décès du souscripteur, l'assureur verse au bénéficiaire une rente viagère qui n'est pas prise en compte dans ses ressources. L'État accorde une réduction d'impôt plafonnée, égale à 25 % des cotisations annuelles).

Une partie du capital appartenant à la personne handicapée peut être placée dans une épargne handicap, qui fonctionne comme une assurance-vie classique mais avec un régime fiscal plus avantageux (réduction d'impôt comme le contrat de rente-vie et prélèvements sociaux limités à la seule CRDS). À l'issue du délai de 8 ans, il pourra y avoir retraits des capitaux ou sortie en rente viagère, dont une partie ne sera pas prise en compte pour ses ressources.

Il y a également lieu d'organiser la transmission du patrimoine que l'adulte handicapé sera susceptible de recevoir ainsi que la dévolution de son propre patrimoine. En fonction de la composition de la famille de l'handicapé et de la capacité de ses membres à le prendre en charge mais aussi de l'évolution de son handicap, on pourra limiter la transmission de capital ou, au contraire, l'augmenter. Au sein du couple parental, on pourra préférer reculer la transmission du patrimoine pour que le survivant des époux conserve le maximum de droits sur le patrimoine commun et donc de liberté (ne pas avoir recours au juge des tutelles pour disposer d'un bien immobilier par exemple). Il pourra donc être judicieux de recourir à une communauté universelle en cas d'enfant unique (mais non en présence de nombreux enfants pour ne pas perdre les abattements sur les droits de succession octroyés lors de la 1re succession), clause de préciput sur un bien immobilier pour les couples en régime de communauté ou adjonction d'une société d'acquêts pour les époux en séparation de biens.

Les parents pourront aussi léguer la quotité disponible de leur succession aux frères et sœurs qui assumeront l'enfant handicapé. Au contraire, ils pourront la léguer à l'enfant handicapé s'il a lui-même des enfants pour faciliter financièrement sa vie. Le pacte de famille (voir *supra*) organisé par la réforme des successions permet d'envisager toutes les hypothèses dès lors qu'il y a entente.

On pourra également utilement préparer la succession de la personne handicapée, si elle n'a pas d'enfant, en évitant d'augmenter son patrimoine, tout en lui réservant des revenus en lui transmettant essentiellement de l'usufruit. Notamment, on pensera à l'assurance-vie avec démembrement de la clause bénéficiaire en instituant le protégé pour l'usufruit et ses frères et sœurs pour la nue-propriété. De leur vivant, les parents (et grands-parents) pourront faire des donations dont les nouvelles formes offrent souplesse et sécurité (voir *supra*) :

– La donation résiduelle à la personne protégée lui permettra de vendre les biens compris dans la libéralité. À son décès, ce sont ses frères et sœurs qui recueilleront ce qui restera comme s'ils héritaient des parents (droits de succession réduits), sous déduction des droits déjà supportés par l'enfant handicapé ;
– La donation graduelle bénéficie du même régime de transmission que la donation résiduelle mais avec interdiction de vendre et une fiscalité moins attrayante. Ce qui peut être utile pour préserver un patrimoine aux frères et sœurs mais sera difficile à gérer en cas d'aggravation de la dépendance et d'un besoin de capital ;
– Les parents, en fonction des affinités et des engagements que pourra prendre un des frères et sœurs, pourront favoriser un de leur enfant par une donation partage avec attribution d'un bien à ce frère ou cette sœur qui aura pour charge de s'occuper de l'handicapé dans des conditions à prévoir minutieusement.

Chapitre 10

Le démembrement de propriété

Bruno DALMAS

Le démembrement de propriété occupe depuis quelques années une place de plus en plus grande dans la gestion de patrimoine. Les raisons sont à la fois simples et multiples :

- La transmission des patrimoines s'anticipe de plus en plus tôt. Les parents donateurs, dont l'espérance de vie augmente, transfèrent la nue-propriété de leurs biens en s'en réservant la jouissance.
- Le démembrement de propriété est un outil efficace qui permet de dissocier la propriété des revenus. En matière de transmission d'entreprise, il offre au chef d'entreprise la possibilité de passer le témoin à la génération suivante, tout en conservant tout ou partie des droits à revenus qu'il peut retirer de son activité pour agrémenter sa retraite.
- La loi du 3 décembre 2001 attribue au conjoint survivant, dans le cadre de la dévolution légale et dans la plupart des cas, la faculté de recevoir 100 % en usufruit du patrimoine de son époux décédé.

C'est cette séparation des prérogatives dans le temps entre différents individus qui fait du démembrement un mode de détention attractif pour réaliser une transmission progressive et moins fiscalisée des patrimoines, mais aussi toute sa complexité car il fait cohabiter, parfois, des personnes sans liens affectifs.

Section 1 DÉFINITION DU DÉMEMBREMENT DE PROPRIÉTÉ

Pour bien appréhender le démembrement de propriété, il convient de revenir succinctement sur la définition de la propriété. Selon l'article 544 du Code civil, la propriété est « le droit de jouir et de disposer des choses de la manière la plus absolue ».

Au sein du droit de propriété on retrouve trois composantes :

– l'*usus* : droit d'user du bien ;
– le *fructus* : droit d'en tirer des fruits, des revenus ;
– l'*abusus* : droit d'en disposer.

C'est la somme de ces trois prérogatives qui confère au propriétaire la liberté d'action totale sur le bien qu'il possède.

Ce tout ainsi formé peut être néanmoins dissocié. On sépare alors les prérogatives d'*usus* et de *fructus* de celle de disposition (d'*abusus*).

Autrement formulé, la pleine propriété correspondrait à l'équation suivante :

pleine propriété =

usufruit (*usus* + *fructus*) + nue-propriété (*abusus*)

L'usufruitier a le pouvoir de jouir du bien directement ou d'en tirer des revenus. Le nu-propriétaire a le pouvoir de disposer du bien au terme de l'usufruit.

1 Le champ d'action de l'usufruitier

Article 578 du Code civil :

L'usufruit est le droit de jouir des choses dont un autre à la propriété, comme le propriétaire lui-même, mais à la charge d'en conserver la substance.

Au quotidien, l'usufruitier possède toutes les apparences du propriétaire. Qu'il s'agisse d'un immeuble ou de biens meubles, il peut utiliser le bien objet du démembrement de propriété comme il peut le louer, le prêter, (...), comme le propriétaire.

Cette jouissance directe ou indirecte qu'il retire du bien doit s'effectuer en bon père de famille. En effet, et c'est la limite de l'usufruit, l'usufruitier doit s'attacher dans son emploi à conserver la substance du bien. Il ne doit pas l'altérer pour permettre au nu-propriétaire de le récupérer au terme de l'usufruit.

L'usufruitier est titulaire d'un droit réel autonome et indépendant du droit de nue-propriété. Autrement dit, il est plein propriétaire de son droit d'usufruit. Par voie de conséquence, il peut en disposer librement sans l'accord du nu-propriétaire. D'ailleurs, le nu-propriétaire ne peut pas entraver l'usufruitier dans la jouissance qu'il tire du bien objet du démembrement, ni même le juge (art. 599 al. 1er C. civ.).

1.1 Sur les immeubles

L'usufruitier peut occuper les biens comme il peut les donner à bail. Il peut encore céder son usufruit temporairement ou définitivement à un tiers. Il se développe, d'ailleurs, de plus en plus d'officines qui proposent, notamment à des propriétaires fonciers, de leur acheter l'usufruit, pour un temps, de leurs immeubles dans un but d'optimisation fiscale. En effet, le revenu locatif est soumis au barème de l'impôt sur le revenu (IR), sans avantage particulier. L'intégralité du revenu est taxée. En matière d'optimisation ISF au recours du bouclier fiscal ou du plafonnement ISF, cette source de revenus peut se révéler être une contrainte. Dans ce cas de figure, les conseils en gestion de patrimoine cherchent à minimiser le revenu imposable. Ce qui n'est pas possible avec les revenus fonciers. En revanche, en récupérant le prix correspondant à la valeur de l'usufruit pour une certaine durée, le cédant de l'usufruit place généralement cette somme dans le cadre juridique de l'assurance-vie, duquel il retirera des revenus largement défiscalisés[1].

Les charges qui reviennent à l'usufruitier sont celles habituellement dévolues au locataire. Il est tenu aux réparations d'entretien (art. 605 et 608 du C. civ.). Néanmoins, les charges de grosse réparation normalement dévolues au nu-propriétaire (art. 606 C. civ.) peuvent être imputées conventionnellement à l'usufruitier (art. 605 al. 2 C. civ.). Pour toute la plus-value qu'il aurait pu apporter, l'usufruitier ne peut, à la cession de l'usufruit, réclamer aucune indemnité (art. 599 al. 2 C. civ.).

1.2 Sur les valeurs mobilières

Il convient de distinguer les valeurs mobilières de placement des droits sociaux.

Les valeurs mobilières de placement

Elles s'entendent des actions, des obligations de sociétés cotées et OPCVM L'usufruitier a droit aux dividendes et aux coupons.

1. Voir chapitre « Assurance vie ».

Les prérogatives accordées à l'usufruitier pour la gestion des portefeuilles de valeurs mobilières ont été étendues par la jurisprudence[1], qui lui reconnaît le droit de gérer seul. En effet, les juges, comme la doctrine dominante, considèrent que le démembrement ne porte pas sur les titres ou OPCVM individuellement, mais sur l'ensemble constituant ainsi une universalité. C'est sur cette universalité que porte le démembrement. C'est donc elle qu'il convient d'observer pour vérifier si l'usufruitier a bien respecté son obligation de préserver la substance du portefeuille. Cette décision, qui permet une gestion plus efficace des portefeuilles, n'est pas exempte de toute critique au rang desquelles on retrouve :

- l'absence de réelle garantie pour le nu-propriétaire qui ne dispose que d'un contrôle a posteriori sur la gestion de l'usufruitier ;
- sur la fiscalité des plus-values toujours à la charge du nu-propriétaire sauf exception[2].

Les droits sociaux

Ce sont les titres qui permettent à leur propriétaire d'exercer une influence directe dans la société. La frontière de la répartition des prérogatives entre usufruitier et nu-propriétaire semble aujourd'hui fixée. Depuis une quinzaine d'années[3], cette question a fait l'objet d'une jurisprudence relativement abondante et pas toujours très claire[4]. À présent, à la faveur d'un arrêt récent[5], la répartition des prérogatives entre usufruitier et nu-propriétaire apparaît plus clairement. En définitive, on peut retenir que l'usufruitier participe aux assemblées générales ordinaires pour ce qui intéresse la gestion courante de l'entreprise. Il ne peut pas être écarté de la décision d'affectation du résultat[6]. Quant au nu-propriétaire, il participe à toutes les assemblées générales extraordinaires dont les décisions pourraient affecter directement l'objet même de la société[7]. Mais il peut parfaitement être écarté de tout droit de vote, et les décisions prises par l'usufruitier ne seront pas contestables tant qu'il respectera le formalisme prévu dans les statuts et l'intérêt social. Cette dernière jurisprudence distingue ainsi parfaitement deux domaines, le premier réservé à l'usufruitier, l'affectation du résultat, et le second, le reste des décisions qui entre dans le champ de la liberté contractuelle de l'article 1844 al. 4 du Code civil.

1. Cass. 1re civ., 12 nov. 1998, arrêt Mallet-Baylet.

2. Pour les démembrements issus d'une succession, nu-propriétaire et usufruitier, sur option expresse et irrévocable, peuvent décider ensemble de soumettre à l'impôt plus-value l'usufruitier, BOI 5 C-1-01, n° 199, 3 juil. 2001.

3. Arrêt de Gaste, Cass. com., 4 janv. 1994, *Dr. et patrimoine*, juil.-août 1994, p. 69.

4. L'arrêt Château d'Yquem en est une illustration parfaite ! Cass. com. 9 févr. 1999, JCP N 1999, n° 417.

5. Arrêt Rapeaud, 2 déc. 2008.

6. Arrêt VH Holding, 31 mars 2004, JCP N n° 37, 9 sept. 2004, p. 1378.

7. Pour de plus longs développements, voir l'ouvrage de B. Dalmas, V. Cornilleau, *Pratique du démembrement de propriété*, 2e éd., Litec, 2009.

2 Le champ d'action du nu-propriétaire

2.1 Le droit de nue-propriété

Selon l'expression consacrée par le Professeur Aulagnier, le nu-propriétaire est dans l'attente de la pleine propriété future. D'un point de vue économique il ne dispose de rien, puisque celui qui profite du bien, par définition, est l'usufruitier. Mais d'un point de vue juridique, son droit de nue-propriété lui confère des prérogatives et des garanties.

À l'instar de l'usufruitier, le nu-propriétaire est plein propriétaire de son droit de nue-propriété. Autrement dit, il peut en disposer librement : l'apporter, le céder ou le donner.

Dans la pratique on observe que généralement le nu-propriétaire se voit réduire considérablement ce pouvoir. En effet, les démembrements naissent majoritairement des donations réalisées par les parents à leurs enfants. Les premiers se garantissent une jouissance paisible sur le bien donné en interdisant, dans l'acte de donation, à l'enfant nu-propriétaire toute faculté d'aliénation. Cette mesure de protection à l'égard de l'usufruitier peut se comprendre, car il pourrait lui être désagréable de devoir partager la propriété d'un bien avec un étranger qui en aurait acquis la nue-propriété des mains de l'enfant donataire.

Par ailleurs, quel que soit l'usage que pourra faire le nu-propriétaire de son droit de nue-propriété, il ne modifie pas le droit de l'usufruitier qui continue à jouir de son usufruit sur le bien, s'il n'y pas expressément renoncé (art. 621 al. 2 du Code civil). Le nu-propriétaire a finalement un rôle passif. Il observe l'usufruitier jouir du bien. Pour le protéger dans ses droits et lui assurer, au terme du démembrement, de récupérer le bien dans les meilleures conditions, il peut bénéficier de garanties soient offertes par la loi, soit offertes par le disposant.

2.2 Les garanties du nu-propriétaire

Les garanties d'ordre public

- L'inventaire

Selon les dispositions de l'article 600 du Code civil :

> *L'usufruitier prend les choses dans l'état où elles sont, mais il ne peut entrer en jouissance qu'après avoir fait dresser, en présence du propriétaire, ou lui dûment appelé, un inventaire des meubles et un état des immeubles sujets à l'usufruit.*

C'est la jurisprudence[1] qui a donné à l'inventaire son caractère d'ordre public. Un usufruitier qui refuserait l'inventaire pourrait donc se voir refuser son entrée en jouis-

1. Cass. 1re civ., 4 janv. 1957 : Bull. civ. I, n° 1, p. 1.

sance sur le bien démembré. Malgré tout, l'importance pratique de l'inventaire doit être mesurée. Même si son rôle probatoire peut s'avérer déterminant au terme de l'usufruit pour constater éventuellement une créance au bénéfice du nu-propriétaire, à faire valoir dans le patrimoine de l'usufruitier négligeant dans l'entretien du bien, il reste peut utilisé. La raison tient encore dans la source du démembrement : la transmission familiale. La demande d'inventaire sera généralement mal vécue par le parent survivant.

- **L'emploi des sommes**

L'article 1094-3 du Code civil dispose :

Les enfants ou descendants pourront, nonobstant toute stipulation contraire du disposant, exiger, quant aux biens soumis à l'usufruit, qu'il soit dressé inventaire des meubles ainsi qu'état des immeubles, qu'il soit fait emploi des sommes et que les titres au porteur soient, au choix de l'usufruitier, convertis en titres nominatifs ou déposés chez un dépositaire agréé.

Cette protection offerte aux nus propriétaires ne concerne que les démembrements issus d'une donation entre époux. Un démembrement qui tirerait son origine d'une convention matrimoniale n'entre pas dans le champ d'application de ce texte. En outre, il concerne les liquidités détenues par le défunt. Le législateur n'a pas voulu laisser au conjoint survivant la possibilité de convertir son usufruit en quasi-usufruit[1] sans le consentement express du nu-propriétaire.

Il convient de noter que ce texte institue une protection forte pour le nu-propriétaire. Dans la pratique, on observe toutefois que la clause de dispense de faire emploi des sommes, stipulée dans la déclaration d'option au moment de l'ouverture de la succession ou dans l'acte de notoriété, est largement systématisée. Les liquidités étant, dans la plupart des cas, le fruit de l'épargne du couple, il est malaisé aux enfants d'apporter au conjoint survivant une restriction dans sa capacité de jouissance.

- **La conversion de l'usufruit en rente viagère**

Cette faculté, mesure de protection du nu-propriétaire, a été étendue au conjoint survivant par loi du 3 décembre 2001. Elle n'est donc plus une garantie exclusivement réservée au nu-propriétaire. Mais le *de cujus* peut interdire au conjoint survivant la demande de renonciation à l'usufruit que pourrait subir les nus-propriétaires par voie testamentaire.

Article 759 du Code civil :

Tout usufruit appartenant au conjoint sur les biens du prédécédé, qu'il résulte de la loi, d'un testament ou d'une donation de biens à venir, donne ouverture à une faculté de conversion en rente viagère, à la demande de l'un des héritiers nus propriétaires ou du conjoint successible lui-même.

Il convient de préciser qu'à la différence du régime antérieur, la règle est identique qu'il s'agisse d'un usufruit légal ou conventionnel. Le régime nouveau prévoit que cette demande peut être formulée jusqu'au partage définitif, et maintient la protection sur la

1. Voir *infra*.

résidence principale et les meubles meublants au bénéfice du conjoint survivant. Celui-ci ne pourra pas subir de conversion forcée sur ces biens (C. civ., art. 760). Par ailleurs, la loi du 3 décembre 2001 autorise la conversion en capital des usufruits sous la condition de l'accord unanime entre nu-propriétaire et usufruitier (C. civ., art. 761).

Pour l'usufruit légal, l'article 767 alinéa 5 du Code civil dispose :

Jusqu'au partage définitif, les héritiers peuvent exiger, moyennant sûretés suffisantes, et garantie du maintien de l'équivalence initiale, que l'usufruit de l'époux survivant soit converti en une rente viagère équivalente. S'ils sont en désaccord, la conversion sera facultative pour les tribunaux.

Pour l'usufruit testamentaire, l'article 1094-2 du Code civil prévoit :

Lorsque la libéralité faite, soit en pleine propriété et en usufruit (3/4 US, 1/4 PP), soit en usufruit seulement (100 % US), portera sur plus de la moitié des biens, chacun des enfants ou descendants aura, en ce qui concerne sa part de succession, la faculté d'exiger, moyennant sûretés suffisantes et garantie du maintien de l'équivalence initiale, que l'usufruit soit converti en une rente viagère d'égale valeur. Toutefois, cette faculté ne pourra pas s'exercer quant à l'usufruit du local d'habitation où le conjoint gratifié avait sa résidence principale à l'époque du décès, ni quant à l'usufruit des meubles meublants qui garnissent ce local.

La caution

À la différence des mesures de protection décrites précédemment, la caution est un outil de protection qui peut être encadré par le disposant. Autrement dit, il a la faculté de l'imposer à l'usufruitier, ou au contraire de l'en dispenser.

Article 601 du Code civil :

Il (l'usufruitier) donne caution de jouir en bon père de famille, s'il n'en est dispensé par l'acte constitutif de l'usufruit ; cependant, les père et mère ayant l'usufruit légal du bien de leurs enfants, le vendeur ou le donateur, sous réserve d'usufruit, ne sont pas tenus de donner caution.

Ce texte opère une distinction selon la nature de l'usufruit. Ainsi, de manière générale, pour tous les usufruits, les usufruitiers doivent fournir caution sauf volonté contraire du disposant. Et, au cas particulier des usufruits légaux familiaux, les usufruitiers sont dispensés de fournir caution, sauf volonté contraire du disposant.

3 Le quasi-usufruit

Article 587 du Code civil :

Si l'usufruit comprend des choses dont on ne peut faire usage sans les consommer, comme l'argent, les grains, les liqueurs, l'usufruitier a le droit de s'en servir, mais à la charge de rendre, à la fin de l'usufruit, soit des choses de même quantité et qualité soit leur valeur estimée à la date de la restitution.

3.1 Définition

Tous les biens meubles, corporels ou incorporels, ou immeubles peuvent faire l'objet d'un démembrement[1]. Pour autant, selon leur nature, les modalités selon lesquelles vont s'exercer les prérogatives entre usufruitier et nu-propriétaire vont différer. En effet, s'agissant des biens consomptibles par leur premier usage, c'est-à-dire les biens dont on ne peut jouir sans les consommer, l'exercice de l'usufruit ne pourra répondre aux exigences de l'article 578 du Code civil aux termes duquel l'usufruitier doit conserver la substance. Dès lors, comment utiliser son droit d'usufruit sur un grand vin, par exemple, sans le consommer ? Comment jouir d'une somme d'argent sans la dépenser ?

Le Code civil prévoit un régime propre aux biens dont l'usage conduit à leur destruction. Il étend ainsi les prérogatives de l'usufruitier et offre au nu-propriétaire des modalités de restitution particulières au terme du démembrement.

Les pouvoirs étendus de l'usufruitier

Dans le cas d'un quasi-usufruit, l'usufruitier reprend en apparence toutes les qualités du propriétaire. Il va pouvoir user du bien, en jouir, et même le consommer. Une expression résume parfaitement la situation : « Plus qu'un quasi-usufruit, l'usufruit des choses consomptibles serait une quasi-propriété. »[2]

C'est cette liberté d'action qui donne au quasi-usufruit tout son attrait. Économiquement, l'usufruitier va pouvoir prendre seul toutes les décisions, sans l'autorisation du nu-propriétaire. Qu'on ne s'y trompe pas pour autant, le quasi-usufruit reste un usufruit, et se distingue de la propriété par l'obligation qui est faite à l'usufruitier de restituer au terme de l'usufruit soit des choses de même quantité et qualité, soit leur valeur estimée à la date de la restitution. Contrairement à l'usufruit classique[3], le quasi-usufruit ne s'éteint pas par la disparition de la chose.

L'article 587 du Code civil prévoit les modalités de la restitution. Si le démembrement porte sur une somme d'argent, alors on appliquera le principe du nominalisme monétaire. Pour lutter contre l'érosion monétaire il pourra toujours être envisagé d'indexer la créance. Pour les autres biens, la restitution pourra se faire soit en nature, par des choses de même qualité et quantité, soit en valeur, son montant étant alors apprécié au jour de la restitution.

Les prérogatives du nu-propriétaire

À la différence du démembrement classique, le nu-propriétaire d'un quasi-usufruit n'a plus de droit réel sur la chose. Il ne peut pas exercer son droit de préférence, ni

1. Article 581 du Code civil.
2. P. Sirinelli, *Le quasi-usufruit*, LPA, juil. 1993, n° 87, p. 5.
3. Article 617 du Code civil, voir *infra*.

son droit de suite sur le bien. Il devient créancier chirographaire. Il sera créancier de dernier rang, et les modalités de sa restitution seront fixées par les ayants droits de l'usufruitier. Face à cette situation précaire, le nu-propriétaire dispose de garanties plus ou moins étendues selon l'origine du démembrement et la volonté du disposant.

Il disposera des garanties d'ordre public exposées ci-dessus, à savoir :

- l'obligation d'employer les sommes au titre des dispositions de l'article 1094-3 du Code civil si le démembrement provient d'une donation entre époux ;
- l'inventaire.

En outre, le disposant aura pu exiger de l'usufruitier qu'il fournisse caution pour entrer dans son droit.

3.2 Domaine du quasi-usufruit

Si le législateur n'a envisagé le quasi-usufruit que sur des biens consomptibles, la jurisprudence a reconnu qu'il était possible, par convention, de créer un quasi-usufruit sur des biens qui ne l'étaient pas par nature.

Le quasi-usufruit légal ou par nature

L'article 587 du Code civil, s'il ne définit pas la notion de biens consomptibles, donne des exemples : l'argent, les liqueurs, les grains. Le critère essentiel retenu est celui de la disparition immédiate du bien par sa consommation. Si l'utilisation n'entraîne qu'une dégradation progressive du bien, alors on sort du champ de la consomptibilité. L'exemple souvent retenu est celui des véhicules automobiles. Les héritiers, usufruitiers et nus-propriétaires, peuvent devoir régler des droits de succession sur un véhicule alors qu'au décès de l'usufruitier, il y a de fortes probabilités pour qu'il ait perdu complètement sa valeur[1].

Si le quasi-usufruit porte sur les biens consomptibles par nature, il peut aussi trouver à s'appliquer dans l'hypothèse de la perte subie du bien objet du démembrement. Dans ce cas de figure, le démembrement se reportera sur l'indemnité perçue par l'usufruitier qui exercera alors un quasi-usufruit sur cette somme d'argent. Ce report du démembrement sur l'indemnité se justifie par le mécanisme de la subrogation réelle.

Les cas de subrogation automatique :

- **La destruction accidentelle d'un bien** : généralement le bien est assuré pour la pleine propriété. Dans ce cas, l'indemnité est perçue par l'usufruitier qui jouira

1. Il convient de ne pas confondre la notion de « consomptibilité » avec celle de « fongibilité ». Les biens fongibles sont les biens qui peuvent se remplacer car ils n'ont pas de caractère propre.

d'un quasi-usufruit. Il se peut, malgré tout, que chacun des protagonistes ait assuré son propre droit. Dans ce cas de figure, ils perçoivent la valeur représentative de leur droit. Le démembrement est terminé.

- **L'expropriation** : selon l'article L. 13-7 du Code de l'expropriation « le juge prononce des indemnités distinctes en faveur des parties qui les demandent à des titres différents Toutefois, dans le cas d'usufruit, une seule indemnité est fixée, le nu-propriétaire et l'usufruitier exercent leurs droits sur le montant de l'indemnité au lieu de les exercer sur la chose. L'usufruitier, autre que le père ou la mère ayant l'usufruit légal, est tenu de donner caution. Si le propriétaire d'un bien exproprié n'a pu être identifié, le juge fixe l'indemnité pour le compte de qui il appartiendra ».
- **Les créances** : si le démembrement naît d'une créance non échue, alors l'usufruitier exercera un usufruit classique. Il percevra les intérêts servis par le débiteur. En revanche, si à l'échéance du terme de la créance le démembrement existe toujours, alors le produit de la créance sera remis entre les mains de l'usufruitier[1] qui exercera un quasi-usufruit sur la somme d'argent.

Le quasi-usufruit conventionnel

C'est un arrêt ancien de la chambre des requêtes[2] que l'on évoque habituellement comme source juridique qui reconnaît la faculté de faire porter un quasi-usufruit sur des biens qui ne sont pas consomptibles. Le quasi-usufruit conventionnel n'est en fait qu'une expression de la liberté contractuelle. La jurisprudence a même admis que cette volonté pouvait ne résulter que de la seule intention des parties[3]. Si le principe est admis, sa portée reste sujette à discussion doctrinale. La question qui subsiste est celle de savoir si l'on peut créer un quasi-usufruit sur tout type de bien, y compris les immeubles.

Une partie de la doctrine considère qu'il faut que le bien soit au moins fongible pour que l'on puisse créer un quasi-usufruit. Un immeuble étant unique par définition, on ne peut créer de quasi-usufruit sur ce type de bien. L'autre partie de la doctrine conteste cette analyse en évoquant, d'une part, qu'il n'existe aucune exigence sur le caractère fongible ou non du bien objet du quasi-usufruit et, d'autre part, que selon l'article 581 du Code civil, le démembrement peut porter sur toute espèce de biens meubles ou immeubles.

D'un point de vue pratique, cette controverse doctrinale n'a que peu d'importance. En effet, la donation de la nue-propriété d'un immeuble avec réserve de quasi-usufruit va générer deux sources de difficulté qui tirent leur origine de l'adage de Loisel, « donner et retenir ne vaut » !

1. C. cass., 4 oct. 1989, JCP 1990, II, 21519, note J.-F. Pillebout.
2. C. cass., ch. req., 30 mars 1926, *DH* 1927, p. 217.
3. C.A. Paris, 11 juin 1980, 2e ch., sect. 1, rép. gén. n° G 11 655, Juris-Data n° 243.

D'abord les notaires ne se risqueront pas dans cette voie qui leur paraît hétérodoxe en l'absence de dépossession. Ensuite l'administration fiscale pourra considérer que le démembrement n'avait pas d'autre but que d'éluder l'impôt[1].

Concrètement, la conversion d'un usufruit en quasi-usufruit va trouver sa justification lorsque le bien objet du démembrement est susceptible de disparition[2], lorsque le démembrement portera sur des biens non frugifères, c'est-à-dire peu ou pas générateurs de revenus, ou enfin pour optimiser la gestion de certains biens qui commandent des prises de décisions fréquentes et rapides, tels les portefeuilles de valeurs mobilières.

Section 2 L'ÉVALUATION DES DROITS DÉMEMBRÉS

Le démembrement est le résultat d'une scission de la pleine propriété :

La pleine propriété = l'usufruit + la nue-propriété

Si l'on connaît la valeur d'un bien en pleine propriété, comment déterminer alors la valeur de chacun des composants ? Deux méthodes d'évaluations coexistent qui, en fait, n'en forment qu'une ! Elles reposent toutes les deux sur la technique de l'actualisation des flux de revenus futurs. La différence provient de ce que l'une, l'évaluation fiscale, correspond à un barème intangible qui s'impose dans des conditions définies par la loi, et que l'autre, l'évaluation économique, permet de s'adapter à tous les éléments environnant le démembrement d'un bien : espérance de vie de l'usufruitier, sexe de l'usufruitier, rendement spécifique du bien, etc.

1 L'évaluation fiscale des droits démembrés

Le barème fiscal d'évaluation des droits démembrés a été modifié au 1er janvier 2004. Les valeurs retenues jusque là étaient basées sur l'espérance de vie des femmes et des hommes de 1893 ! À cette époque, la durée de jouissance d'un usufruitier était donc réduite par rapport à aujourd'hui. Économiquement, cela signifie que la valeur du droit d'usufruit en 1905, date à laquelle le premier barème a été institué[3], est fortement sous-estimée par rapport à celle qu'il a avec les tables d'espérance de

1. Voir *infra*.
2. Voir *supra* l'exemple des véhicules automobiles.
3. Article 762 du CGI.

vie actuelle. *A contrario*, la valeur de la nue-propriété de l'article 762 du Code général des impôts (CGI) se trouve largement surestimée. Le nu-propriétaire de 2008 attendra beaucoup plus longtemps avant de pouvoir jouir du bien. La valeur de son droit se trouve donc réduite.

S'il a été abrogé au 1er janvier 2004, l'article 762 du CGI reste encore applicable, notamment en matière de calcul de plus-value lors de la cession de droits démembrés. Il convient donc de le rappeler pour mémoire :

Tableau 10.1

AGE de l'usufruitier	VALEUR de l'usufruit	VALEUR de la nue-propriété
Moins de 20 ans révolus	70 %	30 %
Moins de 30 ans révolus	60 %	40 %
Moins de 40 ans révolus	50 %	50 %
Moins de 50 ans révolus	40 %	60 %
Moins de 60 ans révolus	30 %	70 %
Moins de 70 ans révolus	20 %	80 %
Plus de 70 ans révolus	10 %	90 %

1.1 Le barème des droits

L'usufruit viager

La détermination de la valeur respective des deux droits se fait en fonction de l'âge de l'usufruitier (art. 669 du CGI).

Tableau 10.2

AGE de l'usufruitier	VALEUR de l'usufruit	VALEUR de la nue-propriété
Moins de 21 ans révolus	90 %	10 %
Moins de 31 ans révolus	80 %	20 %
Moins de 41 ans révolus	70 %	30 %
Moins de 51 ans révolus	60 %	40 %
Moins de 61 ans révolus	50 %	50 %
Moins de 71 ans révolus	40 %	60 %
Moins de 81 ans révolus	30 %	70 %
Moins de 91 ans révolus	20 %	80 %
Plus de 91 ans révolus	10 %	90 %

L'usufruit temporaire

L'usufruit peut parfaitement être fixé pour un temps[1], sans pour autant être viager. Cet usufruit temporairement limité dans le temps est évalué à 23 % de la pleine propriété par période de 10 ans. Lorsqu'il est constitué au profit d'une personne morale, l'usufruit temporaire ne peut dépasser 30 ans[2].

1.2 Le champ d'application de l'article 669 du CGI

L'article 669 du CGI s'impose pour la détermination de l'assiette taxable des droits démembrés lors des mutations à titre onéreux ou à titre gratuit, qu'il s'agisse :

- des droits d'enregistrement ;
- de la taxe de publicité foncière ;
- en matière d'ISF lorsque la déclaration des droits d'usufruit et de nue-propriété appartient à chaque titulaire[3] ;
- en matière d'impôt plus-value immobilière, uniquement lorsque l'usufruit ou la nue-propriété provient d'un immeuble détenu par le cédant en pleine propriété (cas du propriétaire qui vend son usufruit ou sa nue-propriété).

Dans le dernier cas, l'article 74 SE, annexe II du CGI dispose :

Si la cession a pour objet la nue-propriété, l'usufruit ou tout autre droit portant sur un bien acquis en pleine propriété, la plus-value imposable est déterminée en tenant compte, d'une part, du prix du droit cédé et, d'autre part, du prix d'acquisition afférent à ce droit. Ce prix d'acquisition est réputé égal à une fraction, appréciée au jour de la cession, du prix d'acquisition de la pleine propriété du bien. En cas d'usufruit ou de nue-propriété, cette fraction est déterminée en appliquant le barème institué par l'article 669 du Code général des impôts.

En revanche, dans tous les autres cas de cession de biens immobiliers ou mobiliers, le choix est laissé aux parties de la méthode d'évaluation des droits démembrés. Ainsi, ils pourront décider librement du prix à fixer à chacun des droits.

2 L'évaluation économique des droits démembrés

2.1 Définition

Au plan juridique, l'usufruitier utilise le bien directement ou indirectement par la perception des revenus qu'il génère. Quant au nu-propriétaire, il ne perçoit rien. Il est dans l'attente de la pleine propriété future.

---

1. Article 580 du Code civil.
2. Article 619 du Code civil.
3. Voir chapitre « ISF ».

Reprenons les définitions économiques énoncées par Jean-Pierre Andrieu[1] :

– **Définition économique de l'usufruit :** « L'usufruit est le droit de percevoir les revenus pendant la durée du démembrement, mais ne possède plus rien à la fin. »
– **Définition économique de la nue-propriété :** « C'est le droit de posséder le bien à la fin du démembrement, mais de ne percevoir aucun revenu pendant sa durée. »

2.2 Les paramètres

Pour déterminer la valeur du droit d'usufruit et de celui de nue-propriété, il faut disposer des éléments suivants :

– l'espérance de vie de l'usufruitier : elle correspond à la durée du démembrement viager ;
– la durée prévue pour l'opération de démembrement dans le cas d'un démembrement temporaire ;
– les revenus nets générés par le bien : il s'agit des revenus nets des charges usufructuaires, c'est-à-dire celles supportées par l'usufruitier ;
– un taux d'actualisation : il doit correspondre au rendement attendu ou espéré d'un investissement dont le niveau de risque est équivalent[2].

2.3 Le modèle d'évaluation actuarielle

Comme n'importe quel actif, il est possible d'estimer la valeur de l'usufruit et de la nue-propriété par actualisation des flux de trésorerie qu'ils vont générer dans le futur. L'actualisation est une technique qui permet de convertir une somme future en une somme actuelle (par exemple, combien vaut aujourd'hui 50 000 € s'il est prévu que cette somme soit perçue dans 2 ans ?).

Pour procéder à ce calcul actuariel, il faut connaître trois paramètres :

– les revenus futurs (R_1, R_2... R_n) ;
– les dates de perception des revenus (les années 1 à n) ;
– le taux de rendement exigé pour un investissement qui serait équivalent en terme d'aléa (*i*).

1. J.-P. Andrieu, *Calculs Financiers et évaluations mathématiques en gestion de patrimoine*, Maxima, 1996, p. 137.

2. J. Aulagnier, « Aspects de droit civil : évaluation des droits d'usufruit, de quasi usufruit et de nue-propriété par la méthode d'actualisation des flux futurs », *Dr. et patrimoine*, nov. 1999, n° 76.

La valeur de l'actif est alors égale à :

$$V = \frac{R_1}{(1+i)^1} + \frac{R_2}{(1+i)^2} + \ldots + \frac{R_n}{(1+i)^n} = \sum_{t=1}^{n} \frac{R_t}{(1+i)^t}$$

Exemple

Soit un actif qui va dégager les flux suivants, sur les 5 prochaines années :

F_1	F_2	F_3	F_4	F_5
100	120	140	160	170

Au-delà de l'année 5, plus aucun flux ne sera perçu. Le taux de rendement exigé pour ce type d'actif est de 8 %. Sa valeur est donc de :

$$V = \frac{100}{(1,08)^1} + \frac{120}{(1,08)^2} + \frac{140}{(1,08)^3} + \frac{160}{(1,08)^4} + \frac{170}{(1,08)^5} = 539,9$$

Détermination de la valeur de l'usufruit

L'usufruitier va percevoir des revenus nets de charges (Rt), générés par le bien, jusqu'à la fin de sa vie, soit pendant *n* années (*n* correspond donc à son espérance de vie).

La valeur de l'usufruit est donc égale à :

$$V_{usufruit} = \frac{R_1}{(1+i)^1} + \frac{R_2}{(1+i)^2} + \ldots + \frac{R_n}{(1+i)^n} = \sum_{t=1}^{n} \frac{R_t}{(1+i)^t}$$

Détermination de la valeur de la nue-propriété

La valeur de la nue-propriété va être déterminée de la même façon. Le nu-propriétaire ne disposera du bien qu'au décès de l'usufruitier, soit dans *n* années. À ce moment là, il possédera la pleine propriété du bien. La valeur de la nue-propriété correspond donc à la valeur actualisée de la pleine propriété. Si la valeur de cette pleine propriété, dans *n* années, est $V_{pleine\ propriété}$:

$$V_{nue-propriété} = \frac{V_{pleine\ propriété}}{(1+i)^n}$$

Exemple

Soit un bien dont la valeur anticipée dans 10 ans sera de 5 M€. Pour un taux d'actualisation de 9 %, la valeur de la nue-propriété à la date d'aujourd'hui est :

$$V_{nue-propriété} = 5\ 000\ 000 \times (1+0,09)^{-10} = 2\ 112\ 054$$

Cette formule pose cependant la question de la valeur de la pleine propriété dans *n* années. Pour l'estimer, il est possible de suivre la même logique, à savoir que le plein propriétaire percevra grâce au bien des revenus, à partir de l'année n+1 jusqu'à la fin de vie de ce bien, en *m*. On en déduit donc que la valeur, à l'année *n*, de la PP est :

$$V_{\text{pleine propriété}} = \frac{R_{n+1}}{(1+i)^1} + \frac{R_{n+2}}{(1+i)^2} + \ldots + \frac{R_m}{(1+i)^{m-n}} = \sum_{t=n+1}^{m} \frac{R_t}{(1+i)^{t-n}}$$

On peut faire remarquer que certains biens ont une durée de vie infinie (on pense notamment à certains biens immobiliers), ou tout au moins indéfinie. Ceci ne remet pas en cause l'évaluation actuarielle, et ce pour deux raisons :

- tout d'abord, plus un revenu est éloigné dans le temps, plus sa valeur actualisée tend vers zéro. De la sorte, raisonner sur 100 ans ou un million d'années ne change pas la valeur du bien ;
- il n'est pas possible de faire des prévisions sur un horizon de 50 ou 100 ans, mais il est souvent possible de modéliser l'évolution future des revenus qui seront dégagés par l'actif. Or, en posant un taux de croissance moyen à l'infini (*g*), il devient très simple d'estimer la valeur du bien[1].

Valeur de la pleine propriété (à l'année *n*) d'un bien dégageant des revenus augmentant chaque année d'un même taux (*g*), sur un horizon infini :

$$V_{\text{pleine propriété}}(\text{année } n) = \frac{R_{n+1}}{(1+i)^1} + \frac{R_{n+2}}{(1+i)^2} + \ldots = \sum_{t=n+1}^{\infty} \frac{R_t}{(1+i)^{t-n}} = \frac{R_{n+1}}{i-g}$$

Dans cette situation, la valeur de la nue-propriété à la date d'aujourd'hui est :

$$V_{\text{nue-propriété}} = \frac{R_{n+1}}{i-g} \times (1+i)^{-n}$$

Exemple

Soit un immeuble démembré, dont la pleine propriété sera récupérée dans 7 ans. À ce moment là, il procurera des loyers nets de 15 K€ par an. Ce bien étant situé dans le centre de Paris, il est raisonnable d'estimer que sa durée de vie est infinie, et que ses recettes nettes augmenteront chaque année de 3 %. Le taux de rendement attendu pour ce type de bien est de 6 %.

$$V_{\text{nue-propriété}} = \frac{15}{0,06-0,03} \times (1+0,06)^{-6} = 352,5 \text{ K€}$$

1. Pour une présentation détaillée de la méthode, voir A. Thauvron, *Évaluation d'entreprise*, 3e éd., Economica, 2009.

Section 3 LA FIN DU DÉMEMBREMENT

Au terme du démembrement de propriété, qu'il fût viager ou temporaire, l'usufruit rejoint la nue-propriété pour reformer la pleine propriété. Fiscalement, cette réunion n'est pas considérée comme une mutation, et ne donne lieu à la perception d'aucun impôt ni taxe.

En effet, selon l'article 1133 du CGI :

> *Sous réserve des dispositions de l'article 1020[1], la réunion de l'usufruit à la nue-propriété ne donne ouverture à aucun impôt ou taxe lorsque cette réunion à lieu par l'expiration du temps fixé pour l'usufruit ou par le décès de l'usufruitier.*

C'est cette conséquence fiscale du partage de la propriété dans le temps qui a fait la promotion du démembrement. Il convient de distinguer les causes normales d'extinction du démembrement des causes particulières.

1 Les causes normales d'extinction

1.1 L'extinction naturelle de l'usufruit

Les causes naturelles d'extinction du démembrement sont prévues à l'article 617 du Code civil. Elles sont au nombre de cinq :

- La mort de l'usufruitier. S'il s'agit d'une personne morale, alors le démembrement s'éteindra automatiquement au terme de 30 ans.
- Pour le temps pour lequel il a été fixé, dans le cas du démembrement temporaire. En aucun cas, il ne pourra perdurer au-delà du décès du disposant[2].
- La consolidation, sur la même tête, des qualités d'usufruitier et de nu-propriétaire. L'usufruitier peut recouvrer la pleine propriété soit parce qu'il a racheté son droit de nue-propriété, soit parce qu'il en a hérité.
- Par le non-usage du droit pendant trente ans. Il s'agit de la prescription acquisitive qui vient constater une absence totale de jouissance du bien durant 30 ans.
- La perte totale de la chose. Ce dernier cas d'extinction naturelle ne doit pas être imputable à une conduite négligente de l'usufruitier. Cela peut être le cas de l'usure du véhicule automobile évoqué ci-dessus.

1. L'impôt prévu à l'article 1020 du CGI est un impôt de publication.
2. Article 620 du Code civil.

1.2 La vente du bien démembré

La vente entraîne le partage du prix...

Le législateur[1] a récemment consacré une position jurisprudentielle[2] bien établie. L'article 621 nouveau du Code civil dispose que :

> *En cas de vente simultanée de l'usufruit et de la nue-propriété d'un bien, le prix se répartit entre l'usufruit et la nue-propriété selon la valeur respective de chacun de ces droits, sauf accord des parties pour reporter l'usufruit sur le prix. La vente du bien grevé d'usufruit, sans l'accord de l'usufruitier, ne modifie pas le droit de ce dernier, qui continue à jouir de son usufruit sur le bien s'il n'y a pas expressément renoncé.*

Autrement dit, par principe le prix de vente du bien démembré sera réparti entre l'usufruitier et le nu-propriétaire. Les modalités de répartition du prix entre chacun des protagonistes restent libres[3] au plan civil. Au plan fiscal, pour le calcul de l'impôt plus-value, les parties sont aussi libres de déterminer la méthode à appliquer, sauf dans certains cas en matière immobilière[4].

... sauf convention contraire

L'article 621 du Code civil retient précisément la position de la jurisprudence qui reconnaît aux protagonistes la faculté de pouvoir maintenir le démembrement sur le prix de cession[5] ou sur tout autre bien acquis en remploi. Pour être valable, la subrogation conventionnelle alors mise en place doit intervenir impérativement avant la cession. Après, il est trop tard, le démembrement ne pouvant resurgir une fois le partage consommé.

2 Les causes particulières d'extinction

Trois causes particulières d'extinction :
- l'abus de jouissance ;
- la renonciation à usufruit ;
- la conversion de l'usufruit en rente viagère[6].

1. L. 23 juin 2006, n° 2006-728, *JO*, 24 juin 2006.
2. Cass. 1re civ., 20 oct. 1987, *D.*, 1988, 85, note Morin ; *JCP* N 1988, II, 165, note Remy.
3. Voir *supra*.
4. Article 74 SE, annexe II du CGI, voir *supra*.
5. Dans ce cas, il se crée un quasi-usufruit sur le prix de cession.
6. Voir développements *supra*.

2.1 L'abus de jouissance

Selon l'article 618 du Code civil :

> *L'usufruit peut aussi cesser par l'abus que l'usufruitier fait de sa jouissance, soit en commettant des dégradations sur le fonds, soit en le laissant dépérir faute d'entretien. Les créanciers de l'usufruitier peuvent intervenir dans les contestations, pour la conservation de leurs droits ; ils peuvent offrir la réparation des dégradations commises, et des garanties pour l'avenir. Les juges peuvent, suivant la gravité des circonstances, ou prononcer l'extinction absolue de l'usufruit, ou n'ordonner la rentrée du propriétaire dans la jouissance de l'objet qui en est grevé, que sous la charge de payer annuellement à l'usufruitier, ou à ses ayants cause, une somme déterminée jusqu'à l'instant où l'usufruit aurait dû cesser.*

L'abus de jouissance vient condamner, au plan civil, un comportement fautif de l'usufruitier qui va ou peut avoir pour conséquence la dégradation ou la disparition du bien. Les deux comportements décrits par le texte ne sont pas exhaustifs. En pratique, c'est une mesure rarement mise en œuvre.

2.2 La renonciation à l'usufruit

La renonciation à usufruit est visée à l'article 621 alinéa 3 et 622 du Code civil. Elle ne se présume pas.

Les motivations peuvent être multiples :

- volonté de libérer immédiatement le bien entre les mains du nu-propriétaire pour lui restituer la libre disposition ;
- volonté de se séparer d'un bien dont l'entretien se révèlerait plus coûteux que productif ;
- …

Au plan civil, la renonciation entraîne la reconstitution de la pleine propriété. Au plan fiscal, son traitement peut être sujet à perception de droits de mutation. En effet, il convient de distinguer selon que la renonciation est abdicative ou translative de droit. Dans le premier cas de figure, elle n'est mue par aucune intention libérale. Dans le second cas, au contraire, l'intention libérale est avérée. Pour éviter toute contestation de l'administration qui souhaiterait taxer cet abandon, il conviendra de conserver toutes les preuves utiles pour démontrer que la valeur d'usufruit était nulle et ne constituait donc pas une transmission de valeur taxable.

Section 4 LA FISCALITÉ DU DÉMEMBREMENT

Le recours au démembrement de propriété s'est généralisé ces dernières années. Sa mécanique permet, au plan civil, une préparation efficace à une transmission progressive des patrimoines et, au plan fiscal, de réduire considérablement le coût de cette transmission. Cette inflation dans l'emploi du démembrement a eu une double conséquence :

- d'abord, la pratique a fait preuve d'une imagination prolifique dans la mise en œuvre de montages justifiés par des considérations seulement fiscales. L'administration est intervenue pour borner le champ du permis et de l'interdit ;
- ensuite, il a fallu mettre en place des dispositifs fiscaux propres aux situations de démembrement qui rendent la matière particulièrement complexe.

1 Les limites fiscales du recours au démembrement

1.1 L'abus de droit

Définition

Article L. 64 du LPF (ancien) :

Ne peuvent être opposés à l'administration des impôts les actes qui dissimulent la portée véritable d'un contrat ou d'une convention à l'aide de clauses :

a) Qui donnent ouverture à des droits d'enregistrement ou à une taxe de publicité foncière moins élevés.

b) Ou qui déguisent soit une réalisation, soit un transfert de bénéfices ou de revenus.

c) Ou qui permettent d'éviter, en totalité ou en partie, le paiement des taxes sur le chiffre d'affaires correspondant aux opérations effectuées en exécution d'un contrat ou d'une convention.

L'administration est en droit de restituer son véritable caractère à l'opération litigieuse. En cas de désaccord sur les rectifications notifiées sur le fondement du présent article, le litige est soumis, à la demande du contribuable, à l'avis du comité consultatif pour la répression des abus de droit. L'administration peut également soumettre le litige à l'avis du comité dont les avis rendus feront l'objet d'un rapport annuel. Si l'administration ne s'est pas conformée à l'avis du comité, elle doit apporter la preuve du bien-fondé de la rectification.

L'administration fiscale invoque l'abus de droit lorsqu'elle entend contester la sincérité d'un acte juridique. Si c'est seulement l'interprétation d'un texte fiscal qui est en cause, alors l'article L. 64 du LPF ne trouve pas à s'appliquer. Le contribuable, quant à lui, souhaite opter pour la solution économiquement et fiscalement la plus attractive, donc la moins onéreuse. Toute la difficulté revient alors à fixer la frontière entre l'habileté fiscale et l'abus de droit.

Les contours de la notion ont été fixés par la jurisprudence du Conseil d'État[1] et de la Cour de cassation[2] qui ont retenu des critères d'appréciation identiques. Trois critères ont été dégagés, qui sont d'ailleurs alternatifs et non cumulatifs :

- La fictivité : elle recouvre à la fois la simulation et la dissimulation. Dans le premier, l'acte contesté est juridiquement valable mais ne régit pas en réalité la situation des parties. À titre d'exemple, on retrouve régulièrement dans la jurisprudence des cas de sociétés civiles fictives car elles n'ont pas de fonctionnement réel. Dans le cas de la dissimulation, les parties entendent utiliser une voie juridique alors qu'elle correspond à une autre. L'exemple habituel est celui de la donation déguisée en vente.
- La fraude à la loi : ce critère est celui qui qualifie l'objectif du contribuable. A-t-il poursuivi ou non un but exclusivement fiscal ?
- La violation des objectifs d'un texte : récemment la jurisprudence[3] a élargi la notion d'abus de droit. Désormais, elle retient la qualification lorsque le contribuable a délibérément utilisé un texte en dehors des objectifs qui lui étaient assignés.

Article L. 64 du PLF (nouveau) :

Le législateur a repris à son compte cette définition jurisprudentielle et a modifié l'article L. 64 par la loi n° 2008-1443 du 30.12.08 (art. 35-V) :

Afin d'en restituer le véritable caractère, l'administration est en droit d'écarter, comme ne lui étant pas opposables, les actes constitutifs d'un abus de droit, soit que ces actes ont un caractère fictif, soit que, recherchant le bénéfice d'une application littérale des textes ou de décisions à l'encontre des objectifs poursuivis par leurs auteurs, ils n'ont pu être inspirés par aucun autre motif que celui d'éluder ou d'atténuer les charges fiscales que l'intéressé, si ces actes n'avaient pas été passés ou réalisés, aurait normalement supportées eu égard à sa situation ou à ses activités réelles.

La procédure de répression des abus de droit

Deux situations peuvent se présenter :

- soit l'administration fiscale prend l'avis du comité consultatif pour la répression des abus de droit (CCRAD), c'est alors au contribuable d'apporter la preuve du caractère non abusif du schéma juridique en cause ;
- soit l'administration fiscale s'abstient de prendre l'avis du CCRAD et, dans ce cas, c'est elle qui doit apporter la preuve du caractère abusif de l'opération.

1. CE, 20 mars 1989, *RJF* 5/89, n° 548.

2. C. cass., 19 avr. 1932, *DP* 1932, 1, p. 125.

3. CE, sect., 27 sept. 2006, *Sté Janfin*, req. n° 260050, *Dr. fisc.* 2006, n° 47. Cet arrêt fait écho à la position de la CJCE : CJCE, 21 févr. 2006, *Halifax*, aff. C-255/02. – 12 sept. 2006, *Cadbury Schweppes*.

Les modalités de saisine du CCRAD sont prévues par les articles R.64-1 et R.64-2 du LPF. Pour s'assurer de la validité fiscale d'un montage, le contribuable peut toujours recourir au rescrit fiscal[1]. L'administration fiscale dispose de 6 mois pour répondre. Au-delà, le schéma soumis à son appréciation ne pourra plus être critiqué sur ce fondement.

L'évolution de la position du CCRAD en matière de donation avant cession

On assiste aujourd'hui à de très nombreuses ventes d'entreprises, conséquence mécanique du *baby boom* des années soixante. Le moment est arrivé des départs en retraite. À l'occasion de ces cessions, les chefs d'entreprise transmettent une partie de leurs actifs vers la génération suivante. L'intérêt est double :

- Au plan civil, c'est l'occasion de mettre en place une transmission progressive du patrimoine vers les enfants.
- Au plan fiscal, la donation des parts sociales préalablement à la cession évite une mutation, et donc des droits de mutation ! Les effets de cette donation sont très intéressants fiscalement dans la mesure où, à la cession, on retiendra comme prix d'acquisition pour le calcul de la plus-value, la valeur du titre au jour de la donation. Ainsi toute la plus-value accumulée entre la date où le chef d'entreprise a crée ou repris son entreprise et la cession est gommée.

Cet attrait se trouve conjugué avec le désir toujours grand du donateur de vouloir conserver les prérogatives les plus importantes sur les actifs cédés. Autrement dit, il souhaite donner mais aussi garder le contrôle du bien transmis. Dès lors, les schémas envisagés par les conseils des chefs d'entreprise conduisaient ces derniers a encadrer les modalités de la donation de la nue-propriété des titres et de leur remploi.

Face à cette pratique, le CCRAD sollicité par l'administration fiscale qui constatait un manque à encaisser (seuls les droits de donation dont le montant était inférieur à l'impôt plus-value était dû), a d'abord condamné une telle pratique sur le fondement de l'abus de droit au motif que les conditions, obligations et engagements énoncés dans l'acte de donation-partage doivent être regardés comme restrictifs des droits et prérogatives normalement dévolus au nu-propriétaire[2]. Et même si l'acte de donation ne prévoyait aucune restriction particulière, la nature même du remploi pouvait caractériser cette restriction, en l'occurrence le remploi au capital d'une société civile patrimoniale[3].

Mais, depuis 2005, on observe un changement radical de la position du CCRAD[4]. Pour des faits similaires, il n'a pas qualifié les situations d'abusive et a

1. Article L. 64 B LPF.
2. Affaire n° 2004-44.
3. Affaire n° 2004-68.
4. Affaires n° 2005-9 et 2006-11.

rejeté les prétentions de l'administration fiscale. Désormais, le CCRAD semble considérer différemment la nécessité pratique pour les usufruitiers cédants de pouvoir conserver des prérogatives plus étendues sur la gestion des biens acquis en remploi[1].

1.2 L'article 751 du CGI

Le principe de la présomption de fictivité

- Définition

Article 751 du CGI[2] :

Est réputé, au point de vue fiscal, faire partie, jusqu'à preuve contraire, de la succession de l'usufruitier, toute valeur mobilière, tout bien meuble ou immeuble appartenant, pour l'usufruit, au défunt et, pour la nue-propriété, à l'un de ses présomptifs héritiers ou descendants d'eux, même exclu par testament ou à ses donataires ou légataires institués, même par testament postérieur, ou à des personnes interposées, à moins qu'il y ait eu donation régulière et que cette donation, si elle n'est pas constatée dans un contrat de mariage, ait été consentie plus de trois mois avant le décès ou qu'il y ait eu démembrement de propriété effectué à titre gratuit, réalisé plus de trois mois avant le décès, constaté par acte authentique et pour lequel la valeur de la nue-propriété a été déterminée selon le barème prévu à l'article 669.

La preuve contraire peut notamment résulter d'une donation des deniers constatée par un acte ayant date certaine quel qu'en soit l'auteur, en vue de financer, plus de trois mois avant le décès, l'acquisition de tout ou partie de la nue-propriété d'un bien, sous réserve de justifier l'origine des deniers dans l'acte constatant l'emploi.

Sont réputées personnes interposées les personnes désignées dans les articles 911, deuxième alinéa, et 1100 du Code civil. Toutefois, si la nue-propriété provient à l'héritier, au donataire, au légataire ou à la personne interposée d'une vente ou d'une donation à lui consentie par le défunt, les droits de mutation acquittés par le nu-propriétaire et dont il est justifié sont imputés sur l'impôt de transmission par décès exigible à raison de l'incorporation des biens dans la succession.

Ce texte est certainement le plus redoutable pour les stratégies familiales de transmission, qui ont recours au démembrement[3]. En effet, il présume fiscalement fictif le démembrement opéré entre l'usufruitier et ses présomptifs héritiers. Autrement dit, l'usufruitier est considéré comme plein propriétaire du bien qui a été démembré. À son décès, le bien sera donc réintégré dans sa succession pour être taxé sur la pleine propriété.

1. CCRAD, avis n° 2008-06 : Dr. Fisc. 2009, instr. 13992. Dans cette affaire, le Comité a même considéré que la conversion du prix de cession des titres démembrés en quasi-usufruit n'était pas constitutif d'un abus de droit ! L'administration fiscale a immédiatement réagi en précisant qu'elle combattrait cette position…

2. Loi n° 2006-1771 du 30 décembre 2006 art. 46 I finances rectificative pour 2006 *Journal officiel* du 31 décembre 2006 en vigueur le 1er janvier 2007 ; L. n° 2007-1822, 24 déc. 2007, art. 19.

3. Il a été instauré en 1925 pour faire face à la multiplication des démembrements qui avaient été mis en place à la suite de la reconnaissance de l'absence de taxation à l'extinction de l'usufruit (art. 1133 du CGI, voir *supra*).

- **Les actes visés**

L'article 751 du CGI vise tous les actes qui conduisent au démembrement à l'exception :

– des donations régulières dans un contrat de mariage (dot) ;
– des donations régulières consenties plus de trois mois avant le décès de l'usufruitier.

- **Les personnes visées**

Il s'agit :

– des héritiers présomptifs du *de cujus* et leurs descendants, même renonçant ou exclus par testament ;
– des donataires ou légataires, même institués par testament postérieur au démembrement de propriété, même renonçant ;
– des personnes réputées interposées entre le défunt et les héritiers, donataires ou légataires et désignées dans les articles 911, alinéa 2 et 1100 du Code civil.

Les limites à la présomption

Le texte pose clairement les limites d'application de cette présomption. Ainsi, si les nus propriétaires ne sont pas présomptifs héritiers et si la donation est régulière et effectuée depuis plus de trois mois avant le décès de l'usufruitier, alors la présomption ne joue pas. C'est la raison pour laquelle les conseils ont été amenés à proposer à leurs clients le recours à l'interposition d'une société civile pour l'acquisition par leurs enfants de la nue-propriété d'un bien.

Repères

Compte tenu de la survalorisation de la nue-propriété fiscale (*cf.* barème de l'article 762 du CGI), les contribuables, pour transmettre à moindre coût, préféraient se placer dans le champ des mutations à titre onéreux pour appliquer le calcul économique à la nue-propriété. Préalablement, pour fournir à l'enfant nu-propriétaire les moyens de régler cet investissement, les parents donnaient en pleine propriété une somme d'argent correspondant à la valeur économique de la nue-propriété.

L'administration fiscale a combattu ces esquives sous deux angles :

– D'abord, sous l'angle de la fictivité de la société civile[1]. L'abus de droit était alors clairement caractérisé.
– Ensuite, sur le caractère régulier de la donation manuelle. Un arrêt récent[2] est venu renforcer encore la position de l'administration fiscale. Les juges ont, en

1. Par exemple, aff. n° 2003-23, rapp. 16 mars 2004, 13-2-04. CA Bourges, 2 oct. 2000, *JCP* N 2000, p. 978 – CA Paris, 7 mars 2002, *JCP* N 2002, p. 1467. – Cass. com., 10 déc. 1996, arrêt *RMC* ; *JCP* E 1997, II, 923.

2. Cass. com., 23 janv. 2007, n° 05-14.403, *BO* 7 G-2-07.

effet, considéré que « la donation régulière permettant d'écarter la présomption de fictivité du démembrement est celle de la nue-propriété ou de l'usufruit du bien, et non la donation d'une somme d'argent permettant d'acheter fictivement la nue-propriété ou l'usufruit de celui-ci, quand bien même cette donation serait elle-même réalisée régulièrement ». Par cette rédaction, la Cour de cassation a modifié la nature de la présomption instituée par l'article 751 du CGI. D'une présomption simple, elle en faisait une présomption irréfragable[1]. C'est finalement le législateur[2] qui est intervenu pour infléchir une position contestable de l'administration fiscale. Désormais, la donation préalable d'une somme d'argent est parfaitement licite pourvu qu'elle puisse avoir date certaine.

En définitive, les juges veillent à ce que les stratégies familiales ayant recours au démembrement ne soient pas détournées de leurs objectifs dans le seul but de réduire la charge fiscale. C'est la raison pour laquelle tout schéma doit être justifié par un véritable objectif patrimonial, qui dépasse les seuls intérêts fiscaux.

Le traitement fiscal de la créance de restitution

Article 773-2e du CGI :

Toutefois ne sont pas déductibles : (...)

2° Les dettes consenties par le défunt au profit de ses héritiers ou de personnes interposées. Sont réputées personnes interposées les personnes désignées dans les articles 911, dernier alinéa, et 1100 du Code civil. Néanmoins, lorsque la dette a été consentie par un acte authentique ou par un acte sous-seing privé ayant date certaine avant l'ouverture de la succession autrement que par le décès d'une des parties contractantes, les héritiers, donataires et légataires, et les personnes réputées interposées ont le droit de prouver la sincérité de cette dette et son existence au jour de l'ouverture de la succession (...)

Afin de se préserver des collusions familiales, l'administration présume fictive toutes les dettes que peuvent se consentir les héritiers. La dette de restitution que doit l'usufruitier au nu-propriétaire dans le cadre du quasi-usufruit n'échappe pas à la règle. Pour s'assurer de ce remboursement, il faudra donc qu'usufruitier et nu-propriétaire prennent les diligences nécessaires afin de matérialiser la dette de restitution pour la rendre opposable. L'article 773-2e du CGI dispose que la dette pourra être acceptée si elle a été consentie par un acte authentique ou par acte sous-seing privé ayant date certaine. Il conviendra donc, dans le cas d'une cession d'un bien démembré où il aura été décidé de reporter le démembrement sur le prix, ou encore dans l'hypothèse où le capital versé par une compagnie d'assurance se fait en démembrement, de rédiger une convention de quasi-usufruit qui retrace l'historique du démembrement de propriété et qui soit dûment enregistrée.

---

1. G. Jaffay, « Peut-on débarrasser l'article 751 du CGI de sa mauvaise réputation ? », *JCP* N 1998, n° 22, p. 860.
2. L. n° 2007-1822, 24 déc. 2007, art. 19.

2 La fiscalité des revenus et des plus-values

2.1 La fiscalité des revenus

Les immeubles

Dans le cadre de la fiscalité de droit commun, l'usufruitier qui perçoit naturellement les loyers peut déduire toutes les charges qu'il supporte effectivement. S'agissant du traitement des éventuels déficits fonciers, c'est le même mécanisme qui s'applique[1]. Pour le nu-propriétaire, les dépenses de grosses réparations dont il est redevable sont déductibles des autres revenus fonciers. Ces charges sont déductibles du revenu global[2] en l'absence de revenus fonciers ou s'ils sont trop faibles pour les absorber, si :

– le démembrement porte sur un immeuble détenu en direct ;
– le démembrement trouve son origine dans un acte de mutation à titre gratuit (succession ou donation) ne comportant aucune charge ni condition.

Depuis le 1er janvier 2010, le contribuable a le choix entre deux options, ou il impute ces travaux sur le revenu global dans la limite de 25 000 € ou sur ses autres revenus fonciers. Cette option est irrévocable. Il convient de rappeler que la seconde voie limite l'imputation du déficit sur le revenu global à hauteur de 10 700 €, l'excédent étant reportable dans les conditions de droit commun. Quant à l'option pour l'imputation sur le revenu global, l'excédent à 25 000 € est reportable les 10 années suivantes.

Il convient de noter que cette déductibilité n'est pas soumise à l'obligation de détention du bien pendant 3 ans comme pour le régime général.

Dans le cadre des régimes fiscaux particuliers « Besson », « Robien », « Borloo », « Scellier » et « Bouvard », le démembrement ne peut coexister avec l'avantage fiscal sur les logements neufs. Il est toléré en cas de décès. L'usufruitier peut demander de poursuivre le régime sans remise en cause des amortissements pratiqués. Dans le cadre du régime « Périssol », il est possible de démembrer le bien, mais uniquement concomitamment à la mise en place du dispositif. Par exception, le démembrement est toléré par la suite dans le cas d'une donation d'usufruit, si l'usufruitier reprend l'engagement de conservation, ou dans le cas d'une donation de nue-propriété si l'usufruitier poursuit son engagement de conserver le bien. Dans le cadre du régime « Scellier outre-mer », le démembrement remet en cause les avantages fiscaux.

Les valeurs mobilières

Il convient de distinguer les valeurs mobilières de placement des valeurs de contrôle. Les revenus produits par les valeurs mobilières de placement servis à l'usufruitier sont fiscalisés de la même manière que s'il s'agissait d'un plein propriétaire. Pour les valeurs mobilières de contrôle, on opère une distinction selon la

1. Voir chapitre « La fiscalité des revenus ».
2. Article 156-I-3 du CGI.

nature du résultat. S'il l'on est en présence d'un résultat courant, c'est-à-dire un résultat formé par la gestion de l'entreprise, alors il revient de droit à l'usufruitier. Il sera taxé comme un dividende.

Si l'on est, au contraire, en présence d'un résultat exceptionnel, alors celui-ci revient de droit au nu-propriétaire. Dans l'hypothèse d'une distribution, c'est lui qui devra déclarer le dividende. Mais l'administration fiscale admet qu'usufruitier et nu-propriétaire puissent s'entendre pour attribuer le résultat exceptionnel à l'usufruitier[1]. Dans ce cas de figure, une convention devra être signée et dûment enregistrée avant la clôture de l'exercice pour qu'elle lui soit opposable. L'usufruitier déclarera alors les dividendes versés. Il convient de noter que dans cette situation, le démembrement se trouve reporté sur la somme versée à l'usufruitier qui devient quasi-usufruitier…

3 La fiscalité des plus-values immobilières et mobilières

De façon générale, la plus-value de cession d'un bien (en pleine propriété) s'estime par différence entre son prix de cession et son prix d'acquisition :

PV = Prix de cession – Prix d'acquisition

Dans le cas de droits démembrés, toute la difficulté va être de déterminer le prix d'acquisition du droit cédé, qu'il s'agisse de l'usufruit ou de la nue-propriété.

3.1 Les plus-values immobilières

Les modalités d'impositions des plus-values immobilières sont prévues aux articles 150 U et suivants du CGI. Ce sont les mêmes règles qui s'appliquent que pour les immeubles détenus en pleine propriété s'agissant du taux, des abattements et du seuil de cession[2]. Par définition, le prix de vente est connu. Tout l'enjeu consiste donc à déterminer le prix d'acquisition du droit démembré, pour le calcul de la plus-value et de son imposition.

Trois cas de figure sont envisagés, selon que[3] :

– l'usufruit et la nue-propriété sont cédés séparément ;
– la cession porte sur la pleine propriété, après réunion de l'usufruit et de la nue-propriété ;

1. Inst. 4 F-2-99, 8 nov. 1999, *BOI* 17 nov. 1999 : « En pratique, l'usufruitier des parts est imposable à hauteur des bénéfices courants de l'exploitation et le nu-propriétaire à hauteur des profits exceptionnels. Ce dernier peut également déduire la quote-part des déficits réalisés par la société correspondant à ses droits. Toutefois, l'usufruitier et le nu-propriétaire de droits sociaux démembrés peuvent décider d'une répartition conventionnelle des résultats sociaux. Cette répartition est opposable à l'administration fiscale dès lors qu'elle procède d'une convention licite et a été conclue ou insérée dans les statuts avant la clôture de l'exercice aux termes d'un acte régulièrement enregistré. »

2. Voir chapitre « La fiscalité des cessions d'immeubles ».

3. Il convient de noter que plus le prix d'acquisition sera retenu pour un montant élevé, plus la plus-value sera faible et l'impôt limité.

– la cession porte sur la pleine propriété, l'usufruitier et le nu-propriétaire cédant ensemble.

Vente séparée de l'usufruit ou de la nue-propriété

Dans ce premier cas, il faut distinguer l'origine des droits démembrés afin de pouvoir définir les modalités de détermination de leur valeur d'acquisition.

Tableau 10.3

	Valeur de l'usufruit	Valeur de la nue-propriété
Cas n° 1 : Achat initial séparé des 2 droits		
Prix d'acquisition	Prix fixé dans l'acte d'acquisition	Prix fixé dans l'acte d'acquisition
Cas n° 2 : Le cédant détient la pleine propriété du bien		
Prix d'acquisition	Application de l'article 669 du CGI pour la répartition du prix d'acquisition initial entre l'usufruit et la nue-propriété[1]	
Cas n° 3-1 : Le cédant détient la pleine propriété, par réunion de l'usufruit et de la nue-propriété, les 2 droits ayant été acquis successivement (par acquisition, succession, ou donation)		
Prix d'acquisition	Prix d'acquisition ou valeur retenue pour le paiement initial des droits de succession/donation	Prix d'acquisition ou valeur retenue pour le paiement initial des droits de succession/donation
Cas n° 3-2 : Le cédant détient la pleine propriété, par acquisition de la nue-propriété et décès de l'usufruitier		
Prix d'acquisition	0	Prix d'acquisition de la nue-propriété
Cas n° 3-3 : Le cédant détient la pleine propriété, la nue-propriété par succession ou donation, et l'usufruit par décès de l'usufruitier		
Prix d'acquisition	Valeur retenue dans l'acte initial de démembrement	Valeur retenue pour le paiement initial des droits de succession/donation

Vente de la pleine propriété, après réunion de l'usufruit et de la nue-propriété

Ici, le vendeur ne disposait pas initialement de la pleine propriété. Il l'a acquise par réunion de l'usufruit et de la nue-propriété.

Tableau 10.4

Origine de la pleine propriété	Valeur de l'usufruit	Valeur de la nue-propriété
Cas n° 1 : Acquisition à titre onéreux de la nue-propriété, puis de l'usufruit par décès de l'usufruitier		
Prix d'acquisition	0	Prix fixé dans l'acte d'acquisition
Cas n° 2 : Acquisition de la nue-propriété par succession ou donation, puis de l'usufruit par décès de l'usufruitier		
Prix d'acquisition	Valeur retenue pour le paiement initial des droits de succession/donation	Valeur retenue pour le paiement initial des droits de succession/donation

Origine de la pleine propriété	Valeur de l'usufruit	Valeur de la nue-propriété
Cas n° 3 : Acquisition à titre onéreux de la nue-propriété et de l'usufruit		
Prix d'acquisition	Prix d'acquisition du droit	Prix d'acquisition du droit
Cas n° 4 : Acquisition de la nue-propriété par donation et de l'usufruit par donation ou acquisition à titre onéreux		
Prix d'acquisition	Valeur retenue pour le paiement initial des droits de donation	Prix d'acquisition ou valeur retenue pour le paiement initial des droits de donation

Vente de pleine propriété par l'usufruitier et le nu-propriétaire ensemble

Dans cette situation, l'usufruitier et le nu-propriétaire sont deux personnes distinctes, qui s'accordent pour céder en même temps, à la même personne, leur droit respectif. L'acquéreur des deux droits devient alors plein propriétaire. Il faut alors répartir le prix de vente entre les deux cédants. Ceci peut se faire par application du barème de l'article 669 du CGI ou l'application d'un modèle actuariel (évaluation économique)[1].

Pour ce qui est du prix initial d'acquisition de chacun des deux droits, deux cas sont à distinguer :

– les droits ont été acquis à titre onéreux : il faut retenir leur prix d'acquisition initial ;
– les droits ont été acquis à titre gratuit : il faut retenir la valeur utilisée pour le calcul des droits de mutation à titre gratuit, tels qu'inscrits dans les actes.

3.2 Les plus-values mobilières

À l'instar des règles applicables pour les plus-values immobilières, il convient de déterminer le prix d'acquisition des titres selon la situation rencontrée. Les modalités d'impositions des plus-values mobilières démembrées sont prévues dans l'instruction du 13 juin 2001[2]. Ce sont les mêmes règles qui s'appliquent que pour les valeurs mobilières détenues en pleine propriété s'agissant du taux, des abattements et du seuil de cession[3]. Trois cas sont à distinguer.

- **Cession conjointe des deux droits (usufruit et nue-propriété) avec répartition du prix de vente ou cession isolée de l'usufruit ou de la nue-propriété**

Deux cas sont ici à distinguer :

– Le cédant n'a pas la pleine propriété des titres : le prix de revient du droit (usufruit ou nue-propriété) cédé est égal à son prix d'acquisition (en cas d'acquisi-

1. Pour le calcul des droits d'enregistrement, seul le barème est autorisé.
2. Inst. 13 juin 2001 : BOI 5 C-1-01, n° 199, 3 juill. 2001, fiche n° 1.
3. Voir le chapitre « La fiscalité des produits de placements financiers ».

tion à titre onéreux) ou à la valeur retenue pour le calcul des droits de mutation en cas d'acquisition à titre gratuit.
– Le cédant a la pleine propriété des titres : leur valeur d'acquisition est donc connue et se pose la question de sa répartition entre les deux droits. Cette répartition peut se faire par application du barème ou sur la base de leur valeur économique respective. Le calcul se fait sur la base de l'âge de l'usufruitier au jour de la cession.

- **Cession conjointe des deux droits (usufruit et nue-propriété) sans répartition du prix de vente**

Le fait que les titres soient cédés démembrés sans répartition du prix entre les deux droits correspond à deux situations particulières :

– le produit de cession est remployé : c'est le nu-propriétaire qui est redevable de l'impôt ;
– le prix est attribué à l'usufruitier (quasi-usufruit) : c'est l'usufruitier qui est redevable de l'impôt.

Pour ce qui est du calcul de la plus-value, il faut distinguer deux cas :

– L'usufruitier et nu-propriétaire n'ont pas disposé de la pleine propriété avant le démembrement : le prix d'acquisition est égal au prix d'acquisition de la pleine propriété[1] (en cas d'acquisition à titre onéreux) ou à la valeur retenue pour les deux droits dans le calcul des droits de mutation en cas d'acquisition à titre gratuit.
– L'usufruitier ou le nu-propriétaire a disposé de la pleine propriété des titres avant leur démembrement : le prix d'acquisition est ici égal au prix d'acquisition initial de la pleine propriété, augmenté de la hausse de valeur du droit à la date du démembrement.

- **Cession en pleine propriété de titres, après réunion de l'usufruit et de la nue-propriété**

L'usufruit pouvant être obtenu par extinction (décès de l'usufruitier) ou acquisition, il faut distinguer deux situations :

– L'usufruit a été acquis par voie d'extinction naturelle : le principe est alors que la valeur de l'usufruit, pour le calcul du prix d'acquisition (et donc de la plus-value), est considérée comme nulle. Par exception, lorsque les deux droits ont initialement été transmis en même temps à deux personnes distinctes (l'usufruitier et le nu-propriétaire), il faut retenir la valeur utilisée pour le calcul des droits de mutation à titre gratuit.
– L'usufruit a été acquis à titre gratuit ou à titre onéreux : le prix d'acquisition de la pleine propriété est donc la somme des prix d'acquisition des deux droits (en cas d'acquisition à titre onéreux) ou des valeurs retenues dans le calcul des droits de mutation en cas d'acquisition à titre gratuit.

1. Donc à la valeur d'acquisition des deux droits.

Chapitre

11 La société civile

Serge ANOUCHIAN

Ce n'est pas parce que les choses sont difficiles que nous n'osons pas les faire, c'est parce que nous n'osons pas le faire qu'elles sont difficiles !

Sénèque

La société civile constitue un outil incontournable pour toute gestion dynamique de son patrimoine. Il s'agit, bien sûr, de la gestion d'un patrimoine immobilier, à travers le véhicule le plus connu que constitue la société civile immobilière (SCI). Mais il convient également de ne pas oublier la gestion d'un portefeuille de valeurs mobilières, à travers la société civile de portefeuille. Lorsque ce portefeuille de valeurs mobilières est constitué d'une ou plusieurs sociétés dans laquelle l'activité professionnelle est exercée, on parle alors de sociétés civiles patrimoniales ou de sociétés civiles de famille. Ces appellations concernent en réalité une forme particulière de sociétés civiles dont l'objet est, pour un individu donné ou une famille, l'acquisition, puis la gestion et enfin la transmission de l'ensemble du patrimoine, que celui-ci soit constitué d'immeubles, de parts de sociétés opérationnelles ou d'autres valeurs mobilières.

Considéré sur le plan juridique comme le parent pauvre du droit des sociétés, avec un régime fiscal particulier que des fiscalistes émérites ont affublé du nom de « sacs d'embrouilles »[1], cette forme de société a néanmoins un succès qui, non seulement

1. Maurice Cozian, professeur émérite de fiscalité, récemment disparu, qu'il est inutile de présenter.

ne se dément pas avec le temps mais, au contraire, tend à s'accroître et à se multiplier[1]. La raison en est simple. Cette forme sociale a l'immense avantage de laisser aux rédacteurs de ses statuts une immense liberté, qui bien entendu s'accommode particulièrement bien à la gestion de patrimoine.

Évacuons dès à présent quelques fantasmes qui ont la peau dure. La société civile est un instrument de gestion patrimoniale et d'optimisation. Elle n'est pas un véhicule facilitant la fraude fiscale par son caractère pseudo confidentiel, et ne fabrique pas de richesse par génération spontanée ! C'est un espace de liberté avant tout, liberté statutaire, liberté comptable, qu'il convient cependant de bien maîtriser car tous ces choix, qui comportent bien évidemment des interdépendances, entraînent des conséquences fiscales radicalement différentes.

Il faut, avant tout, garder à l'esprit qu'une gestion patrimoniale dynamique ne peut s'entendre que dans le cadre d'objectifs clairement définis, tant il est vrai que ceux-ci peuvent être sujet à fluctuations en fonction de l'âge, de la situation matrimoniale, de la composition familiale, des revenus actuels et des revenus futurs, le tout en gardant à l'esprit que l'ensemble de ces paramètres sont bien entendus dynamiques et peuvent varier et fluctuer tout au long de l'existence.

Pour un grand nombre d'individus, la gestion de patrimoine est l'art qui consiste à construire, lorsque l'on est en pleine activité, les conditions d'une retraite paisible et, pourquoi pas, des conditions de transmission optimum à ses héritiers. On a coutume de classer le patrimoine en quatre grandes catégories, que sont l'immobilier, les biens mobiliers, l'assurance-vie et les liquidités.

Existe-t-il une répartition idéale ? Tout dépend des aspirations profondes, actuelles et futures, du détenteur de ce patrimoine. Devant la diversité des solutions qui s'ouvrent au conseiller patrimonial, la société civile est sans doute le moyen le mieux approprié pour répondre à l'ensemble de ces problématiques. Sans oublier, évidemment, les objets traditionnels des sociétés civiles, que sont d'éviter une indivision ainsi que la protection de certaines personnes dans un cadre sécuritaire. L'on évoque ici évidemment la situation particulière d'épouse ou de concubine[2], de l'enfant mineur et, plus encore bien entendu, de l'incapable. Ceci, dans un contexte où les progrès de la science ont considérablement allongé la durée de vie humaine, en même temps que la libéralisation des mœurs a favorisé l'éclatement de l'ancienne notion de famille, donnant ainsi naissance à une multitude de familles recomposées, avec des enfants de lits différents, compliquant ainsi un peu plus la gestion de la transmission du patrimoine familial.

Après avoir esquissé une définition de la société civile et de son mode de fonctionnement (section 1), nous étudierons tout d'abord la façon optimum d'utiliser la société civile pour gérer son patrimoine (section 2), avant d'aborder les conditions de la transmission de ce patrimoine (section 3).

1. Près de 950 000 sociétés civiles au 31 décembre 2002.
2. Ça marche aussi pour l'époux et le concubin !

Section 1 LA SOCIÉTÉ CIVILE : DÉFINITION ET MODE DE FONCTIONNEMENT

1 La forme sociétaire de la société civile

Comme son nom l'indique assez clairement, c'est avant toute une société, mais une société à laquelle les textes n'attachent pas une grande considération ! En effet, « la société est instituée par deux ou plusieurs personnes qui conviennent par un contrat d'affecter à une entreprise commune des biens ou leur industrie en vue de partager le bénéfice ou de profiter de l'économie qui pourra en résulter. Les associés s'engagent à contribuer aux pertes ».[1]

Comme dans un mariage, on s'associe pour bénéficier du meilleur (partager les bénéfices) mais aussi pour supporter le pire (contribuer aux pertes). Inscrit au titre IX du Code civil traitant de la société, le législateur a semble-t-il expressément souhaité laisser une grande liberté de manœuvre aux rédacteurs des statuts de la société civile, puisque les dispositions de tous les chapitres concernant la société sont applicables « à toutes les sociétés civiles, à moins qu'il n'y soit dérogé par le statut légal particulier auquel certaines d'entre elles sont assujetties. Ont le caractère civil toutes les sociétés auxquelles la loi n'attribue pas un autre caractère à raison de leur forme, de leur nature, de leur objet »[2] .

De par cette définition, une société qui revêtira la forme commerciale (SNC, SARL, SA, SAS) sera réputée commerciale de par sa forme, même si elle exerce en réalité une activité civile.

Exemple 1

> Une société anonyme, propriétaire d'un immeuble qu'elle donne en location à des particuliers, activité éminemment civile sur le plan juridique, restera commerciale avec toutes les conséquences fiscales, c'est-à-dire l'assujettissement à l'ensemble des impôts commerciaux.

1. Article 1832 du Code civil.
2. Article 1845 du Code civil.

Exemple 2

> Une SARL, détentrice d'un portefeuille de valeurs mobilières qu'elle se contente de gérer, autre activité purement civile, est et restera aussi commerciale avec les mêmes conséquences sur le plan fiscal.

Le partage des bénéfices, et la participation aux pertes, sont en général proportionnels à la quote-part de capital détenu. Est-ce une obligation ? « La stipulation attribuant à un associé la totalité des profits procurés par la société ou l'exonérant de la totalité des pertes, celles excluant un associé totalement du profit, mettant à sa charge la totalité des pertes sont réputées non écrites. »[1]

On aura compris, à la lecture de ce qui précède, que seules les clauses exorbitantes, attribuant à l'un des associés, soit l'intégralité du bénéfice, soit en lui imputant l'intégralité des pertes, sont prohibées. Dès lors, en vertu du principe constant que tout ce qui n'est pas expressément interdit est autorisé, il est parfaitement possible de concevoir des statuts avec des clauses de partage inégal du résultat.

Exemple 1

> A apporte 50 % du capital et a droit à 80 % du bénéfice, B apporte 50 % du capital et a droit à 20 % du bénéfice.

Exemple 2

> Même cas que ci-dessus, les bénéfices sont répartis par moitié, mais les pertes sont supportées par A pour 75 % et par B pour le reste.

Un autre point s'avère délicat, celui de la responsabilité de l'associé, qui demeure responsable indéfiniment des dettes sociales et ce, proportionnellement à la quote-part qu'il détient dans le capital de la société à la date d'exigibilité de la créance.[2] Par cette disposition de la loi, on aura compris pourquoi les praticiens en général, et les notaires en particulier, sont réticents à conseiller l'acquisition de parts sociales de sociétés civiles et accordent toujours, lorsque cela est possible, une large préférence à l'acquisition directe de l'immeuble, y compris en constituant pour ce faire une nouvelle société.

2 L'objet civil de la société

Est-ce qu'il suffit de ne pas adopter l'une des formes commerciales (SA, SARL...) pour devenir définitivement une société civile ?

Fort heureusement, non. Il faut évidemment que la société soit civile, non seulement par son objet, mais également par son activité réelle. Tout d'abord, il faut que

1. Article 1844-1 alinéa 2 du Code civil.
2. Article 1857 du Code civil.

la société civile n'ait ni pour objet ni pour activité réelle, l'une des activités qui sont par nature commerciale tel que l'entend le Code de commerce. Pas question donc d'adopter la forme d'une société civile pour vendre des carottes sur le marché, ni même d'ailleurs de faire du commerce via Internet. Il conviendra de veiller à ce que la rédaction de l'objet social ne laisse aucun doute, aucune ambiguïté quant aux contours de l'activité de la société.

Exemple

La Société a pour objet :

- la propriété, la mise en valeur, l'administration et l'exploitation par bail, location ou autrement,
  - de tous immeubles et droits immobiliers détenus en pleine propriété, nue-propriété ou usufruit, dont elle pourrait devenir propriétaire par voie d'acquisition, d'apport, d'échange ou autrement,
  - de tous biens et droits pouvant constituer l'accessoire, l'annexe ou le complément des immeubles et droits immobiliers en question,
  - la propriété et la gestion d'un portefeuille de valeurs mobilières, droits sociaux ou tous autres titres, détenus en pleine propriété, nue-propriété ou usufruit, par voie d'achat, d'échange, d'apport, de souscriptions de parts, d'actions, obligations et de tous titres ou droits sociaux en général ;
- la vente de ces mêmes biens pour autant toutefois qu'elle n'expose pas la société à perdre son caractère civil, ne puisse être considérée comme un acte de commerce et ne porte pas en conséquence atteinte au caractère civil de la société ;
- et, généralement toutes opérations civiles pouvant se rattacher directement ou indirectement à cet objet et ne modifiant pas le caractère civil de la société.

Cette précaution rédactionnelle prise, il faudra veiller évidemment à ce que les actes réellement passés par la société soient conformes à son objet. L'exemple le plus connu, et par conséquent le plus grand risque pour la gestion d'une société civile immobilière, est celui de confondre une gestion traditionnelle d'un patrimoine immobilier propre avec une activité de marchand de biens. Il n'est pas rare, en effet, que l'administration fiscale puisse requalifier en opération de marchand de biens, une multitude d'opérations réalisées par une société civile dans un court laps de temps, et consistant en l'achat de différents lots immobiliers, suivi peu de temps après par leur revente.

Or, une société civile qui verrait son activité requalifiée en activité de marchand de biens devrait acquitter, en lieu et place de l'impôt classique des plus-values des particuliers, l'impôt sur les sociétés sur la marge réalisée, après avoir acquitté une TVA au taux normal sur la différence entre le prix de vente et le prix de revient, et cela en ayant acquitté à l'acquisition les droits d'enregistrement classiques, sans avoir pu bénéficier de l'allégement spécifique aux marchands de bien !

Faut-il insister plus encore sur la nécessité de rédiger soigneusement l'objet de la société civile, et de mesurer précisément la portée de chacun des actes accomplis par la société ?

3 De la nécessité de tenir une comptabilité

Le rédacteur de ces quelques lignes étant expert-comptable, ne soyez pas étonné si la réponse est indubitablement OUI ![1] Mais pour quelles raisons ? Tout à la fois pour des raisons juridiques, économiques et fiscales.

3.1 Les raisons juridiques

Il est bien rare que les statuts d'une société, fût-elle civile, ne prévoient, suivant différentes modalités, la restitution aux associés des opérations de l'année écoulée. « Les gérants doivent, au moins une fois dans l'année, rendre compte de leur gestion aux associés. Cette reddition de comptes doit comporter un rapport écrit d'ensemble sur l'activité de la société au cours de l'année ou de l'exercice écoulé comportant l'indication des bénéfices réalisés ou prévisibles et des pertes encourues ou prévues. »[2]

Bien entendu, la loi n'impose aucune forme particulière et, à plus forte raison, les règles de la comptabilité commerciale et l'application du plan comptable général ne sont évidemment pas obligatoires. Les obligations légales peuvent être valablement remplies par la rédaction d'un rapport écrit qui se bornerait, par exemple, à indiquer le montant du loyer perçu s'il s'agit d'un immeuble, des revenus de placement s'il s'agit d'un portefeuille mobilier, en indiquant éventuellement les montants du compte en banque à l'ouverture à la clôture de l'exercice, ainsi que la valeur acquise par le portefeuille ou par le bien immobilier. Le droit de savoir des associés serait vraisemblablement correctement rempli. Cependant, cela serait nécessairement insuffisant tant sur le plan économique que sur le plan fiscal.

3.2 Les raisons économiques

Tout au long de la vie d'une société, il est fréquent que les associés contribuent aux pertes, par exemple en ramenant dans les comptes de la société de l'argent ou bien, au contraire, profitent des bénéfices réalisés pour s'approprier tout ou partie des bénéfices dans les conditions prévues par les statuts. Dès lors qu'il faut suivre l'affectation, à chaque associé, en proportion des droits qui lui sont reconnus statutairement, du montant des bénéfices ou la participation aux pertes, il convient de lui fournir un état précis des montants qui lui sont réclamés ou distribués ainsi que la justification de la formation du résultat, que ce soit un bénéfice ou une perte. De toutes façons, il le réclamera[3].

1. Oscar Wilde aimait à dire : « La réponse est Oui, mais quelle est la question ? »

2. Article 1856 du Code civil.

3. L'article 1855 du Code civil reconnaît à tous les associés le droit d'obtenir, au moins une fois par an, la communication des livres et documents sociaux, voire même de poser par écrit des questions sur la gestion sociale auxquelles il devra être répondu par écrit dans le délai d'un mois.

3.3 Les raisons fiscales

Quel que soit l'impôt concerné, les motifs qui militent pour la tenue d'une comptabilité rigoureuse ne manquent pas.

En matière d'impôt sur le revenu

D'une manière générale, tout contribuable qui souhaite bénéficier d'une déduction fiscale doit pouvoir en justifier le bien-fondé et répondre à toute demande de l'administration fiscale. À titre d'illustration, en ce qui concerne les revenus fonciers, l'administration fiscale a, dans une récente instruction[1], publié un ensemble de précisions consécutives notamment à la loi de finances ayant réformé les revenus fonciers. À ce titre, elle a reformulé les conditions de déduction des travaux qui doivent répondre à différents critères, et notamment à ce que la dépense :

– soit engagée en vue de l'acquisition ou de la conservation du revenu ;
– que la dépense soit effectivement payée par le propriétaire qui se prévaut de sa déduction ;
– que la dépense soit **dûment justifiée**.

Il va sans dire que la production d'une comptabilité en bonne et due forme, appuyée des pièces justificatives facilitera grandement cette justification. Par ailleurs, et toujours en matière de revenus fonciers, les sociétés civiles n'ayant pas opté à l'impôt sur les sociétés sont malgré tout tenu de présenter à toute réquisition du service des impôts tous documents comptables ou sociaux d'inventaires, copies de lettres, pièces de recettes et de dépenses de nature à justifier l'exactitude des renseignements portés sur la déclaration spécifique de sociétés civiles immobilières N° 2072.[2]

En matière d'impôt sur les plus-values

Comme on le verra plus loin, le régime fiscal des sociétés civiles est marqué par ce qu'il convient d'appeler la translucidité des sociétés de personnes. Jusqu'à un passé récent, et pour les associés personnes physiques, subsistait un important risque de double imposition ou de double déduction des résultats sociaux. Un arrêt du conseil d'État du 9 mars 2005 a mis définitivement fin à cette situation.[3] Depuis cet arrêt, les plus-values de cession de parts de sociétés de personnes doivent être calculées en diminuant du prix de cession, le prix de revient des parts cédées (PV de cession = Prix de cession – Prix de revient). Ce prix de revient est déterminé par le prix d'achat des parts augmenté par la somme algébrique des éléments suivants :

1. Instruction 5 D-2-07 du 23 mars 2007.
2. Article 46 D de l'annexe III du Code général des impôts.
3. CE 9 mars 2005, N°248825, arrêt Barade.

Prix de revient = Prix d'achat des parts
+ les bénéfices imposés, y compris les plus-values
+ les pertes comblées
– les déficits, y compris les moins-values
– les bénéfices répartis.

En d'autres termes, la plus-value se calcule par différence entre le prix de cession et le prix de revient c'est-à-dire ce que les parts ont réellement coûté à l'acquéreur, en y ajoutant non seulement le prix d'acquisition, mais également les sommes d'argent qu'il a pu mettre ou retirer de la société civile, mais aussi le crédit dont il a pu bénéficier lorsque la société civile dégageait des pertes fiscales ou, à l'inverse, la base sur laquelle il a été imposé lorsque la société civile était fiscalement bénéficiaire. Il semble dès lors, pour respecter cette contrainte, qu'une comptabilité précise s'impose afin de suivre non seulement les résultats annuels de la société civile, mais également de suivre pour chacun des associés l'évolution de son compte courant.

En matière d'impôt de solidarité sur la fortune

Sauf cas exceptionnel, traité par ailleurs, les parts des sociétés civiles sont évidemment assujetties à l'impôt de solidarité sur la fortune. Pour déterminer avec précision la valeur des parts d'une société civile, il devient nécessaire d'établir chaque année un bilan, plus exactement, une situation active et passive du patrimoine de la société. Afin de respecter les obligations de justification, notamment des passifs déduits, et surtout du montant du compte courant[1], il convient là aussi d'établir une comptabilité en bonne et due forme.

En matière d'enregistrement (cession et mutation à titre gratuit)

Que ce soit à l'occasion de l'enregistrement d'un acte de cession de parts, pour une donation de parts sociales à ses héritiers ou pour asseoir les droits de succession en cas de décès, il convient de justifier avec précision de la valeur des parts sociales assujetties à ces droits de mutation. Là encore, et comme en matière d'ISF, seule la production d'une comptabilité probante justifiera aux yeux de l'administration fiscale les montants retenus.

3.4 Les raisons légales

En cas d'option à la TVA. En cas d'acquisition immobilière, il n'est pas rare qu'une option à la TVA soit avantageuse[2]. Dans ce cas, et même si la société ne tient

1. Compte courant assujettis lui-même à l'ISF.

2. Notamment si le locataire est un assujetti et que les travaux de rénovation importants sont à la charge du propriétaire.

pas habituellement une comptabilité, elle doit « avoir un livre aux pages numérotées sur lequel est inscrit, jour par jour, sans blanc ni rature, le montant de chacune de ces opérations, en distinguant au besoin, ces opérations taxables et celles qui ne le sont pas »[1].

En présence d'un associé (entreprises industrielles, commerciales ou agricoles) soumis à un régime réel de bénéfice ou une personne morale assujettie à l'impôt sur les sociétés (IS). Ainsi que nous le verrons au paragraphe consacré au régime fiscal des sociétés civile, dans cette situation, et pour la quote-part détenue par les associés en question, la société civile est tenue de faire une comptabilité commerciale en respectant en tous points les prescriptions du plan comptable général et du Code général des impôts.[2]

En cas de dépassement de certains seuils. Dans une situation évidemment beaucoup plus rare, si la société civile dépasse deux des trois critères déclenchant l'obligation de la tenue complète d'une comptabilité commerciale.[3]

4 Faut-il amortir les immobilisations détenues par la société civile ?

Si la société civile se trouve dans l'un des cas où la tenue de la comptabilité est obligatoire (voir *supra*), il convient bien évidemment d'en respecter toutes les règles, et par conséquent de pratiquer des amortissements. À l'inverse, si la tenue de comptabilité n'est pas obligatoire et que les associés ont choisi, pour toutes les raisons évoquées ci-dessus, de tenir une comptabilité en bonne et due forme, doivent-ils également pratiquer des amortissements ? Répétons tout d'abord qu'il n'y a aucune obligation en la matière, et que l'adoption d'un plan d'amortissement dépendra des circonstances de fait économiques, ainsi que des objectifs poursuivis par les associés de la société civile. On peut se demander, dès lors, quels sont les avantages et inconvénients à pratiquer ou non les amortissements dans une société civile ?[4]

Tableau 11.1

Avantages	Inconvénients
Réalisme comptable, si toutefois l'immeuble perd réellement de la valeur.	Vérité économique, il est rare, voire curieux, qu'un immeuble perde de sa valeur.
Baisser mécaniquement le résultat, et donc les comptes courants, ce qui peut être avantageux, tant en termes de transmission que d'ISF.	Baisser mécaniquement le résultat, ce qui peut-être désavantageux, par exemple, en cas de gros capital libéré progressivement.

1. Article 286-3 du CGI et article 37 de l'annexe IV.
2. Article 238 bis K du CGI.
3. Total du bilan supérieur à 1550 K€, CA supérieur à 3 000 K€ ou plus de 50 salariés.
4. Tableau inspiré de l'étude de J.P. Garcon, JCP N°49.

Avantages	Inconvénients
Donne, en principe, une plus grande latitude dans l'évaluation des parts sociales.	Risque de faire apparaître des comptes courants débiteurs, au cas où la trésorerie serait prélevée en l'absence de bénéfice comptable. Il parait difficile de revenir en arrière.

En conclusion, il convient de pratiquer des amortissements uniquement si on y est obligé, soit par les textes, soit par une circonstance ou une situation précise.

(Voir en annexe 1 – Exemple d'application chiffré)

5 Faut-il instituer un capital faible ou élevé ?

Rappelons, tout d'abord, qu'il n'y a aucun capital minimum, et qu'en toute logique, le capital maximum devrait correspondre au montant total de l'investissement projeté. Il est possible de faire une société civile avec un capital variable, tout comme il est possible d'imaginer une société civile avec un capital élevé, mais dont la libération sera échelonnée sur une durée dont la loi ne fixe pas de limites. Jusqu'à un passé récent[1], la différence essentielle entre un petit et un gros capital se retrouvait notamment lors du calcul de la plus-value de cession des parts de la société civile immobilière. Nous pensons que ce débat n'a plus lieu d'être.

Tout d'abord, pour la raison pratique évoquée ci-dessus, dans la mesure où tous les praticiens restent réticents à conseiller à leurs clients de procéder à l'acquisition de parts de sociétés civiles plutôt que d'acquérir directement un bien, quitte à créer pour ce faire une nouvelle société civile. Ensuite, parce que grâce à (ou à cause de) l'arrêt Barade précité, le prix de revient des parts retenu pour calculer les plus-values de cession est augmenté des montants apportés ou retirés de la société civile[2]. Enfin, parce que comme le montre l'exemple ci-dessous, depuis la réforme du régime des plus-values immobilières, et notamment la suppression du coefficient de revalorisation, la différence d'imposition en matière de plus-values entre cession de part et cession de l'immeuble reste relativement faible.

(Voir en annexe 2 – Exemple d'application chiffré)

Reste que, selon certains praticiens, un capital faible laisse davantage de latitude dans la valorisation des parts sociales lorsqu'il s'agit d'asseoir des droits d'enregistrement, que ce soit à l'occasion des droits de mutation à titre gratuit ou onéreux.

1. Et qui perdure dans l'esprit de certains auteurs !
2. Voir ci-dessus, chapitre « Les raisons fiscales ».

Repères[1]

Certains praticiens préconisent de constituer des sociétés civiles dans certaines occasions, et notamment à la naissance des enfants, en faisant souscrire à cette société civile un bien quelconque, par exemple des parts de sociétés civiles de placement immobilier, afin de donner date à la création de la société. Après 15 ans de détention, et en cas de vente des parts de la société civile, aucun impôt sur la plus-value ne sera dû, même si entre-temps la société civile a fait l'acquisition d'un autre bien immobilier, générateur d'une très forte plus-value !

6 Faut-il distribuer le résultat ou le laisser en réserves ?

La question qui est posée ici consiste à réfléchir à l'affectation à donner aux résultats dégagés par la société civile, de par son activité, que celle-ci soit liée à la détention d'un bien immobilier ou mobilier ou tout autre élément du patrimoine.

De quoi s'agit-il ? Sans entrer dans les arcanes et les méandres de la comptabilité, l'activité de la société, fût-elle civile, dégage bien entendu chaque année un résultat de l'ensemble des opérations. Différence entre le montant total des recettes et le montant total des dépenses (éventuellement augmenté des amortissements et des provisions, si nécessaire), ce résultat appartient aux associés de la société qui peuvent décider soit de l'appréhender, soit de le laisser à la disposition de la société en réserves ou en report à nouveau. Ils peuvent, bien entendu, arbitrer entre ces deux décisions en choisissant de distribuer une partie de ce résultat et d'en conserver une autre, en réserve dans la société. Avant tout, ce choix est dicté d'abord par la trésorerie disponible de la société. On ne peut effectivement distribuer que ce que l'on possède. Ensuite, la distribution va dépendre du besoin personnel des associés de disposer ou non d'une trésorerie complémentaire.

Quelles sont, *in fine*, les incidences pratiques de l'une ou l'autre décision ?

Elles sont bien entendues radicalement opposées :

Tableau 11.2

Avec distribution	Sans distribution
Diminue la valeur de la part	Augmente la valeur de la part
Augmente le montant du compte courant	N'influence pas le montant du compte courant

(Voir en annexe 1 – Exemple d'application chiffré)

Quelles conclusions en tirer ?

Encore une fois, et comme pour toute autre question patrimoniale, cela dépend ! En matière d'ISF par exemple, il vaut mieux ne pas distribuer car si les parts de

1. Technique dite « à la lyonnaise ».

sociétés civiles peuvent être, sous certaines conditions, exonérées de cet impôt, les comptes courants sont, quant à eux, systématiquement imposables. À l'opposé, en matière de transmission, et notamment lorsqu'il s'agira de donner la nue-propriété des parts aux enfants, la valeur de donation sera calculée par référence au barème de l'article 669 du CGI, sur la valeur en pleine propriété et, dans ce contexte, il vaudra mieux distribuer le résultat, ce qui aura pour conséquence de diminuer la valeur des parts de la société civile.

Que faire au concret ? Dans l'incertitude, il vaut mieux évidemment ne pas distribuer le résultat puisque l'assemblée des associés peut à tout moment décider d'affecter aux associés, et donc de distribuer, l'ensemble des résultats antérieurs laissés en report à nouveau.

7 Le régime fiscal applicable aux sociétés civiles

Lorsqu'elles n'ont pas opté à l'impôt sur les sociétés, les sociétés civiles sont des sociétés de personnes dites translucides ou semi transparentes, qui échappent à toute imposition, puisque l'impôt est réclamé non pas à la société mais à ses associés.[1] Pourquoi semi-transparentes ? Parce que si la société n'a pas la charge de payer l'impôt, elle a cependant le devoir de déposer les déclarations fiscales qui serviront de base à l'assiette des impôts dus par leurs associés. Par ailleurs, les sociétés conservent le devoir de justifier à l'administration fiscale les montants indiqués dans les déclarations qu'elles déposent.

D'une simplicité qui n'est qu'apparente, le traitement des différentes situations est, en vérité, extrêmement complexe. En effet, le mode de détermination du résultat est fonction de la situation fiscale de chaque associé. « La part de bénéfice ainsi que les profits résultant de la cession des droits sociaux sont déterminés et imposés en tenant compte de la nature de l'activité et du montant des recettes de la société ou du groupement »[2].

Exemple 1

Si la société civile, dont les associés sont des personnes physiques, détient un immeuble, il faudra appliquer la règle de détermination des revenus fonciers et, en matière de plus-values, les règles afférentes au régime des plus-values des particuliers codifiées aux articles 150 U et suivants du CGI.

Exemple 2

Si la société civile détient et gère un portefeuille de valeurs mobilières, il faudra appliquer les règles relatives aux revenus de capitaux mobiliers (RCM), et en matière de plus-values, celles concernant les plus-values de cession des particuliers codifiées aux articles 150-0A et suivants du Code général des impôts (CGI).

1. Article 8 du Code général des impôts, alinéa 1.
2. Article 238 bis K II du CGI.

Joie suprême, si la société détient conjointement un bien immobilier et un portefeuille de valeurs mobilières, il faudra traiter chaque catégorie de revenus suivant son régime propre. En réalité, l'administration fiscale fait comme si elle ignorait l'existence de la société, en considérant que les biens en question sont détenus directement par les personnes physiques. Cela ne va pas sans poser de considérables problèmes, que nous n'avons hélas pas le temps d'aborder dans le cadre de cet ouvrage. Par conséquent, et dans l'immense majorité des cas, le régime fiscal d'une société civile est le même régime que celui qui s'appliquerait au particulier, compte tenu du bien qu'il détient et de l'activité qu'il déploie. Cela sous-entend que nous sommes face aux mêmes avantages et aux mêmes inconvénients :

- avantage en matière de simplicité liée aux obligations déclaratives et à l'absence de tenue obligatoire d'une comptabilité ;
- inconvénient lié à une imposition sur un résultat dégagé, même si la trésorerie ne permet pas d'appréhender le bénéfice.

Exemple

Achat d'un immeuble pour 300 000 €, financé par un emprunt d'un montant de 300 000 €, sur 10 ans, au taux de 5,44 %.

Échéance annuelle de remboursement 39 700 €.

Loyer annuel perçu 40 000 €.

A priori tout va bien. Mais l'échéance annuelle de remboursement comporte une part d'intérêt qui vient en déduction des recettes perçues (ici 16 320 €) et une part de remboursement de capital qui n'est évidemment pas déductible des recettes (ici 23 380).

Par conséquent, notre investisseur bien heureux va être imposé sur un montant de revenus fonciers de : Loyers (40 000) moins intérêts (16 320 €), soit 23 680 €.

En supposant qu'il soit à une tranche marginale d'imposition maximum (40 %), et compte tenu des contributions annexes (12,1 %[1]), il devra acquitter en tout un impôt de 23 680 × 52,1 %, soit 12 337 €, alors même que son investissement ne lui rapporte pour l'instant aucune trésorerie supplémentaire à cause des remboursements d'emprunts.

Et non seulement cette plaisanterie va durer pendant tout le temps du remboursement, mais elle va aller en s'aggravant puisqu'au fur et à mesure du remboursement des échéances, l'annuité comprend de moins en moins d'intérêts et de plus en plus de capital, augmentant par là même la base imposable alors que la trésorerie reste nulle.

8 L'option pour l'impôt sur les sociétés

Jusqu'à la parution de la loi de finances pour 2004, qui est venue modifier en profondeur le régime des plus-values des particuliers et a vu la suppression de l'avoir fiscal, il pouvait être intéressant d'étudier la possibilité d'opter à l'impôt

1. Depuis le 01.01.09.

sur les sociétés pour la société civile. En effet, à cette époque, le taux marginal d'imposition caracolait à 54 % ce qui, ajouté aux prélèvements sociaux de 11 %, portait le montant total d'imposition, notamment sur les revenus fonciers à 65 %. Dans le même temps, le taux d'impôt sur les sociétés se limitait à 34 %, voire même dans certains cas 15 % jusqu'à concurrence d'un bénéfice de 38 120 €. Bien entendu, pour employer une expression à la mode, entre 65 % et 15 %, *y a pas photo* !

Comme nous le verrons un peu plus loin, la tentation d'opter à l'impôt sur les sociétés a été quasi définitivement écartée par la loi de finances précitée. Elle a mis fin à l'exonération des plus-values de cession de parts de sociétés civiles à prépondérance immobilière détenues depuis plus de 15 ans et ayant opté à l'impôt société. Comparons malgré tous les avantages respectifs de l'assujettissement d'une société civile à l'impôt sur le revenu ou à l'impôt sur les sociétés.

Tableau 11.3

Pour l'impôt sur le revenu	Pour l'impôt société
Un taux marginal élevé de 52,1 % (40+12,1) !	Un taux attractif (15 %) jusque 38 120 €
Pas d'amortissement, pas de déduction forfaitaire	Amortissement (obligatoire !)
Une imposition sur un résultat dégagé, qu'il soit ou non disponible en trésorerie !	Seule la distribution de la trésorerie rend exigible un impôt complémentaire
Les frais d'achats ne sont pas déductibles	La prise en compte des frais d'achats
Mais une exonération après 15 ans de patience !	Mais une sortie très pénalisante en cas de cession

Cela étant, comme on le subodore avec l'exemple ci-dessous, il peut être particulièrement pénalisant d'avoir, tout au long d'un emprunt, à financer sur ses deniers personnels l'impôt dû sur des revenus fonciers que l'absence de trésorerie empêche de percevoir. Un exemple détaillé et concret nous permettra de mieux comprendre les contours de cette problématique.

Étude de cas

Il s'agit d'acheter un bien immobilier d'une valeur de 300 000 €, l'acquisition entraînant des frais d'environ 15 000 €, le bien immobilier ainsi acheté devant générer un loyer annuel de 30 000 €. Votre client souhaite emprunter 100 % de l'acquisition, soit 300 000 €. Il a obtenu un emprunt sur 15 ans au taux de 5 %, assurance comprise. En matière d'impôt sur les sociétés, l'amortissement[1] sera calculé au taux de 4 % (amortissement du bien sur 25 ans : 1/25) sur 80 % de l'acquisition, les 20 % restant représentant le terrain qui n'est pas amortissable. Par souci de simplicité, nous allons raisonner sur un loyer constant.

1. Ne pas confondre la durée d'amortissement de l'emprunt (ici 15 ans) et la durée d'amortissement du bien (ici 25 ans).

Voyons maintenant, à travers différents tableaux, comment se passe le financement de cet investissement tout au long du remboursement de l'emprunt.

La première année

FISCALITÉ	IS (taux 15 %)	IR (taux 52,1 %)
Loyer	30 000	30 000
Amortissement	9 600	0
Intérêts	14 687	14 687
Frais d'achats	5 713	0
Base fiscale	0	15 313
Impôt	0	7 978
TRÉSORERIE		
Loyer	30 000	30 000
Échéance	28 469	28 469
Impôt acquitté	0	7 978
Trésorerie annuelle	1 531	– 6 447
Trésorerie cumulée	**1 531**	**– 6 447**

Comme prévu, dès la première année, l'effort de trésorerie que doit consentir à titre personnel notre investisseur n'est pas mince : plus de 6 000 €, alors que s'il avait opté pour l'impôt sur les sociétés, sa société civile aurait une trésorerie certes minime, mais de 1530 €.

Comme Harry Potter, téléportons-nous maintenant neuf ans plus tard alors qu'il reste encore six annuités d'emprunt :

La neuvième année

FISCALITÉ	IS (taux 15 %)	IR (taux 52,1 %)
Loyer	30 000	30 000
Amortissement	9 600	0
Intérêts	7 926	7 926
Base fiscale	12 474	22 074
Impôt	1 871	11 500
TRÉSORERIE		
Loyer	30 000	30 000
Échéance	28 469	28 469
Impôt acquitté	1 871	11 500
Trésorerie annuelle	– 340	– 9 969
Trésorerie cumulée	**4 022**	**– 72 951**

Évidemment, ça ne s'arrange pas. Alors que l'investisseur ayant opté à l'impôt sur les sociétés n'a eu affaire à titre personnel aucun apport complémentaire, celui n'ayant pas opté à l'impôt sur les sociétés a dû remettre de sa poche un montant global près de 73 000 € !

Mais comme vous le devinez maintenant, cela ne va guère s'arranger jusqu'à la fin de l'emprunt. Voyons justement ce qui se passe la 16e année, soit exactement un an après le remboursement de l'emprunt.

À la fin de l'emprunt

FISCALITÉ	IS (taux 15 %)	IR (taux 52,1 %)
Loyer	30 000	30 000
Amortissement	9 600	0
Intérêts	0	0
Base fiscale	20 400	30 000
Impôt	3 060	15 630
TRÉSORERIE		
Loyer	30 000	30 000
Échéance	0	0
Impôt acquitté	3 060	15 630
Trésorerie annuelle	26 940	14 370
Trésorerie cumulée	**25 316**	**– 130 927**

Bien évidemment, et là encore le résultat se passe de commentaires, notre investisseur n'ayant pas opté à l'impôt sur les sociétés a dû puiser dans ses poches à hauteur de 130 927 € ! À l'inverse, celui ayant opté à l'impôt sur les sociétés, n'a pas eu à faire d'apport complémentaire. Au contraire, il dispose même au sein de la société civile d'une trésorerie de 25 000 euros.

Cela étant, pour pousser le raisonnement à son terme, que ce passe-t-il au terme de la période d'amortissement, c'est-à-dire ici au bout de 25 ans[1].

1. Il s'agit ici d'un raisonnement à vertu strictement pédagogique, les prévisions à 25 ans relevant d'une autre planète, compte tenu de la mouvance de notre environnement fiscal !

À la fin de l'amortissement

FISCALITÉ	IS (taux 15 %)	IR (taux 52,1 %)
Loyer	30 000	30 000
Amortissement	0	0
Intérêts	0	0
Base fiscale	30 000	30 000
Impôt	4 500	15 630
TRÉSORERIE		
Loyer	30 000	30 000
Échéance	0	0
Impôt acquitté	4 500	15 630
Trésorerie annuelle	25 500	14 370
Disponible après RCM	**16 295**	**14 370**

Effet miraculeux de la suppression de l'avoir fiscal, de l'abattement de 40 % sur les revenus de capitaux mobiliers, on s'aperçoit que même à la fin de la période d'amortissement, et compte tenu du taux de 15 % de l'impôt sur les sociétés, extrêmement favorable, le montant net disponible pour l'investisseur reste le plus avantageux en cas d'option à l'impôt sur les sociétés !

Pourquoi diable ne pas opter à l'impôt sur les sociétés !

Pour deux raisons interdépendantes. La première parce que l'option à l'impôt sur les sociétés est irrévocable. La seconde parce que, comme nous l'avons esquissé plus haut, la loi de finances pour l'année 2004 a mis fin à l'exonération des plus-values de cession des titres de sociétés à prépondérance immobilière ayant opté à l'IS ! Qu'est-ce que cela veut dire concrètement. Imaginons qu'à la fin de l'emprunt, notre investisseur souhaite céder son immeuble, dont la valeur sur le marché a atteint 600 000 €[1]. Envisageons successivement la situation de l'investisseur n'ayant pas opté puis celui ayant choisi l'impôt sur les sociétés.

Pour le premier cas (IR), le calcul est des plus simples, puisque que par le jeu des abattements, après 15 ans de détention, aucun impôt sur la plus-value ne lui sera réclamé et il sera donc à la tête d'un magot de 600 000 € !

Pour le second (impôt sur les sociétés), les choses se compliquent gravement :

1. Il est inutile ici d'évoquer la possibilité de céder les titres de la société civile ayant opté à l'IS (au lieu et place de la cession de l'immeuble) car, outre les réticences des praticiens déjà évoquées, il y a lieu d'y rajouter celles nées de la fin de l'exonération précitée.

2. Calculé à 24 % soit 40 % tranche marginale après abattement de 40 %, une option pour le prélèvement libératoire de 18 % est possible.

3. Depuis 2009 : 12,1 %.

Prix de vente (a)	600 000
Prix d'achat (b)	315 000
Amortissement (c)	80 640
Valeur nette comptable (d = b – c)	234 360
Plus-value (e = a – d)	365 640
Impôt sur les sociétés (33,33 %)	121 880
Dividendes distribués	478 120
Impôt sur dividendes	114 748[2]
CSG	57 852[3]
Reste disponible	**305 520**

C'est alors que vous vous souvenez que l'option à l'impôt sur les sociétés est irrévocable et que vous venez de perdre un client ou un ami, voire peut-être les deux !

Il reste alors à imaginer, pour les futurs acquisitions, la solution miraculeuse, celle qui consisterait à pouvoir bénéficier du régime de l'impôt sur les sociétés pour toute la gestion de la société tout en n'ayant pas opté à l'impôt sur les sociétés pour pouvoir, malgré tout, bénéficier de l'exonération des plus-values après 15 ans de détention. **Pour ceux qui auront le courage de lire cet ouvrage jusqu'à son terme, y compris dans les exemples, ce sera la récompense !**

Conclusion de ce chapitre, au moins sur le plan des sociétés civiles détenant un patrimoine immobilier[1] : **pas d'option à l'IS** !

Maintenant que nous sommes familiarisés avec les grands principes de fonctionnement comptable et fiscal de la société civile, penchons-nous sur les mérites de cette structure dans la gestion de son patrimoine.

Section 2 UNE SOCIÉTÉ CIVILE POUR GÉRER SON PATRIMOINE

Comme nous venons de le voir, la société civile, adroitement utilisée, peut devenir un instrument de gestion irremplaçable. Elle est dotée de règles suffisantes à en définir les contours, tout en disposant néanmoins d'une très grande liberté, propre à satisfaire les envies les plus différentes dans le respect évident des règles fondamentales du Code civil et du Code général des impôts. Nous allons tenter rapidement de voir quels sont les points sur lesquels la société civile s'avère être un outil quasiment indispensable.

1. Cette remarque reste valable évidemment pour toute autre forme de sociétés civiles patrimoniales.

1 Un outil pour éviter l'indivision

L'indivision, qu'elle soit subie ou voulue, est une situation dans laquelle plusieurs personnes sont propriétaires d'un même bien, cela sans avoir déterminé, surtout dans le cas d'une indivision subie, les règles du jeu, c'est-à-dire en l'occurrence les pouvoirs de gestion et de dispositions du bien dont les co-indivisaires sont propriétaires. De cette situation, le plus souvent subie, le législateur a prévu une porte de sortie : « Nul ne peut être contraint à demeurer dans l'indivision et le partage peut être toujours provoqué, à moins qu'il n'y ait été sursis par jugement ou convention. »[1] Globalement, et malgré de récentes améliorations apportées par la loi[2], pour sortir d'une telle situation notamment dans le cadre de la disposition (cession) d'un bien, il est en pratique nécessaire d'obtenir l'unanimité de l'ensemble des propriétaires. La constitution d'une société civile permettra de substituer à cette règle de l'unanimité, les règles d'une majorité simple ou qualifiée, en tout cas celles qui auront été définies dans les statuts. Selon certains auteurs[3], et notamment en cas d'indivision « passive », il faudra préférer à la société civile une convention d'indivision à durée déterminée, rédigée évidemment par un praticien aguerri.

Cependant, bien d'autres situations peuvent conduire à une indivision voulue, si ce n'est choisie ! La vie en union libre, l'achat en commun d'un bien par deux époux séparés de bien, sont des situations devenues parfaitement banales. Prévenir les situations d'indivision consiste à créer, bien évidemment préalablement à toute acquisition, une société civile qui servira de réceptacle aux acquisitions communes, quelle qu'en soit la nature, immobilière, mobilière, assurance-vie, etc., et dont les règles de fonctionnement (gestion) et de cession (disposition) auront été débattues et prévues dans les statuts. Dans cette situation, et en cas de décès de l'un des associés, ce ne sont évidemment pas les actifs qui tombent dans l'indivision mais les parts sociales de la société civile.

On aura bien entendu prévu, au préalable, que le gérant de la société prendra seul les décisions pour gérer le patrimoine, et que les indivisaires des parts sociales, par exemple, seront représentés par le gérant.

2 Un outil pour protéger son conjoint, un incapable, un mineur

Il s'agit là en vérité d'une question clé, qui d'ailleurs n'est pas exclusive à la société civile, mais qui en est un attribut essentiel. Il s'agit de la séparation du pouvoir et des avoirs.

1. Article 815 du Code civil.

2. La loi a substitué à la règle de l'unanimité celle des deux tiers.

3. Marceau Clermont, *Société civile et gestion de patrimoine, opportunités, contraintes et pièges* , Éditions de Verneuil. Ouvrage synthétique, résolument pratique où l'auteur, notaire, aborde avec humour, mais compétence, les vrais questions. C'est, de plus, le seul ouvrage, à notre connaissance, qui se termine par un poème à la gloire des SCI.

Dans les situations évoquées ci-dessus, il s'agit le plus souvent de générer des revenus réguliers à des personnes à qui, pour une raison ou une autre, on ne veut, ou on ne peut, accorder la propriété. Pour le conjoint, il pourra s'agir d'un bien immobilier, par exemple provenant de la famille d'un des époux, qui procure un revenu important. Pour le mineur, il s'agira de pourvoir à ses besoins d'éducation jusqu'à sa majorité ou à son entrée dans la vie active. Pour l'incapable, il s'agira de lui assurer une vie décente à l'abri de tout souci de gestion et d'administration.

Bien entendu, et par delà même la séparation des avoirs et du pouvoir, la société civile permettra dans les deux derniers cas d'éviter la présence d'un juge de tutelle, dont on sait que la rapidité de décision, notamment en matière financière, ne constitue pas le plus grand point fort. En pratique, les statuts pourront prévoir de donner au gérant toute latitude de gestion, avec éventuellement une limitation de son pouvoir pour des décisions de cession, par exemple en consultant un conseil de famille. D'autre précautions seront à prendre, en présence d'enfants mineurs lorsqu'il s'agira d'emprunter, ou en présence d'incapables majeurs parce qu'il faudra alors prévoir statutairement la limitation de la responsabilité de l'incapable, quand bien même cette limitation ne serait valable qu'entre associés[1]. Il est important d'insister sur le fait que dans ces conditions, plus que jamais, il n'est pas question évidemment d'utiliser des statuts-type recueillis sur internet. Ces situations s'accommodant très mal du prêt-à-porter, méritent, à coup sûr, des statuts sur-mesure !

3 Un outil pour protéger un patrimoine

Protéger son patrimoine, mais contre qui ?

Nous voulons parler ici des aléas de la vie des affaires. Certes, la loi du 1er août 2003[2] a introduit l'insaisissabilité de la résidence principale de l'entrepreneur individuel. Notons, au passage, que selon le Garde des sceaux, une résidence principale qui serait détenue à travers une société civile immobilière ne pourrait bénéficier de cette déclaration d'insaisissabilité.[3] Voilà pourquoi, en tout cas dans l'état actuel des choses, il faut rester réticent à la détention au travers d'une société civile de la résidence principale. Il n'en demeure pas moins que l'intégralité du patrimoine restant peut servir de gage aux créanciers en cas de revers de fortune dont personne n'est à l'abri.

Le recours à la société civile, tout au moins pour une partie du patrimoine, rendra beaucoup plus difficile, notamment en présence d'autres associés significatifs, l'appréhension par les créanciers du patrimoine détenu au travers de la société. Il convient toutefois de rester attentif, notamment lorsque la société civile détient un

1. Marceau Clermont, *op. cit.*
2. Loi sur l'initiative économique.
3. *JOAN* du 5 avril 2005, p. 3540, N° 52819.

immeuble loué à une entreprise ayant le même dirigeant que la société civile, et qui viendrait à déposer le bilan. Le risque n'est pas anodin de voir rechercher si les relations financières entre les deux sociétés peuvent être considérées comme normales, faute de quoi la confusion des patrimoines pourrait être démontrée et ruinerait ainsi la protection apportée par la présence de la société civile. Ainsi, un arrêt assez récent de la chambre commerciale de la Cour de cassation[1] :

> *Après avoir constaté que la société civile gérait un bien immobilier loué à une SARL d'exploitation ayant déposé le bilan, que cette société civile n'avait pas recouvert certains loyers dus par la SARL, laissait accroître une dette alors même qu'elle ne disposait pas d'autre ressource, avait suffisamment démontré l'absence totale d'autonomie financière des deux sociétés et l'existence de relations financières anormales démontrant par là même la confusion des patrimoines.*

On n'insistera évidemment jamais assez sur la nécessité de respecter l'autonomie de chacune des sociétés, de tenir une comptabilité régulière, de pratiquer des opérations dans des conditions normales, afin de montrer l'entière indépendance de chacune des sociétés. Sous ces réserves, la société civile constitue un outil efficace dans l'objectif de protection de son patrimoine aux aléas des affaires.[2]

4 Un outil pour gérer son patrimoine immobilier : privé ou professionnel

Détenir son patrimoine immobilier à travers une société civile comporte bien évidemment tous les avantages dont on vient de parler. Concernant l'immobilier privé, et à l'exception notable de la résidence principale dans certains cas, que ce soit pour des immeubles de jouissance ou des immeubles de rapport, l'intérêt essentiel de la société civile réside dans la possibilité de séparer le pouvoir et l'avoir et dans la grande facilité de préparer et d'anticiper la transmission du patrimoine dont il sera question plus loin[3]. En effet, la technique de démembrement de propriété appliquée à des parts sociales de société civile, combinée à une habile rédaction des droits et pouvoirs respectifs de l'usufruitier et du nu-propriétaire, alliée à des donations-partage périodiques, permet dans la plupart des cas de transmettre progressivement et en quasi franchise d'impôt des patrimoines relativement importants, sans jamais se départir des revenus dont on a besoin, ni-même du pouvoir de contrôle nécessaire pour en assurer la sécurité[4].

Concernant l'immobilier professionnel, aux avantages ci-dessus, et outre celui consistant à protéger, dans des limites dont on a parlé, son patrimoine immobilier

1. 14 janvier 2004 (pourvoi N° 00-19-418).

2. Pour aller plus loin, lire l'excellent article de Marie-Hélène Monserie-Bon, dans *Droit & Patrimoine*, N°128, p. 75.

3. Attention toutefois, en cas d'investissement à fiscalité privilégiée, certains avantages sont accordés avec parcimonie aux associés de sociétés civiles.

4. Voir en ce sens la loi TEPA du 21 aout 2007 portant à 150 000 € l'abattement applicable tous les six ans aux donations en ligne directe, montant indexé annuellement et porté à 156 974 € pour 2010.

professionnelles d'éventuelles poursuites de créanciers liés aux aléas des affaires, il convient d'ajouter les avantages liés à la facilitation de la cession ultérieure de l'entreprise à des tiers, tout en favorisant une éventuelle transmission familiale, tant de l'entreprise que de l'immobilier d'entreprise. Il n'est pas rare, en effet, que dans le cadre de la cellule familiale, un enfant soit plus prédisposé à reprendre l'entreprise qu'un autre. Il suffira alors, en ayant pris soin de séparer l'immobilier et l'entreprise, de préparer la transmission de l'entreprise à celui des enfants qui en a le goût et les compétences, et d'égaliser le partage en transmettant à l'autre enfant le patrimoine immobilier, ce qui lui assurera un revenu.

5 Un outil pour gérer son patrimoine mobilier : privé (portefeuille) ou professionnel (*holding*)

5.1 La société civile de portefeuille

Les sociétés civiles,[1] instruments de gestion de portefeuille, sont de plus en plus utilisées. C'est bien sûr parce que le portefeuille de valeurs mobilières a pris une part prépondérante dans le patrimoine des Français. Mais c'est surtout parce que les avantages de la société civile, avec ses particularités juridiques, sa souplesse et sa flexibilité, ne sont plus à démontrer, que ce soit pour isoler certains biens, pour se soustraire aux règles d'incapacité ou pour profiter judicieusement des avantages de la technique du démembrement. Pour être concis mais complet sur le sujet, il convient d'examiner la situation avant l'arrêt Baylet[2], et celle subsistant après.

Avant cet arrêt, l'usufruitier devait gérer le portefeuille dans le respect strict des droits du nu-propriétaire. Autrement dit, il ne pouvait arbitrer de lignes de son portefeuille sans l'accord du nu-propriétaire, dont les intérêts peuvent être parfaitement divergents. En effet, puisque le nu-propriétaire a vocation à toucher les plus-values, il aura une tendance naturelle à privilégier les placements sécuritaires à faible revenu alors, qu'à l'inverse, l'usufruitier bénéficiant des revenus cherchera des placements à plus haut rendement possible, quitte à sacrifier l'aspect sécuritaire de ces placements. Cette situation entraînait généralement un blocage complet dans la gestion des portefeuilles démembrés.

L'arrêt Baylet a bouleversé la situation en consacrant l'universalité du portefeuille. En clair, l'usufruitier d'un portefeuille peut arbitrer à l'intérieur de ce portefeuille certaines lignes sans requérir l'autorisation du nu-propriétaire, à charge pour lui de réemployer le produit de cette vente dans un bien de même nature. C'est précisément cette difficulté qui était à l'origine de la création de la plupart des sociétés civiles de portefeuille. Pour autant, cet arrêt n'a pas sonné le glas des avantages

1. Issu de l'article paru dans *Ouverture* N° 46 de septembre 2001, Serge Anouchian.

2. Cassation commerciale, 12 novembre 1998, N°1673.

conférés aux sociétés civiles. Celles-ci continuent de bénéficier de paiements différés des droits de mutation[1].

Par ailleurs, pour les parts de sociétés dont le capital n'est pas divisé en actions et dont l'actif est composé pour plus de la moitié de biens non liquides, ce qui est le cas des sociétés civiles de portefeuille, le délai de paiement des droits de mutation à titre gratuit passe de cinq ans à dix ans. La société civile de portefeuille permet également d'améliorer les droits de l'usufruitier puisque ce dernier n'a théoriquement pas le droit aux plus-values dégagées. Dans une société civile de portefeuille, les plus-values, élément du résultat de la société, restent la propriété de la société, dont les statuts peuvent librement fixer la répartition[2].

Enfin, on sait que pour l'ISF, les valeurs mobilières cotées en Bourse sont évaluées au cours moyen boursier. S'agissant de sociétés non cotées, il y a lieu de retenir une estimation objective. Pour un portefeuille détenu à travers une société civile, il sera possible de pratiquer un abattement de 20 % pour tenir compte de la non liquidité des titres de la société civile.

Attention cependant en matière fiscale. Pour ce qui est des plus-values, le régime de droit commun prévu à l'article 150 0A du CGI devrait s'appliquer dans la totalité des cas, limitant à 30,1 % (18 % + 12,1 %)[3] l'impôt exigible. On ne peut toutefois complètement écarter le risque de se voir appliquer les dispositions de l'article 92-2° du CGI, qui assujetti l'ensemble des revenus d'un portefeuille géré de façon habituelle et professionnelle au taux marginal d'imposition, qui pourrait atteindre 40 % + 12,1 %, soit 52,1 %[4].

On peut cependant tempérer cette crainte, grâce à la jurisprudence actuelle, qui n'utilise cet arsenal que pour les contribuables qui gèrent leur portefeuille avec les mêmes moyens et les mêmes risques que les professionnels de l'activité en utilisant, par exemple, les achats à découvert, les *put*, *call* et autres outils peu compréhensibles aux communs des boursicoteurs occasionnels !

Il convient d'apporter une attention particulière aux sociétés civiles de portefeuille en présence de parts sociales démembrées. En effet, à la suite de différentes pérégrinations fiscales qu'il est inutile de rapporter ici, une instruction de la DGI du 8 novembre 1999 a organisé de façon péremptoire l'attribution du résultat entre usufruitier et nu-propriétaire dans le cadre d'une société civile, en décidant d'attribuer au premier, l'usufruitier, le résultat courant et que serait attribué au second, le nu-propriétaire, le résultat exceptionnel, faisant fi ainsi de la structure sociale et du pouvoir des associés sur l'affectation du résultat. Heureusement, dans sa grande

1. Article 404B de l'annexe III du CGI.

2. On peut obtenir un résultat similaire avec une convention de quasi usufruit. L'aliénation des titres permet l'appropriation des plus-values par le quasi-usufruitier.

3. Taux augmenté de 1,1 % en 2009 pour financer le RSA, soit un global de 12,1 %.

4. Taux maximum d'impôt sur le revenu, depuis 2008, pourvu que ça dure !

bonté, l'administration fiscale a laissé le soin aux associés de pouvoir déroger à cette attribution exorbitante du droit commun, si toutefois les associés prenaient le soin d'organiser cette répartition dans un acte ayant date certaine, c'est-à-dire par une assemblée soumise à la formalité de l'enregistrement ou, mieux encore, par la rédaction des clauses statutaires décidant de l'affectation des résultats en présence de parts démembrées. Inutile de préciser, une fois encore, l'attention qu'il convient d'apporter aux clauses de ce type prévues dans des statuts « presse-bouton » !

5.2 Gérer son patrimoine mobilier : professionnel (*holding*)

Puisque l'on peut gérer dans une société civile un patrimoine mobilier et personnel, pourquoi ne pas songer à y apporter les titres des sociétés non cotées où le dirigeant exerce son activité. Autrement dit, pourquoi ne pas détenir les titres des sociétés dans lesquelles on exerce son activité professionnelle principale au travers d'une société civile ?

Afin d'éviter une méprise, il ne s'agit pas ici des titres apportés à une société civile en vue d'une cession ultérieure, afin d'en « gommer » les plus-values. Cette stratégie, très efficace et très à la mode, nécessite pour en optimiser le schéma que la société bénéficiaire de l'apport des titres soit assujettie à l'impôt sur les sociétés, et l'on a vu que cette option était rarement valable pour une gestion patrimoniale efficace. Commençons tout d'abord par souligner, qu'en matière d'impôt de solidarité sur la fortune, et sous réserve de certaines précautions, la détention de son patrimoine professionnel à travers une société civile n'empêche pas de bénéficier de l'exonération liée à l'outil professionnel.[1]

Remarquons toutefois que depuis la simplification et la multiplication des sociétés par actions simplifiées (SAS), les SAS semblent mieux adaptées dans une stratégie de holding de contrôle, que ce soit en vue d'une cession pure et simple ou pour une transmission dans le cadre familial. Cela étant, et notamment dans le cadre d'une transmission au sein du groupe familial, l'intérêt de la société civile ne doit pas être négligé, notamment dans son effet de levier juridique pour optimiser les techniques traditionnelles de dissociation du pouvoir et de l'avoir.

5.3 Gérer le patrimoine familial : la société civile de famille

Le titre est suffisamment éloquent, c'est la société qui a vocation à recevoir l'ensemble du patrimoine de la famille… Pour y rester !

L'on aura compris que cette société civile aura forcément un objet qui, tout en restant éminemment civil, sera suffisamment large pour y autoriser les activités

1. Pour plus d'informations, voir, entre autres, *ISF et biens professionnels* par Serge Anouchian, éditions Gualino.

immobilières, qu'elles soient de jouissance ou de rapport, la gestion des portefeuilles immobiliers privés et professionnels, voire la gestion de contrats d'assurance-vie dont l'utilité dans une gestion patrimoniale dynamique n'est plus à démontrer.

Il faudra, bien sûr, s'entourer de toutes les précautions pour ne pas que la société devienne commerciale, il suffira alors d'interdire toute opération commerciale ou à but spéculatif, d'interdire certains types d'opérations, notamment en bourse, particulièrement à risque. Il conviendra de porter un soin particulier à la désignation d'un ou plusieurs gérants, de prévoir les modalités de sa succession en cas de disparition prématurée, et de définir précisément l'étendue de ses pouvoirs, c'est-à-dire l'ensemble des décisions qu'il sera autorisé à prendre seul et celles pour lesquelles il faudra recourir à l'autorisation des associés, dans des conditions de majorité qu'il conviendra aussi de codifier. Cette structure devrait être particulièrement utilisée, dans le cas de patrimoines diversifiés et importants, aux mains de grandes familles intergénérationnelles, et qui souhaitent ardemment et avant tout garder en leur sein l'ensemble du patrimoine et des richesses bâties par les ancêtres[1]. Une rédaction particulièrement « pointues » des statuts, des clauses de gestion, des clauses d'affectation de résultats, des clauses de retrait d'associés, et de cession de parts sera évidemment le préalable nécessaire et indispensable du succès de l'opération.

Parmi les multiples avantages de la société civile, nous avons insisté sur celles relatives à la transmission du patrimoine, voyons les maintenant un peu plus en détail.

Section 3 LA SOCIÉTÉ CIVILE COMME OUTIL DE TRANSMISSION DE SON PATRIMOINE

Dans ce qui va suivre, la transmission s'entend de celle qui est opérée de son plein gré, c'est-à-dire de son vivant.[2]

1 Le démembrement des parts de société civile

De façon très schématique, et sans doute un peu réductrice, optimiser la transmission d'un patrimoine consiste à transférer les biens acquis à ses héritiers, en respec-

1. Ce sont les adeptes de l'adage « nous n'héritons pas de la terre de nos parents, nous l'empruntons à nos enfants » !

2. Ce que nous avons coutume de résumer de façon poétique par l'adage : « Il vaut mieux prendre ses décisions à froid pendant que l'on est encore chaud, plutôt que d'avoir à les prendre à chaud, alors qu'on est déjà froid ! »

tant les contraintes du droit de la famille et du Code civil, tout en maintenant sur le plan économique des conditions de vie décentes, le tout si possible en optimisant les droits de mutation.

Respecter le Code civil et le droit de la famille consiste bien entendu à ne pas considérer la société civile comme un outil qui permettrait de contourner les dispositions quasi séculaires du droit de la famille telles que la réserve ou la quotité disponible. Maintenir sur le plan économique des conditions de vie décentes nous replonge une fois de plus dans les techniques qui consistent à dissocier le pouvoir et l'avoir. Nous l'avons déjà évoqué et les outils à notre disposition sont assez connus. Il s'agit d'abord de rédiger adroitement les statuts de la société, en aménageant les pouvoirs de la gérance, la répartition des résultats ou en incluant dans les statuts des parts à droit de vote plural. Il s'agit ensuite du démembrement de propriété, et plus exactement encore du démembrement des parts de la société civile. Certains schémas sont à cet égard particulièrement efficaces, nous en verrons quelques exemples, ce qui nous permettra d'ailleurs d'aborder quelques considérations actuelles sur les limites qu'il convient d'observer entre l'habileté fiscale et l'abus de droit. Dans l'ensemble de ces situations, la société civile offre, une fois de plus, sa grande souplesse et ses facultés d'adaptation.

D'abord, et même si cela tombe sous le sens commun, il est plus facile de transmettre 20 % du capital d'une société civile que 20 % d'un immeuble ! Ensuite, parce qu'il est plus discret de présenter à la formalité de l'enregistrement une cession de parts sociales concernant x % d'une société civile, dont on aura fixé le capital d'un montant faible (1 000 euros), plutôt que tout ou partie d'un immeuble, ce qui requiert l'intervention d'un notaire[1] et l'inscription aux hypothèques. Enfin, parce que la transmission progressive des parts sociales va permettre de pouvoir combiner l'ensemble de ces avantages, en bénéficiant malgré tout d'un abattement global, généralement de 20 %, à cause de l'illiquidité des titres de la société civile représentée notamment par les clauses restrictives de négociation, généralement incluses dans les statuts.

2 Transmettre à ses enfants au moindre coût fiscal

Essayons maintenant de résumer et d'illustrer ces propos à travers un exemple concret.

Monsieur et Madame Tairieur, âgés de 62 ans, ont deux enfants : Alain & Alex.

1. Attention aux fausses économies : seuls certains notaires sont capables d'appréhender, dans certains cas, l'ensemble de la problématique familiale, sur le plan civil, économique et fiscale.

Schématiquement, leur patrimoine se présente comme suit :

Tableau 11.4

	Prix d'achat	Valeur acquise	Emprunt restant dû	Rendement annuel
Immeuble de rapport	580 000	900 000	200 000	50 000
Portefeuille d'actions	300 000	350 000	0	15 000
Liquidités	20 000	20 000	0	0
Total	900 000	1 270 000	200 000	65 000

Bien entendu, et comme souvent dans pareil cas, ils souhaitent anticiper les transmissions de leur patrimoine pour en réduire le coût, mais tout en conservant l'intégralité des revenus dont ils ont besoin, tant pour assurer leur train de vie que pour compléter leurs retraites futures.

- **Stratégie 1**

Donation partage de la nue-propriété de l'immeuble de rapport et du portefeuille d'actions.

Valeur de donation :

De l'immeuble 900 000 – 200 000 [1] =	700 000
Du portefeuille	350 000
Soit au total	**1 050 000**

Compte tenu de l'âge des donateurs, la valeur respective de l'usufruit et de nue-propriété est de 50 %[2], soit une valeur de donation de 525 000 €, chaque enfant percevant 262 500 €, ce qui après les abattements actuellement en vigueur[3] de 151 950 € chacun, aboutira à une base taxable de 110 550 € par enfant. On remarquera dans cette stratégie que sur le plan de l'impôt de solidarité sur la fortune, dont les parents resteront redevables, la base ne pourra être inférieure au montant retenu dans l'acte de donation.

- **Stratégie 2**

Supposons à présent, que les époux Tairieur aient constitué dès l'origine une société civile, au capital de 10 000 €, pour acquérir et constituer ce même patrimoine. À la date de la transmission projetée, le bilan de la société civile présentera les caractéristiques suivantes :

1. Il est dorénavant possible, sous certaines conditions, même en cas de donation, de déduire de la valeur transmise les emprunts contractés.
2. Voir barème de l'article 669 du Code général des impôts.
3. Abattement porté à 156 974 € par la Loi de Finances pour 2010.

Tableau 11.5

ACTIF	Valeur origine	Valeur acquise	PASSIF	
Immeuble	580 000	900 000	Capital	10 000
Portefeuille	300 000	350 000	Report à nouveau	30 000
			Emprunt	200 000
Liquidités	20 000	20 000	Compte courant[1]	660 000
TOTAUX	900 000	1 270 000	TOTAUX	900 000

La valeur des parts sociales s'établit ainsi à :

Actif patrimonial :	1 270 000
Passif à déduire :	
– Compte courant	– 660 000
– Emprunt	– 200 000
Valeur des parts	**410 000**

S'agissant de la donation de la seule nue-propriété, et compte tenu du barème fiscal (valeur de la nue-propriété égale à 50 % de la pleine propriété), la valeur de donation est donc globalement de 205 000 €, soit pour chacun des enfants 102 500 €. Ce montant est donc absorbé par les abattements accordés en ligne directe (151 950 €) et, par conséquent, aucun droit de mutation ne sera acquitté. Il est facile de remarquer au passage que, même pour un patrimoine plus important, et s'agissant de parts de sociétés civiles, il est facile de transmettre tous les six ans le nombre de parts correspondant, peu ou prou, aux abattements, pour pouvoir transmettre dans l'énorme majorité des cas, sur une période de 12 ou 18 ans, l'intégralité du patrimoine en quasi franchise d'impôt.

- **Stratégie 3**

Cette stratégie, un peu plus « dynamique », consiste à transmettre la pleine propriété des parts d'une société civile, à laquelle on aurait préalablement apporté **la nue-propriété** des actifs à transmettre. Par rapport au schéma précédent, cette stratégie a l'avantage d'autoriser la valorisation économique[2] des actifs apportés puisque le barème fiscal n'est obligatoire qu'en matière de droit de mutations. Cependant, sans entrer dans un débat juridique extrêmement complexe, ce schéma appelle encore aujourd'hui de très sérieuses précautions.

1. Ce compte courant trouve son origine dans la contrepartie du portefeuille et des apports effectués pour faire face à l'emprunt, ainsi que l'affectation des résultats antérieurs.

2. Voir chapitre « Le démembrement de propriété ».

Quels sont les enjeux ?

Reprenons l'exemple ci-dessus :

Tableau 11.6

	Prix d'achat	Valeur acquise	Valeur économique de l'usufruit	Rendement annuel
Immeuble de rapport	580 000	900 000	540 000	50 000
Portefeuille d'actions	300 000	350 000	211 000	15 000
Liquidités	20 000	20 000	0	0
Total	**900 000**	**1 270 000**		**65 000**

Le calcul de la valeur économique[1] se fonde sur l'actualisation des flux de revenus futurs dégagés par le bien en question, sur une durée équivalente à l'espérance de vie du donateur :

$$\text{Valeur économique} = \sum_{t=1}^{n} \frac{\text{Flux}_t}{(1+R)^t}$$

Chaque flux futur (Flux_t) va ainsi être converti en une valeur à la date d'aujourd'hui, par le biais du taux d'actualisation (R). La somme de ces flux actualisés donne la valeur du bien[2].

Dans notre exemple, le calcul a été effectué sur une durée de vie moyenne de 25 ans et avec un taux d'actualisation sensiblement équivalent au taux de rendement du bien en question. De ce fait, la valeur de la nue-propriété s'obtient en déduisant la valeur de l'usufruit de la valeur en pleine propriété. Au cas présent, la nue-propriété de l'immeuble ressort à 360 000 € et celle du portefeuille à 139 000 €, soit globalement une valorisation assez nettement inférieure à celle obtenue par l'application du barème fiscal. Et, par conséquent, les droits de mutation à titre gratuit s'appliquant sur une base notoirement inférieure, l'impôt à acquitter n'en sera que moindre.

• **Détail des calculs**

Valeur économique de l'usufruit de l'immeuble :

Le taux d'intérêt annuel est de 8 %, soit un taux équivalent mensuel de :

$R_m = [1 + 0{,}08]^{1/12} - 1 = 0{,}6434\ \%$ par mois

La valeur de l'usufruit correspond à l'actualisation à ce taux des 300 (25 années de 12 mois) loyers mensuels, que l'on suppose stables à 4 167 € :

$$V_{usufruit} = 4\,167 \times \frac{1 - (1{,}00643)^{-300}}{0{,}00643} = 553\,084\ € \approx 540\,000\ €$$

1. Cette approche est présentée en détail au chapitre « Le démembrement de propriété ».

2. Voir étude de cas pour un exemple de mise en œuvre.

Valeur économique de l'usufruit du portefeuille d'actions :

Le revenu annuel étant de 15 K€, pour un taux de rendement exigé de 5 %, nous obtenons, sur un horizon de 25 ans :

$$V_{usufruit} = 15\ 000 \times \frac{1 - (1{,}05)^{-25}}{0{,}05} = 210\ 410\ € \approx 211\ 000\ €$$

Cette stratégie, après avoir été régulièrement mise en cause par l'administration fiscale, notamment par la procédure dite de l'abus de droit, semblait avoir connu une période d'accalmie[1]. En effet, à la suite de très longues pérégrinations dont il serait encore une fois fastidieux d'en rapporter le détail ici,[2] les professionnels ont enfin cru arriver le temps de la sécurisation de ce schéma. En tous cas en ce qui concerne le Conseil d'État, car malheureusement, en ce qui concerne la Cour de cassation, de récentes décisions sont venues un peu souffler le chaud et le froid sur la validation jurisprudentielle de cette stratégie.[3] Cependant, le respect de certaines précautions élémentaires, notamment quant à la substance et la finalité de la stratégie, devrait permettre une validation définitive de ces stratégies.

3 S'assurer une retraite paisible

La société civile et le démembrement peuvent apporter bien d'autres solutions en fonction des situations rencontrées dans une gestion dynamique du patrimoine. Le métier du conseil en gestion de patrimoine est justement d'apporter la meilleure réponse à une situation donnée. Encore une fois, prenons un nouvel exemple, symptomatique de l'adaptabilité à toute situation que permet une société civile, lorsque l'on peut adroitement utiliser le démembrement de propriété.

Examinons le cas de M. G. Touprevu ![4]

Il a 56 ans, il est président d'une société florissante dont la reprise n'intéresse pas ses deux enfants majeurs. Il a un patrimoine confortable, il est marié et heureux[5]. Outre la société dont il est le président, et dont la valeur est estimée aujourd'hui à 1 500 K€. Son patrimoine est composé de :

1. Voir à ce sujet l'excellent article de Marc Iwanesko, dans la revue *Droit & Patrimoine*, N°128.

2. Nous recommandons toutefois la lecture attentive des écrits de Pierre Fernoux, le plus ardent défenseur de cette stratégie, notamment par son article récapitulatif paru dans la *Revue de Droit Fiscal*, N°12 du 22 mars 2007 et s'intitulant « SCI et démembrement de propriété : l'épilogue heureux d'un long combat ».

3. Notamment Saunier, Cassation Commerciale 15 mai 2007, N°06-14.262.

4. Issu d'un article paru en juin 2001, *Ouverture* N° 45, Serge Anouchian.

5. Comme quoi, tout est possible !

Désignation	**Valeur actuelle**
Résidence principale	350 000
Résidence Cannes	450 000
SCI Bastille	1 000 000
Liquidités	100 000
Total	**1 900 000**

Son revenu actuel est de 120 000 € par an. Bref, tout semble aller pour le mieux dans le meilleur des mondes, mais ce brave G. Touprevu a néanmoins quelques soucis :

– Il craint d'abord qu'à 60 ans (il en a 56), sa retraite soit largement insuffisante pour couvrir ses besoins. En effet, avant la constitution de la société anonyme dont il sera question, il était artisan plombier et dans toute la première partie de sa vie professionnelle, le moins que l'on puisse dire, c'est qu'il ne s'est pas préoccupé de ses problèmes de retraite.
– Malgré une relative réussite professionnelle, il n'a absolument rien préparé quant à sa transmission, et il est parfaitement conscient qu'un décès accidentel serait catastrophique au moment de la liquidation de sa succession.

La société civile immobilière (SCI Bastille), constituée en 1976, encaisse de la société anonyme un loyer de 72 000 € par an. Elle a bien sûr intégralement remboursé les emprunts d'acquisition, et un agent immobilier récemment consulté a évalué le bien à environ 1 000 000 €. Parmi les solutions qu'il envisage, il songe à vendre l'immeuble de sa SCI, mais il constitue pour l'instant un complément de revenus appréciable et surtout, il n'entrevoit pas de solution de substitution dans un meilleur placement ayant, de par sa formation et sa culture, assez peu de goût pour les placements boursiers.

Le choix qu'il doit opérer est très délicat pour lui :

– D'un côté, la cession n'entraînerait aucune plus-value, compte tenu de la durée de détention, et le replacement de la somme pourrait être facilement optimisé d'après les conseils de banquiers, et cela malgré l'assujettissement à l'ISF.

– De l'autre côté, le placement a un revenu très satisfaisant, quoique lourdement taxé, et présente à ses yeux une sécurité dont il aimerait faire profiter ses enfants.

Quant à l'entreprise d'exploitation, c'est sa véritable fierté, même si les dernières années ont connu une légère décrue. Les résultats annuels sont de l'ordre de 60 K€, nets après impôts, et la société dispose d'une trésorerie quasiment pléthorique de 1 200 K€ !

Dans ce contexte, les objectifs étant clairement posés, la solution est, en réalité, toute trouvée ! La société civile va céder l'usufruit des locaux immobiliers à la société d'exploitation, pour une durée de 12 ans. Cet usufruit temporaire va être cédé à la société d'exploitation moyennant un prix de 600 000€, correspondant à la valeur actuelle de 12 ans de loyers actualisés à un taux de 7 %, représentant le rendement actuel du bien.

- **Détail des calculs**

Valeur économique de l'usufruit :

Le taux d'intérêt annuel est de 7 %, soit un taux équivalent mensuel de :

$R_m = [1+0,07]^{1/12} - 1 = 0,565$ % par mois

La valeur de l'usufruit correspond à l'actualisation à ce taux des 144 (12 années de 12 mois) loyers mensuels, que l'on suppose stables à 6 000 € :

$$V_{usufruit} = 6\,000 \times \frac{1-(1,00565)^{-144}}{0,00565} = 590\,430\text{ €} \approx 600\,000\text{ €}$$

Sur cette transaction, la société d'exploitation devra acquitter les droits d'enregistrement sur une valeur définie par l'article 669-II du CGI qui fixe à 23 % de la pleine propriété, par période de 10 ans, la valeur à retenir pour un usufruit temporaire[1]. Ramenée au cas présent, la valeur de la pleine propriété est de 1 M€, et celle de l'usufruit temporaire, accordé pour une période de 12 ans, est de 460 K€ (1 000 K€ × 46 % car 12 ans couvrent 2 périodes de 10 ans, soit 2 × 23 %). Par conséquent, le montant des droits d'enregistrement sera de 5,10 % sur 460 000 €, soit 23 460 €.

Voyons à présent la situation de chacune des parties à l'acte.

Pour la société anonyme d'exploitation, les avantages sont nombreux :

- elle pérennise pour une longue durée un coût d'occupation favorable. Elle substitue, de plus, une situation d'usufruitier à une situation de locataire ce qui est, sur le plan juridique et sur le plan de la pérennité des droits conférés, plus sécurisant ;
- elle substitue un loyer de 72 000 € par an à un amortissement[2] de 50 000€ correspondant à l'amortissement sur 12 ans de l'acquisition de l'usufruit temporaire de 600 000 €, ce qui a le double avantage d'augmenter les résultats d'exploitation et de présenter un meilleur cash-flow, l'amortissement étant une charge non décaissée ;
- enfin, elle facilite une future cession de l'entreprise en ayant dégonflé la trésorerie non directement nécessaire à l'exploitation.

Pour la situation personnelle de M. G. Touprevu :

- il encaisse un capital non négligeable, de 600 000 €, en franchise de tout impôt, le bien immobilier étant détenu depuis plus de 15 ans ;
- il peut utiliser adroitement cette trésorerie pour combler sa principale source d'inquiétude, le paiement éventuel de ses droits de succession, par exemple par la souscription d'un contrat d'assurance adéquat ;

1. La base des droits d'enregistrement est différente de celle retenue pour l'apport.
2. Comme chacun le sait aujourd'hui, un usufruit temporaire est parfaitement amortissable.

– il lui sera bien sûr possible d'appréhender directement cette somme. De la sorte, la société civile se trouvera dans une situation idéale pour être transmise à ses enfants en quasi franchise d'impôt compte tenu de sa situation juridique.

Quant à la société civile :

– elle sera nue-propriétaire des locaux d'exploitation pendant une durée de 12 ans ;
– cette situation n'entraînera pas de modifications profondes au niveau de l'ISF, notamment en cas de donation ultérieure des parts aux enfants ;
– sur un plan strictement patrimonial, elle se trouvera en situation idéale pour que les parts soient ainsi transmises en quasi franchise d'impôt par le jeu des abattements aux enfants de notre entrepreneur avisé ;
– au terme des 12 ans, la pleine propriété sera reconstituée dans la SCI, procurant ainsi, de nouveau, des revenus appréciables à ses associés.

Voilà quelques pistes, que le cadre forcément restreint d'un ouvrage de ce type ne nous autorise pas à dépasser. Le lecteur attentif aura pu cependant suffisamment déceler les innombrables atouts de cet outil adaptable et pratique, à condition de faire preuve d'un minimum de bon sens, et de ne jamais sacrifier à la tentation de l'économie fiscale, la sagesse de la rigueur économique dans un cadre juridique ordonné.

Repères

La gestion dynamique d'un patrimoine à travers la société civile paraît pouvoir être valablement illustrée à travers une règle que j'appellerai : 2 I 2 R : **Imagination, Intelligence, Raison, Respect !**

Imagination, car vous l'aurez compris, l'espace de liberté que confère cet outil extraordinaire reste chaque jour à **explorer**. Tel schéma auquel personne n'avait songé voilà une dizaine d'années, voire même auquel tous les praticiens prédisaient la mort subite, peut se retrouver au rang de stratégie incontournable.

Intelligence, parce que cette grande liberté ne doit pas conduire à inventer, ni une usine à gaz, ni à mettre en œuvre des stratégies complexes et coûteuses pour résoudre un problème mineur.

Raison, évidemment, car même si le souci fiscal demeure une préoccupation constante dans notre pays, ce qui peut être justifié tant par le taux de pression fiscale que par l'insécurité croissante de la législation largement étayée par les changements incessants, le but principal d'une gestion de patrimoine efficace n'est pas en premier lieu de payer moins d'impôts, mais d'assurer la jouissance paisible de son patrimoine après une période d'intense activité, tout en optimisant les conditions de la transmission d'un patrimoine si patiemment constitué.

Respect, enfin, car la matière même de la gestion de patrimoine embrasse un éventail quasiment illimité de législation au sein desquelles il importe de savoir respecter une hiérarchisation des priorités.

Sénéque, encore lui, disait « Il n'y a pas de vent favorable pour celui qui ne sait pas où aller ». Puisse la société civile être le bateau qui, sagement conduit par un capitaine expérimenté et attentif, saura conduire votre patrimoine au port que vous aurez choisi.

Annexe 1 — Faut-il amortir ? Faut-il distribuer le résultat ?

Les réponses par un exemple récapitulatif.

Mr & Mme Otto Heckol souhaitent acquérir, via une SCI, un bien immobilier dont les caractéristiques sont les suivantes :

Prix total	330 000	Dont frais 30 000, terrain estimé à 20 %
Apport personnel	30 000	Supposé être dans le capital de la SCI
Emprunt	300 000	Au taux de 6 % sur 15 ans
Loyer annuel	29 000	Non indexé par simplification
Échéance annuelle	30 889	Échéance fixe

Sur le plan comptable, c'est-à-dire sans les conséquences fiscales qui n'interviennent qu'au niveau des associés, voici comment se passent les dix premières années :

Année	1	2	3	4	5	6	7	8	9	10
Loyer	29 000	29 000	29 000	29 000	29 000	29 000	29 000	29 000	29 000	29 000
Intérêts	18 000	17 227	16 407	15 538	14 617	13 641	12 606	11 509	10 346	9 113
Amortissement	17 200	17 200	17 200	7 200	7 200	7 200	7 200	7200	7 200	7 200
Résultat	– 6 200	– 5 427	– 4 607	6 262	7 183	8 159	9 194	10 291	11 454	12 687
Cumul résultat	– 6 200	– 11 627	– 16 234	– 9 972	– 2 789	5 371	14 565	24856	36 310	**48 997**
Capital remboursé	12 889	13 662	14 482	15 351	16 272	17 248	18 283	19 380	20 543	21 775
Trésorerie annuelle	– 1 889	– 1 889	– 1 889	– 1 889	– 1 889	– 1 889	– 1 889	– 1 889	– 1 889	– 1 889
Trésorerie cumulée	**– 1 889**	**– 3 778**	**– 5 666**	**– 7 555**	**– 9 444**	**– 11 333**	**– 13 222**	**– 15 111**	**– 16 999**	**– 18 888**

Et les dix années suivantes :

Année	11	12	13	14	15	16	17	18	19	20
Loyer	29 000	29 000	29 000	29 000	29 000	29 000	29 000	29 000	29 000	29 000
Intérêts	7 807	6 422	4 954	3 398	1 748	0	0	0	0	0
Amortissement	7 200	7 200	7 200	7 200	7 200	7 200	7 200	7 200	7 200	7 200
Résultat	13 993	15 378	16 846	18 402	20 052	21 800	21 800	21 800	21 800	21 800
Cumul résultat	62 990	78 368	95 214	113 616	133 668	155 468	177 268	199 068	220 868	242 668
Capital remboursé	23 082	24 467	25 935	27 491	29 140	0	0	0	0	0
Trésorerie annuelle	– 1 889	– 1 889	– 1 889	– 1 889	– 1 889	29 000	29 000	29 000	29 000	29 000
Trésorerie cumulée	**– 20 777**	**– 22 666**	**– 24 555**	**– 26 444**	**– 28 332**	**668**	**29 668**	**58 668**	**87 668**	**116 668**

L'amortissement est calculé sur la base d'un taux de 3 % l'an, hors la valeur du terrain. Les frais d'acquisition sont répartis sur 3 ans. Les nouvelles règles comptables autorisent en fait de les passer en charges dès la première année, mais cela n'influence pas la présente démonstration.

Regardons, dans un premier temps, la présentation du bilan de la SCI, suivant que le résultat est affecté (distribué) aux associés ou laissé en report à nouveau.

Présentation du bilan d'ouverture : Valeur vénale de l'immeuble de 300 000 €

Actif	Brut	Amort.	Net	Passif	Net
Constructions	300 000		300 000	Capital (2000 parts)	30 000
Frais achat	30 000		30 000	Report à nouveau	
				Emprunt	300 000
				Compte courant	
TOTAUX	**330 000**		**330 000**	**TOTAUX**	**330 000**

Valeur de la part sociale : 15 € (30 000/2 000)

Commentaires : Il s'agit simplement de la constatation de l'acquisition, la valeur vénale de l'immeuble est égale à son prix d'achat, et la valeur de la part est égale à son nominal.

Cas n° 1 : Présentation du bilan à N + 10 ans, *le résultat n'est pas distribué*

Valeur vénale de l'immeuble : 400 000

Actif	Brut	Amort.	Net	Passif	Net
Constructions	300 000	72 000	228 000	Capital (2000 parts)	30 000
Frais achat	30 000	30 000	0	Report à nouveau	48 997
				Emprunt	130 115
				Compte courant	18 888
TOTAUX	**330 000**	**102 000**	**228 000**	**TOTAUX**	**228 000**

Valeur de la part sociale : 125 €

En effet :

Immeuble	400 000	
– Emprunt	130 115	
– Compte courant	18 000	
Total	**250 997 €**	Pour 2 000 parts, soit 125 € la part.

L'amortissement est calculé sur la base d'un taux de 3 % l'an, hors la valeur du terrain. Les frais Commentaires : La société a pratiqué 10 ans d'amortissement, les associés ont comblé, par apports en compte courant, les insuffisances de trésorerie. Le report à nouveau représente le résultat cumulé des exercices passés (voir tableau initial). La valeur vénale de l'immeuble a bien sûr augmenté, et l'estimation ainsi donnée paraît raisonnable. La valeur de la part est calculée en déduisant de la valeur vénale de l'immeuble, les dettes de la société, qui sont représentées par l'emprunt restant dû, et les comptes-courants.

Cas n° 2 : Présentation du bilan à N + 10 ans, ***le résultat est distribué***

Valeur vénale de l'immeuble : 400 000

Actif	Brut	Amort.	Net	Passif	Net
Constructions	300 000	72 000	228 000	Capital (2000 PARTS)	30 000
Frais achat	30 000	30 000	0	Report à nouveau	0
				Emprunt	130 115
				Compte courant	67 885
TOTAUX	**330 000**	**102 000**	**228 000**	**TOTAUX**	**228 000**

Valeur de la part sociale : 101 €

En effet :

Immeuble	400 000	
– Emprunt	130 115	
– Compte courant	67 885	
Total	**202 00 €**	Pour 2 500 parts, soit 101 € la part.

Commentaires : La différence saute aux yeux. Il n'y a plus de report à nouveau et le compte courant a augmenté du résultat accumulé. La valeur de la part est calculée en déduisant de la valeur vénale de l'immeuble, les dettes de la société, qui sont représentées par l'emprunt restant dû et les comptes-courant. Conséquence, la valeur de la part a diminué !

Cas n° 3 : Présentation du bilan à N + 15 ans, ***le résultat n'est pas distribué***

Valeur vénale de l'immeuble : 500 000

Actif	Brut	Amort.	Net	Passif	Net
Constructions	300 000	108 000	192 000	Capital (2000 parts)	30 000
Frais achat	30 000	30 000	0	Report à nouveau	133 668
				Emprunt	0
				Compte courant	28 232
TOTAUX	**330 000**	**138 000**	**192 000**	**TOTAUX**	**192 000**

Valeur de la part sociale : 235 €

En effet :

Immeuble	500 000	
– Emprunt	0	
– Compte courant	28 232	
Total	**471 768 €**	Pour 2 000 parts, soit 235 € la part.

Commentaires : La société a pratiqué 15 ans d'amortissement, les associés ont comblé, par apport en compte courant, les insuffisances de trésorerie. Le report à nouveau représente le résultat cumulé des exercices passés (voir tableau initial). L'emprunt est remboursé. La valeur vénale de l'immeuble a bien sûr augmenté, et l'estimation ainsi donnée paraît raisonnable. La valeur de la part est calculée en déduisant de la valeur vénale de l'immeuble, les dettes de la société qui sont représentées par les comptes-courants.

Cas n° 4 : Présentation du bilan à N + 15 ans, *le résultat est distribué*

Valeur vénale de l'immeuble : 500 000

Actif	Brut	Amort.	Net	Passif	Net
Constructions	300 000	108 000	192 000	Capital (2000 PARTS)	30 000
Frais achat	30 000	30 000	0	Report à nouveau	0
				Emprunt	0
				Compte courant	162 000
TOTAUX	**330 000**	**138 000**	**192 000**	**TOTAUX**	**192 000**

Valeur de la part sociale : 169 €

En effet :

Immeuble	500 000
– Emprunt	0
– Compte courant	162 000
Total	**338 000 €**

Pour 2 000 parts, soit 169 € la part.

Commentaires : La valeur de la part est toujours calculée en déduisant de la valeur vénale de l'immeuble, les dettes de la société, qui sont représentées par les comptes-courants. Conséquence, la valeur de la part a diminué de façon significative !

Cas n° 5 : Présentation du bilan à N + 20 ans, *le résultat n'est pas distribué*

Valeur vénale de l'immeuble : 600 000

Actif	Brut	Amort.	Net	Passif	Net
Constructions	300 000	144 000	156 000	Capital (2000 PARTS)	30 000
Frais achat	30 000	30 000	0	Report à nouveau	242 668
				Emprunt	0
Trésorerie	116 668		116 668	Compte courant	0
TOTAUX	**446 668**	**138 000**	**272 668**	**TOTAUX**	**272 668**

Valeur de la part sociale : 300 €

En effet :

Immeuble	600 000
– Emprunt	0
– Compte courant	0
Total	**600 000 €**

Pour 2 000 parts, soit 300 € la part.

Commentaires : La société a pratiqué 20 ans d'amortissement, l'emprunt étant remboursé depuis 5 ans, la trésorerie s'accumule. Dans la réalité, les associés prélèvent, évidemment, la trésorerie excédentaire. La valeur vénale de l'immeuble a bien sûr augmentée, et l'estimation ainsi donnée paraît raisonnable. La valeur de la part est calculée à partir de la valeur vénale de l'immeuble, car dans cette situation, il n'y a plus de dettes.

Cas n° 6 : Présentation du bilan à N + 20 ans, ***le résultat est distribué***

Valeur vénale de l'immeuble : 600 000

Actif	Brut	Amort.	Net	Passif	Net
Constructions	300 000	144 000	156 000	Capital (2000 parts)	30 000
Frais achat	30 000	30 000		Report à nouveau	0
				Emprunt	0
Trésorerie	0			Compte-courant	126 000
TOTAUX	**330 000**	**138 000**	**156 000**	**TOTAUX**	**156 000**

Valeur de la part sociale : 237 €

En effet :

Immeuble	600 000	
– Emprunt	0	
– Compte courant	126 000	
Total	**474 000 €**	Pour 2 000 parts, soit 237 € la part.

Commentaires : Les mêmes causes produisent les mêmes effets ! La valeur de la part est calculée en déduisant de la valeur vénale de l'immeuble, les dettes de la société, qui sont représentées par les comptes-courants. Conséquence, la valeur de la part continue de diminuer de façon significative !

Première constatation : La différence entre résultat distribué et le résultat mis en report à nouveau se trouve dans la valorisation de la part et l'apparition du compte courant. Si l'on ne distribue pas le résultat, on minimise le compte courant mais on augmente la valeur de la part.

Quels seraient les résultats obtenus si la société civile n'avait pas comptabilisé d'amortissement ?

Très simplement, les résultats de chaque année seraient augmentés des amortissements comptabilisés sur l'immeuble (ici 7 200 €). Et, selon que ce résultat est distribué ou laissé en report à nouveau, la valeur de la part et les montants de compte courant évoluent.

Voyons les conséquences sur ce tableau récapitulatif :

Année	10	10	15	15	20	20
Valeur Immeuble	400 000	400 000	500 000	500 000	600 000	600 000
Valeur	Part sociale	Compte courant	Part sociale	Compte courant	Part sociale	Compte courant
AVEC AMORTISSEMENT						
Avec distribution	101	67 885	169	162 000	237	126 000
Sans distribution	125	18 888	235	28 232	300	0
SANS AMORTISSEMENT						
Avec distribution	65	139 885	115	270 000	165	270 000
Sans distribution	125	18 888	235	28 232	300	0

Plusieurs constatations :

- Quand on ne distribue pas le résultat, le fait d'amortir ou non n'a aucune incidence sur la valeur de la part ou le montant des comptes courants.
- Quand on amortit l'immeuble, on diminue évidemment le résultat, et suivant que ce résultat est distribué ou non, on augmente soit la valeur de la part (sans distribution), soit le compte courant (avec distribution).
- Quand on ne pratique pas l'amortissement, cela n'obère pas le résultat, et suivant que ce résultat est distribué ou non, on augmente soit la valeur de la part (sans distribution), soit le compte courant (avec distribution).

Conclusions

- Si l'on veut diminuer la base imposable d'une transmission de parts, et obtenir la valeur de la part la plus faible possible, il vaut mieux ne pas amortir, et distribuer le résultat. On se place alors dans un objectif de transmission programmée.
- Si l'on veut favoriser une cession, et diminuer les droits d'enregistrement, il vaut mieux avoir un compte-courant important, et par conséquent, garder la même stratégie que ci-dessus.
- Si l'on veut minimiser l'ISF, il vaut mieux éviter l'apparition de compte courant, et donc privilégier une affectation des résultats en report à nouveau, quelle que soit la politique d'amortissement.
- Si l'on n'a aucun objectif (c'est rare !) ou si l'on a tous les objectifs (c'est fréquent !), il vaut mieux se garder de décisions irréversibles, et par conséquent, s'abstenir d'amortir, et comptabiliser les résultats en report à nouveau !

Annexe 2 — Faut-il un capital faible ou fort ?

Les réponses par un exemple récapitulatif.

Mr & Mme G. Touprevu, âgés de 51 ans, souhaitent acquérir, via une SCI, un bien immobilier, d'une valeur de 200 000 € qu'ils vont financer de leurs deniers. Après une rapide discussion avec leur notaire, ils hésitent quant à la fixation du capital entre :

1) Un petit capital de 10 000 €.

2) Un gros capital de 200 000 €.

3) Un gros capital, mais libéré progressivement.

Ils sont convaincus qu'après une dizaine d'années, à l'âge de leur retraite, ils seront amenés à céder les titres de la SCI, l'immeuble ayant une valeur probable de 300 000 €. Ils vous demandent de les aider à choisir le montant optimum du capital.

Présentation simplifié du bilan d'ouverture : petit capital

Actif	Brut	Amort.	Net	Passif	Net
Constructions	200 000		200 000	Capital	10 000
				Compte courant	190 000
TOTAUX	**200 000**		**200 000**	**TOTAUX**	**200 000**

Présentation simplifié du bilan d'ouverture : gros capital

Actif	Brut	Amort.	Net	Passif	Net
Constructions	200 000		200 000	Capital	200 000
				Emprunt	0
				Compte courant	0
TOTAUX	**200 000**		**200 000**	**TOTAUX**	**200 000**

En supposant que les loyers générés soient systématiquement prélevés par les associés, les bilans de cessions, dix ans plus tard, se présenteraient exactement de la même façon. Par contre, sur la base d'une valeur de l'immeuble de 300 000 €, le prix de cession des parts serait de 110 000 € dans le premier cas, et de 300 000 € dans l'autre.

Calculons à présent la plus-value imposable dans les deux situations :

	Capital 10 000	**Capital 200 000**
Valeur de l'immeuble	300 000	300 000
À déduire : Compte courant	190 000	0
Prix de cession des parts	**110 000**	**300 000**
Prix d'achat	10 000	200 000
Frais d'acquisition	750	15 000
Total	10 750	215 000
Plus value	**99 250**	**85 000**
Durée de détention	10	10
Abattement en %	50 %	50 %
Abattement détention	49 625	42 500
Abattement général	1 000	1 000
Plus-value imposable	48 625	41 500
Montant impôt	**13 128**	**11 205**
Total encaissé (Prix de cession + compte courant – impôt)	286 872	288 795
Droits enregistrement à la charge de l'acquéreur	*5 610*	*15 300*

Plusieurs constatations

– En ce qui concerne le capital libéré progressivement, le calcul est en tout point identique.

– Le prix de revient devrait être retraité, suivant les dispositions de l'arrêt BARADE, des bénéfices imposés et des prélèvements opérés par les associés. Mais nous avons convenu que les associés prélevaient régulièrement leurs bénéfices. Par conséquent, ce retraitement ne change pas, dans cette situation, le calcul du prix de revient entre les deux situations.

– La différence d'impôt sur la plus-value est tout à fait minime. Cela est dû à la suppression, depuis 2004, du coefficient de revalorisation dû à l'érosion monétaire, et à la baisse du taux de l'impôt à 27 %, contre près de 64 % auparavant.

– Cependant, pour l'Acquéreur, la différence de droits est sensible.

Conclusions

Le seul avantage tangible du capital fort est de limiter l'apparition de compte courant. Ce schéma serait donc à privilégier dans le cas où la société civile remplit les conditions pour être exonérée d'ISF. On pourrait également songer à ce schéma en cas d'objectif de revente rapide avec forte plus-value. Dans les autres cas, il semble préférable de privilégier un capital faible, favorisant soit les solutions d'attente, soit les objectifs de transmission.

Partie 3 La dimension fiscale de la gestion de patrimoine

La fiscalité des personnes physiques est un sujet particulièrement sensible en France, bien que l'impôt sur le revenu ne représente que 23 % des recettes fiscales de l'État en 2008 (contre 50 % pour la TVA). L'impôt sur le revenu se calcule sur la base de huit catégories différentes de revenus, chacune faisant l'objet de règles de taxation spécifiques. Le chapitre 12, écrit par Benoît Nowaczyk (cabinet Bellot Mullenbach et associés) traite des grands principes de cet impôt. Au sein de ces huit catégories, trois intéressent plus particulièrement la gestion de patrimoine : les revenus de capitaux mobiliers et les plus-values (mobilières), qui sont traités spécifiquement au chapitre 13, écrit par Emmanuelle Roy-Spiridion (ministère des Finances), et les revenus fonciers et les plus-values (immobilières) présentés par Olivier Lejeune (ministère des Finances) dans le chapitre 14, qui détaille également les produits de défiscalisation immobilière.

À coté de l'imposition des revenus, il existe un impôt taxant le patrimoine, l'impôt de solidarité sur la fortune. Le chapitre 15, rédigé par Jean-Pierre Cossin (Cour des comptes et Université Paris 12), présente de façon approfondie l'ISF et les différentes exonérations dont il est possible de bénéficier. Afin de limiter l'imposition globale pesant sur les contribuables, a été mis en place en 2006 un mécanisme de plafonnement de l'impôt payé, appelé bouclier fiscal. Il fait l'objet du chapitre 16, écrit par Thierry Creux.

Chapitre

12 L'impôt sur le revenu

Benoît Nowaczyk

L'impôt direct sur le revenu, institué par les lois du 15 juillet 1914 et du 31 juillet 1917 s'applique aux revenus perçus par les personnes physiques, directement ou indirectement[1]. Bien qu'il représente aux yeux des contribuables le principal impôt à payer, les recettes fiscales générées ne représentent que 15 à 20 % des recettes fiscales totales annuelles de l'État, loin derrière un autre impôt presqu'indolore, la TVA, qui représente près de 50 % des recettes fiscales de l'État.

L'impôt sur le revenu est uniquement payé par les personnes physiques (on parle de ce fait d'impôt sur le revenu des personnes physiques, IRPP) et la détermination de son montant suit une procédure complexe :

1. Nous rappellerons que les revenus générés par les sociétés non soumises à l'impôt sur les sociétés sont imposés directement au niveau des associés. Il s'agit de la manifestation la plus tangible du concept de transparence fiscale des sociétés soumises à l'impôt sur le revenu.

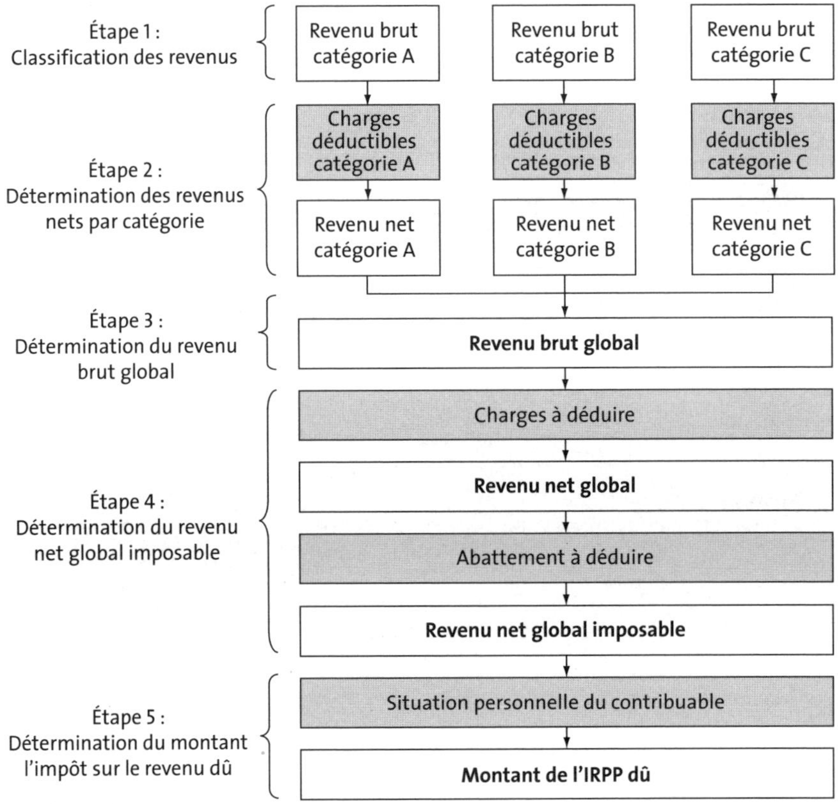

Figure 12.1 — Les différentes étapes de détermination de l'impôt sur le revenu des personnes physiques (IRPP)

Tous les ans, chaque contribuable détermine d'abord le montant de ses revenus par catégorie (traitements et salaires, revenus fonciers...), puis déduit de ses revenus les charges déductibles selon la réglementation applicable à chaque catégorie. La somme des revenus nets par catégorie donne le revenu brut global, auquel il convient de retrancher les éventuelles réductions générales (charges puis abattements). Il revient alors au contribuable de déclarer ce revenu net en n'omettant pas de préciser toutes les informations personnelles utiles afin que le Trésor Public détermine avec précision le montant de l'impôt dû.

Il convient de préciser que bien que l'IRPP ait vocation à s'appliquer à l'ensemble des français, tous ne le paient pas, soit parce que le montant de leur revenu net global imposable n'est pas assez important, soit parce qu'ils n'entrent pas dans le champ d'application de cet impôt.

Section 1 CHAMP D'APPLICATION DE L'IMPÔT SUR LE REVENU DES PERSONNES PHYSIQUES (IRPP)

1 Du contribuable au foyer fiscal

Selon le Code général des impôts (CGI) en son article 6,

> *Chaque contribuable est imposable à l'impôt sur le revenu, tant en raison de ses bénéfices et revenus personnels que de ceux de ses enfants et des personnes considérées comme étant à sa charge.*

Pour le droit fiscal, tout contribuable n'est pas destiné à être personnellement imposable sur ses revenus. Le fisc retient la notion de foyer fiscal pour établir les redevables de l'impôt, c'est-à-dire les personnes physiques qui devront payer l'impôt. La détermination d'un foyer fiscal est emplie de bon sens. Ainsi, un couple marié et désormais les couples pacsés sont soumis à une imposition commune sur l'ensemble des revenus réalisés par les époux/pacsés, quel que soit le régime matrimonial régissant leur vie patrimoniale. Suivant la même logique, les enfants du couple sont rattachés au foyer fiscal de leurs parents ainsi que les personnes à la charge des parents (voir *infra* pour davantage de précisions). La fiscalité épouse en ce sens la vision traditionnelle de la famille.

Précisons toutefois que la législation applicable prévoit un certain nombre d'exceptions à ces principes généraux, notamment dans le cadre de procédure de divorce ou d'enfants ayant des revenus personnels tels que l'intérêt fiscal de la famille passe par une imposition séparée.

2 Le foyer fiscal vivant en France

Comme tout impôt, l'IRPP a un champ d'application territorial limité. À titre liminaire, rappelons que la nationalité du contribuable n'a, en principe aucun impact sur sa situation au regard de l'impôt sur le revenu. Sa seule situation géographique est appréciée pour sa qualité de contribuable passible de l'impôt sur le revenu en France. En matière de fiscalité internationale, le poids des conventions internationales est tel qu'il est fortement recommandé de se plonger dans la lecture de celle applicable à son cas d'espèce, tant les dispositions qu'elles contiennent peuvent présenter des différences avec les principes généraux énoncés ci-après.

Revenons à notre chère personne physique. Celle-ci sera considérée comme contribuable si elle a **son domicile fiscal en France**. Cette condition se trouve satisfaite si le contribuable se trouve dans l'un des quatre cas suivants[1] :

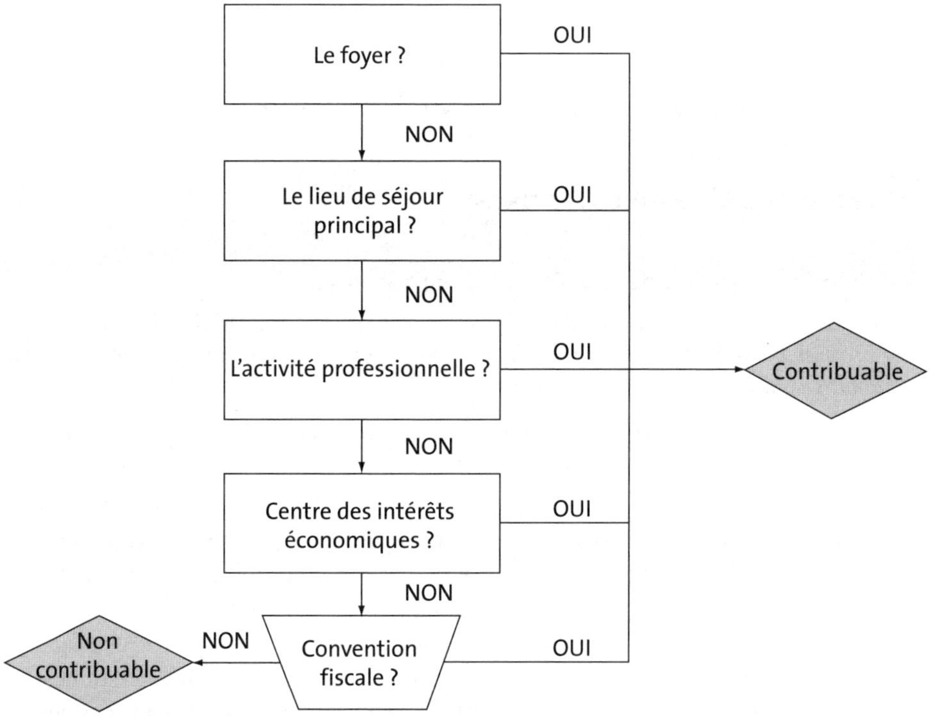

Figure 12.2

Pour ne pas être considéré comme contribuable par le fisc français, la personne doit répondre successivement « NON » à ces quatre questions puis se plonger dans la lecture de la convention fiscale internationale dont il relève :

– Le **foyer** doit ici être compris dans son sens le plus commun : il s'agit du lieu où vit habituellement la personne ou sa famille. Ainsi, une personne physique détachée par sa société pour travailler une année dans un autre pays mais qui a laissé

1. Les cas ne sont pas cumulatifs. Une seule condition remplie suffit au contribuable pour être redevable de l'impôt sur le revenu français.

son conjoint et ses enfants en France restera soumis à l'IRPP pour les salaires perçus au cours de l'année.

– Le critère du **lieu de séjour principal** s'apprécie par rapport à la seule situation géographique du contribuable. Il ne doit pas avoir passé la majorité de son temps en France : une personne vivant en France, à l'hôtel, pendant 200 jours alors que sa famille réside dans un autre pays, sera considérée comme contribuable français, puisqu'ayant passé plus de la moitié d'une année en France[1].
– Pour le fisc français, toute personne exerçant son **activité professionnelle principale** en France, que celle-ci soit salariée ou non, est considérée comme contribuable.
– Enfin la personne physique dont les principaux investissements sont situés en France ou dont le siège de ses activités est installé en France, est considérée comme contribuable français selon la condition du **centre des intérêts économiques**.

Section 2 DÉTERMINATION DU REVENU BRUT GLOBAL

La fiscalité applicable est différente selon la nature de l'activité générant les revenus du contribuable. Pour cette raison, il convient de déterminer, en premier lieu, la nature des revenus imposables, puis en calculer le montant net, en faisant application de la réglementation spécifique à la catégorie de revenus.

1 Les différentes catégories de revenus

Les différentes catégories de revenus sont limitativement énumérées dans l'article 1A du CGI qui en retient huit. Que le lecteur ne se laisse pas abuser, malgré cette liste, l'ensemble ou presque des revenus tombe sous le champ d'application de l'impôt sur le revenu dans la mesure où le législateur a pris soin de déterminer avec soin sept des huit catégories et a laissé le soin à la dernière d'englober l'ensemble des autres revenus non précédemment pris en compte. Les huit catégories de revenus sont les suivantes :

– revenus fonciers ;
– bénéfices industriels et commerciaux ;
– bénéfices agricoles ;

1. Ainsi, par un calcul fort simple, rester en France 183 jours ou davantage (365 jours /2) vous conduit à être imposable à l'impôt sur le revenu français.

– traitements, salaires, indemnités, émoluments, pensions et rentes viagères ;
– revenus de capitaux mobiliers ;
– bénéfices des professions non commerciales et revenus y assimilés ;
– plus-values de cession à titre onéreux de biens ou de droits de toute nature ;
– rémunérations, d'une part, des gérants majoritaires des sociétés à responsabilité limitée n'ayant pas opté pour le régime fiscal des sociétés de personnes et des gérants des sociétés en commandite par actions et, d'autre part, des associés en nom des sociétés de personnes et des membres des sociétés en participation lorsque ces sociétés ont opté pour le régime fiscal des sociétés de capitaux.

Le présent chapitre se bornera à l'étude des traitements et salaires, des bénéfices industriels et commerciaux, des bénéfices agricoles, et des bénéfices non commerciaux ; étant précisé que les règles régissant les autres catégories de revenus sont présentés spécifiquement[1].

1.1 Les traitements et salaires

La catégorie des traitements et salaires recouvre à la fois les revenus tirés d'une activité salariée et les pensions et rentes. Une activité peut être qualifiée de salariée lorsque trois critères sont cumulativement satisfaits :

– il existe un **lien de subordination** entre le salarié et son employeur ;
– l'employeur s'engage à fournir à son salarié des **prestations** à réaliser pour son compte ;
– le salarié perçoit en contrepartie de ces prestations une **rémunération**.

Longtemps, la catégorie des traitements et salaires a été considérée comme la « laissée pour compte » des différentes catégories dans la mesure où les moyens de contrôle dont dispose l'administration sur les montants déclarés sont autrement plus efficaces que pour les autres catégories de revenus, le salaire déclaré par un salarié l'étant également par son employeur. La minoration des revenus était, si ce n'est impossible, tout du moins hautement périlleuse. Pour « compenser », le législateur avait instauré un abattement général de 20 % sur les salaires déclarés. Un abattement était également appliqué à tous les autres contribuables passibles de l'IRPP dans une autre catégorie si ces derniers adhéraient à un centre de gestion agréé. Une refonte complète de ce principe a eu lieu à compter de la déclaration de revenus pour 2006, avec la perte pour les salariés de cet abattement général et une « sanction » pour les autres catégories en cas de non adhésion à un centre de gestion agréé (voir *infra*).

1. Voir les autres chapitres de cette partie de l'ouvrage.

1.2 Les bénéfices industriels et commerciaux

La catégorie des bénéfices industriels et commerciaux (BIC) recouvre l'ensemble des revenus tirés par une personne physique ou une société de personne d'une activité commerciale. La commercialité de l'activité s'apprécie sous trois formes :

- les **activités commerciales par nature** : une personne physique sera soumise aux BIC si elle réalise à titre habituel, pour son propre compte et dans un but lucratif, une activité commerciale, industrielle ou artisanale (art. 34 du CGI) ;
- les **activités commerciales par assimilation** : le législateur entend placer d'autorité dans la catégorie des BIC certaines activités (art. 35 du CGI) même si les contribuables n'ont pas la qualité de commerçant. Il s'agit notamment des activités de location-gérance de fonds de commerce et les activités de professionnels de l'immobilier comme les marchands de biens et agents immobiliers ;
- les **activités commerciales par attraction** : la règle est simple et entend simplifier certaines situations. Ainsi, dans le cas d'une personne physique exerçant une activité soumise aux BIC à titre principal, et qui exerce une autre activité soumise à la réglementation applicable aux bénéfices non commerciaux ou agricoles, alors ces derniers sont soumis *par attraction* à la réglementation sur les BIC, le contribuable n'ayant plus qu'un seul revenu net à déterminer (art. 155 CGI).

Afin de tenir compte de la diversité des situations, il convient de préciser que les BIC peuvent être professionnels ou non professionnels. Sont considérés comme non professionnelles par l'article 156 du CGI les activités qui ne comportent pas « la participation personnelle, continue et directe de l'un des membres du foyer fiscal à l'accomplissement des actes nécessaires à l'activité ». C'est notamment le cas lorsque la gestion de l'activité est confiée à une personne qui n'est pas un membre du foyer fiscal.

Les conséquences d'une telle distinction sont les suivantes :

Tableau 12.1

	BIC professionnels	BIC non professionnels
Déficits	Imputation sur le revenu global du foyer fiscal	Imputation sur les revenus de même nature pendant 6 ans
Plus-values	Régime de l'exonération des plus-values des petites entreprises applicable	Régime de l'exonération des plus-values des petites entreprises non applicable
Impôt de solidarité sur la fortune	Outils de travail exonéré	Outil de travail non exonéré

L'attrait pour l'implication personnelle ne semble pas devoir être démontré…

1.3 Les bénéfices agricoles

La catégorie des bénéfices agricoles recouvre l'ensemble des activités de culture et d'élevage. Ainsi, toute personne physique intervenant dans le cycle de production animale (élevage) ou végétale (culture) exerce une activité soumise aux bénéfices agricoles sauf si :

– elle procède à la vente de produits ne provenant pas de son exploitation ;
– elle transforme un produit agricole autrement que pour le rendre utilisable et consommable pour l'Homme ou les animaux.

Il convient de préciser que pour la pratique répandue des terres données en fermage, c'est le fermier qui détermine ses revenus selon les règles applicables aux bénéfices agricoles, le propriétaire étant soumis aux revenus fonciers pour le montant des fermages perçus.

1.4 Les bénéfices non commerciaux

Les bénéfices non commerciaux regroupent l'ensemble des revenus tirés d'une activité intellectuelle ou libérale (art. 92-1 du CGI), c'est-à-dire une activité de nature civile et non commerciale. Sont ainsi passibles de l'impôt sur le revenu dans la catégorie des BNC, les avocats, notaires, experts-comptables, artistes, médecins, architecte…

Comme précisé ci-avant, le législateur a prévu qu'aucun revenu n'échappe à l'impôt. L'article 92-1 du CGI est ainsi rédigé :

Sont considérés comme provenant de l'exercice d'une profession non commerciale [...] toutes occupations, exploitations lucratives et sources de profits ne se rattachant pas à une autre catégorie de bénéfices ou de revenus.

La catégorie des BNC est donc vouée à regrouper les avocats et les escrocs, les médecins et les mères porteuses…

La distinction entre revenu professionnel et non professionnel s'applique également aux BNC, les mêmes causes produisant les mêmes effets, nous retrouvons les mêmes conséquences qu'en matière de distinction BIC professionnels et BIC non professionnels :

Tableau 12.2

	BNC professionnels	BNC non professionnels
Déficits	Imputation sur le revenu global du foyer fiscal	Imputation sur les revenus de même nature pendant 6 ans
Plus-values	Régime de l'exonération des plus-values des petites entreprises applicable	Régime de l'exonération des plus-values des petites entreprises non applicable
Impôt de solidarité sur la fortune	Outils de travail exonéré	Outil de travail non exonéré

2 Les différents régimes applicables

Conscient que le revenu net global devait être déterminé par les contribuables eux-mêmes et que, dans la majeure partie des cas, ceux-ci exercent une activité de petite taille comparée à celle développée par les sociétés de capitaux soumises à l'impôt sur les sociétés, le législateur a mis en place plusieurs régimes de détermination du bénéfice net par catégorie, qui se complexifient au fur et à mesure que la taille de l'activité croît.

Ainsi, pour les BIC, les différents régimes s'appliqueront (sous réserve d'option ou de forme d'exercice) selon le chiffre d'affaires (CA) hors taxe généré par l'activité :

Tableau 12.3

BIC	Activité de vente ou location	Autres activités
Micro-entreprises	CA < 80 300 €	CA < 32 100 €
Réel simplifié	80 300 € < CA < 763 000 €	32 100 € < CA < 270 000 €
Réel	CA > 763 000 €	CA > 270 000 €

De plus, en cas de franchissement de ces limites au cours d'un exercice, il est possible de bénéficier durant les deux exercices suivants des dispositions du régime du micro BIC. Pour cela, il faut que le chiffre d'affaires n'excède pas les montants suivants :

Tableau 12.4

BIC	Activité de vente ou location	Autres activités
Micro-entreprises	CA < 88 300 €	CA < 34 100 €

Si ces nouveaux seuils sont dépassés, alors le bénéfice du régime « micro-entreprise » cesse de plein droit à compter du mois suivant le dépassement de seuil.

Nous préciserons que lorsque l'exploitant exerce une activité de vente et une autre activité, le régime « micro-entreprise » ne trouvera à s'appliquer que si le chiffre d'affaires total n'excède pas 80 300 € (ou 88 300 € en cas de dépassement) et que le chiffre d'affaires réalisé sur les autres activités n'excède pas 32 100 € (ou 34 100 € en cas de dépassement).

Exemple

Lors de son premier exercice, un contribuable a réalisé un chiffre d'affaires de 80 000 €, se répartissant comme suit :

– Activité de vente : 60 000 €

– Autres activités : 20 000 €

Le régime « micro-entreprise » trouve à s'appliquer dans la mesure où le chiffre d'affaires total n'excède pas 80 300 € (80 000 € dans l'exemple) et le chiffre d'affaires sur les autres activités est inférieur à 32 100 € (20 000 €).

Les BNC connaissent également un régime « micro-entreprise », avec la même faculté de continuer à pouvoir bénéficier de ces dispositions au cours des deux exercices suivants le franchissement des seuils. Comme pour les activités soumises aux BIC hors activité de vente et de location, le chiffre d'affaires à ne pas excéder est de 32 100 € :

Tableau 12.5

BNC	Chiffre d'affaires	Chiffre d'affaires plafond pour bénéficier du micro-entreprises
Micro-entreprises	CA < 32 100 €	CA < 34 100 €
Déclaration contrôlée	CA > 32 100 €	

2.1 Le régime « micro-entreprises »

Il s'agit ici du premier régime qu'une entreprise connaît lors de sa constitution. Généralement, la première année d'exercice se solde par un niveau d'activité permettant de satisfaire à la condition de chiffre d'affaires. En matière de BIC, l'article 50-0.1 du CGI prévoit que le résultat imposable est déterminé après un abattement forfaitaire sur les revenus, abattement considéré comme prenant en considération l'ensemble des charges supportées par l'exploitant :

Tableau 12.6

Micro-BIC	Activité de vente ou location	Autres activités
Taux d'abattement	71 %	50 %
Abattement minimum	305 €	305 €

En cas d'activité mixte, l'abattement est appliqué selon la nature de l'activité génératrice de revenus.

Exemple

Reprenons la situation du précédent exploitant qui réalise un chiffre d'affaires de 80 000 € :

– Activité de vente : 60 000 €

– Autres activités : 20 000 €

Son revenu net imposable sera de :

80 000 € – [60 000 € × 71 % + 20 000 € × 50 %] = 80 000 € – [42 600 € + 10 000 €] = 27 400 €

Pour le régime « Micro-BNC », le montant de l'abattement est un peu plus faible, le législateur considérant que ces activités étant par nature intellectuelles, elles nécessitent moins de charges :

Tableau 12.7

Micro – BNC	Abattement
Taux d'abattement	34 %
Abattement minimum	305 €

Le mécanisme de détermination du revenu net est identique à celui présenté pour le régime « Micro-BIC ».

2.2 Le régime « réel simplifié »

Ce régime est applicable uniquement pour les contribuables réalisant des activités à caractère industriel ou commercial. Il se différencie du régime « réel » par un allégement des obligations déclaratives fiscales et comptables, notamment en matière de tableaux annexes à joindre à la déclaration de revenus et en matière de tenue de comptabilité. Nous préciserons donc que dans la mesure où les modalités de détermination du bénéfice net sont identiques à celles du régime « réel normal », celles-ci seront abordées dans l'étude de la détermination du revenu net par catégorie. (voir *infra*).

2.3 Options et intérêts des différents régimes

Comme leur dénomination le suggère, ces différents régimes ont une vertu simplificatrice, permettant au jeune entrepreneur de se familiariser doucement mais sûrement avec les obligations comptables et fiscales. Cependant, comme tout choix, l'option ne doit pas obligatoirement être souscrite car son apparente simplification cache certains effets indésirables que seul le régime du « réel normal » permet de corriger :

- l'imputation sur le revenu global des déficits éventuels, dans la mesure où les régimes « Micro-BIC » et « Micro-BNC », par le mécanisme de l'abattement forfaire, ne peuvent conduire à la détermination d'un déficit ;
- une réduction d'impôt accordée en cas d'adhésion à un centre de gestion agréé pour les contribuables au régime réel et réel contrôlé. Le montant de cette réduction d'impôt correspond au plus faible des deux montants suivants : soit le montant de l'impôt sur le revenu dû[1], soit au montant forfaitaire de 915 € ;
- l'allégement d'impôt sur les revenus imposés dans la catégorie des BIC pour les entreprises nouvelles ce qui, rappelons le, est le cas de figure le plus fréquent pour une entreprise satisfaisant aux critères du régime des Micro[2].

3 La détermination du revenu net par catégorie

Le principe général pour la détermination du revenu net est posé par l'article 13 du CGI. Ce dernier dispose que les dépenses sont déductibles si elles concourent à la réalisation ou à la conservation d'un bénéfice imposable. Les charges déductibles à prendre en compte pour la détermination du revenu net par catégorie sont les suivantes :

- les achats de matières et marchandises ;
- les frais généraux, regroupant les postes comptables traditionnels suivants : charges de personnel, impôts et taxes, autres achats et charges externes, services extérieures (sous-traitance, honoraires…), charges financières et exceptionnelles ;
- les provisions et amortissements.

Pour être admis en déduction, les frais généraux doivent satisfaire trois conditions cumulatives :

- ils doivent se traduire par une **diminution de l'actif net** de l'entreprise, ce qui permet de les distinguer des dépenses d'investissement ;
- ils doivent être engagés dans **l'intérêt de l'entreprise** sans caractère excessif ;
- ils doivent être **documentés**, c'est-à-dire comptabilisés et l'exploitant doit conserver les justificatifs.

Pour satisfaire au mieux à ces conditions, et notamment celle de la comptabilisation des charges engagées, les exploitants indépendants (commerçants, professions libérales, agriculteurs) ont la faculté de pouvoir s'inscrire à un centre de gestion agréé ou à une association de gestion agréée pour les contribuables imposables dans la catégorie des BNC. Outre cette précieuse aide, les adhérents bénéficient notamment des avantages fiscaux suivants :

1. Article 199 quater B du CGI.

2. Article 44 sexies du CGI prévoyant une exonération dégressive (exonération totale pendant 2 exercices, 75 % pour le troisième exercice, 50 % pour le quatrième et 25 % pour le cinquième).

– absence de majoration de la base d'imposition des revenus de 25 %[1] ;
– déduction intégrale en charges d'exploitation de l'éventuel salaire du conjoint participant à l'exploitation[2] ;
– réduction d'impôt pour le montant des frais de tenue de comptabilité[3].

Quant au contribuable salarié, dans la mesure où les déclarations sont pré-remplies, celui-ci n'a plus qu'à contrôler le montant figurant sur sa déclaration de revenu 2042. Il peut déduire le montant réel de ses frais professionnels, c'est-à-dire les frais inhérents à la fonction ou à l'emploi et qui n'auraient pas été engagés si le contribuable n'avait pas occupé le poste ou les fonctions. Comprenant que toute déduction réelle doit être documentée, le droit fiscal permet à l'ensemble des salariés de retenir un montant d'abattement forfaitaire pour frais correspondant à 10 % des salaires et traitements taxables.

4 La détermination du revenu brut global

Comme nous l'avons déjà présenté, le contribuable doit déterminer, à ce stade, le montant de son revenu brut global à partir de l'ensemble de ses revenus nets catégoriels.

Le principe, empreint de simplicité et de bon sens, conduit à déterminer le montant du revenu brut global en faisant la somme algébrique des différents revenus nets catégoriels, que ceux-ci soient bénéficiaires ou déficitaires. Fort de cette disposition, il est apparu des montages défiscalisant permettant de compenser avec des déficits artificiels d'une catégorie les revenus d'activités professionnelles d'une autre catégorie. Pour lutter contre ces pratiques, la législation fiscale a évolué pour restreindre peu à peu les déficits reportables sur le revenu global. Ainsi, tous les déficits provenant des activités accessoires ne seront pas imputables sur le bénéfice global, et seuls les déficits générés par des activités professionnelles sont désormais admis en déduction du revenu global :

– déficits provenant de BIC et de BNC professionnels ;
– déficits agricoles si l'exploitant ne retire pas plus de 60 000 € de revenus d'autres catégories de revenus ;
– revenus fonciers dans la limite de 10 700 € par an ;
– régimes spécifiques (déficits fonciers en régime Malraux déductibles sans limitation de montant sur le revenu global, traitements et salaires, intérêts d'emprunt pour l'acquisition de la première résidence principale…).

1. Article 158.7 du CGI.
2. Article 154 du CGI.
3. Article 199 quarter B du CGI.

Les autres déficits ne connaissent malheureusement pas le même sort. Ils sont reportables sur 6 ans et sont uniquement imputables sur les bénéfices de même catégorie de revenus.

Repères — Montant du revenu net imposable

Pour déterminer le montant du revenu net imposable, il convient de suivre la méthodologie suivante :

Étape 1 : **Classification des revenus nets bénéficiaires** entre, d'une part, ceux étant imposés selon des dispositions particulières (plus et moins-values mobilières et immobilières, sommes faisant l'objet de prélèvement libératoire comme les produits de placements financiers...) et les revenus imposés selon le barème progressif de l'impôt sur le revenu (voir infra) ;

Étape 2 : **Détermination du revenu global** en additionnant les revenus imposables selon le barème progressif ;

Étape 3 : **Classification des revenus nets déficitaires** selon la même philosophie que pour les revenus bénéficiaires en séparant ceux déductibles sur le revenu global et ceux non déductibles sur le revenu global ;

Étape 4 : **Détermination du revenu brut global**, en prenant en compte les bénéfices et les déficits et en gardant bien à l'esprit la spécificité des premiers et le champ d'imputation des seconds.

Exemple

Un contribuable exploite une petite activité de négoce. Il tire de cette activité un revenu net de 30 000 €.

De plus, il loue plusieurs biens immobiliers qui lui apportent des fortunes diverses :

– l'un dégage un bénéfice de 4 000 € ;

– l'autre une perte de 12 000 €.

Enfin, pour être complet sur les activités immobilières de notre contribuable, ce dernier vient de vendre deux appartements, générant une plus-value de 45 000 € et une moins-value de 5 000 €.

Pour sa déclaration de revenus, il a également reçu un document de sa banque lui précisant le montant des produits financiers perçus au titre de l'année écoulée, soit 1 200 €. Ce contribuable a opté pour le prélèvement libératoire.

Un peu envahi par toutes ces sources de revenus et de déficits, il conviendrait de l'aider à déterminer le revenu brut global.

En faisant abstraction de ce qui précède, nous obtiendrions un revenu brut de global de :

	Revenu net global
Revenus bénéficiaires	80 200 €
Revenus déficitaires	– 19 000 €
Revenu brut global	**61 200 €**

L'application des règles précédemment exposées a-t-elle une incidence sur le montant du revenu global ?

Nous obtenons pour ce contribuable un revenu net global de :

	Revenu net global
Revenus bénéficiaires	80 200 €
Revenus déficitaires	– 17 700 €
Revenu brut global	**62 500 €**

Il apparaît que ce revenu net global est supérieur de 1 300 € à celui calculé grossièrement, en raison de l'impossibilité d'imputer l'ensemble des déficits fonciers. Que notre lecteur se rassure, il ne s'agit pas à proprement parlé d'un stratagème destiné à faire peser une charge d'impôt plus grande sur les épaules du contribuable puisque, nous le rappelons, le déficit imputable sur des revenus de même catégorie peut l'être pendant les 6 prochaines années. Il ne s'agit donc là que d'un décalage temporaire :

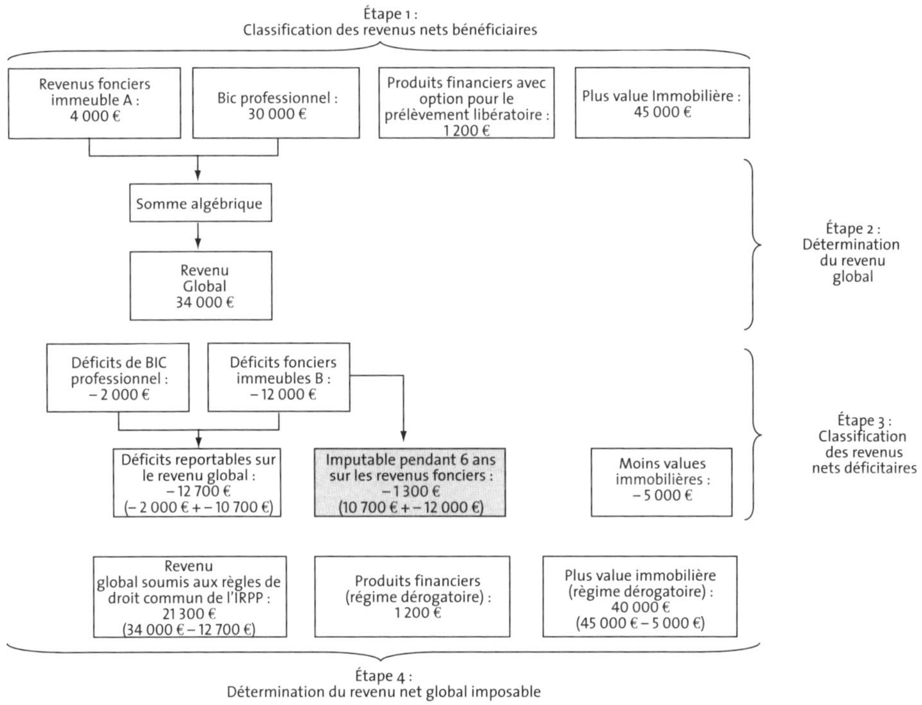

5 Détermination du revenu net global imposable

5.1 Principe

Une fois le montant du revenu brut global déterminé, le contribuable doit se demander s'il n'a pas engagé des dépenses au cours de l'année susceptibles d'être déduites. Il convient de préciser que ces charges et abattements sont imputables sur le revenu global et ne connaissent pas les limitations des imputations par catégorie.

Pour être imputée sur le revenu brut global, les charges et abattements doivent satisfaire quatre conditions :

- elles doivent être **expressément prévues** par un texte législatif (voir tableau ci-dessous) ;
- elles ne doivent **pas déjà avoir été prises en compte** pour la détermination du revenu net d'une catégorie ;
- elles doivent être **documentées**, c'est-à-dire que le contribuable doit être en mesure de fournir à l'administration fiscale les justificatifs de ces charges ;
- elles doivent avoir fait l'objet d'un **paiement effectif** au cours de l'exercice.

Les charges déductibles sont les suivantes :

Tableau 12.8

Charges déductibles	Base législative
Fraction de la CSG	Art. 154 quinquies II
Intérêts des prêts consentis aux rapatriés	Art. 156, II.1° CGI
Pensions alimentaires	Art. 156, II.2° CGI
Frais d'accueil des personnes âgées de plus de 75 ans	Art. 156, II.2° ter CGI
Retraite mutualiste du combattant	Art. 156, II.5° CGI
Arrérages de certaines rentes	Art. 156, II.2° CGI
Cotisations sociales	Art. 156 II.4°,10° & 13° Art. 163 quaterdecies CGI
Versements sur un compte épargne de codéveloppement	Art. 163 quinvicies CGI

5.2 Principaux charges et abattements déductibles

La contribution sociale généralisée (CSG)

La CSG s'applique aux revenus du patrimoine et des produits de placement (revenus fonciers, rentes viagères, revenus de capitaux mobiliers…). Son taux de 8,2 % peut se décomposer en deux parties :

- un taux de 5,8 % dont le montant sera déductible ;
- un taux de 2,4 % dont le montant ne sera pas déductible.

Nous préciserons que la CRDS (taux de 0,5 %), le prélèvement social de 2 % ainsi que la contribution additionnelle de 0,3 % ne sont pas déductibles du revenu net global.

Pensions alimentaires

Les pensions alimentaires concernées sont celles versées à des individus liés au contribuable par les dispositions des articles 205 à 211 du Code civil posant le principe de l'obligation alimentaire réciproque. Le principe entend donc permettre la déduction de l'ensemble des pensions alimentaires versées par le contribuable à ses ascendants ou descendants, dans la mesure où le montant versé est conforme aux besoins du bénéficiaire et en adéquation avec les revenus de celui qui la verse. Cependant, ce principe a été aménagé notamment en instaurant des plafonds de déduction :

- **Enfants mineurs :** les sommes versées ne peuvent donner lieu à une quelconque déduction si les enfants sont intégrés pour la détermination du quotient familial du contribuable (voir *infra*).
- **Enfants majeurs :** les sommes versées à un enfant majeur dans le besoin sont déductibles dans la limite de 5 753 €, et cette déduction ne peut se cumuler avec la possibilité pour ce jeune majeur de demander son rattachement au foyer fiscal de ses parentes.
- **Ascendants :** les sommes versées sont déductibles et, dans le cas d'une pension alimentaire versée en nature (ascendant et contribuable vivant sous le même toit), il est impératif que le contribuable puisse justifier l'ensemble des dépenses engagées et qu'il entend déduire. Précisons toutefois que dans la mesure où l'ascendant est sans ressource, qu'il est âgé de plus de 75 ans et bénéficiaire de revenus n'excédant pas le plafond de ressources pour l'octroi du minimum vieillesse (8 309,27 € pour une personne seule en 2009), le contribuable peut déduire sans justification 3 296 € par ascendant au titre des dépenses de nourriture et d'hébergement. Les autres dépenses restent déductibles si elles sont documentées.

Ces règles connaissent quelques aménagements, notamment lorsque les pensions alimentaires sont versées suite à une décision de justice (divorce…) :

- les pensions alimentaires versées suite à une décision de justice consécutive à un divorce ou une séparation de fait sont déductibles du revenu global ;
- les prestations compensatoires versées sous forme de rente sont également déductibles du revenu global du contribuable.

Cotisations sociales

La grande majorité des cotisations sociales a déjà été prise en compte pour la détermination du revenu net par catégorie. Cependant, il arrive que certaines cotisations ne l'aient pas été et il convient alors de les déduire du revenu net global une fois ce dernier déterminé.

Il s'agit principalement des versements réalisés sur un Perp (Plan d'épargne retraite populaire). Ceux-ci ne sont toutefois pas déductibles intégralement. Ainsi, pour chaque membre du foyer fiscal, le plafond de déduction correspond au plus élevé des deux montants suivants :

- 10 % des revenus professionnels de l'année précédente, plafonné à 8 fois le plafond de la sécurité sociale de l'année considérée (soit un plafond de déduction de 22 872 € en 2009 et 23 080 € pour 2010) ;
- 10 % du plafond de la sécurité sociale de l'année considérée (soit un plafond de déduction de 3 341 € pour 2009 et 3 462 € pour 2010).

Section 3 CALCUL DE L'IMPÔT SUR LE REVENU

Comme nous l'avons déjà présenté, il n'est réalisé qu'une seule déclaration par foyer fiscal, le foyer fiscal pouvant comprendre plusieurs individus. Au niveau de la détermination du revenu net imposable, cette pluralité de contribuable est prise en compte pour la détermination du revenu net imposable par l'additivité des différents revenus des membres d'un même foyer fiscal. Comme nous l'avons vu précédemment, le foyer fiscal regroupe la famille au sens traditionnel du terme, parents et enfants.

Il convient de préciser quelque peu cette notion :

- seuls les **couples mariés ou pacsés** souscrivent une déclaration commune au titre de l'IRPP. L'année de leur union, le couple fera trois déclarations : les deux conjoints établiront chacun leur propre déclaration pour les revenus perçus du 1er janvier au jour de leur union ; le couple fera une déclaration commune du jour de l'union au 31 décembre ;
- les concubins doivent déclarer chacun de leur côté leurs revenus, s'interdisant alors de reporter sur les bénéfices de l'un, les déficits de l'autre ;
- les **enfants** compris dans le foyer fiscal sont qualifiés d'« enfants à charge », c'est-à-dire les enfants mineurs non émancipés ainsi que les majeurs[1] sans condition jusqu'à 21 ans et sous condition de poursuite des études jusqu'à 25 ans. Pour les enfants infirmes, aucune condition d'âge n'est exigée.

À titre d'information, et pour que la notion de « personnes à charge » garde tout son sens, les personnes titulaires d'une carte d'invalidité sont considérés comme faisant partie du foyer fiscal sans condition de lien de parenté, d'âge ou même de ressources[2].

1. Le rattachement du jeune majeur se fait par demande écrite de l'intéressé au centre du Trésor Public du domicile de ses parents.

2. Article 196 A du CGI.

1 Le barème progressif

L'impôt sur le revenu n'est pas déterminable aisément par le contribuable, notamment en raison de l'existence d'un barème progressif des taux d'imposition. Ces taux s'appliquent à une fraction de revenus et croissent au fur et à mesure que les revenus augmentent :

Tableau 12.9

Fraction du revenu imposable (une part, pour les revenus perçus en 2008)	Taux (en %)
N'excédant pas 5 875 €	0 %
Compris entre 5 875 € et 11 720 €	5,5 %
Compris entre 11 720 € et 26 030 €	14 %
Compris entre 26 030 € et 69 783 €	30 %
Excédant 69 783 €	40 %

Attention, le taux présenté est un taux marginal. Il ne s'applique que sur la tranche de revenus la plus importante :

Exemple

Un contribuable célibataire déclarant un revenu net imposable de 30 000 € verra son imposition déterminée ainsi :

De 0 € à 5 875 € : 0 €

De 5 875 € à 11 720 € : (11 720 € – 5 857 €) × 5,5 % = **322** €

De 11 720 € à 26 030 € : (26 030 € – 11 720 €) × 14 % = **2 003** €

De 26 030 € à 30 000 € (son revenu net imposable) : (30 000 € – 26 030 €) × 30 % = **1 191** €

Soit un montant d'impôt sur le revenu à payer de : **3 516** €, représentant un taux global d'imposition de 11,72 % (3 516 € / 30 000 €).

2 Le quotient familial

Au risque de nous répéter, l'imposition au titre de l'IRPP se fait sur le revenu global d'un foyer fiscal. Afin de prendre en considération cette pluralité d'éléments, et notamment la présence parfois nombreuse de futur(e)s contribuables, le droit fiscal retient un système de quotient familial. Ce mécanisme est également destiné à diminuer l'effet progressif de l'imposition. Le quotient familial correspond au rapport entre le montant du revenu net imposable et le nombre de « parts » dont peut se prévaloir le foyer fiscal. Ces parts sont attribuées ainsi :

Tableau 12.10

Situation du foyer fiscal	Nombre de parts
Personne seule	1 part
Personne seule ayant une ou plusieurs personnes à charge	1,5 part
Couple marié ou pacsé	2 parts
Personnes à charges	**Nombre de parts**
Première personne à charge	+ 0,5 part
Deuxième personne à charge	+ 0,5 part
À partir de la troisième personne à charge	+ 1 part

Il convient de préciser que ces majorations du nombre de parts sont adaptées en cas de divorce ou de séparation (applicable pour les contribuables ayant élevé seuls les enfants pendant au moins 5 ans) :

Tableau 12.11

Personnes à charges (pour les 2 parents)	Nombre de parts
Première personne à charge	+ 0,25 part
Deuxième personne à charge	+ 0,25 part
À partir de la troisième personne à charge	+ 0,5 part

Exemple

Soit une famille de 4 enfants, tous considérés comme à charge et dont les parents sont mariés.

Le nombre de parts est de :

Couple marié :	2 parts
Premier enfant à charge :	+ 0,5 part
Deuxième enfant à charge :	+ 0,5 part
Troisième enfant à charge :	+ 1 part
Quatrième enfant à charge : .	+ 1 part
Total :	**5 parts**

Poursuivons avec cette famille, et supposons que les parents ont divorcé. 3 enfants sont à la charge des deux parents, le 4e étant à la charge d'un seul parent depuis plus de 5 ans. Le nombre de part évoluera ainsi :

Premier parent :

Personne seule avec une ou plusieurs personnes à charge :	1,5 part
Premier enfant à charges partagées :	+ 0,25 part
Deuxième enfant à charges partagées :	+ 0,25 part
Troisième enfant à charges partagées :	+ 0,5 part
Total :	**2,5 parts**

Second parent :	
Personne seule avec une ou plusieurs personnes à charge :	1,5 part
Premier enfant à charge exclusive :	+ 0,5 part
Premier enfant à charges partagées :	+ 0,25 part
Deuxième enfant à charges partagées :	+ 0,5 part
Troisième enfant à charges partagées :	+ 0,5 part
Total :	**3,25 parts**

3 Détermination du montant de l'impôt à payer

Le montant de l'impôt à payer est déterminé à partir du quotient familial. Il s'agit là du travail de l'administration fiscale. Le quotient familial s'obtient en divisant le revenu net imposable par le nombre de parts du foyer fiscal.

Exemple

Un couple marié avec 1 enfant mineur déclare un revenu net imposable de 35 000 €. Leur nombre de parts est de 2,5. Le montant de leur quotient familial est de : 35 000 € / 2,5 = 14 000 €

Une fois le quotient familial déterminé, le contribuable peut déterminer le montant de l'impôt à payer, soit en faisant l'exercice de détailler l'imposition, tranche par tranche, soit en appliquant la formule adéquate suivante (avec **R**, le revenu net imposable et **N**, le nombre de parts du foyer fiscal) :

Tableau 12.12

Quotient familial (revenus perçus en 2008)	Formule pour déterminer le montant de l'IRPP à payer
N'excédant pas 5 875 €	0
Compris entre 5 875 € et 11 720 €	(R × 0,055) – (323,13 × N)
Compris entre 11 720 € et 26 030 €	(R × 0,14) – (1 319,33 × N)
Compris entre 26 030 € et 69 783 €	(R × 0,30) – (5 484,13 × N)
Excédant 69 783 €	(R × 0,40) – (12 462,43 × N)

Nous préciserons que le droit fiscal a entendu limiter les effets du quotient familial[1]. Ainsi, l'avantage en impôt est plafonné pour les personnes à charge à 2 952 € par demi-part additionnelle[2]. Cependant, ce qui est pris d'une main est redonné de

1. Article 197 I-2 du CGI.
2. Ce montant est à ajuster en fonction d'un quart de part additionnel ou d'une part additionnelle.

l'autre avec la mise en place du bouclier fiscal, plafonnant le taux d'imposition effectif d'un contribuable à 50 % de ses revenus[1].

4 Les réductions ou crédits d'impôt

Le montant ressortant de la formule de calcul ci-dessus ne constitue pas pour autant la charge d'impôt sur le revenu que le contribuable devra réellement acquitter. En effet, le CGI contient un certain nombre de dispositions permettant de diminuer le montant de l'imposition à régler. Ces véritables cadeaux fiscaux vont et viennent selon les modes, les aspirations des contribuables et des problèmes budgétaires.

Ils constituent une véritable forêt de textes législatifs dont il est difficile de dresser un panorama complet. Ainsi, dans le cadre limité de cette étude, nous nous attacherons simplement à présenter quelques objectifs poursuivis par le législateur et l'incitation fiscale mise en œuvre pour que ceux-ci aboutissent :

- allégement des frais de scolarité d'un montant variant de 61 € à 183 € selon le degré d'avancement des études[2] ;
- favoriser les investissements dans les PME en autorisant une réduction d'impôt de 25 % des sommes engagées dans la limite de 50 000 € pour un célibataire et 100 000 € pour un couple marié ou pacsé (ces limites conduisent à plafonner le montant de la réduction d'impôt à 12 500 € ou 25 000 € selon la situation familiale)[3];
- encourager le recours déclaré du personnel de maison en accordant une réduction de 50 % des sommes engagées dans la limite de 12 000 € (majorée de 1 500 € par personne à charge)[4], 15 000 € pur l'année d'une première embauche.

Leur modalité d'application est fort simple dans la mesure où le montant de la réduction ou du crédit d'impôt vient en diminution du montant de l'impôt sur le revenu à payer selon le barème progressif.

1. Voir chapitre « Le bouclier fiscal ».
2. Article 199 quater F du CGI.
3. Article 199 terdecies-0 A du CGI.
4. Article 199 sexdecies du CGI.

Section 4 DÉCLARATION ET PAIEMENT DE L'IMPÔT SUR LE REVENU

1 L'IRPP, un impôt déclaratif

L'IRPP étant un impôt déclaratif, la détermination du revenu global incombe au contribuable. Celui-ci peut, bien entendu, se faire aider par des professionnels de la comptabilité et de la fiscalité dans le cas d'activité non salariée. Pour les salariés, le système de la déclaration pré-remplie par l'administration fiscale conduit ces derniers à s'assurer du correct montant reporté. Cela signifie également que tout jeune actif qui débute se doit de se rapprocher du centre des impôts de son domicile pour récupérer un imprimé (n° 2042) vierge afin de déclarer ses revenus et se faire connaître auprès des services fiscaux.

Dans un souci de rapidité et d'efficacité, le Trésor public permet désormais de déclarer ses revenus via Internet moyennant un enregistrement préalable. Afin d'inciter les contribuables à utiliser cette voie, une réduction d'impôt de 20 €[1] est accordée pour leur première déclaration, ainsi qu'un délai supplémentaire pour « télédéclarer » ses revenus. Tout contribuable qui dépasse ce délai se voit appliquer une pénalité de 10 % au titre de l'impôt à payer.

2 Modalités de paiement

Une fois que le contribuable a soigneusement rempli et envoyé sa déclaration au Trésor Public, il appartient à ce dernier de déterminer le montant de l'impôt dû. C'est à la Trésorerie qu'il revient de recouvrer la créance d'impôt que l'État a sur chaque contribuable imposé. Pratiquement, le contribuable paie en une seule fois son impôt au mois de septembre de l'année de sa déclaration. Que l'on se rassure, cela n'arrive qu'une fois, la première.

Après, chaque contribuable est inscrit dans les fichiers de la Trésorerie qui met à la disposition des foyers fiscaux deux moyens pour s'acquitter de son impôt :

– le régime des acomptes prévisionnels, reposant sur le paiement en trois fois par le contribuable de son impôt. Les deux premiers paiements interviennent au plus tard le 15 février et le 15 mai de l'année de la déclaration, le dernier est payé au mois de septembre. Le montant des acomptes est déterminé par rapport à l'impôt sur le revenu payé l'année précédente pour les deux premiers acomptes, le mon-

1. Article 199 novodecies du CGI.

tant du troisième et dernier acompte est fixé pour que la nouvelle dette d'impôt soit soldée ;
- le régime de la mensualisation est semblable à celui des acomptes prévisionnels sauf que la périodicité de paiement est mensuelle et que l'éventuel rattrapage des mensualités (en cas de différence de montant d'impôt sur le revenu à payer entre deux années) peut se faire sur plusieurs échéances mensuelles.

En cas de retard dans le paiement, c'est bien entendu la même sanction qui s'applique avec une majoration du montant de l'impôt à payer de 10 %.

Chapitre 13

L'imposition des revenus du patrimoine financier

Emmanuelle Roy-Spiridion

Les revenus du patrimoine financier sont composés pour les particuliers des produits des placements financiers, appelés « revenus de capitaux mobiliers », et des gains en capital réalisés sur les produits financiers, appelés « gains de cessions de valeurs mobilières ». Les produits financiers sont, de nos jours, extrêmement diversifiés (placements à revenus variables, à revenus fixes, à rémunération garantie, SICAV, FCP, titres cotés sur un marché boursier, produits spéculant sur la hausse ou la baisse de titres, des marchés monétaires, des matières premières…) et les particuliers investisseurs ont parfois des difficultés à comprendre les modalités de fiscalisation de leurs revenus[1]. Les revenus de capitaux mobiliers (RCM) ont trois modalités de taxation différentes : taux progressif (avec ou sans abattement), taux proportionnel (prélèvement forfaitaire libératoire) ou retenue à la source. Les gains en capital réalisés sont, quant à eux, taxés au taux proportionnel. Enfin, certains produits bénéficient d'exonérations importantes, comme les livrets A, le livret de développement durable, le PEA…

1. Tous ces produits sont présentés en détail au sein du chapitre « Les produits d'épargne et de placement ».

Indépendamment de leur modalité de taxation, les revenus de capitaux mobiliers et les plus-values de cessions de valeurs mobilières sont soumis aux prélèvements sociaux (12,1 % au total) suivants :

– la contribution sociale généralisée (CSG) de 8,2 % ;
– le prélèvement social de 2 % ;
– la contribution additionnelle au prélèvement social au taux de 0,30 % ;
– la contribution au remboursement de la dette sociale (CRDS) de 0,5 %.
– la contribution sociale pour le financement du RSA : 1,1 %.

La Loi de finances 2008 a généralisé le principe de la retenue à la source des prélèvements sociaux sur les revenus de capitaux mobiliers.

Section 1 LES REVENUS DE CAPITAUX MOBILIERS (RCM)

Les produits du portefeuille-titres et des placements financiers des particuliers sont imposables à l'impôt sur le revenu dans la catégorie des revenus de capitaux mobiliers (RCM). Ces revenus se répartissent en deux grandes catégories qui sont soumises à des règles d'imposition différentes (prélèvement libératoire forfaitaire ou taux progressif classique) :

– produits de placement à revenu fixe (principalement les obligations, dépôts, cautionnement…) ;
– produits de placement à revenu variable (principalement les actions et parts sociales).

1 Les RCM soumis au prélèvement libératoire

Les revenus de capitaux mobiliers soumis à prélèvement libératoire sont les produits de placement à revenu fixe et les produits des bons ou contrats de capitalisation et d'assurance-vie de source française ou européenne : obligations, bons du Trésor, bons de caisse, intérêts de créances, dépôts, cautionnements et comptes courants…

Tous ces placements à revenu fixe peuvent fiscalement :

– être soumis à un prélèvement forfaitaire qui, lorsqu'il est appliqué, est libératoire de l'impôt sur le revenu ;

– ou être imposés au taux progressif dans les conditions classiques de l'impôt sur le revenu.

Lorsqu'il est appliqué, le prélèvement libératoire peut être opéré d'office, sur option ou obligatoirement au plus tard au moment de l'encaissement des revenus.

Depuis le 1er janvier 2009, les produits de placement à revenu variable peuvent être également taxés sur option au prélèvement libératoire forfaitaire. Ce choix est laissé à l'initiative du contribuable en fonction de sa situation personnelle.

1.1 Prélèvement d'office

Le prélèvement libératoire est opéré d'office sur les intérêts des :
– bons du Trésor sur formule ;
– bons d'épargne PTT ou de La Poste ;
– bons émis par la Caisse Nationale de Crédit Agricole ainsi que par les groupements régionaux d'épargne et de prévoyance ;
– bons à cinq ans de participation au développement du marché hypothécaire émis par le Crédit Foncier de France ;
– versements en compte sur livrets.

Le contribuable peut toutefois demander que ce prélèvement ne soit pas effectué et opter pour l'imposition de droit commun à l'impôt sur le revenu au moment de l'encaissement. Dans ce cas, l'option se fait auprès de son établissement financier et le contribuable reporte les sommes sur sa déclaration de revenus dans la catégorie des RCM, sans abattement.

1.2 Prélèvement sur option

Le prélèvement s'applique aux produits de placement à revenus fixes de source française ou européenne

– des fonds d'État, des obligations, des parts de fonds communs de créances, des titres participatifs et autres titres d'emprunts négociables émis par les collectivités publiques ou privées françaises ;
– des bons de caisse émis par les banques ;
– des créances, dépôts, cautionnements et comptes courants ;
– des primes de remboursement qui ne sont pas exonérées (art. 157.3 du CGI) ;
– des billets de trésorerie, certificats de dépôt, bons des institutions financières spécialisées et bons du Trésor en compte courant, bons des sociétés financières ;
– du bon de liquidation relatif aux fonds communs de créances ;

– des PEP en cas de retrait moins de 8 ans après leur ouverture ;
– des bons ou contrats de capitalisation et des placements de même nature (contrats d'assurance-vie) ;
– des plans d'épargne logement de plus de 12 ans et des plans ouverts avant le 1er avril 1992 arrivés à échéance.

L'option doit être exercée au plus tard lors de l'encaissement des revenus. Elle peut être partielle, c'est-à-dire porter sur une catégorie de placements seulement, les autres restant soumis au régime de droit commun. Une fois exercée, à partir de la date de paiement des produits, l'option est irrévocable, le contribuable ne pouvant plus dès lors revenir sur son choix.

Le prélèvement sur option peut s'appliquer aux produits de placement à revenus variables perçus depuis le 1er janvier 2009

L'option est réservée exclusivement aux contribuables personnes physiques, domiciliés fiscalement en France au sens de l'article 4 B du CGI. Elle est exercée pour chaque encaissement et peut être totale ou partielle.

Toutefois, l'option pour le PLF à raison d'une partie seulement des dividendes perçus au cours de l'année entraîne des conséquences défavorables sur l'imposition des dividendes non soumis au PLF. En effet, si l'option n'est exercée que pour une partie des dividendes perçus au cours de l'année, elle prive ceux qui n'ont pas fait l'objet de l'option du bénéfice de l'abattement de 40 %, de l'abattement fixe annuel et du crédit d'impôt plafonné à 115 € et 230 €.

1.3 Prélèvement obligatoire

Le prélèvement libératoire est obligatoirement appliqué pour les produits de placement versés à des contribuables non domiciliés en France. Il est toutefois important de consulter la convention fiscale internationale concernée, qui peut supprimer ou réduire la portée de cette mesure.

1.4 Taux du prélèvement

Le taux du prélèvement varie en fonction de la nature des produits de placements, il est globalement de 18 % pour la très grande majorité des produits et peut atteindre 60 % pour les bons anonymes[1] (voir tableau en annexe à ce chapitre).

Les revenus de capitaux mobiliers ne faisant pas l'objet du prélèvement libératoire sont soumis au barème progressif de l'impôt sur le revenu. Ainsi, le prélèvement

1. Qui sont également soumis à un prélèvement spécial sur le nominal.

forfaitaire peut être avantageux si, ajoutés aux autres revenus, les revenus de capitaux mobiliers imposables sont taxés, d'après le barème de l'impôt sur le revenu, à un taux supérieur à celui du prélèvement. C'est au particulier de faire ses calculs lors de l'ouverture de son compte épargne, ou au plus tard avant les premiers versements d'intérêts, pour savoir si le taux du prélèvement libératoire est plus intéressant qu'une taxation classique au taux progressif.

Exemple

Revenus d'obligations perçus en N ouvrant droit au prélèvement au taux de 18 %.

Si le taux marginal d'imposition au titre des revenus de l'année N est de 5,5 %, l'imposition au barème progressif se fait à un taux inférieur à celui du prélèvement libératoire. L'option pour le prélèvement est défavorable.

Si le taux marginal d'imposition est supérieur ou égal à 30 %, l'option pour le prélèvement est avantageuse.

2 Les RCM soumis à l'impôt sur le revenu

Les revenus mobiliers non soumis au prélèvement forfaitaire libératoire doivent être compris dans le revenu global soumis à l'impôt sur le revenu au titre de l'année de leur paiement effectif. Les revenus sont pris en compte pour leur montant net des frais supportés par le contribuable. La déduction est opérée sur le montant brut des revenus ou, s'agissant des dividendes d'actions, distribués par les sociétés, sur leur montant net après application de la réfaction de 40 % (*cf.* paragraphe suivant). Les frais déductibles sont essentiellement les droits de garde des titres en portefeuille et les frais d'encaissement de coupons. Les frais de courtage, les frais d'abonnement à des revues financières ou encore les intérêts d'emprunts contractés pour l'acquisition des titres ne sont, en revanche, pas déductibles.

3 Les RCM ouvrant droit à l'abattement de 40 % et à l'abattement de 1 525 € ou de 3 050 €

3.1 Revenus des actions et parts sociales

Les dividendes d'actions ou de parts sociales sont imposables dans la catégorie des RCM. Sont concernés les revenus distribués par les sociétés passibles de l'impôt sur les sociétés ayant leur siège en France, dans un État de l'Union européenne ou dans un État ou territoire ayant conclu avec la France une convention en vue d'éviter les doubles impositions.

Le contribuable doit déclarer ces revenus pour leur montant brut perçu. Pour le calcul de l'impôt, un abattement proportionnel de 40 % sera appliqué automatiquement par l'administration à ces revenus. Le contribuable peut déduire les dépenses engagées pour l'acquisition du revenu (essentiellement les frais de garde des titres) après l'application de l'abattement de 40 %. Un abattement forfaitaire de 1 525 € ou de 3 050 € est ensuite appliqué automatiquement par l'administration, sur le montant net des revenus distribués ainsi déterminés. À compter du 1er janvier 2008, les dividendes perçus peuvent, sur option du contribuable, être soumis à un prélèvement forfaitaire libératoire de 18 %, calculé sur leur montant brut.

3.2 Revenus imposables des actions et parts non cotées détenues sur le PEA

Il est rappelé que les conditions à respecter pour obtenir la défiscalisation des revenus et des gains « en capital » sur PEA (plan d'épargne en actions) sont les suivantes : être domicilié en France, n'avoir qu'un seul PEA par personne majeure, le conserver au minimum 5 ans sans faire de retrait et ne pas apporter plus de 132 000 € en numéraires ou en titres. Lorsque toutes ces conditions sont respectées, le titulaire du PEA bénéficie d'une exonération des revenus et des gains « en capital » des titres détenus sur son PEA.

Si les dividendes d'actions ou des parts sociales perçus au travers d'un PEA sont exonérés d'impôt sur le revenu, une fraction de ces revenus peut, dans certaines conditions, être imposable. Les produits de ces titres sont, en effet, exonérés d'impôt seulement dans la limite de 10 % de la valeur d'inscription au PEA des titres non cotés. La fraction imposable à déclarer ouvre droit à l'abattement de 40 % ainsi qu'à l'abattement de 1 525 € ou 3 050 €. Cette fraction imposable des produits de titres non cotés doit être déclarée ligne FU de la déclaration de revenus.

Exemple

> Soit 1 action inscrite au PEA pour une valeur nominale de 100 €.
>
> Dividendes perçus : 15 € par action.
>
> Exonération à hauteur de 100 × 10 % = 10 €, soit 5 € imposé dans la catégorie des RCM et ouvrant droit à l'abattement de 40 % et à l'abattement fixe annuel.

3.3 Dividendes d'actions dont les titres sont sur un PEA

Dans les limites indiquées ci-avant, les produits perçus sur le PEA sont exonérés d'impôt sur le revenu. Toutefois, ils ouvrent droit au crédit d'impôt de 50 % de la même façon que les autres revenus d'actions ou parts sociales.

4 Les RCM ouvrant droit à crédit d'impôt

Les produits de placement à revenu variable (produits d'actions et parts sociales) bénéficient, en outre, d'un crédit d'impôt égal à 50 % du total des revenus déclarés. Son montant est toutefois limité à 115 € pour une personne célibataire, veuve ou divorcée et à 230 € pour un couple marié ou pacsé soumis à une imposition commune. Ce crédit s'impute sur l'impôt sur le revenu dû par le foyer. Il s'applique après imputations des réductions d'impôt et des autres crédits d'impôt. Lorsqu'il excède l'impôt dû, l'excédent est restitué par le Trésor Public.

5 Cas des produits des contrats d'assurance-vie et des contrats de capitalisation

Les produits acquis ou constatés à compter du 1er janvier 1998 sur des contrats d'assurance-vie et des bons de capitalisation de source française d'une durée au moins égale à 8 ans (6 ans pour ceux souscrits avant le 1er janvier 1990) sont soumis à l'impôt sur le revenu (sauf exceptions ci-dessous) lors du dénouement du contrat, après application d'un abattement annuel de 4 600 € (célibataires, veufs ou divorcés) ou de 9 200 € (couples mariés ou pacsés soumis à imposition commune). Sur option, ces produits peuvent être soumis à un prélèvement libératoire de 7,5 %.

Il est important de noter que, quelle que soit la durée du contrat ou du bon de capitalisation, les produits sont exonérés si le dénouement donne lieu au versement d'une rente viagère ou, si le dénouement résulte du licenciement du titulaire, de sa mise à la retraite anticipée, de son invalidité ou de celle de son conjoint.

Si le contribuable a déclaré des produits de contrats d'assurance-vie soumis au prélèvement libératoire, et si le montant des produits soumis au barème progressif de l'impôt sur le revenu est inférieur à l'abattement de 4 600 € (ou 9 200 €, si mariés ou pacsés soumis à imposition commune), il bénéficie d'un crédit d'impôt égal à 7,5 % du reliquat d'abattement (retenu dans la limite des produits déclarés soumis au prélèvement libératoire).

Exemple

Soit un contribuable marié qui a perçu 4 000 € de produits imposables attachés à un contrat d'assurance-vie (option pour le prélèvement libératoire à 7,5 %) et 8 000 € de produits de même nature pour lesquels il n'y a pas d'option.

L'abattement est utilisé à hauteur de 8 000 €, le contribuable bénéficie d'un reliquat d'abattement de 1200 € (9 200 – 8 000) qui va s'appliquer aux revenus soumis au prélèvement de 7,5 %.

Seuls les revenus excédant 1 200 €, soit 2 800 €, auraient dû être soumis au prélèvement libératoire. Le contribuable bénéficiera alors d'un crédit d'impôt de 90 € (1200 € × 7,5 %).

6 Les RCM n'ouvrant pas droit à abattement

Les autres revenus de capitaux mobiliers comme les produits d'obligations, d'emprunts d'État, les jetons de présence perçus par les membres du conseil d'administration ou du conseil de surveillance, les revenus des créances, dépôts et cautionnements ou les revenus distribués non déductibles du résultat de la société dont ils proviennent (rémunérations et avantages occultes, rémunérations excessives...) ne bénéficient pas de l'abattement de 40 %. Ils sont taxés à l'impôt sur le revenu pour leur montant brut encaissé diminué, le cas échéant, des frais supportés.

Section 2 LES PRODUITS EXONÉRÉS D'IMPÔT

Les produits suivants sont exonérés à l'impôt sur le revenu (certains sont également exonérés des prélèvements sociaux) :

- les intérêts des sommes inscrites sur :
  - un livret A de caisse d'épargne, un livret d'épargne populaire ;
  - un compte pour le développement durable (ex-CODEVI) ;
  - un compte d'épargne-logement ;
  - un plan d'épargne-logement de moins de 12 ans ;
  - un livret d'épargne entreprise ;
  - un livret jeune ;
- les produits capitalisés du PEP (plan d'épargne populaire) en l'absence d'opérations conduisant à la clôture ;
- les produits capitalisés du PEP, la prime d'épargne et les intérêts correspondant à la capitalisation de cette prime, afférents aux retraits anticipés, si le contribuable bénéficie du droit à la prime d'épargne au cours d'une des années du plan ;
- les intérêts des prêts (d'une durée maximale de dix ans) consentis entre le 1er janvier 2006 et le 31 décembre 2007 au profit d'un enfant, petits-enfants ou arrière-petits-enfants pour l'achat de sa résidence principale, dans la limite de 50 000 € prêtés.

Section 3 L'IMPOSITION DES GAINS DE CESSION DE VALEURS MOBILIÈRES ET DE DROITS SOCIAUX

Les plus-values de cessions de valeurs mobilières peuvent être définies comme les gains « en capital » réalisés par les particuliers sur les titres qu'ils détiennent. Si les titres détenus leur offrent des revenus (distribution de dividendes), les lois de l'offre et la demande, ainsi que la bonne santé économique des sociétés font que leurs titres peuvent voir leur valeur augmenter (ou diminuer) assurant ainsi, en cas de vente, une plus-value (ou une moins-value), calculée sur un prix de cession diminué d'un prix d'acquisition.

Les plus-values ainsi réalisées lors de cession de valeurs mobilières ou de droits sociaux sont taxées à l'impôt sur le revenu au taux de 18 % (29 % avec les prélèvements sociaux) si le montant annuel des cessions excède un seuil fixé à 25 000 € pour les cessions réalisées en 2008.

1 Appréciation du seuil de 25 730 €

Le contribuable doit tenir compte de l'ensemble des opérations réalisées (cessions de valeurs mobilières et de droits sociaux, valeur liquidative du PEA en cas de clôture du plan dans les 5 ans de son ouverture) par les membres du foyer fiscal, directement ou par personne interposée (société ou groupement).

En cas d'événements exceptionnels[1], ou en cas de survenance de tout autre événement exceptionnel (inondation, ouragan…) qui contraint le contribuable à liquider tout ou partie de son portefeuille, le seuil est à calculer en prenant la moyenne des cessions des trois dernières années pour apprécier le franchissement du seuil d'imposition de 25 730 € pour l'imposition des revenus 2009 (25 000 € en 2008).

Exemple

Un contribuable vend en N, année de son départ à la retraite, une partie de son portefeuille d'actions pour un montant de 30 000 €. En N–1, il avait réalisé 10 000 € de cessions et n'avait effectué aucune opération en N–2.

Les gains nets réalisés en année N ne sont pas taxables car la moyenne des ventes de l'année et des deux années antérieures s'élève à : (30 000 € + 10 000 €)/3 = 13 333 € et reste donc inférieure au seuil d'imposition de 25 730 € applicable en N.

2 Les cas d'exonération des plus-values de cessions

Il existe deux cas d'exonération d'impôt sur les plus-values de cession :

– Cession à un membre d'un groupe familial des titres d'une société soumise à l'impôt sur les sociétés et ayant son siège en France, dans laquelle le contribuable ou son conjoint, ascendants et descendants ont détenu, directement ou indirectement, au cours des 5 années précédant la cession, 25 % ou plus des droits

1. Licenciement, préretraite, mise à la retraite, cessation d'activité suite à un jugement de liquidation judiciaire, redressement judiciaire, invalidité ou décès du contribuable ou de l'autre époux ou partenaire de PACS soumis à imposition commune, divorce, séparation...

dans les bénéfices. La plus-value réalisée est exonérée à condition que tout ou partie des droits cédés ne soit pas revendu à un tiers dans le délai de 5 ans ;

– Retraits de fonds ou de valeurs d'un PEA dans les 5 ans de son ouverture, sans entraîner la clôture du plan, à condition de les affecter dans les 3 mois suivant le retrait au financement de la création ou de la reprise d'une entreprise dont le contribuable (ou son conjoint) assure personnellement l'exploitation ou la direction.

3 Calcul des plus-values de cession

Les plus-values (ou moins-values) sont calculées par différence entre le prix de cession et le prix d'acquisition. Elles sont ensuite réduites, dans certains cas, d'un abattement pour durée de détention.

3.1 Prix de cession

Il est constitué, pour les titres non cotés, du prix demandé et, pour les titres cotés, du cours de bourse du jour de la transaction. Il comprend toutes les charges et indemnités stipulées au profit du cédant ou d'un tiers. Il est diminué du montant des frais et taxes acquittés par le cédant : commissions d'intermédiaires et honoraires d'experts chargés de l'évaluation des titres, commissions de négociation, courtages et impôt sur les opérations de bourse pour les titres cotés.

3.2 Prix d'acquisition

Il est constitué du prix pour lequel les titres ont été achetés par le cédant ou, en cas d'acquisition à titre gratuit (succession ou donation), de la valeur retenue pour la détermination des droits de mutation. Il est augmenté des frais d'acquisition : les courtages, les commissions, les impôts sur les opérations de bourse, les honoraires d'experts, les droits d'enregistrement et frais d'acte et/ou les droits de succession ou de donation proprement dits, les frais d'acte et de déclaration et les honoraires du notaire.

En cas de cession de titres de même nature achetés à des prix différents, le contribuable peut retenir une moyenne pondérée des prix d'acquisition.

Exemple

Un contribuable a réalisé une acquisition en N–6 de 100 actions X au prix de 60 €, une acquisition en N–5 de 150 actions X au prix de 100 €. Il vend en N, 200 actions X au prix unitaire de 120 €.

La valeur moyenne pondérée d'acquisition des titres est de :

[(100 × 60 €) + (150 × 100 €)] / 250 = 84 €

Le montant de la plus-value est : (200 × 120 €) – (200 × 84 €) = 7 200 €.

3.3 Prise en compte des éventuelles clauses

Les **clauses de variation de prix** (ou clause d'*earn out*) prévoient, lors de la cession, que l'acquéreur devra verser dans le futur au cédant un complément de prix déterminé en fonction d'une indexation en relation directe avec l'activité de la société dont les titres sont vendus[1]. Si la clause est mise en exécution, le complément de prix perçu par le cédant est imposable au taux global de 29 % applicable aux plus-values sur titres, au titre de l'année au cours de laquelle il est reçu, quel que soit le montant des cessions réalisées au cours de cette année.

Les **clauses de garantie de passif ou d'actif net** prévoient, lors de la cession, que le cédant s'engage à reverser au cessionnaire tout ou partie du prix de cession en cas de révélation, dans les comptes de la société dont les titres sont vendus, d'une dette ayant son origine antérieurement à la cession ou d'une surestimation de valeurs d'actif figurant au bilan de la société à la date de la cession. Un dégrèvement de l'impôt initialement payé pourra être demandé par le cédant par voie contentieuse. L'acquéreur, lui, tiendra compte de cette variation de prix lors du calcul de sa plus-value de cession (diminution du prix d'acquisition des titres).

4 Abattement pour durée de détention

Il est prévu un abattement égal à un tiers par année de détention des titres au-delà de la cinquième, ce qui implique une exonération totale des plus-values réalisées sur les titres détenus depuis plus de huit ans. Ce dispositif, entré en vigueur à compter du 1er janvier 2006 s'appliquera aux cessions réalisées à compter du 1er janvier 2012 et l'exonération ne sera totale qu'à compter du 1er janvier 2014.

5 Échange de titres

Les plus-values résultant d'opérations d'échange de titres (offre publique, fusion, scission, apport à une société soumise à l'impôt sur les sociétés…) réalisées depuis le 1er janvier 2000 font l'objet d'un sursis d'imposition. Aucune plus-value n'est calculée, ni déclarée au titre de l'année de l'échange. La plus-value d'échange ne sera prise en compte qu'à la date de cession. Le gain réalisé sera alors calculé à partir du prix ou de la valeur des titres remis à l'échange, corrigé à la hausse ou à la baisse d'une éventuelle soulte.

Le sursis s'applique de la même façon en cas d'échanges successifs. Les plus-values réalisées lors d'échanges opérés avant le 1er janvier 2000 demeurent soumises

1. Par exemple, 50 % du prix de vente des titres est payé au comptant et le solde sera versé dans 1 an, mais indexé dans une limite de ± 20 % sur le chiffre d'affaires à cette date là.

au report d'imposition jusqu'à la cession à titre onéreux, au remboursement ou à l'annulation des titres reçus en échange. Elles doivent être portées sur la déclaration (n° 2074-I) de l'année de survenance de l'événement affectant les titres reçus en échange.

6 Calcul de l'impôt sur la plus-value

À compter du 1er janvier 2008, la plus-value est taxée au taux de 18 %, auquel s'ajoutent les prélèvements sociaux (12,1 %), soit un taux d'imposition de 30,1 %. Il existe toutefois des taux particuliers d'imposition :

– de clôture d'un PEA dans les deux ans de son ouverture : 22,5 % ;
– de cession de titres souscrits en exercice de stock-options : 30 %.

7 Imputation des moins-values

Les moins-values subies au cours d'une année sont imputables exclusivement sur les plus-values de même nature réalisées au cours de la même année ou des dix années suivantes. Aucune imputation sur le revenu global n'est possible. Elles ne sont prises en compte que lorsqu'elles relèvent d'opérations imposables. Les moins-values résultant de cessions non imposables (seuil de cessions de 25 000 € non franchi) ou d'opérations d'échange bénéficiant du sursis d'imposition ne sont ni imputables, ni reportables. Le délai de report de dix ans concerne les moins-values subies depuis le 1er janvier 2002 (pour les moins-values subies avant cette date, le report était limité à cinq ans).

Exemple

Un contribuable a échangé en 1998 20 titres de la société X contre 20 titres de la société Y et a réalisé une plus-value d'échange de 4 000 €. Cette plus-value est en report d'imposition.

En 2001, il échange 100 actions X (achetés au prix de 60 €) contre 100 actions de la société Y au prix de 80 €/titre.

Il a acheté en 2003, 150 actions Y au prix de 100 €/titre. Il vend en 2008, 220 actions Y au prix unitaire de 160 €.

Plus value imposable en 2008 :

– plus-value en report d'imposition depuis 1998 : 4 000 € deviennent imposables du fait de la cession des 20 titres échangés ;

– plus-value sur cession des titres Y acquis à des prix différents avec un calcul de la valeur moyenne pondérée (VMP) d'acquisition sur la base d'un prix des titres Y de 2001 calculé à partir du prix d'acquisition des titres X remis à l'échange :

- valeur des 100 titres Y échangés en 2001 = 60 € (× 100 titres)
- valeur des titres acquis en 2005 = 100 € (× 150 titres)

soit une valeur moyenne pondérée de :

$$\text{VMP} = \frac{[(100 \times 60) + (150 \times 100)]}{250} = 84$$

Montant de la plus-value taxable :

(200 × 160 €) – (200 × 84 €) = 15 200 €.

Prix de cession – Prix d'acquisition pondéré = base taxable

Le contribuable déclarera donc en 2008 deux plus-values : celle d'échange en report d'imposition de 4 000 € et celle de la vente de 15 200 €.

Tableau 13.1 – Synthèse des taux du prélèvement libératoire forfaitaire*

Nature des placements	Période	Taux (revenus 2009)	
Emprunts d'État.	Produits encaissés	18 %	
Fonds salariaux. Comptes bloqués d'associés (soumis au respect de certaines obligations).	Produits encaissés	18 %	
Titres de créances négociables : billets de trésorerie, certificats de dépôt, bons d'institutions financières spécialisées, bons des sociétés financières, bons à moyen terme négociables.	Produits encaissés	18 %	
Parts de fonds communs de titrisation (ex-fonds communs de créances)	Produits encaissés	18 %	
Créances, dépôts, cautionnements, comptes courants d'associés (l'option comporte des limitations pour ces derniers)	Intérêts encaissés ayant couru	18 %	
Plan d'Épargne Populaire (PEP)	Retrait avant 8 ans :		
	– moins de 4 ans	35 %	
	– supérieur ou égal à 4 ans	18 %	
	Retrait après 8 ans	0 %	
Plan d'épargne-logement	Intérêts courus à compter du 12e anniversaire du plan ou de son échéance (plan ouvert avant le 1-4-1992) ou à compter du 1-1-2006 si à cette date le plan avait plus de 12 ans ou était échu	18 %	
Bons du Trésor et assimilés, bons du Trésor sur formules, bons de la Caisse nationale de Crédit agricole, bons d'épargne des PTT ou de La Poste, bons émis par les groupements régionaux d'épargne et de prévoyance, bons à 5 ans du Crédit Foncier de France, Bons de caisse émis par des établissements de crédit	Émis :	Bénéficiaire connu	Anonymat demandé
	– entre le 1-1-1983 et le 31-12-1989	45 %	60 %
	– entre le 1-1-1990 et le 31-12-1994	35 %	60 %
	– à compter du 1-1-1995	18 %	60 %
Bons ou contrats de capitalisation et placements de même nature (assurance-vie)	Souscrits depuis le 1-1-1990 pour une durée de :	Bénéficiaire connu	Anonymat demandé
	– moins de 4 ans	35 %	60 %
	– 4 à 8 ans	15 %	60 %
	– 8 ans et plus	7,50 %	60 %

* Auquel il convient d'ajouter les 12,1 % de prélèvements sociaux.

Chapitre 14

L'imposition des revenus du patrimoine immobilier et les produits de défiscalisation immobilière

Olivier LEJEUNE

L'investissement immobilier représente toujours aux yeux des particuliers une valeur sure (la valeur refuge de la pierre) quand les autres investissements (mobiliers) deviennent risqués, notamment après l'effondrement des places boursières. L'investissement locatif présente le double avantage d'être généralement peu risqué (sauf crise importante de l'immobilier) et de s'autofinancer. Il est le plus souvent réalisé au moyen d'emprunts bancaires, dont le capital et les intérêts sont couverts par les loyers.

Les particuliers peuvent investir :

– dans les immeubles anciens, dont le prix d'acquisition est moins élevé que le neuf, pour dégager un bon rapport « revenus/investissement » ;

– dans le neuf, en acceptant un rapport moins favorable « revenus/investissement » mais en misant sur une future plus-value immobilière.

Cet engouement pour l'investissement locatif s'est traduit ces dernières années par une adaptation de la fiscalité, avec notamment la création de régimes spécifiques d'imposition des revenus fonciers. Nous étudierons les différents régimes de taxation des revenus fonciers (régime micro et régime réel), ainsi que les régimes dérogatoires (monuments historiques…) ou spécifiques (Robien, Borloo…) qui ont été récemment crées.

Les personnes qui réalisent des investissements locatifs doivent déclarer leurs recettes dans la catégorie des revenus fonciers si la location est nue. Il existe deux régimes déclaratifs :

– le régime réel, qui nécessite le dépôt d'une déclaration spécifique (modèle 2044) ;
– le régime du micro-foncier, applicable de plein droit aux contribuables qui ont encaissé dans l'année moins de 15 000 euros de recettes.

Section 1 LE RÉGIME DU « MICRO-FONCIER »

Les personnes qui ont un revenu foncier annuel inférieur à 15 000 euros sont soumises de plein droit à un régime d'imposition simplifié (dit du « micro-foncier ») qui aboutit à n'imposer que 70 % des recettes. Ce régime ne peut pas s'appliquer dans le cas de revenus fonciers dérogatoires ou spécifiques. S'il permet aux contribuables un allègement déclaratif important (recettes brutes directement reportées sur la déclaration de revenus), il ne permet pas la constatation de déficits. Les contribuables qui seraient de plein droit dans le régime du micro-foncier peuvent, toutefois, opter pour le régime réel d'imposition des revenus fonciers, option qui est conseillée lorsqu'ils constatent un déficit foncier (recettes inférieures aux charges).

Section 2 LE RÉGIME RÉEL D'IMPOSITION

Une déclaration de revenus fonciers (n°2044) doit être souscrite lorsque les contribuables ont perçu des loyers, des fermages ou d'autres revenus fonciers (droits d'affichage, droits d'exploitation de carrières, revenus de parts de sociétés immobilières) ou lorsqu'ils se réservent l'usage de certains biens ou droits (étangs, cours d'eau, droits de pêche, locaux commerciaux nus) pour un montant supérieur à 15 000 euros.

Le contribuable n'a pas de revenus fonciers à déclarer pour :

- les logements dont il se réserve la jouissance. L'exonération vise les locaux d'habitation et leurs dépendances immédiates (garages, jardins…) qui sont utilisés à titre de résidence principale ou secondaire ou qui sont mis gratuitement à la disposition d'un tiers en l'absence de tout contrat de location ;
- les locations et sous-locations en meublé, qui relèvent des bénéfices industriels et commerciaux professionnels ou non ;
- les sous-locations d'immeubles nus, qui relèvent des revenus non commerciaux.

Repères — **Montant du revenu net foncier**

Le revenu net foncier à déclarer est obtenu par la différence entre les recettes (principales et/ou accessoires) encaissées dans l'année et les charges de propriété payées dans l'année par le foyer fiscal :

Revenu net foncier = Recettes principales + Recettes accessoires – Charges de propriété

1 Les recettes

Les recettes sont constituées des loyers encaissés (y compris les loyers arriérés et les loyers perçus d'avance), des revenus exceptionnels (pas-de-porte, droit d'entrée) et des avantages en nature. Il convient d'ajouter à ces recettes principales les subventions de l'Agence Nationale pour l'Amélioration de l'Habitat, les sommes perçues en exécution d'un contrat de garantie de loyers, le droit d'affichage et les dépenses mises par convention à la charge du locataire (principalement des grosses réparations, des impôts afférents à la propriété…). Si le contribuable est assujetti à la TVA (immeubles à usage industriel, commercial ou de bureaux), les recettes doivent être déclarées pour leur montant hors TVA. Elles sont alors exonérées de Contribution sur les Revenus Locatifs.

2 Les frais et charges

Les principaux frais et charges déductibles comprennent notamment :

– les frais d'administration et de gestion ;
– les primes d'assurance ;
– les dépenses d'amélioration ;
– les dépenses de réparation ou d'entretien ;
– les provisions pour charges de copropriété ;
– les indemnités d'éviction et frais de relogement ;
– certaines impositions ;
– les intérêts des dettes.

2.1 Les frais d'administration et de gestion et autres frais de gestion

Il s'agit notamment des rémunérations qui sont allouées aux gardiens ou concierges. Il s'agit également de l'ensemble des rémunérations, honoraires et commissions versés à des tiers pour la gestion de l'immeuble. Il s'agit enfin des honoraires (notaire, avocat, huissier ou expert) ainsi que des autres frais de procédure supportés dans l'année.

Les autres frais de gestion sont déductibles pour un montant forfaitaire de 20 € par local. Ils représentent les frais de correspondance, de déplacement et de téléphone et les frais éventuels d'enregistrement des baux et actes de location.

2.2 Les primes d'assurance

Les primes d'assurance payées sont déductibles pour leur montant réel (assurance du bien et/ou assurance pour les loyers impayés[1]).

2.3 Les dépenses d'amélioration, de réparation et d'entretien

Les travaux d'amélioration sont ceux qui permettent d'apporter un élément de confort nouveau et/ou de s'adapter aux conditions modernes de vie, soit par une modification de son aménagement, soit par l'apport d'installations ou d'équipements nouveaux (par exemple, frais d'installation du chauffage central, du tout-à-l'égout, d'une salle d'eau ou de l'eau courante...). Pour être déduites, ces dépenses doivent concerner uniquement les locaux affectés à l'habitation. Toutefois, les dépenses d'amélioration afférentes aux locaux professionnels et commerciaux destinées à faci-

1. Choix pour le contribuable entre une déduction de l'assurance des loyers impayés au niveau des revenus fonciers (sur la déclaration n° 2044) ou en réduction d'impôt s'imputant sur l'impôt sur le revenu dû (sur sa déclaration des revenus n° 2042).

liter l'accueil des personnes handicapées ainsi que les dépenses d'amélioration destinées à protéger les locaux des effets de l'amiante (désamiantage) sont déductibles.

Les travaux de réparation et d'entretien sont ceux qui ont pour objet de maintenir ou de remettre en état un immeuble sans en modifier la consistance ou l'agencement intérieur et sans en accroître la valeur (par exemple, réfection des peintures extérieures, des planchers, réparation d'une toiture, réparation d'un ascenseur). Ces travaux ne doivent pas affecter :

- la structure de l'immeuble : les travaux de construction, de reconstruction ou d'agrandissement ne sont pas déductibles ;
- ni sa destination : la transformation d'un bâtiment à usage industriel en locaux d'habitation n'est pas déductible ;
- ni augmenter sa surface habitable.

Les travaux d'amélioration ou d'entretien/réparation qui sont indissociables des travaux d'agrandissement (par exemple, réfection de la toiture en cas de construction d'un étage supplémentaire) ne sont ainsi pas déductibles.

2.4 Les provisions pour charges de copropriété

Les provisions pour charges appelées par le syndic de copropriété sont déduites du revenu foncier de l'année de leur versement puis régularisées l'année suivante. Les contribuables déduisent le montant total des provisions pour charges versées au syndic au cours de l'année. Ils régularisent, la même année, les provisions déduites l'année précédente qui correspondent, d'après l'arrêté des comptes de la copropriété, à des charges non fiscalement déductibles (charges locatives, travaux de construction...).

2.5 Les taxes foncières et taxes annexes, contribution sur les revenus locatifs payées en 2006

La taxe foncière est déductible des revenus fonciers, sous déduction de la taxe d'enlèvement des ordures ménagères (sur l'avis de taxe foncière) qui elle n'est pas déductible.

2.6 Les intérêts d'emprunts

Les intérêts et les frais d'emprunt (agios, commissions, frais de constitution de dossier, frais d'inscription hypothécaire...) sont déductibles sans limitation en ce qui concerne le montant ou la durée. Les emprunts concernés doivent être contractés pour l'acquisition, la conservation, la construction, la réparation ou l'amélioration des propriétés (y compris les intérêts des emprunts contractés pour le paiement des droits de succession). Les intérêts des emprunts substitutifs sont également déductibles si le nouvel emprunt est souscrit pour rembourser ou se substituer à l'emprunt initial, dans la mesure où les intérêts de l'emprunt initial n'ont pas déjà été intégralement déduits.

3 Les revenus fonciers taxables et la gestion des déficits

Pour chaque immeuble, le revenu taxable est égal au total des recettes diminué du total des charges et des intérêts d'emprunt. Si le résultat déterminé est un bénéfice, il est reporté sur la déclaration de revenus du foyer fiscal. Si le résultat est un déficit, il faut calculer la part qui est imputable sur le revenu global et celle qui est reportable sur les revenus fonciers des années suivantes :

- les déficits fonciers qui résultent des dépenses autres que les intérêts d'emprunts sont **déductibles du revenu global** dans la limite annuelle de 10 700 € ;
- la fraction du déficit qui est supérieure à 10 700 € ou qui provient des intérêts d'emprunts est uniquement **imputable sur les revenus fonciers** des dix années suivantes.

Exemple

Un propriétaire loue un appartement et établit sa déclaration comme suit :

Recettes :	3 000 €
Charges :	– 20 000 €
Intérêts d'emprunt :	– 10 000 €
Déficit :	– 27 000 €

Les intérêts d'emprunt sont imputés en priorité sur les recettes brutes, soit un déficit provenant à hauteur de 7 000 € des intérêts d'emprunt et de 20 000 € des charges.

Le déficit provenant des charges pourra être imputé sur le revenu global à hauteur de 10 700 €, il restera donc 9 300 € (part du déficit provenant des charges) et 7 000 € (part du déficit provenant des intérêts d'emprunt) à imputer sur les revenus fonciers des dix années qui suivent.

4 La vente ou l'abandon de la location d'un immeuble

L'imputation des déficits fonciers sur le revenu global n'est définitivement acquise que si le contribuable maintient l'immeuble à la location jusqu'au 31 décembre de la troisième année qui suit celle au titre de laquelle l'imputation a été pratiquée (pour l'imputation du déficit en 2008, le bien doit rester à la location jusqu'au 31.12.2011). Si cette condition n'est pas remplie, les revenus nets fonciers des trois années précédentes sont reconstitués.

En conclusion, un contribuable qui réalise un investissement locatif pourra déduire de ses revenus fonciers les principales charges de propriété et les intérêts d'emprunt. Cette situation est généralement très favorable aux contribuables les premières années, amenant à la constatation d'un déficit imputable en partie sur le revenu global. Toutefois, si le contribuable n'a que très peu de frais (pas de travaux, peu d'intérêts d'emprunt), il peut décider, sous certaines conditions, de se placer sous le régime du « micro-foncier », régime qui simplifie grandement ses obligations déclaratives.

Section 3 LES RÉGIMES DÉROGATOIRES

Les deux principaux régimes dérogatoires que sont les monuments historiques et les opérations de restaurations immobilières (loi Malraux) permettent aux contribuables de déduire de leurs revenus (foncier ou global) les charges foncières qu'ils supportent et d'imputer le déficit foncier obtenu sur le revenu global, sans limitation. Ces régimes sont extrêmement favorables aux contribuables, qui peuvent ainsi réduire leur revenu imposable dans des proportions très importantes.

Ils ont fait l'objet de profondes réformes à compter du 1er janvier 2009.

1 Les immeubles historiques

Le régime fiscal des immeubles historiques s'applique :

- aux immeubles classés monuments historiques ou inscrits à l'Inventaire supplémentaire ;
- aux immeubles faisant partie du patrimoine national en raison de leur caractère historique ou artistique particulier, et qui ont fait l'objet d'un agrément préalable spécial ;
- aux immeubles faisant partie du patrimoine national en raison du label délivré par la Fondation du patrimoine sur avis favorable du service départemental de l'architecture et du patrimoine.

Rappels sur les modalités de déduction des charges qui diffèrent selon l'usage de l'immeuble :

- Si l'immeuble procure des recettes imposables et n'est pas occupé par son propriétaire (immeuble loué en totalité ou non loué mais donnant lieu à la perception de recettes accessoires), la totalité des charges foncières afférentes à l'immeuble peut être **imputée sur les revenus fonciers**.
- Si l'immeuble ne procure aucune recette imposable (immeuble ouvert gratuitement au public ou monument non ouvert à la visite), les charges foncières afférentes à l'immeuble sont **imputées directement sur le revenu global** du propriétaire.
- Si l'immeuble procure des recettes imposables et est occupé par son propriétaire (immeuble loué partiellement ou dont certaines pièces sont ouvertes à la visite payante), les charges foncières se rapportant à la partie de l'immeuble dont le

propriétaire se réserve la disposition sont imputables sur le revenu global. Les autres charges sont prises en compte pour la détermination du revenu net foncier.

En cas de constatation d'un déficit foncier, ce dernier est imputable, sans limitation de montant, sur le revenu global de l'intéressé.

Exemple

Un propriétaire loue un appartement classé « monument historique ». Il ne l'occupe pas et établit sa déclaration comme suit :

Recettes :	3 000 €
Charges :	– 20 000 €
Intérêts d'emprunt :	– 10 000 €
Déficit :	– 27 000 €

Ici, le déficit constaté, soit 27 000 €, sera déductible en totalité et sans limitation du revenu global du contribuable.

L'article 85 de la Loi de finances pour 2009 (n° 2008-1425 du 27 décembre 2008) subordonne le bénéfice de ces dispositions dérogatoires du droit commun à trois nouvelles conditions :

- l'engagement de conserver la propriété de l'immeuble concerné pendant une période d'au moins quinze années à compter de son acquisition, y compris lorsque celle-ci est antérieure au 1er janvier 2009 ;
- la détention directe de l'immeuble, sauf s'il est détenu par l'intermédiaire d'une société civile non soumise à l'impôt sur les sociétés ayant obtenu un agrément délivré par le ministre chargé du Budget après avis du ministre chargé de la Culture, ou dont les associés sont membres d'une même famille ;
- l'absence de mise en copropriété de l'immeuble, sauf si la division fait l'objet d'un agrément délivré par le ministre chargé du Budget après avis du ministre chargé de la Culture.

L'engagement de conserver la propriété de l'immeuble pendant une durée de quinze ans implique une nouvelle contrainte pour l'investisseur qui doit tenir compte de cette « immobilisation financière » sur une durée importante. Il n'a plus la faculté de vendre son bien, comme c'était le cas avant le 1er janvier 2009, car la vente dans le délai de conservation de quinze ans emporte réintégration au revenu global des charges indûment déduites, par tiers sur trois années.

Exemple

Un propriétaire loue un immeuble classé au titre des monuments historiques acquis en juillet 2009 et ouvert à la visite payante du public (régime des revenus fonciers) et décide de le céder en juillet 2019, soit dix années après son acquisition.

Pendant ces dix années, le propriétaire a, au total, déduit 300 000 € de charges. Son revenu foncier net de chacune des années 2020, 2021 et 2022 sera majoré de 100 000 €.

2 Les opérations de restauration immobilière (« loi Malraux »)

2.1 Rappel du régime existant

Les propriétaires d'immeubles bâtis situés dans certaines zones protégées (secteurs sauvegardés ou Zones de protection du patrimoine architectural, urbain et paysager – ZPPAUP) qui effectuent des travaux pour une restauration complète de leur immeuble peuvent déduire de leurs revenus fonciers les dépenses suivantes[1] :

– les travaux de démolition imposés par l'autorité qui délivre le permis de construire ;
– les travaux de reconstitution de toiture ou de murs extérieurs d'immeubles existants rendus nécessaires par les démolitions imposées ;
– les travaux de transformation en logement de tout ou partie d'un immeuble d'habitation, sous réserve que ces travaux soient réalisés dans le volume bâti existant ;
– les travaux de réaffectation à l'habitation de tout ou partie d'un immeuble.

En cas de constatation d'un déficit foncier, ce dernier est imputable, sans limitation de montant, à l'exception des intérêts d'emprunt, sur le revenu global de l'intéressé.

Exemple

Un propriétaire loue un appartement situé dans une zone protégée dans lequel il a effectué d'importants travaux et il établit sa déclaration comme suit :

Recettes :	3 000 €
Charges :	– 20 000 €
Intérêts d'emprunt :	– 10 000 €
Déficit :	– 27 000 €

Les intérêts d'emprunt sont imputés en priorité sur les recettes brutes, soit un déficit provenant à hauteur de 7 000 € des intérêts d'emprunt et de 20 000 € des charges.

Le déficit provenant des charges pourra être imputé sur le revenu global, sans limitation, soit 20 00 €. Il restera donc 7 000 € (part du déficit provenant des intérêts d'emprunt) à imputer sur les revenus fonciers des dix années qui suivent.

2.2 Régime applicable aux opérations immobilières pour lesquelles une demande de permis de construire est déposée après le 1er janvier 2009

Le régime décrit ci-avant est remplacé par un mécanisme de réduction d'impôt qui bénéficie aux contribuables.

1. Le propriétaire doit prendre l'engagement de louer le logement nu à usage de résidence principale du locataire pendant une durée de six ans.

La base de la réduction d'impôt est constituée de toutes les charges classiques déductibles en revenus fonciers et des charges spécifiques à la loi Malraux (frais d'adhésion à une association foncière urbaine de restauration, les travaux imposés ou autorisés dans le cadre de l'opération de restauration).

La réduction d'impôt est calculée sur le montant des dépenses effectivement supportées par le contribuable sur l'année (hors travaux subventionnés).

La réduction d'impôt est égale à :

– 30 % des dépenses précitées pour un immeuble en ZPPAUP ;
– 40 % des dépenses précitées pour un immeuble en secteur sauvegardé.

Pour bénéficier de cette réduction d'impôt, le propriétaire doit prendre l'engagement de louer l'immeuble nu, à usage d'habitation principale du locataire, **pendant neuf ans**.

Section 4 LES RÉGIMES SPÉCIFIQUES

Les régimes spécifiques en matière de revenus fonciers sont nombreux et permettent aux propriétaires une importante défiscalisation en raison de l'amortissement (pour un montant réel ou forfaitaire) du bien acheté. Mis en place à partir de 1996, ils concernent principalement des logements neufs (à l'exception de quatre dispositifs) et prévoient toujours un engagement de location, avec une durée définie, des plafonds de loyers et parfois de ressources des locataires.

L'intérêt pour le contribuable de se placer sous ce type de régimes réside dans l'amortissement du bien, qui aboutit à la création d'un déficit foncier. Ce déficit est ensuite imputable sur le revenu global du contribuable à hauteur de 10 700 euros[1] et sur les revenus fonciers des dix années qui suivent. Le contribuable, pour bénéficier de ces régimes, doit naturellement respecter les conditions liées au logement, aux montants des loyers pratiqués et/ou aux montant des ressources du locataire. Il doit également souscrire une déclaration spéciale (n° 2044S) avec un engagement écrit la première année au titre de laquelle l'amortissement est pratiqué.

Il est donc important, pour un investisseur, de diversifier ses placements immobiliers (immeubles neufs ou anciens, acheté en région parisienne ou en province) pour trouver une formule fiscale avantageuse pour chacun d'entre eux (chaque régime ayant des conditions différentes liées à l'immeuble ou aux loyers pratiqués, l'investisseur a le choix de placer ou non son bien sous ce régime spécifique).

1. 15 300 euros pour le dispositif Périssol.

Exemple

Un propriétaire loue un appartement acheté en janvier 2004 pour un prix de 200 000 euros, qui bénéficie du régime ROBIEN Classique. Il établit sa déclaration comme suit :

Recettes :	3 000 €
Charges :	– 20 000 €
Amortissement* :	– 16 000 €
Intérêts d'emprunt :	– 10 000 €
Déficit :	– 43 000 €

* Amortissement : 8 % du prix d'acquisition, soit 200 000 × 8 % = 16 000 euros

Les intérêts d'emprunt sont imputés en priorité sur les recettes brutes, soit un déficit provenant à hauteur de 7 000 € des intérêts d'emprunt et de 36 000 € des charges.

Le déficit provenant des charges pourra être imputé sur le revenu global à hauteur de 10 700 €, il restera donc 25 300 € (part du déficit provenant des charges) et 7 000 € (part du déficit provenant des intérêts d'emprunt) à imputer sur les revenus fonciers des dix années qui suivent.

Le même investissement, sans le régime ROBIEN : perte de la possibilité d'imputation sur le revenu brut global de la somme de 16 000 € correspondant à l'amortissement du bien.

Il établit sa déclaration comme suit :

Recettes :	3 000 €
Charges :	– 20 000 €
Intérêts d'emprunt :	– 10 000 €
Déficit :	– 27 000 €

Les intérêts d'emprunt sont imputés en priorité sur les recettes brutes, soit un déficit provenant à hauteur de 7 000 € des intérêts d'emprunt et de 20 000 € des charges.

Le déficit provenant des charges pourra être imputé sur le revenu global à hauteur de 10 700 €, il restera donc 9 300 € (part du déficit provenant des charges) et 7 000 € (part du déficit provenant des intérêts d'emprunt) à imputer sur les revenus fonciers des dix années qui suivent.

Ces différents régimes de défiscalisation ont été complétés à compter du 1er janvier 2009 d'une réduction d'impôt en faveur de l'investissement locatif « Scellier ». Cette nouvelle défiscalisation consiste à supprimer, à compter du 1er janvier 2010, les dispositifs Robien et Borloo pour les remplacer par un avantage sous forme de réduction d'impôt allant de 20 % à 25 % pour un investissement plafonné à 300 000 €.

Cette réduction d'impôt sur le revenu s'applique, à compter du 1er janvier 2009 et avant le 31 décembre 2012, aux contribuables qui achètent ou font construire des logements neufs dans certaines zones du territoire, qu'ils s'engagent à donner en location nue à usage d'habitation principale du locataire pour une durée minimale de neuf ans. Au titre d'une même année d'imposition, un seul logement peut ouvrir droit à la nouvelle réduction d'impôt.

La base de la réduction d'impôt est constituée du prix de revient du logement, dans la limite annuelle de 300 000 €. Son taux est fixé à 25 % pour les investissements réalisés en 2009 et 2010 et à 20 % pour ceux réalisés en 2011 et 2012. Elle est répartie sur neuf années, à raison d'un neuvième de son montant chaque année.

Lorsque la location est consentie dans le secteur intermédiaire, le contribuable bénéficie, en plus de la réduction d'impôt, d'une déduction spécifique fixée à 30 % des revenus bruts tirés de la location du logement.

Pour les investissements réalisés en 2009, le contribuable peut choisir entre les dispositifs dits « Robien » et « Borloo » et la nouvelle réduction d'impôt, sans toutefois pouvoir cumuler ces avantages au titre d'un même investissement.

Tableau 14. 1

SCELLIER	SCELLIER INTERMEDIAIRE
Avantage fiscal	
Réduction d'impôt de 25 % du prix de revient du logement (dans une limite de 300 000 €)	Réduction d'impôt de 25 % du prix de revient du logement (dans une limite de 300 000 €)
Durée d'engagement et de location	
9 ans	9 ans à 15 ans
Avantage supplémentaire	
/	2 % par an pour une période de location supplémentaire de 3 ans ou 6 ans au-delà des 9 ans minimum
Déduction supplémentaire	
/	30 %
	déduction spécifique au titre des revenus fonciers
Plafonds des loyers/ m²	
Zone A : 21,65 €/m²	Zone A : 17,32 €/m²
Zone B1 : 15,05 €/ m²	Zone B1 : 12,04 €/ m²
Zone B2 : 12,31 €/ m²	Zone B2 : 9,85 €/ m²
Plafond de ressources du locataire	
NON	OUI
Possibilité de location à un ascendant/descendant du bailleur	
OUI, si le locataire ne fait pas partie de son foyer fiscal	NON

Tableau 14. 1 – Présentation synthétique des régimes spécifiques récents

L'INVESTISSEMENT LOCATIF DANS LE NEUF		
Le dispositif Robien « classique »	**Le régime Robien recentré**	**Le dispositif Borloo neuf**
Le principe :	**Le principe :**	**Le principe :**
Pour un investissement locatif dans le neuf, entre le 1er janvier 2003 et le 31 août 2006, amortissement du prix du bien : 8 % par an pendant 5 ans, puis 2,5 % pendant 4, 7 ou 10 ans, soit un amortissement maximum de 65 % de l'investissement initial.	Pour un investissement locatif dans le neuf depuis le 1er septembre 2006 et le 31 décembre 2009, amortissement du prix du bien : 6 % par an pendant 7 ans, puis 4 % pendant 2 ans. Le montant total de l'amortissement est donc de 50 % de l'investissement initial.	Le dispositif Borloo neuf est réservé aux contribuables qui optent pour le Robien recentré. Il s'applique donc aux investissements réalisés depuis le 1er septembre 2006 et le 31 décembre 2009. Le contribuable peut pratiquer sur ses revenus, en plus de l'amortissement de 6 % pendant 7 ans et de 4 % pendant 2 ans, une déduction forfaitaire spécifique de 30 % (avec possibilité de prolongation du dispositif).
Le dispositif s'applique également dans l'ancien, en cas d'acquisition d'un local suivi de sa transformation en logement, ou lors de l'acquisition d'un logement non décent suivi de sa réhabilitation. Lorsque le logement est situé dans une zone de revitalisation rurale (ZRR), les revenus de la location bénéficient, en plus de l'amortissement, d'une déduction forfaitaire de 26 %.	Le Robien recentré s'applique : – aux logements acquis neufs depuis le 1er septembre 2006, ainsi qu'à ceux que le contribuable fait construire ; – aux locaux acquis depuis le 1er septembre 2006 que le contribuable transforme en logements, ou aux logements vétustes qui font l'objet de travaux de réhabilitation.	
Les conditions :	**Les conditions :**	**Les conditions :**
Engagement de louer le logement nu à titre de résidence principale, pendant une durée de 9 ans. La location est soumise à un plafond de loyer, déterminé lors de la conclusion du bail selon la localisation géographique du logement.	Engagement de louer le logement nu à titre de résidence principale, pendant une durée de 9 ans. La location est soumise à un plafond de loyer, déterminé lors de la conclusion du bail selon la localisation géographique du logement.	Engagement de louer le logement nu à titre de résidence principale, pendant une durée de 9 ans. Possibilité de prolongation de son engagement par périodes de 3 ans, dans la limite de 6 ans. Il bénéficie alors d'un complément d'amortissement de 2,5 % par an, soit un amortissement total de 65 % du montant de l'investissement initial. Location soumise à un plafond de loyer et au respect d'un plafond de ressources du locataire.

Le dispositif Robien « classique »	Le régime Robien recentré	Le dispositif Borloo neuf
La location à un ascendant ou un descendant du propriétaire est possible s'il ne fait pas partie de son foyer fiscal.	La location à un ascendant ou un descendant du propriétaire est possible s'il ne fait pas partie de son foyer fiscal.	Il n'est pas possible de louer le bien à un ascendant ou un descendant du propriétaire. Possibilité, après 3 ans d'application du régime, d'en suspendre l'application pour une durée maximale de 9 ans, afin de mettre le bien à la disposition d'un ascendant ou d'un descendant.
Plafonds **mensuels** de loyers, charges non comprises, pour les baux conclus en 2009 :	Plafonds **mensuels** de loyers, charges non comprises, pour les baux conclus en 2009 :	Plafonds **mensuels** de loyers, charges non comprises, pour les baux conclus en 2009 :
Zone A : 21,65 €/m² (agglomération parisienne, Côte d'Azur et partie française de l'agglomération Genevoise) ;	Zone A : 21,65 €/m²	Zone A : 17,32 €/m²
Zone B : 15,05 €/m² (agglomérations de plus de 50 000 habitants, communes chères situées aux franges de l'agglomération parisienne et dans les zones frontalières ou littorales)	Zone B1 : 15,05 €/m² – Agglomérations de plus de 250.000 habitants ; – Grande couronne autour de Paris ; – Quelques agglomérations chères : Annecy, Bayonne, Chambéry, Cluses, La Rochelle, Saint-Malo ; – pourtour de la Côte d'Azur, DOM et Corse	Zone B1 : 12,04 €/m²
Zone C : 10,83 €/m² (le reste du territoire).	Zone B2 : 12,31 €/m² – Autres agglomérations de plus de 50.000 habitants ;	Zone B2 : 9,85 €/m²
	Zone C : 9,02 €/m² (reste du territoire)	Zone C : 7,22 €/m²
		Plafonds de ressources du locataire pour les baux conclus en 2009 :
		Ressources appréciées par rapport au revenu fiscal de référence de l'année N–2, soit les revenus de 2007 pour un bail conclu en 2009.

L'INVESTISSEMENT LOCATIF DANS L'ANCIEN	
Le dispositif Borloo ancien	**Le dispositif Besson ancien**
Le principe :	**Le principe :**
Ce nouveau dispositif remplace le Besson ancien pour les baux conclus depuis le 1er octobre 2006 avec un nouveau locataire. Il prend la forme d'une déduction forfaitaire spécifique applicable sur les revenus de la location.	Il est applicable aux locations conclues entre le 1er janvier 1999 et le 30 septembre 2006 pour des logements anciens non susceptibles d'être placés sous un dispositif fiscal d'amortissement réel.
Les conditions d'application :	**Les conditions d'application :**
Le dispositif Borloo ancien nécessite la conclusion d'une convention avec l'Agence nationale de l'habitat (ex-Anah). Le propriétaire doit prendre l'engagement de louer le logement nu à titre de résidence principale du locataire pendant toute la durée de la convention : 6 ans dans le cas d'une convention sans travaux ; 9 ans pour une convention avec travaux subventionnés.	Le propriétaire doit s'engager à louer le logement nu, à titre de résidence principale, pendant au moins 6 ans. Les revenus tirés de la location bénéficient d'une déduction forfaitaire spécifique de 26 %. Cette mesure est subordonnée au respect de plafonds de loyer et de ressources du locataire.
Il n'est pas possible de louer le bien à un ascendant ou un descendant du propriétaire, de son conjoint, partenaire de Pacs ou concubin.	Il est possible de suspendre le régime au bout de 3 ans d'application (mais avant 6 ans), pour louer le bien à un ascendant ou un descendant (suspension de 9 ans au maximum).
Le fonctionnement du dispositif :	
Le propriétaire doit respecter des plafonds de loyers fixés selon la localisation géographique du bien. Les ressources des locataires ne doivent pas dépasser les plafonds fixés par la convention.	Le propriétaire doit respecter des plafonds de loyers fixés selon la localisation géographique du bien. Les ressources des locataires ne doivent pas dépasser les plafonds fixés par décret.
Le dispositif comporte 2 volets : – Dans le secteur intermédiaire (loyers compris entre les prix du marché libre et ceux du secteur social) : l'option permet de bénéficier d'une déduction forfaitaire spécifique de 30 % sur les revenus tirés de la location ; – Dans le secteur social et très social : le taux de la déduction forfaitaire spécifique est porté à 45 %.	

Plafonds de loyers dans le secteur intermédiaire :	Plafonds de loyers
Plafonds mensuels de **loyers** pour les baux conclus en 2009 :	Plafonds mensuels de **loyers** pour les baux conclus en 2009 :
Zone A : 17,31 €/m² (agglomération parisienne, Côte d'Azur et partie française de l'agglomération Genevoise)	**Zone A :** 17,31 €/m² ;
Zone B : 11,31 €/m² (agglomérations de plus de 50.000 habitants, communes situées aux franges de l'agglomération parisienne et dans les zones frontalières ou littorales),	**Zone B :** 11,31 €/m² ;
Zone C : 8,19 €/m² (reste du territoire).	**Zone C :** 8,19 €/m².

<table>
<tr><th colspan="4">Le dispositif Borloo ancien</th><th>Le dispositif Besson ancien</th></tr>
<tr><td colspan="4">Plafonds de ressources des locataires pour les baux conclus en 2008 :</td><td>Plafonds de ressources des locataires pour les baux conclus en 2008 :</td></tr>
<tr><td colspan="4">Ressources appréciées par rapport au revenu fiscal de référence de l'année N– — 2, soit les revenus de 2006 pour un bail conclu en 2008.</td><td rowspan="7">Elles sont appréciées par rapport au revenu fiscal de référence de l'année N – 2, soit les revenus de 2006 pour un bail conclu en 2008.</td></tr>
<tr><th colspan="4">Plafonds de loyers et de ressources dans le secteur social et très social :</th></tr>
<tr><th>Types de logements</th><th>Zone A</th><th>Zone B</th><th>Zone C</th></tr>
<tr><td>Logements sociaux :
– normal
– dérogatoire</td><td>
6,06 €
9,08 €</td><td>
5,51 €
7,49 €</td><td>
4,95 €
5,84 €</td></tr>
<tr><td>Logements très sociaux
– normal
– dérogatoire</td><td>
5,74 €
8,27 €</td><td>
5,36 €
6,39 €</td><td>
4,76 €
5,29 €</td></tr>
<tr><td colspan="4">Plafonds de ressources des locataires pour les baux conclus en 2006 :</td></tr>
<tr><td colspan="4">Ressources appréciées par rapport au revenu fiscal de référence de l'année N-2, soit les revenus de 2006 pour un bail conclu en 2008.</td></tr>
</table>

Chapitre 15

L'impôt de solidarité sur la fortune

Jean-Pierre Cossin

L'impôt de solidarité sur la fortune (ISF), instauré par l'article 26 de la loi de finances pour 1989, a succédé à l'impôt sur les grandes fortunes (IGF) qui avait été créé par la loi de finances pour 1982 et que la loi de finances rectificative pour 1986 avait supprimé.

Pour ses concepteurs, l'impôt de solidarité sur la fortune a trois objectifs principaux :

- l'impôt doit toucher les biens qui apportent à leur propriétaire une faculté contributive supplémentaire ;
- l'impôt constitue un moyen de redistribution et de justice fiscale devant conduire à la réduction des inégalités ;
- l'impôt doit permettre le contrôle par l'administration des autres impôts déclaratifs.

L'impôt de solidarité sur la fortune est dû par les personnes physiques dont le patrimoine, retenu globalement, pour l'ensemble des différentes personnes soumises à une déclaration commune, excède le seuil légal d'imposition au 1er janvier de l'année (soit 790 000 € au 1er janvier 2009). Les personnes concernées peuvent être domiciliées fiscalement en France ou ne pas être domiciliées en France. Dans ce cas, elles sont soumises à l'impôt de solidarité sur la fortune si elles disposent en France de biens dont la valeur nette, à l'exception des placements financiers, excède le seuil annuel d'imposition.

L'ISF est exigible sur l'ensemble du patrimoine du redevable. Il existe des exonérations totales ou partielles concernant certains biens.

Section 1 LE CHAMP D'APPLICATION DE L'ISF : LES PERSONNES ET LES BIENS IMPOSABLES

1 Les personnes imposables

Les personnes imposables sont les personnes physiques, en retenant la règle de l'imposition par foyer. Les couples mariés sont soumis à une imposition commune, sauf lorsqu'ils sont séparés de biens et ne vivent pas sous le même toit, ou lorsqu'ils sont en instance de divorce ou de séparation de corps et qu'ils ont été autorisés à vivre séparément. Les personnes liées par un PACS font aussi l'objet d'une imposition commune. Il en va de même des personnes vivant en concubinage notoire. Les biens appartenant aux enfants mineurs sont imposés avec ceux de leurs parents qui ont l'administration légale de ces biens.

L'imposition par foyer fiscal s'apprécie au 1er janvier de l'année d'imposition. Les personnes domiciliées hors de France ne sont imposables que sur les biens situés en France. Cependant, ces dernières sont exonérées sur leurs placements financiers. Sous réserve des conventions internationales, le domicile fiscal est celui défini par l'article 4 B du Code général des impôts pour l'application de l'impôt sur le revenu. Quelle que soit leur nationalité, les personnes physiques ayant leur domicile fiscal en France sont soumises à une obligation fiscale illimitée, et tous les biens leur appartenant, que ces biens soient situés en France ou hors de France, entrent dans le champ d'application de l'impôt. Il existe cependant des dérogations qui résultent des conventions internationales à l'égard des redevables qui disposent de biens hors de France.

2 Les biens imposables

Le patrimoine imposable est constitué de tous les biens, quelle qu'en soit la nature (biens meubles ou immeubles, droits ou valeurs), appartenant au contribuable. Sa consistance est appréciée à la date du fait générateur de l'impôt, c'est-à-dire au 1er janvier de l'année d'imposition. Il existe des présomptions de propriété des biens au regard de l'ISF qui sont de même nature que celles qui existent en matière de droits de succession (théorie de la propriété apparente, de la possession pour les meubles ou de l'accession…).

En matière d'ISF, la question de la prise en compte des biens dont la propriété est grevée d'un droit d'usufruit, d'habitation ou d'usage est essentielle. Les biens ou droits grevés d'un usufruit, d'un droit d'habitation ou d'un droit d'usage accordé à titre personnel sont compris dans le patrimoine de l'usufruitier ou du titulaire du droit pour leur valeur en pleine propriété, aucun abattement n'étant applicable au titre du démembrement. En contrepartie, le nu-propriétaire est exonéré. Cette règle constitue une présomption irréfragable de propriété. Toutefois, la loi prévoit plusieurs exceptions au principe de l'imposition de l'usufruitier sur la pleine propriété du bien.

Ainsi, l'usufruitier et le nu-propriétaire sont imposés séparément sur la valeur de leur droit déterminée en fonction de l'âge de l'usufruitier (barème forfaitaire), à condition que l'usufruit ne soit ni vendu, ni cédé à titre gratuit par son titulaire dans les cas suivants :

- vente d'un bien dont le vendeur s'est réservé l'usufruit (ou le droit d'usage ou d'habitation) à condition que l'acquéreur de la nue-propriété ne soit pas un héritier présomptif de l'usufruitier, ou descendant de ce dernier, ou un donataire, légataire ou une personne interposée (par personnes interposées on entend les père, mère ou époux des parties et descendants du donataire) ;
- démembrement de propriété résultant de l'une des dispositions du Code civil concernant les droits des conjoints survivants, l'usufruit légal réservé aux ascendants survivants après donation entre époux de la partie réservataire en nue-propriété, en l'absence de descendants, et l'usufruit forcé du second conjoint en présence d'enfants du premier lit ;
- donation ou legs avec réserve d'usufruit à l'État, aux départements, communes ou syndicats de communes et à leurs établissements publics, aux établissements publics nationaux à caractère administratif, aux associations reconnues d'utilité publique et aux fondations reconnues d'utilité publique.

Par ailleurs, il existe un régime particulier de non imposition de l'usufruitier sur la valeur de la pleine propriété du bien. Ce régime dérogatoire est applicable aux anciens dirigeants de sociétés en cas de donation par ces derniers de la nue-propriété des titres de sociétés, lorsque les donataires exercent les fonctions de direction au moment du départ à la retraite du donateur (ancien dirigeant) qui, dans ce cas, ne sera imposable que sur la valeur de l'usufruit des titres.

Les modalités de prise en compte des contrats d'assurance-vie distinguent les contrats rachetables et les contrats non rachetables :

- pour les contrats non rachetables, doivent être comprises dans le patrimoine du souscripteur les seules primes versées après l'âge de soixante-dix ans au titre des contrats souscrits à compter du 20 novembre ;
- pour les contrats rachetables, quelle que soient la date de conclusion du contrat et l'âge de l'assuré, le souscripteur déclare la valeur de rachat au 1er janvier de l'année d'imposition.

À l'échéance du contrat d'assurance-vie, le capital ou la valeur représentative de la rente sont à prendre en compte dans le patrimoine du bénéficiaire.

Pour l'imposition des rentes viagères, le capital représentatif d'une rente constituée entre particuliers ou d'une rente constituée auprès d'un organisme institutionnel (caisse nationale de prévoyance...), moyennant le versement d'un capital, est soumis à l'ISF chez le crédirentier. Ne sont concernées par ces dispositions que les rentes assimilables à des pensions de retraite et les rentes allouées à titre de réparation de dommages corporels.

Section 2 LES BIENS EXONÉRÉS D'IMPÔT SUR LA FORTUNE

Il existe des exonérations totales et des exonérations partielles d'ISF concernant certains biens.

1 Les exonérations totales

1.1 Les exonérations totales « anciennes »

Sont concernés :

- **Les objets d'antiquité, d'art ou de collection** (tapis et tapisseries, tableaux, peintures et dessins, gravures, objets de collection tels que livres, voitures...) : ils sont exonérés sans aucune condition et n'ont donc pas à être déclarés.
- Les droits de propriété littéraire et artistique détenus par leurs auteurs.
- Les droits de la propriété industrielle (brevets, marques, dessins et modèles, procédés et formules) : ils ne sont pas compris dans la base d'imposition à l'ISF

de leur inventeur (ou créateur) sans distinguer selon que ces droits sont ou non exploités par lui.

– **Les pensions de retraite** attribuées après la cessation d'une activité professionnelle : les pensions liées à l'activité professionnelle qui ne sont ni cessibles, ni transmissibles, sauf par réversion, n'ont pas de valeur patrimoniale.

1.2 La nouvelle exonération totale des titres de PME et parts de certains fonds

Les **titres reçus en contrepartie de la souscription au capital d'une PME** ayant son siège de direction effective dans un État membre de l'Union européenne sont totalement exonérés d'ISF. Les souscriptions doivent concerner des sociétés exerçant exclusivement une activité industrielle, commerciale, artisanale, agricole ou libérale. L'exonération est applicable non seulement aux souscriptions directes, mais également à celles effectuées (depuis le 20 juin 2007) à travers une société holding remplissant l'ensemble des conditions qualifiant la PME, à l'exception de celle tenant à son activité (la holding ayant pour objet exclusif de détenir une participation dans des sociétés exerçant une des activités concernées). Dans ce cas, l'exonération porte sur la valeur des titres de la société holding, dans la limite de la fraction de la valeur réelle de l'actif brut de celle-ci représentative de cette participation.

L'exonération est aussi applicable aux souscriptions de parts de fonds d'investissement de proximité (FIP), de parts de fonds communs de placement dans l'innovation (FCPI) et de parts de fonds de placement à risque (FCPR). Le bénéfice de l'exonération est réservé aux fonds dont la valeur des parts est constituée à hauteur de 20 % (parts de FIP) ou 40 % (parts de FCPI ou de FCPR) au moins de titres reçus en contrepartie de souscriptions au capital de sociétés remplissant les différentes conditions prévues pour bénéficier de la réduction d'ISF relative aux investissements dans les PME, et exerçant leur activité ou juridiquement constituées depuis moins de cinq ans. L'exonération est alors limitée à la quote-part de la valeur des parts du fonds représentative des souscriptions effectuées dans le capital des PME.

1.3 L'exonération particulière des placements financiers des non-résidents

Les personnes physiques qui n'ont pas leur domicile fiscal en France, mais qui possèdent en France un patrimoine d'un montant supérieur au seuil légal, sont imposables à l'ISF. Elles ne sont cependant pas imposables sur le montant des placements financiers (dépôts à vue ou à terme, en euros ou en devises, des bons et titres de même nature, obligations, actions et droits sociaux, des comptes courants d'associés détenus dans une société ou une personne morale ayant en France son siège social ou le siège de sa direction effective, des contrats d'assurance-vie ou de capitalisation souscrits auprès de compagnies d'assurance établies en France). La doctrine administrative précise que les titres de participation ne constituent pas des placements financiers et que, dès lors, ils sont imposables. Constituent des titres de participation les titres qui représentent 10 % au moins du capital d'une entreprise et qui ont été soit souscrits à l'émission, soit conservés pendant un délai de deux ans au moins.

2 Les exonérations partielles

2.1 Les titres faisant l'objet d'un engagement de conservation

Sont exonérées d'ISF, à concurrence des trois quarts de leur valeur (sans limitation de montant), les parts ou actions de société faisant l'objet d'un engagement collectif de conservation. L'exonération partielle de 75 % est applicable aux parts ou actions de sociétés (quel que soit leur régime fiscal) exerçant une activité industrielle, commerciale, artisanale, agricole ou libérale.

L'exonération s'applique aux titres détenus par le redevable dans une société détenant directement (simple niveau d'interposition) ou indirectement par l'intermédiaire d'une autre société (double niveau d'interposition), une participation dans la société dont les titres font l'objet de l'engagement collectif de conservation. L'exonération partielle concerne alors la valeur des titres de la société détenus par le redevable, dans la limite de la fraction de la valeur de l'actif brut de celle-ci, représentative de la participation directe ou indirecte ayant fait l'objet de l'engagement de conservation.

Les conditions d'application de l'exonération de 75 % de la valeur des titres

L'exonération partielle repose sur la souscription d'un engagement collectif, puis d'une obligation individuelle de conservation des titres dans les conditions suivantes :

- L'engagement collectif est pris par le redevable, pour lui et ses ayants cause à titre gratuit, avec d'autres associés (lesquels peuvent être des personnes physiques ou des personnes morales). En cas d'interposition de société, l'engagement doit être pris par la société détenant directement la participation dans la société dont les titres font l'objet de l'engagement de conservation. Par ailleurs, l'exonération n'est accordée que si les participations sont maintenues inchangées à chaque niveau d'interposition pendant toute la durée de l'engagement.
- L'engagement collectif de conservation des titres doit porter sur au moins 20 % des droits financiers et des droits de vote attachés aux titres émis par la société s'ils sont admis à la négociation sur un marché réglementé (sociétés cotées) ou 34 % des parts ou actions de la société dans les autres sociétés (sociétés non cotées). Ces pourcentages minima doivent être respectés pendant toute la durée de l'engagement.

– L'un des associés signataires de l'engagement collectif doit exercer dans la société son activité professionnelle principale si l'engagement porte sur des titres d'une société de personnes soumise à l'impôt sur le revenu. Lorsqu'il s'agit d'une société soumise à l'impôt sur les sociétés, l'un des associés signataires de l'engagement doit exercer l'une des fonctions de direction dans la société (président directeur général, gérant, directeur générale...). La présence d'un dirigeant est obligatoire pendant les cinq ans qui suivent la date de conclusion de l'engagement collectif de conservation. Mais il n'est pas nécessaire que cette fonction soit exercée par la même personne pendant toute cette durée.

L'engagement collectif est souscrit pour une durée minimale de deux ans. Celle-ci commence à courir à compter de l'enregistrement de l'acte s'il s'agit d'un acte sous seing privé, ou à compter de la date de l'acte s'il s'agit d'un acte authentique. Les signataires de l'engagement collectif peuvent demander le bénéfice de l'exonération partielle à compter de l'année suivante. La durée initiale de l'engagement peut être automatiquement prorogée (par une nouvelle disposition expresse, par reconduction ou par modification par avenant). Désormais, au-delà du délai de deux ans, le bénéfice de l'exonération partielle est maintenu à la condition que le redevable conserve les titres, mais l'exonération n'est acquise pour chaque redevable qu'au terme d'un délai global de six ans. La cession des titres ayant fait l'objet de l'engagement de conservation durant cette période de six ans entraîne la remise en cause des exonérations pour le passé. Au-delà de ce délai de six ans, l'exonération partielle continue à s'appliquer tant que le redevable conserve ses titres, étant précisé qu'en cas de cession au-delà de ce délai de six ans, l'exonération partielle n'est remise en cause que pour l'année en cours.

La remise en cause de l'exonération de 75 %

Trois cas peuvent engendrer la remise en cause de l'exonération de 75 % :

– Le **non-respect de l'engagement collectif de conservation** des titres ou du seuil minimal de participation entraîne en principe la remise en cause de l'exonération partielle à l'égard de tous les signataires. Les redevables doivent alors acquitter tous les compléments d'ISF dont ils ont été dispensés, et un intérêt de retard. Toutefois, en cas de cession de titres, les signataires autres que le cédant échappent à la remise en cause (pour le passé et pour l'avenir) si, malgré les cessions, les seuils de 20 % ou 34 % restent atteints. Au delà du délai de deux ans, le non-respect du caractère collectif et du seuil minimal de participation n'entraîne pas la remise en cause de l'exonération partielle pour les redevables qui conservent leurs titres.

– Le **non-respect de l'obligation individuelle de conservation** des titres entraîne les conséquences suivantes, pour le cédant, qui diffèrent selon que la cession a lieu dans le délai de six ans ou après l'expiration de ce délai :

– en cas de cession dans le délai de six ans, il y a remise en cause de toutes les exonérations partielles dont le redevable a bénéficié depuis l'origine ;

– en cas de cession au-delà du délai de six ans, il y a remise en cause de l'exonération de la seule année en cours.

- Le non-respect de la condition de présence d'un dirigeant pendant cinq ans implique également la remise en cause de l'exonération partielle.

2.2 Les titres détenus par les salariés et les mandataires sociaux

Les conditions de l'exonération partielle

Sont aussi exonérées d'ISF, à concurrence des trois quarts de leur valeur (sans limitation de montant), les parts ou actions de sociétés ayant une activité industrielle, commerciale, artisanale, agricole ou libérale lorsque :

- s'il s'agit d'une société soumise à l'IS, le redevable y exerce son activité principale comme salarié ou mandataire social ;
- s'il s'agit d'une société de personnes soumise à l'impôt sur le revenu, le redevable y exerce son activité principale.

L'exonération partielle nécessite le respect de la condition que les parts ou actions soient conservées pendant au moins six ans à compter du 1er janvier de l'année au titre de laquelle l'exonération est demandée pour la première fois. L'exonération partielle s'applique aussi (et sous les mêmes conditions) :

- aux parts ou actions détenues par une même personne dans plusieurs sociétés, lorsque cette personne exerce son activité dans chaque société et que ces sociétés ont des activités soit similaires, soit connexes et complémentaires ;
- aux titres détenus dans une société qui a des liens de dépendance avec la société dans laquelle le redevable exerce son activité ;
- aux parts de fonds communs de placement d'entreprise (FCPE) et aux actions de Sicav d'actionnariat salarié.

La remise en cause de l'exonération partielle

Le non-respect de la durée de conservation entraîne, en principe, la déchéance du régime de faveur. En conséquence, le redevable doit acquitter tous les compléments d'ISF dont il a été dispensé, et supporte un intérêt de retard. En cas de cession partielle, la remise en cause est limitée à la fraction des titres cédés. L'exonération partielle n'est toutefois pas remise en cause en cas de non respect du délai de conservation à la suite d'une fusion ou d'une scission de la société, sous réserve que le redevable conserve les titres remis en échange jusqu'au terme du délai de conservation des titres d'origine, et en cas d'annulation de titres pour cause de pertes ou de liquidation judiciaire.

2.3 Les bois, forêts et parts de groupements forestiers

Lorsqu'ils ne constituent pas des biens professionnels (qui seraient exonérés en totalité), les bois, forêts et les parts de groupements forestiers bénéficient d'une exonération partielle à concurrence de 75 % de leur valeur, à la condition qu'existe un engagement d'exploitation pendant trente ans, que soit produit un certificat du directeur départemental de l'agriculture et, pour les parts de groupements forestiers acquises à titre onéreux, qu'il soit justifié d'un délai de détention minimum de deux ans.

2.4 Les biens ruraux donnés à bail à long terme ou à bail cessible et parts de GFA

Les biens ruraux donnés à bail à long terme, ou à bail cessible, et les parts de GFA (groupement foncier rural) sont susceptibles de bénéficier, soit d'une exonération totale au titre des biens professionnels s'ils remplissent certaines conditions, soit d'une exonération partielle comme en matière de droits de mutation à titre gratuit.

Les exonérations concernent :

– les biens ruraux loués, pour une durée minimum de dix-huit ans ;
– les parts de GFA non exploitants ou de groupements agricoles fonciers, lorsque le groupement remplit certaines conditions[1] et lorsque les parts sont représentatives d'apports constitués par des immeubles ou des droits immobiliers à destination agricole.

Toutefois, les biens ruraux donnés à bail à long terme ou à bail cessible et les parts de GFA sont considérés comme des biens professionnels exonérés lorsque :

– le bail est consenti par le bailleur à certains membres de son groupe familial (conjoint, leurs ascendants ou descendants ou conjoints respectifs, leurs frères et sœurs), ou lorsqu'il s'agit des GFA, au détenteur de parts (ou à un membre de son groupe familial) ;
– le preneur utilise le bien dans l'exercice de sa profession principale.

De même, ces biens sont considérés comme professionnels en cas de location (ou de mise à disposition du bien loué ou encore d'apport du droit au bail y afférent) à une société qui a un objet principalement agricole, et qui est contrôlée à plus de 50 % par les membres du groupe familial ou les détenteurs de parts. La qualification de biens professionnels n'est retenue qu'à concurrence de la participation détenue dans la société par celles de ces personnes qui y exercent leur activité professionnelle principale.

1. Interdiction statutaire de l'exploitation en faire-valoir direct, obligation de donner les immeubles à bail à long terme ou à bail cessible, délai de détention des parts de deux ans au moins apprécié au 1er janvier de l'année d'imposition sauf lorsqu'elles ont été attribuées en rémunération d'immeubles agricoles lors de la constitution ou d'une augmentation de capital du groupement.

Lorsqu'ils ne sont pas qualifiés de biens professionnels, ces biens ou parts sont exonérés à concurrence des trois quarts de leur valeur lorsque celle-ci n'excède pas 100 000 € en 2009. L'exonération est de moitié de leur valeur au-delà de 100 000 €.

Section 3 L'EXONÉRATION DES BIENS PROFESSIONNELS

L'exonération des biens professionnels constitue sans doute la mesure d'exonération la plus importante et la plus complexe dans son application. Les articles 885 N à 885 R du CGI excluent expressément de l'assiette de l'ISF les biens professionnels qui relèvent de deux catégories (en sus de certains biens ruraux déjà vus) : les biens dépendant d'une exploitation individuelle et les parts ou actions de sociétés.

1 L'exonération des biens dépendant d'une exploitation individuelle

Constituent des biens professionnels exonérés d'ISF les biens nécessaires à l'exercice à titre principal, par leur propriétaire, d'une profession industrielle, commerciale, artisanale, agricole ou libérale. Cette définition implique le respect des conditions suivantes :

- **L'exercice d'une profession industrielle, commerciale, artisanale, agricole ou libérale.** La notion de profession suppose l'existence d'une activité effectivement exercée à titre habituel, constant, et dans un but lucratif. Il s'agit ainsi principalement des activités professionnelles dont les résultats sont classés dans la catégorie des BIC, BA ou BNC.
- **La profession doit être exercée par le propriétaire des biens ou son conjoint.** Eu égard à la définition du foyer fiscal, les biens peuvent être détenus et utilisés par l'un quelconque de ses membres, y compris le partenaire d'un Pacs, le concubin notoire, et les enfants mineurs. Par exemple, lorsque la profession est exercée par l'un des parents, les biens appartenant aux enfants mineurs peuvent être retenus comme biens professionnels s'ils sont affectés à cette profession.
- **La profession doit être exercée à titre principal.** En cas de pluralité d'activités, la profession principale est celle qui constitue l'essentiel des activités économiques du contribuable (compte tenu notamment du temps consacré à chaque activité, de l'importance des responsabilités, de la taille des exploitations…). Si ce critère n'est pas suffisant (par exemple lorsque les activités professionnelles sont d'égale importance), l'activité principale est celle qui procure la plus grande part des revenus. Dans le cadre du foyer fiscal, le caractère principal de

la profession s'apprécie distinctement pour chaque époux, partenaire d'un Pacs ou concubin notoire. Pour déterminer la profession principale d'un redevable, il faut procéder à une comparaison, qui doit se faire en tenant compte de toutes les activités, y compris les activités salariées. Il est toutefois fait abstraction des revenus qui ne proviennent pas de l'exercice d'une activité et qui sont perçus sans rapport avec une activité professionnelle (revenus fonciers, revenus mobiliers, pensions de retraite...). Pour apprécier le caractère principal de l'exercice d'une activité professionnelle, il faut tenir compte des activités soit similaires, soit connexes et complémentaires, exercées par une même personne (ces activités forment un seul bien professionnel).

– **Les biens doivent être nécessaires à l'exercice de la profession.** Les biens professionnels s'entendent de ceux qui, ayant un lien de causalité directe suffisant avec l'exploitation, sont utilisés effectivement pour les besoins de l'activité professionnelle, ou ne pourraient être utilisés à un autre usage, qu'ils soient situés en France ou à l'étranger. C'est à la date du 1er janvier de l'année d'imposition qu'il convient d'apprécier la composition de l'actif professionnel. Le caractère professionnel des biens est présumé lorsque ceux-ci figurent à l'actif de l'entreprise (ou au tableau des immobilisations pour les professions non commerciales). Il s'agit d'une présomption simple, qui peut souffrir preuve contraire. Les biens affectés par nature à l'exploitation sont des biens professionnels, même si ils ne sont pas inscrits au bilan. À titre d'exemple, on notera qu'ont, en principe, la qualification de biens professionnels :
  – dans les entreprises commerciales : le fonds de commerce, les droits de propriété industrielle (brevet, marque...), les immeubles affectés à l'exploitation, au logement du personnel, le matériel affecté à l'exploitation, y compris le matériel de transport, le mobilier, les agencements et installations, les emballages, les stocks, les créances d'exploitation ;
  – dans les exploitations agricoles : les terres, le cheptel, les parts de coopératives agricoles...
  – pour les professions libérales : la clientèle, les équipements professionnels, les créances d'honoraires, les parts de SCM...

Il faut souligner que les liquidités et placements financiers assimilés (comptes sur livrets, comptes à terme, bons de caisse...) sont admis comme actif professionnel par l'administration dans la limite des besoins normaux de trésorerie (fonds de roulement). Ils sont présumés biens professionnels pour leur totalité si le total des valeurs réalisables à court terme ou disponibles est inférieur au passif exigible à court terme ou, dans le cas contraire, pour la fraction égale au passif exigible à court terme, diminué des créances d'exploitation.

– **Les dettes professionnelles doivent être retenues en contrepartie des actifs professionnels.** La valeur des actifs professionnels doit être diminuée des dettes professionnelles. Les dettes professionnelles diminuent donc le montant des sommes exonérées à ce titre. Il faut noter que seul l'excédent des dettes professionnelles par rapport à l'actif professionnel peut être déduit du patrimoine non professionnel imposable. Il convient donc de justifier de l'imputation des dettes professionnelles. Les dettes professionnelles sont celles qui sont à la charge du redevable, qui sont nées à l'occasion de l'exercice de l'activité de l'entreprise, et qui sont liées à son cycle d'exploitation.

2 L'exonération des droits sociaux qualifiés de biens professionnels

Lorsque certaines conditions sont remplies, les titres peuvent être qualifiés de professionnels. Toutefois, la valeur des droits sociaux n'est prise en considération au titre des biens professionnels que dans la mesure où elle correspond à l'actif professionnel de la société.

Repères

Cette limitation peut s'exprimer par la formule suivante :

Valeur à retenir =

$$\text{Valeur des titres} \times \frac{\text{Valeur réelle nette de l'actif professionnel de la société}}{\text{valeur réelle nette totale du patrimoine social}}$$

Les titres concernés par la qualification de biens professionnels peuvent être des titres de sociétés relevant du régime des sociétés de personnes ou des titres de sociétés relevant de l'impôt sur les sociétés. Toutefois, la qualification de biens professionnels implique que la société exerce une activité de nature industrielle, commerciale, artisanale, agricole ou libérale. Par ailleurs, seule la fraction de la valeur des droits sociaux correspondant aux éléments du patrimoine social nécessaires à l'exercice d'une telle activité est considérée comme un bien professionnel.

2.1 Nature des titres susceptibles d'être qualifiés de biens professionnels

Les **parts de sociétés de personnes soumises à l'impôt sur le revenu** constituent, quel que soit le pourcentage de participation détenu, des biens professionnels lorsque leur détenteur exerce dans la société son activité professionnelle à titre principal, et de manière effective. Il s'agit des titres de sociétés dont les bénéfices sont imposés au nom des associés dans l'une des catégories de revenus suivantes : BIC, BA ou BNC, selon la nature de l'activité exercée. Les sociétés concernées sont les sociétés en nom collectif, sociétés en commandite simple à concurrence des droits des commandités, sociétés civiles, sociétés en participation et sociétés de fait, SARL de famille qui ont opté pour le régime fiscal des sociétés de personnes, EURL dont l'associé unique est une personne physique, EARL et sociétés civiles professionnelles.

Pour que les **parts et actions de sociétés soumises à l'impôt sur les sociétés**, de droit ou sur option, puissent être considérées comme des biens professionnels exonérés d'ISF, il faut qu'elles répondent à certaines conditions. Ces conditions concernent la nature des fonctions exercées dans la société, les conditions de leur exercice et l'importance de la participation détenue. Elles doivent être remplies le 1er janvier de l'année d'imposition.

2.2 Conditions à remplir par les dirigeants

Les titres doivent être détenus par les dirigeants. Les propriétaires des titres doivent, pour pouvoir bénéficier de l'exonération, exercer à titre principal dans la société une des fonctions de direction limitativement énumérées par l'article 885 O bis du CGI. Il s'agit :

- dans les SARL : les gérants de droit nommés conformément aux statuts ;
- dans les sociétés anonymes : le président du conseil d'administration, le directeur général et les directeurs généraux délégués, les membres du directoire et le président du conseil de surveillance. Les dirigeants de SAS peuvent également bénéficier de l'exonération d'ISF s'ils exercent des fonctions dont l'étendue est équivalente à celles exercées par les dirigeants de sociétés anonymes ;
- dans les sociétés en commandite par actions : les gérants commandités (et selon la Cour de cassation, le président du conseil de surveillance) ;
- dans les sociétés de personnes soumises sur option à l'impôt sur les sociétés (sociétés en nom collectif, en commandite simple, sociétés civiles, sociétés en participation…) : chacun des associés en nom (dans la mesure où il exerce des fonctions dans les conditions exposées ci-après).

Les fonctions doivent être effectivement exercées et donner lieu à une rémunération normale. Les titres d'une société peuvent donner droit au régime des biens professionnels même s'ils appartiennent à un autre membre du foyer fiscal que celui qui exerce ces fonctions dans la société. Les fonctions exercées doivent donner lieu à une rémunération normale, c'est-à-dire en rapport avec les services rendus. En cas d'exercice simultané de fonctions de direction et de fonctions techniques dans la société, il est admis que la rémunération de ces dernières soit prise en compte si le redevable y a intérêt. L'exigence posée par le législateur concernant la perception d'une rémunération normale par le dirigeant a principalement pour objet de vérifier que les fonctions sont réellement exercées.

La rémunération doit en outre représenter plus de la moitié des revenus professionnels du redevable. Pour déterminer la proportion de 50 %, les revenus à retenir s'entendent de l'ensemble des revenus, nets de charges fiscalement déductibles (mais abstraction faite des éventuels abattements), soumis à l'impôt sur le revenu dans les catégories des traitements et salaires, bénéfices industriels et commerciaux, bénéfices agricoles, bénéfices non commerciaux et revenus des gérants et associés mentionnés à l'article 62 du CGI. Ne sont pas retenus les revenus perçus sans rapport avec une activité professionnelle : revenus fonciers, revenus mobiliers, jetons de présence, pensions de retraite… On note que la rémunération du président du conseil de surveillance est prise en compte en totalité, bien que celle-ci soit imposable dans la catégorie des revenus de capitaux mobiliers.

Pour apprécier le seuil de 50 %, la période de référence à prendre en considération s'entend de l'année précédant le 1er janvier de l'année d'imposition. Toutefois, lorsque le seuil de 50 % n'est pas atteint au cours de cette période, il est admis de retenir les revenus professionnels de l'année au titre de laquelle l'ISF est dû. Dans le cadre du foyer fiscal, la proportion de 50 % s'apprécie distinctement pour chaque époux (ou concubin notoire, ou partenaire lié par un Pacs). Lorsqu'un redevable exerce des fonctions dans deux ou plusieurs sociétés dont il est associé et que ces sociétés ont des activités soit similaires, soit connexes et complémentaires, l'ensemble des participations dans ces sociétés constituent un bien professionnel unique exonéré si le total des rémunérations perçues de ces sociétés représente plus de 50 % de ses revenus professionnels, et que les autres conditions sont remplies au niveau de chaque société. Il en va de même dans le cas où le dirigeant exerce l'une de ses activités dans une entreprise individuelle, ou dans le cadre d'une société de personnes.

La qualification de biens professionnels implique le respect d'un seuil minimum de détention du capital de 25 %. Une participation minimale de 25 % du capital est, en principe, exigée des gérants minoritaires de SARL et des associés dirigeants de sociétés anonymes. Toutefois, les dirigeants sont dispensés du respect de ce seuil minimum de détention lorsque la valeur brute de leur participation excède 50 % de la valeur brute de leurs biens imposables. Par ailleurs, ne sont pas concernés par ces dispositions les gérants et associés visés à l'article 62 du CGI (les gérants de SARL majoritaires ou appartenant à un collège de gérance majoritaire, les gérants des sociétés en commandite par actions, les associés en nom des sociétés de personnes qui ont opté pour l'impôt sur les sociétés).

La détention d'une participation minimum de 25 %, appréciée au 1er janvier de l'année d'imposition, s'entend de la détention à la fois de 25 % des droits à dividendes et de 25 % des droits de vote attachés aux titres émis par la société en contrepartie de son capital social (les parts ou actions ordinaires détenues en usufruit sont retenues pour apprécier les droits de vote et les droits financiers).

Pour la détermination du seuil de 25 %, il peut être tenu compte :
- de la participation détenue directement par le redevable et les membres de son groupe familial (le redevable, son conjoint, partenaire pour les personnes liées par un Pacs ou concubin notoire, ses ascendants, descendants, frères et sœurs ainsi que ceux de son conjoint, partenaire ou concubin notoire) ;

– de la participation que ces mêmes personnes détiennent par l'intermédiaire d'une ou plusieurs sociétés possédant une participation dans la société où s'exercent les fonctions, dans la limite d'un seul niveau d'interposition (ce qui exclut les sous-filiales).

Lorsque le seuil minimum de détention de 25 % n'est pas atteint, les parts ou actions détenues dans une société par un redevable peuvent néanmoins être exonérées à condition que leur valeur brute, appréciée au 1er janvier de l'année d'imposition, excède 50 % de la valeur brute du patrimoine taxable à l'ISF, y compris la valeur de ces parts et actions.

2.3 Cas des titres dont les anciens dirigeants retraités ne possèdent que l'usufruit après avoir fait donation de la nue-propriété

Un dirigeant qui, au moment où il abandonne ses fonctions, transmet les parts ou actions qui étaient pour lui un bien professionnel en s'en réservant l'usufruit peut continuer à bénéficier de l'exonération, en tant que bien professionnel, pour la valeur de la nue-propriété des titres démembrés.

Les conditions suivantes doivent être réunies :

– la pleine propriété des titres était détenue par le redevable ou par son conjoint durant les trois années précédant le démembrement ;
– lors du démembrement, le redevable (ou son conjoint) remplissait depuis trois ans au moins les conditions requises pour que sa participation ait le caractère de bien professionnel ;
– la nue-propriété est transmise à un ascendant, un descendant, un frère ou une soeur du redevable ou de son conjoint ;
– le nu-propriétaire occupe dans la société, à titre principal et effectif, les fonctions qui ouvrent droit à l'exonération ;
– enfin, quand la société en cause est une société par actions ou une SARL, l'usufruitier doit, soit détenir avec son groupe familial, en usufruit et/ou en pleine propriété, 25 % au moins du capital de la société, soit détenir directement avec les membres de son foyer fiscal une participation dans la société représentant au moins 50 % de la valeur brute de son patrimoine imposable (y compris les parts ou actions).

En outre, le démembrement peut être antérieur à la cessation d'activité mais non l'inverse. Toutefois, lorsque la cessation d'activité résulte d'un décès, le démembrement peut intervenir dans le délai de moins d'un an.

2.4 Cas de l'exercice d'une profession libérale en SARL ou SA

Lorsqu'une profession libérale est exercée en société anonyme ou SARL, les titres de cette société ouvrent droit à l'exonération des biens professionnels pour l'associé qui exerce sa profession à titre principal dans la société, même s'il ne possède pas 25 % des titres (avec le groupe familial) et qu'il n'exerce pas les fonctions de direction normalement exigées. Si le redevable exerce la même activité dans plusieurs sociétés dont il détient des titres, l'ensemble de ses participations peut être considéré comme un bien professionnel unique. Ces participations sont exonérées si les activités exercées constituent l'essentiel des activités économiques du redevable, et à défaut, lui procurent la plus grande partie de ses revenus professionnels.

2.5 Cas des fusions, scissions et apports partiels d'actif

Des règles particulières sont prévues pour l'appréciation du caractère professionnel des parts ou actions détenues, le 1er janvier suivant l'opération, dans la société bénéficiaire des apports. Les associés ou actionnaires de cette société peuvent bénéficier d'un régime spécial, fondé sur la recherche d'une équivalence entre les parts ou actions détenues à cette date dans la société bénéficiaire des apports, et celles qui étaient ou auraient été détenues, si l'opération n'avait pas eu lieu, dans chacune des sociétés concernées.

3 La nature de l'activité sociale

L'activité exercée par la société doit être de nature industrielle, commerciale, artisanale, agricole ou libérale. Sont ainsi exclues de la catégorie des biens professionnels les parts ou actions des sociétés ayant pour activité principale la gestion de leur propre patrimoine, mobilier ou immobilier. Les parts ou actions de sociétés exerçant une activité industrielle, commerciale, artisanale, agricole ou libérale en même temps qu'une activité civile, nécessairement accessoire, ne peuvent pas bénéficier du régime des biens professionnels pour la fraction de la valeur des parts correspondant à l'activité civile.

On notera que les titres des sociétés holdings (y compris des holdings à forme civile) peuvent ouvrir droit au régime d'exonération propre aux biens professionnels, à condition que ces sociétés soient les animatrices effectives de leur groupe. Elles doivent donc participer activement à la conduite de la politique du groupe, et au contrôle des filiales. Elles doivent rendre, le cas échéant, à titre purement interne au groupe, des services spécifiques administratifs, juridiques, comptables financiers ou immobiliers. L'exercice de ce rôle d'animation n'implique pas nécessairement l'existence de structures importantes au sein du holding.

Les parts détenues par le redevable dans le holding peuvent être exonérées au titre des biens professionnels à condition que :

– le redevable possède (avec son groupe familial au sens de l'ISF) directement ou par l'intermédiaire d'une société dans la limite d'un seul niveau d'interposition,

au moins 25 % du capital de la société ou, dans le cas contraire, si la valeur des titres qu'il détient avec les membres du foyer fiscal excède 50 % de son patrimoine taxable ;
- l'un des membres du foyer fiscal exerce des fonctions de direction dans le holding, et cette fonction donne lieu à une rémunération normale, qui représente plus de la moitié des revenus professionnels du dirigeant. Si les fonctions exercées par le redevable dans le holding ne sont pas (ou peu) rémunérées, les titres détenus peuvent toutefois être exonérés, à condition que l'intéressé exerce simultanément des fonctions de direction dans une ou plusieurs filiales dont la société mère détient 50 % ou 25 %, selon que cette dernière poursuit une activité industrielle ou commerciale propre, ou bien limite son activité à l'animation de son groupe, et que le montant cumulé des rémunérations qu'il perçoit dans ces sociétés et dans le holding représente plus de la moitié de ses revenus professionnels.

Lorsque les conditions ne sont pas remplies, les titres de holdings peuvent le cas échéant faire l'objet d'une exonération partielle si la société détient une participation dans une autre société où le redevable exerce des fonctions de direction (sociétés intermédiaires ou interposées).

On souligne que les titres de sociétés immobilières peuvent constituer des biens professionnels si elles ont pour objet, même non exclusif, la location ou la mise à disposition d'immeubles professionnels au profit d'une société d'exploitation dont les parts ou actions sont elles-mêmes des biens professionnels pour le redevable. Dans ce cas, les titres ainsi détenus sont exonérés dans la limite du produit :

- de la participation du redevable dans la société d'exploitation (foyer fiscal inclus) ;
- par la valeur de l'ensemble des immeubles loués ou mis à disposition de cette société par la société immobilière.

L'administration applique la même solution lorsque les immeubles sont détenus directement par les associés de la société d'exploitation. Pour chaque associé propriétaire, la valeur exonérée est égale à la valeur de l'ensemble des immeubles loués multipliée par la participation dans la société d'exploitation, dans la limite de la valeur de l'immeuble appartenant à l'intéressé.

Section 4 L'ASSIETTE ET LE CALCUL DE L'IMPÔT

L'impôt de solidarité sur la fortune est assis sur la valeur nette des biens imposables. Les redevables doivent évaluer leur patrimoine au 1er janvier de l'année d'imposition et déduire les dettes le grevant. L'impôt dû est calculé en appliquant à la valeur nette du patrimoine le barème progressif prévu par la loi. Le montant de l'impôt ainsi calculé peut faire l'objet de réductions d'impôt. Il peut aussi bénéficier du plafonnement en fonction des revenus du redevable. Il peut aussi bénéficier, indirectement, du « bouclier fiscal ».

1 L'évaluation des biens imposables

1.1 Le principe : le redevable doit évaluer son patrimoine

La valeur servant de base à l'impôt est déterminée par le redevable lui-même. La valeur à déclarer est la valeur vénale, déterminée à la date du fait générateur de l'impôt, c'est-à-dire au 1er janvier de chaque année. Elle est déterminée suivant les règles d'évaluation prévues en matière de mutation par décès. Il existe cependant quelques dispositions d'évaluation propres à l'ISF.

1.2 Les règles particulières

L'abattement de 30 % pour l'évaluation de la résidence principale : Par dérogation au principe selon lequel la valeur vénale des immeubles dont le propriétaire a l'usage est réputée égale à leur valeur libre de toute occupation, un abattement de 30 % est effectué sur la valeur vénale lorsque l'immeuble est occupé, au 1er janvier de l'année d'imposition, à titre de résidence principale par son propriétaire. Il en est de même pour les héritiers lorsque l'immeuble est grevé d'un droit temporaire au logement du conjoint survivant (en cas d'imposition commune, un seul immeuble est susceptible de bénéficier de l'abattement).

L'évaluation des meubles meublants : Les règles d'évaluation de ces biens ont été simplifiées pour tenir compte du caractère annuel de l'ISF. Les biens peuvent être évalués comme suit :

- évaluation à 5 % de la valeur du patrimoine ;
- estimation contenue dans un inventaire simplifié, limité aux seuls meubles meublants taxables ;
- évaluation globale en un seul chiffre, sans qu'il soit nécessaire d'indiquer la valeur et la nature des divers objets (avantageux pour le redevable) ;
- référence au prix d'une vente publique intervenue dans les deux ans du fait générateur (peu appliquée en matière d'ISF).

L'évaluation de valeurs mobilières : Les valeurs mobilières cotées sont évaluées selon le dernier cours connu, ou bien selon la moyenne des trente derniers cours qui précèdent le 1er janvier de chaque année. Pour chaque catégorie de titres, les redevables peuvent choisir celle des deux possibilités qui conduit à l'estimation la plus modérée de leur portefeuille. Les valeurs mobilières non cotées font l'objet d'une déclaration estimative et détaillée, qui repose sur les règles habituelles applicables en matière d'évaluation des entreprises.

L'évaluation des bons d'épargne : Les bons d'épargne doivent être déclarés pour leur valeur nominale, à l'exclusion des intérêts courus ou non encaissés au 1er janvier de l'année d'imposition.

L'évaluation des contrats d'assurance-vie : La prise en compte de ces contrats dans l'assiette de l'ISF relève de règles spécifiques, qui dépendent de leur date de souscription et de leur nature rachetable ou non.

1.3 La déduction du passif

Les dettes grevant le patrimoine au 1er janvier de l'année d'imposition peuvent être déduites comme en matière de droits de succession. Pour être déductibles, les dettes doivent donc exister au 1er janvier de l'année d'imposition, être à la charge personnelle du redevable, et être justifiées par tous modes de preuve compatibles avec la procédure écrite.

Sont notamment à retenir, en déduction du passif, les impôts dont le fait générateur se situe au plus tard au 1er janvier de l'année d'imposition, et qui restent à payer à cette date. Il faut souligner que les dettes afférentes à des biens exonérés (telles que les dettes attachées aux biens professionnels) doivent être imputées par priorité sur la valeur de ces biens. En cas d'excédent de passif, celui-ci peut être déduit de la valeur des biens taxables. Lorsque l'exonération n'est que partielle (bois et forêts, par exemple), la dette correspondante est déductible dans la même proportion.

2 Le calcul de l'impôt

Le montant de l'impôt est calculé en appliquant à la valeur nette du patrimoine imposable le barème progressif de l'impôt de solidarité sur la fortune, dont le taux le plus élevé s'élève à 1,80 %. L'impôt ainsi calculé fait l'objet, dans certains cas, de réductions d'impôt et, le cas échéant, d'un plafonnement en fonction des revenus du redevable. On peut souligner que les éventuels impôts sur la fortune acquittés à l'étranger viennent enfin en déduction de l'impôt dû en France.

2.1 Le barème applicable

Lorsque le patrimoine excède 790 000 € (pour 2009), il est imposé conformément au barème ci-après :

Tableau 15.1

Fraction de la valeur nette taxable du patrimoine		Tarif applicable (en 2009)
N'excédant pas	790 000 €	0 %
Comprise entre	790 000 € et 1 290 000 €	0,55 %
	1 290 000 € et 2 530 000 €	0,75 %
	2 530 000 € et 3 980 000 €	1 %
	3 980 000 € et 7 600 000 €	1,3 %
	7 600 000 € et 16 540 000 €	1,65 %
Supérieure à	16 540 000 €	1,80 %

2.2 Le plafonnement de l'impôt en fonction du revenu du redevable

Le plafonnement de l'impôt de solidarité sur la fortune a pour but d'éviter que le total de l'ISF et de l'impôt sur le revenu (et les prélèvements sociaux) excède 85 % des revenus du redevable de l'année précédente. Lorsque ce seuil de 85 % est atteint, l'excédent vient en diminution de l'ISF à payer. Toutefois, pour les redevables dont le patrimoine dépasse la limite supérieure de la troisième tranche du barème (soit 2 520 000 € pour 2009), la diminution de l'ISF au titre du plafonnement ne peut excéder :

- 50 % de la cotisation avant plafonnement ;
- ou le montant de l'impôt correspondant à un patrimoine taxable égal à la limite supérieure de la troisième tranche du barème si ce montant est supérieur.

Le plafonnement en fonction du revenu ne s'applique qu'aux redevables ayant leur domicile fiscal en France.

Les revenus servant de base au plafonnement sont :

- les revenus catégoriels (plus-values incluses), nets de frais professionnels de l'année précédente, après déduction des seuls déficits dont la déduction est autorisée au regard des règles de l'impôt sur le revenu ;
- les revenus exonérés d'impôt sur le revenu ;
- les revenus soumis au prélèvement libératoire de l'impôt sur le revenu.

Les impôts à prendre en compte sont :

- l'impôt sur le revenu (au taux progressif et au taux proportionnel) ;
- les prélèvements et contributions additionnels (CSG, CRDS, prélèvements sociaux) ;
- les prélèvements libératoires.

Le montant de l'ISF calculé suivant le barème est réduit de 150 € par personne à charge.

2.3 La réduction d'impôt au titre des investissements dans les PME : investissements dans les PME et souscriptions de parts de FIP, FCPI et FCPR

Les redevables qui investissent dans des PME, ou qui souscrivent des parts de fonds d'investissement de proximité (FIP), de fonds communs de placement dans l'innovation (FCPI) ou de fonds communs de placement à risque (FCPR) peuvent, sous certaines conditions, imputer une partie de leur investissement sur le montant de leur ISF. La réduction d'impôt peut se cumuler avec le régime d'exonération d'ISF des titres reçus en contrepartie de la souscription au capital de PME, ou de certains fonds, ainsi qu'avec celui prévu en faveur des biens professionnels.

Le bénéfice de la réduction d'impôt est réservé aux apports effectués au profit de sociétés PME exerçant exclusivement une activité industrielle, commerciale, artisanale, agricole ou libérale (hors gestion d'un patrimoine mobilier et hors gestion ou location d'immeubles).

La société doit avoir son siège de direction effective dans un État membre de l'Union européenne, en Islande ou en Norvège, et doit répondre à la définition communautaire des PME. La société PME doit être soumise à l'impôt sur les bénéfices dans les conditions de droit commun. Il peut s'agir d'une société coopérative. Par ailleurs, les titres de la société PME ne doivent pas être admis à la négociation sur un marché réglementé français ou étranger. En outre, trois conditions complémentaires liées à la réglementation communautaire sont prévues pour que l'opération puisse échapper à la limitation de l'avantage octroyé prévue par le règlement de « minimis » (ou du règlement temporaire pour 2009 et 2010) :

- la société doit être en phase d'amorçage, de démarrage ou d'expansion ;
- la société ne doit pas être qualifiable d'entreprises en difficulté ;
- la société ne doit pas relever des secteurs de la construction navale, de l'industrie houillère ou de la sidérurgie.

Par ailleurs, le montant des versements ne peut excéder un montant de 1,5 million d'euros par période de douze mois.

Les souscriptions ouvrant droit à réduction d'ISF peuvent être réalisées directement ou indirectement à travers une société holding. Dans ce cas, la société holding doit répondre aux conditions prévues pour la PME à l'exception de celles tenant à la nature de son activité, tenant à son niveau de développement (amorçage, démarrage, expansion) et tenant au montant des versements. La société holding doit encore avoir pour objet exclusif la détention des participations dans des sociétés exerçant une des activités éligibles.

Pour être éligibles à la réduction d'impôt, les souscriptions de parts de FIP, FCPI et de FCPR ne peuvent concerner que des fonds dont l'actif est constitué à hauteur de 20 % (parts de FIP) ou 40 % (parts de FCPI et de FCPR) au moins, de titres reçus en contrepartie de souscriptions au capital de sociétés répondant aux conditions caractérisant la PME opérationnelle, et qui exercent leur activité ou sont juridiquement constituées depuis moins de cinq ans.

La réduction d'impôt est égale à :

- 75 % du montant des versements effectués au titre des souscriptions, directes ou indirectes, au capital de PME, dans la limite annuelle de 50 000 € ;
- 50 % du montant des versements effectués au titre de la souscription de parts de FIP, FCPI et de FCPR dans la limite annuelle de 20 000 €.

Toutefois, le montant global de la réduction d'ISF (et de celle prévue en faveur des dons à certains organismes) ne peut excéder 50 000 € au titre d'une même année d'imposition. La réduction d'impôt n'est définitive que si le redevable conserve les titres jusqu'au 31 décembre de la cinquième année suivant celle de la souscription.

Les versements pris en compte pour la détermination de l'avantage fiscal sont ceux effectués entre la date limite de dépôt de la déclaration de l'année précédant celle de l'imposition, et la date limite de dépôt de la déclaration de l'année d'imposition. En cas de souscriptions indirectes par l'intermédiaire d'une société holding, le montant du versement retenu pour l'assiette de la réduction d'impôt est proportionnel aux versements effectués par la société holding au titre des souscriptions en numéraire au capital de PME. On note que la société holding dispose d'un délai supplémentaire d'un an pour réinvestir les sommes reçues du redevable.

2.4 La réduction d'impôt au titre des dons à certains organismes

Les redevables qui effectuent, depuis le 20 juin 2007, des dons au profit de certains organismes peuvent imputer sur le montant de leur ISF 75 % du montant de leurs versements dans la limite de 50 000 € (limite commune avec la réduction d'impôt pour investissement dans les PME).

Ouvrent droit à la réduction d'impôt les dons effectués en numéraire, ainsi que les dons en pleine propriété de titres admis aux négociations sur un marché réglementé français ou étranger, au profit :

- des établissements de recherche ou d'enseignement supérieur ou d'enseignement artistique publics ou privés, d'intérêt général, à but non lucratif ;
- des fondations reconnues d'utilité publique (mais non des associations reconnues d'utilité publique) ;
- des entreprises d'insertion et des entreprises de travail temporaire d'insertion ;
- des associations intermédiaires ;
- des ateliers et chantiers d'insertion ;
- des entreprises adaptées ;
- de l'Agence nationale de la recherche.

Le redevable doit justifier du montant et de la date des versements ainsi que l'identité des organismes bénéficiaires. Les dons pris en compte sont ceux effectués entre la date limite de dépôt de la déclaration d'ISF de l'année précédant celle de l'imposition et la date de dépôt de la déclaration de l'année d'imposition. Le bénéfice de la réduction d'impôt est subordonné au respect par l'organisme (s'il relève du secteur concurrentiel) de l'encadrement communautaire des aides prévu par le règlement « de minimis ».

Section 5 LA DÉCLARATION ET LE PAIEMENT DE L'IMPÔT

1 La déclaration annuelle

Les personnes imposables au 1er janvier de l'année d'imposition doivent souscrire une déclaration détaillée et estimative des biens composant leur patrimoine (et le cas échéant des dettes y afférentes). La déclaration annuelle est déposée au plus tard le 15 juin, au service des impôts dont dépend le domicile du redevable au 1er janvier de l'année d'imposition, quel que soit le lieu de situation des biens.

2 Le paiement de l'impôt

La déclaration doit être accompagnée du paiement au comptant de l'impôt, sans possibilité de paiement fractionné ou différé. Le débiteur de l'ISF est la personne qui a souscrit la déclaration, mais les époux et les partenaires liés par un pacte civil de solidarité (Pacs) sont solidaires pour le paiement (CGI art. 1723 ter-00 B).

3 La prescription

La prescription de l'action de l'administration en matière d'impôt de solidarité sur la fortune est de six ans.

4 Conclusion

L'impôt de solidarité sur la fortune peut être, indirectement, diminué par la mise en œuvre du « bouclier fiscal », qui consiste à limiter le montant total des impositions payées par le contribuable au titre de l'impôt sur le revenu, de l'ISF (retenu après application des réductions d'impôt et du « plafonnement » éventuel), des impôts locaux afférents à son habitation principale et des prélèvements sociaux à 50 % des revenus.

Chapitre 16 Le bouclier fiscal

Thierry CREUX

La loi de Finances pour 2006, modifiée par la Loi TEPA (Travail, Emploi et Pouvoir d'Achat) du 21 août 2007, a posé à l'article 1er du Code général des impôts un nouveau principe général du droit fiscal : la charge d'impôt pesant sur un contribuable ne doit pas excéder 50 % de ses revenus.

Section 1 LE PRINCIPE DU BOUCLIER FISCAL

Le principe général du bouclier fiscal est le suivant :

$$\left(\text{IRPP} + \text{ISF} + \underbrace{\text{Taxes foncières et d'habitation}}_{\text{de la résidence principale}} + \underbrace{\text{Prélévements sociaux}}_{\text{CSG, CRDS, PS + RSA}}\right) \leq 50\ \%\ \text{du Revenu}$$

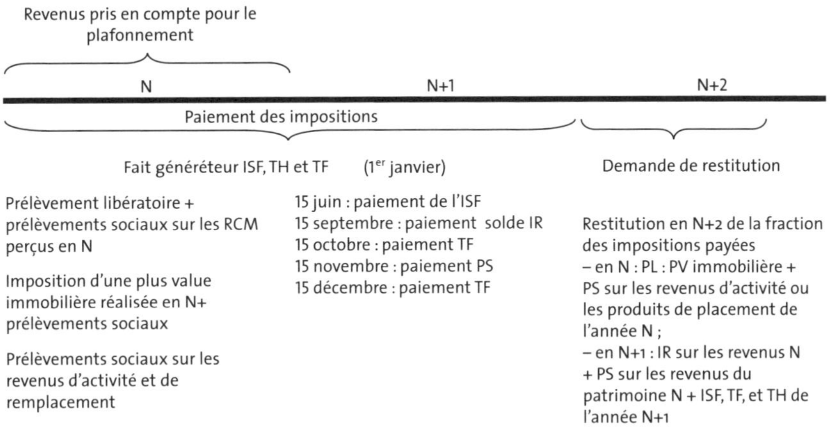

avec : PL (prélèvement libératoire), ISF (impôt de solidarité sur la fortune), TH (taxe d'habitation), TF (taxe foncière), PS (prélèvement sociaux, dont RSA) et IR (impôt sur le revenu).

Figure 16.1

1 Un principe de restitution

L'article 1 du CGI limite les impôts directs payés par un contribuable fiscalement domicilié en France à 50 % de ses revenus. Cette limitation fait l'objet d'une demande de restitution (formulaire n° 2041-DRID).

Le droit à restitution est ouvert du 1er janvier au 31 décembre de la 2e année (N+2) suivant celle de la réalisation des revenus pris en compte (année de référence N).

Cela implique que :

– le contribuable paie ses impôts et est remboursé l'année suivante (il supporte le débours de trésorerie) ;

– le remboursement du trop perçu n'est pas automatique, il faut le demander.

Depuis la Loi de finances pour 2009, il est possible de liquider la créance de restitution directement sur l'ISF de l'année N+2.

Cette possibilité devrait être très peu utilisée : pourquoi attendre le 15 juin alors que l'on peut demander la restitution dès le 1er janvier de l'année ? Sans compter le risque de sanction en cas d'erreur : en cas d'écart excédant 5 % du montant du droit à restitution, le contribuable est redevable d'une majoration égale à 10 % de l'insuffisance de versement constatée.

2 Les impôts considérés : les impôts directs payés en France

La loi TEPA du 21 août 2007 a modifié le principe de référence : désormais le bouclier est déterminé en prenant en compte l'ensemble des impositions afférentes aux revenus réalisés au cours d'une même année N :

– l'impôt sur le revenu payé en N+1, qui correspond aux revenus perçus en N ;
– l'ISF payé en N+1 (en fonction du patrimoine au 1er janvier de l'année), en prenant en compte un éventuel plafonnement ;
– les contributions sociales (CSG, CRDS et prélèvement social et la taxe RSA de 1,1 %), sur les revenus du patrimoine et ceux d'activité ou de remplacement, étant précisé que la CSG déductible portant sur ces revenus pourra venir en déduction de ces derniers ;
– les prélèvements libératoires opérés en N et N+1 sur des revenus perçus cette même année (par exemple rachat sur contrats d'assurance-vie, plus-values immobilières, coupons d'obligations, comptes à terme…) ;
– les impôts locaux afférents exclusivement à l'habitation principale : la taxe foncière exception faite de la taxe d'enlèvement des ordures ménagères et la taxe d'habitation (en N+1).

Toutes les autres impositions sont exclues de la base ouvrant droit à restitution.

Deux remarques s'imposent :

– les impositions prises en compte sont diminuées des restitutions de l'impôt sur le revenu ou des dégrèvements obtenus;
– le bouclier fiscal ne prend en compte que les impôts correspondants aux bases «régulièrement déclarées». Ainsi, en cas de rectification au cours d'une année donnée, le montant de l'impôt supplémentaire acquitté ne pourra pas être intégré à la formule de calcul. Voilà de quoi encourager les contribuables à bien évaluer leur patrimoine imposable.

Ainsi, pour les revenus de l'année 2010, tiendra-on compte des impositions 2011 (N+1) et 2010 (N) quand elles sont retenues à la source, pour une demande de restitution à effectuer en 2012 (N+2).

S'ils sont retenus pour le calcul du plafonnement de l'ISF, les impôts payés à l'étranger ne le sont pas pour le bouclier fiscal, alors même que les revenus exonérés d'impôt sur le revenu en France, sont retenus dans l'équation en vertu de conventions fiscales internationales.

Dans le cas du contribuable impatrié, la Loi LME (Loi de Modernisation de l'Économie) du 4 août 2008, modifiant l'article 1649 – OA du CGI, cherche à rendre plus attractif le système fiscal français, pour ceux qui souhaitent se domicilier en France :

– les contribuables impatriés une année N ne prendront pas en compte les revenus de source étrangère réalisés en année N, jusqu'à la date de leur installation en France, pour effectuer le calcul du bouclier fiscal ;
– les revenus réalisés hors de France en année N, imposable à l'étranger et pas en France, seront comptabilisés pour leur montant net d'impôt.

Il bénéficient de cet aménagement pendant 5 ans.

3 Les revenus à considérer

L'année de réalisation des revenus est l'année de référence (N) pour la détermination du bouclier fiscal, depuis la Loi du 21 août 2007. Ainsi, pour les revenus de l'année 2010, on tiendra compte des impositions 2011 (N+1) et 2010 (N) quand elles sont retenues à la source, pour une demande de restitution à effectuer en 2012 (N+2).

Les revenus à considérer s'entendent des revenus réalisés pour leur montant net soumis à l'impôt sur le revenu.

3.1 Revenus soumis au barème progressif

Pour la demande de restitution 2010 (revenus de 2008), les revenus pris en compte sont les revenus nets catégoriels, déduction faite des déficits catégoriels de l'année et des déficits antérieurs.

Pour les demandes de restitutions effectuées à partir de 2011, seuls seront pris en compte les déficits de l'année de réalisation des revenus. On ne tient plus compte des déficits antérieurs. Il n'y a donc plus d'adéquation entre l'avis d'IR, et les revenus à prendre en compte pour le bouclier fiscal. Il en va de même pour les revenus au sens du plafonnement de l'ISF.

Cette nouvelle règle, mise en place dans la Loi de finances pour 2010 est défavorable au contribuable. En effet, dans l'équation : ensemble des impôts (I) ≤ 50 % des revenus (R), les impôts (I) sont diminués des déficits catégoriels antérieurs, alors que les revenus (R) ne le sont pas.

3.2 Plus-values mobilières

En matière de valeurs mobilières et de droits sociaux, la réforme maintient l'exonération des plus-values réalisées en dessous du seuil de cession (de 25 730 € en 2009 et 25 830 € en 2010).

Dès lors que le seuil de cession est dépassé pour les demandes de restitution 2010 (revenus de 2008), l'administration fiscale prend en compte les moins-values en report.

Il en va autrement pour les restitutions 2011 et suivantes : la réforme votée en 2009 ne prend plus en compte les moins-values en report. Comme pour les revenus soumis au barème progressif, cette règle nouvelle est défavorable au contribuable bénéficiaire du bouclier fiscal.

Exemple

	Déclaration 2010 (revenus de 2008)	Déclaration 2012 et suivantes
Salaires nets imposables (1)	**100 000 €**	**100 000 €**
Plus-values de l'année (2)	150 000 €	150 000 €
Moins-values de l'année (3)	20 000 €	20 000 €
Plus-value nette de l'année (4)	130 000 €	**130 000 €**
Moins-values en report des années antérieures (5)	120 000 €	120 000 €
Plus-value imposable à l'IR (6)	**10 000 €**	10 000 €
Revenus au sens du bouclier fiscal	**110 000 € (1+6)**	**230 000 € (1+4)**
50 % des revenus	55 000 €	115 000 €
Somme des impôts	90 000 €	90 000 €
Restitution	35 000 €	0,00 €

Faut-il prendre en compte l'exonération d'impôt sur la plus-value pour les entrepreneurs cédants et partant à la retraite et faudra-t-il prendre en compte l'exonération des plus-values pour durée de détention (mesure entrant en vigueur partiellement à partir de 2012) ? Il faut considérer ces plus-values exonérées d'impôt sur le revenu comme des revenus au sens du bouclier fiscal.

Pour mémoire, la loi de financement de la Sécurité sociale pour 2009 instaure les prélèvements sociaux pour les gains de cessions de valeurs mobilières inférieures au seuil de cession réalisées en 2010.

3.3 Plus-values immobilières

En matière immobilière, le bouclier fiscal exclut la prise en compte de la plus-value de cession de la résidence principale et tient compte des abattements pour durée de détention pour les autres plus-values soumises à un prélèvement à la source.

3.4 Revenus soumis au prélèvement libératoire

Les revenus perçus au cours de l'année considérée sont pris en compte.

Cas particulier des dividendes :

– Si le contribuable opte pour l'imposition des dividendes au prélèvement forfaitaire libératoire (PFL), le revenu à prendre en compte pour le calcul du bouclier fiscal est clair : 100 % du montant du dividende distribué.

– En revanche, si le contribuable réintègre ce revenu dans sa base imposable à l'impôt sur le revenu, il bénéficie pour le calcul de l'IR de l'abattement de 40 % sur la base, de la déductibilité des frais et charges, de l'abattement de 1 525 € pour un célibataire et 3 050 € pour un couple et de la déduction de la CSG déductible (soit 5,8 %).

En termes de revenu au sens du bouclier fiscal, le législateur retient une règle progressive depuis la Loi de finances pour 2010 :

– pour les revenus de 2009 (bouclier 2011) un abattement de 30 % au lieu des 40 % ; soit 70 % du revenu ;
– pour les dividendes perçus en 2010, 20 % d'abattement ;
– pour ceux perçus en 2011, 10 % d'abattement ;
– et aucun abattement pour les dividendes perçus les années suivantes.

Le législateur ne tient plus compte des abattements particuliers de 1 525 et 3 050 € mais conserve en revanche la déductibilité de la quote-part de CSG déductible et des frais et charges.

Afin de prendre en compte le changement de la règle dans la Loi de finances pour 2010 au sujet des dividendes perçus en 2009 et de ne pas pénaliser les contribuables, le texte offre la possibilité, jusqu'au 15 juin 2010, d'opter *a posteriori* pour l'imposition des dividendes au PFL. Il est donc nécessaire durant cette période d'estimer si le contribuable continue à bénéficier d'une restitution au sens du bouclier fiscal alors même que son revenu de référence a été majoré de 10 %. Si le contribuable perd le bénéfice du bouclier fiscal, il aura intérêt à opter pour le PFL, fiscalement plus intéressant en termes d'imposition sur le revenu.

Cette modification vient corriger une anomalie qui existait précédemment. Avec un revenu au sens du bouclier de 60 % (en cas d'imposition au barème progressif, on retenait l'abattement de 40 %), la CSG déductible de 5,8 % et les abattements particuliers, le bénéfice du bouclier fiscal était quasi systématique pour les bénéficiaires de dividendes importants.

Revenus au sens du bouclier	Déclaration 2010 (revenus 2008)	Déclaration 2011 (revenus 2009)	Déclaration 2012 (revenus 2010)	Déclaration 2013 (revenus 2011)	Déclaration 2014 et suivantes
Dividendes option PLF	100 % du dividende brut	100 % du dividende brut	100 % du dividende brut	100 % du dividende brut	100 % du dividende brut
Dividendes réintégration à l'IR	**60 %** du dividende moins : • *Frais et charges déductibles* • *CSG déductible (5,80 %)* • *Abattement de 1525 € ou 3 050 €*	**70 %** du dividende moins : • *Frais et charges déductibles* • *CSG déductible (5,80 %)*	**80 %** du dividende moins : • *Frais et charges déductibles* • *CSG déductible (5,80 %)*	**90 %** du dividende moins : • *Frais et charges déductibles* • *CSG déductible (5,80 %)*	**100 %** du dividende moins : • *Frais et charges déductibles* • *CSG déductible (5,80 %)*

3.5 Revenus exonérés d'impôt

Les revenus exonérés d'impôt sont intégrés, ainsi qu'un certain nombre de revenus crédités sur le compte, alors même que le contribuable n'en a pas disposé (intérêts des PEL, CEL, livret A…).

3.6 Charges et déficits imputables

Les revenus sont pris en compte, déduction faite :

- des pensions alimentaires versées aux enfants qu'elles soient dues suite à un jugement de divorce ou non ;
- des cotisations versées dans le cadre du PERP ou autre régime de retraite.

4 Cas des revenus crédités sur les contrats d'assurance-vie ou de capitalisation

Depuis l'arrêt NEMO du Conseil d'État du 13 janvier 2010, la règle est distincte pour les revenus crédités au sein d'un contrat monosupport ou au sein d'un contrat multisupports. Le Conseil d'État annule en partie l'instruction du 26 août 2008, qui « déclassait » les contrats multisupports investis à moins de 20 % en unités de compte en contrats monosupport.

La distinction est désormais plus simple :

- Concernant les contrats monosupports, les intérêts crédités au cours de l'année de référence (N) sur des contrats d'assurance-vie ou de capitalisation en euros sont pris en compte dans le calcul des revenus au sens du bouclier fiscal. Ils constituent des revenus réputés réalisés. Par exemple, pour un contrat de 1 000 000 € investi sur un fonds en euros réalisant une performance de 3,50 % au cours de l'année, les revenus réputés réalisés s'élèvent à 35 000 euros, même sans rachat dans l'année.

  Ainsi, peu importe si le montant des produits rachetés dans l'année excède le montant des revenus réputés réalisés, l'administration fiscale retient toujours les revenus réputés réalisés.

  On peut penser, depuis l'annulation des § 34 et 38 du BOI par l'arrêt NEMO que si un contrat monosupport devient un contrat en unités de compte en cours d'année, il sera traité comme un contrat multisupport, *a priori*, même si ce contrat n'a pas été un multisupport pendant la majeure partie de l'année.
- Concernant les contrats multisupports, seuls les produits contenus dans un éventuel rachat[1] sont pris en compte dans le calcul du bouclier (le cas échéant, nets des abattements de 4 600 € pour un célibataire et 9 200 € pour un couple).

1. Voir chapitre « L'assurance-vie ».

Pour les rachats effectués sur des contrats de capitalisation ou d'assurance-vie multi-supports, il n'y a donc plus de distinction à faire entre les « revenus réputés réalisés » des revenus effectivement réalisés. Tous les produits rachetés d'un contrat au cours d'une année sont pris en compte, comme un simple revenu soumis au prélèvement libératoire ou à l'IR. Sans rachat, il n'y a pas de revenu au sens du bouclier fiscal.

Il coexiste donc un traitement des rachats différents selon qu'il s'agit d'un contrat monosupport ou d'un multisupport. Pour le bénéficiaire du bouclier fiscal, il est désormais fiscalement préférable de privilégier les rachats sur les contrats monosupport.

Section 2 QUELQUES CHIFFRES : À QUI PROFITE LE BOUCLIER FISCAL ?

Selon le ministère du Budget, le nombre de bénéficiaires du bouclier fiscal en 2008 (revenus de référence 2006) était de 13998 personnes (celles qui ont fait la demande de restitution). Parmi eux :

– 8 124 foyers modestes (moins de 3 363 € de revenus) ;
– 3 506 foyers ayant plus de 7,3 M€ de patrimoine et 42703 € de revenus.

La restitution moyenne par foyer est d'environ 33000 €. Ce chiffre a quasiment doublé. Cela est essentiellement lié au passage d'un bouclier à 60 % + les prélèvements sociaux (revenus de 2005) à un bouclier à 50 %, y compris les prélèvements sociaux (revenus de 2006)

On constate des disparités importantes. Les foyers les plus aisés, soit environ 1/4 des bénéficiaires, représentent 89 % des montants restitués. Ces contribuables paient en moyenne 292000 € d'impôts par an et 116000 € leur sont restitués en moyenne, soit un coût pour le Trésor de 407 M€ environ.

Parmi eux, 834 bénéficiaires, dont le patrimoine ISF dépasse 15,5 M€, ont perçu 368261 € de restitution en moyenne.

De l'autre côté, les 8 124 contribuables dont le revenu est inférieur à 3 363 € par an paient en moyenne 659 € d'impôt pour une restitution d'environ 540 €. Ces foyers aux faibles revenus, essentiellement propriétaires, se voient restituer des impôts locaux. Le coût pour l'État est logiquement plus faible et ne représente que 4 M€.

Compte tenu des réformes de la Loi de finances 2010, il est à prévoir que le nombre de bénéficiaires et le montant des restitutions devrait diminuer.

Il n'en demeure pas moins que le nombre de demande de restitution est assez loin des chiffres potentiels envisagés. 235000 foyers fiscaux auraient pu en profiter alors que seulement 6 % ont fait valoir leur droit. Certains contribuables ne savent pas ou ne souhaitent pas faire la demande de restitution. Pour les contribuables non soumis à l'ISF, il ne faut pas se poser de question : il faut en faire la demande au plus vite. Pour les contribuables soumis à l'ISF, il y a la crainte d'un effet boomerang. En faisant la demande de restitution, ils craignent que les services fiscaux ne déclenchent un contrôle de leurs revenus et de la valeur des biens immobiliers déclarés dans l'ISF, cette dernière étant toujours contestable.

Bercy a envisagé, pour assurer une bonne information, d'adresser un courrier à l'ensemble des contribuables concernés par le dispositif. Ce qui signifie que l'Administration fiscale sait qui est éligible au dispositif (puisqu'elle possède les paramètres de l'équation).

La peur évite-t-elle le danger ? Seul le calcul de l'incidence du coût d'un redressement au regard du gain escompté par le mécanisme du bouclier fiscal, peut permettre au contribuable de faire le bon choix.

Partie 4 La dimension financière de la gestion de patrimoine

Les produits d'épargne et de placement sont très variés et présentent des profils de risque et de rentabilité très variables. Il est impératif, pour l'épargnant et son conseil, de bien avoir à l'esprit ces deux dimensions avant tout investissement en produits financiers. Ceci est l'objet du chapitre 17, écrit par Arnaud Thauvron (Université Paris-Est Créteil). Au sein de ces différents produits, il en est un qui présente un intérêt tout particulier en matière de gestion de patrimoine, l'assurance-vie, du fait notamment de sa fiscalité et de son traitement lors d'une succession. Roseline Charasse-Labat (BNP Paribas Banque privée) en présente tous les aspects au sein du chapitre 18. Si l'épargnant fait le choix d'investir dans un portefeuille de titres, va se poser la question de son mode de gestion et de la mesure de sa performance. Ces points sont examinés au chapitre 19, rédigé par Pierre Chollet (Université Paris-Est Créteil). Afin de s'assurer des revenus une fois son activité professionnelle terminée, il est possible de se constituer une épargne retraite. Pour l'y inciter, le législateur a prévu un certain nombre d'avantages fiscaux. Ce thème fait l'objet du chapitre 20 (Catherine Bienvenu, Maître de conférences associée à l'Université Paris-Est Créteil et Responsable des donations et legs aux Petits frères des pauvres).

Chapitre 17 Les produits d'épargne et de placement

Arnaud THAUVRON

Un particulier disposant de liquidités peut placer son argent sur une multitude[1] de produits bancaires ou financiers. Le choix d'un produit se fait en fonction de plusieurs critères, notamment le niveau de risque que le particulier accepte de prendre, son horizon de placement et la rentabilité qu'il en espère. S'offrent alors à lui des produits qui ne présentent aucun risque, mais dont la rentabilité est limitée, et d'autres, les plus nombreux et variés, qui présentent un aléa quant à leur rentabilité future. Ce chapitre présentera successivement les différents critères de choix des produits d'épargne et de placement (section 1), les produits d'épargne non risqués (section 2), les produits risqués (section 3), les produits boursiers (section 4), notamment les actions, pour terminer par les produits d'épargne collective (section 5).

1. Pour une présentation détaillée de la fiscalité de ces produits, voir chapitre « L'imposition des revenus du patrimoine financier ».

Section 1 LES DIFFÉRENTS CRITÈRES DE CHOIX DES PRODUITS D'ÉPARGNE ET DE PLACEMENT

Selon que le placement est à court, moyen ou long terme, la classe d'actifs dans laquelle seront investies les liquidités sera plus ou moins risquée. Plus l'investissement est à court terme, plus les actifs devront être peu risqués car, en cas de pertes, il sera plus difficile de se « refaire ». L'horizon a également une incidence sur la liquidité des actifs retenus. Un investissement à court terme doit ainsi nécessairement se faire dans une classe d'actifs très liquides. De même, le choix de la classe d'actifs va être fonction du niveau de risque qu'est prêt à prendre l'investisseur ou de l'espérance de rentabilité qu'il attend de son investissement, ce qui peut se traduire de deux façons :

– plus l'épargnant prend de risques, plus il en espère une rentabilité élevée ;
– plus l'épargnant souhaite obtenir une rentabilité élevée, plus il devra prendre de risques.

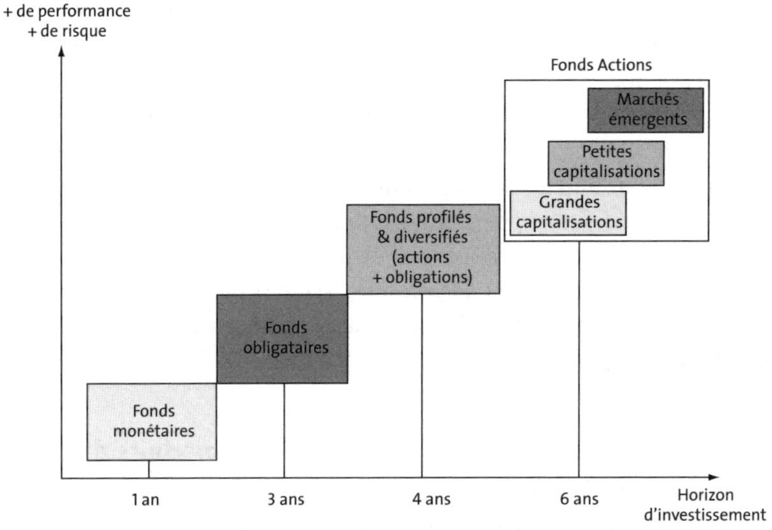

Source : SGAM.

Figure 17.1 — Classes d'actifs et horizon d'investissement

Produit	Risque	Rentabilité espérée
Produits d'épargne non risqués		
Bon de caisse	☺	☺
Compte à terme	☺	☺
Épargne logement	☺	☺
Produits d'épargne non risqués		
Assurance-vie euros	☺	☺
Assurance-vie unités de compte	☹☹	☺☺
Contrats de capitalisation euros	☺	☺
Contrats de capitalisation unités de compte	☹☹	☺☺
Plans d'épargne en actions	☹☹	☺☺
Produits boursiers		
Obligations	☹	☺
Actions	☹☹	☺☺
Options	☹☹☹☹	☺☺☺☺
Certificats et warrants	☹☹☹☹	☺☺☺☺
Contrats à terme ferme	☹☹☹☹	☺☺☺☺
Produits d'épargne collective		
SICAV et FCP « classiques »	☹☹	☺☺
OPCI	☹☹☹	☺☺☺
FCPR	☹☹☹☹	☺☺☺☺
FCPI	☹☹☹☹	☺☺☺☺
Trackers et ETF Actifs	☹☹☹☹	☺☺☺☺

Figure 17.2 — Risque et rentabilité espérée des classes d'actifs

Section 2 LES PRODUITS D'ÉPARGNE NON RISQUÉS

Certains produits d'épargne présentent la caractéristique d'être sans risque. L'épargnant est alors certain de récupérer les fonds qu'il a investi.

1 Les livrets

Les livrets sont des produits d'épargne qui présentent deux caractéristiques particulières : ils sont sans risque et leur liquidité est totale. Par ailleurs, les intérêts perçus sont nets d'impôt et de prélèvement sociaux, à l'exception des livrets ordinaires. Ils procurent un taux d'intérêt dont le niveau est fixé par le Journal Officiel, sauf pour les livrets ordinaires et les livrets jeunes dont le taux est fixé librement par les établissements bancaires[1]. Dans tous les cas, le montant qu'il est possible de placer sur ces livrets est plafonné.

1. Le taux du livret jeune ne peut cependant être inférieur à celui du livret A.

Tableau 17.1

Livret	Plafond	Taux d'intérêt (01.02.10)
Livret A	15 300 €	1,25 %
Livret bleu (Crédit mutuel)	15 300 €	1,25 %
Livret de développement durable (ex Codevi)	6 000 €	1,25 %
Livret d'épargne populaire	7 700 €	1,75 %
Livret jeune	1 600 €	libre

Pour disposer d'un livret d'épargne populaire (LEP), l'épargnant doit être redevable d'un impôt sur le revenu inférieur à 754 € en 2008. Une fois que cette condition n'est plus remplie, le bénéficiaire doit en demander la clôture, au plus tard le 31 décembre de l'année qui suit.

2 L'épargne logement (CEL et PEL)

Ce type d'épargne permet de bénéficier de prêts immobiliers à des taux préférentiels. Le CEL est plus souple d'utilisation que le PEL, mais les avantages qu'il procure sont plus faibles.

Tableau 17.2

	CEL	PEL*
Retrait	Possible à tout moment	Impossible pendant la durée du plan
Périodicité des dépôts	Non	Oui
Durée minimale d'épargne	18 Mois	4 ans (3 ans avec pénalités)
Montant maximal	15 300 €	61 200 €
Taux d'intérêt (hors prime), au 01.02.10	0,75 %	2,5 %
Prime d'épargne maximale	1 144 €	1 525 €
Taux d'intérêt du prêt	3,75 %	4,121 %
Prêt maximal	23 000 €	92 000 €

* pour les PEL ouverts à compter du 1er août 2003.

Il est possible de détenir à la fois un CEL et un PEL afin de cumuler, sous certaines conditions, les droits à prêt de ces deux types de placements. Par contre, le montant total emprunté ne peut excéder 92 000 €.

2.1 Le compte d'épargne logement (CEL)

Dans le cadre d'un CEL, l'épargne doit être placée pendant au moins 18 mois pour pouvoir bénéficier d'un crédit à un taux privilégié. À l'ouverture, le versement minimum est de 300 €. Il est possible d'épargner 15 300 €, intérêts non compris, les fonds restant disponibles pour tout retrait tant que le minimum de 300 € n'est pas atteint. Le montant du prêt étant fonction des intérêts acquis, il sera d'autant plus important qu'il a été ouvert il y a longtemps et que les fonds placés sont élevés. Le taux d'intérêt du CEL est de 0,75 % hors prime (au 01/02/2010). À cette rémunération est ajoutée, en cas d'obtention d'un prêt lié au CEL, une prime versée par l'État égale à la moitié des intérêts (plafonnée à 1 444 €). Les intérêts et la prime sont exonérés d'impôts, mais ils sont soumis aux prélèvements sociaux (12,1 %).

En cas de non utilisation du droit au prêt à taux privilégié, il est possible de le céder aux membres de sa famille, à la condition que le bénéficiaire dispose également de droits dans le cadre d'un CEL ou d'un PEL. Il s'agit donc d'un support d'épargne qui peut être utilisé non pour soi, mais dans l'optique de céder des droits à prêt à ses enfants ou petits-enfants afin de les aider lors d'un futur prêt immobilier. À noter, la cession du droit n'implique pas la donation du capital épargné.

2.2 Le plan d'épargne logement (PEL)

À son ouverture, un versement minimum de 225 € doit être effectué. L'épargne maximale est de 61 200 €, intérêts non compris. Les versements doivent se faire de manière périodique (mois, trimestre, semestre ou année), selon ce que l'épargnant décide au moment de son ouverture, mais avec un minimum de 540 € par an. Il est possible d'augmenter ou de diminuer le montant des versements réguliers et d'effectuer des versements exceptionnels supplémentaires. Le taux d'intérêt du PEL est de 2,5 %. Une prime d'État de 1 % (plafonnée à 1 525 €) peut venir s'ajouter et sera versée lors de la réalisation du prêt.

La durée du plan est de quatre ans, durée pendant laquelle l'épargne n'est pas disponible, sauf à clôturer le PEL. Si le PEL est clôturé avant 3 ans, les avantages liés sont perdus. Ceci étant, si le plan a fonctionné plus de 18 mois, les banques acceptent généralement de le reprendre rétroactivement depuis son ouverture et de le transformer en CEL, avec un recalcul des intérêts et de la prime. Si le PEL est clôturé après 3 ans, les avantages sont conservés mais la prime est réduite de moitié, et les droits sont ceux qui étaient acquis à la fin de la 3e année.

À l'issue des 4 ans, si l'épargnant n'a aucun projet immobilier, il est possible de le prolonger (sur 6 années supplémentaires) ou de céder aux membres de sa famille les droits à prêt acquis (à la condition que le bénéficiaire dispose également de droits à prêt). La prolongation peut se faire avec ou sans versement supplémentaire. Tout comme le CEL, il peut donc s'agir d'un outil d'aide aux projets immobiliers des enfants et petits-enfants. La cession de droit n'induit pas la donation du capital épargné.

3 Les comptes à terme

Un compte à terme est un compte sur lequel l'épargnant place la somme de son choix (sans limitation), pour une durée déterminée. Certains comptes à terme peuvent cependant comporter une clause de renouvellement. Le taux de rémunération de cette somme tient compte de son montant et de la durée du placement. Plus ils sont importants, plus le taux d'intérêt est élevé. Par contre, en cas de retrait anticipé, le taux de rémunération sera minoré.

Une fois le versement effectué, il n'est pas possible de le compléter par un second versement. Tout versement ultérieur conduit à la création d'un nouveau compte à terme. Les intérêts perçus sont imposables, au choix du contribuable, au barème progressif de l'impôt sur le revenu ou au prélèvement forfaitaire libératoire.

4 Les bons de caisse

Les bons de caisse sont émis par les établissements de crédit, en contrepartie d'un dépôt de fonds, pour une durée de un mois à cinq ans. Les bons de caisse ordinaires sont remboursables à échéance fixe alors que les bons d'épargne le sont au gré de l'épargnant. À son échéance, le bon est remboursé pour sa valeur d'origine, augmentée des intérêts. En cas de remboursement anticipé, l'épargnant perçoit également des intérêts, mais leur taux est généralement plus faible. Certaines banques proposent des bons de caisse à taux non progressif et pour une durée inférieure à 5 ans. Les bons du Trésor sont émis par le Trésor Public et existent sous la forme de coupures de 152,45 €, 762,25 € ou 1 524,49 €. Au contraire, les bons de caisse ou d'épargne peuvent être établis pour un montant au choix de l'épargnant. Ceci étant, en cas de placement important, il est recommandé de fractionner le placement en plusieurs bons afin de pouvoir récupérer une partie de fonds sans pénalité de taux. En effet, puisque les taux sont progressifs en fonction du temps de placement, le fractionnement permet aux sommes non remboursées de bénéficier d'un taux plus élevé que celles qui auraient été remboursées.

Les intérêts sont calculés en fonction de la durée du placement et peuvent être, selon les cas :

- précomptés (calculés et payés d'avance). Dans ce cas, l'épargnant verse au départ le montant du bon moins les intérêts précomptés ;
- post comptés (calculés et payés à l'échéance). Dans ce cas, l'épargnant verse au départ le montant du bon et les intérêts seront ajoutés au moment de son remboursement.

Le bon peut être « nominatif » ou anonyme. S'il est nominatif, il ne pourra être payé qu'à son souscripteur ou à un bénéficiaire désigné lors de sa souscription.

Ce caractère nominatif impose de révéler à l'administration fiscale l'identité et le domicile fiscal du bénéficiaire. Si le bon est « au porteur », on dit qu'il est anonyme. Dans ce cas, il peut être transmis sans formalité à la personne de son choix (de la main à la main) et sera payé à la personne qui le présentera. Cette forme n'est pas sans conséquence sur son régime fiscal.

Les intérêts des **bons anonymes** font l'objet d'un prélèvement libératoire au taux de **60 %**, hors prélèvements sociaux. Quant aux intérêts des **bons nominatifs**, ils sont soumis à l'impôt sur le revenu et aux prélèvements sociaux. Dans ce cas, deux régimes d'imposition sont possibles (au choix de l'épargnant) :

– soit déclarer les intérêts avec l'ensemble des revenus du foyer fiscal, qui seront alors imposés au barème progressif ;
– soit opter pour le prélèvement libératoire de 18 % pour 2009 (+ 12,1 % de prélèvements sociaux).

Section 3 LES PRODUITS D'ÉPARGNE RISQUÉS

Contrairement aux produits précédents, l'épargnant peut parfois perdre une partie de ses fonds dans les placements qui suivent. De façon générale, ils sont dits risqués car leur rendement futur n'est pas connu avec certitude. Tout dépend du type d'actifs dans lesquels ils sont investis. Les produits en euros sont peu risqués alors que ceux en actions peuvent connaître de fortes variations de valeur.

1 L'assurance-vie

L'assurance-vie faisant l'objet de longs développements au chapitre suivant, nous nous limiterons ici aux grands principes.

L'assurance-vie permet, contre le versement d'une ou plusieurs primes (versements libres ou programmés), de verser un capital ou une rente à une personne (le bénéficiaire) déterminée par l'assuré. Le versement peut se faire à l'occasion du décès de l'assuré (contrat en cas de décès) ou à une date déterminée par l'assuré (contrat en cas de vie), la majorité des contrats couvrant ces deux cas en même temps. Les contrats en cas de vie permettent ainsi de se constituer une épargne, tout en profitant d'un régime fiscal avantageux. Le principal intérêt des contrats en cas de décès réside dans le fait que les capitaux versés le sont hors succession.

Les contrats mixtes (vie et décès) prévoient une valeur de rachat qui offre à l'assuré l'option de récupérer les capitaux et gains du contrat avant la date prévue en cas de vie. Les contrats d'assurance-vie peuvent être en euros ou en unités de compte. Les contrats en euros ne présentent pas de risque car l'assureur s'engage sur le montant qui sera versé : le total des primes (nettes des frais) plus les intérêts capitalisés.

Au contraire, les contrats en unités de compte ont un capital qui est variable car ils sont investis dans différents actifs (supports) financiers, qu'il s'agisse d'actions, d'obligations, d'immobilier… Généralement, ces contrats sont multisupports, ce qui permet d'en réduire le risque. Pour autant, si la valeur de ces contrats augmente lorsque les marchés sont haussiers, elle diminue lorsque les marchés sont baissiers. La répartition de l'épargne entre les différents supports se fait au choix de l'assuré, et peut être modifiée au cours du temps. Les épargnants qui ne souhaitent pas choisir les différents supports dans lesquels investir peuvent opter pour un contrat profilé. Les compagnies d'assurance-vie proposent généralement des contrats avec trois principaux profils de risque (prudent, équilibré, dynamique), en fonction des souhaits de l'épargnant.

2 Les contrats de capitalisation

Ces contrats sont très proches de l'assurance-vie. Ils permettent d'épargner, mais les intérêts produits sont nécessairement réinvestis, pour procurer eux-mêmes des intérêts par la suite. Ils se rapprochent de l'assurance-vie car ils peuvent être investis en euros ou en unités de compte, ils sont soumis au même régime fiscal (sauf si l'anonymat est demandé) et le souscripteur peut récupérer tout ou partie de son contrat avant l'échéance. Ils s'en distinguent par le fait qu'il ne s'agit pas de contrats d'assurance (ils ne couvrent aucun risque). Ils n'échappent donc pas aux droits de succession.

Les versements sur le contrat peuvent se faire en une seule fois ou en plusieurs. Le bénéficiaire des fonds peut être le souscripteur ou une tierce personne, désignée lors de la souscription du contrat. D'un point de vue fiscal, les produits des contrats nominatifs sont imposés dans le même cadre que l'assurance-vie. En cas d'anonymat, le contrat fait l'objet d'un prélèvement forfaitaire de 2 % de son montant nominal, autant de fois qu'il y a eu de 1er janvier entre sa date de souscription et sa date de remboursement. Ce prélèvement est opéré au moment du remboursement. Par ailleurs, un prélèvement forfaitaire libératoire de 60 % (hors prélèvement sociaux) est appliqué sur les produits du contrat anonyme.

3 Le plan d'épargne en actions (PEA)

Le PEA permet d'épargner sous la forme d'un portefeuille d'actions (ou de SICAV en actions), tout en bénéficiant d'un régime fiscal de faveur. Il n'est pas possible de détenir plus d'un PEA par personne majeure. Il est possible, dans la plupart des banques, de souscrire une formule par laquelle le PEA est alimenté par un prélèvement régulier. La souscription d'un PEA donne lieu à l'ouverture d'un compte de titres et d'un compte en espèces. L'alimentation de ce plan se fait uniquement en numéraire, et il est donc impossible de déposer des titres déjà détenus sur un PEA. Il est possible d'y verser jusqu'à 132 000 € (264 000 € pour un couple).

Le régime fiscal de faveur consiste en une exonération à l'impôt sur le revenu des produits perçus (dividendes et plus-values de cession) et réinvestis dans le PEA, si aucun retrait n'est effectué pendant 5 ans. Tout retrait avant 8 ans entraîne la fermeture du PEA. Au bout de 8 ans, il devient possible d'effectuer des retraits partiels, sans que ceux-ci n'entraînent la fermeture du PEA. Mais, dans ce cas, il n'est ensuite plus possible d'y effectuer des versements. Les produits dégagés par les titres restés sur le PEA continuent de bénéficier de l'exonération d'impôt, sans limitation de durée. Les ventes suivies immédiatement d'achats de titres au sein du PEA ne sont pas considérées comme des retraits, puisque les sommes restent en portefeuille.

Bien que les dividendes réinvestis ne soient pas imposables, ils procurent à l'épargnant un crédit d'impôt égal à 50 % de leur montant (plafonné à 115 € pour une personne seule et 230 € pour un couple).

Section 4 LES PRODUITS BOURSIERS

À coté des produits bancaires classiques, il est possible pour le particulier d'investir directement en bourse. À la Bourse de Paris, il existe sept compartiments :

- Euronext, qui est le marché réglementé des actions.
- Alternext, le marché des actions des PME cotées, mais de taille trop petite pour l'être sur Euronext.
- Le Marché libre, qui est un marché d'actions organisé par Euronext Paris SA mais est non réglementé.
- Le marché des obligations.
- Liffe, le marché des produits dérivés (options et contrats à terme).
- NextTrack, le marché des trackers (ou ETF, Exchange Traded Funds).
- NextWarrants, le marché des warrants et certificats.

1 Les obligations

Les obligations sont une forme particulière de dette, donnant le droit au versement périodique d'un intérêt (le coupon) et au remboursement du capital prêté. Ce sont, dans la majorité des cas, des titres à revenu fixe, le taux d'intérêt étant déterminé à l'émission et ne variant pas par la suite (sauf pour les obligations à taux variable ou révisable). Les obligations sont émises par l'État, les collectivités du secteur public ou semi public (régions, département, villes, entreprises publiques), ou par des entreprises privées.

Exception faite des emprunts d'État, les obligations sont des titres qui présentent un risque, tout comme les actions, mais dans une moindre mesure. En effet, l'émetteur de l'emprunt obligataire peut connaître des difficultés et ne pas être en mesure de faire face à ses échéances. L'obligataire (celui qui a souscrit des obligations) est également soumis à un risque de taux, lié à une évolution défavorable des taux d'intérêt. Il est donc possible de réaliser une moins-value sur une obligation. Pour autant, les obligations constituent un placement généralement sûr, qui présente par ailleurs l'intérêt de procurer des revenus stables dans le temps dans la plupart des cas car le taux d'intérêt offert est majoritairement fixe.

Une obligation se caractérise par différents paramètres :

- le prix d'émission : prix qui est payé lors de la souscription par les obligataires (et donc qui est perçu par l'émetteur) ;
- le prix de remboursement : prix qui sera payé aux obligataires ;
- la valeur nominale : valeur qui sert de base au calcul des coupons qui seront payés chaque année (parfois chaque semestre) ;
- le taux d'intérêt nominal : il peut être fixe ou variable ;
- la date d'échéance : date à laquelle l'emprunt est totalement remboursé. Les emprunts obligataires sont généralement émis pour des durées comprises entre 10 et 40 ans ;
- le mode d'amortissement : le capital emprunté peut être remboursé en totalité à la fin (*in fine*), par amortissement constant ou par annuité constante. Dans la pratique, les grandes émissions obligataires font l'objet d'un remboursement *in fine* afin de garantir un revenu fixe à chaque obligataire, sur toute la durée de l'emprunt, ainsi qu'une durée de placement fixe. Lorsque l'emprunt n'est pas remboursé en totalité à l'échéance mais par fractions au cours du temps, on tire au sort chaque année des séries d'obligations qui sont alors remboursées.

Un emprunt est dit émis ou remboursé au pair lorsque le prix d'émission ou de remboursement est égal à sa valeur nominale. Dans certains cas, l'obligation ne verse aucun coupon mais est émise, en contrepartie, à un prix significativement inférieur au nominal et/ou remboursée très au-dessus du pair. On parle alors d'obligation zéro coupon.

En France, les obligations sont cotées en pourcentage du nominal, au pied du coupon. Une obligation de 1 000 euros de nominal et qui cote 98 % vaut donc 980 euros. La cotation au pied du coupon signifie que le cours de l'obligation n'inclut pas les intérêts qui ont couru depuis le détachement du dernier coupon, bien qu'ils soient à payer au vendeur de l'obligation. Dans le cas contraire, le cours de l'obligation augmenterait de façon mécanique chaque jour du fait de l'intérêt couru. Ne pas tenir compte de cet intérêt couru dans la cotation (cotation au pied du coupon) et exprimer cette cotation en pourcentage permet à la fois de rendre comparables des obligations ayant des valeurs nominales et des dates de détachement des coupons différentes, mais également d'observer directement la plus ou moins-value en capital.

Exemple

Le 14 octobre 2005, le cours de l'obligation Lafarge 5,40 % 98-02/98 était de 105,8 %. La cote du quotidien économique La Tribune nous indique également que le taux actuariel de l'obligation (T Act.) est de 2,75 % et que le coupon couru (CC) est de 3,817 % et la notation de la dette (BBB/BAA1/A-2) :

Isin	Valeur	Cours	T Act	CC
LAFARGE				**BBB/BAA1/A-2**
FR0000208761	5,40 % 98-02/08	105,8	2,75	3,817

Le prix à payer pour acquérir cette obligation dont la valeur nominale est de 762,25 euros est donc constitué de deux éléments :

- l'obligation au pied du coupon : 105,8 % × 762,25 = 806,46 euros ;
- les intérêts courus : 3,817 % × 762,25 euros = 29,09 euros

soit un prix de 835,55 euros.

2 Les actions

Une action représente une fraction du capital d'une société, et confère principalement deux droits : un droit au dividende et un droit de vote lors des assemblées générales. Elles permettent à leur détenteur de dégager deux types de revenus :

– les dividendes, généralement une fois par an ;
– son prix de revente futur, qui peut conduire à dégager une plus-value.

Le montant du dividende dépend à la fois des bénéfices de l'entreprise et de leur affectation par l'assemblée générale annuelle (distribution sous forme de dividendes ou mise en réserve afin de financer des investissements ultérieurs). Certaines sociétés proposent à leurs actionnaires (qui peuvent refuser) la possibilité de percevoir leur dividende non pas en numéraire mais en actions.

La performance d'une action s'apprécie en tenant compte à la fois des dividendes perçus et de la variation de valeur du titre. Sur ce dernier point, il faut distinguer les actions des sociétés cotées de celles qui ne le sont pas. Lorsque l'émetteur est coté, à la bourse de Paris (Euronext Paris) par exemple, il est aisé de connaître la valeur de l'action et de s'en défaire. Par contre, lorsque la société n'est pas cotée, il n'est pas possible de connaître la valeur de ses actions de façon aisée (y compris lorsque l'on dispose de ses données comptables), et encore moins de les céder.

Les actions des sociétés cotées sont des placements relativement risqués car :

– leur valeur évolue au cours du temps ;
– les dividendes qui seront versés sont aléatoires et peuvent être nuls.

Pour ces raisons, il est impératif, lorsque l'on souhaite investir directement en bourse, de diversifier son portefeuille d'actions et de se fixer un horizon d'investissement relativement long. Un épargnant qui dispose de liquidités et souhaite, dans les mois à venir, acheter un bien immobilier, ne doit surtout pas investir dans des actions car le risque de perte qu'il encourt peut être de nature à compromettre l'achat immobilier.

Figure 17. 3 — Évolution du CAC 40 de 1990 à janvier 2009

2.1 La cote des actions, l'exemple de *La Tribune*

Pour pouvoir retrouver un titre sur la cote des actions, il faut d'abord connaître son éventuel indice de rattachement : CAC 40, NEXT 20, MID 100, SMALL 90. Les actions sont, en effet, présentées dans cet ordre dans *La Tribune*. Suivent ensuite celles n'appartenant pas à l'un de ces indices.

Exemple

Nous reprendrons ici la présentation de la cote du journal *La Tribune* du 12 août 2008 (séance du 11 août 2008).

VALEUR / CODE	+ Mnémo / Date	Net	Premier / SDR	Dernier / + Haut / + Bas	Précéd. / + haut an / + bas an	% veille / Vol./OST / Nb titres	% année / PER / Rdt
ACCOR (AC) (5750) A ou E			47,03	**47,74**	47,21	**+ 1,12**	**– 12,72**
			◗ A	47,9	**56,3**	820.041	**15,49**
FR0000120404	15-05-08 T	3,15		46,97	**38,44**	224.382.883	**3,88**

Première partie

Le nom de la société (ACCOR) est suivi de son code mnémotechnique (AC) qui permet aux opérateurs de marché de ne pas avoir à saisir le code ISIN complet, de son secteur d'activité ICB (5750 pour le secteur Voyage et loisirs), puis du type de dividende versé (ici A ou E, les actionnaires ont eu le choix entre un paiement en actions ou en espèces). Enfin, si la valeur est rattachée à une place régionale, cette dernière est mentionnée : B Bordeaux, Li Lille, Ly Lyon, M Marseille, Ny Nancy, Ns Nantes.

Au dessous, le code ISIN (FR0000120404). Ce code est très important car il identifie la société et doit être mentionné sur les ordres de bourse. Ensuite, est indiqué la date de détachement du dernier dividende (15-05-08) ainsi que son montant net (3,15). La lettre qui suit précise si ce dividende a fait l'objet d'un versement en une seule fois (T : totalité) ou s'il s'agit d'un acompte (A) ou du solde après paiement d'un premier acompte (S).

Seconde partie

Les 5 dernières colonnes fournissent les informations suivantes :

Premier : cours d'ouverture

SDR : le symbole ◗ indique que la valeur est éligible au SDR, puis est précisé le compartiment de rattachement au sein d'Eurolist (ici A, celui des sociétés dont la capitalisation boursière est supérieure à 1 milliard d'euros.

Dernier : dernier cours coté de la journée.

+ Haut : cours le plus haut atteint dans la journée.

+ Bas : cours le plus bas atteint dans la journée.

Précéd. : cours de clôture de la veille.

+ haut an : cours le plus haut atteint depuis le début de l'année.

+ bas an : cours le plus bas atteint depuis le début de l'année.

% veille : variation par rapport au cours de clôture de la veille.

Vol./OST : nombre de titres échangés au cours de la séance, éventuellement suivi d'un ●, qui indique que les volumes tiennent compte d'une opération sur titres (division du nominal, augmentation de capital…).

Nb Titres : nombre de titres de la société.

% année : pourcentage de variation du cours depuis le début de l'année.

PER : le PER (cours/BPA) est calculé sur la base du bénéfice par action prévisionnel fourni par FACTSET.

Rdt : il s'agit du rendement prévisionnel du titre fourni par FACTSET.

Autres informations

En cas de très fort déséquilibre des ordres, les acheteurs peuvent proposer un prix sans pour autant voir leurs demandes satisfaites ou inversement. Le cours qui apparaît est un cours offert ou demandé et non le cours auquel a été réalisée la dernière transaction. Le cours est alors précédé de la lettre (o) ou (d).

♣ : le rapport annuel de la société est disponible gratuitement auprès de *La Tribune*.

♥ : l'entrée de nouveaux actionnaires est soumise à l'agrément du conseil d'administration.

♦ : le titre fait l'objet d'un contrat d'animation. Cela signifie qu'une société de bourse, spécialiste de la valeur, cote en permanence un prix à l'achat et un prix à la vente. L'investisseur est donc assuré de pouvoir acheter ou vendre à tout moment des titres qui font l'objet d'un tel contrat. Il n'a pas à attendre qu'un autre investisseur passe un ordre de sens contraire.

F : valeur à faible liquidité, cotée au *fixing* de 10h30 et 16h.

2.2 Les différents ordres de bourse

À Paris, les transactions se font par informatique, depuis les terminaux des négociateurs qui sont reliés aux ordinateurs d'Euronext Paris SA. Les ordres arrivent au fur et à mesure de leur saisie dans l'ordinateur central d'Euronext et sont alors classés en premier lieu par limite de prix puis, en second lieu, par ordre d'arrivée. Ceci constitue ce que l'on appelle « une feuille de marché » ou carnet d'ordres. Les cours sont déterminés à partir des ordres qui sont entrés dans le carnet. Selon leur liquidité, les échanges de titres se font soit en continu, soit par fixage (*fixing*).

Afin de répondre aux différentes attentes des investisseurs, il existe plusieurs types d'ordres de bourse. Ceux cherchant la rapidité de leur exécution se tourneront vers les ordres au marché. Ceux voulant maîtriser le prix d'exécution préféreront l'ordre à cours limité. Les différents ordres de bourse sont :

- l'ordre à cours limité ;
- l'ordre à la meilleure limite ;
- l'ordre au marché ;
- l'ordre à déclenchement (seuil ou plage).

Certains intermédiaires proposent des ordres complémentaires à ceux de NYSE Euronext.

L'ordre à cours limité

Le donneur d'ordre fixe un prix limite supérieur à l'achat ou un prix limite inférieur à la vente. Ce prix est un prix maximum en cas d'ordre d'achat et un prix minimum en cas d'ordre de vente. À l'ouverture, ces ordres sont exécutés s'ils sont compatibles avec le prix d'ouverture (limite supérieure ou égale en cas d'ordre d'achat, inférieure ou égale en cas d'ordre de vente). En cas d'ordre à prix touché (dont la limite est égale au cours d'ouverture), l'ordre peut être exécuté partiellement.

Exemple

Un ordre d'achat limité à 100 € n'est pas exécuté tant que le cours du titre est supérieur à 100 €. De la même façon, un ordre de vente à 100 € n'est pas exécuté tant que le cours du titre est inférieur à cette somme. Un ordre n'est exécuté que lorsque les conditions du marché sont favorables au donneur d'ordre, c'est-à-dire que le prix d'exécution est identique ou plus favorable à celui spécifié dans l'ordre de bourse.

En séance, l'ordre à cours limité provoque soit une exécution totale ou partielle (si les ordres en sens inverse ne correspondent pas aux quantités souhaitées) si les conditions de marchés le permettent, soit le positionnement de celui-ci dans le carnet d'ordres.

Exemple

Soit un ordre d'achat « à cours limité » de 1 000 titres à 100 €, introduit en cours de séance. Juste avant l'introduction de l'ordre, le carnet d'ordre central se présente ainsi :

Ordres d'achat		Ordres de vente	
quantité	limite	quantité	limite
1 200	97	500	98
500	96	200	99
700	95	100	100
400	80	300	101
100	75	400	102

Avant l'introduction de notre ordre à 100 €, aucune transaction ne peut se réaliser car les vendeurs qui sont les moins exigeants demandent un prix de 98 € alors que les acheteurs qui sont prêts à offrir le prix le plus élevé proposent un prix limite de 97 €. Dans cette situation, l'offre ne peut pas rencontrer la demande.

Une fois l'ordre introduit, les ordres de vente avec un prix inférieur ou égal à 100 € vont pouvoir être servis, dans la limite des quantités demandées. L'ordre de vente de 500 titres à 98 € va être exécuté, de même que les 200 titres à 99 € et les 100 titres à 100 €. Le solde de notre ordre d'achat, soit 1 000 – 500 – 200 – 100 = 200 titres, va rentrer dans le carnet d'ordres.

Le carnet se présente alors de la sorte :

Ordres d'achat		Ordres de vente	
quantité	limite	quantité	limite
200	100		
1 200	97		
500	96		
700	95	300	101
400	80	400	102

C'est le type d'ordre le plus couramment utilisé car il permet de maîtriser le prix d'exécution. Le risque est cependant qu'il ne soit pas exécuté ou que partiellement.

L'ordre au cours d'ouverture ou à la meilleure limite

Il ne comporte pas de limite de prix. C'est le nouveau nom de l'ordre appelé autrefois l'ordre au prix du marché (à ne pas confondre avec l'actuel ordre au marché). Il faut distinguer selon que l'ordre est introduit dans le carnet pendant les périodes d'accumulation des ordres ou en cours de séance. Il se situe entre l'ordre à cours limité et l'ordre au marché.

Durant les périodes d'accumulation des ordres (pré-ouverture et pré-clôture), il lui sera automatiquement attribué une limite égale au cours théorique d'ouverture au moment où l'ordre est introduit. Jusqu'à l'ouverture des cotations, les limites de ces ordres s'ajustent en permanence au cours théorique. En cas d'exécution partielle à l'occasion du *fixing* d'ouverture, il est inscrit en carnet comme un ordre à cours limité dont la limite est égale au cours d'ouverture.

En cours de séance, l'ordre est transformé en ordre limité au prix du meilleur ordre en carnet de sens contraire en attente d'exécution. La présence d'un ordre limité de sens opposé est donc impérative, sans quoi l'ordre est rejeté. Il peut être partiellement exécuté. Il apparaît alors en carnet comme ordre à cours limité avec une limite égale au cours auquel il a été partiellement exécuté.

Exemple

Un ordre d'achat « à la meilleure limite » de 1 000 titres est introduit dans le carnet d'ordres en cours de séance. Avant la prise en compte de l'ordre, le carnet se présente ainsi :

Ordres d'achat		Ordres de vente	
quantité	**limite**	**quantité**	**limite**
1 200	97	500	98
500	96	200	99
700	95	100	100
400	80	300	101
100	75	400	102

L'ordre d'achat de 1 000 titres est confronté au meilleur ordre de vente, ici à 98 € et est exécuté à hauteur de 500 titres. Les 500 titres qui n'ont pas été achetés se transforment en ordre à cours limité à 98 €.

Le carnet d'ordre devient :

Ordres d'achat		Ordres de vente	
quantité	**limite**	**quantité**	**limite**
500	98		
1 200	97	200	99
500	96	100	100
700	95	300	101
400	80	400	102

Ce type d'ordre assure une certaine maîtrise du prix, mais l'exécution peut n'être que partielle.

L'ordre au marché

Il remplace l'ordre « à tout prix ». Il est prioritaire sur tous les autres types d'ordres. Il ne comporte pas de limite de prix. L'investisseur s'engage à acheter ou à vendre, quel que soit le prix d'exécution. Il est prioritaire sur tous les autres types d'ordres. Il peut être exécuté à des niveaux de prix différents, c'est-à-dire aux meilleures limites présentes en carnet.

Là encore, il faut distinguer selon que l'ordre apparaît à l'ouverture ou en cours de séance. À l'ouverture, il s'agit d'un ordre prioritaire sur tous les autres et il est exécuté au cours d'ouverture. En cours de séance, il bénéficie de la même règle de priorité et vient servir autant de limites que nécessaire jusqu'à exécution de la quantité souhaitée. De ce fait, un même ordre peut être exécuté à des prix différents.

Exemple

Un ordre d'achat « à tout prix » de 1 000 titres est introduit dans le carnet d'ordres en cours de séance. Avant la prise en compte de l'ordre, le carnet se présente ainsi :

Ordres d'achat		Ordres de vente	
quantité	limite	quantité	limite
1 200	97	500	98
500	96	200	99
700	95	100	100
400	80	300	101
100	75	400	102

Cet ordre va être exécuté pour 500 titres à 98 €, 200 titres à 99 €, 100 titres à 100 € et 200 titres à 101 €. Le carnet d'ordres se présente alors de la sorte :

Ordres d'achat		Ordres de vente	
quantité	limite	quantité	limite
1 200	97		
500	96		
700	95		
400	80	100	101
100	75	400	102

L'avantage de ce type d'ordre est que l'investisseur est assuré de son exécution (sauf en cas de dégarnissage du carnet), mais il court un risque quant au prix qu'il va payer car il ne le maîtrise pas.

L'ordre à déclenchement ou ordre stop

Ils permettent de se protéger en cas de renversement de tendance du marché. Il en existe deux catégories : l'ordre à seuil de déclenchement et l'ordre à plage de déclenchement. Le second correspond à un ordre à seuil de déclenchement et à cours limité. Ils ne deviennent valides que lorsqu'un certain seuil est validé. Ils sont appropriés pour des agents qui ne suivent pas leur portefeuille très régulièrement.

L'ordre à seuil de déclenchement (*stop loss*) fixe pour un ordre d'achat une limite à la baisse et pour les ordres de vente une limite à la hausse. Ce sont des ordres pour lesquels les donneurs d'ordres souhaitent intervenir sur le marché dès qu'un prix de déclenchement, préalablement fixé, est atteint. Un ordre stop à l'achat est déclenché lorsque le dernier cours coté est supérieur ou égal au seuil (respectivement inférieur pour un ordre stop de vente). Il se transforme en ordre au marché dès que le seuil fixé est atteint, on dit que l'ordre est activé.

Exemple

Pour un ordre d'achat : un ordre d'achat à seuil de déclenchement à 25 €, ne sera entré dans le carnet que dès que le cours coté atteint 25 € ou plus de 25 €. Il sera exécuté contre les vendeurs les moins exigeants (autant de vendeurs que nécessaire). Il est utile aux acheteurs voulant se protéger d'une baisse.

Pour un ordre de vente : un investisseur détient 5 actions cotant aujourd'hui 200 €, dont il espère que le cours va continuer à augmenter. Il passe un ordre de vente à seuil de déclenchement 190 €. Tant que le cours est supérieur à 190 €, il garde son portefeuille, par contre si la baisse qu'il craint se vérifie, dès que les cours vont descendre au dessous de 190 €, son ordre va être activé et inscrit dans le carnet et vendu contre l'acheteur le plus généreux.

L'ordre à plage de déclenchement (*stop limit*) intègre en plus une limite qui fixe le maximum à ne pas dépasser à l'achat et le minimum en deçà duquel l'opérateur renonce à vendre. Par exemple, un ordre d'achat à plage de déclenchement entre 45,30 et 47,10 euros n'est pas exécutable tant que le cours coté est inférieur à 45,30 euros et cesse de l'être dès que le cours dépasse 47,10 euros. De même, un ordre de vente à plage de déclenchement entre 52,40 et 50,60 euros n'est pas exécutable tant que le cours reste supérieur à 52,40 euros et cesse de l'être si le cours est inférieur à 50,60 euros. C'est une combinaison d'un ordre à cours limité et à seuil de déclenchement.

Exemple

Ordre de vente « à plage de déclenchement » 100/95 € : l'ordre devient exécutable dès que le cours passe sous 100 € et cesse de l'être lorsque la chute le fait passer au-dessous de 95 €.

Ordre d'achat « à plage de déclenchement » 95/100 € : l'ordre devient exécutable dès que le cours passe au-dessus de 95 € et cesse de l'être lorsque la hausse le fait passer au-dessus de 100 €.

Ces deux types d'ordres ne sont pas pris en compte dans le calcul du *fixing* d'ouverture. Pour un ordre d'achat, le seuil doit être supérieur au dernier cours coté. Pour un ordre de vente, le seuil doit être inférieur au dernier cours coté.

Le service à règlement différé (SDR)

Toutes les valeurs de la Bourse de Paris sont négociées au comptant avec un délai de règlement-livraison de trois jours ouvrables. Il existe cependant une possibilité de vendre à découvert ou d'acheter certaines actions à crédit : le service à règlement différé (SRD). Ce système permet de reporter à la fin du mois le règlement-livraison des titres achetés ou vendus. Un ordre d'achat SRD est ainsi exécuté par un intermédiaire (banque ou société de bourse) qui paie immédiatement les titres, les réceptionne et les conserve jusqu'à la fin du mois boursier. Le donneur d'ordre ne prend possession de ses titres et ne les règle qu'à la fin du mois (à la liquidation).

Avant la réforme de la Côte, le premier marché se divisait en deux sous-compartiments : le comptant et le règlement mensuel (RM). Sur le règlement mensuel, l'investisseur pouvait attendre la fin du mois boursier pour régler ses achats d'actions ou pour assurer la livraison des actions vendues. Ce délai accordé aux investisseurs leur permettait de réaliser des ventes et des achats à découvert sans frais supplémentaire. Le système du règlement mensuel a été supprimé et remplacé en septembre 2000 par le système à règlement différé, qui n'est plus réservé à un seul compartiment de la cote mais est applicable aux actions remplissant des critères de taille et de liquidité : la valeur doit appartenir à l'indice SBF 120, avoir une capitalisation boursière d'au moins 1 milliards d'euros et un volume d'échanges quotidiens d'au moins un million d'euros. Lorsque que l'on souhaite bénéficier de ce système, il faut le préciser au moment du passage de l'ordre. Alors que le service rendu par le RM était gratuit, avec le SRD, l'avance de fonds ou de titres est désormais facturée. Comme pour les frais de courtage, la tarification est libre et doit être affichée par chaque intermédiaire. Le coût est généralement calculé au *prorata temporis*, sous la forme d'une commission évaluée sur le nombre de jours de portage. Mais la commission de règlement différé (CRD) peut aussi être forfaitaire ou dégressive selon le montant de la transaction.

Le SRD permet aux investisseurs de tirer profit de leurs anticipations sur l'évolution des cours des actions. Par exemple, un investisseur prévoyant une chute des cours, vendra des actions à découvert. Le prix auquel il les vendra est celui coté le jour où il passe son ordre. Il soldera sa position en achetant les actions vendues le jour de la liquidation, au cours coté à ce moment là (fin du mois). En cas de baisse effective des cours, il encaissera la plus-value. À l'inverse, un donneur d'ordres anticipant une hausse des cours réalisera des achats à crédit.

Pour bénéficier du système, il est nécessaire de disposer d'une couverture qui est de :

- 20 % du montant de l'achat s'il s'agit de liquidités (espèces, bons du trésor, OPCVM en produits monétaires) ;
- 25 % s'il s'agit d'obligations cotées, titres de créances négociables (TCN), OPCVM en obligations ou en TCN ;
- 40 % s'il s'agit d'actions cotées ou d'OPCVM d'actions.

La couverture peut éventuellement être réajustée en fonction de la valeur liquidative de la position ou des actifs admis en couverture.

3 Les options négociables

Une option négociable est un titre qui procure à son détenteur le droit, et non l'obligation, d'acheter (option d'achat ou *call*) ou de vendre (option de vente ou *put*) une certaine quantité d'un actif (le sous-jacent) à un prix déterminé à l'avance (prix d'exercice ou *strike*). Cette option peut être exercée pendant une certaine durée (option américaine) ou uniquement à son échéance (option européenne)[1]. Les options les plus connues sont les options sur actions qui permettent d'acheter ou de vendre des actions à un prix connu à l'avance, en France sur LIFFE (ex MONEP). Elles peuvent également concerner des indices boursiers ou des matières premières. Ainsi, le *call* européen Carrefour, échéance mars 2009 au prix d'exercice de 36 euros permet à son détenteur d'acheter, s'il le souhaite, une action Carrefour en mars 2009 au prix de 36 euros et ce, quel que soit le cours de l'action à ce moment-là. S'il exerce son droit, le vendeur de l'option est obligé de livrer les actions au prix de 36 euros. Mais quel est alors l'intérêt du vendeur de l'option ? En contrepartie de son obligation, il perçoit une prime lors de la vente de l'option, que cette dernière soit exercée ou non par la suite.

Il est possible d'acheter une option d'achat ou de vente et de vendre une option d'achat ou de vente :

Tableau 17.3

	Acheteur d'une option	Vendeur d'une option
Option d'achat (*call*)	droit d'acheter	obligation de vendre au prix d'exercice en cas d'exercice par l'acheteur
Option de vente (***put***)	droit de vendre	obligation d'acheter au prix d'exercice en cas d'exercice par l'acheteur

Pour obtenir ce droit, l'acquéreur de l'option doit verser une prime (le prix du *call* ou du *put*) au vendeur de l'option :

L'acheteur d'une option dispose d'un **droit** qu'il acquiert, en contrepartie, du **versement** d'une prime	Le vendeur d'une option a une **obligation**, en contrepartie, d'une prime qu'il **perçoit**

Alors que l'acquéreur de l'option dispose de la possibilité d'exercer ou non son option d'achat ou de vente, le vendeur de l'option est, quant à lui, obligé de faire ce que décide le détenteur de l'option car elle est une forme de contrat, qui va lier les deux parties. Pour qu'une option existe, il faut nécessairement qu'il y ait deux parties : un acheteur et un vendeur.

Le montant de la prime payée par l'acheteur au vendeur est notamment fonction du prix d'exercice de l'option :

Une option d'achat a une prime d'autant plus faible que le prix d'exercice est élevé, et inversement	Une option de vente a une prime d'autant plus faible que le prix d'exercice est faible, et inversement

1. Cette qualification (américaine ou européenne) n'a aucun rapport avec la nationalité de l'émetteur ou du sous-jacent.

Contrairement aux actions et aux obligations, les options sur actions ne sont pas émises par les sociétés sur lesquelles elles portent. Afin de faciliter la négociabilité des options cotées sur LIFFE, ces dernières font l'objet d'une standardisation en termes d'échéance, de quotité et de prix d'exercice :

- l'échéance correspond au jour où l'option cesse d'exister ;
- la quotité est la quantité de sous-jacents qui est concernée par l'option. À Paris, la quotité est de 10 actions pour les options européennes et de 100 actions pour les options américaines ;
- le prix d'exercice est le prix, déterminé dès la création de l'option, auquel le vendeur de l'option s'engage à acheter ou vendre le sous-jacent.

Les options sur actions peuvent être utilisées :

- en tant qu'instruments de placement : si on estime que le cours d'une action va augmenter mais que l'on ne dispose pas immédiatement des fonds nécessaires, le fait d'acheter des options d'achat permet de fixer dès à présent le prix d'acquisition futur des titres. Si le cours augmente vraiment, l'exercice de l'option permet de payer le prix fixé au départ. Par contre, si le cours n'augmente pas, l'investissement aura été évité. Seul le montant de la prime aura été perdu ;
- en tant qu'instruments de couverture : si on craint une chute du cours d'une action mais que l'on ne souhaite pas pour autant la vendre, le fait d'acheter des options de vente permet de fixer dès aujourd'hui le prix de vente éventuel futur. À l'échéance de l'option, si le cours a baissé, on vend les actions au prix fixé dès le départ. Si, au contraire, le cours n'a pas chuté, l'option n'est pas exercée, ce qui permet de conserver les titres ;
- en tant qu'instrument de spéculation : de la même manière que les options peuvent servir à se couvrir, elles peuvent également être des instruments de spéculation grâce à l'effet de levier qu'elles permettent puisque seule la prime est investie. L'achat d'options est relativement risqué car la mise de fonds initiale (le prix d'achat de l'option) peut être totalement perdu. Mais, plus encore, il est extrêmement dangereux de vendre des options (d'achat ou de vente) car leur exercice éventuel par l'acheteur est toujours défavorable pour le vendeur, et le niveau de la perte est illimité.

4 Les certificats et les *warrants*

Les *warrants* sont des produits financiers qui donnent à leur détenteur le droit, et non l'obligation, d'acheter (*call warrant*) ou de vendre (*put warrant*) un actif sous-jacent à un prix fixé à l'avance (prix d'exercice) à ou jusqu'à une date donnée (échéance). Il fonctionne donc comme une option, la différence étant que les options sont émises par LIFFE (le marché des produits dérivés de NYSE Euronext) alors que les *warrants* et certificats le sont par des banques. Les certificats sont des titres de créances « complexes » émis par une banque et dont les conditions de remboursement à l'échéance sont connues dès l'émission. Il existe plusieurs types de certificats, selon le type d'actifs dans lesquels ils sont investis et leurs spécificités.

Les certificats et *warrants* sont négociables en Bourse, comme des actions, sur un marché spécifique de la Bourse de Paris, NextWarrants, ce qui leur offre une certaine liquidité. En 2010, environ 5 200 warrants et 1 100 certificats étaient cotés à Paris.

Ces produits permettent d'investir sur le marché avec relativement peu de fonds puisque seul le montant de la prime (le prix du produit) est à payer. Or, ce montant est beaucoup plus faible que celui du sous-jacent sur lequel il porte, ce qui permet de faire jouer d'importants effets de levier. Par ailleurs, le risque maximal pris est connu dès le départ, et est « limité »[1] au prix initial payé. Les certificats et *warrants* permettent également aux particuliers d'investir dans des classes d'actifs auxquelles ils n'auraient pas accès directement. En effet, les sous-jacents regroupent six grandes classes d'actifs :

- actions françaises et étrangères ;
- paniers d'actions françaises, étrangères et thématiques ;
- indices nationaux, internationaux et sectoriels ;
- devises ;
- matières premières ;
- taux d'intérêts.

Le niveau de risque associé à chaque certificat ou warrant est très variable. Certains se contentent de reproduire la performance du sous-jacent sur lequel ils sont référencés. D'autres, au contraire, amplifient très fortement les variations du sous-jacent.

Pour aider les investisseurs à apprécier précisément leur niveau de risque, NYSE Euronext a mis en place une segmentation. Le premier niveau de segmentation distingue les « produits d'investissement » et les « produits à levier ». Puis, à l'intérieur de ces deux catégories, des sous-catégories permettent d'identifier le style de stratégie suivi (voir annexe à ce chapitre).

5 Les contrats à terme ferme

Dans le cadre de ces contrats, l'investisseur s'engage à acheter ou à vendre, à une date future (le terme), et pour un prix déterminé dès l'origine, une certaine quantité d'un actif financier (le sous-jacent) qui peut être une action, une obligation, un

1. Il est possible de tout perdre, mais pas plus !

indice, une matière première, une devise ou un taux d'intérêt. Ils se distinguent donc des options et des *warrants* par le fait que l'acquéreur d'un contrat à terme à une obligation d'acheter ou de vendre, alors que le détenteur d'une option (ou d'un *warrant* simple) à la possibilité d'acheter ou de vendre. Dans les faits, il n'y a jamais livraison ou réception du sous-jacent, mais versement ou perception de la différence entre le prix à terme prévu initialement et la valeur du sous-jacent au terme du contrat.

Ces contrats sont standardisés et négociés sur le marché des dérivés de NYSE Euronext, LIFFE. Ils peuvent être utilisés comme des outils de couverture ou de spéculation. L'utilisation de ces contrats est très risquée car la perte possible peut être illimitée.

***Exemple* – Contrat à terme sur le blé meunier**

Taille du contrat	Cinquante tonnes métriques
Origines livrables	Origine Union Européenne
Qualité	Blé de qualité saine, loyale et marchande dont les spécifications sont : Poids spécifique 76 kg/hl Teneur en humidité 15 % Grains brisés 4 % Grains germés 2 % Teneur en impuretés 2 % Les bonifications et réfactions sont appliquées conformément à la formule Incograin n° 23 et à l'addendum technique n° 2.
Échéances	Janvier, mars, mai, août, novembre. Huit échéances sont cotées en permanence
Mode de cotation	En euro par tonne métrique, livrable en silo public agréé à Rouen (France)
Échelon minimum de cotation	0,25 € par tonne métrique, soit 12,50 € par contrat
Dernier jour de négociation	Le 10 du mois d'échéance à 18 h 30. En cas de fermeture du marché, la clôture a lieu la journée de négociation suivante
Jour de notification	Le premier jour de négociation suivant le jour de la clôture
Période de livraison	Du premier jour de négociation suivant le jour de clôture au dernier jour de négociation du mois d'échéance
Heures de cotation	10.45 - 18.30

Il est possible d'investir indirectement sur ce marché par le biais de Fonds communs d'intervention sur les marchés à terme (FCIMT), qui sont une catégorie particulière de FCP. Comme leur nom l'indique, les actifs dans lesquels ils sont investis sont les contrats à terme et les options négociables. Cependant, afin d'en réduire quelque peu le risque, leur actif doit être composé d'au moins 40 % de liquidité. Du fait de leur fort caractère spéculatif, il est interdit d'en faire la publicité et le montant minimal de la part est de 10 000 €.

Section 5 LES PRODUITS D'ÉPARGNE COLLECTIVE

Sous cette catégorie sont regroupés les véhicules (FCP et SICAV) qui collectent des fonds pour les investir ensuite sur les marchés. À l'intérieur de cette catégorie existent des sous-catégories investies dans des classes d'actifs particulières.

1 Les OPCVM (SICAV et FCP)

L'objet des OPCVM (organismes de placement collectif en valeurs mobilières) est de collecter des fonds afin de les gérer en les plaçant en valeurs mobilières. Ces organismes regroupent les SICAV (sociétés d'investissement à capital variable) et les FCP (fonds communs de placement). Au-delà de la distinction juridique (les SICAV sont des sociétés anonymes et les FCP des copropriétés), il n'y a plus aujourd'hui de grandes différences entre les SICAV et les FCP. Les OPCVM peuvent être de distribution ou de capitalisation. Ils sont de distribution lorsque les revenus qu'ils perçoivent des titres dans lesquelles ils sont investis sont reversés aux détenteurs de l'OPCVM. Ils sont de capitalisation lorsque ces sommes sont réinvesties à l'intérieur de l'OPCVM et ne sont pas distribuées. Cette distinction présente un intérêt fiscal. Certains investisseurs préfèrent être imposés dans la catégorie des plus-values (ils vont opter pour des OPCVM de capitalisation) plutôt que dans celle des revenus de capitaux mobiliers (OPCVM de distribution), ou inversement.

Le développement des OPCVM est considérable en France, qui se place dans ce domaine au premier rang européen. Le premier intérêt de cette forme de placement est qu'elle conduit à déléguer la gestion d'un portefeuille à des professionnels (la société de gestion). Elle libère ainsi l'investisseur individuel de toutes les contraintes liées à la détention de titres. La seconde est qu'elle permet à l'investisseur de diversifier son portefeuille, ce qu'il n'aurait pu faire, sauf à disposer d'un montant important de capitaux.

Tableau 17.4 — Les encours des OPCVM français en juin 2008 (en millions d'euros)

	Encours	Répartition
OPCVM Actions	265 505	21,1 %
Actions françaises	39 868	
Actions européennes	117 448	
Actions internationales	108 190	
OPCVM Obligataires	162 120	12,9 %
Obligations en euros	116 808	
Obligations internationales	45 312	
OPCVM Monétaires	463 012	36,9 %
Monétaire euro	461 751	
Monétaire internationale	1 262	
OPCVM Diversifiés	258 563	20,6 %
OPCVM Garantis ou assortis d'une protection	87	0,0 %
OPCVM Fonds à formule	72 311	5,8 %
OPCVM de fonds alternatifs	34 373	2,7 %
Total	**1 255 971**	**100,0 %**

Certains OPCVM peut être assortis d'une protection. Cette protection peut consister dans la garantie d'un taux de rendement minimal. Ce rendement minimal peut être fixe (par exemple 4 %) ou indexé sur un indice (par exemple, rendement du CAC 40). Certaines garanties peuvent ne concerner que le montant du capital investi. Il faut, en effet, ne pas perdre de vue qu'un OPCVM peut voir sa valeur chuter en cas de baisse des cours des titres dans lesquels il est investi.

Enfin, les OPCVM n'étant pas des titres cotés comme les actions ou obligations, leur prix de souscription ou de rachat correspond à leur valeur liquidative, c'est-à-dire à la valeur de tous les actifs financiers dans lesquels ils sont investis (par exemple, 15 M € de Danone + 30 M € de France Telecom + 5 M € de liquidités).

2 Les organismes de placement collectif immobilier (OPCI)

Comme leur nom l'indique, ces OPCVM ont pour objet d'investir dans des immeubles qu'ils donnent en location ou qu'ils construisent dans le but de les louer ensuite. Ils permettent, pour les particuliers, d'investir indirectement dans l'immobilier, sans avoir à mobiliser des fonds importants. Compte tenu des cycles propres à ce marché, il s'agit généralement d'un placement à long terme. S'il s'agit d'un FCP (fonds de placement immobilier, FPI), il doit obligatoirement distribuer 85 %

des plus-values qu'il réalise et des loyers nets qu'il perçoit. S'il s'agit d'une SICAV (société de placement à prépondérance immobilière à capital variable, SPPICAV), l'obligation de distribution est de 50 % des plus-values et 85 % des loyers nets.

Compte tenu de la nature de leurs actifs, une valeur liquidative ne peut être publiée chaque jour (contrairement à la plupart des fonds actions, obligations, ou monétaires). Elle doit l'être au moins une fois par semestre.

La principale différence entre FPI et SPPICAV réside dans leur régime fiscal. Les revenus et plus-values de cessions de SPPICAV sont imposés comme dans le cadre des SICAV « classiques » : revenus de capitaux mobiliers et plus-values mobilières. Par contre, dans le cas des FPI, le régime d'imposition du particulier dépend de la nature des revenus perçus par le fonds : revenus fonciers, plus-values immobilières, revenus de capitaux mobiliers…

3 Les fonds communs de placement à risque (FCPR)

Les FCPR sont une catégorie particulière de FCP, dont les actifs sont principalement composés d'actions non cotées (à hauteur d'au moins 40 %). Un FCPR est dit « fiscal » si son actif est constitué, pour 50 % au moins, de titres de sociétés non cotées ou, dans la limite de 20 %, de sociétés cotées dont la capitalisation boursière est inférieure à 150 millions d'euros. Dans ce cas, le FCPR bénéficie d'un régime fiscal de faveur puisque les produits et plus-values tirés du FCPR sont exonérés de l'impôt sur le revenu. Pour pouvoir bénéficier de ce régime de faveur, l'investisseur doit s'engager à conserver pendant au moins 5 ans les parts du FCPR, et y réinvestir les gains procurés par le fonds sur cette période. Qu'ils relèvent ou non du régime de faveur, les gains retirés sont soumis aux prélèvements sociaux.

4 Les fonds communs de placement dans l'innovation (FCPI)

Les fonds communs de placement dans l'innovation (FCPI) sont une sous-catégorie de fonds communs de placements à risques (FCPR), qui sont eux-mêmes une sous-catégorie de FCP. Ils présentent deux caractéristiques par rapport aux FCPR : des contraintes de gestion et d'investissement spécifiques et un régime fiscal plus avantageux pour l'investisseur. Ce type de fonds est relativement risqué car les actifs dans lesquels ils sont investis sont très peu liquides. Alors que la plupart des OPCVM classiques publie une valeur liquidative chaque jour, les FCPI ne sont obligés de le faire que deux fois par an. Ceci s'explique par le fait que les actions qu'ils détiennent ne sont pas cotées. Par ailleurs, les établissements qui commercialisent ce type de produit prévoient généralement des clauses de blocage, qui rendent le rachat des parts impossible pendant une certaine période (souvent 5 ans).

Un FCPR peut être qualifié de FCPI si la proportion de l'actif « à risques » est de 60 % au lieu de 40 % pour un FCPR classique. Les 40 % restants sont investis par le FCPI dans des actifs plus ou moins risqués (actions, obligations, OPCVM, emprunts d'État...) selon le niveau de risque recherché par la société de gestion.

Les sociétés innovantes dont les titres composent 60 % de l'actif de FCPI doivent notamment avoir réalisé, au cours des trois exercices précédents, des dépenses de recherche d'un montant au moins égal au tiers du chiffre d'affaires le plus élevé réalisé au cours des trois exercices précédents et être reconnues comme sociétés innovantes par Oséo (ex-ANVAR).

La performance de ce type de placement dépend de deux éléments :

– les plus-values éventuelles réalisées sur les titres détenus par le fonds, mais qui ne peuvent s'apprécier qu'à long terme, une fois que le FCPI a liquidé tous ses actifs (rarement avant 10 ans) ;
– les économies d'impôts permises par ce type de placement.

La réduction d'impôt propre aux FCPI est égale à 25 % du montant de la souscription, celle-ci étant prise en compte dans une limite annuelle de 12 000 € pour une personne seule (soit 3 000 € d'impôt en moins) et de 24 000 € pour les couples. Mais il faut, pour cela, s'engager à conserver les parts pendant au moins 5 ans. Lors de la cession des parts, la plus-value éventuelle est exonérée d'impôt sur le revenu (mais pas des prélèvements sociaux).

5 Les *trackers* et ETF Actifs

Les *trackers* (ou *Exchange Traded Funds*) sont des fonds (SICAV ou FCP) indiciels, négociables en bourse et qui sont destinés à reproduire la performance d'un indice. Leur composition est rendue publique de façon quotidienne. Leur valeur liquidative (assimilable au cours pour une action) est affichée en continu. Ils sont éligibles au SRD et sont cotés à la Bourse de Paris sur NextTrack.

Les ETF Actifs sont des fonds cotés en bourse, basés sur des indices mais qui offrent des profils de risque différenciés (levier, protection de capital, exposition inverse à l'indice...). De plus, l'exposition à l'indice peut être adaptée à l'environnement de marché par le gestionnaire du fonds.

Annexe — Les différentes catégories de certificats et *warrants*

	Produits d'investissement		
	Indexation pure	**Protection du capital**	**Amélioration du rendement**
Principe	Réplique exactement la performance du sous-jacent.	Réplique tout ou partie de la performance du sous-jacent à la hausse, tout en garantissant tout ou partie du capital à la baisse.	À l'échéance, il est valorisé au minimum à la valeur du sous-jacent tout en améliorant la performance de ce dernier, sous certaines conditions de marché ou entre certaines limites prédéfinies.
Stratégie d'investissement	Haussière	Haussière et défensive	Haussière et défensive
Niveau de risque	Égal au sous-jacent	Inférieur au sous-jacent	Égal au sous-jacent
Horizon de placement	CT à LT	MT à LT, selon la durée de vie du produit	LT
Valorisation	Simple	Complexe	Complexe
Composante optionnelle	Non	Oui	Oui
Échéance	avec ou sans	Oui	Oui
Nature juridique	Certificat	Certificat	Certificat
Gains plafonnés	Non	Variable	Variable
Barrière désactivante	Non	Non	Non
Barrière qui altère la nature du produit	Non	Non	Variable
Borne basse	Non	Oui	Variable
Borne haute	Non	Non	Variable
Qualité de la borne basse		Garantie du capital	Variable
Qualité de la borne haute			Variable

Source : NYSE Euronext.

	Produits à effet de levier							
	Indexation inverse	*Warrant* simple		*Spread* (combinaison d'options		Digital à double barrière désactivante	Levier à barrière désactivante	
		Call	*Put*	*Call*	*Put*			
Principe	Réplique exactement l'inverse de la performance du sous-jacent. Il expire prématurément si le niveau prédéterminé est atteint pendant la durée de vie du produit.	Produit de type optionnel call simple ou put simple.		Combinaison d'une vente d'options avec un achat d'options.		Est, à l'échéance, valorisés à une somme fixée au préalable, si le sous-jacent est entre deux niveaux prédéterminés. Il expire avant si l'un de ces deux niveaux est atteint pendant la durée de vie du produit.	Réplique avec levier la performance du sous-jacent si le sous-jacent est au-dessus (call) ou en dessous (put) d'un certain niveau prédéterminé. Il expire prématurément si ce niveau est atteint pendant la durée de vie du produit.	
Stratégie d'investissement	Baissière	Haussière	Baissière	Haussière	Baissière	Faible variation	Haussière	Baissière
Niveau de risque	Egal à l'inverse de celui du sous-jacent	Supérieur au sous-jacent		Supérieur au sous-jacent		Nettement supérieure au sous-jacent	Très supérieur au sous-jacent	
	Risque de perte totale du capital							
Horizon de placement	CT à LT	CT à MT		CT à MT		CT à MT	CT à MT	
Valorisation	Simple	Complexe		Complexe		Complexe	Complexe	
Composante optionnelle	Négligeable	Oui		Oui		Oui	Négligeable	
Échéance	Variable	Oui		Oui		Oui	Variable	
Nature juridique	Certificat	Warrant		Certificat		Warrant	Certificat ou Warrant	
Gains plafonnés	Limités à la valeur du sous-jacent	Non	Limités à la valeur du sous-jacent	Oui		Oui	Non	Limités à la valeur du sous-jacent
Barrière désactivante	Oui (borne haute)	Non		Non		Oui, 2	Oui	
Barrière qui altère la nature du produit	Non	Non		Variable		Non	Non	
Borne basse	Non	Oui	Non	Oui		Oui	Oui	Variable
Borne haute	Oui	Non	Oui	Oui		Oui	Variable	Oui
Qualité de la borne basse		Strike		Strike acheté	Strike vendu	Désactivante	Désactivante si borne unique	Desactivante
Qualité de la borne haute	Désactive le produit		Strike	Strike vendu	Strike acheté	Désactivante	Désactivante	Désactivante si borne unique

Chapitre 18 L'assurance-vie et la gestion de patrimoine

Roseline Charasse Labat

Comment parler de gestion de patrimoine sans évoquer l'assurance-vie ? Outil efficace d'épargne et de diversification, il est également un instrument patrimonial précieux, si ce n'est indispensable pour :

– optimiser la fiscalité ;
– protéger ses proches ;
– organiser la transmission de son patrimoine.

L'assurance-vie est un contrat original… avec un aléa sur la durée de vie humaine… et donc sur le bénéficiaire des capitaux !

L'assurance-vie est un élément du patrimoine mais également un outil de gestion de celui-ci, permettant de répondre à des objectifs aussi différents que : épargner en vue de sa retraite, diversifier son patrimoine, protéger ses proches, organiser sa transmission, adapter les effets de son régime matrimonial, gérer sa fiscalité.

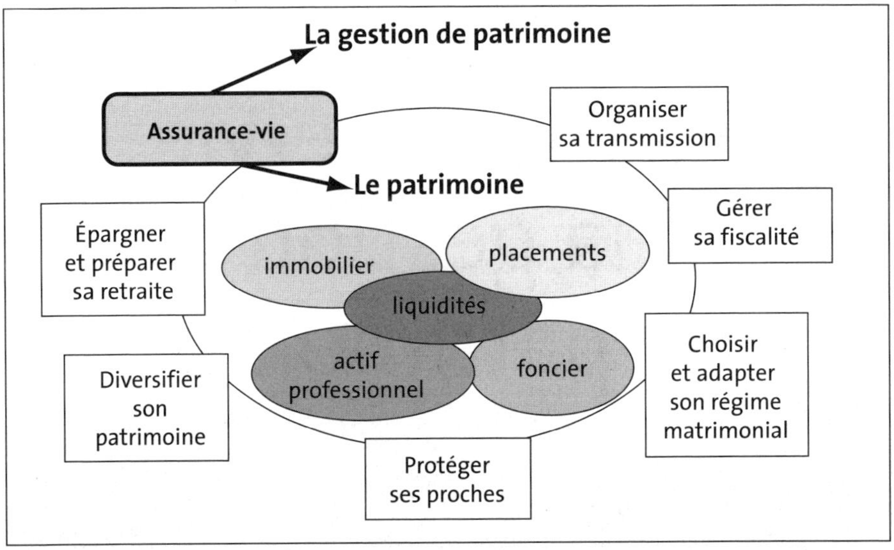

Figure 18.1

Section 1 PRÉSENTATION GÉNÉRALE DE L'ASSURANCE-VIE

1 Le régime juridique de l'assurance-vie

L'approche uniquement financière de ces contrats est réductrice. En effet, c'est un contrat original régi à la fois par le Code civil, le Code des assurances et le Code général des impôts, présentant deux phases (celle de l'épargne et celle de la prévoyance). C'est également un **contrat tripartite**[1] qui lie :

1. En terme juridique, le contrat d'assurance-vie s'analyse comme une « stipulation pour autrui » (art. 1121 du Code civil). La stipulation pour autrui est une structure tripartite dans laquelle on retrouve un stipulant (le souscripteur), un promettant (l'assureur, « la compagnie ») et un tiers bénéficiaire (le bénéficiaire en cas de décès).

- un **souscripteur** (assuré en cas de décès) qui :
  - confie des capitaux à un assureur, choisit les supports d'investissement, fait évoluer son contrat ;
  - peut récupérer ses capitaux à tout moment, en exerçant son droit de rachat ;
  - désigne un bénéficiaire des sommes épargnées s'il venait à décéder ;
- la **compagnie d'assurance** qui gère ces capitaux ;
- un **bénéficiaire** qui reçoit de la compagnie les sommes capitalisées ou restantes sur le contrat en cas de décès du souscripteur-assuré.

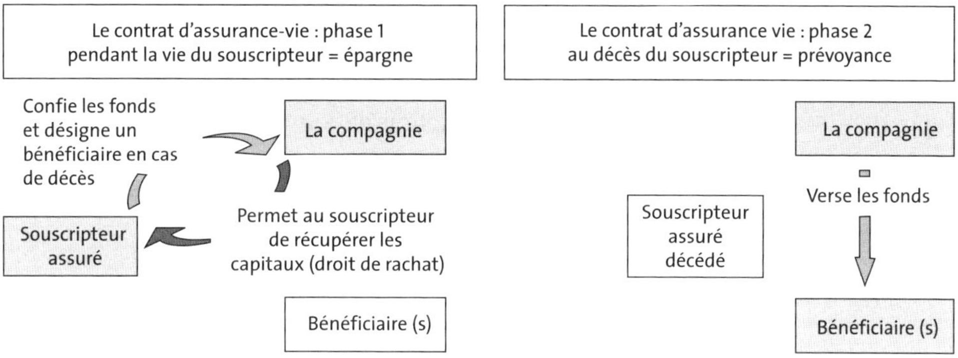

Figure 18.2

Le Code des assurances déroge à certaines règles du Code civil en prévoyant notamment que :

- le capital versé au bénéficiaire ne fait pas partie de la succession du souscripteur assuré car le bénéficiaire est réputé avoir été propriétaire de ces sommes depuis la souscription du contrat[1] ;
- ces sommes ne sont donc pas soumises aux règles civiles successorales (rapport successoral, calcul de la réserve héréditaire), sauf si les primes versées ont été manifestement exagérées[2].

Le Code général des impôts, quant à lui, encadre spécifiquement ces contrats :

- pendant la phase 1 : la fiscalité des gains peut être choisie et non pas subie ;
- pendant la phase 2 : les avantages de l'assurance-vie en cas de décès peuvent être cumulés avec les règles successorales.

Les particularités (civiles et fiscales) du contrat d'assurance-vie tiennent à son caractère aléatoire : qui sera réellement bénéficiaire des sommes épargnées ? Le souscripteur qui épargne (par exemple en vue de sa retraite), et qui exercera son droit de rachat, ou bien le bénéficiaire en cas de décès du souscripteur assuré ?

1. Article L. 132-12 du Code des assurances.
2. Article L. 132-13 du Code des assurances.

À condition de respecter cet aléa, et de ne pas exagérer les versements (au regard de son état de santé, de son âge, de son patrimoine et de sa situation personnelle), ces contrats sont à dissocier d'une simple opération d'épargne comme la jurisprudence l'a d'ailleurs confirmé à plusieurs reprises[1].

2 Les principales différences avec le contrat de capitalisation et l'assurance décès

Proposé également par les compagnies d'assurance, le **contrat de capitalisation** est un simple placement avec des similitudes en termes de fiscalité des retraits et de supports d'investissement. De fait, la valorisation de ces contrats est intégrée à la succession de leur détenteur, sans exonération[2]. L'avantage réside au plan de l'ISF, car seules sont soumises à déclaration les sommes investies[3]. Ainsi, toute la valorisation du contrat (intérêts et plus-values capitalisés) est exonérée d'ISF.

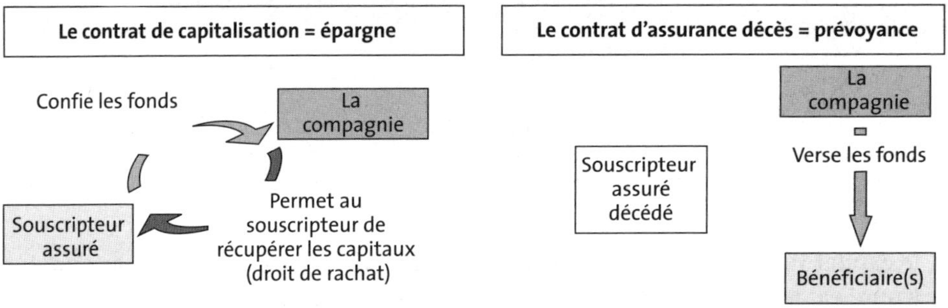

Figure 18.3

Le **contrat d'assurance décès** est un contrat de pure prévoyance. Le but est de protéger ses proches, c'est-à-dire de les prémunir des conséquences financières liées à un décès prématuré (perte des revenus d'activité ou remboursement d'un prêt). En contrepartie de primes versées à fonds perdus, un capital important peut être transmis hors fiscalité[4].

Le contrat d'assurance-vie permet d'associer à la fois l'aspect épargne et l'aspect prévoyance Mais pour s'assurer du bon dénouement du contrat, encore faut-il s'assurer de la bonne rédaction de la clause bénéficiaire !

1. C. Cass. Ch. Mixte 4 arrêts du 23 novembre 2004 ; Cass. 2e Civ. 17 mars 2005, 24 février 2005, 5 juillet 2006 ; Cass. 1re Civ. 6 février 2007, 4 juillet 2007.
2. Cass.1re Civ. 18 juillet 2000.
3. Inst. 31 août 1983, 7 R-11-83 n° 360 ; D. adm. 7 S-352 n° 6, 1er octobre 1999.
4. Article 990 I du Code général des impôts.

Section 2 L'ASSURANCE-VIE COMME OUTIL DE CONSTITUTION D'UNE ÉPARGNE

1 Le choix du type de contrat

1.1 Les contrats « multisupport » (investis en euros et/ou en unités de compte)

La majorité des contrats proposés aujourd'hui sont des contrats « multisupports ». Ils permettent d'investir :

– soit sur un fonds « en euros » qui offre une grande sécurité (garantie en capital, taux minimum garanti annuel et participation aux bénéfices de la compagnie). Le souscripteur peut à tout moment récupérer son épargne sans subir les évolutions des marchés sur lesquels la compagnie a investi (principalement des obligations) ;
– soit sur différents supports, appelés « unités de compte (UC) », qui évoluent à la hausse comme à la baisse, en fonction des marchés sur lesquels ils sont investis (actions, obligations, monétaire, immobilier). Ces supports sont des parts d'OPCVM (FCP ou SICAV), des parts de fonds structurés, des parts de SCPI. À la différence du support en euros, le risque est reporté sur les souscripteurs.

1.2 Pourquoi choisir un contrat « multisupport » plutôt qu'un « monosupport » ?

Les contrats « monosupport », comme leur nom l'indique, ne permettent d'investir que sur un seul support, le fonds « en euros » de la compagnie. Ils ne sont presque plus commercialisés. Si des différences existent en terme de paiement des prélèvements sociaux et d'application du bouclier fiscal, la fiscalité à l'impôt sur le revenu est la même pour les deux types de contrat, c'est-à-dire au moment du retrait (voir *infra*).

Impact sur le paiement des prélèvements sociaux (CSG, CRDS et contribution additionnelle)

Les produits des contrats « **monosupport** » sont imposés chaque année. La compagnie verse alors un taux de rémunération net de frais de gestion mais également de prélèvements sociaux.

Les produits des contrats « **multisupport** » sont, quant à eux, imposés à la sortie, au moment du retrait (rachat) total ou partiel des contrats, même s'ils sont investis uniquement sur le support « en euros ». À compter du 01.01.2010, les produits des contrats qui n'auront pas été soumis aux prélèvements sociaux du vivant de l'assuré le seront à son décès.

Impact en terme de bouclier fiscal

Les impôts directs payés par un contribuable (IR, ISF, prélèvements sociaux, taxes foncière et d'habitation sur la résidence principale) ne peuvent plus dépasser 50 % de ses revenus. Les intérêts générés annuellement par les contrats « monosupport » sont pris en compte dans les revenus[1]. Pour les contrats « multisupport », seule est retenue la part de gain comprise dans les retraits, sauf pour les contrats investis exclusivement ou quasi exclusivement en fonds en euros, qui sont alors considérés par l'administration fiscale comme des contrats « monosupport ». La doctrine est très partagée à ce sujet. La prudence est, suite à l'instruction 13A-1-08 du 26.08.08, d'investir au moins 20 % en UC (comme pour l'amendement Fourgous, voir paragraphe suivant).

Tableau 18.1

Type de contrat	Investissement	Retenu pour le bouclier fiscal (avant l'arrêt du CE du 13.01.2010)	Retenu pour le bouclier fiscal (après l'arrêt du CE du 13.01.2010)
Contrat monosupport	100 % en fonds €	Intérêt ou gain annuel du contrat	Intérêt ou gain annuel du contrat
Contrat multisupport	100 % en fonds €	Intérêt ou gain annuel du contrat	Intérêt ou gain annuel du contrat
Contrat multisupport	investis en fonds € et en UC (20 % conseillé)	Uniquement la part d'intérêt ou de gain incluse dans le retrait	Uniquement la part d'intérêt ou de gain incluse dans le retrait

Faut-il transformer son contrat « monosupport » existant en contrat « multisupport » ?

L'amendement dit « Fourgous » permet de transformer un contrat « monosupport » en contrat « multisupport », tout en conservant son antériorité fiscale (date d'effet fiscal). Cela permet ainsi de repousser le paiement des prélèvements sociaux. Même si aucun pourcentage n'a été fixé, la Fédération française des sociétés d'assurance recommande de transformer au moins 20 % en UC. Cette mesure a pour vocation principale d'inciter les épargnants à soutenir le financement des entreprises. La contrepartie fiscale est donc conditionnée à un investissement plus risqué de ses capitaux.

1.3 Les contrats à bonus de fidélité et les contrats diversifiés au regard de l'ISF

Les contrats d'assurance-vie sont déclarables à l'ISF pour leur valeur de rachat (capital plus intérêts).

1. En augmentant le revenu, ils majorent mécaniquement le seuil des 50 %, réduisant le bénéfice du bouclier fiscal.

Dans certains contrats, cette valeur de rachat est limitée ou bien encore inexistante. La valeur imposable à l'ISF est donc réduite d'autant. Certaines compagnies prévoient, par exemple, une période de blocage :

– des produits générés sur le contrat (contrat à bonus de fidélité) : la valeur de rachat se limite alors aux seuls versements sur le contrat, les intérêts étant ainsi exonérés d'ISF ;
– de la totalité des capitaux investis (contrat diversifié), entraînant l'absence de valeur de rachat et cherchant ainsi une exonération d'ISF sur la totalité du contrat.

Si une réponse positive a été apportée pour les premiers[1] (il est possible de déclarer pour la valeur initialement investie), il n'en est rien pour les contrats diversifiés.

2 Les règles à connaître avant la souscription

Avant la signature du contrat, l'assureur est tenu d'informer le souscripteur des caractéristiques précises du contrat. L'information se traduit par la remise :

– d'une proposition d'assurance (exemplaire du contrat avec un modèle de lettre de renonciation) ;
– d'une notice d'information (garanties, durée, modalités des versements, calcul et attribution de la participation aux bénéfices, valeur de rachat au terme des 8 premières années, frais sur versements, frais de gestion, modalités de sortie, exercice du droit de renonciation au contrat, nature des supports proposés, modalités de désignation bénéficiaire).

À compter du 1er juillet 2010, le devoir de conseil de l'assureur est renforcé (vérification de l'adéquation des besoins et connaissances financières du souscripteur au contrat proposé).

2.1 La date d'effet du contrat (ou date de souscription ou encore date d'effet fiscal)

Elle est fixée à la date d'encaissement du premier versement. Cette date a une grande importance, puisqu'elle détermine la fiscalité applicable aux futurs retraits et ce, quelle que soit la date des versements ultérieurs. La fiscalité étant dégressive avec les années, rien ne sert d'attendre, il faut ouvrir un contrat avec le minimum pour prendre date !

Exemple 1 – **Contrat dont le premier versement de 10 000 F est intervenu le 1/4/1999**

Le 4/6/2006, un nouveau versement de 50 000 € est effectué.

Le 3/3/2008, le contrat est valorisé 60 000 € et un retrait total est effectué sur le contrat.

La fiscalité applicable au retrait sera celle d'un contrat de plus de 8 ans.

1. Réponse ministérielle Pinte N° 7706 publiée au *JO* le 22 janvier 2008.

Exemple 2

Un contrat ouvert avec un minimum, et qui a déjà 4 ans, peut permettre de gérer à court terme de la trésorerie avec une fiscalité actuellement à 27,1 % contre 30,1 % pour des plus-values sur SICAV monétaires.

Toutefois, en fonction des objectifs recherchés (transmission, revenus complémentaires, placement en attendant un achat immobilier), il n'est pas toujours judicieux de reverser sur des anciens contrats. En effet, on ne choisit pas les capitaux que l'on retire, le retrait est un reflet en terme de pourcentage de la répartition totale du contrat : Il convient de vérifier au cas par cas.

Contre-exemple : éviter de gérer de la trésorerie à court terme sur un contrat exonéré de droits de succession

Vous détenez un contrat sur lequel vous avez versé l'équivalent de 50 000 € à l'ouverture en 1993. Ce contrat a été souscrit à l'époque en vue de transmettre à vos enfants un capital totalement exonéré de droits de succession (jusqu'en 1998, une exonération existait pour les versements effectués avant ses 70 ans, quel que soit le montant).

Valorisé aujourd'hui 110 000 €, ce contrat a plus de 8 ans et bénéficie d'une fiscalité très intéressante en cas de retrait.

Vous venez de céder un bien immobilier pour 150 000 € et vous souhaitez placer les fonds 1 an en attendant l'achat d'un nouveau bien immobilier.

Vous décidez de verser sur votre ancien contrat ces 150 000 €. Au bout d'un an votre contrat s'est valorisé à 270 000 € (celui-ci est alors constitué de 42,2 % de capitaux exonérés de droits de succession et de 57,8 % soumis à la nouvelle fiscalité en cas de décès).

En retirant 160 000 € pour acheter votre nouveau bien immobilier, vous allez retirer 67 520 € (soit 42,2 %) de capitaux qui auraient pu être transmis sans aucun droit à vos enfants.

2.2 Le délai de renonciation

Le souscripteur dispose de la faculté de renoncer au contrat par l'envoi d'une lettre recommandée avec avis de réception, dans un délai de 30 jours à compter de la conclusion du contrat. Dans ce cas, il récupère l'ensemble des sommes versées. Le point de départ de ce délai est conditionné par la remise des différents documents d'information.

2.3 Les frais

Les **frais sur versement** sont, en général, dégressifs et prélevés à l'occasion des versements. Ils peuvent varier de 5 à 0 % en fonction des contrats, la concurrence des contrats via internet tirant ces frais vers le bas. Les **frais de gestion** sont prélevés annuellement et représentent la rémunération de l'assureur. Pour les fonds « en euros », les compagnies annoncent en général un taux de rémunération nette après déduction de ces frais (entre 0,30 % à 1 %). Pour les UC, ils varient entre 0,50 et 1,5 % et viennent s'ajouter aux frais de gestion de chaque OPCVM (frais qui sont déjà déduits de la valeur liquidative des parts et qui représentent, quant à eux, la rémunération du gestionnaire du fonds). Des frais liés à une **garantie décès,** qui permet de ne pas faire subir aux bénéficiaires une baisse des marchés, existent dans certains contrats. Cette garantie peut être déjà incluse dans les frais de gestion ou bien être optionnelle avec des frais supplémentaires. Les **frais d'arbitrage** sont prélevés à l'occasion du passage d'un support vers un autre et peuvent être fixes ou proportionnels (0,2 à 1 %).

2.4 La souplesse des versements

Les versements peuvent prendre des formes diverses avec des périodicités variées, et être effectués sous forme de **versement unique, périodiques ou bien de versements libres**. Les modalités de versement sont donc purement contractuelles. Il convient de vérifier, le cas échéant, les montants minima et les frais.

2.5 Les arbitrages

Un arbitrage est la possibilité de passer d'un support à un autre très facilement, au prix de quelques frais mais sans impact fiscal immédiat, contrairement à un compte titres (le contrat n'ayant pas subi de retrait, aucune imposition n'est due). Par exemple, un souscripteur qui a fait une forte plus-value sur un support actions, souhaite sécuriser celle-ci. Il peut effectuer un arbitrage au profit d'un support sécuritaire du type fonds « en euros » ou UC actions à capital garanti.

3 La disponibilité de l'épargne constituée

L'épargne constituée est toujours disponible. Même si la fiscalité semble plus favorable à partir de 8 ans, l'épargne n'est pas bloquée jusqu'à cette date comme certains peuvent le penser.

Rappel :

Sur un contrat « monosupport », la fiscalité s'applique en deux temps :

– les prélèvements sociaux sont prélevés chaque année ;

– l'impôt sur le revenu s'applique au moment d'un retrait.

Pour les contrats « multisupport », c'est le retrait qui entraîne la fiscalité à la fois des prélèvements sociaux et de l'impôt sur le revenu.

Avant d'évoquer l'impact de l'impôt sur le revenu au moment d'un retrait, il est important de rappeler comment se calcule la part qui sera imposée.

3.1 Le retrait total ou partiel des capitaux est possible à tout moment

Calcul de la part de capital incluse dans le retrait

À la différence des placements dits « de distribution » pour lesquels les intérêts sont imposés annuellement (compte épargne, obligation, dépôt à terme), les placements dits « de capitalisation » ne subissent l'impôt qu'à l'occasion d'un retrait total ou partiel (assurance-vie, contrat de capitalisation, PEA, OPCVM capitalisant). En effet, dans ces derniers, les intérêts se rajoutent au capital pour générer à leur tour des intérêts.

Dans le cas d'un retrait total, la plus-value sur le contrat est entièrement imposable. Lors d'un retrait partiel, il convient de dissocier la part de capital retiré de celle des gains, car seuls ces derniers seront imposés.

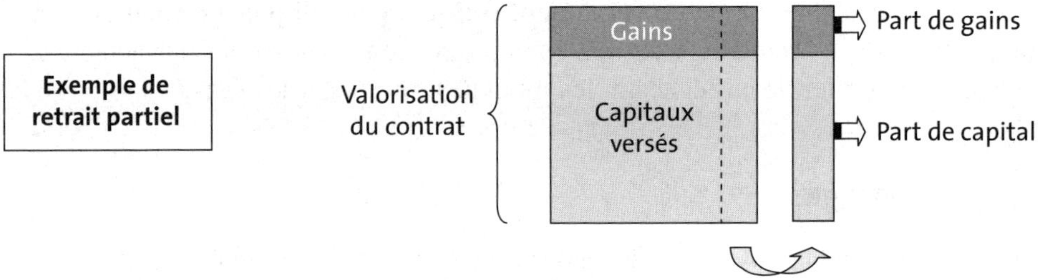

Figure 18.4

Repères

À l'occasion du premier retrait, le calcul fiscal à effectuer pour connaître la part de capital retiré est le suivant :

$$\text{Part de capital dans le retrait} = \frac{\text{(montant du retrait)} \times \text{(capitaux versés sur le contrat avant déduction des frais)}}{\text{Valorisation du contrat au jour du retrait}}$$

En retenant les versements avant impact des frais, l'administration fiscale prend en compte ce que l'épargnant a réellement gagné sur son contrat. Le « gain fiscal » est donc le gain réel pour l'épargnant (différence entre ce qu'il a versé et l'épargne acquise). En retenant le gain économique du contrat, le contribuable aurait été pénalisé.

Exemple

Calcul du gain fiscal

Versement de 100 000 €. Après des frais de 1 %, l'investissement réalisé est de 99 000 €. Ces 99 000 € se sont valorisés à 103 000 €.

Le gain économique est de 4 000 € mais le gain fiscal est de 3 000 € (le souscripteur n'est pas pénalisé des frais).

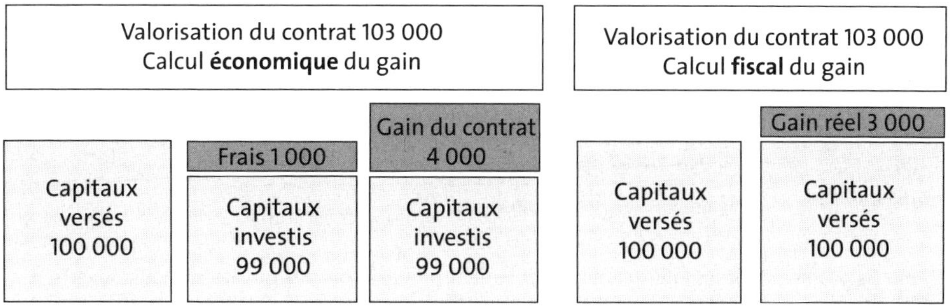

Retrait de 5 000 € :

La part de capital dans le retrait est : 5 000 × 100 000 / 103 000 = 4 854 €

La part de gain imposable est donc de 5 000 – 4 854 = 146 €

Part de capital dans le retrait :

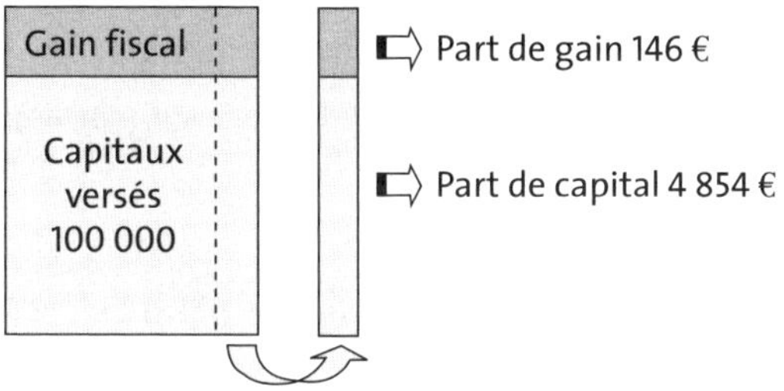

Seuls ces 146 € seront taxés à l'impôt sur le revenu et aux prélèvements sociaux et seuls ces 146 € seront pris en compte pour le bouclier fiscal (pour un contrat « multisupports » investi en UC et en €).

La nouvelle valorisation du contrat est donc 103 000 – 5 000 = 98 000 €

Pour le prochain retrait, il faudra prendre en compte le montant des capitaux versés résiduels :

Capital initial versé – part de capital retiré : 100 000 – 4 854 = 95 146 €

Repères

On tient compte pour chaque retrait de la part de capital retirée et la formule devient :

$$\text{Part de capital dans le retrait} = \frac{\text{(nouveau retrait)} \times \text{(capitaux versés résiduels avant déduction des frais)}}{\text{Valorisation du contrat au jour du nouveau retrait}}$$

Fiscalité applicable à la part de gain incluse dans le retrait

Seule la part de gain incluse dans le retrait est imposable :

- au barème progressif de l'impôt sur le revenu (IR) ou, **sur option**, au prélèvement forfaitaire libératoire (PFL) dont le taux dépend de la date d'effet du contrat ;
- aux prélèvements sociaux pour les contrats « multisupports ».

Tableau 18.2

Contrat de **moins de 4 ans**		IR ou PFL de 35 % (4)	**Plus prélèvements sociaux** 12,1 %
Contrat **entre 4 et 8 ans**		IR ou PFL de 15 % (4)	
Contrat de **plus de 8 ans**	gains des sommes versées avant le 25/09/1997 (1)	Exonération	
	gains des versements ultérieurs ou nouveaux contrats (2) (3)	IR ou PLF 7,5 % (4)	

1. Pour ne pas pénaliser les épargnants, et seulement pour les contrats qui étaient déjà ouverts, il a été admis que des versements pouvaient encore être effectués entre le 26/09/1997 et le 31/12/1997 à hauteur de 200 000 F par souscripteur. Ainsi , tous les intérêts et plus-value générés ultérieurement par ces sommes (et par le capital déjà sur le contrat) bénéficient d'une totale exonération à l'impôt sur le revenu.
2. Imposition après un abattement de 4 600 € (personne seule) ou de 9 200 € (couple). Cet abattement est annuel et s'applique au niveau du foyer fiscal (et non par contrat). Ce n'est pas la compagnie qui applique cet abattement mais l'administration. Si le contribuable opte pour le prélèvement forfaitaire, une partie lui sera restituée sous forme de crédit d'impôt.
3. Exonération pour les contrats DSK et NSK.
4. Il existe des cas d'exonérations en cas de licenciement, mise à la retraite, invalidité.

3.2 Un outil de revenus complémentaires très peu fiscalisés

Intérêts de procéder à des retraits programmés

Les retraits programmés permettent de percevoir des revenus réguliers et de compléter, par exemple, une retraite, soit en obérant progressivement son capital, soit en fonction de ses besoins en conservant celui-ci en vue de le transmettre. L'épargnant, avec son conseiller, estime le rendement annuel attendu sur le contrat et modifie à la hausse comme la baisse le montant des retraits.

Exemple

Monsieur G., veuf, verse 100 000 € (frais sur versement 1 %, soit 99 000 € investis). Le rendement prévu au contrat est de 4 % annuel.

Il souhaite :

– conserver sur le contrat les 100 000 € qu'il a versé (en vue de les transmettre à ses enfants) ;

– effectuer des retraits équivalents au gain annuel.

	Valeur du contrat début d'année	Valeur du contrat fin d'année	Retrait brut	dont capital	soit prime versée résiduelle	dont intérêts	Abattement pour PFL uniquement	Taux de PFL	Taux de PS	Impôts PFL+PS	Retrait net d'impôts
1	99 000	102 960	2 960	2 875	97 125	85		35 %	12,1 %	40,03	2 920
2	100 000	104 000	4 000	3 736	93 390	264		35 %	12,1 %	124,34	3 876
3	100 000	104 000	4 000	3 592	89 798	408		35 %	12,1 %	192,17	3 808
4	100 000	104 000	4 000	3 454	86 344	546		35 %	12,1 %	297,17	3 743
5	100 000	104 000	4 000	3 321	83 023	679		15 %	12,1 %	319,80	3 680
6	100 000	104 000	4 000	3 193	79 830	807		15 %	12,1 %	218,69	3 781
7	100 000	104 000	4 000	3 070	76 759	930		15 %	12,1 %	252,03	3 748
8	100 000	104 000	4 000	2 952	73 807	1 048		15 %	12,1 %	284,0	3 716
9	100 000	104 000	4 000	2 839	70 968	1 161	4 600	7,5 %	12,1 %	140,48	3 859
10	100 000	104 000	4 000	2 730	68 239	1 270	4 600	7,5 %	12,1 %	153,67	3 846

Pour des contribuables imposables à la tranche d'impôt la plus élevée (40 %), sur 10 ans, le taux moyen d'imposition ressort à 5 %, contre 52,1 % par exemple pour des revenus fonciers.

La sortie en rente viagère

En contrepartie de l'aliénation du capital, la compagnie peut verser un revenu régulier dont le montant dépendra de l'espérance de vie du bénéficiaire de la rente. Si celui-ci décède, le capital est alors perdu pour les héritiers. Toutefois, de plus en plus de compagnies proposent des solutions pour qu'un capital soit quand même transmis en cas de décès prématuré. Dans le cas d'un contrat d'assurance-vie avec sortie en rente viagère, une partie seulement de la rente est imposée à l'impôt sur le revenu et aux prélèvements sociaux. Le pourcentage de la rente qui est imposé est déterminé en fonction de l'âge du crédirentier (bénéficiaire de la rente) lors de l'entrée en jouissance de la rente :

- âgé de moins de 50 ans : 70 %
- âgé de 50 à 59 ans inclus : 50 %
- âgé de 60 à 69 ans inclus : 40 %
- âgé de plus de 69 ans : 30 %

3.3 Les avances

Pour pallier un décalage de trésorerie ou pour éviter d'effectuer un rachat dans un marché défavorable, le souscripteur peut demander une avance sur son contrat, qui n'est ni plus ni moins qu'un prêt consenti par l'assureur sur les sommes placées. Cette avance étant un prêt, elle ne subit pas de fiscalité mais a, par contre, un coût ! Le contrat est toujours investi comme si aucune opération n'avait été effectuée et l'assureur facture le coût du prêt. Il faut donc comparer ce coût à la rémunération du contrat et étudier l'impact d'un rachat partiel.

Exemple

Madame B. a versé 30 000 € sur son contrat, valorisé aujourd'hui 45 000 €. Son contrat a une antériorité fiscale de 6 ans.

Elle va recevoir dans 3 mois une prime de 10 000 €, mais elle a besoin rapidement de cette somme pour des travaux dans sa maison :

– **Si elle choisit le retrait** : les intérêts inclus dans le retrait sont de 3 333 € soit une fiscalité induite de **903** € (son taux d'imposition marginale à l'impôt sur le revenu étant de 30 %, elle opte pour le taux forfaitaire de 15 %, auxquels s'ajoutent les prélèvements sociaux de 12,1 %). De plus, si elle décide de reverser ensuite sa prime sur son contrat, il faudra qu'elle tienne compte des éventuels frais.

– **Si elle choisit l'avance** : le coût de l'avance est variable entre les compagnies ; on le suppose ici de 5 % ; soit un coût sur 3 mois de **125** €, et le contrat continue à se valoriser à hauteur de 45 000 €. Dès qu'elle perçoit sa prime, elle peut rembourser son avance.

Section 3 L'ASSURANCE-VIE COMME OUTIL DE TRANSMISSION D'UN CAPITAL

L'assurance-vie est également un outil patrimonial de premier ordre dans une optique de transmission d'un capital financier.

1 La rédaction de la clause bénéficiaire

La possibilité de désigner un bénéficiaire et d'en changer est un droit personnel du souscripteur. L'absence de clause ou une mauvaise rédaction de celle-ci peut, par contre, remettre en cause l'avantage de ce type de contrat en cas de décès.

1.1 Pourquoi et comment rédiger une clause bénéficiaire ?

En l'absence de bénéficiaire au décès du souscripteur, ou si la clause est inapplicable (trop complexe, décès du bénéficiaire…), les capitaux tombent dans l'actif successoral et sont taxés aux droits de succession. Au contraire, si le bénéficiaire de l'assurance-vie est désigné (de façon précise ou identifiable par sa qualité de conjoint, d'enfant, ou encore d'héritier), le capital versé ne fait pas partie de la succession du souscripteur-assuré et, de ce fait, n'est pas soumis aux règles du rapport à succession, ni à celles de la réduction pour atteinte à la réserve des héritiers du souscripteur (sauf primes manifestement exagérées).

La plupart des contrats proposent des clauses types pré-rédigées, qui correspondent aux situations familiales les plus courantes. Il est donc possible :

- de sélectionner, sur le contrat, la clause la plus appropriée parmi celles proposées ;
- de rédiger soi-même la clause afin de la personnaliser ;
- de l'inscrire dans son testament et demander conseil à son notaire (il conviendra alors d'indiquer sur le contrat « clause bénéficiaire déposée chez Me…, notaire à… ».

Certains peuvent souhaiter conditionner le bénéfice du contrat à certaines conditions (âge, emploi des sommes par exemple). Pour que la clause soit valide, il conviendra que ces conditions ne soient pas contraires à l'ordre public et aux bonnes mœurs. Quelle que soit la clause choisie, il est indispensable de définir des « bénéficiaires à défaut des précédents » pour éviter que les capitaux ne tombent dans la succession du souscripteur et ne soient fiscalisés aux droits de succession. Par exemple, il est possible de désigner un bénéficiaire de 2nd rang qui pourra récupérer les capitaux en cas de décès ou de renonciation au contrat du bénéficiaire de 1er rang, et ainsi de suite.

1.2 Vérifier régulièrement l'adéquation de la clause avec les volontés du souscripteur

Quelques exemples de clauses :

- « mes enfants vivants ou représentés, à défaut mes héritiers » : les enfants sont bénéficiaires à parts égales et, si l'un d'entre eux venait à décéder, sa part serait attribuée à ses propres enfants et, à défaut d'enfants et de descendants, aux autres héritiers ;
- « mes enfants nés ou à naître… » : les bénéficiaires seront tous les enfants nés ou à naître au jour du décès ;
- « mon conjoint, à défaut mes enfants vivants ou représentés, à défaut mes héritiers » : cette clause permet en cas de décès du conjoint, ou bien si celui-ci renonce au contrat, de transmettre aux enfants ;
- « mes héritiers » : les bénéficiaires du contrat seront les mêmes que ceux de la dévolution successorale. Toutefois, l'assurance-vie étant gérée hors succession, les héritiers auront la possibilité d'accepter le bénéfice du contrat tout en renonçant s'ils le souhaitent au reste de la succession.

Le cas du conjoint, du Pacsé et du concubin :

- Le « conjoint » est celui qui a cette qualité au moment du décès sauf s'il est nommément désigné (ex. : mon conjoint Mme Cécile Dupond) ;

– le partenaire pacsé n'est pas considéré comme un conjoint, il convient donc de rédiger une clause adéquate « M. (ou Mme) X avec le(la)quel(le) j'ai souscrit un PACS, à défaut mes héritiers » ;
– de même, le concubin n'est pas considéré comme un conjoint. Il doit donc être clairement désigné.

1.3 Qu'est ce que l'acceptation bénéficiaire du contrat ?

Il n'est pas nécessaire au moment de la souscription du contrat, ni pendant la durée du contrat, que le bénéficiaire intervienne. Toutefois, au moment du décès du souscripteur-assuré, il faudra qu'il manifeste sa volonté de récupérer les sommes. On dit alors qu'il accepte le bénéfice du contrat.

Cette acceptation peut intervenir à tout moment, et pas seulement au moment du décès. Les effets de cette acceptation pendant la vie du contrat ont donné lieu à beaucoup de jurisprudence car non seulement le bénéficiaire ne pouvait pas être changé sans son accord, mais il pouvait également bloquer toute opération sur le contrat (retrait, arbitrage, avance)[1]. La loi du 17.12.2007 a considérablement clarifié les règles d'acceptation du bénéficiaire et donc les conséquences sur le contrat. Il convient donc de dissocier les contrats dont la clause bénéficiaire aurait été acceptée (expressément ou tacitement) avant le 18.12.2007 et les contrats dont la clause serait acceptée à compter du 18.12.2007.

Tableau 18.3

	Acceptation réalisée avant le 18 décembre 2007	Acceptation réalisée à compter du 18 décembre 2007
	Quelle que soit la date de souscription du contrat	
Formalisme à respecter	Aucun formalisme particulier	L'acceptation doit obligatoirement être réalisée : – soit par un acte signé par le souscripteur, le bénéficiaire et l'assureur – soit par un acte signé par le souscripteur et le bénéficiaire, signifié à l'assureur
Conséquences de l'acceptation sur le contrat d'assurance-vie	– Le bénéficiaire acceptant ne peut plus être révoqué (sauf cas exceptionnels) – Rachat du contrat : **l'arrêt de Cour de cassation du 22.02.2008** n'a pas entièrement clos le débat. L'accord du bénéficiaire acceptant est nécessaire si le souscripteur a **renoncé expressément** à son droit de rachat en cas d'acceptation du contrat	– Le bénéficiaire acceptant ne peut plus être révoqué (sauf cas exceptionnels) – Rachat du contrat : **impossibilité légale** pour le souscripteur de procéder à un rachat sans l'accord du bénéficiaire acceptant

1. Cass. 2e Civ. 2 juin 2005 ; CA Bordeaux, 5e ch. 4 octobre 2005 arrêt définitif. Voir aussi CA Paris, 27 mai 2003 et CA Rennes 1re ch. B, 4 mars 2004 ; Cass. Ch. mixte 22 février 2008.

1.4 Le démembrement de la clause bénéficiaire

Le démembrement de la clause bénéficiaire consiste à désigner deux bénéficiaires pour le même capital : un bénéficiaire en usufruit, un en nue-propriété (ce dernier aura réellement la disposition des fonds au décès de l'usufruitier). Le cas le plus fréquent est la désignation du conjoint survivant comme bénéficiaire de l'usufruit (les revenus du capital) et les enfants comme bénéficiaires de la nue-propriété.

Si la clause prévoit le remploi des fonds dans un nouvel actif démembré (un bien immobilier par exemple), les revenus générés par le bien profiteront à l'usufruitier durant sa vie, et c'est seulement au décès de celui-ci que les enfants deviendront pleins propriétaires, sans droit supplémentaire.

Si la clause ne prévoit rien, l'usufruit porte sur une somme d'argent, on parle alors de quasi-usufruit. Le quasi-usufruitier agit comme un plein propriétaire, pouvant ainsi disposer librement de la somme, l'investir à sa convenance voire même la consommer. Afin de conserver les droits des nus-propriétaires, qui auraient dus devenir pleins propriétaires au décès de l'usufruitier, celui-ci doit restituer un montant équivalent aux enfants nus-propriétaires à son propre décès. Les enfants ont donc une créance sur la succession du conjoint survivant dite créance de restitution. Cette créance est un passif successoral déductible fiscalement, permettant ainsi de récupérer le capital sans aucun droit.

En l'état actuel de la législation[1] (pour les versements avant 70 ans), les capitaux transmis par le biais de l'assurance-vie avec une clause démembrée ne subissent aucun droit : ni au versement des fonds au conjoint quasi-usufruitier, ni à l'exercice par les enfants de leur créance de restitution.

Afin de protéger les intérêts des enfants (et donc d'éviter l'aliénation du capital par le conjoint sans autre actif successoral sur lequel ils pourraient faire valoir leur créance), de rendre opposable cette créance aux yeux de l'administration (rédaction d'une clause de quasi-usufruit de préférence notariée) et d'apprécier les conséquences fiscales, il convient d'être assisté par un professionnel pour ce type de clause.

1. BOI 7 K-1-06 suite à rép. Min. Perruchot N°60024 sur les clauses bénéficiaires démembrées et loi TEPA du 21 août 2007 instaurant l'exonération de droits de succession pour le conjoint survivant (et exonération des capitaux issus de contrats d'assurance-vie).

2 Le dénouement du contrat par le décès

2.1 Quand intervient le dénouement ?

La co-souscription

Le contrat se dénoue au décès de l'assuré (qui est en général le souscripteur). En cas de souscription conjointe par des époux (et donc de co-assurés), le contrat peut se dénouer soit au 1er décès (cas des époux mariés en communauté légale), soit au 2e décès (cas des époux mariés en communauté universelle avec attribution intégrale au conjoint survivant). Le critère à prendre en compte pour la fiscalité en cas de décès est l'âge de l'assuré dont le décès entraîne le versement du capital.

L'identification du bénéficiaire

Dès que la compagnie a connaissance du décès du souscripteur-assuré (ce qui n'est pas toujours le cas), elle est tenue de rechercher les bénéficiaires et de les informer de l'existence du contrat fait à leur profit. Pour que la compagnie verse les fonds, les bénéficiaires doivent accepter le contrat et fournir tous les documents nécessaires (acte de décès, acte de notoriété, pièce d'identité, instruction pour le paiement de la fiscalité…). Une fois ces formalités remplies, la compagnie a un mois pour verser les capitaux sous peine de devoir payer des intérêts.

Si le bénéficiaire a connaissance d'un contrat fait à son profit, mais qu'il ne connaît pas la compagnie, il a la possibilité d'écrire à un organisme professionnel unique (Agira, 1 rue Jules Lefebvre, 75 431 Paris cedex 09) qui se chargera de consulter l'ensemble des assureurs. Pour éviter qu'un contrat ne soit pas réclamé, il est désormais recommandé que le souscripteur informe le bénéficiaire (il n'y a plus de contraintes liées à l'acceptation), ou bien inscrive la clause bénéficiaire dans son testament.

2.2 Les contestations par les héritiers ou par l'administration fiscale[1]

Pour éviter les contestations d'héritiers (qui auraient été écartés du bénéfice du contrat), ou bien le risque de requalification fiscale en opération de pure capitalisation, le montant des versements ne doit pas être manifestement exagéré par rapport au patrimoine du souscripteur et à ses revenus (cette « exagération » devant être appréciée au moment du versement des primes). Mais il convient également d'apprécier l'utilité de la souscription et des versements compte tenu de l'âge et de l'état de santé du souscripteur. En ce qui concerne le conjoint, lorsqu'il est bénéficiaire

1. C. Cass. Ch. Mixte 4 arrêts du 23 novembre 2004 ; Cass. 2e Civ. 17 mars 2005, 24 février 2005, 5 juillet 2006 ; Cass. 1re Civ. 6 février 2007, 4 juillet 2007.

d'un contrat souscrit à l'aide de fonds communs, au dénouement du contrat, les capitaux qu'il reçoit sont des biens propres et aucune récompense n'est due à la communauté.

3 La fiscalité successorale

Les capitaux versés au bénéficiaire relèvent d'un régime fiscal différent selon la date de souscription du contrat et des versements des primes et l'âge de l'assuré lors de ces versements.

3.1 La fiscalité des versements effectués avant 70 ans

Il existe désormais une fiscalité pour les versements effectués sur un contrat depuis le 13 octobre 1998. Les **capitaux décès**[1] sont soumis à une taxe forfaitaire de 20 %, après un abattement de 152 500 € par bénéficiaire et ce, quel que soit le lien de parenté entre le souscripteur-assuré et le bénéficiaire.

Exemple

Souscription d'un contrat à l'âge de 65 ans pour un montant de 200 000 €.

Le décès intervient 10 ans après, le capital s'est valorisé à 300 000 €.

En présence d'un seul bénéficiaire (un seul abattement de 152 500 €) :

Imposition à 20 % sur 147 500 € : (300 000 – 152 500) × 20 % = 29 500 €

Le capital transmis est donc de 270 500 €

En présence de 2 bénéficiaires à parts égales (deux abattements de 152 500 €) :

Chacun recevant 150 000 €, l'abattement de 152 500 € permet de transmettre les 300 000 € sans droit.

3.2 La fiscalité des versements effectués après 70 ans

Pour les contrats ouverts à compter du 20 novembre 1991, les primes[2] versées après 70 ans sont soumises aux droits de succession[3] pour leur fraction excédant 30 500 € (abattement unique quel que soit le nombre de contrats et de bénéficiaires). Les droits de succession sont calculés en fonction du lien de parenté entre le souscripteur-assuré et le bénéficiaire.

1. Capitaux décès = capitaux versés sur le contrat + intérêts produits (article 990 I du Code général des impôts).
2. Primes = capitaux versés sur le contrat uniquement (article 757 B du CGI).
3. Tarif des droits de succession : articles 777 et s. du CGI.

Exemple

Souscription d'un contrat à l'âge de 71 ans pour un montant de 50 000 €.

Le décès intervient 10 ans après, le capital s'est valorisé à 80 000 €.

Montant imposé aux droits de succession : 50 000 – 30 500 = 19 500 €

Montant exonéré : totalité des intérêts accumulés (30 000) + abattement (30 500) = 60 500 €

En présence de 2 bénéficiaires à parts égales, chacun recevra 40 000 € dont seulement 9 750 € (19 500/2) seront soumis aux droits de succession.

Utilisation des abattements successoraux[1] : la fiscalité des versements après 70 ans étant celles des droits de succession, les abattements successoraux classiques peuvent être cumulés à celui de 30 500 € s'ils n'ont pas été utilisés par ailleurs.

Attention

Le montant des rachats partiels, des avances non remboursées ou encore la baisse des marchés sont sans incidence sur le calcul du montant imposable. Toutefois, si les capitaux versés par l'assureur viennent à être inférieurs aux primes versées sur le contrat après 70 ans, la taxation aux droits de succession ne porte que sur le montant des capitaux versés aux bénéficiaires.

Il peut être opportun d'effectuer un versement complémentaire sur des **contrats ouverts avant le 20 novembre 1991**. En effet, quel que soit l'âge au moment du versement (moins de 70 ans ou plus de 70 ans), c'est la fiscalité du prélèvement de 20 % après abattement de 152 500 € qui s'appliquera sur ces capitaux, ceux déjà capitalisés sur le contrat continuant à bénéficier d'une exonération.

3.3 Les exonérations

Il existe désormais un régime d'exonération pour :

– le conjoint survivant ;
– le partenaire lié par un PACS ;
– certains frères et sœurs (célibataire, veuf, divorcé ou séparé de corps, âgé de plus de 50 ans ou atteint d'une infirmité, domicilié constamment avec le défunt pendant les 5 années ayant précédé le décès).

De ce fait, quelle que soit la date de souscription du contrat et quelle que soit la date de versement sur le contrat (avant ou après 70 ans), le conjoint survivant, le partenaire Pacsé, certains frères et sœurs perçoivent les capitaux décès des contrats d'assurance-vie sans subir aucune fiscalité.

1. Abattements successoraux : articles 779 et s. du CGI.

3.4 Tableau de synthèse

Tableau 18.4

Bénéficiaire	Date de souscription du contrat	Primes[1] versées avant le 13 octobre 1998		Primes[1] versées après le 13 octobre 1998	
		Avant l'âge de 70 ans	Après l'âge de 70 ans	Avant l'âge de 70 ans	Après l'âge de 70 ans
Le conjoint, le partenaire Pacsé, sous condition les frères et sœurs[3]	Quelle que soit la date de souscription du contrat	**Exonération totale des capitaux transmis**			
Autres Bénéficiaires (dont les enfants)	Contrat souscrit avant le 20 novembre 1991	Exonération totale des capitaux transmis		*Abattement sur les capitaux décès de 152 500 € par bénéficiaire et taxation de 20 % au-delà*	
	Contrat souscrit après le 20 novembre 1991	Exonération totale	Imposition[2] au-delà de 30 500 € de primes versées (intérêts exonérés)	Abattement sur les capitaux décès de 152 500 € par bénéficiaire et taxation de 20 % au-delà	Imposition[2] au-delà de 30 500 € de primes versées (intérêts exonérés)

1. Les primes ne doivent pas être manifestement exagérées.
2. Imposition au barème progressif des droits de succession applicable selon le lien de parenté.
3. frère et soeur, célibataire, veuf, divorcé ou séparé de corps, âgé de plus de 50 ans ou atteint d'une infirmité, domicilié constamment avec le défunt pendant les 5 années ayant précédé le décès.

3.5 À partir de quand a-t'on intérêt à transmettre via l'assurance-vie ?

Combinaison de l'assurance-vie avec l'abattement successoral de 156 974 € (depuis le 01/01/10) entre parents et enfants. Abattement de 150 000 € par parent et par enfant tous les 6 ans passé à 151 950 € au 01/01/08 et à 156 357 € au 01/01/09.

(Versement sur le contrat avant 70 ans)

Tableau 18.5

Préconisation en fonction du montant du patrimoine transmis à chaque enfant au jour du décès d'un des parents		
Patrimoine inférieur à 156 974 €	Patrimoine compris entre 156 974 € et 309 474 €*	Patrimoine supérieur à 309 474 €*
Solution à préconiser : Le recours à l'assurance-vie est neutre : l'assurance-vie ne présente pas d'inconvénient.	**Solution à préconiser** : Le recours à l'assurance-vie s'avère judicieux pour la partie du patrimoine comprise entre 156 974 € et 309 474 €*.	**Solutions à préconiser :** **Pour les 309 474 premiers** €* : il faut saturer l'abattement successoral de 156 974 €, et celui spécifique à l'assurance-vie de 152 500 €.
Pourquoi ? l'enfant bénéficie soit de l'abattement personnel de 156 974 € sur l'actif successoral, soit de celui spécifique à l'assurance-vie de 152 500 €.	**Pourquoi ?** : On sature l'abattement de 156 974 € sur l'actif successoral et on utilise l'abattement supplémentaire de 152 500 € sur l'assurance-vie. **Conclusion** : le cumul des 2 abattements permet de transmettre 309 474 € sans aucune taxation. **Solutions à éviter :** – Capital trop élevé en assurance-vie : un capital décès supérieur à 152 500 € par bénéficiaire, entraîne une taxation à 20 %, au lieu de bénéficier de l'abattement de 156 974 €. – Capital trop faible en assurance-vie : laisse un actif successoral supérieur à 156 974 € et donc taxable.	**Au delà des 309 474** € **par enfant*** : – il faut laisser 15 697 € dans l'actif successoral pour bénéficier d'une taxation à 5, 10 et 15 %. – de 15 697 € jusqu'à 544 173 €, le taux de taxation de 20 % est égal pour les actifs successoraux et pour le capital décès. Le recours à l'assurance-vie est neutre. L'assurance-vie ne présente pas d'inconvénient. – au-delà de 544 173 €, le taux de taxation à 20 % de l'assurance-vie est plus intéressant que les taux de droits de succession qui vont de 30 % à 40 %. Ainsi, à partir de 1 779 029 €, le taux des droits de succession s'élève à 40 %. Le recours à l'assurance-vie permet de diviser par 2 ce taux.

* Cumul de l'abattement successoral de 156 974 € (qui était de 150 000 € et qui est revalorisé tous les ans) et de celui de 152 500 € spécifique à l'assurance-vie.

En conclusion, l'assurance-vie est un placement incontournable et un outil de gestion de patrimoine souple et pertinent juridiquement et fiscalement.

<table>
<tr><th rowspan="2"></th><th colspan="2">Optimisation fiscale</th><th rowspan="2">Optimisation juridique</th></tr>
<tr><th>Transmission</th><th>Revenus et ISF</th></tr>
<tr><td>Conjoint et Partenaire Pacsé</td><td>Neutralité :
pas d'inconvénient spécifique de l'assurance-vie.</td><td rowspan="3">Arbitrages : pas de fiscalité au moment des arbitrages.

Rachats :
faiblement taxés.

Prélèvements sociaux : sur les multisupports, les PS sont prélevés au moment des rachats (ou au moment du décès).

ISF : minoration des revenus pris en compte au titre du plafonnement et/ ou du bouclier fiscal.</td><td rowspan="3">Quel que soit le bénéficiaire, le contrat d'assurance-vie constitue un excellent outil pour augmenter la part successorale d'une personne ou la créer si le bénéficiaire n'est pas un héritier.</td></tr>
<tr><td>Enfants</td><td>Avantages en plus de l'abattement successoral de 156 974 € :
– primes versées avant 70 ans : abattement supplémentaire de 152 500 € par enfant, puis taxation plafonnée à 20 % ;
– primes versées après 70 ans : répartition de l'abattement supplémentaire de 30 500 €, et exonération des produits.</td></tr>
<tr><td>Tiers :
Petits-enfants, concubins...</td><td>Aucun abattement successoral particulier :
– primes versées avant 70 ans : bénéfice de l'abattement de 152 500 € par bénéficiaire, puis taxation plafonnée à 20 % ;
– primes versées après 70 ans : répartition de l'abattement de 30 500 €, et exonération des produits.</td></tr>
</table>

Chapitre

19 Gestion d'un portefeuille titres

Pierre Chollet

Un portefeuille titres regroupe un ensemble de produits d'épargne et de placement ou, en d'autres termes, d'actifs financiers (actions, titres de créances négociables à court et moyen termes, obligations, parts d'OPCVM) et de produits dérivés (notamment optionnels). La gestion de portefeuille consiste à constituer un ensemble d'actifs et à en faire évoluer la composition en vue d'atteindre les objectifs fixés par l'investisseur. Au cours des dernières décennies, le marché de la gestion d'actifs a connu une croissance rapide à l'instar de celui des marchés financiers. La gestion d'actifs pour compte de tiers s'est fortement développée au plan mondial. Elle a cependant connu une réduction d'activité du fait de la crise déclenchée lors de l'été 2007. Les sociétés de gestion géraient en France, fin 2008, un montant brut d'actifs pour le compte de tiers de 2 525 milliards d'euros[1].

1. « La gestion d'actifs pour compte de tiers en 2008 », *Autorité des Marchés Financiers*, 2009, www.amf-france.org/documents/general/9147_1.pdf.

Section 1 ÉLÉMENTS FONDAMENTAUX DE LA GESTION DE PORTEFEUILLE[1]

La gestion de portefeuille, d'abord centrée sur les actions, s'appuie sur des concepts et méthodes issus de la théorie moderne de portefeuille initiée par Markowitz (1952)[2].

1 Rentabilité et risque[3]

Les concepts clefs sont définis par souci de simplification, sur la base d'un placement en actions. La gestion de portefeuille s'appuie sur deux notions essentielles : la rentabilité et le risque.

1.1 Le taux de rentabilité d'un actif

Deux méthodes de calcul du taux de rentabilité, sur la base des **données historiques** existent :

Rentabilité classique

La rentabilité du titre *i* à l'instant *t* est égale à :

$$R_{it} = \frac{S_t - S_{t-1} + D_t}{S_{t-1}}$$

avec S_t le cours de l'action en *t* et D_t le dividende versé en *t*.

Les cours doivent être tous observés au même moment (les cours de clôture sont le plus souvent retenus) et ajustés des opérations sur titre[4]. Les dividendes sont ici supposés réinvestis et sont donc intégrés au calcul. Dans le cas contraire, leur apport est évalué à part. On détermine alors le rendement en dividende qui est égal à :

$$\frac{D_t}{S_{t-1}}$$

1. Dans le cadre de cet ouvrage, nous ne considérons que la théorie moderne devenue « traditionnelle » de gestion de portefeuille. Celle-ci reste aujourd'hui la référence essentielle. Les avancées plus récentes de la théorie n'ont pour l'heure donné lieu qu'à peu d'applications pratiques, le plus souvent centrées sur une gestion quantitative.

2. H. Markowitz, « Portofolio selection », *Journal of Finance*, vol. 7, 1952, p. 77-91.

3. À la place du terme « rentabilité », certains auteurs utilisent de manière équivalente ceux de rendement ou de *return*.

4. Les opérations sur titres (OST) correspondent à toutes les opérations qui ont une incidence sur le capital de l'entreprise (augmentation ou réduction du capital, division du nominal, rachat d'actions, exercice de stock options, conversions d'obligations convertibles...).

La rentabilité cumulée sur la période *n* est :

$$R_n = \prod_{t=1}^{n}(1 + R_t) - 1$$

Rentabilité logarithmique (ln)

La rentabilité du titre *i* à l'instant *t* est ici égale à :

$$R_{it} = \ln\left(\frac{S_t + D_t}{S_{t-1}}\right)$$

La rentabilité cumulée est égale à :

$$R_n = \sum_{t=1}^{n} R_t$$

***Exemple* – Calcul des taux de rentabilité d'une action**

Calculez les rentabilités classiques et logarithmiques de l'action suivante sur un an, à partir de ses cours mensuels et du dividende.

Date	Cours en €	Dividende en €	Rentabilité classique en %	Rentabilité classique cumulée en %	Rentabilité logarithmique en %	Rentabilité logarithmique cumulée en %
0	20,95	0				
1	21,90	0	4,53	4,53	4,43	4,43
2	21,77	0	– 0,59	3,91	– 0,60	3,83
3	21,59	0	– 0,83	3,05	– 0,83	3,00
4	20,00	0,50	– 5,05	– 2,15	– 5,18	– 2,18
5	21,00	0	5,00	2,74	4,88	2,70
6	21,88	0	4,19	7,05	4,11	6,81
7	21,40	0	– 2,19	4,70	– 2,22	4,59
8	21,40	0	0,00	4,70	0,00	4,59
9	21,88	0	2,24	7,05	2,22	6,81
10	21,72	0	– 0,73	6,27	– 0,73	6,08
11	21,90	0	0,83	7,15	0,83	6,91
12	22,60	0	3,20	10,57	3,15	10,06

Résultats et commentaires :

Les colonnes 4 à 7 fournissent pour les deux méthodes les taux de rentabilité pour chaque date et la rentabilité cumulée. Les résultats sont sensiblement différents, ce qui illustre le fait que le choix de la méthode n'est pas neutre.

Quelle méthode de calcul de rentabilité choisir ?

Dans la pratique la méthode classique est le plus souvent retenue. La formule logarithmique, avec laquelle la rentabilité cumulée est plus simple à calculer, est surtout utilisée pour des raisons statistiques (elle est adaptée aux modèles qui supposent que les rentabilités sont distribuées selon une loi normale). Cette méthode se traduit par une sous-évaluation de la rentabilité, notamment lors de fortes évolutions du cours de l'actif.

Le taux de rentabilité moyen est obtenu[1] à partir des rentabilités observées (historiques) à chaque période :

$$\bar{R}_i = \frac{1}{n}\sum_{t=1}^{n} R_{it}$$

1.2 La mesure du risque d'un actif

Le risque d'un actif peut être assimilé à la dispersion (ou variabilité) de sa rentabilité autour de sa moyenne. La mesure la plus utilisée est la variance (ou sa racine carrée : l'écart-type). La variabilité d'une action sur une période déterminée est donnée par l'écart-type de la série des taux de rentabilité de cette action sur un certain nombre *n* de sous-périodes (de jours par exemple). La variance de la rentabilité d'une action sur un an est calculée sur la base des 250 taux de rentabilité quotidiens (nombre approximatif de jours d'ouverture du marché)[2]. Le calcul pourra être effectué sur une période plus courte (par exemple 90 jours), de manière à « coller » davantage à l'évolution du marché.

La variance d'une série de taux de rentabilité passés est égale à la somme des carrés des écarts entre ces taux de rentabilité et le taux de rentabilité moyen, divisée par le nombre d'observations moins une[3] :

$$\sigma_i^2 = \frac{1}{n-1}\sum_{t=1}^{n}\left(R_{it} - \bar{R}_i\right)^2$$

L'écart-type de la rentabilité du titre permet une comparaison directe avec la moyenne. Il est égal à la racine carrée de la variance :

$$\sigma_i = \sqrt{\sigma_i^2}$$

1. Le calcul est identique que l'on utilise des rentabilités logarithmiques ou « classiques ».

2. Seuls les cours des jours d'ouverture du marché sont retenus. Si la base de données utilisée contient des cours pour des jours de clôture, il convient de les enlever.

3. Le calcul étant effectué sur un échantillon et non sur l'ensemble des données historiques, nous utilisons l'estimateur de la variance (division de la somme des carrés des écarts par le nombre d'observations moins une et non par le nombre d'observations).

2 Espérance de rentabilité, risque et prime de risque

Dans le cadre de la gestion de portefeuille, tout investisseur a pour objectif d'obtenir une **rentabilité future** sur les fonds placés, rentabilité qui est incertaine.

2.1 Espérance de rentabilité et risque d'un actif

Les cours futurs des actifs (et les taux de rentabilité) sont des **variables aléatoires**, dont on suppose connues les distributions de probabilité. La rentabilité anticipée ou « espérance de rentabilité » est mesurée par le concept statistique d'espérance mathématique.

Le risque peut être appréhendé par la variance des taux de rentabilité. Celle-ci correspond à la dispersion des taux de rentabilités futurs autour de l'espérance de rentabilité. Cependant, cette mesure du risque est uniquement justifiée dans le cas où les rentabilités sont distribuées selon une loi symétrique, ce qui est le cas de la loi normale supposée suivie par les rentabilités logarithmiques des titres (hypothèse généralement faite en gestion de portefeuille). Dans le cas contraire, la variance constitue une mesure très critiquable du risque[1]. Dans la pratique, les calculs de rentabilité et de risque sont le plus souvent effectués sur la base des données historiques. Ceci revient à considérer que l'évolution passée de la rentabilité permet de prévoir la rentabilité future[2].

2.2 Décomposition du risque d'un actif

Le risque d'un actif est composé de deux éléments : le risque spécifique et le risque systématique. L**e risque spécifique** (ou risque diversifiable) est lié aux caractéristiques du titre (notamment à son évolution boursière) et à celles de son émetteur. L'autre composante du risque est le **risque systématique** (ou risque de marché ou risque non-diversifiable)[3]. Ce risque est couramment mesuré par le coefficient bêta (ß), appelé coefficient de volatilité (voir Repères).

1. Ce point qui correspond à une question majeure fait l'objet de développements dans les ouvrages de théorie financière consacrés à la gestion de portefeuille.

2. Ceci constitue une limite fondamentale de l'approche, dans la mesure où les cours futurs des titres ne répliquent pas forcément leurs évolutions passées.

3. Le risque systématique ne doit pas être confondu avec le risque systémique, qui correspond au risque d'effondrement du système financier.

Repères — Le coefficient β

Le coefficient ß de l'actif $_i$ est égal au rapport entre la covariance des rentabilités (entre le titre et le marché) et la variance du marché :

$$\beta_i = \frac{\sigma_{iM}}{\sigma^2_M}$$

Si $ß_i > 1$: l'actif est qualifié de volatil ou d'offensif. À une variation du taux de rentabilité de marché de 1 % correspond une variation de celle du titre supérieure à 1 % (si $ß_i = 1{,}2$ la variation de la rentabilité du titre sera de + 12% (– 12 %), si celle du marché augmente (baisse) de 10 %.

Si $ß_i < 1$: l'actif est peu volatil ou défensif. À une variation du taux de rentabilité de marché de 1 % correspond une variation de celle du titre inférieure à 1 % (si $ß_i = 0{,}5$ la variation de la rentabilité du titre sera de + 5 (– 5 %), si celle du marché augmente (baisse) de 10 %.

Si $ß_i = 1$: l'actif a une rentabilité qui évolue de manière identique à celle du marché.

Exemple

Connaissant le taux d'intérêt sans risque (0,04) et les taux de rentabilité de l'action BIL et du marché :

Dates	Rentabilité de l'action BIL	Rentabilité du marché
1	0,18	0,12
2	0,1	0,09
3	– 0,05	– 0,02
4	0,15	0,14
5	– 0,02	0,04
6	0,12	0,07

1) Calculez l'espérance de rentabilité et le risque pour le marché et l'action BIL.

2) Calculez et interprétez le coefficient de volatilité.

Résultats

	Action BIL	Marché
E(R)	**0,0800**	**0,0733**
Variance	0,008760	0,003347
Écart-type	**0,0936**	**0,0579**

1) Le titre BIL rapporte plus que le marché, mais il correspond de manière logique à un niveau de risque plus élevé.

2) La covariance entre le titre et le marché est égale à : 0,0050.

Le coefficient de volatilité (β_{BIL}) défini comme le rapport entre la covariance (entre le titre et le marché) et la variance du marché est égal à **1,494**.

L'actif est volatil. Sa rentabilité évolue beaucoup plus vite que celle du marché. Pour une hausse (baisse) du marché de 10 %, la rentabilité du titre BIL augmente de 14,94 % (baisse de 14,94 %).

2.3 Espérance de rentabilité et risque d'un portefeuille

Un portefeuille est caractérisé par les actifs qui le composent et par leurs poids relatifs dans celui-ci. Comme pour un actif, deux caractéristiques majeures sont analysées : la rentabilité et le risque.

La rentabilité du portefeuille est égale à la moyenne pondérée de celle des actifs qui le composent. L'espérance de rentabilité d'un portefeuille composé de N titres est égale à :

$$E(R_p) = \sum_{i=1}^{N} \omega_i \times E(R_i)$$

avec ω_i : poids de l'actif *i* dans le portefeuille

Le risque du portefeuille est mesuré par la variance de la rentabilité du portefeuille (ou son écart-type). La variance du portefeuille est calculée sur la base des actifs pris 2 à 2 (actifs *i* et *j*) :

$$Var_p = \sigma_p^2 = \sum_{i=1}^{N} \sum_{j=1}^{N} \omega_i \times \omega_j \times \sigma_{ij}$$

avec ω_{ij} la variance si $i=j$, ou la covariance si $i \neq j$.

L'écart-type de la rentabilité du portefeuille est égal à :

$$\sigma_p = \sqrt{\sigma_p^2}$$

La variance du portefeuille fait intervenir la covariance entre les titres. Cela signifie que l'évolution des titres les uns par rapport aux autres a un impact sur le risque du portefeuille. En d'autres termes, la corrélation entre les actifs joue un rôle important.

Le coefficient de corrélation entre deux actifs est égal au rapport entre la covariance et le produit des écarts type des deux titres[1] :

$$\rho_{ij} = \frac{\sigma_{ij}}{\sigma_i \times \sigma_j}$$

1. Attention à ne pas confondre ρ et σ.

Ce coefficient varie entre – 1 et +1. Si le coefficient est positif (négatif), cela signifie que les rentabilités des deux actifs sont corrélées positivement (négativement) et que leurs risques sont de même sens (sens opposé). Un coefficient de +1 (–1) signifie que les actifs sont parfaitement corrélés positivement (négativement)[1]. Si le coefficient est nul, cela signifie que les actifs sont indépendants.

2.4 Prime de risque

La théorie du portefeuille repose sur l'hypothèse de rationalité des investisseurs et de leur aversion au risque. Ainsi, l'augmentation de la dispersion de gains risqués de même espérance de rentabilité entraîne une diminution de leur utilité. L'investisseur demande alors un excédent de rémunération du fait du risque, appelé « prime de risque ». Plus la dispersion est forte, plus la prime de risque est élevée.

La prime de risque est mesurée par rapport au taux d'intérêt sans risque, c'est-à-dire au taux des emprunts d'État. Le taux retenu en France est le taux des obligations assimilables du trésor (OAT) ou des bons du trésor négociables. La rémunération en excès exigée par rapport au taux sans risque dépend de l'attitude de l'investisseur vis-à-vis du risque. Certains modèles théoriques, notamment le Modèle d'Évaluation des Actifs Financiers (voir Repères), permettent de déterminer cette prime, sous réserve de la validité des hypothèses inhérentes au modèle.

Repères — **Modèle d'Évaluation des Actifs Financiers (MEDAF)**

Développé par William Sharpe en 1964 (prix Nobel d'Économie, 1990)

Objet

Déterminer la rentabilité et le prix d'équilibre des actifs.

L'actif évalué *i* fait partie d'un portefeuille qui est également investi dans l'actif sans risque (emprunt d'État) et le portefeuille de marché (indice représentatif du marché de tous les actifs).

Modèle

$$E(R_i)^* = R_f + \left[E(R_M) - R_f\right] \times \beta_i$$

1. Un coefficient de corrélation de +1 entre deux actifs (actifs parfaitement corrélés positivement) correspond au seul cas où la diversification n'a pas d'intérêt.

Avec :

$E(R_i)^*$: rentabilité théorique espérée (rentabilité requise) de l'actif *i*

R_f : taux d'intérêt sans risque

$E(R_M)$: espérance de rentabilité du marché

β_i : coefficient de volatilité de l'actif *i*

Interprétation et limites d'utilisation :

– la rentabilité requise d'un actif est égale à la somme du taux sans risque et d'une prime de risque ;

– la prime de risque est égale au prix du risque (excès de rentabilité du marché par rapport au taux sans risque) multiplié par le risque systématique de l'actif ;

– le risque spécifique n'étant pas rémunéré ici, il convient d'utiliser le modèle avec prudence lorsque l'on se réfère à un portefeuille non parfaitement diversifié, ou lorsque l'on utilise un indice peu représentatif du marché (ce qui est fréquemment le cas).

Exemple

À partir des données et des résultats de l'exercice 2, calculez la rentabilité théorique espérée du titre BIL à l'aide du MEDAF. Quelle décision préconisez-vous de prendre?

Résultats et commentaires

$E\,(R_{BIL})^* = R_f + \left[E(R_M) - R_f \times\right] \beta_{BIL}$

$E\,(R_{BIL})^* = 0{,}04 + [0{,}0733 - 0{,}04] \times 1{,}494 = 0{,}0898$

La rentabilité théorique espérée du titre BIL d'après le MEDAF est de 8,98 %.

Or, l'espérance de rentabilité du titre est de 8 %.

L'action BIL est donc surévaluée. Elle rapporte moins que ce qu'elle devrait rapporter d'après le MEDAF, compte tenu de son risque.

Il est donc conseillé (uniquement sur la base du modèle et en considérant que ses hypothèses sont valides) de vendre le titre.

3 Diversification et optimisation du portefeuille

La théorie du portefeuille s'appuie sur le critère de décision « espérance mathématique – variance ». Une somme risquée est supposée entièrement décrite par deux caractères de sa distribution de probabilité : son espérance mathématique et sa variance (ou son écart-type). Ce critère constitue une traduction probabiliste d'une attitude fréquente en finance : la recherche du meilleur compromis entre la rentabilité et le risque. Ainsi, pour des placements risqués ayant la même espérance, on choisira celui qui a la variance la plus faible.

Le **principe de diversification** est à la base de la gestion de portefeuille. La diversification repose sur le fait que le risque d'un placement est atténué par la combinaison de différents actifs financiers. La constitution du portefeuille, et son évolution, visent à réduire le risque global du placement, mesuré par la variance de sa rentabilité, en y combinant des actifs de risque différent. Pour un placement en actions, la diversification peut être sectorielle (secteurs d'activité dans un pays donné), internationale ou les deux à la fois. Plus généralement, la diversification d'un portefeuille s'appuie sur la combinaison de différents types de titres (actions, titres de créances, parts d'OPCVM...).

La diversification ne permet cependant de réduire (ou dans le meilleur des cas d'annuler) qu'une partie du risque, le risque spécifique. La **limite de diversification** correspond ainsi au risque systématique. Un portefeuille parfaitement diversifié sur un marché national conserve un risque positif qui est égal à celui du marché. La diversification internationale des portefeuilles va permettre d'abaisser sensiblement le niveau de risque. La diversification d'un portefeuille s'appuie ainsi sur divers types de facteurs : classes d'actifs, zones géographiques, pays, secteurs d'activité, entreprises... Elle est de plus en plus souvent obtenue grâce à l'utilisation de fonds de fonds (multigestion). Ces derniers gèrent des portefeuilles constitués de fonds partiellement diversifiés (par exemple de fonds sectoriels).

Sur la base du principe de diversification, la théorie propose des méthodes **d'optimisation de portefeuilles.** Celles-ci permettent de déterminer la meilleure composition possible du portefeuille, à un instant *t*, tel que le risque soit minimum pour un niveau de rentabilité donné (ou réciproquement, tel que la rentabilité soit maximale pour un niveau de risque fixé). Ces méthodes sont utilisées comme aide à la décision pour sélectionner les portefeuilles « efficients » parmi lesquels l'investisseur pourra choisir en fonction de son attitude vis-à-vis du risque. Certains fonds de gestion quantitative s'appuient de manière systématique sur une telle approche.

4 De la théorie du portefeuille à la gestion de portefeuille

La théorie du portefeuille constitue le cadre conceptuel de la gestion de portefeuille. Sa connaissance est essentielle pour la bonne compréhension des outils et des méthodes utilisés. Cependant, il convient de bien garder à l'esprit qu'elle repose sur deux hypothèses importantes. D'une part, les investisseurs sont supposés totalement rationnels et averses au risque. D'autre part, les marchés sont supposés efficients. D'un point de vue informationnel, cela signifie que les cours des actifs intègrent instantanément toute l'information disponible. En d'autres termes, cela signifie qu'il n'y a pas d'opportunité d'arbitrage sur le marché.

Repères — Les 3 principes majeurs de la gestion de portefeuille

Compte tenu d'une situation quelque peu différente dans la réalité, la gestion d'un portefeuille d'un client, par un professionnel ou le conseil en gestion de portefeuille, nous semble reposer sur trois principes majeurs :

Connaissance du client et définition de ses objectifs d'investissement

- analyse de sa situation patrimoniale, financière, fiscale, familiale, professionnelle ;
- « étude » de sa personnalité, et détection d'éventuels éléments de comportements psychologiques (peur de perdre, effet de mémoire, mimétisme, versatilité...) ;
- étude de son profil de risque ;
- évaluation de ses connaissances et expériences des produits financiers ;
- définition précise des ses objectifs d'investissement (durée, risque accepté...).

Depuis le premier novembre 2007, la réglementation (AMF) oblige l'intermédiaire à faire remplir à son client un questionnaire précis reprenant l'essentiel des éléments ci-dessus[1].

Analyse permanente de l'évolution des marchés et bonne connaissance des produits financiers

- suivi permanent de la situation économique, de l'évolution et des perspectives des différents marchés (financiers, des changes, des matières premières, des biens et services, de l'immobilier...), tant au plan national qu'international ;
- bonne connaissance des produits financiers proposés et de leurs mécanismes. Ne jamais proposer au client un produit dont on ne maîtrise pas les principes fondamentaux, notamment en matière de risque, nous semble constituer un principe éthique essentiel ;
- prise en compte de l'existence d'inefficiences de marché et de la psychologie comportementale des investisseurs.

Diversification du portefeuille fondée sur l'arbitrage entre le risque et la rentabilité

- définition de la stratégie d'investissement compte tenu de l'ensemble des points précédents (client, marchés et produits) ;
- diversification : le maître mot. Envisager les différents facteurs de diversification : classe d'actifs, pays, secteurs, types d'OPCVM, types de gestion... ;
- choix des différents supports d'investissement et de leurs pondérations. Ce choix est fondé sur un arbitrage entre la rentabilité et le risque du portefeuille, compte tenu des objectifs de l'investisseur et de sa situation (patrimoniale, financière, fiscale...). La rentabilité attendue par l'investisseur, en d'autres termes, sa prime de risque, est directement liée à ses propres caractéristiques et notamment à son attitude vis-à-vis du risque.

1. Voir pour plus de détails le dossier : « L'investissement en Sicav et FCP (OCVM) », octobre 2007, disponible en ligne sur le site de l'Autorité des Marchés Financiers. www.amf-france.org.

Section 2 ACTEURS, PROCESSUS ET TYPES DE GESTION DE PORTEFEUILLE

La gestion d'actifs fait intervenir plusieurs catégories d'acteurs. Les méthodes de gestion, les types de fonds et de gestion proposés aux investisseurs sont multiples.

1 Acteurs de la gestion d'actifs

La gestion d'actifs implique différents catégories d'acteurs : l'Autorité des Marchés Financiers, les Conseillers en Investissements Financiers, les acteurs au niveau des fonds eux-mêmes.

L'Autorité des Marchés Financiers (AMF), organisme public indépendant de réglementation et de contrôle des marchés financiers, détermine largement le cadre dans lequel la gestion d'actifs s'organise. L'AMF réglemente, autorise les acteurs et produits (agréments) et les opérations financières des émetteurs (visas), surveille et contrôle les acteurs et les marchés. Elle dispose également d'un pouvoir de sanction.

Les **Conseillers en Investissements Financiers (CIF)**[1] exercent une activité de conseil en gestion de patrimoine destinée aux particuliers. La loi de sécurité financière n° 2003-706 du 1er août 2003 a créé ce statut spécial afin de régir cette activité jusqu'alors exercée par différentes catégories professionnelles et de mieux protéger les investisseurs. Indépendants de tout réseau, banque ou producteur de produits financiers, les CIF conseillent leurs clients sur la stratégie patrimoniale adaptée à leur situation. Ils leurs recommandent les produits et notamment les fonds qui leur semble les plus pertinents. Les CIF disposent d'une compétence professionnelle (formation et expérience). Ils sont obligatoirement membre d'une association professionnelle agréée par l'AMF (liste consultable sur le site de l'AMF). Ils doivent être assurés en responsabilité civile professionnelle et respecter des règles de bonne conduite. Les CIF sont rémunérés par leurs clients, soit sous forme d'honoraires déterminés à l'avance, soit sous forme d'un pourcentage des sommes gérées ou des gains réalisés par les clients.

Différents acteurs interviennent directement dans le cadre des OPCVM. Leurs rôles sont précis, mais fortement liés :

– le **promoteur** est l'établissement qui prend l'initiative de la commercialisation de l'OPCVM ;

1. Pour plus de détails sur les conseillers en investissements financiers, consulter : www.amf-france.org/affiche_page.asp?urldoc=cif.htm&lang=fr&Id_Tab=0 et chapitre 1 de cet ouvrage, « Les professionnels de la gestion de patrimoine ».

- les parts de FCP ou les actions de SICAV sont disponibles auprès de **distributeurs**, appartenant le plus souvent aux réseaux bancaires ou financiers, mais aussi des CIF qui ont la carte de démarcheur[1] ;
- le **dépositaire** assume le contrôle de la régularité des décisions de gestion du fonds et la responsabilité de la bonne conservation des actifs (titres et numéraires). Le dépositaire est le plus souvent une filiale d'un groupe bancaire ou financier. Il assure la sécurité des actifs ;
- la **société de gestion** de portefeuille est chargée de la gestion administrative, comptable et financière de l'OPCVM[2]. Elle doit être habilitée par l'AMF. La séparation des fonctions de gestion et de conservation permet une meilleure sécurité du système. Au sein de la société de gestion, l**e gérant** est responsable de l'achat et de la vente des titres qui composent le portefeuille. Son action doit respecter le mandat du fonds et notamment sa stratégie d'investissement exposées dans le prospectus de l'OPCVM[3]. Les sociétés de gestion peuvent aussi vendre les parts de FCP et actions de SICAV.

2 Modes de gestion, profils et styles de gestion

L'investisseur doit choisir entre plusieurs modes de gestion. Différents profils, styles, types de fonds et de gestion lui sont proposés. Leurs appellations varient en fonction des stratégies commerciales et marketing des promoteurs et des distributeurs d'OPCVM.

2.1 Modes de gestion

Le choix du mode de gestion dépend du degré d'implication de l'investisseur dans la gestion de son portefeuille et de sa préférence pour une gestion individuelle ou collective :

- **La gestion libre** : l'investisseur gère lui-même son portefeuille, et ceci de manière individuelle. Cela nécessite de sa part une bonne connaissance des marchés et des produits et de disposer de suffisamment de temps.
- **La gestion conseillée** : l'investisseur souhaite prendre lui-même les décisions de gestion de son portefeuille au quotidien. Il s'entoure cependant des conseils

1. Pour plus de détails sur le démarchage bancaire et financier, consulter : www.amf-france.org/affiche_page.asp?urldoc=Demarcheurs.htm

2. Il s'agit de la société de gestion de portefeuille à l'origine de la création du FCP ou dans le cas de SICAV, de la société à laquelle le conseil d'administration a délégué la gestion de ses actifs.

3. Le prospectus simplifié est obligatoirement remis préalablement à la souscription d'OPCVM par un investisseur. Les prospectus (simplifiés et complets) sont disponibles auprès des sociétés de gestion concernées et téléchargeables à partir de la base *OPCVM* Geco accessible depuis le site Internet de l'AMF.

et recommandations d'un professionnel indépendant (Conseillers en Investissements Financiers) ou non.
- **La gestion collective** : l'investissement est effectué dans un ou plusieurs OPCVM. Le recours aux fonds de fonds est de plus en plus fréquent.
- **La gestion sous mandat (GSM) ou gestion déléguée** : l'investisseur qui ne souhaite pas gérer lui-même ses actifs financiers en délègue la gestion à un gérant. Celui-ci décide de l'allocation d'actifs et du choix des titres en fonction du « mandat de gestion » signé par l'investisseur. Ce contrat essentiel doit être le plus précis possible. Il détermine notamment, en fonction des objectifs du mandant et de son profil de risque, le type de titres et/ou d'OPCVM acceptés et la structure du portefeuille.

2.2 Profils de gestion

La gestion d'un portefeuille (ou d'un fonds) peut être profilée en fonction de l'aversion au risque de l'investisseur, c'est-à-dire de son « profil de risque ». Sont ainsi proposés des profils types plus ou moins différents selon les réseaux de distribution. Trois profils principaux existent :

- « Prudent » : les fonds sont investis principalement en obligations ou en produits de taux à court terme (titres de créances négociables à court terme). Le potentiel de rentabilité et de risque est modéré[1].
- « Équilibre » : les investissements se répartissent de manière équilibrée entre les actions et les produits de taux (obligations et titres de créances négociables à court terme). La rentabilité et le risque sont considérés comme moyen.
- « Dynamique » : l'essentiel du portefeuille est investi en actions. Le potentiel de rentabilité et de risque est élevé.

La gamme des profils peut être élargie aux deux extrémités (profils « sérénité »... « offensif »).

Afin d'obtenir des performances adéquates à ces profils, le recours au fonds de fonds (multigestion) s'est largement développé au cours des dernières années. Les contrats d'assurance-vie multisupports proposent des services similaires à travers différentes « options de gestion ». En fonction du profil de l'assuré, et donc de l'option choisie, le poids relatif des investissements en euros et dans les différents fonds présélectionnés (essentiellement composés d'actions) est modulé.

1. Cependant, le placement en titres de créances est soumis au risque d'évolution des taux d'intérêt et au risque de crédit (défaut de l'émetteur). Attention également aux risques, qui peuvent être relativement importants, liés à l'utilisation de certains fonds monétaires qualifiés de « dynamiques ».

2.3 Styles de gestion

Pour les fonds actions, le type d'entreprise dans lequel se fait l'investissement permet de définir le style de gestion. Deux critères sont utilisés : la valorisation des entreprises et leurs perspectives d'évolution. Trois types principaux de styles sont proposés :

- valeur (*value*) : De manière à obtenir une rentabilité élevée, le portefeuille est investi dans des titres sous-cotés. La valorisation de la société à sa juste valeur devrait se traduire par une hausse des cours dans le futur ;
- croissance (*growth*) : Le portefeuille est investi en valeurs de croissance, c'est-à-dire dans des sociétés correctement évaluées, mais dont les perspectives de croissance devraient permettre de bénéficier d'une hausse des cours ;
- mixte (*blend*) : Le portefeuille est géré de manière à réaliser un compromis entre les styles *value* et *growth*.

3 Différents types de fonds

Il existe deux grandes catégories de fonds : les fonds d'investissement (*Mutual funds*) et les fonds de pension (*Pension Funds*). Ces derniers sont constitués et gérés dans une optique de financement de la retraite par capitalisation (sur cet aspect voir la section 3).

Les fonds d'investissement peuvent être à capital fermé ou ouvert. Les fonds à capital ouvert (*open-end mutual funds*) sont les plus nombreux en France. Ils correspondent à la plupart des SICAV et FCP agréés par l'AMF. De nouveaux investisseurs peuvent entrer dans ce type de fonds, en permanence, en achetant des actions de SICAV ou des parts de FCP (la vente des titres permet parallèlement de sortir du fonds).

Les fonds d'investissement à capital fermé (*closed-end mutual funds*) sont davantage développés aux États-Unis. De tels fonds existent cependant en France, notamment en matière de capital investissement (*Private Equity*). Ils sont constitués pour lever un certain montant de capitaux qui servira à financer des opérations de haut de bilan. Une fois le montant collecté, le fonds est « fermé ». Certains fonds structurés (souvent domiciliés au Luxembourg) ont aussi le caractère de fonds fermés.

4 Processus de gestion d'un portefeuille

Le processus de gestion « classique » consiste généralement à procéder à l'allocation stratégique et tactique d'actifs, puis à la sélection des valeurs.

4.1 L'allocation stratégique d'actifs

Il s'agit de l'allocation à moyen ou long terme, sur un horizon de plusieurs années (par exemple 5 ans). Elle consiste à choisir, en fonction des objectifs de l'investisseur, les différentes classes d'actifs retenues (actions, obligations, titres du marché monétaire, dérivés, produits structurés) et leur répartition. L'allocation stratégique inclue le choix du (des) marché(s) aux plans géographique et sectoriel, mais aussi du (des) compartiment(s) de marché (pour les actions par exemple : Eurolist, Alternext…). Cela revient à choisir un (des) portefeuille(s) de référence appelé(s) *benchmark(s)*. Les indices de marché sont utilisés seuls ou de manière combinée. L'allocation stratégique correspond à une approche *top down*.

4.2 L'allocation tactique d'actifs

Allocation à court terme, elle consiste à ajuster le portefeuille régulièrement en fonction des opportunités et des menaces du marché. Elle se traduit par une modification des pondérations des classes d'actifs, par rapport au portefeuille de référence et ceci dans la limite des écarts fixés. La sensibilité du portefeuille aux fluctuations du marché est augmentée (réduite) lors que l'on anticipe une hausse (baisse) du marché. Le gérant fait ainsi preuve d'une plus ou moins bonne aptitude en matière de *market timing*.

4.3 La sélection des valeurs

Il s'agit enfin, par classe d'actifs, de sélectionner les valeurs à inclure dans le portefeuille (ou à exclure). Cette sélection est basée plus ou moins selon les fonds, sur l'utilisation de méthodes issues des modèles d'évaluation d'actifs et de l'optimisation de portefeuilles. Certains fonds moins enclins à utiliser la gestion quantitative préfèrent recourir davantage à l'analyse fondamentale et au jugement des gestionnaires. La capacité du gérant en matière de *stock picking* est déterminante. Dans les grandes institutions de gestion d'actifs, cette fonction est assurée par des gérants spécialisés par classe d'actifs. La sélection des valeurs correspond à une approche du type *bottom up*.

Le processus de gestion suivi par un fonds, dans la pratique, varie en fonction du type de fonds et de gestion. Il est aussi susceptible d'évoluer au cours du temps.

5 Principaux types de gestion

Les gestions actives et passives sont traditionnellement opposées. D'autres types de gestion sont apparus au gré de l'évolution des marchés et des attentes des investisseurs.

5.1 La gestion active

L'objectif est de dégager une rentabilité supérieure à celle du marché. Les informations disponibles sont utilisées pour acheter les titres sous-évalués et vendre les titres surévalués. Les gérants de fonds sont supposés être mieux informés que les investisseurs individuels et plus à même de par leur expérience, de détecter les bonnes opportunités. Le *stock picking* joue ici un rôle essentiel.

5.2 La gestion passive ou gestion indicielle

L'objectif est d'obtenir une rémunération conforme à celle du marché. Ce type de gestion s'est développé en période de hausse forte et durable du marché. Le portefeuille a la même structure que le marché de référence, représenté par un indice boursier (CAC 40, DJ STOXX 50, FTSE 100, Dow Jones…). Deux types de fonds sont utilisés : des fonds indiciels (*Index mutual funds*) et des trackers (*Exchange Traded Funds*). Ces derniers sont des fonds indiciels cotés, en Europe sur Euronext (segment Next Track) ou sur le NYMEX aux USA. Les trackers sont échangés tout au long de la séance de bourse comme des actions. La gestion passive consiste à répliquer les variations du marché. Elle repose sur l'idée que l'investisseur (le gestionnaire) n'a pas d'information susceptible de l'inciter à avoir un portefeuille différent de celui du marché.

5.3 La gestion garantie

Elle vise à permettre à un investisseur, à un horizon fixé, d'obtenir un capital garanti ou une rémunération minimale, et de profiter d'une éventuelle évolution favorable d'un (ou de plusieurs) marché(s). Cette gestion est proposée par les OPCVM à formule, qui correspondent à une offre très diversifiée. Une étude détaillée et scrupuleuse des spécificités du fonds à l'aide du prospectus est impérative. Deux catégories de fonds peuvent être distinguées :

- les fonds garantis qui permettent de récupérer à l'échéance tout ou partie du capital initial ;
- les fonds à promesse pour lesquels le niveau de performance est connu, mais dont le gain réel dépend de l'évolution du support de référence (indice, panier d'indices ou d'actions…) sur une période précise prédéterminée.

La gestion de ce type de fonds utilise principalement deux techniques : l'utilisation directe d'options (par exemple : achat d'obligations coupon zéro et de *calls* sur l'indice de référence) et l'assurance de portefeuille. Cette dernière technique repose sur la gestion dynamique d'un portefeuille d'actions (ou contrats à terme sur indice) et d'obligations (ou contrats à terme sur taux à long terme).

5.4 La gestion alternative

L'objectif est d'atteindre une performance absolue (*absolute return*) et décorrélée des principaux indices de marché. Les fonds alternatifs (*hedge funds*) s'appuient sur des stratégies complexes qui font largement appel aux produits dérivés. Ils constituent une catégorie très hétérogène du fait de la diversité des stratégies suivies, des objectifs de performance et des niveaux de risque.

Tableau 19.1 — Les stratégies des fonds alternatifs

Stratégie	Définition
« Global macro »	Le gérant anticipe et cherche à exploiter les grands mouvements macro-économiques (devises, taux d'intérêts, matières premières...).
« Long short »	Le gérant effectue dans le même temps des achats et des ventes à découvert qui lui permettent de profiter tant de la hausse que de la baisse des marchés. Lorsque les positions acheteuses et vendeuses sont équilibrées, le gérant n'est plus du tout exposé à la variation des marchés. On parle alors de stratégie *market neutral*.
« Distressed securities »	Le gérant se positionne sur des sociétés en grande difficulté et dont le risque de faillite est proche. Elles génèrent donc une meilleure rentabilité proportionnelle à leur niveau de risque.
Arbitrage	Le gérant cherche à bénéficier de manière systématique des légers écarts de cotation entre les marchés. Cette stratégie qui génère de faibles gains s'accompagne souvent d'un fort levier d'endettement afin d'augmenter les montants investis. Les obligations convertibles sont un des instruments privilégiés de cette stratégie (*Convertible Arbitrage*), ainsi que les produits de taux (*Fixed Income Arbitrage*).
« Event driven »	Le gérant profite des mouvements sur les cours provoqués par les rapprochements d'entreprises (OPA, OPE, fusions...).

Source : www.sicavonline.fr

5.5 La gestion éthique

L'objectif est ici d'atteindre une performance financière tout en respectant des principes éthiques. Les fonds éthiques regroupent aujourd'hui deux types de fonds : les fonds solidaires (ou de partage) et les fonds d'Investissement Socialement Responsable (fonds ISR).

À la différence des premiers, les **fonds ISR** connaissent un développement important. Ces fonds investissent en fonctions de critères liés à la morale, la responsabilité sociale de l'entreprise, le développement durable. Trois approches existent :

- la sélection des titres (*screening*) de manière positive. Le fonds investi dans les sociétés qui respectent le mieux les critères retenus (*best in class*) ou qui font le plus d'efforts pour y parvenir (*best effort*) ;
- la sélection des titres de manière négative. Certains secteurs ou certaines sociétés qui ne respectent pas les critères retenus sont exclus (secteur de l'armement, par exemple) ;

– l'activisme actionnarial. Les fonds cherchent à améliorer les pratiques ISR des entreprises dans lesquelles ils investissent.

Une notation extra-financière des fonds ISR est effectuée par certaines agences de notation telles que Novethic en France[1].

Section 3 PERFORMANCE DE PORTEFEUILLE[2]

La performance d'un portefeuille s'apprécie en termes de rentabilité et de risque (et non pas seulement de rentabilité, comme cela est encore trop souvent fait). Elle est déterminée par la performance de ses différentes composantes, qu'il s'agisse d'actifs financiers détenus directement, de contrats d'assurance-vie ou d'OPCVM. La mesure des performances joue un rôle essentiel dans l'activité de gestion d'actifs. Elle permet à l'investisseur de connaître les performances de ses placements, mais aussi de les comparer à celles des différents fonds grâce aux classements publiés dans les medias. Ces derniers influencent le choix des placements futurs. Quelles sont les principales méthodes utilisées et leurs limites ?

1 Mesures traditionnelles de la performance

Issues de la théorie du portefeuille (voir la section 1), ces mesures développées dans les années 1960 ont rapidement été utilisées par les professionnels. Elles sont simples à mettre en œuvre, mais leur interprétation suppose la prise en compte de leurs limites théoriques et pratiques.

1.1 Ratio de Sharpe

Le ratio de Sharpe mesure l'excès de rentabilité du portefeuille par rapport au taux sans risque pour une unité de risque global (mesuré par l'écart-type de la rentabilité du portefeuille) :

$$S = \frac{R_p - R_f}{\sigma_p}$$

1. www.novethic.fr.

2. Pour une approche détaillée voir l'ouvrage : Grandin P., Hübner G. et M. Lambert, *Performance de portefeuille*, Pearson Education, 2006.

Il permet de classer les portefeuilles, même lorsqu'ils correspondent à des niveaux de risque différents. Sur une période donnée, le portefeuille qui a le ratio le plus élevé est celui qui dégage la meilleure rentabilité compte tenu du risque pris. Simple à calculer, ce ratio est largement utilisé dans la pratique. Cependant, son interprétation est délicate lorsque la rentabilité du portefeuille est inférieure au taux sans risque (ratio négatif).

1.2 Ratio de Treynor

Le ratio de Treynor mesure l'excès de rentabilité du portefeuille par rapport au taux sans risque pour une unité de risque systématique. Il s'agit d'une mesure de performance issue du MEDAF et reposant sur son cadre d'analyse.

$$T = \frac{R_p - R_f}{\beta_p}$$

Ce ratio permet, comme le précédent, de classer des portefeuilles de risque différents. Son interprétation reste délicate lorsque que le ratio est négatif. Sur une période donnée, le portefeuille qui a le ratio le plus élevé est celui qui dégage la meilleure rentabilité compte tenu du risque systématique du portefeuille. L'utilisation de ce ratio suppose donc que l'investisseur ait un patrimoine, sinon un portefeuille de titres, diversifié. Une autre limite de cette mesure est liée au calcul des ß des fonds. Leur estimation implique la référence à un indice de référence. L'indice choisi est-il pertinent par rapport aux fonds analysés ? De plus, en cours de période d'analyse, si le gérant d'un fonds a modifié son exposition au marché, le ß du fonds a varié. Ainsi, le ß estimé à un moment donné (par exemple en fin d'année) ne correspond pas forcément au niveau de risque réel du fonds en cours d'année.

1.3 Alpha de Jensen

L'α de Jensen fait directement référence au MEDAF. Il mesure la rentabilité qui n'est pas expliquée par le MEDAF.

$$\alpha_p = R_p - [R_f + \beta_p (R_M - R_f)]$$

Si le coefficient est positif, cela signifie que le fonds a une rentabilité supérieure à celle qui est requise d'après le modèle, et ceci compte tenu du taux d'intérêt sans risque et de la rentabilité du marché. Dans le cas contraire (a négatif), le fonds à une performance inférieure à la rentabilité théorique offerte par le marché pour ce niveau de risque. Facile à utiliser, l'α de Jensen admet des limites qui recoupent en partie celles du ratio de Treynor. De plus, il ne permet pas de comparer des portefeuilles de risque différent et donc de les classer.

***Exemple* – Comparaison de la performance de portefeuilles**

À partir des rentabilités observées au cours de la dernière année pour les fonds suivants et de leur niveau de risque, calculez les ratios de Sharpe et de Treynor et l'α de Jensen. Interprétez vos résultats.

Fonds	R_p	σ_p	β_p
U	0,16	0,30	1
V	0,07	0,04	0,1
W	0,35	0,40	1,5
X	0,25	0,35	1,2
Y	0,16	0,18	0,7
Z	0,28	0,28	1,9

Le taux sans risque est égal à 4,5 %. La rentabilité du marché est de 25 % sur la période.

Résultats :

En utilisant la définition des mesures de performance vues ci-dessus nous obtenons :

Fonds	Ratio de Sharpe	Ratio de Treynor	E*	E* – R_p	α de Jensen
U	0,3833	0,1150	0,2500	0,2500 – 0,16	– 0,0900
V	0,6250	0,2500	0,0655	0,0655 – 0,07	0,0045
W	0,7625	0,2033	0,3525	0,3525 – 0,35	– 0,0025
X	0,5857	0,1708	0,2910	0,2910 – 0,25	– 0,0410
Y	0,6389	0,1643	0,1885	0,1885 – 0,16	– 0,0285
Z	0,8393	0,1237	0,4345	0,4345 – 0,28	– 0,1545

Avec : E* la rentabilité théorique espérée d'après le MEDAF

Commentaire :

Les ratios de Sharpe et Treynor permettent de classer les fonds entre eux. Le fonds le plus (moins) performant d'après le ratio de Sharpe est le Z (U). Le fonds le plus (moins) performant d'après le ratio de Treynor est le V (U). Par contre, ces mesures n'indiquent pas si la rentabilité des fonds est supérieure à celle du marché pour un même niveau de risque.

L'α de Jensen permet de comparer la performance des fonds avec la rentabilité théorique offerte par le marché pour ce niveau de risque. Seul le fonds V a un α positif, ce qui signifie que seul le gérant de ce fonds a fait preuve d'une habilité suffisante pour dépasser (très légèrement) le niveau de rentabilité requis d'après le MEDAF. Par contre, ce critère ne permet pas de classer les fonds entre eux, car il n'est pas pondéré par le risque du portefeuille. Une telle comparaison peut cependant être facilement effectuée en calculant le rapport entre l'α de chaque fonds et son ß. (Ce calcul n'est pas utile ici puisqu'un seul fonds a un α positif).

Le fonds V est le « meilleur » selon les critères de Treynor et de Jensen. Ceci s'explique par un faible ß (0,10). Cependant, il s'agit du fonds qui a la rentabilité la plus faible

(7 %). Ces deux critères prennent en considération le ß comme mesure du risque (le risque systématique) et non le risque global du portefeuille (σ). Ils s'appliquent donc logiquement à des portefeuilles diversifiés. Dans le cas contraire, il convient d'interpréter ces mesures avec prudence et de prendre prioritairement en compte le risque global et donc l'indice de Sharpe.

De manière générale, il convient de comparer la performance de fonds de même type. Une attention particulière devra être portée à la constitution de l'échantillon d'analyse. Pour les fonds actions, une première distinction sera faite entre les fonds diversifiés et fonds non diversifiés. Au sein de l'échantillon des fonds non-diversifiés, plusieurs sous-catégories seront distinguées en fonction du type d'investissement ciblé (secteur d'activité, zone géographique, marchés émergents/développés…).

Enfin, l'analyse de la performance des fonds doit être complétée par la prise en compte des montants de frais inhérents à la détention de portefeuilles, notamment des frais de gestion et des droits d'entrée et de sortie payés par l'investisseur en OPCVM. La prise en compte de ces frais peut modifier sensiblement la performance relative des fonds.

2 Nouvelles mesures de performance

Les méthodes traditionnelles sont peu adaptées à certaines évolutions récentes de la gestion d'actifs. D'autres mesures ont notamment été développées pour analyser a posteriori les performances de gestions fondées sur l'anticipation des marchés et la référence à un benchmark.

2.1 *Market timing* et *stock picking*

Différentes mesures ont été proposées afin d'évaluer les capacités du gestionnaire de fonds à anticiper les évolutions du marché (*market timing*) et à sélectionner les titres (*stock picking*). Il s'agit, en fait, de séparer l'effet de ces deux types de capacités sur la performance réalisée par le gestionnaire. Cela permet de déterminer dans quelle mesure la performance du fonds (favorable ou défavorable) est due à une bonne anticipation du marché ou/et à une bonne sélection de titres.

2.2 Ratio d'information et *tracking error*

Le développement de la gestion indicielle et de gestions faisant référence à un indice (*benchmark*) a conduit à l'élaboration de ces nouveaux indicateurs. Ceux-ci sont fondés sur l'écart de rentabilité *a posteriori* entre le portefeuille et son benchmark (écart noté *ER*). L'indice utilisé peut être un indice de marché, un indice commercialisé par une institution spécialisée dans la diffusion d'informations financières (à titre d'exemple, *MSCI Barra* propose plusieurs dizaines de milliers d'indices calculés sur une base quotidienne) ou un indice composite élaboré par le gestionnaire du fonds lui-même.

Le ratio d'information (*appraisal ratio*) est égal au rapport entre l'excès de rentabilité du portefeuille par rapport au benchmark et l'écart-type des écarts observés :

$$RI = \frac{\overline{ER}}{\sigma(ER)}$$

avec $\overline{ER}$ l'écart moyen de rentabilité entre le portefeuille et son benchmark.

La « tracking erreur » correspond à l'écart-type des écarts de rentabilité observés. Elle mesure le degré de régularité du dépassement du benchmark par le gestionnaire :

$$\sigma(ER) = \sqrt{\frac{1}{n-1}\sum_{t=1}^{n}\left(ER_t - \overline{ER}\right)^2}$$

Cette approche, qui prend en compte l'écart de rentabilité et le risque, est intéressante. Elle est de plus en plus utilisée, y compris dans les documents communiqués par les fonds. Cependant, certaines réserves doivent être formulées. Si le benchmark ne correspond pas à la composition réelle du fonds, ces mesures n'ont pas vraiment de sens. De même, la comparaison de fonds qui ont des benchmarks différents est en théorie impossible. Or, de nombreux benchmarks différents sont utilisés par les fonds…

Beaucoup d'autres mesures ont été proposées, notamment pour analyser les performances de la gestion alternative[1].

3 Attribution et persistance des performances

La décomposition de la performance (en fonction des capacités à anticiper l'évolution du marché et à sélectionner les titres) est à la base des pratiques **d'attribution de performance** développées dans les sociétés de gestion de portefeuille. L'attribution de performance consiste à expliquer la rentabilité d'un portefeuille par les décisions prises par le gérant en matière d'allocation d'actifs et de sélection des titres. Le critère de performance devient alors un outil de gestion managériale, voire d'incitation en terme de rémunération du gérant. Il permet d'améliorer de manière continue

1. Voir Grandin P., Hübner G. et M. Lambert, *Performance de portefeuille*, Pearson Education, 2006.

la gestion du fonds, d'en faire évoluer le processus de gestion, et si nécessaire la stratégie.

La question de la **performance des gérants de fonds et de sa persistance** dans le temps est récurrente. Deux types d'approches sont effectués. La performance absolue consiste à étudier chaque fonds séparément. La performance relative revient à comparer la performance du fonds, et son évolution au cours du temps, avec celles d'autres fonds.

Au plan professionnel, de nombreux classements sont effectués de manière à faire apparaître les meilleurs gérants de chaque catégorie. Morningstar établit, par exemple, des classements de fonds par catégorie en s'appuyant sur une « boîte de style » *ad hoc* (tableau à double entrée : style de gestion, importance de la capitalisation des sociétés dans lesquelles le fonds est investi). Standard and Poor's propose un classement des gestionnaires de type *scorecard* par catégorie de fonds. Les medias (journaux, Internet…) diffusent périodiquement des classements des OPCVM. Ces classements n'ont de sens que s'ils comparent des fonds vraiment comparables, sur une période strictement identique et s'ils tiennent compte de leurs niveaux de risque respectifs. Les fonds doivent correspondre à la même catégorie (classe d'actifs, type de gestion, style de gestion…), être si possible de dates de création proches (deux fonds ouverts dans des phases de cycles différentes sont plus difficilement comparables) et gérer des montants de capitaux similaires. Les classements des fonds publiés n'ont malheureusement, le plus souvent, qu'un intérêt très relatif. Ils constituent cependant un argument commercial important pour les réseaux de distribution d'OPCVM. Les effets pervers de tels classements ont été soulignés. Ils pourraient conduire certains gérants à privilégier une gestion à court terme du portefeuille et à prendre plus de risques que ce que le prospectus de l'OPCVM prévoit.

L'approche académique de la performance et de sa persistance a fait l'objet de nombreux travaux au cours des années récentes, travaux menés à la fois sur les fonds d'investissement et les fonds de retraite. Les méthodologies utilisées sont variées et les résultats contrastés. Ces études ne permettent pas pour l'heure de mettre en évidence une persistance de la performance des gérants sur plusieurs années consécutives. Ce constat renforce l'intérêt des fonds de fonds.

Chapitre

20 L'épargne retraite

Catherine Bienvenu

Qu'il s'agisse de la retraite des salariés du secteur privé (cadres supérieurs, cadres ou employés) ou des travailleurs indépendants (commerçants, professions libérales), les études démontrent que le jeune actif percevra une retraite plus faible que son aîné. Depuis 1945, la France a fait le choix de la solidarité entre les générations par le système de la répartition (les sommes versées par les actifs sont immédiatement utilisées pour financer les pensions des retraités) plutôt que celui de la capitalisation (les cotisations des actifs sont épargnées dans l'attente de leur propre retraite). En 1999, un Fonds de réserve a été créé dans le but d'assurer une partie du financement des retraites entre 2020 et 2040, mais il est déjà certain que cette réserve sera nettement insuffisante. La retraite par répartition du système français a montré ses limites, malgré les réformes, et c'est donc à chacun de s'assurer des revenus complémentaires pour maintenir le niveau de vie souhaité.

Si l'âge moyen de départ à la retraire se situait en dessous de 60 ans il y a encore quelques années, avec la réforme Fillon, un salarié ne peut plus prétendre à une pension de retraite pleine qu'entre 60 et 65 ans selon sa durée d'activité (exception faite des « longues carrières » pour les personnes ayant cotisé au moins 4 trimestres avant l'âge de 18 ans). Le nombre de trimestres dépend de l'année de naissance du salarié[1] : la durée d'assurance requise pour le taux plein est aujourd'hui fixée à 161 trimestres

1. Art. R351-45 du Code de la Sécurité Sociale.

pour les personnes nées en 1949, 162 trimestres pour celles nées en 1950, 163 trimestres pour ceux nés en 1951 et 164 trimestres pour les assurés nés en 1952.

La « loi Fillon » de 2003 prévoit un allongement progressif de la durée de cotisation d'un an pour tous les régimes, sauf les régimes spéciaux, jusqu'à 168 trimestres (42 ans), à raison d'un trimestre par année de 2009 à 2012. Un système de décote et de surcote est instauré, permettant de partir en retraite plus tôt ou plus tard, moyennant un coût ou un gain en terme de pension versée et le cumul emploi-retraite est rendu plus souple. Dans un but de préservation du pouvoir d'achat des retraités, les retraites sont indexées sur les prix à la consommation. Toutefois, dans le mode de calcul de la retraite, ce ne sont plus les 10 meilleures années de salaires dont il est tenu compte, mais désormais les 25 meilleures. Pour rattraper des années de cotisation, les salariés peuvent racheter des trimestres au titre de leurs années études, dans la limite de 3 ans mais à un coût non négligeable.

Le système de retraite français se compose de trois strates, avec :

– les régimes de base obligatoires ;
– les régimes complémentaires obligatoires
– des formes d'épargne retraite collective ou individuelle.

Un assuré est affilié à la fois aux régimes de base et aux régimes complémentaires à l'exception des religieux, qui ne disposent pas d'un régime complémentaire. Par le biais de leur entreprise, certains assurés peuvent être affiliés à une épargne retraite collective (PÉRE ou PERCO). Les non-salariés peuvent bénéficier, de façon volontaire, de produits de type Loi Madelin. Enfin, tous les assurés peuvent souscrire un PERP de façon individuelle.

Nous verrons les régimes obligatoires (section 1) avant de nous intéresser à l'épargne retraite (section 2), très en vogue car devenue indispensable face à l'avenir incertain du système des retraites et qui est fiscalement attrayante.

Repères — Liste des acronymes

AGIRC : Association générale des institutions de retraite des cadres
ARRCO : Association pour le régime de retraite complémentaire des salariés
CNAV : caisse nationale d'assurance vieillesse
COREM : Complément Retraite Mutualiste
PASS : plafond annuel de la sécurité sociale
PEE : plan d'épargne entreprise
PERCO : plan d'épargne pour la retraite collectif
PERCO : plan d'épargne retraite collectif
PÉRE : plan d'épargne retraite d'entreprise

Section 1 LES RÉGIMES OBLIGATOIRES

Les régimes de retraite de base (1) couvrent les mêmes assurés que les régimes de retraite complémentaire (2) et suivent des principes qui leur sont communs (3).

On notera qu'il existe des régimes dits « spéciaux » tels qu'EDF-GDF, SNCF ou de la Banque de France, plus favorables aux salariés, qui ne participent pas, ou peu, à cette construction générale, mais suivent le même principe. Le régime des fonctionnaires d'État est également en dehors de cette construction car les pensions sont payées sur les ressources publiques. Par contre, les autres agents publics (agents non titulaires de l'État, agents d'établissements publics, fonctionnaires territoriaux et hospitaliers) ont des régimes très semblables à ceux du secteur privé dans leurs principes.

1 Les régimes de retraite de base obligatoires

Ces régimes, communément appelés « la retraite de la sécurité sociale », concernent tous les salariés (du privé, agricoles, de l'État, des collectivités territoriales et des hôpitaux, des régimes spéciaux et les non-salariés[1]). Il existe différents régimes mais tous fonctionnent par répartition, décomptent des droits généralement en trimestres et les cotisations comme les retraites sont assises, non pas sur la totalité du salaire ou du revenu professionnel, mais sur une base réglementaire (notamment le plafond de la Sécurité sociale pour les salariés ou le traitement hors primes pour les fonctionnaires). La retraite représente ainsi un pourcentage du salaire ou du revenu plafonné. Si le salaire ou le revenu professionnel est supérieur au plafond retenu, il n'est tenu compte que de la seule fraction inférieure pour le calcul des cotisations et du montant de la retraite de base.

Au 1er janvier 2010, le montant maximum des pensions de vieillesse est égal à 50 % du plafond moyen annuel de la Sécurité sociale des 25 dernières années (34 620 €), soit 17 310 € annuels ou 1 442,50 €.

Pour l'année 2009, il est de 34 308 €, soit 17 154 € annuels.

1. Exploitants agricoles, commerçants et industriels, artisans, professions libérales, religieux...

2 Les régimes de retraite complémentaire obligatoires

Ils concernent les mêmes assurés que les régimes de base, à l'exclusion des religieux. Ils reposent également sur le mécanisme de la répartition avec un système de points, dont le nombre est fonction de la durée et du montant des cotisations.

Pour les salariés, le régime de base et le régime complémentaire sont gérés par deux organismes distincts (par exemple la CNAV et une caisse ARRCO), voire trois pour les cadres (avec la caisse AGIRC). Pour les non salariés, la même caisse gère souvent le régime de base et le régime complémentaire.

Tableau 12.1 — Les régimes de retraite de base et complémentaire obligatoires

<table>
<tr><th>Salariés</th><th>Retraite de base</th><th colspan="4">Retraite complémentaire</th></tr>
<tr><td>Ouvriers et employés de l'agriculture</td><td rowspan="2">MSA
Mutualité sociale agricole</td><td rowspan="2">+</td><td rowspan="4">ARRCO</td><td></td><td></td></tr>
<tr><td>Cadres de l'agriculture</td><td rowspan="2">+</td><td rowspan="2">AGIRC
Retraite compl. des cadres</td></tr>
<tr><td>Cadres de l'industrie, du commerce et des services</td><td rowspan="3">CNAV
Régime général de la Sécurité sociale</td><td rowspan="2">+</td></tr>
<tr><td>Ouvriers et employés de l'industrie, du commerce et des services</td><td></td><td></td></tr>
<tr><td>Agents non titulaires de l'État et des Collectivités publiques</td><td>+</td><td>IRCANTEC</td><td></td><td></td></tr>
<tr><td>Salariés relevant d'entreprises ou de professions à statut particulier</td><td colspan="3">Banque de France, Retraite des mines, CNIEG (Gaz-Elec.), CRPCF (Comédie française), CRPCEN (Clercs et employés de notaires), CRPN (Personnel naviguant. Retraite de base gérée par la CNAV), ENIM (Marins. Gère aussi les non salariés du secteur maritime), Opéra de Paris, Port autonome de Strasbourg, RATP, SNCF</td><td></td><td></td></tr>
</table>

<table>
<tr><th>Fonctionnaires</th><th>Retraite de base</th><th></th><th colspan="2">Retraite complémentaire</th></tr>
<tr><td>Fonctionnaires de l'État, magistrats et militaires</td><td colspan="3">Service des pensions de l'État</td><td rowspan="3">RAFP
Retraite additionnelle</td></tr>
<tr><td>Agents de la fonction publique territoriale et hospitalière</td><td colspan="3">CNRACL
Caisse nationale de retraites des agents des collectivités locales</td></tr>
<tr><td>Ouvriers de l'État</td><td colspan="3">FSPOEIE
Fonds spécial des ouvriers des établissements de l'État</td></tr>
</table>

Non-salariés	Retraite de base	Retraite complémentaire
Exploitants agricoles	**MSA** Mutualité sociale agricole	
Artisans, commerçants et industriels	**RSI** - Régime social des indépendants (fusion **AVA** et **Organic)**	
Professions libérales	**CNAVPL** (Professions libérales) *Retraite de base + complémentaire + supplémentaire selon les sections professionnelles,* **CAVOM** (Officiers ministériels), **CARMF** (Médecins), **CARCD** (Dentistes), **CAVP** (Pharmaciens), **CARSAF** (Sages-femmes), **CARPIMKO** (Infirmiers, kinésithérapeutes...), **CARPV** (Vétérinaires), **CAVAMAC** (Agents d'assurance), **CAVEC** (Experts-comptables), **CIPAV** (Architectes et autres professions libérales), **CRN** (Notaires), **CNBF** (Avocats)	
Artistes, auteurs d'œuvres originales	**CNAV**	+ **IRCEC**
Religieux	**CAVIMAC**	

3 Les grands principes communs aux régimes de retraite obligatoires

Le système de retraite français repose sur le mécanisme de la répartition (3.1) avec un financement assuré essentiellement par des cotisations assises sur les revenus de l'activité professionnelle (3.2), et une redistribution solidaire (3.3). Il coexiste donc des retraites de base et des retraites complémentaires, toutes deux obligatoires, avec une distinction entre salariés et non-salariés et une multiplicité de caisses de retraite, au sein des deux régimes. Les affiliés des deux régimes et, le cas échéant, leurs employeurs sont représentés dans les conseils d'administration des caisses de retraite.

3.1 Le système de base de la répartition

Le financement des retraites peut se concevoir de deux manières :

– fondé sur l'épargne individuelle, le mécanisme de la capitalisation ;
– fondé sur la solidarité entre les générations, le mécanisme de la répartition.

La France a opté pour ce dernier système de manière obligatoire mais admet, et encourage même actuellement, la capitalisation à titre facultatif (voir section 2).

La retraite par capitalisation permet à chaque assuré et, le cas échéant, à son employeur, de verser des cotisations qui lui restent acquises et lui seront reversées à l'âge de la retraite sous la forme d'une rente ou d'un capital. Dans l'attente de l'heure de la retraite, les fonds ainsi versés sont gérés, collectivement (fonds de pensions notamment) ou individuellement.

La retraite par répartition fonctionne sur la redistribution : les cotisations versées par les actifs actuels sont réparties entre les retraités, les actifs futurs feront de même lorsque les actifs actuels deviendront les retraités. Ce système est fondé sur la solidarité entre les assurés et entre les générations. Il protège contre les aléas de l'économie, puisque les cotisations sont redistribuées immédiatement aux retraités et permet de donner une dimension sociale aux retraites en tenant compte de certaines situations telles que la maladie, la maternité ou le chômage, périodes non travaillées mais comptabilisées dans le calcul du montant de la retraite. Toutefois, son efficacité repose sur le renouvellement des générations actives. Un déséquilibre démographique entraîne inévitablement un déséquilibre financier, comme actuellement : pas assez d'actifs face aux retraités dont le nombre augmente en raison de l'allongement de la durée de la vie.

3.2 Un financement essentiellement assuré par des cotisations assises sur les revenus du travail

Les retraites sont essentiellement financées par des cotisations sociales versées par l'assuré et, le cas échéant, par son employeur, qui sont assises sur les revenus du travail (salaires, traitements, revenus professionnels). Toutefois, plusieurs régimes sont financés, pour partie par le budget de l'État (et donc par l'impôt) tels que le régime agricole ou celui des agents de l'État. Aux cotisations sociales salariales et patronales s'ajoutent un certain nombre de ressources d'ordre fiscal, telles que l'affectation d'une fraction de la CSG ou les prélèvements sur les produits du patrimoine et des placements.

3.3 Une redistribution solidaire

Entre les individus

Le système des retraites français tient compte de la situation familiale du retraité, avec des majorations accordées aux parents ou la pension de réversion d'une partie de la retraite d'un titulaire décédé à son conjoint survivant. Certaines périodes non travaillées (maladie, maternité, chômage) sont assimilées à des périodes actives. Dans ce même esprit solidaire, on notera que le système français accorde une allocation de solidarité aux personnes âgées dit « minimum vieillesse » correspondant à un montant minimum de ressources garanti à tout résident, même s'il n'a pas ou pas suffisamment cotisé à un régime obligatoire (au 1er avril 2009, elle est de 677,13 € mensuels pour une personne seule et de 1 147,14 € pour les couples mariés, concubins ou liés par un Pacs) ainsi qu'un minimum contributif pour toute personne ayant cotisé longtemps, mais sur de faibles revenus (au 1er avril 2009, il varie entre 590,33 et 645,07 €). La loi du 21 août 2003 accorde également un abattement sur le nombre de trimestres nécessaires aux personnes handicapées, leur permettant d'obtenir une retraite à taux plein en travaillant moins longtemps.

Entre les régimes de retraite

Le mécanisme de la compensation démographique permet des transferts de cotisations entre les régimes présentant le meilleur ratio cotisants/retraités et ceux en présentant un moins bon. Ce système a permis d'assurer le versement des retraites des mineurs, les entreprises minières ayant réduit fortement leurs effectifs, diminuant d'autant le nombre de cotisants, pour un nombre toujours important de retraités.

Dans les régimes de base, la compensation s'opère :

- à la fois au sein de chaque catégorie de régimes de base, c'est-à-dire entre les différents régimes de salariés, entre les régimes de non-salariés et au sein du régime des pensions des agents de l'État ;
- et entre chaque catégorie de régimes de base.

Dans les régimes complémentaires, la compensation s'opère :

- à la fois au sein des différentes caisses regroupées au sein de l'Arrco (retraite complémentaire des salariés non cadres) et l'Agirc (cadres) ;
- entre l'Arrco (dont les cotisations sont assises sur le plafond de la Sécurité sociale) et l'Agirc (dont les cotisations sont assises sur la fraction du salaire supérieure au plafond).

Section 2 LES RÉGIMES FACULTATIFS : L'ÉPARGNE RETRAITE COLLECTIVE OU INDIVIDUELLE

Comme nous l'avons vu ci-dessus, un assuré est affilié à la fois aux régimes de base et aux régimes complémentaires. À coté de cette couverture, il existe des régimes facultatifs vers lesquels les français se tournent de plus en plus, encouragés par les mesures fiscales et sociales de la réforme Fillon, mais aussi par la prise de conscience de l'avenir incertain du système de retraite par répartition, pour y trouver la possibilité de s'assurer des revenus complémentaires. De son coté, ce type d'épargne permet à l'employeur une rémunération indirecte de ses salariés.

L'avantage essentiel de l'épargne retraite est l'octroi d'une enveloppe de déduction fiscale au titre de l'impôt sur les revenus. Les sommes versées sur un PERP, un PÉRE et aux régimes Préfon et Corem sont déductibles du revenu imposable dans la limite d'un plafond global. Ce plafond global tient compte de l'abondement reçu sur un PERCO et des cotisations versées, à un régime supplémentaire de retraite d'entreprise ou sur un contrat Madelin, qui ont déjà été déduites des revenus professionnels. L'enveloppe de déduction fiscale est propre à chaque membre du foyer fiscal (elle est mentionnée sur l'avis d'imposition des revenus de l'année précédant celle des versements). Dans les couples mariés ou Pacsés, il est possible de bénéficier du plafond de déduction non utilisé ou utilisé partiellement par le conjoint ou le partenaire.

L'enveloppe se calcule en retenant le montant le plus élevé entre :

- soit 10 % des revenus professionnels de l'année précédente (2008 pour la déclaration des revenus 2009 à souscrire en 2010), nets de cotisations sociales et de frais professionnels, dans la limite de 8 fois le plafond de la Sécurité sociale ;
- soit 10 % du plafond annuel de la Sécurité sociale de l'année précédente.

Il y a lieu de déduire de ce montant :

- l'abondement versé au cours de l'année précédente par l'employeur sur un PERCO ;
- pour les salariés, les cotisations versées au cours de l'année précédente à un régime obligatoire de retraite supplémentaire d'entreprise (art. 83) ou sur un PÉRE, y compris la part patronale ;
- pour les indépendants, les cotisations versées au cours de l'année précédente sur un contrat Madelin, à l'exception de la fraction supplémentaire de 15 %.

L'économie d'impôt est donc fonction du taux marginal d'imposition (TMI). Sur un versement de 1 000 €, elle sera de 140 € si le TMI est de 14 % et de 400 € si le TMI est de 40 %.

Si le plafond de déduction n'a pas été totalement utilisé au cours de l'une des 3 années précédentes, les montants non employés viennent s'ajouter à l'enveloppe de l'année en cours.

Nous verrons l'épargne collective (1) ouverte à certains assurés par le biais de leur entreprise (PEE ou PERCO), l'épargne individuelle (2) dont les non salariés (2.1) peuvent bénéficier, de façon volontaire (type Loi Madelin) mais aussi tous les assurés (2.2) en souscrivant un PERP.

1 L'épargne retraite collective : PEE et PERCO

L'épargne retraite collective n'est ouverte qu'aux assurés travaillant au sein d'une entreprise ayant mis en place ce type de produits. Les plans d'épargne salariale offrent aux assurés la possibilité de se constituer et de gérer un portefeuille de valeurs mobilières. Quels que soient les plans proposés (plan d'épargne entreprise – PEE ; plan d'épargne pour la retraite collectif – PERCO), les principes de fonctionnement sont similaires :

- à la condition de bloquer les sommes investies, la fiscalité est réduite car le produit des sommes versées, comme les plus-values de cessions sont exonérés d'impôt sur le revenu (mais les prélèvements sociaux à 11 % restent dus) ;
- l'employeur peut, en parallèle, verser des sommes (abonder) qui augmenteront le capital investi et la rentabilité de l'épargne.

Les plans d'épargne sont créés au sein des entreprises, d'un groupe d'entreprises ou entre entreprises n'appartenant pas au même groupe. Les plans sont alimentés de deux manières. D'une part, par les versements volontaires des salariés, avec un maximum du quart de la rémunération annuelle, plafonné au quart du plafond annuel de la Sécurité sociale. D'autre part, par l'abondement, facultatif, de l'entreprise qui ne peut pas dépasser 300 % des versements du bénéficiaire et est plafonné, pour les PEE à 8 % du montant du PASS[1] (2 744 € en 2009) et 16 % du pour le PERCO (5 489 € en 2009).

Les sommes ainsi versées sont bloquées pour une durée minimum de 5 ans (PEE) ou jusqu'au départ à la retraite (PERCO), sauf cas de déblocage anticipé qui sont un peu plus nombreux pour le PERCO que pour le PERP, mais moins que le PEE :

- mariage ou conclusion d'un Pacs ; naissance ou adoption ; divorce, séparation ou dissolution d'un Pacs si un enfant doit être habituellement domicilié chez l'épargnant ; cessation du contrat de travail ; création ou reprise d'une entreprise par le bénéficiaire, ses enfants, son conjoint, son partenaire lié par un Pacs ; redressement ou liquidation judiciaire (PEE uniquement) ;
- décès de l'épargnant, de son conjoint ou de son partenaire lié par un Pacs, invalidité de l'épargnant, de son conjoint, de ses enfants ou de son partenaire lié par un Pacs, surendettement, affectation des sommes épargnées à l'acquisition ou la remise en état de la résidence principale (PEE et PERCO) ;
- expiration des droits à l'assurance chômage de l'épargnant (PERCO uniquement).

La sortie du PERCO peut se faire en rente viagère ou en capital (si l'accord l'a prévu), ce qui le rapproche d'un placement classique, plutôt que d'une épargne retraite. Même au moment de la retraite, le plan peut être maintenu et le retraité pourra continuer à

1. Plafond Annuel de la Sécurité Sociale.

l'alimenter, sans bénéficier de l'abondement. Il continue cependant de profiter de la franchise d'impôt sur le revenu sur les produits et plus-values.

Le PERCO ne peut être mis en place que si l'entreprise dispose d'un Plan d'épargne entreprise. Leur fonctionnement est analogue, excepté le plafond d'abondement. Le PERCO présente plusieurs avantages fiscaux, même si les sommes versées par le salarié ne bénéficient pas de déductibilité fiscale : les sommes versées par le salarié et provenant de l'intéressement ne sont pas imposables. La participation investie dans un PERCO peut être abondée. De même, l'abondement n'entre pas dans le revenu imposable du salarié. À la sortie, le capital est exonéré d'impôt sur le revenu (hormis les prélèvements sociaux). La rente viagère est, en revanche, soumise à l'impôt sur le revenu. Mais, s'agissant d'une rente viagère à titre onéreux, seule une partie de la rente est imposable, contrairement au PERP par exemple. La valeur en capital de la rente viagère constituée dans le cadre du PERCO (mais aussi d'un PERP), parce que assimilée à une retraite, échappe à l'ISF à la double condition que :

- les primes aient été versées de manière régulière pendant au moins 15 ans ;
- le versement de la rente intervienne au plus tôt à compter de la cessation d'activité professionnelle ou à 60 ans.

Le PERCO présente également un avantage indéniable dans le cadre de la transmission de son patrimoine. À la différence d'un PERP ou d'un contrat Madelin, les capitaux constitués ne sont pas perdus en cas de décès car il y a une possibilité de réversion sur la personne désignée par l'épargnant, que le décès intervienne avant ou après la mise en place de la rente. Contrairement aux contrats Madelin ou au PERP dont l'intérêt principal consiste en un avantage fiscal, le PERCO est une épargne salariale, fortement incitative pour le salarié car l'épargnant va pouvoir cumuler 3 avantages : fiscal (exonération à l'entrée et à la sortie), social (exonération de charges) et économique (abondement par l'entreprise avec une possibilité de sortie en capital). Le PERCO nécessite cependant pour l'entreprise d'avoir de la trésorerie si tous les salariés y souscrivent pour obtenir l'abondement maximum.

2 L'épargne retraite individuelle

2.1 Les contrats « Loi Madelin »

La loi du 11 février 1994, dite loi Madelin, a pour objectif de permettre aux travailleurs non-salariés non agricoles (TNSNA) de se constituer une retraite facultative, en permettant la déduction des cotisations versées librement des revenus professionnels. Après cessation de l'activité professionnelle, la sortie se fait obligatoirement sous forme de rente. Les TNSNA concernés sont :

- les non-salariés relevant de la catégorie des BIC (artisans, commerçants, industriels) et des BNC (profession libérale) ;
- les dirigeants de sociétés soumises à l'impôt sur les sociétés (gérant majoritaire de SARL, gérant de société en commandite par actions) ;
- le conjoint collaborateur du travailleur non-salarié peut également souscrire un contrat Madelin.

Le TNSNA va ainsi pouvoir soit :

- souscrire à un régime facultatif de retraite auprès d'une des caisses de retraite des non-salariés. Le fonctionnement en sera analogue aux régimes complémentaires de retraite obligatoires avec l'acquisition de points donnant droit à une rente (voir *supra*) ;
- souscrire un contrat d'assurance. Les contrats proposés par les banques et compagnies d'assurance fonctionnent comme un contrat d'assurance-vie.

La sortie d'un contrat Madelin se fait en rente avec le taux de conversion fixé lors de la souscription (contrairement au PERP dont le taux sera obligatoirement celui en vigueur au jour de la liquidation de la rente), ce qui est plus intéressant eu égard à l'allongement de la durée de la vie. La rente viagère sera imposable au même titre que les autres prestations de retraite. Les cotisations sont déductibles à hauteur de 10 % du revenu d'activité majoré de 15 % pour la part du revenu qui excède le plafond annuel de la sécurité sociale (34 620 € pour 2009), dans la limite de 8 PASS (276 960 € pour 2009). La déduction au titre du contrat Madelin est plus intéressante qu'au titre du PERP dans l'immédiat, mais les sommes versées sur un contrat Madelin au titre d'une année viennent en déduction de l'enveloppe fiscale de l'année suivante, exception faite de la fraction supplémentaire de 15 %.

2.2 Le PERP

Le Plan d'épargne retraite populaire (PERP) est un produit d'épargne individuelle ouvert à tous, même aux personnes n'ayant pas d'activité professionnelle. Les versements sont libres et peuvent être suspendus. En phase d'épargne, les sommes qui y sont versées sont déductibles du revenu imposable dans la limite de l'enveloppe fiscale et ne sont pas imposables à l'ISF dans les mêmes conditions que le PERCO (voir *supra*). On notera que le régime fiscal a changé à compter du 01/01/09. Afin que le capital constitutif de la rente n'entre pas dans l'assiette du calcul de l'ISF au moment du service de la rente, il est nécessaire de pouvoir justifier du versement de primes périodiques et régulières pendant au moins 15 ans. Avant le 31/12/08, il n'y avait pas de condition de durée.

Toutefois, l'intérêt fiscal de la phase d'épargne ne doit pas occulter le fait que la rente versée lors de la retraite est imposable comme une pension de retraite et supportera également la CSG, la CRDS et la cotisation d'assurance maladie, même si une partie de la CSG payée est déductible du revenu imposable. De plus, l'argent placé est bloqué jusqu'à 60 ans ou l'âge de la retraite. Les cas de déblocage anticipé sont très peu nombreux (expiration des droits à l'assurance-chômage, invalidité, liquidation judiciaire pour les commerçants ou travailleurs indépendants), ce qui en fait un produit moins souple que le PERCO. Il existe également un cas de déblocage en capital au moment de la retraite : l'achat de la résidence principale par ceux qui n'en auraient pas été propriétaires au cours des deux dernières années et dont les ressources sont inférieures aux plafonds de l'attribution du prêt à taux 0 %. Mais alors, le capital ainsi débloqué est soumis à l'impôt sur le revenu, avec une possibilité d'étalement sur 5 ans. Enfin, il faut tenir compte des frais (en cours d'épargne, de gestion annuels, sur les versements, les arbitrages et les profits réalisés ainsi qu'en cas de transfert du plan vers un autre organisme). Lors du versement de la rente, des frais seront encore prélevés. En pratique, les frais sont nettement plus élevés sur un PERP qu'une assurance-vie.

Le fonctionnement du PERP est assimilable à celui d'un contrat d'assurance-vie, généralement multisupports, avec une répartition entre support en euros et SICAV ou FCP. La répartition se fait selon une grille fixée par l'État, qui réduit progressivement l'aléa boursier à l'approche de la retraite de l'épargnant[1]. Ce dernier peut s'écarter de la grille s'il le souhaite, sans garantie alors du montant de la rente qui lui sera servie, en optant pour une gestion libre. Au contraire, le système du PERP à points écarte l'aléa de la conversion de ce qui restera en capital en rente viagère.

Si, en principe, le capital est perdu en cas de décès de l'épargnant, on notera que certains gestionnaires proposent des garanties décès avec versement d'une rente à un bénéficiaire déterminé, voire la réversibilité de la rente au conjoint. En conséquence, ce type de placement s'adressera au contribuable lourdement imposé lors de son activité professionnelle pour bénéficier du seul réel avantage (déduction des sommes versées du revenu imposable et exclusion de l'ISF) du PERP. Cette fiscalité en phase d'épargne ne doit pas faire oublier celle de la sortie, les frais inhérents au plan, le fait que le capital soit bloqué, le tout à fonds perdus en cas de décès si aucune réversion n'est prévue. Notamment, il sera souvent comparé à l'assurance-vie qui n'impose pas la sortie en rente viagère et permet des retraits partiels en optimisant la fiscalité.

2.3 Les régimes assimilés au PERP

Il existe d'autres régimes facultatifs de retraite assimilés au PERP tels le régime **PRÉFON** (Prévoyance des fonctionnaires) ou le **COREM**. La fiscalité est identique à celle du PERP avec une déduction des versements pendant la phase d'épargne dans la limite de l'enveloppe fiscale et une imposition de la rente versée dans les mêmes conditions que les pensions de retraite.

1. Lorsque l'âge du départ à la retraite se situe entre 10 et 20 ans, la part minimale de l'épargne investie en euros est de 40 % par rapport à l'épargne totale. Elle de 90 % à moins de 2 ans de la retraite.

Partie 5 Le dirigeant d'entreprise

De par leur activité, les dirigeants d'entreprises constituent une catégorie spécifique de particuliers. Ces spécificités se retrouvent au niveau fiscal, au niveau de leurs modes de rémunération comme des risques qu'ils prennent. Le régime fiscal de leur rémunération varie selon la forme sociétaire de leur entreprise et/ou la nature et le montant même de leurs rémunérations. Ces aspects sont présentés par Jérôme Dubreuil (responsable d'équipe Banque privée) au chapitre 21. Parmi les différentes modalités de rémunération qui s'offrent à eux, les stock-options. Gwénaëlle Laize et Mario da Silva (Conseiller en gestion de patrimoine) en présentent les règles juridiques et fiscales ainsi que diverses pistes d'optimisation (chapitre 22). Du fait de son activité professionnelle, le dirigeant prend un certain nombre de risques. Il y a ainsi lieu de mettre en place des protections pour éviter que d'éventuels problèmes professionnels viennent affecter son patrimoine personnel. Ces risques et parades sont décrits par Sabine Vacrate (Avocate) au chapitre 23. Enfin, il arrive un moment où le dirigeant doit se séparer de son entreprise. S'il en est propriétaire, cette transmission, qu'elle soit à titre gratuit ou onéreux, fait l'objet d'une fiscalité particulière. Jean-Pierre Cossin (Cour des comptes et Université Paris-Est Créteil) en détaille les contours au chapitre 24.

Chapitre 21

Le régime fiscal des rémunérations des dirigeants

Jérôme Dubreuil

Il n'existe pas de régime unique d'imposition des rémunérations des dirigeants. Ce régime varie, en effet, suivant la forme et le régime fiscal de la société versante, et parfois même en fonction de la nature et du montant des rémunérations.

Il importe donc, en premier lieu, de déterminer la catégorie et les modalités d'imposition des rémunérations directes des dirigeants pour chaque type de société, avant de présenter les rémunérations indirectes et différées.

Section 1 LE RÉGIME FISCAL DES RÉMUNÉRATIONS DIRECTES

1 Dans les sociétés anonymes (SA)

1.1 La rémunération des dirigeants

Dans les SA de type classique, la direction est assumée par le président du Conseil d'administration, le directeur général (DG) et les directeurs généraux délégués (DGD). Dans les SA avec directoire, la direction est assumée par les membres du directoire.

Tous ces dirigeants sont, au point de vue fiscal, assimilés à des salariés. Leurs rémunérations, quelle qu'en soit la forme (traitement de base, avantages en nature, intéressement aux résultats, jetons de présence spéciaux), sont donc imposables dans la catégorie et selon les règles des traitements et salaires (TS), avec quelques particularités.

Les dirigeants de SA bénéficient notamment, comme les salariés et avec les mêmes seuils de plafonnement, de la déduction de 10 % pour frais professionnels (au maximum 13 948 € pour les revenus 2009).

Pour la société, les rémunérations versées aux dirigeants salariés font partie des charges déductibles des bénéfices imposables, dans la mesure où elles correspondent à un travail effectif et où leur montant global n'excède pas la rétribution normale des fonctions exercées.

1.2 La rémunération des administrateurs

En rémunération de leur activité de conseil, les administrateurs du conseil d'administration (CA) pour les SA de type classique et les membres du conseil de surveillance pour les SA avec directoire, perçoivent des jetons de présence.

Les jetons de présence, dont le montant déductible du bénéfice fiscal de la société débitrice est plafonné, sont normalement imposables entre les mains de leurs bénéficiaires dans la catégorie des revenus mobiliers (jetons de présence « ordinaires ») sans application de l'abattement de 40 %. Toutefois, les jetons de présence supplémentaires attribués aux administrateurs exerçant des fonctions de direction sont imposables dans la catégorie des traitements et salaires (jetons de présence « spéciaux »).

La déduction fiscale des jetons de présence, ordinaires ou spéciaux, alloués au titre d'un exercice est limitée à 5 % de la somme obtenue en multipliant le nombre d'administrateurs (ou de membres du conseil de surveillance) par la rémunération moyenne déductible attribuée au cours de l'exercice aux 10 ou 5 salariés les mieux rétribués, selon que l'effectif de l'entreprise excède ou non 200 salariés.

Pour l'application de cette règle, les membres du conseil dont les fonctions n'ont été exercées que pendant une partie de l'exercice sont décomptés au prorata de leur présence. L'exercice de déduction des jetons de présence est celui au cours duquel la décision d'attribution est prise. La fraction non déductible doit être rapportée aux résultats de l'exercice en cause.

Exemple

Soit une SA employant 250 salariés. La rémunération globale versée aux 10 personnes les mieux rémunérées au cours de l'exercice 2009 (exercice coïncidant avec l'année civile) s'élève à 1 M€. Le montant des jetons de présence alloués en 2010 au titre de l'exercice 2009, portés en charge et payés en 2010, est de 125 000 €. Le nombre d'administrateurs était de 12 en 2009 ; toutefois un administrateur est décédé le 1er mars 2009 et remplacé le 1er septembre 2009.

Le nombre à retenir est : 11 + [(2/12) + (4/12)] = 11,5.

Rémunération moyenne servant de base de calcul de la fraction déductible :

1M€ / 10 = 100 000 €.

Montant maximum des jetons de présence déductibles des bénéfices de l'exercice 2009 :

5 % × 100 000 × 11,5 = 57 500 €.

Fraction non déductible : 125 000 – 57 500 = 67 500 €, somme à réintégrer dans les bénéfices imposables du même exercice.

Si les administrateurs ou membres du conseil de surveillance exercent d'autres fonctions dans la SA, les rémunérations perçues à ce titre suivent leur régime propre. À titre d'exemple, en cas de cumul avec un contrat de travail, la rémunération des fonctions salariées est imposée dans la catégorie des traitements et salaires.

Les rémunérations exceptionnelles allouées aux administrateurs pour des missions particulières ou certains mandats (étude de marché, voyage d'études à l'étranger...) sont déductibles des bénéfices sociaux, sauf exagération, et imposables au nom des bénéficiaires comme bénéfices non commerciaux (BNC) dès lors que les prestations rémunérées s'exercent en dehors d'un contrat de travail et de tout lien de subordination.

Les allocations spéciales versées aux administrateurs qui participent à des comités d'études relèvent en principe des BNC, à moins qu'elles ne se rattachent à l'exercice de fonctions salariées. Lorsque des jetons supplémentaires sont alloués au titre de cette participation, ils sont taxables dans la catégorie des revenus mobiliers.

La rémunération spécifique versée au président et au vice-président du conseil de surveillance est imposée dans la catégorie des revenus mobiliers.

2 Dans les sociétés par actions simplifiées (SAS)

La société par actions simplifiée (SAS) est assimilée au plan fiscal à la société anonyme (art. 1655 quinquies du CGI). Le président et les autres dirigeants d'une

SAS sont donc, comme ceux d'une SA, assimilés à des salariés sur le plan fiscal et les rémunérations qui leur sont versées pour leurs fonctions de direction entrent dans la catégorie des salaires.

3 Dans les sociétés à responsabilité limitée (SARL)

Qu'ils soient minoritaires ou majoritaires, les gérants associés de SARL assujetties à l'impôt sur les sociétés sont soumis pour l'essentiel au même régime fiscal, même s'ils continuent de relever de deux catégories d'imposition différentes :

- les gérants minoritaires, assimilés à des salariés, sont imposés au titre des traitements et salaires ;
- les gérants majoritaires relèvent de l'article 62 du CGI qui, lui-même, prévoit l'application des règles prévues en matière de traitements et salaires.

Au niveau de la société, les rémunérations des gérants sont déductibles des bénéfices imposables, dans la mesure où elles correspondent à un travail effectif et où leur montant global n'excède pas la rétribution normale des fonctions exercées.

4 Dans les sociétés en commandite par actions (SCA)

Le régime fiscal des rémunérations des gérants commandités de sociétés en commandite par actions est identique à celui des gérants majoritaires de SARL : déductibilité des bénéfices sociaux et imposition au nom des bénéficiaires dans la catégorie de l'article 62 du CGI, avec application des règles prévues en matière de traitements et salaires.

Les rémunérations versées aux membres du conseil de surveillance sont déductibles des bénéfices sociaux et taxées à l'impôt sur le revenu au titre des BNC à condition qu'elles correspondent à un travail effectif.

Lorsque les sommes versées aux gérants ou aux membres du conseil de surveillance sont excessives, la fraction excédant la rétribution normale du service rendu n'est pas déductible du bénéfice social et constitue un revenu mobilier pour le bénéficiaire.

5 Dans les sociétés de personnes et assimilées

5.1 Pour les sociétés de personnes qui relèvent de l'impôt sur le revenu

Les appointements que s'allouent, en rémunération de leur travail personnel, les associés des sociétés de personnes et assimilées n'ayant pas opté pour l'IS ne sont pas déductibles des bénéfices sociaux et doivent être regardés comme une modalité particulière de répartition de bénéfices sociaux. Rapportés aux bénéfices de l'exercice au cours duquel ils ont été payés, les appointements non déductibles sont soumis à l'IR au nom de chaque bénéficiaire dans la catégorie correspondant à la nature de l'activité de la société (BIC, BA, BNC ou revenus fonciers), c'est-à-dire dans les mêmes conditions que la quote-part de bénéfices sociaux revenant à chacun.

5.2 Pour les sociétés de personnes qui relèvent de l'impôt sur les sociétés

Les rémunérations allouées aux associés en nom des sociétés de personnes et assimilées obéissent aux mêmes règles que celles applicables aux rémunérations de gérants majoritaires de SARL, tant pour leur déduction des bénéfices sociaux que pour leur imposition à l'IR : imposition au titre de l'article 62 du CGI selon les règles des traitements et salaires.

Pour les sociétés relevant tant des l'IR que de l'IS, si le gérant est un tiers non associé, sa rémunération obéit au régime des TS.

6 Dans les sociétés civiles

Lorsque la société civile est soumise à l'impôt sur le revenu, les rémunérations versées à l'associé gérant sont imposables à l'impôt sur le revenu dans la catégorie qui correspond à la nature de l'activité de la société (BA, BNC, revenus fonciers).

Exemple

> Pour une SCI qui a pour activité la location nue d'un bien, la rémunération du gérant associé est imposée au titre des revenus fonciers.
>
> Pour une SCI qui a pour activité la sous-location d'un bien, la rémunération du gérant associé sera imposée en BNC. Il est rappelé que les rémunérations des gérants associés de SCI de construction-vente relèvent de la catégorie des bénéfices industriels et commerciaux.

Lorsque la société civile est soumise à l'impôt sur les sociétés sur option, les rémunérations de l'associé (gérant ou non) relèvent de l'article 62 du CGI avec une imposition selon les règles des traitements et salaires. Lorsque la société civile est soumise à l'impôt sur les sociétés de plein droit (activité commerciale), les rémunérations versées à l'associé relèvent de la catégorie des BNC.

Tableau 21.1 — Récapitulatif des rémunérations des dirigeants

SOCIÉTÉS VERSANTES ET QUALITÉ DU BÉNÉFICIAIRE	CATÉGORIE D'IMPOSITION
Société anonyme de type classique (SA)	
Président du conseil d'administration, directeur général, directeurs généraux délégués	
Traitement fixe ou proportionnel	TS
Jetons de présence spéciaux	TS
Administrateurs	
Jetons de présence ordinaires	RM
Rémunération de fonctions salariées	TS
Rémunération de missions et mandats spéciaux, allocations spéciales allouées aux membres de comités d'étude	BNC
Société anonyme avec directoire (SA)	
Membres du directoire	
Traitement fixe ou proportionnel	TS
Membres du conseil de surveillance	
Jetons de présence ordinaires	RM
Rémunération de fonctions salariées	TS
Rémunération de missions et mandats spéciaux	BNC
Président et vice-président du conseil de surveillance	
Rémunération spécifique	RM
Société par actions simplifiée (SAS)	
Président et autres dirigeants	
Traitement fixe ou proportionnel	TS
Société à responsabilité limitée (SARL)	
SARL soumise à l'impôt sur les sociétés	
Gérant minoritaire	TS
Gérant majoritaire	Art. 62 du CGI
Gérant non associé	TS
Membres du conseil de surveillance	BNC
SARL ayant opté pour le régime des sociétés de personnes	
Gérant non associé	TS
Gérant associé	Catégorie correspondant à l'activité de la société
Société en commandite par actions (SCA)	
Gérant associé commandité	Art. 62 du CGI
Gérant non associé	TS
Membre du conseil de surveillance	BNC
Société de personnes ou assimilée	
Société relevant de l'Impôt sur le Revenu	
Gérant non associé	TS

Associé (gérant ou non)	Catégorie correspondant à l'activité de la société
Société ayant opté pour l'Impôt sur les Sociétés	
Gérant non associé	TS
Gérant associé	Art. 62 du CGI
Société civile	
Société soumise à l'impôt sur le revenu	
Associé gérant ou non (rémunération)	Catégorie de revenus correspondant à l'activité de la société (BA, BNC, Revenus fonciers)
Gérant salarié non associé	TS
Société soumise à l'Impôt sur les Sociétés	
Associé gérant (de plein droit)	BNC
Associé gérant ou non (sur option)	Art. 62 du CGI

Section 2 LE RÉGIME FISCAL DES RÉMUNÉRATIONS INDIRECTES

Pour être défrayés des dépenses supportées dans l'exercice de leur fonction, les dirigeants reçoivent fréquemment de leur société des indemnités pour frais qui peuvent prendre la forme soit de remboursements de frais réels, soit d'allocations forfaitaires.

Mais alors que les remboursements de frais réels peuvent être exonérés d'impôt sur le revenu, les allocations forfaitaires sont toujours imposables, contrairement à ce qui se passe pour les salariés ordinaires. De surcroît, les entreprises peuvent accorder des avantages en nature à leurs dirigeants.

1 Les remboursements de frais réels

Les remboursements de frais réels alloués aux dirigeants, destinés à couvrir les frais inhérents à la fonction ou à l'emploi, peuvent être exonérés d'impôt sur le revenu lorsqu'ils sont utilisés conformément à leur objet et que les dépenses correspondantes ne sont pas elles-mêmes déduites du revenu imposable des bénéficiaires au titre des frais professionnels.

Pour la société versante, ces remboursements de frais sont déductibles des bénéfices imposables dès lors qu'ils correspondent à des dépenses effectives et justifiées.

Pour faciliter le contrôle de l'administration fiscale, les remboursements de frais doivent figurer sur le relevé détaillé des frais généraux, en tant que rémunérations indirectes, lorsqu'ils sont accordés aux personnes les mieux rémunérées de l'entreprise.

2 Les allocations forfaitaires

Les indemnités ou allocations forfaitaires pour frais versées aux dirigeants salariés de sociétés sont, quel que soit leur objet, assimilées à une rémunération imposable pour l'assiette de l'IR dû par le bénéficiaire. Corrélativement, elles sont déductibles des résultats de la société versante. Toutefois, si le total du salaire proprement dit et des allocations forfaitaires est excessif, la fraction excédant le montant de rémunération considéré comme normal est rapportée aux bénéfices imposables de l'entreprise et soumise à l'IR entre les mains du bénéficiaire dans la catégorie des revenus mobiliers, lorsque la société versante relève de l'IS.

Les dirigeants visés par cette mesure s'entendent d'abord des dirigeants de droit, soit :

- dans les SA : le président du conseil d'administration, le DG, les DGD, l'administrateur provisoirement délégué, tout administrateur ou membre du Conseil de Surveillance chargé de fonctions spéciales (ex. : directeur commercial), les membres du directoire ;
- dans les SAS : les dirigeants tels qu'ils sont définis dans les statuts ;
- dans les SARL : les gérants majoritaires ;
- dans les autres entreprises ou établissements passibles de l'IS, les dirigeants soumis au régime fiscal des salariés.

3 Les avantages en nature

Les avantages en nature consistent dans la mise à disposition du dirigeant de biens dont l'entreprise est propriétaire ou locataire, ou dans la prise en charge par celle-ci de services incombant normalement au dirigeant, gratuitement ou pour une valeur réduite (ex. : mise à disposition personnelle d'un véhicule, fourniture d'un logement, de nourriture, d'outils informatiques ou de communication). Les avantages en nature sont considérés, en règle générale, comme un supplément de rémunération déductible des bénéfices sociaux et imposable au nom du bénéficiaire dans la catégorie dont il relève (TS ou art. 62 du CGI).

Les avantages en nature consentis aux dirigeants salariés, qui résultent de l'utilisation privée d'un véhicule de fonction ou d'outils issus des NTIC (micro-ordinateur, téléphone portable...), peuvent faire l'objet, comme pour les salariés, d'une évaluation forfaitaire. En revanche, leurs avantages de nourriture ou de logement doivent être évalués d'après leur valeur réelle. Notons que l'évaluation forfaitaire ne concerne pas les gérants majoritaires de SARL.

Tableau 21.2 — Synthèse des évaluations de la voiture de fonction

	Évaluation de l'avantage sur la base des dépenses engagées…	
	… pour un véhicule acheté	… pour un véhicule loué ou en location avec option d'achat (LOA)
Véhicule de moins de 5 ans	20 % du prix d'achat TTC + assurance + frais d'entretien + carburant à usage privé et payé par l'entreprise	Coût global TTC de la location + assurance + frais d'entretien + carburant à usage privé payé par l'entreprise
Véhicule de plus de 5 ans	10 % du prix d'achat TTC + assurance + frais d'entretien + carburant à usage privé et payé par l'entreprise	Coût global TTC de la location + assurance + frais d'entretien + carburant à usage privé payé par l'entreprise

	Évaluation de l'avantage sur la base d'un forfait…			
	…pour un véhicule acheté		… pour un véhicule loué ou en location avec option d'achat (LOA)	
	Frais de carburant payés par le bénéficiaire	**Frais de carburant payés par l'employeur**	**Frais de carburant payés par le bénéficiaire**	**Frais de carburant payés par l'employeur**
Véhicule de moins de 5 ans	9 % du prix d'achat TTC	Soit 9 % du prix d'achat TTC + carburant à usage privé et payé par l'entreprise ; ou alors 12 % du prix d'achat TTC	30 % du coût annuel comprenant la location, l'entretien et l'assurance	Soit 40 % du coût total annuel comprenant la location, l'entretien, l'assurance et le carburant ; ou alors 30 % du coût annuel comprenant la location, l'entretien et l'assurance + carburant à usage privé payé par l'entreprise
Véhicule de plus de 5 ans	6 % du prix d'achat TTC	Soit 6 % du prix d'achat TTC + carburant à usage privé et payé par l'entreprise ; ou alors 9 % du prix d'achat TTC	30 % du coût annuel comprenant la location, l'entretien et l'assurance	Soit 40 % du coût total annuel comprenant la location, l'entretien, l'assurance et le carburant ; ou alors 30 % du coût annuel comprenant la location, l'entretien et l'assurance + carburant à usage privé payé par l'entreprise

Exemple — **Valorisation selon les différentes méthodes possibles de l'avantage en nature lié au véhicule de fonction**

Prix d'achat du véhicule (neuf) de fonction : 50000 € TTC

Coût de l'entretien annuel de ce véhicule : 500 €

Coût annuel des pneumatiques : 400 €

Coût annuel de l'assurance : 1800 €

Kilométrage annuel total : 30000km dont la moitié à titre professionnel

Frais de carburant payés par l'entreprise : 2200 €

1. Évaluation sur la base des dépenses réelles engagées

[amortissement (50000 € × 20 %) + l'assurance (1800 €) + frais d'entretien (500 + 400) + frais de carburant (2200 €)] / 2 (car les kilomètres à usage personnel représentent la moitié du kilométrage total) = 7450 €.

2. Évaluation sur la base d'un forfait global (12 %)

(Prix TTC du véhicule) × (taux du forfait global de 12 %) = 50000 € × 12 % = 6000 €.

3. Évaluation sur la base d'un forfait (9 %) augmenté des frais de carburant

(Prix TTC du véhicule) × (taux du forfait) + frais de carburant correspondant à l'usage personnel du véhicule = (50000 × 9 %) + (2200 / 2) = 5600 €.

L'évaluation la moins coûteuse est donc la dernière solution.

L'utilisation à titre privé d'outils issus des NTIC (téléphone mobile, micro-ordinateur portable ou non, logiciels, modem d'accès à un télécopieur, à l'ordinateur de l'entreprise, à l'Internet...) mis à disposition par l'entreprise constitue un avantage en nature. Toutefois, cet avantage est négligé lorsqu'il correspond à l'utilisation raisonnable des outils pour la vie quotidienne des salariés ou dirigeants dont l'emploi est justifié par des besoins ordinaires de la vie professionnelle et familiale.

Lorsque cet avantage est imposable, il est évalué, quel que soit le niveau de rémunération du bénéficiaire, sur la base des dépenses réellement engagées ou, sur option de l'entreprise, sur la base d'un forfait égal à 10 % du coût d'achat TTC de ces outils ou, le cas échéant, égal à 10 % de l'abonnement TTC. Lorsque l'acquisition par l'entreprise desdits outils s'inscrit dans le cadre d'une offre globale comprenant aussi un abonnement, le forfait de 10 % est calculé sur le montant total du prix d'achat et de l'abonnement.

Section 3 LE RÉGIME FISCAL DES RÉMUNÉRATIONS DIFFÉRÉES

1 Les contrats « Article 83 »

Les contrats « Article 83 » sont des contrats d'assurance de groupe par capitalisation à adhésion obligatoire souscrits par l'entreprise au profit de ses salariés ou d'une catégorie déterminée (ex. : cadres dirigeants) de ceux-ci, pour leur assurer un complément de revenus pendant leur retraite. Il s'agit d'un régime de retraite à cotisations définies, c'est-à-dire que le montant des cotisations est déterminé, mais le montant de la rente viagère n'est pas garanti.

Ces contrats d'épargne retraite constituent des revenus complémentaires pour les salariés en relation avec leur carrière. Le montant de la retraite de chaque salarié n'est pas déterminé à l'avance. Il dépend des primes versées et capitalisées sur son compte personnel. L'entreprise ne peut s'engager sur un montant de prestations. Elle ne s'engage que sur un niveau de financement.

Les contrats de type « Article 83 » sont réservés aux salariés, à la différence des contrats relevant de la loi « Madelin » qui sont destinés aux professions libérales. De plus, il s'agit de contrats d'assurance de groupe à adhésion obligatoire, contrairement aux contrats de type « Article 82 » qui sont des contrats individuels à adhésion facultative. Ce contrat d'épargne retraite comporte des règles de mise en place et de fonctionnement bien particulières et bénéficie d'avantages fiscaux non négligeables.

Bien utilisés, ces contrats peuvent se révéler plus avantageux qu'une augmentation de salaire, aussi bien pour le salarié que pour l'entreprise elle-même. Le contrat « Article 83 » est un périphérique au salaire qui concerne aussi bien la retraite que la prévoyance.

Les primes (part salariale et patronale) sont déductibles du revenu (brut) imposable à hauteur de :

- pour la partie des primes représentant la retraite supplémentaire : 8 % de la rémunération annuelle brute, retenue à concurrence de 8 fois le plafond annuel de la Sécurité sociale, soit une déduction maximale de 22 156,80 € pour 2010. Le cas échéant, cette limite est réduite de l'abondement reçu sur le PERCO ;
- pour les versements aux organismes de prévoyance : 7 % du plafond annuel de la Sécurité sociale plus 3 % de la rémunération annuelle brute. Cette somme ne peut pas dépasser 3 % de 8 fois le plafond annuel de la Sécurité sociale, soit, pour 2010, un montant maximal déductible de 8 308,80 €. Si un excédent est constaté, il doit être intégré dans le revenu imposable du salarié.

La LFSS 2009 a instauré depuis le 1er janvier 2009 un forfait social patronal de 2 % frappant notamment les contributions patronales de retraite supplémentaires (à l'exclusion de celles finançant des régimes de retraite à prestations définies), incluant de ce fait celles relatives à l'« Article 83 ».

2 Les contrats « Article 39 »

Le contrat de type « Article 39 » est un régime à prestations définies dans lequel l'entreprise prend un engagement sur le montant des prestations (obligation de résultat) à verser aux salariés ou aux dirigeants. Ce système garantit aux salariés, présents dans l'entreprise au moment de prendre leur retraite, un niveau de retraite en rapport avec leur salaire de fin de carrière. Il s'agit d'un produit d'aide à la préparation de la retraite, mis en place pour réduire l'écart entre le dernier salaire et le montant de la retraite. Cette retraite permet, dans certains cas, notamment pour les cadres, de remédier aux insuffisances des régimes de retraites obligatoires.

L'entreprise peut opter entre :

- un régime additif : les prestations retraites garanties par l'assureur viennent s'ajouter aux pensions versées par les régimes obligatoires, sans aucun lien avec ce dernier (ex. : 3 % du dernier salaire par année d'activité dans l'entreprise) ;
- un régime différentiel ou « chapeau » : le niveau de retraite garanti complète les différentes pensions servies par les régimes obligatoires. L'employeur garantit, au salarié concerné, une pension atteignant un pourcentage prédéterminé de son salaire de fin de carrière (ex. : 70 % du dernier salaire d'activité dans l'entreprise).

3 Les contrats « Article 82 »

Ce contrat de type « Article 82 » est encore appelé contrat en sursalaire car le montant de la prime versée par l'entreprise est apparenté à un supplément de rémunération qui s'ajoute au salaire brut du salarié. Les contrats de ce type sont considérés comme des avantages en nature. Il s'agit de contrats d'assurance-vie souscrits par l'entreprise au profit de ses salariés ou d'une catégorie d'entre eux.

Le contrat se dénoue par le versement d'un capital ou d'une rente viagère calculée en fonction des méthodes exposées dans le code des assurances. Ce contrat fonctionne selon des principes définis tant pour sa mise en place que pour son application. Il permet d'offrir aux salariés et à l'entreprise certains avantages fiscaux.

Contrairement aux contrats de type « Article 83 », ce sont des contrats individuels à adhésion facultative, et les primes versées par l'employeur au salarié sont imposables au titre de l'impôt sur le revenu et ne font l'objet d'aucune déduction.

4 Les contrats « Madelin »

Les contrats Madelin sont des contrats de groupe, à adhésion facultative, d'épargne retraite ouverts aux commerçants, artisans, gérants de sociétés de personnes, et professions libérales (contribuables imposés dans la catégorie des BIC, BNC et dirigeants non salariés dont les rémunérations relèvent de l'Article 62 du CGI).

Les cotisations versées au titre de l'assurance vieillesse sur un contrat Madelin sont déductibles des bénéfices imposables dans la limite d'un certain plafond. Ce plafond est calculé sur la base du bénéfice imposable réalisé l'année de versement des cotisations :

- 10 % du Plafond Annuel de la Sécurité Sociale (PASS) + 25 % du bénéfice imposable (ou de la rémunération imposable pour les gérants majoritaires de sociétés soumises à l'IS) compris 1 PASS (34 620 € pour 2010) et 8 PASS (276 960 €), soit un maximum de 64 047 € pour 2010 ;
- avec un plafond plancher (minimum) de 10 % du PASS.

De ce plafond, sont déduits les cotisations aux régimes complémentaires (pour la part facultative excédant la cotisation minimale) et l'abondement au PERCO.

Dispositif transitoire : les contribuables ayant conclu un contrat « Madelin » avant le 25 septembre 2003 ou ayant adhéré à un régime facultatif avant cette date peuvent, pendant une période transitoire prorogée jusqu'au 31 décembre 2010, se placer sous le régime de déduction issu de la législation en vigueur en 2003, si les limites globales fixées en valeur absolue sont plus favorables.

Dans ce cas, la déduction des versements, effectués au titre de l'assurance vieillesse obligatoire et des régimes facultatifs de retraite, de prévoyance et de perte d'emploi, est plafonnée à un montant global correspondant à 19 % d'une somme égale à 8 PASS retenu pour le calcul des cotisations de Sécurité sociale (soit 52 622 € pour 2010). À l'intérieur de cette limite, les versements aux régimes de prévoyance complémentaire et de perte d'emploi ne peuvent excéder respectivement 3 % et 1,5 % de la même somme (soit, pour 2010, 8 308 € et 4 154 €).

En pratique, ce dispositif reste plus intéressant pour les contribuables réalisant un bénéfice inférieur à un certain seuil, qui se situe aux alentours de 4 à 5,5 PASS, selon qu'ils ont ou non versé des cotisations de prévoyance complémentaire et de perte d'emploi égales aux plafonds.

Chapitre

22 Les stock-options

Gwenaëlle LAIZÉ et Mario DA SILVA

Les stock-options sont un outil de rémunération et d'intéressement aux résultats de l'entreprise dédié principalement aux cadres et à certains dirigeants mandataires sociaux dans des conditions financières et fiscales avantageuses. C'est le droit accordé à un salarié d'acquérir dans le futur un nombre déterminé à l'avance d'actions de son entreprise, à un prix fixé à l'avance.

Le recours aux options d'achat ou de souscription d'actions comme outil de rémunération à long terme est un mécanisme importé des États-Unis et introduit en France par la loi du 31 décembre 1970, largement modifié depuis par la loi NRE du 15 mai 2001 et récemment par la loi en faveur du travail, de l'emploi et du pouvoir d'achat (TEPA) du 21 août 2007, complétée par l'instruction du 5 janvier 2009.

Section 1 LES STOCKS-OPTIONS : ENVIRONNEMENT JURIDIQUE ET FISCAL

1 Définitions et terminologie

Le mécanisme des stock-options accorde la possibilité pour les bénéficiaires d'options d'acquérir, dans le futur, un nombre donné d'actions de leur société ou de la société mère du groupe à un prix et à des modalités fixés lors de l'attribution des options. Les actions acquises pourront ensuite être cédées.

Les stock-options peuvent être émises par des sociétés par actions (SA, SAS, SCA), qu'elles soient cotées ou non. Les bénéficiaires des options sont, en principe, les salariés de la société, ainsi que certains dirigeants[1]. Par ailleurs, une société peut octroyer des options à des dirigeants ou à des salariés d'une société faisant partie du même groupe qu'elle.

De même, peuvent bénéficier d'options de souscription et d'achat d'actions :

- les présidents de conseil d'administration, les directeurs généraux, les directeurs généraux délégués et les membres du directoire des SA ;
- les gérants des Sociétés en Commandite par Actions ;
- les dirigeants des SAS.

Les sociétés non cotées ne peuvent consentir d'options ni aux salariés et mandataires sociaux de leurs sociétés mères ou sœurs, ni aux mandataires sociaux de leurs filiales.

Les autres dirigeants sociaux, notamment les administrateurs ou les membres du conseil de surveillance des SA, sont en principe exclus du bénéfice des options. Enfin, les options ne peuvent pas être consenties aux salariés ou aux dirigeants sociaux détenant plus de 10 % du capital social.

Le mécanisme des options peut être résumé en 4 étapes principales :

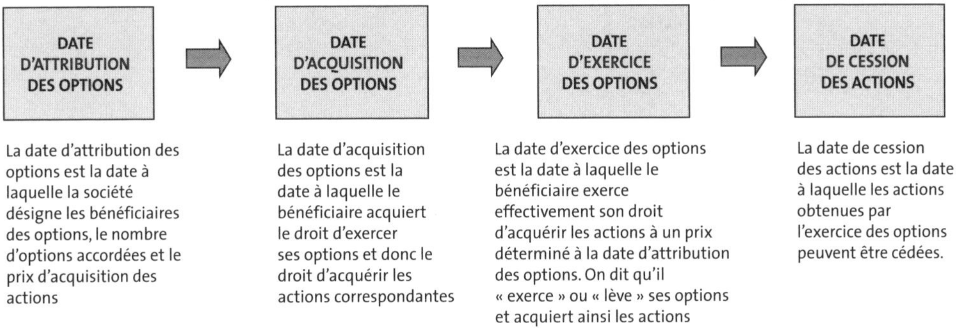

Figure 22.1

1. S'agissant des options consenties aux dirigeants, à partir du 31 décembre 2006, le conseil d'administration (ou le conseil de surveillance) doit décider :

– soit de leur interdire de lever leurs options avant la cessation de leurs fonctions ;

– soit de leur imposer de conserver, au nominatif, jusqu'à la cessation de leurs fonctions, tout ou partie des actions issues d'options déjà exercées.

Le gain financier réalisé par le bénéficiaire de l'option se décompose en trois éléments :

- **Le rabais**, autorisé uniquement pour les sociétés cotées, est accordé par la société sur le prix de souscription ou d'achat des actions. Ce rabais correspond à la différence entre la valeur réelle du titre au moment où l'option est attribuée et le prix fixé pour l'exercice de l'option. Le rabais maximal autorisé est de 20 % de la moyenne des cours de bourse des 20 séances précédant la date d'attribution de l'option ou du cours moyen d'achat ;

Exemple

Si la moyenne des cours de bourse des 20 séances précédant la date d'attribution de l'option s'élève à 45 €, le montant maximum du rabais que peut consentir la société s'élève à : 45 € × 20 % = 9 €. Dès lors, le prix de souscription minimal est de 36 €.

- **Le gain d'exercice ou plus-value d'acquisition**, qui est la différence entre la valeur réelle de l'action le jour de la levée de l'option et le prix de souscription acquitté par le bénéficiaire ;
- **La plus-value de cession**, qui est la différence entre le prix de cession et la valeur de l'action au moment de la levée de l'option.

Ainsi, si le bénéficiaire fait une levée/vente, il ne réalise qu'une plus-value d'acquisition. S'il lève et qu'il conserve les actions en portefeuille, la plus-value d'acquisition est simplement constatée, elle ne sera imposée que lors de la cession effective des actions, à laquelle s'ajoutera une plus-value de cession si le prix de vente est supérieur au prix d'acquisition. Dans ce second cas, le bénéficiaire doit cependant avoir des fonds suffisants pour lever les options alors que dans le premier cas, les fonds de la cession peuvent servir à l'acquisition.

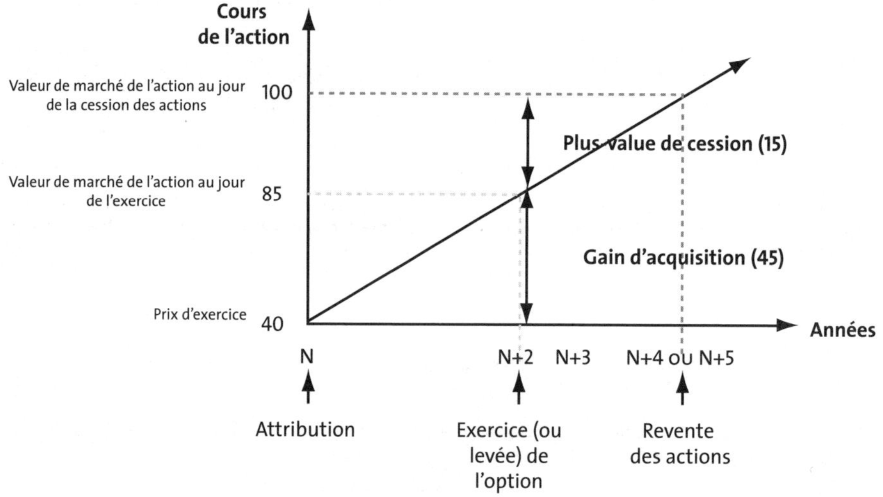

Figure 22.2

2 Un cadre légal et contractuel strict pour bénéficier d'un régime fiscal et social de faveur

Le régime fiscal français applicable au gain d'exercice diffère selon :

– (1) que le plan est conforme au droit français (ou « qualifié »), c'est-à-dire qu'il satisfait les conditions essentielles posées par la loi sur les sociétés commerciales, et
– (2), si le plan est conforme au droit français, que la société et les salariés bénéficiaires respectent les conditions posées par le Code Général des Impôts (CGI) pour bénéficier du régime de faveur.

2.1 Le cadre légal et contractuel

Le plan doit être qualifié au regard des dispositions énoncées aux articles L. 225-177 à L. 225-186-1 du Code de commerce et 174-8 à 174-21 du décret du 23 mars 1967. Cette question va également se poser pour les plans étrangers. Selon l'article 163 bis C du CGI, si le plan est qualifié, les conditions suivantes doivent être respectées pour bénéficier du régime de faveur (voir *supra*) :

– la forme nominative des actions ;
– le **respect d'une période de blocage** de quatre ou cinq ans selon la date d'attribution des options ;
– le respect des obligations déclaratives spécifiques.

Concernant le respect de la période de blocage, il faut distinguer la date de disponibilité juridique et la date de disponibilité fiscale. La première est la date à laquelle les options pourront être levées par le salarié. Cette date avant laquelle les options ne peuvent pas être exercées est librement fixée par la société dans le règlement du plan. La seconde est la date à partir de laquelle le salarié peut céder ses titres pour bénéficier du régime d'imposition de faveur (voir *supra*).

Le règlement du plan va permettre l'acquisition des droits (*vesting*), sur la base de conditions de performance pré-déterminées. Cette performance est mesurée sur une durée de 3 à 5 ans de manière générale. Ainsi, le salarié va acquérir des droits à options mais, en règle générale, le règlement du plan ne lui permettra pas de les lever avant un délai souvent calqué sur le délai d'indisponibilité fiscale. Le règlement du plan indique également à quelle date les options non exercées deviennent caduques.

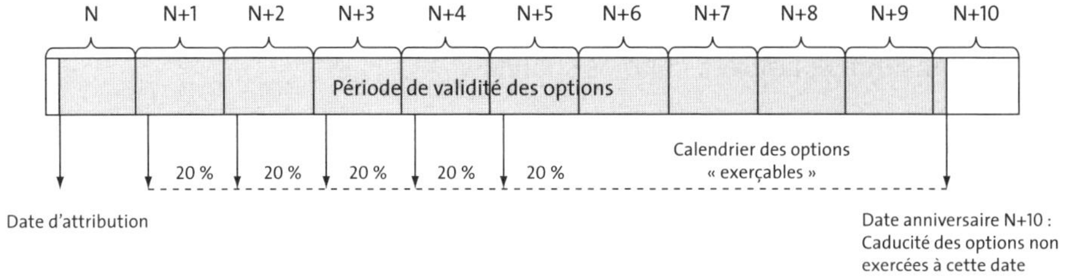

Figure 22.3

2.2 Les obligations déclaratives

Pour ce qui est du respect des obligations déclaratives, plusieurs situations sont à distinguer.

Les obligations déclaratives de l'employeur

- **À la date de levée des options**

L'employeur a l'obligation d'établir un état de levée pour tout salarié qui a exercé des options pendant l'année d'imposition. Cet état de levée doit être adressé aux salariés concernés avant le 15 février de l'année suivant celle de la levée. L'employeur doit également adresser, dans les mêmes délais, une copie de l'état de levée à la direction des services fiscaux du lieu de dépôt de la déclaration de résultats de la société. Cet état de levée comporte des mentions obligatoires. Ces obligations sont souvent déléguées à l'établissement financier teneur des comptes de stock-options.

- **À la date de cession des actions**

Lorsque le délai d'indisponibilité de 4-5 ans n'a pas été respecté, l'employeur a l'obligation de produire un état de cession pour tout salarié qui a vendu ou converti au porteur les actions acquises dans le cadre d'un plan de stock-options. Cet état de cession doit être adressé aux salariés concernés avant le 15 février de l'année suivant celle de la cession ou de la conversion.

L'employeur doit également adresser, dans les mêmes délais, une copie de l'état de cession à la Direction des services fiscaux dont dépend le Centre des impôts de chaque salarié concerné.

Le non-respect des obligations déclaratives spécifiques par la société ou par le contribuable entraîne la déchéance du régime de faveur et l'application des éventuelles sanctions, pénalités et intérêts de retard en fonction de l'infraction.

Lorsque la plus-value d'acquisition est traitée en droit fiscal et en droit social comme un salaire (période d'indisponibilité ou obligations déclaratives non respectées), de même qu'en cas de rabais excédentaire, la société française est tenue de reporter le gain dans un bulletin de salaire au nom du salarié et de prélever les charges sociales y afférentes. Toute moins-value de cession est imputable sur la plus-value d'acquisition soumise à charges sociales.

Les obligations déclaratives du salarié

Le salarié[1] doit reporter dans sa déclaration annuelle des revenus (imprimés N° 2042 et 2042C pour l'année 2009) les gains d'acquisition et de cession réalisés,

1. Résident fiscal français.

respectivement l'année de levée des options (rabais excédentaire) et l'année de cession des actions (plus-values d'acquisition et de cession). Les reports dans la déclaration annuelle des plus-values d'acquisition sont les suivants :

- **Options attribuées entre le 20.09.1995 et le 27.04.2000 :** Si la cession est intervenue après l'expiration de la période d'indisponibilité de cinq ans, la totalité du gain ainsi déterminé est à reporter en case 3VI de l'imprimé complémentaire 2042C.
- **Options attribuées à compter du 27.04.2000 :** En cas de cession réalisée après l'expiration du délai d'indisponibilité de 4 ans, la plus-value d'acquisition est à reporter en case 3VI / 3VF de l'imprimé 2042C selon le montant du gain réalisé (fraction inférieure à 152 500 € en case 3 VI, fraction supérieure à 152 500 € en case 3VF).

Si la cession est intervenue avant l'expiration du délai d'indisponibilité de quatre ans, la plus-value d'acquisition est à reporter en case TV/UV, TW/UW, TX/UX de l'imprimé 2042C, cadre 1, selon le nombre d'années écoulées entre la date d'attribution et la date de cession. La plus-value d'acquisition doit être reportée pour son montant net. Si la cession est intervenue avant l'expiration du délai d'indisponibilité dans un des cas énoncés par l'article 91ter de l'annexe II du Code Général des Impôts (décès, invalidité, licenciement ou mise à la retraite sous certaines conditions, *cf. infra*), ce sont les obligations déclaratives après l'expiration du délai d'indisponibilité qui s'appliquent.

Si le salarié choisit de soumettre la plus-value d'acquisition au taux progressif d'imposition (au lieu du taux forfaitaire applicable aux plus-values), le gain est à reporter en case VJ /VK de l'imprimé 2042C, cadre 3.

Par ailleurs, la plus-value de cession éventuelle est à déclarer dans les conditions de droit commun. Il convient donc de remplir le cas échéant une déclaration des plus-values (formulaire 2074), la totalité du gain ainsi déterminé est à reporter en case 3VG de l'imprimé 2042. Enfin, le salarié doit annexer à sa déclaration des revenus les états de levée et de cession, le cas échéant, qui lui ont été transmis par son employeur.

Pour les options attribuées à compter du 16 octobre 2007, le gain de levée d'options est porté en case 3VS pour être assujetti à la contribution sociale de 2,5 %.

2.3 Le régime fiscal et social

Traitement du gain d'exercice

- Plans non qualifiés

Les gains d'exercice issus de plans considérés comme non qualifiés sont soumis lors de la levée de l'option :

– aux prélèvements de sécurité sociale (en moyenne 20 % pour le salarié et 45 % pour l'employeur) ;
– au barème progressif de l'impôt sur le revenu (soit les taux progressifs par tranches allant de 0 % à 40 % pour les revenus 2009), dans la catégorie des traitements et salaires.

• **Plans qualifiés**

Le rabais excédant 5 % de la valeur moyenne du titre[1] lors de l'octroi est considéré comme un complément de salaire et est soumis à cotisations sociales et impôt sur le revenu lors de la levée de l'option.

Exemple

Reprenons notre exemple précédent proposant une option au prix de 36 € (avec rabais de 9 €). Le bénéficiaire, lors de la levée de l'option, est imposable sur la fraction du rabais supérieure à 5 % × 45 € = 2,25 €, c'est-à-dire sur 6,75 € par action.

L'imposition du gain d'exercice, et de tout rabais n'excédant pas la limite de 5 % définie précédemment, est reportée à la date de cession des titres acquis lors de la levée des options. Par ailleurs, à condition, d'une part, que la période d'indisponibilité (5 ans pour les options attribuées avant le 27 avril 2000 et 4 ans pour les options attribuées à compter de cette date) puisse être décomptée entre la date d'octroi des options et la date de cession des titres et, d'autre part, que les obligations déclaratives soient satisfaites, les gains d'exercice peuvent être exonérés de cotisations de sécurité sociale et imposés à l'impôt sur le revenu aux taux proportionnels indiqués dans le « Repères » suivant.

Repères

Pour les options attribuées avant le 27 avril 2000

– 18 % (+12,1 % de prélèvements sociaux) pour les options attribuées avant le 20 septembre 1995 ;

– 30 % (+12,1 % de prélèvements sociaux)[1] pour les options attribuées après le 20 septembre 1995 mais avant le 27 avril 2000 ;

Pour les options attribuées à compter du 27 avril 2000

– 30 %, pour la fraction du gain d'exercice inférieure ou égale à 152 500 euros (+12,1 % de prélèvements sociaux)[1] et

– 40 %, pour la fraction du gain d'exercice supérieure à 152 500 euros (+12,1 % de prélèvements sociaux)[1].

1. La valeur de marché du titre servant de référence pour la détermination du « rabais excédentaire » est la moyenne des cours durant les 20 séances précédant l'octroi des options ou le prix moyen des rachats des titres par la société.

Si les titres sont conservés pendant une période supplémentaire d'au moins deux années courant à compter (i) de l'expiration de la période d'indisponibilité fiscale de 4 ans calculée à partir de la date d'octroi (ii) mais aussi de l'exercice des options, le taux proportionnel est réduit comme suit :

– 18 %, pour la fraction du gain d'exercice inférieure ou égale à 152 500 euros (+12,1 % de prélèvements sociaux) ;

– 30 %, pour la fraction du gain d'exercice supérieure à 152 500 euros (+12,11 % de prélèvements sociaux)[1].

1. Le bénéficiaire peut toutefois opter pour l'imposition selon le barème progressif et l'imposition dans la catégorie des traitements et salaires si son taux marginal d'imposition est inférieur au taux proportionnel applicable.

Si les conditions tenant à la période d'indisponibilité de 4-5 ans ainsi qu'aux obligations déclaratives sont satisfaites, le gain d'option peut être complètement exonéré d'impôt sur le revenu si le montant total des cessions réalisées par le contribuable ainsi que les membres de son foyer fiscal n'excède pas, au cours de l'année fiscale considérée, un certain plafond (25 730 € pour les revenus 2009 et 25 830 € à compter du 1er janvier 2010).

Si la période d'indisponibilité de 4/5 ans n'est pas respectée, le gain d'exercice est imposé comme un complément de salaire au barème progressif d'impôt sur le revenu (au taux de 0 % à 40 % pour les revenus 2009). La règle dite « du quotient » est appliquée automatiquement et limite ainsi l'effet de la progressivité. Le gain d'exercice est également soumis à cotisations sociales (approximativement 45 % pour l'employeur et 20 % pour le salarié)[1].

Exemple

Une option est attribuée le 1er janvier 2005 et levée le 1er janvier 2009. Si le bénéficiaire de l'option fait une levée/vente, la partie de l'avantage inférieure à 152 500 € supporte un taux global de 42,1 % et celle supérieure un taux de 52,1 %. S'il décide de ne vendre ses titres issus de la levée que le 1er janvier 2011, on considère qu'il les a porté deux ans après l'achèvement de la période d'indisponibilité, et donc, il va bénéficier du taux réduit de 30,1 % pour la fraction inférieure à 152 500 € et 42,1 % au-delà. La durée totale est alors de 6 années entre l'attribution et la cession.

Si dans le même exemple, il ne lève l'option que le 1er janvier 2011, il doit conserver les titres jusqu'au 1er janvier 2013 pour bénéficier des taux réduits, soit une durée totale de 8 années entre l'attribution et la cession.

Traitement de la plus-value de cession

Toute plus-value de cession est imposée, lors de la cession, au taux proportionnel de 18 % (30,1 % prélèvements sociaux inclus). La plus-value est exonérée d'impôt

1. Voir *supra* pour modalités de report dans la déclaration des revenus.

sur le revenu si le montant total des cessions réalisées par le contribuable ainsi que les membres de son foyer fiscal n'excède pas, au cours de l'année fiscale considérée, un certain plafond (25 730 € pour les revenus 2009 et 25 830 € depuis le 1er janvier 2010).

Par ailleurs, la plus-value de cession peut bénéficier du mécanisme de l'abattement pour durée de détention (article 150-0D bis du CGI).

Voir le tableau récapitulatif page suivante.

Règles d'imputation des plus ou moins-values

- **Options attribuées jusqu'au 19 juin 2007**

Les moins-values de cession de valeurs mobilières sont imputables sur le montant des gains de levée d'options et ce, quel que soit le taux d'imposition applicable à ces gains sauf en cas d'options pour l'imposition des gains de levée d'options selon les règles des traitements et salaires.

- **Options attribuées à compter du 20 juin 2007**

Le fait que le gain de levée d'option ne soit plus imposé dans les conditions de l'article 150-O A du CGI (plus-values mobilières des particuliers) conduit à ce que les moins-values de cession d'autres valeurs mobilières ou de droits sociaux subies, le cas échéant, au cours d'une année par les membres du foyer fiscal, ne soient plus imputables sur le gain de levée d'option.

Repères — **Nouveauté**

Dans l'optique d'un alourdissement de la fiscalité applicable aux stock-options, a été votée dans la Loi de Financement de la sécurité sociale pour 2008 une contribution patronale de 2,5 % sur les stock-options. En pratique, la contribution est fixée à 10 %, assise au choix de l'employeur sur 25 % de la valeur des actions sur lesquelles portent les options à la date d'attribution (soit un taux de 2,5 %) ou à la juste valeur des options attribuées selon la méthode retenue pour l'établissement des comptes consolidés respectant les normes comptables internationales. Une contribution de 10 % est également instaurée sur les actions gratuites. Dans le même temps, est instaurée une cotisation salariale de 2,5 % sur les plus-values d'acquisition des stock-options dégagées par le bénéficiaire lors de la levée ou sur la valeur des actions gratuites à leur date d'acquisition (due lors de la cession). À titre pratique, ces gains seront reportés dans une case spécifique de la déclaration 2042 (case VS) pour être assujettis à la contribution salariale de 2,5 %.

Ces dispositions s'appliquent aux stock-options et attribution gratuite d'actions consenties à compter du 16 octobre 2007 (la circulaire de la Direction de la Sécurité Sociale du 8 avril 2008 précise les conditions de mise en œuvre de cette contribution).

Tableau 22.1 — Le traitement fiscal et social des gains d'options

1. PLUS-VALUE D'ACQUISITION		
Options attribuées avant le 20/09/1995		
Cession **après** 5 ans[1]	**18 % + 12,1 %**[2]	
Options attribuées entre le 20/09/1995 et le 27/04/2000		
Cession **après** 5 ans[1]	**30 % + 12,1 %**[2] **(ou option pour le barème progressif sans quotient)**[5]	
Options attribuées depuis le 27/04/2000		
	Fraction de plus-values ≤ 152 500 euros[3]	**Fraction de plus-values > 152 500 euros**[3]
Cession **avant** 4 ans	Imposition comme un salaire (application du barème progressif) avec application éventuelle du système du quotient Cotisations sociales	Imposition comme un salaire (application du barème progressif) avec application éventuelle du système du quotient Cotisations sociales
Cession **après** 4 ans mais **avant** l'expiration du **délai de portage des actions de 2 ans**	**30 % + 12,1 %**[4] ou option pour le barème progressif sans quotient[5]	**40 % + 12,1 %**[4] ou option pour le barème progressif sans quotient[5]
Cession **après** 4 ans mais **après** l'expiration du **délai de portage des actions de 2 ans**	**18 % + 12,1 %**[4]	**30 % + 12,1 %**[4] **ou option pour le barème progressif sans quotient**[5]
2. PLUS-VALUE DE CESSION		
Imposition au taux de 18 % + 12,1 %[2]		

1. Par hypothèse, compte tenu de l'ancienneté des options.
2. Si le montant total de cessions de valeurs mobilières du foyer fiscal excède 25 830 euros à compter du 1er janvier 2010. Taux de prélèvements sociaux en vigueur depuis 1er janvier 2009.
3. La fraction d'acquisition excédant 152 500 € correspond au cumul éventuel des gains d'acquisition annuels.
4. Augmenté de la contribution salariale spécifique de 2,5 % pour les options attribuées à compter du 16 octobre 2007.
5. Le gain reste assujetti aux prélèvements sociaux dus au titre des revenus du patrimoine.

2.4 Les exceptions au délai d'indisponibilité de quatre ou cinq ans

Exceptions visées

Le délai de quatre ans n'est pas opposable dans les cas prévus par l'article 91 ter de l'annexe II du Code général des impôts, à savoir :

– licenciement du titulaire ;
– mise à la retraite ;
– invalidité ;
– décès du titulaire.

L'invalidité correspond au classement dans la deuxième ou la troisième des catégories prévues à l'article L. 341-4 du Code de la sécurité sociale. La mise à la retraite s'entend de la situation juridique prévue par les articles L. 122-14-12 et 13 du Code du travail qui prévoient la possibilité pour l'employeur de rompre le contrat de travail d'un salarié :

- qui a atteint l'âge légal ou conventionnel (i.e. prévu par la convention collective ou le contrat de travail) de la retraite ;
- ET peut bénéficier d'une pension de vieillesse au taux plein.

Les salariés qui partent volontairement à la retraite ne sont pas concernés par cette mesure d'exception et doivent ainsi respecter le délai d'indisponibilité.

Conditions et étendue du maintien du régime de faveur

Dans les deux premières situations (licenciement et mise à la retraite), le gain d'acquisition est imposé comme une plus-value et non comme un salaire, malgré le non-respect de la période de quatre ans, à condition que les options aient été levées au moins trois mois avant la date de réalisation de l'événement, c'est-à-dire. du licenciement ou de la mise à la retraite, et que la cession des actions sous-jacentes intervient après le licenciement ou la mise à la retraite.

La date de licenciement est la date d'envoi de la lettre recommandée de licenciement et non plus celle de sa réception par le salarié (arrêt de la Chambre sociale de la Cour de Cassation du 26 septembre 2006). La date de la mise à la retraite est celle de la cessation du contrat de travail, c'est-à-dire la date à laquelle doit s'apprécier la situation du salarié au regard de son droit à pension (instruction du 29 décembre 1992).

Au regard de l'ISF

L'option attribuée dans le cadre d'un plan de stock-options est personnelle à son titulaire, et n'a donc pas de valeur patrimoniale. Ainsi, la valeur de l'option n'est pas imposable à l'ISF. En revanche, les actions issues de la levée des options figurent à l'actif de l'ISF. Ces actions pourront bénéficier des dispositions de l'article 885 I quarter du CGI permettant une exonération de 75 % de la valeur des titres détenus par les dirigeants et salariés, sous la condition de conserver les titres pendant 6 ans.

Conclusion

Les instruments d'épargne salariale ont pour objectif premier de permettre la fidélisation des salariés, et surtout des dirigeants, à un moindre coût. Cependant, la loi NRE a durci la fiscalité des stock-options rendant moins attractif ce type d'instrument. La loi de Finances pour 2005 a introduit un nouvel outil de rémunération : l'attribution d'actions gratuites. Selon une enquête réalisée par un cabinet d'audit les actions gratuites sont en train de prendre le pas sur les stock-options. Alors qu'en 2005, 85 % des attributions d'actions relevaient de plan de stock-options, en 2006, 55 % de ces attributions sont constituées par des plans d'actions gratuites, associés ou non à des conditions de performance et/ou de présence. Il est vrai que les plans d'actions gratuites constituent, pour les entreprises, un outil de motivation plus attrayant aux yeux de leurs salariés que les stock-options puisqu'ils leur donnent droit à un gain certain, quelle que soit l'évolution du cours de l'action en bourse alors que leur coût comptable est quasi identique à celui des stock-options.

Section 2 LES PISTES D'OPTIMISATION

Les stock-options constituant souvent des éléments significatifs du patrimoine, il convient de les intégrer dans une réflexion globale. Mais comment limiter l'impact fiscal ? Des pistes d'optimisation existent en fonction des objectifs patrimoniaux du titulaire du plan.

1 Levée des options en imposant la plus-value d'acquisition au barème de l'impôt sur le revenu (IR)

Selon l'article 200A-6 du CGI, il est possible pour le bénéficiaire de stock-options de réintégrer la plus-value d'acquisition dans la rubrique « traitements et salaires », de manière à profiter de l'abattement de 10 % restant disponible, le cas échéant, plafonné à 13 948 € (barème IR 2009) sur les sommes déclarées.

Exemple

Monsieur Conseil, 42 ans, marié et 2 enfants (3 parts fiscales), déclare l'année de la cession de ses actions issues de la levée de son plan de stock-options, un revenu imposable de 100 000 € ainsi qu'une plus-value d'acquisition de 40 000 €.

Son plan lui a été attribué le 31 mai 2000 et l'opération de « levée – vente » a eu lieu le 7 juillet 2009. Il a le choix entre :

– être imposé au taux forfaitaire de 30 % pour la partie de la plus-value d'acquisition inférieure à 152 500 € ;

– être imposé sur option à l'impôt sur le revenu dans la catégorie des traitements et salaires.

	Solution n°1 : Régime de plein droit (plus-values)*	Solution n°2 : Option imposition « traitements et salaires »*
Salaires	100 000 €	100 000 €
Plus-value acquisition	40 000 €	40 000 €
Abattement de 10 %	– 10 000 €	– 13 948 €
Imposition globale	23 430 € **	22 245 €
Prélèvements sociaux	4 840 €	4 840 €

* Barème IR 2009.
** dont impôt sur plus-value d'acquisition : 12 000 €.

La différence d'impôt à payer de 1 185 € entre la solution n°1 et la solution n° 2 est due à l'impact de l'abattement disponible de 10 %. Celui-ci joue son plein effet sur la solution n° 2 puisqu'il permet une réduction de la base imposable, ici de 3 948 €. Le taux moyen d'imposition passe de 18,02 % à 17,65 % (hors prélèvements sociaux).

2 Levée des options en imposant la plus-value d'acquisition au barème de l'IR et en créant un déficit imputable par ailleurs

L'imposition de la plus-value d'acquisition dans la catégorie des « traitements et salaires » permet d'envisager une stratégie de défiscalisation. En effet, cela permet de créer un déficit imputable sur une autre catégorie de revenus, et réduire la base imposable au barème progressif.

Exemple

Monsieur Conseil s'est vu proposer un projet de défiscalisation de 100 000 € qui lui permettra, lors de l'établissement de sa déclaration n° 2042, de créer un déficit imputable sur son revenu global de 40 000 € l'année de son investissement.

	Option imposition « traitements et salaires » + défiscalisation*
Salaires	100 000 €
Plus-value acquisition	40 000 €
Abattement de 10 %	– 13 948 €
Déficit imputable du revenu global	– 40 000 €
Imposition globale	10 245 €
Prélèvements sociaux	4 840 €

* Barème IR 2009.

Intégrer une stratégie de défiscalisation pour gommer l'impôt ne doit pas être l'unique but de cette stratégie. Courir après une réduction d'impôt ne doit pas être le seul leitmotiv du bénéficiaire du plan car le coût de l'investissement est généralement plus cher que l'impôt lui-même. L'objectif doit toujours rester patrimonial.

3 Substituer la plus-value de cession à la plus-value d'acquisition

Cette piste permet, lorsque le règlement du plan de stocks-options l'autorise, d'exercer son droit pour acquérir les titres et anticiper une envolée du cours de l'action après la fin du délai d'indisponibilité fiscale. On « échange » ainsi de la plus-value d'acquisition contre une plus-value de cession dont le taux d'imposition, lorsque le seuil de cession de 25 830 € (à compter du 1er janvier 2010) est dépassé, est systématiquement de 30,1 % (dont 12,1 % de prélèvements sociaux).

Si l'évolution du cours de l'action est positive entre le jour de la levée et celui de la cession, cette anticipation aura permis de réduire la plus-value imposée au taux majoré. Par ailleurs, dans l'hypothèse d'un licenciement ou d'une démission, les titres sont définitivement acquis dans le patrimoine du bénéficiaire. L'inconvénient est de prendre le risque de subir une fluctuation négative du cours de l'action et de supporter le coût de portage lié au financement du prix d'exercice. On notera que cela implique également la taxation des actions à l'ISF pour les contribuables assujettis.

Pour nos exemples ci-après, nous faisons référence à la fiscalité des revenus 2009.

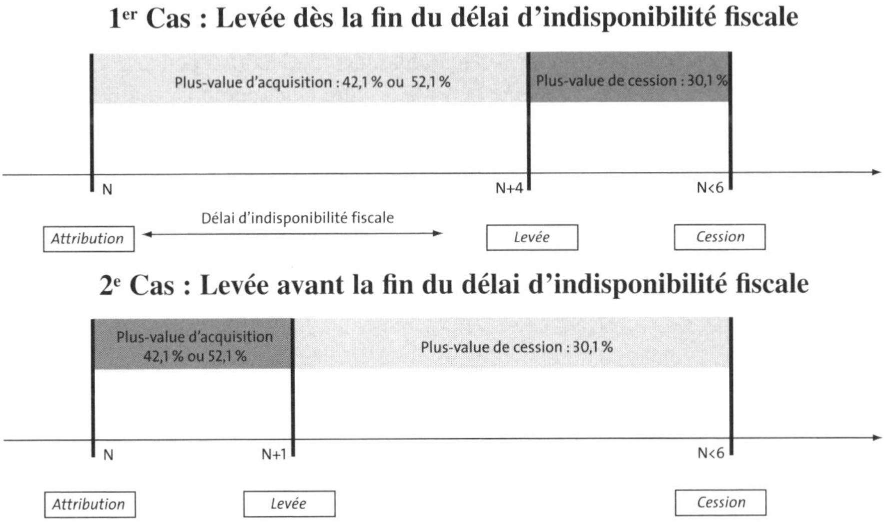

Figure 22.4

Exemple

Monsieur Invest a bénéficié d'un plan de stock-options le 23 août 2003 dont les données sont les suivantes :

Nombre d'options : 10 000

Valeur d'attribution : 5 €

Date de fin d'indisponibilité fiscale : 23 août 2007

Cours du 24 août 2003 : 10 €

Cours du 26 août 2007 : 25 €

Cours du 20 août 2009 : 60 €

1er cas : M. Invest lève ses options le 26 août 2007…

Plus value d'attribution constatée = 10 000 × (25 – 5) = 200 000 €

… et vend l'intégralité de son portefeuille le 20 août 2009

Plus value de cession = 10 000 × (60 – 25) = 350 000 €

Impôt PVA : (152 500 × 30 %) + (47 500 × 40%) = 64 750 €

Impôt PVC : (350 000 × 18 %) = 63 000 €

Prélèvements sociaux : (200 000 + 350 000) × 12,1% = 66 550 €

} **194 300 €**

2e cas : M. Invest lève ses options le 24 août 2003…

Plus value d'attribution constatée = 10 000 × (10 – 5) = 50 000 €

… et vend l'intégralité de son portefeuille le 20 août 2009

Plus value de cession = 10 000 × (60 – 10) = 500 000 €

Impôt PVA : (50 000 × 30 %) = 15 000 €

Impôt PVC : (500 000 × 18 %) = 90 000 €

} **171 550 €**

Prélèvements sociaux : (500 000 + 50 000) × 12,1% = 66 550 €

Le pari fait sur l'envolée du titre a fonctionné. Le gain « brut » est de 22 750 €, auquel il conviendra de soustraire l'ISF lié à l'enrichissement d'actions pendant la période de détention des titres. Si, dans la même période, le titre avait perdu la moitié de sa valeur, le bénéficiaire du plan aurait pu imputer, comme nous le verrons plus loin, la moins-value de cession sur la plus-value d'acquisition. Maigre consolation puisqu'il aurait surtout accusé une perte en capital.

4 Levée et portage

Pour les plans attribués depuis le 27 avril 2000, et selon que les titres aient ou n'aient pas été conservés pendant deux ans après la période d'indisponibilité fiscale, la plus-value d'acquisition subira l'impôt à des taux différents. En effet, lever des options après la période d'indisponibilité fiscale donne la possibilité à son bénéficiaire de bénéficier d'un régime de faveur dont les taux d'imposition sont différents selon le respect d'un délai de portage.

Exemple

Madame Optimis a 52 ans, elle est mariée et a 3 enfants. Le 16 avril 2001, elle s'est vue attribuer un plan de stock-options qu'elle a levé dans le courant de l'année 2009. Les données sont les suivantes :

Nombre d'options : 20 000

Prix d'attribution : 10 €

Cours au jour de la levée : 40 €

Plus-value d'acquisition : 600 000 €

Elle se demande à quel moment vendre ses actions pour optimiser la fiscalité relative à la plus-value d'acquisition (PVA).

Levée / vente sans portage :

Impôt total = (152 500 × 30%) + (600 000 – 152 500) × 40% = **224 750** €

Prélèvements sociaux = 600 000 × 12,1% = **72 600 €**

Levée des options et portage des titres pendant deux années :

Impôt total = (152 500 × 18%) + (600 000 –152 500) × 30% = **161 700** €

Prélèvements sociaux = 600 000 € × 12,1% = **72 600** €

Contrairement à la première situation où aucun effort de trésorerie n'est demandé au porteur d'options, la seconde hypothèse, qui génère un gain de 63 050 €, demande de disposer de liquidités conséquentes pour lever ses options et pouvoir attendre la fin du délai de portage. Dans le cas où le bénéficiaire du plan ne dispose pas des fonds nécessaires pour lever son plan, le recours à l'emprunt reste une solution envisageable.

5 Différer l'enrichissement par la levée des options au sein du Plan épargne entreprise (PEE)

Depuis la loi NRE du 15 mai 2001 (art. L. 443-6 du Code de travail), il est possible d'utiliser les avoirs indisponibles au sein du PEE ou PEI (Plan Épargne Interentreprises) pour lever ses options. Les actions souscrites à l'aide de ces fonds sont alors inscrites sur le Plan d'Épargne Entreprise. Le régime fiscal des PEE s'applique et les actions issues de la levée sont inscrites dans un compartiment spécial. Elles sont indisponibles pendant une période de cinq ans à compter de la levée, les cas de déblocage anticipé n'étant pas admissibles pour les titres issus de plans de stocks-options, à l'exception du décès du bénéficiaire. Lors de la délivrance des fonds du PEE, les gains (plus-values et dividendes) éventuels seront taxés au titre des prélèvements sociaux uniquement. L'impôt sur les plus-values d'acquisition et de cession est alors gommé (au terme du délai de 5 ans).

Exemple

Madame Optimis possède un PEE ouvert en 2000 dans la même société qui lui a attribué son plan de stock-options. Chaque année, elle y investit ses liquidités. **Avant** l'opération de levée des options de son plan, le PEE se compose comme suit :

	Nombre Actions	Prix Acquisition	Cours actuel
Liquidités			60 000 €
Actions « S » acquises en 2000	1 000	22 000 €	40 000 €
Actions « S » acquises en 2001	1 500	35 000 €	60 000 €
FCP « Profil prudent » acquis en 2002	2	20 000 €	30 000 €
Actions « S » acquises en 2003	1 500	45 000 €	60 000 €
Actions « S » acquises en 2004	1 200	38 000 €	48 000 €
Actions « S » acquises en 2005	3 000	95 000 €	120 000 €
Actions « S » acquises en 2006	1 500	50 000 €	60 000 €
Actions « S » acquises en 2007	500	16 000 €	20 000 €
Actions « S » acquises en 2008	625	24 000 €	25 000 €

Les avoirs indisponibles cumulés se composent ici des liquidités et des actions acquises de 2006 à 2008, soit 225 000 €. Ces avoirs pourront être utilisés par Madame Optimis afin de lever ses options et acquérir ainsi 20 000 actions de la société « S » au prix de 200 000 € (20 000 × 10 €) au sein de son PEE. Afin de dégager les liquidités nécessaires à la réalisation de cette opération, Madame Optimis vend la quasi intégralité des actions « S » indisponibles.

	Levée puis vente au sein du compte titres, pendant le délai de portage	Levée puis vente au sein du compte titres après délai de portage	Levée au sein du PEE et vente après le délai d'indisponibilité de 5 ans
Prix d'acquisition global	200 000 €	200 000 €	200 000 €
Cours au jour de la levée	800 000 €	800 000 €	
Plus-value d'acquisition	600 000 €	600 000 €	
Prix de cession global*	900 000 €	900 000 €	900 000 €
Plus-value de cession	100 000 €	100 000 €	700 000 €
Impôt plus-value d'acquisition	297 350 €	234 300 €	0 €

	Levée puis vente au sein du compte titres, pendant le délai de portage	Levée puis vente au sein du compte titres après délai de portage	Levée au sein du PEE et vente après le délai d'indisponibilité de 5 ans
Dont prélèvements sociaux	72 600 €	72 600 €	0 €
Impôt plus-value de cession	30 100 €	30 100 €	0 €
Dont prélèvements sociaux	12 100 €	12 100 €	0 €
Prélèvements sociaux à la délivrance des fonds	0 €	0 €	84 700€

* Cession du titres « S » dans le courant de l'année 2009 pour 45 €. Taux des prélèvements sociaux en vigueur l'année de la simulation, soit 2009.

L'opportunité fiscale de pouvoir utiliser les fonds indisponibles du plan d'épargne entreprise doit suivre un projet patrimonial bien défini à l'avance. Dans l'exemple de Madame Optimis, en fin d'année 2009, son disponible financier pour faire face à un éventuel imprévu n'est plus que de 98 000 € contre 298 000 € en début d'année.

6 La purge des plus-values d'acquisition et de cession par la donation

Vendre un actif pour donner le fruit de la cession revient à être doublement taxé, au titre de la plus-value de cession et au titre des droits de mutation le cas échéant. Ceci est d'autant plus vrai dans le cas des stock-options puisque l'imposition de la plus-value d'acquisition vient s'ajouter aux deux impôts déjà cités. Inverser la chronologie des évènements peut avoir tout son sens lorsque l'on peut, par ce biais, gommer l'intégralité de l'imposition sur la plus-value d'acquisition et la plus-value de cession, dans l'hypothèse où la donation a lieu postérieurement au délai d'indisponibilité fiscale.

En effet, donner des titres préalablement à la cession donne l'avantage de pouvoir effacer la plus-value d'acquisition et la plus-value de cession et de profiter des abattements liés aux transmissions à titre gratuit.

S'il est évident que la donation efface la plus-value de cession, une controverse existait quant à l'effacement de la plus-value d'acquisition. Cette question a été résolue par la réponse ministérielle Chartier du 25 avril 2006 qui valide désormais la purge de la plus-value d'attribution afférente au droit transmis. S'il s'agit de la pleine propriété des titres, toute la plus-value d'acquisition est purgée. Lorsque la donation ne porte que sur la nue-propriété, lors de la cession des titres levés, l'impôt afférent à la plus-value d'acquisition liée à l'usufruit demeure imposable et payable par le nu-propriétaire. C'est également lui qui est redevable de l'imposition de la plus-value de cession calculée sur la valeur de la pleine propriété.

La loi TEPA du 21 août 2007 a relevé les abattements de donation en ligne directe. Ainsi, chaque parent peut donner à chacun de ses enfants 156 974 € (barème 2010) en exonération de droits de mutation. Cette loi prévoit également que pour toutes les options attribuées à compter du 20 juin 2007, la donation donnera désormais lieu à taxation de la plus-value d'acquisition des titres entre les mains du donateur.

Cette technique permet donc de lever ses options et d'acquérir des titres qui pourront être donnés aux enfants. Ce sont ces derniers qui vendront leurs nouveaux actifs. La valeur d'entrée dans le patrimoine des enfants correspond au cours du titre au jour de la donation.

Remarque

En cas de donation pendant le délai d'indisponibilité de titres issus de la levée d'options, le gain de levée d'option est imposé au titre de l'année de la donation, selon les règles des traitements des salaires.

Exemple

Madame Épargne (58 ans) souhaiterait transmettre l'intégralité de la valeur de ses stock-options à chacun de ses deux enfants. Deux solutions lui sont proposées :

– opérer une levée/vente sur son plan de stock-options puis donner les liquidités ;

– lever les options et consentir une donation de la pleine propriété des titres préalablement à une cession.

Hypothèse 1 : Opérer une levée / vente sur son plan de stock-options pour donner les liquidités à ses 2 enfants

	Levée / Vente puis donation des capitaux aux enfants
Prix global d'attribution	200 000 €
Valeur globale au jour de levée/vente	800 000 €
Plus-value d'acquisition globale	600 000 €
Impôt plus-value d'acquisition	297 350 €
Dont prélèvements sociaux	72 600 €
Enrichissement net	302 650 €
Donation aux enfants	302 650 €
Droits de mutation*	0 €
Montant transmis aux enfants	302 650 €

* Prise en charge des droits par les enfants (taux 2010).

Hypothèse 2 : Lever des options et donation de la pleine propriété des titres préalablement à une cession

	Donation en pleine propriété des titres aux enfants et cession ultérieure
Prix global d'attribution	200 000 €
Valeur globale au jour de la levée	800 000 €
Plus-value d'acquisition globale	600 000 €
Valeur du portefeuille donné	800 000 €
Droits de mutation*	45 853 €
Vente des titres par les enfants	800 000 €
Enrichissement des enfants	754 147 €
Enrichissement du groupe familial	554 147 €

* Prise en charge des droits par les enfants (taux 2010).

Cette stratégie, intéressante de par l'économie d'impôts réalisée, ne peut se faire que dans l'hypothèse où le titulaire du plan de stock-options possède les liquidités pour lever son plan. En effet, dans l'exemple de Madame Epargne, cette dernière doit, pour lever ses options et transmettre à ses enfants, acheter les actions au prix d'attribution (200 000 €), ce qui suppose qu'elle dispose du financement nécessaire. Si elle ne peut pas financer cette acquisition par fonds propres, l'emprunt peut être opportun et pas uniquement que d'un point de vue financier…

7 La donation avec charges

La prise en charge du passif par les enfants est une opération à effet de levier conséquent, qui reste complexe à réaliser dans la pratique. Nous allons voir que ce schéma nécessite l'intervention d'un notaire patrimonial maîtrisant parfaitement l'environnement fiscal du schéma pour rédiger l'acte, et qu'il nécessite également l'accord de l'organisme de crédit quant au transfert de la dette.

L'optimisation consiste en la levée des options par le bénéficiaire du plan à l'aide d'un financement par crédit dans un premier temps, puis en la donation des titres et de la charge du crédit aux enfants dans un second temps. Ces derniers céderont ultérieurement leurs actions pour rembourser le crédit et disposer de la différence des fonds.

Exemple

Reprenons l'exemple précédent.

Madame Épargne ne possède finalement pas les liquidités nécessaires pour lever ses stock-options mais désire toujours autant affecter son plan de stock-options à une politique transmissive. Elle s'adresse donc à un établissement financier qui accepte de financer sa levée en lui consentant un emprunt de 200 000 € au taux de 6 % / an. Madame Épargne souscrit donc cet emprunt et finance la levée des options. Elle transmet ensuite à ses 2 enfants à la fois l'actif de 800 000 € et le passif de 200 000 €, soit une donation de 300 000 € par enfant en pleine propriété.

	Donation de l'actif et du passif puis cession des titres par les enfants
Prix global d'attribution	200 000 €
Valeur globale au jour de la levée	800 000 €
Plus-value d'acquisition globale	600 000 €
Étape n° 1 : emprunt	200 000 €
Étape n° 2 : donation concomitante du portefeuille et charge de l'emprunt	
Valeur du portefeuille donné	800 000 €
Donation du passif aux enfants	200 000 €
Base taxable de la donation	600 000 €
Droits de mutation*	25 853 €
Étape n° 3 : vente des titres par les enfants	800 000 €
Étape n° 4 : remboursement de l'emprunt par les enfants	200 000 €
Enrichissement des enfants	574 147 €
Enrichissement du groupe familial	574 147 € (hors charge de l'emprunt)

* Prise en charge des droits par les enfants (taux 2010).

Ce schéma présente l'avantage, pour le donateur, de ne pas avoir à avancer le prix d'acquisition des actions en bloquant, par exemple, des capitaux rémunérés par ailleurs. L'enrichissement des enfants est moindre que l'exemple précédent, toutefois. Il permet l'enrichissement du groupe familial par l'économie des droits de mutation du fait de la réduction de la base imposable. Du fait des schémas de donation, il est important de consolider effectivement « l'intention libérale » par le remploi des capitaux de la part des enfants.

8 Compensation de la plus-value d'acquisition et de moins-value de cession acquises par ailleurs

L'administration autorise les compensations entre moins-value de cession et plus-values d'acquisition. En effet, l'article 150-0 D du CGI prévoit que les moins-values subies au cours d'une année sont imputables sur les plus-values de même nature réalisées au cours de la même année ou des dix années suivantes. Le formulaire 2041 SP permet d'effectuer ces calculs sans erreurs. Les PEA de plus de 5 ans en moins-values et les comptes-titres disposant de moins-values latentes sont donc ici directement concernés.

Cette règle a été modifiée pour les options attribuées à compter du 20 juin 2007 (voir section 1).

Exemple

Monsieur Conseil (3 parts fiscales) a investi, en juillet 1999, 165 000 € sur 15 lignes actions. Aujourd'hui, le compte présente un solde de 113 000 €. Monsieur Conseil n'a jamais effectué de retrait sur ce compte. En revanche, il a perçu les dividendes de ses actions, mais il a surtout pâti de la chute des marchés financiers pendant les 3 années qui ont suivi son investissement. L'année de la cession des titres issus de son plan de stock-options, Monsieur Conseil peut, s'il le décide, vendre les actions détenues dans son compte-titres à hauteur de la plus-value d'acquisition afin de gommer intégralement son imposition ou, dans la proportion qu'il souhaite, afin de minorer la taxation. Quelle que soit l'option retenue, la base imposable sera diminuée et l'imposition réduite en conséquence.

Monsieur Conseil décide de vendre des titres afin de gommer 40 000 € de plus-values d'acquisition.

	Régime de plein droit*
Salaires	100 000 €
Abattement de 10 %	10 000 €
Plus-value d'acquisition	40 000 €
Moins-value de cession / compte titres	– 40 000 €
Imposition globale	**11 430** €
dont impôts sur PVA	**0** €
Prélèvements sociaux	**0** €

* Barème IR 2009.

Nouveauté : La loi de financement de la Sécurité sociale 2010 prévoit l'imposition aux prélèvements sociaux de toutes les plus-values de cessions mobilières à compter du 1er janvier 2010 (ainsi dès le 1er euro de cession).

Chapitre 23

La protection du patrimoine du dirigeant

Sabine VACRATE

Pour un chef d'entreprise, les occasions de voir sa responsabilité mise en cause, et son patrimoine en péril, sont multiples car la gestion de l'exploitation peut donner lieu à de lourdes sanctions pénales et patrimoniales. La responsabilité du dirigeant peut être engagée à l'occasion de faits découlant de la politique commerciale de l'entreprise (publicité mensongère, délit d'initié...), du risque industriel ou commercial (sécurité des produits, atteinte à l'environnement...). Le danger provient également de la gestion sociale (accident du travail, prêt de main-d'œuvre, poursuites de l'URSSAF) et fiscale de l'entreprise (déclarations omises et solidarité de l'article L. 267 LPF...).

En outre, la survenance d'une procédure collective peut être le fait générateur de sanctions patrimoniales (comblement de passif) et pénales (banqueroute). Le patrimoine de l'entrepreneur, en première ligne, est utilisé comme gage des créanciers.

Cette source confuse de périls suppose une veille constante. En effet, s'il y a peu de techniques spécifiques pour instaurer des protections efficaces, la construction s'opère au fil du temps et au gré des circonstances et de la composition de son patrimoine. Les disciplines s'imbriquent alors pour neutraliser les conséquences néfastes du mariage, du PACS, du divorce, du décès, du handicap...

Nous présenterons ainsi successivement le cas de l'entrepreneur individuel (section 1), puis celui du dirigeant de société (section 2), mettrons en évidence les conséquences d'une procédure collective sur sa responsabilité (section 3) ainsi que les conditions de mise en cause de sa responsabilité fiscale et sociale (section 4), pour terminer par des préconisations afin d'optimiser sa protection (section 5). Nous verrons ainsi les meilleures parades qui reposent sur le choix du régime matrimonial, de la structure sociale et la préparation de la dévolution patrimoniale aux héritiers.

Section 1 DANGERS ET PRÉCAUTIONS LIÉS AU STATUT D'ENTREPRENEUR INDIVIDUEL

1 Le risque principal : la confusion des patrimoines professionnel et familial

Dans une entreprise individuelle, l'entrepreneur individuel exerce son activité professionnelle en son nom propre. Souple et peu coûteuse, cette solution ne requiert aucun capital minimum. Toutefois, l'entreprise individuelle n'a pas de personnalité morale tandis que la société est une entité juridique autonome, qui ne se confond pas avec les associés. N'ayant pas de patrimoine distinct de celui de l'entrepreneur, l'entreprise expose, dans une masse commune, le patrimoine du chef d'entreprise au gage de tous ses créanciers. Ces derniers entreront en concours en cas de défaillance personnelle ou professionnelle. Si l'activité de l'entreprise génère des pertes et que ses actifs ne suffisent pas à désintéresser les créanciers, ces derniers pourront saisir les biens personnels de l'entrepreneur.

2 Les préconisations pour instaurer une protection

2.1 La déclaration d'insaisissabilité

La loi du 1er août 2003 pour l'initiative économique a apporté une limitation au principe de confusion des patrimoines, en ajoutant un nouveau chapitre dans le Code de commerce intitulé « De la protection de l'entrepreneur individuel et du conjoint » et contenant les nouveaux articles L. 526-1 à L. 526-4.

Ces nouvelles dispositions permettent, en effet, à l'entrepreneur individuel de faire déclarer insaisissable sa résidence principale. En cas de difficultés dans l'entreprise individuelle, les créanciers de l'entrepreneur pourront toujours saisir les biens personnels de l'entrepreneur, mais plus sa résidence principale. Ce bénéfice est obtenu par une simple déclaration devant notaire, faisant l'objet d'une publicité. Cette formalité ne protège cependant que des dettes contractées par l'exploitant à l'occasion de son activité professionnelle postérieurement à sa déclaration d'insaisissabilité.

La Loi de modernisation de l'Économie (LME), publiée, adoptée le 4 août 2008, a étendu la déclaration à tout bien foncier, qu'il soit ou non bâti, dès lors que le déclarant ne l'a pas affecté à son usage professionnel.

Contenu du dispositif

Seuls les exploitants individuels commerçants, les artisans, les agents commerciaux, les professions libérales et les agriculteurs sont concernés. La déclaration d'insaisissabilité ne joue qu'à l'égard des créances professionnelles, c'est-à-dire des créances nées à l'occasion de l'activité professionnelle du déclarant. Cette déclaration vise les droits détenus sur l'immeuble dans lequel est fixée la résidence principale du déclarant. Peu importe qu'il s'agisse de droits en pleine propriété, en jouissance ou en nue-propriété. Peu importe également que l'immeuble soit un bien propre, commun ou encore indivis. Lorsque l'immeuble est indivis, l'insaisissabilité porte cependant uniquement sur les droits indivis du déclarant.

L'insaisissabilité peut également jouer au profit de l'exploitant qui a sa résidence principale dans un immeuble à usage mixte, professionnel et d'habitation. Dans la première version du dispositif, l'exploitant devait joindre à sa déclaration un état descriptif de division, dans lequel devait être désignée la partie de l'immeuble affectée à l'habitation. De cette façon, seule la partie professionnelle de l'immeuble pouvait être saisie par les créanciers. La LME a supprimé la nécessité de produire ce document, comme le préconisait le garde des sceaux dans une réponse ministérielle du 30 août 2006. La déclaration d'insaisissabilité peut-elle jouer dans le cas où les droits que l'exploitant détient sur sa résidence d'habitation consistent en des parts sociales d'une SCI propriétaire du logement ? *A priori*, une réponse négative s'impose car il ne s'agit que de droits indirects sur l'immeuble d'habitation. Néanmoins, ce cas de figure étant assez répandu, il est probable que le gouvernement ou les tribunaux seront amenés à préciser ce point.

Les modalités de la déclaration d'insaisissabilité

La déclaration doit être faite obligatoirement devant notaire, sous peine de nullité. Cette déclaration doit faire l'objet de formalités de publicité afin de la rendre opposable à tous (notamment aux créanciers de l'exploitant) :

- publication de la déclaration au bureau des hypothèques du lieu de situation de l'immeuble, la date de cette publication marque alors le point de départ de l'insaisissabilité ;
- obligation de porter mention de la déclaration sur le registre de publicité légale à caractère professionnel auquel le déclarant est immatriculé ;
- enfin, si le déclarant est marié sous un régime de communauté (légale ou conventionnelle), il devra justifier que son conjoint a bien été informé des conséquences sur les biens communs des dettes contractées dans l'exercice de sa profession.

Le sort de l'insaisissabilité en cas de cession des droits immobiliers

En cas de cession des droits immobiliers désignés dans la déclaration, le prix obtenu par le déclarant demeure insaisissable à l'égard des créanciers dont les droits sont nés après la publication de la déclaration, à condition toutefois que ce prix soit réemployé par le déclarant dans le délai d'un an pour acquérir sa nouvelle résidence principale. Les droits sur la résidence principale nouvellement acquise restent alors insaisissables par ces créanciers à hauteur des sommes réemployées, dès lors que l'acte d'acquisition contient une déclaration de remploi des fonds. L'acte d'acquisition de la nouvelle résidence principale doit toutefois contenir une déclaration expresse de remploi des fonds (cette déclaration de remploi des fonds est soumise aux conditions de validité et d'opposabilité prévues aux articles L. 526-1 et L. 526-2 du Code de commerce).

Le sort de l'insaisissabilité en cas de dissolution du régime matrimonial de l'entrepreneur

Lorsque la résidence du déclarant relève d'un régime de communauté (légale ou conventionnelle), l'insaisissabilité, en cas de dissolution de la communauté, est maintenue, dès lors que le déclarant a été désigné attributaire du logement. En revanche, dans l'hypothèse où le logement aurait été attribué à son conjoint n'exerçant pas l'activité professionnelle, les créanciers de celui-ci pourront pratiquer une saisie sur l'immeuble, puisque l'insaisissabilité ne couvre que les dettes professionnelles du déclarant. À l'inverse, aucune saisie ne pourra être pratiquée sur l'immeuble attribué au conjoint au titre des dettes professionnelles contractées par l'exploitant postérieurement à la publication de sa déclaration.

La fin de la protection de la résidence principale

La protection de la résidence principale prend fin dans les cas suivants :

- Décès du déclarant : le décès du déclarant emporte révocation de l'insaisissabilité, du moins pour l'avenir. L'insaisissabilité demeure, en effet, efficace vis-à-vis de toutes les dettes professionnelles nées avant le décès, y compris celles qui ne sont exigibles qu'après cette date. Les héritiers légataires de la résidence du défunt n'auront donc pas à subir de saisie de l'immeuble du fait de dettes contractées par ce dernier à l'occasion de l'exercice de son activité avant son décès.
- Révocation de sa déclaration par le déclarant.
- Dissolution du régime matrimonial lorsque le bien est attribué au conjoint du déclarant.

La LME donne désormais la possibilité au déclarant de renoncer à l'insaisissabilité de tout ou partie des biens au profit d'un ou plusieurs créanciers. La loi nouvelle précise que, en cas de cession de sa créance par le créancier bénéficiaire de la renonciation, le cessionnaire peut se prévaloir de celle-ci (C. com. art. L. 523-3, al. 4 modifié). La renonciation doit se faire par acte authentique publié à la conservation des hypothèques et non au RCS, ce qui ne manquera pas de poser des problèmes d'accès à l'information pour le créancier.

2.2 Le choix du régime matrimonial adéquat

Les dangers du régime légal

L'entrepreneur individuel doit porter une attention toute particulière à son régime matrimonial. Il est opportun de conclure un contrat de mariage pour choisir un régime de séparation de biens ou de participation aux acquêts qui permettent, en effet, de protéger les biens du conjoint. À l'inverse, dans un régime communautaire, les créanciers de l'entreprise peuvent saisir non seulement les biens de l'entrepreneur, mais également les biens du conjoint. Le danger est d'autant plus grand que la communauté réduite aux acquêts (régime légal) s'applique automatiquement aux époux qui décident de ne pas faire de contrat devant notaire, avant de se marier. L'article 1401 du Code civil dispose, en effet, que « la communauté se compose activement des acquêts faits par les époux ensemble ou séparément durant le mariage, et provenant tant de leur industrie personnelle que des économies faites sur les fruits et revenus de leurs biens propres ». L'ensemble des biens acquis après le mariage (hors successions et donations) appartient donc aux deux conjoints à parts égales. En cas de divorce, il faut donc partager la totalité du patrimoine commun même s'il se compose exclusivement de biens financés par l'un des époux seulement.

Rappelons, en outre, que la communauté contrarie l'autonomie professionnelle des époux car elle exige l'intervention du conjoint à l'occasion de certains actes stratégiques de la vie professionnelle : acquisition de titres, emprunt, caution, aval, octroi de garantie.

Les préconisations

- **La séparation de biens**

Ce régime pose un principe d'indépendance entre les époux, tant sur le plan de la répartition de leur patrimoine que sur celui des droits de leurs créanciers et sur la répartition des pouvoirs. Cette solution est idéale pour des époux susceptibles d'exercer des activités professionnelles indépendantes, souvent exposées au risque de défaillance.

- **La séparation de biens avec société d'acquêts**

Ce régime conventionnel constitue un moyen adapté à la création d'une communauté plus réduite que la communauté légale actuelle. Les biens des conjoints restent en partie séparés, et seuls les investissements effectués au cours de la vie commune, via la société d'acquêts, sont mis en commun et donc partagés en deux parts égales en cas de rupture ou de décès. Ce régime est souvent choisi par des époux animés de l'inspiration communautaire, sans être désireux de faire tomber en communauté les actifs professionnels ou leurs gains et salaires.

- **La participation aux acquêts**

Aux termes de l'article 1569 alinéa 1 du Code civil, « pendant la durée du mariage, ce régime fonctionne comme si les époux étaient mariés sous le régime de séparation de biens ». On associe, *sui generis*, une indépendance patrimoniale des époux pendant le mariage à une égale répartition en valeur des acquêts entre les époux, à la dissolution du régime. À la dissolution du mariage, on compare le patrimoine des deux époux. Celui qui s'est le plus enrichi doit reverser 50 % de la différence à l'autre, sous réserve de la possibilité de retirer l'actif professionnel de la créance de participation. La notion d'acquêts n'apparaît qu'au moment de la dissolution et ne représente qu'une valeur comptable, une somme d'argent.

Section 2 DANGERS ET PRÉCAUTIONS LIÉS AU STATUT DE DIRIGEANT DE SOCIÉTÉ

1 Financement de l'exploitation et garanties offertes aux créanciers : les effets pervers du cautionnement du chef d'entreprise

Le cautionnement est une sûreté personnelle. Elle porte sur le patrimoine total de la caution. Longtemps contracté *omnibus* (pour une durée et un montant indéterminé), le cautionnement a offert au créancier bancaire de l'entreprise un gage maximum. Toutefois, les nouvelles dispositions introduites dans le Code de la consommation (art. L. 341-2 s.), par la loi pour l'initiative économique du 1er août 2003, freinent les abus initiés par les établissements de crédit et pourraient les inciter à utiliser la garantie à première demande ou garantie autonome comme substitut du cautionnement.

1.1 Les effets pervers du cautionnement avant 2003

L'exigence d'un cautionnement solidaire

Les banques exigeaient le plus souvent que le cautionnement ait un caractère commercial, afin de se prévaloir des règles du droit commercial :

- la compétence du tribunal de commerce ;
- la solidarité entre le dirigeant et la société pour le paiement des dettes cautionnées (possibilité pour le créancier de demander ce paiement indifféremment au dirigeant ou à la société).

Les effets attachés au cautionnement « omnibus »

S'étant portés caution de l'ensemble des engagements pris par leur société, sans limitation de durée ou de montant, les dirigeants étaient souvent appelés après avoir cessé leurs fonctions au sein de la société. En cas de décès, la dette passait aux héritiers. Sauf clause contractuelle prévoyant des cas de résiliation du cautionnement, il ne restait plus au dirigeant, soucieux de se libérer, qu'à invoquer l'extinction de la dette, de sorte que son engagement accessoire subisse le même sort. Or, il a été jugé que certains évènements affectant la société n'entraînaient pas cette extinction :

- la transformation de la société en une autre forme (sauf mention expresse contraire) ;
- la perte de la qualité d'associé ou la cessation de fonctions ;
- la cession des titres sociaux ou d'un bloc de contrôle ;

– les opérations de restructuration : fusion, scissions, APA, TUP (en cas de fusion, les cautionnements garantissant les créances de la société absorbée sont transmis de plein droit puisqu'il s'agit d'accessoires de ces créances. Un revirement de jurisprudence récent est venu durcir la position de la chambre commerciale en validant le cautionnement des dettes antérieures mais aussi postérieures à la date de la fusion[1]. Le dirigeant reste donc tenu également de l'obligation de couverture.

Les difficultés liées à la révocation du cautionnement indéterminé

La résiliation unilatérale du contrat de cautionnement par la caution était soumise à l'acceptation discrétionnaire du créancier. Dans la majorité des cas, elle était privée d'effet.

1.2 Vers un courant légal protecteur des cautions (depuis 2003)

La loi Dutreil a renforcé le dispositif de protection au travers de nouvelles dispositions insérées dans le Code de la consommation.

L'engagement de la caution

L'exigence de la mention manuscrite (art. 1326 du Code civil) en cas de crédit à la consommation, est étendue aux cautions professionnelles, ce qui implique le plafonnement de l'engagement à une somme déterminée (le cautionnement indéfini donné par une personne physique ne peut désormais résulter que d'un acte authentique) et la fixation d'une limite temporelle.

Un engagement proportionné

L'engagement du débiteur doit désormais être proportionné à ses ressources, même en matière de cautionnement professionnel. Cette mesure vient alourdir le nouveau devoir « de mise en garde » que la chambre mixte vient de mettre à la charge des banquiers en juin 2007.

L'obligation d'information annuelle

Le créancier professionnel est tenu d'informer annuellement la caution, avant le 31 mars de chaque année, sur le montant du principal et des intérêts, et sur le terme de l'engagement. La loi étend cette obligation à tous les créanciers professionnels.

1. Cass. com. 8 novembre 2005 n° 1402 : RJDA 2/06 n° 142.

1.3 Cautionnement des époux et divorce

La loi Jacob en faveur des PME, adoptée le 2 août 2005, renforce la protection du conjoint en cas de divorce, lorsque les époux avaient contractés ensemble ou séparément des emprunts ou des cautionnements pour l'exploitation d'un commerce. Ainsi, aux termes du nouvel article 1387 alinéa 1 C. civ. :

> *Lorsque le divorce est prononcé, si les dettes ou sûretés ont été consenties par les époux, solidairement ou séparément, dans le cadre de la gestion d'une entreprise, le TGI peut décider d'en faire supporter la charge exclusive au conjoint qui conserve le patrimoine professionnel ou, à défaut, la qualification professionnelle ayant servi de fondement à l'entreprise.*

Les débats ont fait ressortir que ce nouveau dispositif ne vise qu'à répartir les charges entre les conjoints, sans pour autant porter atteinte aux droits des tiers qui conservent les actions de droit commun contre chacun des époux. Ainsi, dans le cas où l'époux non exploitant est co-emprunteur, il bénéficiera d'un recours, inexistant jusqu'alors, contre l'époux exploitant. S'il est caution, il utilisera le recours qui existe déjà contre le débiteur principal, qui lui permet d'agir avant même d'avoir réglé le créancier poursuivant (2032. C. civ.).

Le véritable bouleversement en matière de renforcement de la protection du dirigeant caution a été apporté par la LME. Jusque-là, le dirigeant caution des dettes de son entreprise ne pouvait faire l'objet, en cas de difficultés financières, de la procédure de redressement personnel de surendettement des ménages.

La LME fait désormais bénéficier le dirigeant de bonne foi, qui s'est porté caution pour sa société, de la procédure de surendettement et de rétablissement personnel qui profite actuellement aux personnes physiques pour apurer leurs dettes non professionnelles. Le deuxième alinéa de l'article L. 332-9 est complété par une phrase ainsi rédigée : « La clôture des opérations de liquidation entraîne aussi l'effacement de la dette résultant de l'engagement que le débiteur a donné de cautionner ou d'acquitter solidairement la dette d'un entrepreneur individuel ou d'une société. »

On peut s'interroger sur l'impact de l'ouverture concomitante d'un rétablissement personnel du dirigeant (loi Borloo du 12 mars 2004) et d'une procédure collective de sa société. Dans ce cas précis, le recours du créancier bancaire serait éteint dès la clôture de la procédure de surendettement qui aura lieu dans les 10 mois de la saisine du TGI, sans compter l'éventuelle suspension des poursuites qui peut être ordonnée durant la période d'observation des 9 mois. Les banques perdent ainsi, en substance, la seule garantie personnelle qui survivait à l'extinction du passif social en cas de liquidation judiciaire.

1.4 Cautionnement et procédure collective de l'entreprise

Quelles sont les répercussions de l'ouverture d'une procédure collective à l'encontre du débiteur principal sur l'étendue, l'exigibilité et l'extinction du cautionnement ? En la matière, les dispositions du droit des procédures collectives, applicables aux cautions, ont été fortement impactées par les nouvelles mesures portées par l'ordonnance du 18 décembre 2008 qui est entrée en vigueur le 15 février 2009. Cette ordonnance est issue de la LME.

Sort des cautions en cas de défaut de déclaration de la créance principale

Constatant la sévérité de la forclusion en cas de non déclaration des créances dans les deux mois de la publicité du jugement d'ouverture de la procédure collective au BODACC, la loi de sauvegarde, adoptée le 26 juillet 2005 a supprimé cette sanction pour la remplacer par « la non-admission aux répartitions et aux dividendes ». Les créanciers ne pourront alors concourir que pour les distributions postérieures à leur demande. Or cette nouvelle sanction n'entraîne pas extinction de la créance, donc la caution survit.

Sort des cautions en cas de conciliation

L'ordonnance (art. L. 611-10-2) étend les catégories de garants du débiteur autorisés à se prévaloir de l'accord de conciliation homologué et étend cette protection à l'accord simplement constaté (mesure qui ne valait jusque-là que pour l'accord homologué) : « Les personnes coobligées ou ayant consenti une sûreté personnelle ou ayant affecté ou cédé un bien en garantie peuvent se prévaloir des dispositions de l'accord constaté ou homologué. »

Il ressort de ce texte un rayonnement important puisque toutes les sûretés personnelles sont concernées, du cautionnement à la garantie autonome en passant par les lettres d'intention. Les sûretés réelles, sont également visées. C'est le cas de la fiducie et de la clause de réserve de propriété.

Sort des cautions en cas de sauvegarde

La loi de sauvegarde de 2005 a permis aux cautions de l'entreprise de se prévaloir du plan de sauvegarde tandis que, dans le redressement judiciaire, elles peuvent être appelées dès la fin de la période d'observation. Cette distinction constitue, pour les dirigeants très fréquemment dans cette situation, une incitation supplémentaire à avoir recours à la procédure de sauvegarde. En outre, l'ordonnance de 2008 étend les catégories de garants du débiteur pouvant se prévaloir de l'arrêt du cours des intérêts, de la suspension des poursuites et des dispositions du plan de sauvegarde. Ainsi, dans un plus grand nombre de cas, le dirigeant qui s'est porté garant du débiteur ou a obtenu une garantie de ses proches n'aura pas à craindre les répercussions de l'ouverture de la procédure sur sa situation personnelle (art. L. 622-28 et L. 626-11).

Il est affirmé que « le jugement d'ouverture arrête le cours des intérêts légaux et conventionnels, ainsi que de tous intérêts de retard et majorations, à moins qu'il ne s'agisse des intérêts résultant de contrats de prêt conclus pour une durée égale ou supérieure à un an ou de contrats assortis d'un paiement différé d'un an ou plus. Les personnes physiques cautions, coobligées ou ayant donné une garantie autonome ou ayant consenti une sûreté personnelle ou ayant affecté ou cédé un bien en garanti du présent alinéa peuvent se prévaloir des dispositions du présent alinéa ». Il importe ici de ne pas dissuader les chefs d'entreprise qui se sont portés garants – ou dont les proches se sont portés garants – de déposer le bilan. Les garants se savent ainsi préservés des recours que les créanciers seraient tentés d'exercer à leur égard en raison de la suspension des poursuites dont bénéficie le débiteur.

Sort des cautions et liquidation judiciaire

Les cautions solidaires sont toujours appelées par les banques lors de la liquidation judiciaire de l'emprunteur, et généralement dès que le jugement de liquidation a été rendu. Leur mise en jeu est immédiate.

2 Le point sur les autres garanties

2.1 Réforme du droit des sûretés par l'ordonnance du 23 mars 2006

Dans un souci de modernisme et de sauvegarde de la compétitivité juridique du marché français, tout en favorisant de manière équitable le crédit, le législateur a profondément refondu la matière dont certains textes sont restés intacts depuis 1804.

La garantie à première demande

Cet engagement par lequel le garant s'oblige, en considération d'une obligation souscrite par un tiers, à verser une somme soit à première demande, soit suivant des modalités convenues, est très utilisée dans les groupes de sociétés, notamment. À la différence du cautionnement, le garant s'engage à payer une somme, et non à exécuter la dette du débiteur principal. Elle n'est pas accessoire : elle ne suit pas l'obligation garantie, sauf convention contraire.

La lettre d'intention, dite de « confort »

L'ordonnance de 2006 donne un fondement légal à la lettre d'intention en tant qu'engagement de faire ou de ne pas faire, ayant pour objet le soutien apporté à un débiteur dans l'exécution de son obligation envers le créancier. La lettre d'intention emporte désormais un engagement dont la portée peut être supérieure à celle du cautionnement.

Création du gage sans dépossession

Cette sûreté mobilière conventionnelle, sans dépossession et polyvalente, est directement inspirée du *security interest* américain. Elle ne suppose plus de remise de la chose au créancier *(traditio)*. L'opposabilité aux tiers est assurée par la publicité ou par la dépossession du constituant qui remettrait à un tiers le bien gagé. L'ordonnance valide également les pactes commissoires (clause prévoyant que le créancier devient de plein droit propriétaire du bien gagé en cas de non-paiement de la créance garantie) jusqu'ici prohibés. En outre, en cas de gage constitué par un tiers (cautionnement réel), le créancier n'a d'action que sur le bien affecté en garantie. Elle ne permet donc pas au créancier bénéficiaire de réclamer au constituant le paiement des sommes dues par le débiteur, mais seulement de demander la réalisation du bien donné en garantie.

L'ordonnance de 2008 renforce l'efficacité du gage sans dépossession pour le créancier, en le dotant d'un droit de rétention.

Gage de stocks

Cette nouvelle garantie peut s'avérer fort utile pour obtenir un financement pour une entreprise qui détient des stocks fortement valorisés. Il s'agit d'un gage sans dépossession portant sur des biens fongibles et circulants (l'entrée en vigueur de ce dispositif est soumise à la publication d'un décret d'application). Le gage des stocks est destiné à garantir tout crédit consenti par un établissement de crédit à une personne morale de droit privé ou à une personne physique dans l'exercice de son activité professionnelle. Cette garantie sera utilisable quelle que soit la forme du crédit ou sa durée (prêt, autorisation de découvert en compte, escompte…). Elle ne pourra pas être constituée au profit de créanciers autres que des établissements de crédit.

Ainsi, pourront être donnés en gage :

- les stocks de matières premières ;
- les approvisionnements ;
- les produits intermédiaires, résiduels et finis ainsi que les marchandises appartenant au débiteur et estimées en nature et en valeur à la date du dernier inventaire ;
- sont exclus les biens appartenant à autrui, notamment ceux faisant l'objet d'une clause de réserve de propriété.

Le gage ne produira effet que s'il est inscrit sur un registre public, tenu au greffe du tribunal dans le ressort duquel le débiteur a son siège ou son domicile. Le constituant sera responsable de la conservation des stocks en quantité et en qualité dans les conditions prévues par l'article 1137 du Code civil. Le créancier pourra, à tout moment et à ses frais, faire constater l'état des stocks (art. L. 527-5, al. 3 nouveau). En cas de diminution de 20 % de la valeur des stocks par rapport à celle mentionnée dans l'acte de gage, le créancier pourra mettre le débiteur en demeure soit de rétablir la garantie, soit de rembourser les sommes prêtées dans la proportion de la diminution. S'il n'obtient pas satisfaction, le créancier pourra exiger le remboursement total de la créance considérée comme échue. En cas de non-paiement de la créance exigible, le créancier pourra demander en justice la vente ou l'attribution des stocks.

Hypothèque rechargeable

L'objectif est ici de pouvoir utiliser la même hypothèque en garantie de plusieurs crédits successifs, dans la limite d'un montant maximal déterminé et avec des modes de publicité allégés. L'obtention du crédit s'en trouvera facilité puisque ce système permet la réutilisation d'une hypothèque pour la garantie d'une nouvelle créance. Le rechargement se fera soit au profit du même créancier, soit au profit d'un autre créancier. Le rechargement devrait donc permettre de réaliser des économies dans la mesure où il serait moins onéreux qu'une nouvelle affectation hypothécaire. Toutefois, le rechargement ultérieur ne peut s'effectuer que dans la mesure où la créance d'origine a été totalement ou partiellement remboursée.

Prêt viager hypothécaire

Cette « hypothèque inversée », le *reverse mortgage*, est pratiquée aux États-Unis. Le prêt viager hypothécaire permettra à un propriétaire d'un bien immobilier d'obtenir de l'argent sans avoir à le vendre, le prêteur se remboursant après le décès de l'emprunteur sur le bien, objet de l'hypothèque. Le prêt est consenti par un établissement de crédit à une personne physique, sous forme de capital ou de versements périodiques, et garanti par une hypothèque constituée sur l'habitation de l'emprunteur.

En principe, le remboursement de ce prêt ne peut être exigé qu'au décès de l'emprunteur ou, en cas d'aliénation ou de démembrement de l'immeuble hypothéqué, s'ils surviennent avant le décès.

2.2 La fiducie

La loi du 19 février 2007 consacre le retour de la fiducie en droit français.

Cette technique, utilisée aux temps médiévaux par les chevaliers qui partaient en croisade pour protéger leur patrimoine, avait été abandonnée par le droit français. Elle est, en revanche, largement utilisée par les autres pays Européens sous le nom de *trusts* anglo-saxon.

La fiducie est un contrat spécial, conduisant à la constitution d'un patrimoine d'affectation, et impliquant trois acteurs : le constituant, le fiduciaire et le bénéficiaire. Il s'agit d'une opération par laquelle un ou plusieurs constituants transfèrent des biens, des droits ou des sûretés, présents ou futurs, à un ou plusieurs fiduciaires qui, les tenant séparés de leur patrimoine propre, agissent dans un but déterminé au profit d'un ou plusieurs bénéficiaires. Si les constituants ne peuvent être que des personnes morales assujetties à l'impôt sur les sociétés, les fiduciaires sont limitativement énumérés par la loi : Banque, Trésor public, Poste, Caisse des Dépôts et Consignations, Banque de France, Assurances…

L'ordonnance de 2008 a modifié la première version de la fiducie et le nouveau régime est applicable depuis le 1er février 2009. Le nouveau dispositif autorise désormais les personnes physiques à constituer une fiducie à des fins de garantie et de gestion et étend corrélativement aux avocats la qualité de fiduciaire. En outre, il est désormais prévu que le contrat de fiducie prendra fin au décès du constituant personne physique et les biens et droits jusqu'alors transférés dans le patrimoine fiduciaire seront de plein droit rapportés à sa succession (C. civ. art. 2029 et 2030).

Les objectifs assignés à ce contrat sont variés :

Fiducie sûreté : utilisée afin de garantir une créance

Cette garantie est très efficace pour le créancier auquel la propriété d'un bien appartenant à son débiteur ou à un tiers est transférée, tant que le débiteur ne s'est pas acquitté de sa dette. En pratique, une société pourra transférer la propriété d'une partie de ses biens meubles corporels ou incorporels, ou même ses immeubles, à un patrimoine fiduciaire ayant pour objet de garantir le remboursement d'un crédit. Les biens remis en fiducie formeront un patrimoine autonome (un patrimoine d'affectation).

Repères — **Synthèse du régime de la fiducie en cas d'ouverture d'une procédure collective**

– Exclusion de la fiducie du régime général des contrats en cours (sauf la convention de mise à disposition).

– Autorisation par le Juge commissaire de payer des créances antérieures au jugement pour permettre le retour des biens et des droits transférés en cas de poursuite de l'activité.

– Nullité de tout transfert de biens ou de droits quand le créancier a connaissance de la cessation des paiements.

– La liquidation judiciaire entraîne la résiliation de plein droit du contrat de fiducie et le retour des biens dans le patrimoine du fiduciaire.

Fiducie gestion : utilisée comme instrument de gestion du patrimoine

Le fiduciaire est chargé ici de gérer librement les biens qui lui sont transmis et cette technique est plus sûre que le mandat (risque de révocabilité). Quant à la fiducie libéralité, elle n'est pas autorisée en France. Elle ne saurait donc être utilisée dans le cadre de l'organisation de la succession de personnes physiques en vue d'opérer la transmission d'un patrimoine à titre gratuit (fiducie libéralité). En revanche, la transmission d'un patrimoine à titre onéreux (fiducie transmission) pourra être pratiquée.

Section 3 RESPONSABILITÉ DU CHEF D'ENTREPRISE ET PROCÉDURES COLLECTIVES

La survenance d'une procédure collective est une source de danger pour le chef d'entreprise qui peut subir des sanctions patrimoniales et pénales à cette occasion.

1 Les sanctions patrimoniales

1.1 L'action en comblement de passif

Objectif du comblement de passif

« Les dirigeants d'une personne morale de droit privé peuvent être condamnés à supporter tout ou partie du passif social si leur gestion a été défectueuse et a contribué à donner une mauvaise santé à la société en cause » (Loi du 25 janvier 1985, C. com. art. L. 651-2, al. 1). Le dirigeant se retrouve dans l'obligation de payer la part du passif de la société causé par sa faute. Les sommes versées entrent dans le patrimoine de la société en vue de l'apurement de son passif.

Depuis la loi du 26 juillet 2005, le dirigeant ne peut être poursuivi en comblement du passif social qu'en cas de résolution d'un plan de sauvegarde ou de redressement judiciaire ou en cas de liquidation judiciaire de la société. L'ouverture d'une procédure de sauvegarde et, contrairement au régime antérieur à la réforme de 2005, la mise en redressement judiciaire ne permettent pas d'agir contre le dirigeant.

Les conditions de l'action en comblement

- **Insuffisance d'actif**

L'existence et le montant de l'insuffisance d'actif doivent être appréciés au moment où statue la juridiction. Les dettes nées après le jugement d'ouverture de la procédure collective n'entrent pas dans le passif pris en compte pour la détermination de l'insuffisance d'actif pouvant être mise à la charge des dirigeants sociaux.

- **Faute de gestion**

En l'absence de définition par les textes, ce sont les tribunaux qui ont donné cette qualification à certains actes commis par des dirigeants sociaux : recours « abusif » au crédit, absence de déclaration de cessation des paiements dans les 15 jours, opérations « ruineuses », « choix inopportuns », absence de tenue de comptabilité ou fictive ou irrégulière, gestion sociale « hasardeuse », poursuite « téméraire » d'une exploitation.

L'ordonnance de 2008 a supprimé la sanction de « l'obligation aux dettes sociales » créée par la loi de sauvegarde de 2005 car elle fait double emploi avec la condamnation au comblement du passif social.

En conséquence, l'article 135 complète l'article L. 653-4 afin d'énumérer les fautes commises par le dirigeant d'une personne morale de nature à l'exposer à une condamnation à la faillite personnelle. Cette suppression renforce l'impact du comblement de passif, qui se trouve désormais être la seule sanction patrimoniale encourue au moment de la liquidation judiciaire.

1.2 Les risques d'annulation des actes passés pendant la période suspecte

Notion

La période qui s'est écoulée entre la date de la cessation des paiements et le jugement déclaratif est propice à la fraude et le débiteur aux abois peut être tenté d'organiser son insolvabilité. Il peut aussi favoriser certains créanciers au détriment des autres, au mépris du principe d'égalité des procédures collectives. Afin d'assurer cette égalité, le législateur entend faire entrer dans l'actif du débiteur les biens qui en étaient sortis frauduleusement, et les actes suspects pourront être attaqués selon des procédés plus simples que ceux de l'action paulienne.

Les modalités de l'action

L'acte annulé doit avoir été accompli entre la date de cessation des paiements et le jugement d'ouverture. Peuvent également être annulés certains actes à titre gratuit faits dans les 6 mois précédant la cessation des paiements. La nullité produit pleinement ses effets par le retour au *statu quo ante* : les sommes payées doivent être restituées au débiteur et les biens délivrés en nature doivent être restitués.

Un régime particulier

- **Les nullités de droit**

Certains actes sont nuls de plein droit :

- les actes translatifs à titre gratuit ;
- les contrats commutatifs déséquilibrés ;
- le paiement de dettes non échues qui relève de l'intention du débiteur de favoriser certains créanciers et qui rompt l'égalité entre eux ;
- le paiement par des procédés anormaux de type troc, cession de créance, délégation… ;
- le dépôt et la consignation judiciaire à titre de garantie de la dette d'un créancier ;

– la constitution de sûretés pour garantir des dettes antérieures ;
– les inscriptions conservatoires aux fins de préservation de droits de créanciers.

Ainsi, pendant la période suspecte qui précède le jugement d'ouverture de la procédure collective, le débiteur reste maître de tous ses droits. Il peut donc, en principe, participer à la constitution de toute société. Cependant, certains de ses actes, notamment les apports en société, peuvent être annulés lorsque l'apporteur est mis par la suite en redressement ou en liquidation judiciaire. Ces apports sont nuls de plein droit lorsqu'ils déguisent une libéralité et, partant, doivent être considérés comme des actes à titre gratuit, ou encore lorsqu'ils sont conclus à des conditions lésionnaires pour l'apporteur, par exemple lorsque la valeur de l'apport excède notablement celle des parts ou actions remises en contrepartie de cet apport (art. L. 632-1 et L. 641-14).

• **Les nullités facultatives**

Tandis que le juge n'a aucun pouvoir d'appréciation sur les actes qui entraînent automatiquement annulation, il existe des cas de nullité facultative où le tribunal dispose au contraire d'un large pouvoir d'appréciation quant à l'opportunité même de l'annulation :

– les actes gratuits translatifs faits dans les 6 mois précédant la date de cessation des paiements ;
– les paiements pour dettes échues effectués après la date de cessation des paiements ;
– les actes à titre onéreux accomplis après cette même date ;
– une sûreté prise pour garantir une dette future.

La mise en place de ce régime par le tribunal repose sur la fixation de la date de cessation des paiements puisqu'elle peut être reportée plusieurs fois en arrière par le tribunal, sans pouvoir être antérieure de plus de 18 mois à la date d'ouverture du jugement.

2 La sanction pénale de la procédure collective : la banqueroute

Tout dirigeant, ainsi que toute personne physique représentant permanent d'une personne morale dirigeant une société, est passible de banqueroute. Cette dernière ne peut être prononcée qu'à l'encontre des dirigeants d'une personne morale en redressement ou en liquidation judiciaire.

2.1 Incrimination

Pour être sanctionné de banqueroute, il faut :

– avoir, dans l'intention d'éviter ou de retarder l'ouverture de la procédure de redressement judiciaire, soit fait des achats en vue d'une revente au-dessous du cours, soit employé des moyens ruineux pour se procurer des fonds ;

– avoir détourné ou dissimulé tout ou partie de l'actif du débiteur ;
– avoir frauduleusement augmenté le passif du débiteur ;
– avoir tenu une comptabilité fictive ou fait disparaître des documents comptables de l'entreprise ou de la personne morale ou s'être abstenu de tenir toute comptabilité lorsque les textes en font l'obligation ;
– avoir tenu une comptabilité manifestement incomplète ou irrégulière au regard des dispositions légales.

2.2 Répression

La banqueroute est punie de cinq ans d'emprisonnement et de 75 000 € d'amende (C. com. art. L. 654-3, al. 1). Les peines encourues par les personnes morales déclarées responsables pénalement de l'infraction de banqueroute sont une amende de 375 000 € (ou 500 000 € pour les dirigeants d'entreprises d'investissement).

Section 4 RESPONSABILITÉ FISCALE ET SOCIALE

1 TVA : solidarité du chef d'entreprise en cas de non-déclaration

Toute personne exerçant en droit ou en fait, directement ou indirectement, la direction effective d'une société, d'une personne morale ou d'un groupement peut, si elle n'est pas déjà tenue au paiement des dettes sociales en vertu d'une autre disposition, être déclarée solidairement responsable du paiement des impositions et pénalités dues par la société. Il en est de même du groupement ou de la personne morale lorsqu'elle est responsable de manœuvres frauduleuses ou d'inobservations graves et répétées des obligations fiscales qui ont rendu impossible le recouvrement de ces impositions et pénalités.

2 Responsabilité fiscale de l'article L. 267 LPF

Lorsque la société connaît des difficultés financières, il est tentant pour les dirigeants de différer le paiement des dettes d'impôt. La loi institue à cet égard un mécanisme sévère de solidarité fiscale. Le Livre des procédures fiscales (LPF) permet au Président du TGI de déclarer solidairement responsable du paiement des impositions et pénalités le dirigeant récalcitrant. Les comptables publics n'hésitent pas à mettre en œuvre cette solidarité, qui a d'ailleurs donné lieu à une abondante jurisprudence, dont les axes essentiels sont les suivants :

- peu importe que le dirigeant soit de fait ou de droit ;
- le dirigeant doit s'être rendu coupable de manœuvres frauduleuses ou d'inobservations graves et répétées, la simple négligence est inopérante ;
- la responsabilité du dirigeant ne sera mise en cause que si le recouvrement de l'impôt devient impossible du fait de l'insolvabilité de la société, à la condition que le comptable public, lui-même, ait fait diligence ;
- c'est en général à la suite de l'ouverture d'une procédure collective que le comptable public déclenche la solidarité.

Notons que le dirigeant qui a été condamné peut déduire de ses revenus imposables les paiements effectués.

3 Un impôt toujours personnel : les charges sociales du gérant TNS

Les cotisations sociales constituent des charges personnelles pour le gérant travailleur non salarié (TNS) et doivent en principe être payées directement par ce dernier auprès des organismes sociaux. Elles sont déductibles de ses revenus professionnels. Il est cependant fréquent que les sociétés déchargent leurs dirigeants du paiement de leurs cotisations sociales personnelles. Dans un tel cas, elles ne peuvent les comptabiliser en tant que « charges sociales ». Elles considèrent qu'il s'agit d'un supplément de rémunération accordé aux gérants et comptabilisent l'ensemble (rémunération + charges) dans la catégorie des « rémunérations ». Toutefois, en cas d'ouverture d'une procédure collective à l'encontre de la société, et même si cette dernière est liquidée pour insuffisance d'actifs, le gérant restera tenu personnellement du paiement des cotisations dues. Beaucoup de dirigeants ignorent cette règle et pensent, à tord, être déchargés de cette dette alors même que la société n'en est pas débitrice.

Section 5 LES SOLUTIONS D'OPTIMISATION DE LA PROTECTION

1 Choix de la forme sociale

Les sociétés immatriculées sont des structures juridiques qui jouissent de la personnalité morale. À la différence d'une entreprise individuelle, la société dispose donc d'un patrimoine propre, distinct du patrimoine de ses associés. En raison de l'existence de ces deux patrimoines distincts, si la société accumule des dettes et doit subir une procédure collective (redressement ou liquidation judiciaire), les créanciers de la société ne pourront pas saisir le patrimoine personnel des associés, mais seulement celui de la société. La responsabilité des associés d'une société de capitaux est en effet limitée au montant de leurs apports : si des associés ont apporté 37 000 euros pour créer une SA, la contribution aux pertes implique qu'ils perdront leur apport en cas de pertes importantes, mais qu'ils ne subiront pas d'obligation aux dettes sociales (cette règle connaît toutefois quelques exceptions, notamment en cas de comblement de passif).

Les formes de sociétés les plus courantes sont :

– la société à responsabilité limitée (SARL) ;
– l'entreprise unipersonnelle à responsabilité limitée (EURL) ;
– la société anonyme (SA) ;
– la société par actions simplifiée (SAS) ;
– la société par actions simplifiée unipersonnelle (SASU).

Tableau 23.1

	Formes individuelles			Formes sociales	
	Commerçants	Artisans	Professions libérales	Sociétés de capitaux	Sociétés de personnes
Personnalité morale	Non	Non	Non	Oui	Oui
Immatriculation	Registre du commerce et des sociétés (RCS)	Répertoire des métiers (RM)	Non	RCS	RCS
Responsabilité des membres	Indéfinie	Indéfinie	Indéfinie	Limitée aux apports	Indéfinie
Associés multiples	Non	Non	Non	Un ou plusieurs	Oui
Apports	Non	Non	Non	Oui	Oui

Tableau 23.2

	Capital minimum	Fraction minimum libérée	Nombre d'associés ou d'actionnaires minimum	Direction	Commissaire aux comptes
SARL	1 €	20 %	1	Gérant (associé ou non)	Non, sauf dépassement des seuils
SA	37 000 €	20 %	7	SA à conseil : Pdt du CA/ DG SA à directoire : Président du Directoire	Oui
SAS	1 €	20 %	1	Président	Oui/Seuils LME
SNC	1 €	Pas d'obligation	2 (commerçants)	Gérant (associé ou non)	Non sauf dépassement des seuils
Sociétés civiles	1 €	Pas d'obligation	2	Gérant (associé ou non)	Non

2 Comment éviter les conséquences patrimoniales du divorce

Lorsque l'entrée en société, par acquisition de titres sociaux ou apports, est accomplie postérieurement au mariage, l'impact du régime matrimonial de l'aspirant associé sur le fonctionnement de la société, la stabilité du pouvoir et la transmission de l'entreprise (en cas de divorce) est une question incontournable pour le dirigeant.

2.1 L'entrée en société

Principe

D'une manière générale, l'attribution de la qualité d'associé ne soulève aucune difficulté lorsque les époux sont mariés sous un régime de séparation de biens ou de participation aux acquêts. Il en est de même en cas de communauté de biens lorsque les époux acquièrent des droits sociaux au moyen de leurs biens propres (biens dont l'époux était propriétaire au jour du mariage, ou acquis par succession ou donation ou à la suite d'un emploi et remploi). La question est plus délicate lorsque l'entrée dans la société (qu'elle résulte d'un apport ou d'un achat de droits sociaux) est réalisée au moyen de biens communs. Il convient alors de faire une distinction selon que la société concernée est ou non une société par actions.

Régime de l'entrée en société en fonction de la forme sociale

- **Dans les sociétés par actions**

Les actions sont des biens communs, du fait de l'origine du financement, le titre d'associé étant personnel. Ainsi, si l'apport ou l'achat a été réalisé au moyen de biens communs par un seul des époux, c'est à celui-ci que doit être reconnue la qualité d'associé. Cependant, les actions restent des biens communs et, en cas de liquidation de la communauté, elles doivent être partagées entre les deux époux, étant observé que s'il existe dans les statuts une clause d'agrément, celle-ci n'est pas applicable.

- **Dans les sociétés de personnes**

Dans les sociétés par intérêts (SARL, SNC, sociétés civiles...), l'acquéreur des parts sociales est le seul associé, mais son conjoint peut toutefois revendiquer la même qualité pour la moitié des parts lorsque la souscription ou l'achat est réalisé à l'aide de biens communs. À cette fin, il doit notifier à la société son intention d'être personnellement associé. Pour permettre l'exercice de ce droit de revendication, la loi impose à l'apporteur en biens de communauté d'en avertir son conjoint et de justifier de cette information dans l'acte d'apport ou d'achat (C. civ. art. 1832-2, al. 1). Le défaut d'information du conjoint entraîne, sauf ratification par ce dernier, la nullité de l'apport ou de l'achat. Le droit de revendication peut être exercé jusqu'à la dissolution de la communauté. À cet égard, il a été jugé qu'en cas de divorce, la revendication est possible même au cours de la procédure et jusqu'à ce que le jugement de divorce soit passé en force de chose jugée.

Lorsque le conjoint dûment informé a déclaré par écrit ne pas revendiquer la qualité d'associé, sa renonciation est définitive et ne peut pas faire l'objet d'une rétractation ultérieure. Le conjoint notifié a aussi la possibilité de revendiquer la qualité d'associé lors de l'acquisition.

2.2 La stabilité du pouvoir au sein de la structure

La querelle conjugale peut être de nature à entraîner une dissolution de la société pour mésentente. En effet, la mésentente grave entre associés, de nature à paralyser le fonctionnement social, est une cause de nullité de toute société (art. 1844-5 C. civ.). En effet, lorsque l'hostilité est si grave que la poursuite de l'activité est compromise, l'*affectio societatis* a disparu. L'hypothèse est d'autant plus fréquente dans les sociétés de personnes à caractère familial de type SARL ou SNC, propices à la vindicte. En revanche, dans les sociétés de capitaux dans lesquelles *l'intuitu personae* est pratiquement inexistant, le risque est moins flagrant. Il a ainsi été jugé, à propos d'une SARL, que le divorce entre le gérant et son épouse associée constituait un juste motif de révocation de ce dernier.

En outre, si les titres sont réputés communs (car financés par des deniers communs), cela suppose que le dirigeant doive consulter son conjoint pour prendre les décisions importantes : cession, prise de sûretés… Le régime matrimonial impacte donc également la stabilité du pouvoir exercé par le dirigeant au sein de la société.

2.3 La transmission des titres sociaux lors du divorce

Dans les SARL

Les parts de SARL sont librement transmissibles en cas de liquidation de communauté (L. 223-13 al.). Elles peuvent donc être attribuées à l'un ou à l'autre des époux mais les statuts peuvent écarter le partage et subordonner l'entrée de l'époux non associé personnellement à un agrément des autres associés.

Dans les sociétés par actions

En cas de partage d'actions communes, à la suite d'une liquidation de régime matrimonial, les actions peuvent être attribuées au conjoint. Dans ce cas, les clauses statutaires prévoyant l'agrément des nouveaux titulaires d'actions ne sont pas applicables au conjoint (art. L. 228-23, al. 1).

Dans les SNC

Lorsque la liquidation de la communauté intervient entre des époux dont l'un seulement est associé d'une société en nom collectif, le fort *intuitu personae* qui gouverne la société subordonne cette transmission à l'agrément unanime des associés. Il s'agit d'une règle d'ordre public qui ne souffre aucune disposition statutaire contraire (art. L. 221-13 C. Com). C'est pourquoi la transmission des parts de SNC, suite à un divorce, suppose une confrontation des règles du droit des sociétés qui empêchent le conjoint de devenir associé, et des règles propres aux régimes matrimoniaux qui prévoient une dévolution automatique des titres dans le patrimoine du conjoint.

Complexité du régime transitoire de l'indivision

Après la dissolution de la communauté, et jusqu'à la liquidation de celle-ci, les intérêts patrimoniaux des époux sont soumis aux règles de l'indivision. Il s'ensuit notamment que les droits de vote attachés aux actions faisant partie de l'ancienne communauté doivent, jusqu'au partage, être exercés par un mandataire unique désigné en justice.

3 Le changement de régime matrimonial en cours de vie commune

3.1 Les modalités

La loi autorise les conjoints à modifier leur régime matrimonial après deux années d'application. Ceci est possible dès lors que le changement est subordonné à la condition que « l'intérêt de la famille » le commande et qu'il existe une convention modificative, homologuée par voie judiciaire.

3.2 Les nouveautés

Les modalités de changement de régime ont souvent été modifiées par le législateur :

- **La loi du 23 juin 2006 portant réforme des successions :** La loi de 2006 réintroduit la publicité au RCS du régime matrimonial des époux commerçants, qui venait d'être supprimée par l'ordonnance du 6 mai 2005. Par contre, la loi du 5 mars 2007 supprime l'obligation, lorsque l'un des époux est commerçant, de publier le changement de régime matrimonial au RCS ;
- **Loi du 5 mars 2007 (art. 11) :** Jusqu'à présent, l'acte notarié établissant le changement de régime matrimonial devait contenir, à peine de nullité, la liquidation du régime matrimonial modifié. Ceci était coûteux puisque la liquidation du régime matrimonial modifié était rendue obligatoire dans tous les cas, même lorsque la communauté d'origine était maintenue. Désormais, l'acte notarié ne doit contenir la liquidation du régime matrimonial modifié que si elle est nécessaire. Reste à savoir dans quels cas elle est « nécessaire » en pratique.

3.3 Le risque de changement en cas de procédure collective

Procédant ainsi, le conjoint pense ne pas avoir à apurer le passif social. Or, lorsque la liquidation du régime antérieur est rendue nécessaire, l'époux *in bonis* pourra être poursuivi sur ses biens propres pour la moitié des dettes entrées dans la communauté du chef de son conjoint. Cela sans compter, le risque d'annulation du changement durant la période suspecte pour fraude aux droits des créanciers.

Chapitre 24

La fiscalité de la transmission d'entreprise

Jean-Pierre COSSIN

La fiscalité de la transmission de l'entreprise recouvre les reprises d'entreprises quelle que soit leur régime juridique ou fiscal (entreprise individuelle, société à l'IR ou à l'IS...) duquel elle relève. La transmission peut s'effectuer sous forme d'une cession des titres réalisée, soit par une personne physique, soit par une personne morale soumise ou non à l'impôt sur les sociétés. Elle peut aussi se limiter à la cession du fonds de commerce au repreneur par la société qui l'exploitait antérieurement.

Les dispositions fiscales applicables à chacune de ces situations seront différentes puisqu'elles peuvent conduire à l'application, soit des règles concernant la fiscalité des professionnels, soit des règles concernant la fiscalité des particuliers. La fiscalité de la transmission d'entreprise s'applique à des situations de reprises variées. Il peut s'agir d'une vente ou d'un apport, c'est-à-dire d'une transmission « à titre onéreux » ou, au contraire, il peut s'agir d'une transmission à la suite du décès de l'ancien exploitant ou d'une donation, c'est-à-dire d'une transmission « à titre gratuit ». Ces deux formes de transmissions répondent à des logiques économiques et fiscales différentes. En cas de transmission à titre onéreux, il faut distinguer la situation du cédant de celle du cessionnaire. Le repreneur (ou cessionnaire) est confronté à l'obligation de payer le prix de l'entreprise, ce qui constitue une contrainte financière. Le paiement du prix peut nécessiter le recours à l'emprunt, conduisant au paiement d'intérêts. Le repreneur doit pouvoir déduire fiscalement les intérêts de l'emprunt qu'il a souscrit. Il doit aussi acquitter les droits d'enregistrement sur la mutation.

Le cédant réalise généralement des plus-values lors de la transmission de l'entreprise, qui sont en principe imposables au proportionnel (taux de 16 %, pour les plus-values professionnelles et immobilières et taux de 18 % pour les plus-values sur valeurs mobilières) auquel il faut ajouter 11 % de prélèvements sociaux. Les plus-values peuvent être des plus-values professionnelles ou des plus-values privées, selon le régime fiscal de l'entreprise cédée ou selon les modalités de cession retenues. Le cédant peut dans certains cas bénéficier d'une exonération. En cas de transmission à titre gratuit, il convient aussi de distinguer la situation du repreneur (donataire ou héritier) et celle de l'ex-exploitant (donateur ou défunt) au regard des dispositions fiscales applicables.

Le donataire (ou l'héritier) supporte les droits d'enregistrement (de donation ou de succession) sur la valeur réelle (ou encore appelée « valeur vénale ») de l'entreprise qu'il a reçue. Les droits de succession et les droits de donation sont calculés à partir des mêmes tarifs, dont les taux sont fonction du degré de parenté existant entre le défunt et l'héritier, ou entre le donateur et le donataire. Toutefois, les droits dus à l'occasion d'une donation sont moins élevés que les droits de succession, en raison des nombreuses réductions existantes incitatives à la transmission anticipée du patrimoine et notamment de l'entreprise. L'ex-exploitant (défunt ou donateur) est pour sa part soumis éventuellement à l'imposition des plus-values « constatées », dans le cas où il s'agit d'une transmission entrant dans le champ d'application des plus-values professionnelles. En effet, la transmission gratuite de biens relevant du régime des plus-values des particuliers exonère ces dernières.

Section 1 LA TRANSMISSION À TITRE ONÉREUX DE L'ENTREPRISE

La transmission à titre onéreux de l'entreprise concerne les ventes et les apports. Les cédants et cessionnaires doivent déterminer le prix de cession et éventuellement prévoir qu'il pourra être révisé. Ils peuvent convenir d'une clause de garantie de passif ou d'une clause de complément de prix, susceptibles lors de leur mise en œuvre d'influer sur le montant des plus-values imposables. Au plan fiscal, le repreneur cherche à déduire les frais d'acquisition et notamment les frais financiers et cherche également à payer les droits d'enregistrement les moins élevés possibles, alors que le vendeur souhaite bénéficier de l'exonération, si possible totale, de la plus-value qu'il est susceptible de réaliser lors de la vente.

1 La fiscalité applicable au repreneur (cessionnaire)

1.1 La déduction des frais financiers d'acquisition

Le paiement du prix constitue la première contrainte du repreneur qui, pour le payer, a généralement recours à l'emprunt et, à ce titre, supporte des intérêts. Les règles de déductibilité fiscale des intérêts d'emprunt sont les suivantes :

- la déductibilité est de droit en cas d'acquisition d'une entreprise individuelle ou de parts de sociétés exerçant une activité professionnelle et relevant du régime fiscal des sociétés de personnes ;
- la déductibilité n'est pas, en principe, autorisée en cas d'acquisition de titres de sociétés soumises à l'impôt sur les sociétés par une personne physique.

La déduction des intérêts d'emprunt souscrit pour l'acquisition d'une entreprise individuelle ou de parts d'une société de personnes exerçant une activité professionnelle

Lorsque l'emprunt concerne l'acquisition d'une entreprise individuelle qui exerce une activité professionnelle (activité relevant de la catégorie des bénéfices industriels ou commerciaux, de la catégorie des bénéfices agricoles ou encore de celle des bénéfices non commerciaux), l'exploitant peut déduire directement des résultats fiscaux de l'entreprise les intérêts sans limitation de montant et pendant toute la période de remboursement de l'emprunt ayant financé l'acquisition de l'entreprise.

Lorsque l'emprunt a été contracté pour acquérir des parts de société relevant de l'impôt sur le revenu (articles 8 et 8 ter du CGI) et qui exerce une activité professionnelle au sens fiscal (BIC, BNC, BA) par une personne physique qui, elle-même, exerce une activité dans cette société, les intérêts sont déductibles de la quote-part des bénéfices de la société revenant à l'associé qui a souscrit l'emprunt. Les intérêts constituent une charge personnelle pour l'associé et sont déductibles de son revenu catégoriel imposable. Cette déductibilité découle des termes de l'article 151 nonies I du CGI, qui qualifient les parts des sociétés de personnes exerçant une activité professionnelle « d'actif professionnel de l'associé », lorsque ce dernier exerce une activité dans la société.

la déduction des intérêts d'emprunt concerne principalement les personnes qui ont acquis des parts de sociétés en nom collectif, de sociétés en commandite simple pour les seuls commandités, de sociétés civiles professionnelles, d'entreprises unipersonnelles à responsabilité limitée, d'une exploitation agricole à responsabilité limitée, d'une exploitation agricole à responsabilité limitée uniquement entre personnes parentes en ligne directe ou entre frères et sœurs et, le cas échéant, les conjoints de ces personnes. La déduction est également possible pour les associés des sociétés à responsabilité limitée de famille qui ont opté pour le régime des sociétés de personnes.

Le principe de non déductibilité des intérêts d'emprunt souscrit par une personne physique pour acquérir les titres d'une société soumise à l'impôt sur les sociétés

Les intérêts de l'emprunt souscrit pour acquérir des titres d'une société soumise à l'impôt sur les sociétés par une personne physique ne sont pas déductibles pour la détermination de l'impôt sur le revenu puisque les titres en cause sont fiscalement considérés comme un élément du patrimoine privé de l'acquéreur.

Les exceptions au principe de non déduction des intérêts des emprunts souscrits pour acquérir les titres d'une société soumise à l'impôt sur les sociétés

• Le cas des salariés qui souscrivent au capital d'une société nouvelle

En application de l'article 83, 2e quater et 2e quinquies du CGI, les salariés qui souscrivent au capital d'une société nouvelle exerçant une activité industrielle, commerciale, artisanale, agricole ou libérale, l'année de la création ou au cours des deux années suivantes, peuvent déduire les intérêts des emprunts contractés pour cette souscription de la rémunération brute (avant déduction des frais professionnels) versée par cette société (la même mesure existe en cas de transformation d'une société en SCOP).

• Le cas des salariés pour lesquels l'acquisition des titres de la société qui les emploie leur est « utile » pour la perception de leurs revenus salariaux.

La déductibilité des intérêts[1] de la catégorie des traitements et salaires s'applique aux salariés qui ont opté pour la déduction des frais réels et qui ont acquis sur fonds d'emprunt des titres de la société soumise à l'impôt sur les sociétés dans laquelle ils exercent leur activité. Les intérêts de l'emprunt payés par les salariés concernés sont déductibles au titre des frais réels professionnels à la double condition que la détention des titres soit utile à la perception ou au maintien du revenu salarial, et que le montant des intérêts ne soit pas disproportionné par rapport à la rémunération perçue.

• La réduction d'impôt de 25 % attachée aux intérêts de l'emprunt souscrit pour acquérir des titres de PME

Les intérêts de l'emprunt souscrit pour acquérir les titres d'une société soumise à l'impôt sur les sociétés peuvent bénéficier, sous certaines conditions, d'une réduction

1. La déduction des intérêts d'emprunt des revenus salariaux est issue de la jurisprudence du Conseil d'État (Boutor-linsky du 25 octobre 2004) précisée par la doctrine administrative qui a appliqué aux intérêts des emprunts les règles générales de déductibilité des frais réels professionnels. Ces dispositions jurisprudentielles et doctrinales ont été légalisées par la Loi de finances rectificative pour 2008.

d'impôt sur le revenu (art. 199 terdecies- 0B du CGI[1]). Le régime est applicable jusqu'au 31.12.2011.

La réduction d'impôt est égale à 25 % du montant des intérêts de l'emprunt contracté, retenus dans la limite annuelle de 20 000 euros pour les contribuables célibataires, veufs ou divorcés et de 40 000 euros pour les contribuables mariés soumis à une imposition commune. Les intérêts ouvrent doit à la réduction d'impôt sous réserve que les conditions suivantes soient remplies :

- le repreneur doit être domicilié fiscalement en France ;
- le repreneur doit prendre l'engagement de conserver les titres de la société reprise jusqu'au 31 décembre de la cinquième année suivant celle de l'acquisition ;
- le repreneur doit détenir au moins 25 % des droits de vote et des droits dans les bénéfices sociaux de la société reprise. Pour l'appréciation du seuil de 25 %, il faut tenir compte, non seulement des droits détenus par l'acquéreur, mais aussi des droits détenus par les personnes suivantes qui participent à la reprise : le conjoint de l'acquéreur, le partenaire lié à un PACS ainsi que leurs ascendants et descendants (ou, lorsque le repreneur est un salarié, les autres salariés de la société) ;
- le repreneur, ou l'une des personnes dont la participation est prise en compte pour apprécier le seuil de détention de 25 % des droits de vote et des droits dans les bénéfices, doit exercer à compter de la date d'acquisition des titres, et pendant une période d'au moins 5 ans, une des fonctions énumérées à l'article 885 0D bis du CGI (gérant, président, directeur général, membre du directoire, président du conseil de surveillance) et percevoir à ce titre une rémunération normale représentant plus d la moitié de ses revenus professionnels ;
- la société doit avoir son siège en France ou dans un État membre de l'Union européenne ;
- la société doit être soumise à l'impôt sur les sociétés ;
- la société doit avoir un chiffre d'affaires hors taxes n'excédant pas 40 millions d'euros ou un total de bilan n'excédant pas 27 millions d'euros au cours de l'exercice précédant la cession.

Lorsque les conditions portant sur la durée de l'engagement ou sur l'exercice de la fonction ne sont pas ou plus respectées, la réduction d'impôt est remise en cause.

La déduction des frais financiers dans le cadre de la création d'une société holding de rachat avec exercice d'une option pour le régime de l'intégration fiscale

Afin de déduire les intérêts de l'emprunt souscrit pour acquérir des titres de sociétés soumises à l'impôt sur les sociétés, les repreneurs, personnes physiques, constituent généralement une société soumise à l'impôt sur les sociétés. Le méca-

1. Attention à ne pas confondre réduction d'impôt et réduction de la base imposable (point précédent).

nisme est alors le suivant : la société nouvellement constituée fait l'acquisition des titres qu'elle inscrit à son actif dans la catégorie des titres de participation et contracte l'emprunt nécessaire au paiement du prix d'acquisition ; les intérêts de l'emprunt constituent une charge déductible de la société créée (holding de rachat). Toutefois, la déductibilité ne peut produire d'effet que si la société holding de rachat dégage des résultats fiscaux imposables d'un montant suffisant. Pour faciliter la déduction « réelle » des intérêts de l'emprunt, la société holding peut opter pour l'application du régime fiscal de groupes (régime de l'intégration fiscale). Cette option permet la déduction des intérêts des emprunts du résultat d'ensemble du groupe, c'est-à-dire, en réalité, des résultats de la société rachetée elle-même et ce, parce que le régime de l'intégration fiscale permet de compenser les résultats bénéficiaires et déficitaires de chacune des sociétés membres du groupe. Il faut que les conditions exigées pour exercer l'option soient remplies et en particulier que la société holding possède au moins 95 % du capital et des droits de vote de la société rachetée. Cette option ne produit ses effets que dans la mesure où la limitation de la déduction des frais financiers dans les groupes intégrés (amendement Charasse) qui concerne les cas d'acquisition des titres par la holding aux personnes qui contrôlent cette même holding, n'est pas applicable.

1.2 Les droits d'enregistrement dus par le repreneur (cessionnaire)

Les droits d'enregistrement exigibles lors de la mutation à titre onéreux d'une entreprise ou de titres de sociétés, sont dus par le cessionnaire. Ils ont des taux différents selon que la mutation concerne une entreprise individuelle, des parts de sociétés ou des actions.

Les droits d'enregistrement exigibles lors de l'acquisition à titre onéreux d'une entreprise individuelle

En application de l'article 719 du CGI, les droits d'enregistrement (et les taxes additionnelles) sont dus sur toutes les mutations à titre onéreux de fonds de commerce (clientèles commerciales et les clientèles civiles). Ils sont perçus sur le prix, augmenté des charges ou, si elle est supérieure, sur la valeur vénale. Les mutations à titre onéreux de fonds de commerce et de clientèle sont soumises à un droit d'enregistrement perçu au profit de l'État et aux taxes additionnelles communales et départementales.

Les droits globaux dus sont en principe calculés comme suit :

– fraction de la valeur taxable n'excédant pas 23 000 € :	0 %
– fraction de la valeur taxable comprise entre 23 000 € et 200 000 € :	3 %
– fraction de la valeur taxable supérieure à 200 000 € :	5 %

On notera que les droits d'enregistrement sont déductibles des résultats de l'entreprise individuelle acquise.

Les droits d'enregistrement exigibles à l'occasion de l'acquisition à titre onéreux de titres de sociétés

Il faut distinguer entre les cessions de parts et les cessions d'actions. Les cessions d'actions, de parts de fondateurs ou de parts bénéficiaires de société par actions non cotées en bourse et qui ne sont pas à prépondérance immobilière supportent des droits d'enregistrement au taux de 3 % plafonné à 5 000 € par mutation. Les cessions de parts sociales dans les sociétés dont le capital n'est pas divisé en actions (à l'exception des cessions de participations dans des personnes morales à prépondérance immobilière qui supportent un taux de 5 %) supportent des droits d'enregistrement au taux de 3 %. Pour la liquidation du droit de 3 %, il est fait application de l'abattement de 23 000 € (qui est global pour toutes les parts représentatives du capital).

Les droits d'enregistrement sont assis sur le prix exprimé, augmenté éventuellement des charges, ou sur la valeur réelle (ou vénale) si elle est supérieure.

2 La fiscalité des plus-values applicable au cédant

Les plus-values réalisées par le cédant sont en principe imposables, quelle que soit la qualification fiscale du cédant. Toutefois, ce principe souffre de très nombreuses dérogations qui conduisent à des possibilités d'exonérations.

Le régime d'imposition des plus-values de cession dépend da la qualification fiscale du cédant. Lorsque le cédant est une personne physique (ou une société de personnes à caractère patrimonial) le régime d'imposition des plus-values dépend de la forme juridique et du régime fiscal de l'entreprise cédée. En cas de vente de titres d'une société soumise à l'impôt sur les sociétés on applique les règles d'imposition des plus-values des particuliers. En cas de vente d'une entreprise individuelle ou de parts de sociétés relevant du régime fiscal des sociétés de personnes exerçant une activité professionnelle, par une personne exerçant dans cette société une activité, on applique les règles d'imposition des plus-values professionnelles.

2.1 Le régime d'imposition des plus-values réalisées par une entreprise soumise à l'impôt sur les sociétés qui cède une participation

La société soumise à l'impôt sur les sociétés cède des titres de participation représentatifs de l'entreprise transmise

À l'occasion de la cession des titres, représentatifs d'une entreprise et inscrits à l'actif au poste comptable de « titres de participation », la société cédante réalise une plus-value professionnelle qualifiée de plus-value à long terme lorsque les titres cédés étaient détenus depuis plus de deux ans. En application de l'article 219 I a quinquies du CGI, les plus-values à long terme dégagées à l'occasion de la cession de titres de participation, à l'exception des titres de sociétés à prépondérance immobilière, sont soumises à l'impôt sur les sociétés au taux de 0 % au titre des exercices clos à compter de 2007.

Le taux de 0 % ne concerne que les cessions qui portent sur des titres de participation, ce qui implique selon les termes de l'article 219 ter a du CGI qu'ils revêtent ce caractère sur le plan comptable, ou qu'ils aient été acquis en exécution d'une offre publique d'achat ou d'échange, ou encore qu'ils ouvrent droit au régime des sociétés mères (détention de 5 % au moins du capital de la société et détention depuis au moins deux ans des titres de la société émettrice). En contrepartie de l'instauration du taux d'imposition de 0 %, les sociétés doivent réintégrer dans leurs résultats imposables de l'année de cession, une quote-part de frais et charges évaluée à 5 % du résultat net des plus-values de cession réalisées au titre de l'exercice.

La société soumise à l'impôt sur les sociétés cède une branche complète d'activité

La transmission d'entreprise peut prendre la forme d'une branche complète d'activité. Dans ce cas, la société cédante réalise des plus-values de cession du fonds de commerce qui sont en principe imposables au taux de droit commun de l'impôt sur les sociétés. Dans certains cas et sous certaines conditions, les plus-values de cession d'une branche autonome d'activité peuvent être totalement ou partiellement exonérées (articles 238 quindecies du CGI).

Selon les termes de cet article, les plus-values réalisées à l'occasion de la cession d'une branche complète d'activité par une société soumise à l'impôt sur les sociétés sont totalement exonérées si les éléments cédés soumis aux droits d'enregistrement ont une valeur inférieure à 300 000 €. Elles sont partiellement exonérées (et de manière dégressive) lorsque les éléments cédés soumis aux droits d'enregistrement ont une valeur comprise entre 300 000 € et 500 000 €. Toutefois l'exonération, totale ou partielle, ne concerne pas les plus-values réalisées à cette sur les biens immobiliers bâtis ou non bâtis.

L'exonération s'applique aux seules sociétés PME. Il s'agit d'entreprises qui ont moins de 250 salariés et un chiffre d'affaires inférieur à 50 M€ ou un total du bilan inférieur à 43 M€, dont le capital est entièrement libéré et détenu de manière continue pour 75 % au moins par des personnes physiques ou par une société dont le capital est lui-même détenu à 75 % au moins par des personnes physiques.

2.2 Le cédant de l'entreprise est une personne physique

Lorsque le cédant de l'entreprise est une personne physique, les plus-values réalisées lors de cessions de « petites entreprises » sont susceptibles de bénéficier de nombreuses exonérations conditionnelles, qui peuvent être incompatibles entre-elles.

La plus-value en cas de cession d'une entreprise individuelle ou de parts de société de personnes exerçant une activité professionnelle

Les plus-values réalisées à l'occasion de la transmission de l'entreprise individuelle ou de la société de personnes relevant de l'article 8 et 8 ter du CGI sont en principe imposables en tant que plus-values professionnelles. Les dispositions de l'article 39 duodecies du CGI qui distinguent les plus-values à court terme et les plus-values à long terme sont alors applicables. Le régime des plus-values professionnelles ne concerne, en cas de cession de parts de sociétés de personnes, que les seuls associés qui exercent leur activité professionnelle dans la société dont ils détiennent les parts sociales.

- **L'exonération des petites entreprises (art. 151 septies du CGI)**

L'article 151 septies du CGI vise à exonérer de l'impôt sur les plus-values les petites entreprises relevant de l'impôt sur le revenu et exerçant une activité professionnelle artisanale, commerciale, libérale et agricole. Peuvent bénéficier de l'exonération totale ou partielle les entreprises individuelles, les sociétés visées à l'article 8 et 8 ter du CGI qui exercent une activité professionnelle et les personnes physiques qui détiennent des parts des sociétés relevant du régime fiscal des sociétés de personnes et qui exercent dans cette société leur activité professionnelle. L'exonération totale ou partielle s'applique aux plus-values réalisées à l'occasion de la cession des éléments de l'actif immobilisé, que celles-ci soient qualifiées de court terme ou de long terme. Toutefois l'exonération ne concerne pas les terrains à bâtir, mais s'applique par contre aux plus-values réalisées sur les immeubles bâtis.

Pour bénéficier de l'exonération, totale ou partielle, l'activité doit avoir été exercée depuis au moins cinq ans et le chiffre d'affaires de l'entreprise ne doit pas excéder les seuils suivants qui sont différents selon la nature de l'activité exercée :

- Si l'entreprise exerce une activité de ventes de marchandises, objets, fournitures et denrées à emporter ou à consommer sur place, ou de fourniture de logement (à l'exclusion des loueurs en meublés professionnels), l'exonération est totale lorsque le montant du chiffre d'affaires n'excède pas 250 000 € HT. L'exonération n'est que partielle lorsque le montant du chiffre d'affaires est compris entre 250 000 € HT et 350 000 € HT.
- Si l'entreprise exerce une activité de prestation de services, de location en meublé professionnelle ou une activité libérale, l'exonération est totale lorsque le montant du chiffre d'affaires est inférieur à 90 000 € alors que l'exonération n'est que partielle lorsque le chiffre d'affaires se situe entre 90 000 € HT et 126 000 € HT.

Le mécanisme d'exonération partielle (dégressive en fonction de l'augmentation du montant du chiffre d'affaires) a été institué pour éviter l'« effet de seuil » en cas de dépassement du seuil d'exonération totale, en permettant le « lissage » de l'imposition. Sa mise en œuvre conduit à la taxation partielle de la plus-value égale au rapport existant entre d'une part, la différence entre le chiffre d'affaires de 250 000 € HT et d'autre part, le montant de 100 000 € HT lorsque le montant du chiffre d'affaires est compris entre 250 000 € HT et 350 000 € HT pour les entreprises de ventes, ou au rapport existant entre d'une part, au numérateur la différence entre le chiffre d'affaires et 90 000 € HT et d'autre part, au dénominateur, le montant de 36 000 € HT, lorsque le montant du chiffre d'affaires est compris entre 90 000 € HT et 126 000 € HT, pour les prestataires de services.

Les seuils de chiffre d'affaires à retenir correspondent à la moyenne des chiffres d'affaires réalisés par l'entreprise au cours des deux exercices clos, ramenés le cas échéant à douze mois, au cours des deux années civiles qui précédent la réalisation de la plus-value de cession.

En cas d'activités mixtes, c'est-à-dire lorsque l'activité de l'entreprise se rattache aux deux catégories, celles des ventes de marchandises et celles des prestations de services, les règles suivantes s'appliquent :

- l'exonération est totale est si le montant global du chiffre d'affaires n'excède pas 250 000 € et si le montant afférent aux activités de prestataire n'excède pas 90 000 € ;
- l'exonération est partielle, lorsque le montant global du chiffre d'affaires n'excède pas 350 000 € et que le montant afférent aux activités de prestataire n'excède pas 126 000 €. Dans ce cas le montant exonéré de la plus-value est déterminé en appliquant le moins élevé des deux taux qui aurait été déterminé si l'entreprise avait réalisé le montant global de son chiffre d'affaires dans la catégorie des ventes de marchandises ou si l'entreprise n'avait réalisée que des activités de prestataire.

• L'exonération des plus-values réalisées lors de la cession de « petits fonds »

L'article 238 quindecies du CGI exonère totalement ou partiellement les plus-values réalisées à l'occasion de la cession d'une entreprise individuelle (ou d'une branche complète d'activité) sous réserve que les conditions suivantes soient remplies :

- l'activité de l'entreprise doit être commerciale, artisanale, industrielle, libérale ou agricole ;
- l'activité doit avoir été exercée pendant au moins cinq ans ;
- le montant global des éléments cédés (fonds de commerce, clientèle, office ministériel) soumis aux droits d'enregistrement (articles 719, 720, et 724 du CGI) ne doit pas excéder le seuil de 300 000 € ;
- le cédant ne peut détenir directement ou indirectement plus de 50 % des droits de vote ou des bénéfices, ou ne peut exercer la direction effective de la société cessionnaire (si la cession a été faite à une société). Cette condition doit être respectée pendant une durée d'au moins trois ans sous peine de déchéance du régime d'exonération.

Lorsque la valeur des éléments du fonds de commerce soumis aux droits d'enregistrement excède 300 000 €, sans toutefois dépasser 500 000 €, l'exonération de la plus-value est dégressive[1]. L'exonération concerne aussi, et sous les mêmes conditions, les plus-values réalisées à l'occasion de la cession de parts de sociétés de personnes, sous réserve que l'associé cédant ait exercé son activité depuis plus de cinq ans dans la société et qu'il cède la totalité des parts qu'il détenait.

- **L'exonération de la plus-value réalisée au moment du départ à la retraite de l'exploitant ou de l'associé de la société de personnes**

Les exploitants individuels et les associés de sociétés de personnes exerçant leur activité professionnelle au sein de la société peuvent bénéficier de l'exonération d'impôt sur le revenu (et pas des contributions sociales) sur la plus-value réalisée lors de la cession de l'entreprise ou des parts sociales à l'occasion de leur départ en retraite (art. 151 septies A du CGI) lorsque les conditions suivantes sont remplies :

– l'entreprise doit exercer une activité commerciale, industrielle, artisanale, libérale ou agricole ;
– la cession à titre onéreux doit porter sur une entreprise individuelle ou, s'il s'agit de parts sociales de sociétés de personnes, sur l'intégralité des parts détenues par le cédant ;
– l'entreprise cédée ou l'entreprise dont les parts sont cédées doit répondre à la définition communautaire de la PME (avoir moins de 250 salariés, réaliser un chiffre d'affaires inférieur à 50 M€ ou avoir un total de bilan inférieur à 43 M€, et avoir un capital détenu à hauteur de 25 % au plus par une entreprise ne répondant pas à la définition de la PME) ;
– le cédant doit avoir exercé son activité pendant au moins cinq ans ;
– le cédant doit faire valoir ses droits à la retraite dans les deux ans qui précèdent ou qui suivent la cession ;
– le cédant ne doit pas détenir directement ou indirectement plus de 50 % des droits de vote ou des droits dans les bénéfices sociaux de l'entreprise cessionnaire (pour l'appréciation de cette condition il n'est pas tenu compte des parts détenues par le groupe familial).

L'exonération porte sur les plus-values réalisées sur les éléments de l'actif immobilisé de l'entreprise, à l'exclusion des éventuelles plus-values sur les immeubles ou sur les parts de société à prépondérance immobilière inscrits à l'actif.

- **Le cas particulier des plus-values portant sur des biens immobiliers**

Les régimes d'exonération des plus-values réalisées à l'occasion de la transmission d'entreprise prévus à l'article 151 septies A (cas du départ à la retraite) et à l'article 238 quindecies (cessions inférieures à 300 000 euros) du CGI ne bénéficient pas aux plus-values réalisées sur les biens immobiliers. Mais l'article 151 septies B du CGI permet d'appliquer un abattement de 10 % par année de détention au-delà

1. Le pourcentage d'exonération dégressive est déterminé selon la formule suivante : 500 000 € moins la valeur des éléments du fonds cédés, le résultat étant divisé par 200 000 €.

de la cinquième sur la plus-value à long terme réalisée à l'occasion de la cession d'un immeuble professionnel, ce qui peut conduire à une exonération de la seule plus-value à long terme à l'expiration d'un délai de détention de 15 ans.

L'abattement de 10 % pour durée de détention s'applique aux plus-values à long terme portant sur des biens immobiliers affectés à l'exploitation de nature commerciale, industrielle, artisanale, libérale et agricole et réalisées par des entreprises relevant de l'impôt sur le revenu (entreprises individuelles et sociétés de personnes).

Le régime des plus-values en cas de cession de titres de sociétés soumises à l'impôt sur les sociétés

• Les conditions d'imposition des plus-values

Les plus-values réalisées à l'occasion de la cession à titre onéreux de titres de sociétés soumises à l'impôt sur les sociétés par les personnes physiques sont imposables en tant que plus-values des particuliers (ou plus-values privées) dans les conditions prévues à l'article 150.0.A du CGI. Elles sont imposables au taux de 18 % (auquel s'ajoute 12,1 % au titre des prélèvements sociaux). Elles ne sont imposables que si le seuil de cession annuel de 25 730 € est dépassé.

Les plus-values réalisées sont déterminées par différence entre le prix de cession et le prix d'acquisition en tenant compte de l'incidence des éventuelles clauses de révision de prix (clause de garantie de passif ou clause de complément de prix). Les plus-values sur cessions de titres de sociétés soumises à l'impôt sur les sociétés sont imposables en cas de cession à titre onéreux. Il s'agit des ventes, des apports, et des échanges. En cas d'échange de titres, les plus-values bénéficient d'un sursis d'imposition dans les conditions prévues à l'article 150.0.B du CGI. Le sursis prend fin au moment de la cession à titre onéreux des titres reçus en contrepartie de l'apport.

Ces plus-values sur cession de valeurs mobilières peuvent dans certains cas être exonérées : cessions réalisées au sein du groupe familial ; application de l'abattement du tiers par année de détention au-delà de la cinquième, et notamment en cas de départ à la retraite, pouvant conduire à une véritable exonération lorsque la durée de détention est de huit ans au moins.

• L'exonération des cessions effectuées au sein du groupe familial

En cas de transmission familiale de l'entreprise à titre onéreux, le cédant peut bénéficier de l'exonération prévue à l'article 150 0 A I 3° du CGI sous réserve que les conditions suivantes soient remplies :

– la cession doit concerner les titres d'une société relevant de l'impôt sur les sociétés qui a son siège en France ;

- la cession doit être effectuée au sein du groupe familial (conjoint, ascendants ou descendants du contribuable ou de son conjoint et, à compter de 2010, les frères et sœurs du cédant ou de son conjoint) ;
- le cédant avec le groupe familial doit avoir détenu au moins 25 % des droits au bénéfice à un moment quelconque des cinq années précédant la cession ;
- le cessionnaire ne doit pas revendre les titres acquis à un tiers dans les cinq ans suivant la cession (les donations et les cessions au sein du groupe familial dans les cinq ans de l'acquisition ne remettent pas en cause l'exonération).

- **L'application de l'abattement du tiers par année de détention des titres au-delà de la cinquième**

L'abattement pour durée de détention des titres cédés est un régime général et permanent. Le nouvel article 150.O.D du CGI a créé un abattement pour durée de détention sur la plus-value réalisée par une personne physique, directement ou indirectement, en cas de cession de titres de sociétés soumises à l'impôt sur les sociétés. L'abattement du tiers sur la plus-value est applicable par année de détention au-delà de la cinquième. Il peut ainsi conduire à l'exonération totale de la plus-value réalisée à l'occasion de la cession de titres détenus depuis plus de huit ans. L'exonération ne concerne que l'impôt sur le revenu et ne couvre pas les prélèvements sociaux.

Pour le décompte de la durée de détention, les titres détenus avant le 1er janvier 2006 sont réputés être acquis à cette date, ce qui fait que cette disposition générale ne trouvera à s'appliquer réellement qu'à compter de 2012 et ne conduira à une exonération totale simplement à compter de 2014. Les conditions d'application de l'abattement du tiers sont les suivantes :

- les plus-values doivent être réalisées par une personne physique directement ou par l'intermédiaire d'une société interposée relevant du régime des sociétés de personnes prévu à l'article 8 du CGI (les cessions peuvent porter sur les titres dont la propriété est démembrée) ;
- les titres cédés doivent être des titres d'une société exerçant une activité commerciale, industrielle, artisanale, agricole ou financière ou ayant pour objet exclusif la détention de participations dans des sociétés ayant une activité éligible (holding). Ainsi, sont exclus du bénéfice de l'abattement les titres de sociétés gérant un patrimoine mobilier ou immobilier, et notamment les titres de sociétés à prépondérance immobilière (par exemple la SCI ayant opté pour l'impôt sur les sociétés) ;
- les titres cédés doivent être des titres de société ayant son siège dans un État de l'Union européenne ou dans un État faisant parti de l'espace économique européen.

La détermination de l'abattement du tiers s'effectue comme suit :

– le point de départ de la durée de détention est fixé au 1er janvier de l'année d'acquisition des titres cédés. Pour les titres acquis avant le 1er janvier 2006, la date d'acquisition est réputée être celle du 1er janvier 2006 ;
– l'abattement s'applique à la plus-value nette déterminée dans les conditions de droit commun ;
– en cas de cession de titres acquis à des dates différentes, l'abattement est déterminé soit titre par titre, s'il s'agit de titres identifiables, soit en retenant le prix de revient moyen d'acquisition en répartissant la plus-value proportionnellement en fonction des dates d'acquisition (règle du premier entré premier sorti) s'il s'agit de titres fongibles.

• **L'application de l'abattement du tiers sur la plus-value de cession par année de détention au-delà de la cinquième en cas de départ à la retraite du cédant**

Lorsque la cession des titres est effectuée par un dirigeant de PME qui fait valoir ses droits à la retraite, le cédant peut retenir la date effective d'acquisition des titres cédés et non la date du 1er janvier 2006. Les modalités de calcul de la plus-value et de l'abattement du tiers sont identiques à celles prévues dans le régime de droit commun, mais l'application anticipée du régime transitoire en cas de départ à la retraite exige que les conditions prévues à l'article 150 0 D ter du CGI soient respectées :

– le cédant doit céder l'intégralité des titres qu'il possède s'il ne détient pas plus de 50 % du capital de la société, ou il doit céder plus de 50 % des droits de vote de la société s'il en dispose de plus de 50 %. En cas de détention du seul usufruit des titres la cession doit représenter plus de 50 % des droits dans les bénéfices ;
– le cédant doit avoir exercé de manière continue pendant cinq ans des fonctions de direction de la société dont il cède les titres. Les fonctions de direction visées sont celles prévues à l'article 885 0 bis du CGI (gérant, président, directeur général, membre du directoire, président du conseil de surveillance) ;
– le cédant doit avoir détenu directement ou indirectement (notamment en tenant compte des titres détenus par le groupe familial), et de manière continue, au moins 25 % des droits de vote ou de droits dans les bénéfices de la société cédée pendant les cinq années précédant la cession ;
– le cédant doit faire valoir ses droits à la retraite dans l'année qui précède ou dans l'année qui suit la cession ;
– le cédant ne doit pas être associé de la société cessionnaire à la date de la cession ni au cours des trois années suivantes ;
– la société doit répondre à la définition communautaire de la PME (moins de 250 salariés, chiffre d'affaires annuel inférieur à 50 M€ ou total du bilan inférieur à 43 M€, capital ne pouvant être détenu à 25 % au plus par une ou plusieurs entreprises ne répondant pas à la définition de la PME).

Section 2 LA TRANSMISSION À TITRE GRATUIT DE L'ENTREPRISE

Lors de la transmission à titre gratuit d'une entreprise, le bénéficiaire de la transmission (donataire ou héritier) supporte les droits de donation ou de succession, compte tenu du degré de parenté existant entre le défunt et l'héritier ou entre le donateur et le donataire. Les droits en cas de donation – avec ou sans démembrement de la propriété – ou en cas de préparation de la transmission avec la conclusion d'engagements de conservation, sont substantiellement réduits par rapport à la transmission par décès. Pour l'ex-exploitant (défunt ou donateur), l'imposition des plus-values constatées lors de la transmission gratuite n'existe que dans le seul cas où celles-ci sont qualifiées fiscalement de professionnelles et encore, sous réserve qu'elles ne puissent bénéficier d'une exonération.

1 La fiscalité applicable au bénéficiaire (héritier ou donataire)

L'héritier ou le donataire d'une entreprise supporte des droits d'enregistrement appelés droits de mutation à titre gratuit. Ces droits s'appliquent à toutes les transmissions par décès (droits de succession) et à toutes les transmissions entre vifs (droits de donation).

1.1 La transmission gratuite d'entreprise par décès

L'application du barème des droits de succession

En cas de transmission d'une entreprise à la suite du décès de l'exploitant, les droits de mutation sont tels que prévus aux tarifs applicables en ligne directe ou aux tarifs applicables en ligne collatérale et entre personnes non parentes non liés par un PACS. Les droits se calculent sur la valeur réelle (valeur vénale) de l'entreprise à la date du décès. Toutefois en application de l'article 764 A du CGI, il peut être tenu compte, pour la liquidation des droits de mutation par décès, de la dépréciation éventuelle résultant dudit décès et affectant la valeur des titres non cotés ou des actifs incorporels transmis.

Tableau 24.1 — Tarif des droits applicables en ligne directe (au titre de 2009) :

Fraction de part nette taxable	Taux
N'excédant pas 7 953 €	5 %
De 7 953 à 11 930 €	10 %
De 11 930 et 15 697 €	15 %
De 15 697 à 544 173 €	20 %
De 544 173 à 889 514 €	30 %
De 889 514 à 1 779 029 €	35 %
Supérieure à 1 779 029 €	40 %

Tableau 24.2 — Tarif des droits applicables en ligne collatérale et entre non parents non liés par un PACS (au titre de 2009)

Fraction de part nette taxable	Taux
entre frères et sœurs (fraction n'excédant pas 24 069 €)	35 %
entre frères et sœurs (fraction supérieure à 24 069 €)	45 %
entre parents jusqu'au 4e degré inclusivement	55 %
entre parents au-delà du 4e degré et entre personnes parentes	60 %

NB : il est rappelé que les droits de donation sont liquidés sur une valeur qui est susceptible de bénéficier aussi des abattements existants en cas de succession.

Le paiement des droits d'enregistrement dus à raison de l'ensemble des mutations à titre gratuit portant sur des entreprises (y compris les donations entre vifs portant sur des biens dont la propriété est démembrée) peut être différé pendant cinq ans, puis fractionné sur une période de dix ans. Pour bénéficier du paiement différé et fractionné, la transmission gratuite doit concerner les entreprises exerçant une activité industrielle, commerciale, artisanale, agricole ou libérale et répondre aux conditions suivantes :

- en cas de transmission d'une entreprise individuelle : l'entreprise doit avoir été exploitée par le défunt ou le donateur, et la mutation doit porter sur l'ensemble des biens affectés à l'exploitation ;
- en cas de transmission de parts sociales ou d'actions de sociétés non cotées en bourse : le bénéficiaire doit avoir reçu au moins 5 % du capital social de la société.

L'exonération partielle de 75 % sur la valeur de l'entreprise en cas de conclusion d'engagements de conservation de l'entreprise

La loi prévoit la possibilité de bénéficier de l'exonération partielle de la valeur de l'entreprise transmise en cas de décès (de même en cas de donation). Le dispositif est codifié aux articles 789 A, 789 B et 789 C du CGI. L'exonération partielle et conditionnelle peut s'appliquer à toutes transmissions à titre gratuit d'entreprises, que celles-ci soient exploitées sous forme de sociétés ou sous forme d'entreprises individuelles (l'exonération partielle était à l'origine réservée aux seules mutations par décès, mais a été étendue aux donations entre vifs).

En vertu des dispositions des articles susvisés du CGI, les transmissions par décès de parts ou actions de sociétés exerçant une activité industrielle, commerciale, artisanale, agricole ou libérale peuvent être exonérées de droits de mutation à hauteur de 75 % de leur valeur, ainsi que l'ensemble des biens meubles et immeubles, corporels ou incorporels affectés à l'exploitation d'une entreprise individuelle ayant une activité professionnelle.

- **L'exonération partielle de 75 % en cas de transmission à titre gratuit d'entreprises exploitées sous forme de sociétés**

L'article 787 B du CGI fixe les conditions à remplir pour bénéficier de l'exonération partielle en cas de transmissions à titre gratuit de parts ou d'actions de sociétés. Le mécanisme mis en place repose sur l'obligation de souscrire des engagements de nature à assurer la reprise de la société : le « futur défunt » doit souscrire un engagement de conservation des titres pour lui et ses ayants droits (dit « engagement collectif ») dont, en principe, l'existence au moment du décès permettra aux héritiers de souscrire un autre engagement (dit « engagement individuel ») qui leur fera bénéficier de l'exonération partielle à hauteur de 75 % de la valeur des parts ou actions transmises[1].

L'exonération partielle de 75 % de la valeur des titres reçus nécessite que les conditions suivantes soient réunies au moment de la transmission gratuite :

- les titres transmis doivent faire l'objet d'un engagement collectif de conservation en cours depuis au mois deux ans à la date de la transmission. Depuis le 26 septembre 2007, l'engagement collectif de conservation est réputé acquis lorsque les parts ou actions détenues depuis plus de deux ans au moins par une personne physique seule ou avec son conjoint ou le partenaire lié par un PACS atteignent les seuils de détention de 20 % ou de 34 % sous réserve que cette personne ou son conjoint ou le partenaire du PACS exerce depuis deux ans au moins son activité professionnelle ou une des fonctions de direction prévues à l'article 885 O bis du CGI dans la société concernée ;
- l'engagement collectif doit avoir été souscrit par le défunt (ou le donateur) pour lui et ses ayants droits à titre gratuit avec d'autres associés ;
- l'engagement doit porter au moins sur 20 % des droits financiers et des droits de vote attachés aux titres, s'ils sont négociables sur les marchés réglementés, et au moins sur 34 % dans les autres hypothèses ;
- les héritiers (ou les donataires ou légataires) qui désirent bénéficier de l'exonération partielle de 75 % doivent prendre l'engagement pour eux et pour leurs ayants droits à titre gratuit, de conserver les titres pendant une durée de quatre ans à compter de la date d'expiration de l'engagement collectif d'origine ;
- l'un des associés ayant souscrit l'engagement collectif de conservation ou l'un des héritiers (ou donataires ou légataires) doit exercer dans la société, pendant la durée minimale de l'engagement collectif de deux ans et pendant les trois années qui suivent son activité principale ou l'une des fonctions visées au 1er de l'article 885 O bis du CGI ;
- des attestations de la société concernée doivent être produites lors de la transmission et tout au long de la période visée par l'engagement collectif de conservation.

1. Le même mécanisme s'applique aussi en cas de donation d'entreprise : le donateur doit souscrire l'engagement d'origine et le (ou les) donataire(s) doivent s'engager à conserver les titres de l'entreprise transmise.

L'exonération partielle peut aussi s'appliquer lorsque les titres faisant l'objet de l'engagement collectif de conservation sont détenus directement ou indirectement par l'intermédiaire d'une société interposée dont les titres font l'objet de la transmission (cas des sociétés holdings). Par ailleurs, l'engagement collectif de conservation est présumé exister lorsque le défunt (ou le donateur) a exercé les fonctions de direction de la société au moins pendant deux ans à la date de la transmission et qu'il possédait avec son conjoint au moins 34 % des titres d'une société non cotée ou 20 % des titres d'une société cotée.

Lorsque toutes les conditions sont remplies, l'exonération partielle porte sur 75 % de la valeur des titres transmis à titre gratuit aux héritiers (ou donataires) ayant souscrit l'engagement à la date de la transmission. Elle est susceptible d'être remise en cause en cas de non-respect des engagements souscrits par les héritiers (ou donataires), ou si l'une des conditions posées par l'article 787 B du CGI venait à faire défaut.

- **L'exonération partielle de 75 % en cas de transmission à titre gratuit d'une entreprise individuelle**

L'article 787 C du CGI définit les modalités d'application de l'exonération partielle de 75 % en cas de transmission à titre gratuit d'une entreprise individuelle :

- l'exonération de 75 % porte sur l'ensemble des biens meubles et immeubles, corporels ou incorporels, affectés à l'exploitation d'une entreprise individuelle ayant une activité industrielle, commerciale, artisanale, agricole ou libérale ;
- l'exonération ne s'applique qu'en cas de transmission de l'ensemble des biens utilisés pour l'exercice de l'activité professionnelle ;
- l'exonération de 75 % implique que les conditions suivantes soient respectées :
  - lorsqu'elle a été acquise à titre onéreux, l'entreprise doit avoir été exploitée et détenue pendant plus de deux ans par le défunt (ou le donateur) ;
  - chacun des héritiers (ou des donataires ou légataires) doit prendre l'engagement de conserver l'ensemble des biens faisant l'objet de la transmission de l'entreprise pendant au moins quatre ans ;
  - l'un des héritiers (donataires ou légataires) doit poursuivre effectivement l'exploitation de l'entreprise individuelle pendant au moins trois ans.

1.2 La transmission d'entreprise par donation

La donation d'entreprise bénéficie de nombreuses incitations fiscales : application des mesures favorables propres à toutes les donations (réduction de droits selon l'âge du donateur et démembrement de propriété), application de la règle du non rappel des droits pour les donations de plus de six ans et application de dispositions favorables réservées aux seules transmissions d'entreprises.

Les règles de droit commun favorables aux donations

Lorsque la transmission de l'entreprise à titre gratuit est préparée, les dispositions existantes favorables aux donations vont trouver à s'appliquer. À ces dispositions peuvent venir s'ajouter les mesures spécifiques aux entreprises, telles que l'engagement de conservation des titres ou des actifs (voir plus haut) ou telles que l'exonération des donations d'entreprises aux salariés. La transmission d'entreprise par donation sera d'autant moins imposée que les dispositions favorables auront été largement utilisées.

- **Les réductions de droits en cas de donation**

Les taux de réduction de droits applicables en cas de donation sont différents selon qu'il s'agit d'une donation en pleine propriété, ou d'une donation en nue-propriété. Ils sont prévus à l'article 790 du CGI. Les taux de réduction s'appliquent sur les droits liquidés en fonction des tarifs prévus aux articles 777 et suivants du CGI.

Les donations en pleine propriété bénéficient d'une réduction sur les droits liquidés :

– de 50 % lorsque le donateur est âgé de moins de 70 ans ;
– de 30 % lorsque le donateur a 70 ans révolus et moins de 80 ans.

Les donations en nue-propriété bénéficient d'une réduction sur les droits liquidés :

– de 35 % lorsque le donateur est âgé de moins de 70 ans ;
– de 10 % lorsque le donateur a 70 ans révolus et moins de 80 ans.

Les réductions s'appliquent à concurrence de la fraction de la valeur des biens transmis représentative directement ou indirectement de la nue-propriété des biens. Cette valeur est déterminée conformément aux dispositions de l'article 669 I du CGI en fonction de l'âge de l'usufruitier.

- **La donation de la nue-propriété permet de bénéficier d'une diminution des droits dus lors du décès**

Le démembrement de la propriété[1] permet la transmission de l'entreprise sous forme de la donation de la nue-propriété aux ayants droits, qui en deviendront pleinement propriétaire lors du décès de l'usufruitier, ou lorsque ce dernier fera donation de l'usufruit. En cas de donation de la nue-propriété de l'entreprise, les droits dus sont calculés sur la valeur de la seule nue-propriété, qui dépend de l'âge de l'usufruitier. La répartition entre la valeur de l'usufruit et la valeur de la nue-propriété est prévue par l'article 669-I du CGI. Elle s'applique en cas de cession à titre onéreux comme en cas de donation.

1. Voir également le chapitre consacré au démembrement dans cet ouvrage.

Pour la liquidation des droits d'enregistrement, la valeur de la nue-propriété et de l'usufruit est déterminée par une quotité de la valeur de la propriété entière, qui est déterminée selon le barème suivant :

Tableau 24.3

Âge de l'usufruitier	Valeur de l'usufruit	Valeur de la nue-propriété
21 ans révolus	90 %	10 %
31 ans révolus	80 %	20 %
41 ans révolus	70 %	30 %
51 ans révolus	60 %	40 %
61 ans révolus	50 %	50 %
71 ans révolus	40 %	60 %
81 ans révolus	30 %	70 %
91 ans révolus	20 %	80 %
plus de 91 ans révolus	10 %	90 %

Lorsque l'usufruit est constitué pour une durée fixe, il est estimé à 23 % de la valeur de la propriété entière pour chaque période de dix ans de la durée de l'usufruit, sans fraction et sans égard à l'âge de l'usufruitier.

- **L'application de la règle de non rappel des donations de plus de six ans permet de multiplier les abattements**

Les donations bénéficient en principe au même titre que les successions des abattements visés aux articles 779-I du CGI. Toutefois, la situation du conjoint n'est pas identique en cas de succession ou en cas de donation. Le conjoint survivant est exonéré de droits de succession alors que le conjoint recevant une donation bénéficie d'un abattement de 79 221 €. Les descendants bénéficient d'un abattement de 156 357 € la part de chacun des ascendants. Les personnes handicapées bénéficient de l'abattement de 156 357 € Les frères et sœurs bénéficient de l'abattement de 15 636 € prévu en à l'article 779 III du CGI concernant les frères et sœurs.

Ces divers abattements s'appliquent, en principe, une seule fois au moment de la succession, puisque les donations antérieures doivent être réintégrées à la succession par application de la règle du rappel des donations antérieures. La donation étant considérée comme une déclaration partielle de succession.

Par dérogation à ce principe, l'article 784 du CGI prévoit que la règle du rappel fiscal des donations antérieures ne s'applique pas à celles de ces donations qui sont passées depuis plus de six ans. Cette règle permet aux donataires, en neutralisant les donations tous les six ans, de bénéficier des abattements auxquels il peut prétendre en raison de son degré de parenté tous les six ans ce qui, dans ce cas, conduit à une forte atténuation de la progressivité du tarif des droits applicables. Pour bénéficier du non rappel fiscal, les donations antérieures de plus de six ans doivent constituer de véritables donations présentées à la formalité de l'enregistrement et avoir été soumises aux droits de donation et avoir été passées depuis plus de six ans avant la nouvelle transmission gratuite.

Les possibilités d'exonération de droits en cas de donation d'une entreprise

- **L'exonération partielle à hauteur de 75 % de la valeur de l'entreprise (engagement de conservation)**

L'exonération à hauteur de 75 % de leur valeur des parts et actions d'une société ayant une activité industrielle, commerciale, artisanale, agricole ou libérale (art. 787 B du CGI) en cas de transmission gratuite s'applique sous les mêmes conditions aux successions et donations d'entreprises. Il en va de même pour l'exonération à hauteur de 75 % de la valeur des biens meubles et immeubles affectés à l'exploitation d'une entreprise individuelle qui fait l'objet d'une transmission gratuite dans les conditions visées à l'article 787 C du code précité. On relève que l'exonération ne concerne que le fonds de commerce et la clientèle, et qu'elle ne s'applique pas aux autres éléments de l'entreprise individuelle ou de la société.

- **L'abattement de 300 000 € en cas de donation de l'entreprise à ses salariés**

En application de l'article 790 A du CGI, un abattement de 300 000 € est applicable pour le calcul des droits de mutation à titre gratuit, sur option des donataires, les donations en pleine propriété de fonds artisanaux, de fonds de commerce, ou de clientèles d'une entreprise individuelle ou de parts ou actions d'une société, à concurrence de la fraction de la valeur des titres représentatifs de la clientèle sous réserve que certaines conditions soient remplies :

– l'entreprise ou la société doit exercer une activité industrielle, commerciale, artisanale, agricole ou libérale ;
– la donation doit être consentie aux personnes titulaires d'un contrat de travail à durée indéterminée depuis au moins deux ans, et qui exercent leurs fonctions à temps plein, ou d'un contrat d'apprentissage en cours au jour de la transmission, conclus avec l'entreprise dont le fonds de commerce ou la clientèle est transmis ou avec la société dont les parts ou les actions sont transmises. On souligne que l'existence d'un lien de parenté entre le donateur et le ou les donataires n'a pas pour effet d'exclure la donation du bénéfice de l'abattement ;

– la valeur du fonds de commerce ou de la clientèle objet de la donation, ou appartenant à la société dont les parts ou actions sont transmises, est inférieure à 300 000 € ;
– lorsqu'ils ont été acquis à titre onéreux, le fonds ou la clientèle doivent avoir été détenus pendant plus de deux ans par le donateur ou la société ;
– les donataires doivent poursuivre à titre d'activité professionnelle unique et de manière effective et continue, pendant les cinq années qui suivent la date de la transmission, l'exploitation du fonds ou de la clientèle transmis ou l'activité de la société dont les parts ou les actions ont été transmises et dont l'un d'eux assure pendant la même période la direction effective de l'entreprise. Si cette condition n'est pas respectée, le ou les donataires doivent procéder au paiement des droits de mutation non acquittés, assortis des intérêts de retard. Toutefois, en cas de procédure de liquidation judiciaire dans les cinq ans, il n'est pas procédé à la déchéance du régime de faveur.

L'abattement de 300 000 € est exclusif de l'abattement de 75 % résultant de l'application des articles 787 B et 787 C du CGI.

2 La fiscalité des plus-values applicable au donateur (ou défunt)

Pour le donateur (ou le défunt), la question de l'imposition des plus-values se présente de manière bien différente selon qu'il s'agit de plus-values des particuliers ou des plus-values professionnelles.

2.1 L'exonération de plein droit des plus-values, constatées à l'occasion de la transmission gratuite de parts ou actions de sociétés soumises à l'impôt sur les sociétés

En cas de transmission par décès ou en cas de donation entre vifs de biens relevant du régime du régime des particuliers, les plus-values constatées ne sont pas imposables. Il résulte de cette règle générale que les plus-values concernant les transmissions par décès ou les donations de parts sociales ou d'actions de sociétés soumises à l'impôt sur les sociétés sont exonérées du fait de la transmission. On notera que l'exonération peut aussi concerner les plus-values constatées en cas de transmission à titre gratuit de titres de sociétés de personnes exerçant une activité professionnelle relevant de l'article 8 du CGI et dans lesquelles le défunt ou le donateur n'exerçait pas d'activité professionnelle.

2.2 Le régime des plus-values en cas de transmission à titre gratuit d'entreprise individuelle ou de parts de sociétés de personnes

En cas de transmission à titre gratuit d'entreprise individuelle, les règles applicables en matière de plus-values (plus-values professionnelles) sont en principe les mêmes que celles existant pour les cessions. Les plus-values sont imposables, mais il existe des cas d'exonération sous réserve que les conditions posées soient réunies.

L'exonération des plus-values professionnelles applicables aux transmissions gratuites d'entreprises

Les principales exonérations de plus-values prévues en matière de cession d'entreprise s'appliquent aussi aux transmissions gratuites sous les mêmes conditions. Les exonérations applicables sont celles :

- qui concernent les petites entreprises lorsque les conditions prévues à l'article 151 septies du CGI sont réunies ;
- qui concernent les petites cessions lorsque les conditions prévues à l'article 238 quindecies du CGI sont réunies.

On note cependant que l'exonération conditionnelle prévue en cas de départ à la retraite de l'exploitant individuel ou de l'associé de la société de personnes ne s'applique pas aux transmissions gratuites.

L'exonération spécifique des plus-values constatées en cas de transmission par donation ou succession d'une entreprise individuelle ou de parts de sociétés de personnes

Depuis le 1er janvier 2004, un nouveau dispositif fiscal permettant l'exonération des plus-values professionnelles constatées en cas de transmission gratuite (par décès ou par donation) a été mis en place. Le mécanisme est codifié à l'article 41 du CGI lorsqu'il s'agit de la transmission d'une entreprise individuelle, et à l'article 151 nonies du CGI lorsque la transmission porte sur des parts de sociétés de personnes.

• L'exonération conditionnelle prévue à l'article 41 du CGI

L'article 41 du CGI prévoit que les plus-values professionnelles réalisées par une personne physique à l'occasion de transmission à titre gratuit d'une entreprise individuelle peuvent bénéficier, en premier lieu d'un report d'imposition, puis sous condition, d'une exonération. Le report d'imposition, qui résulte d'une option que doit exercer le bénéficiaire de la transmission à titre gratuit, est octroyé dans les conditions suivantes :

– le report de l'imposition des plus-values afférentes aux éléments de l'actif immobilisé constatées à l'occasion de cette transmission peut être appliqué jusqu'à la date de cession de l'entreprise, ou jusqu'à la date de cession d'un de ces éléments si elle est antérieure. En cas de report, l'imposition des plus-values est effectuée au nom du ou des bénéficiaires de la transmission de l'entreprise individuelle ;
– il est mis fin au report d'imposition en cas de cession à titre onéreux de ses droits par un bénéficiaire, pour le montant de la plus-value afférente à ses droits, et l'imposition de la plus-value est effectuée au nom de ce bénéficiaire ;
– le report est maintenu en cas de nouvelle transmission à titre gratuit par l'un des bénéficiaires, si le bénéficiaire de la transmission prend l'engagement d'acquitter l'impôt sur la plus-value à la date de la cession de l'entreprise ou de l'un des éléments de l'actif immobilisé transmis. À défaut d'engagement, l'imposition des éléments ayant fait l'objet de la nouvelle transmission à titre gratuit est alors effectuée au nom du donateur ou du défunt ; le report est également maintenu en cas d'apport de l'entreprise en société (dans les conditions posées par l'article 151 septies du CGI) si le ou les bénéficiaires qui ont réalisé l'apport prennent l'engagement d'acquitter l'impôt sur la plus-value en report à la date de la cession de l'entreprise ou des éléments de l'actif immobilisé ;
– il est également mis fin au report en cas de cession des parts de la société reçues en rémunération de l'apport de l'entreprise individuelle ;
– on notera par ailleurs que la mise en location-gérance de l'entreprise est assimilée à une cession totale ou partielle de l'entreprise.

Le report d'imposition des plus-values constatées lors de la transmission gratuite peut conduire à une véritable exonération du repreneur à titre gratuit, si ce dernier poursuit l'activité pendant au moins cinq ans à compter de la date de la transmission. Le report d'imposition s'applique sur option exercée par le ou les exploitants, et si tel est le cas, par les autres bénéficiaires lors de l'acceptation de la transmission par ces derniers. Le ou les bénéficiaires ayant opté doivent communiquer à l'administration un état faisant apparaître le montant des plus-values réalisées lors de la transmission et dont l'imposition est reportée.

- **L'exonération de la transmission à titre gratuit de parts de sociétés de personnes**

En application de l'article 151 nonies II du CGI, lorsqu'une personne physique transmet à titre gratuit à une personne physique des droits sociaux considérés comme des actifs affectés à l'exercice d'une profession, l'imposition de la plus-value peut faire l'objet d'un report jusqu'à la date de cession, de rachat, d'annulation ou de transmission ultérieure de ces droits. L'imposition de la plus-value est effectuée à la date à laquelle il est mis fin au report, au nom du ou des bénéficiaires de la transmission gratuite des droits sociaux.

Le report est maintenu en cas de nouvelle transmission gratuite si le nouveau bénéficiaire de la transmission prend l'engagement de payer la plus-value, lorsque l'un des événements mettant fin au report se réalisera. Lorsque l'activité est poursuivie pendant au moins cinq ans à compter de la date de transmission à titre gratuit, la plus-value en report est définitivement exonérée. Le régime du report d'imposition est optionnel. L'option doit être exercée par le bénéficiaire lors de l'acceptation de la transmission. L'option doit être communiquée à l'administration, et doit faire apparaître le montant de la plus-value réalisée dont l'imposition est reportée.

NB : La Loi de finances pour 2010 a prévu que les reports d'imposition des plus-values professionnelles des articles 151 octies à 151 nonies du CGI sont maintenus en cas de réalisation d'une seconde opération ouvrant droit à un sursis ou un report d'imposition

3 Conclusion

Comme il vient d'être souligné, la fiscalité de la transmission d'entreprise comporte divers aspects tels que la déductibilité des frais financiers d'acquisition, l'imposition des plus-values réalisées ou constatées et l'existence de droits d'enregistrement.

D'autres aspects fiscaux doivent être pris en compte pour apprécier les conséquences d'une transmission d'entreprise, et particulièrement les incidences en matière d'impôt de solidarité sur la fortune.

En matière d'impôt de solidarité sur la fortune des dispositions existent également pour en atténuer le coût du passage de l'entreprise de la catégorie de bien professionnel exonéré à celle de bien imposable. Les réductions d'impôt de solidarité sur la fortune impliquent, là encore, que la transmission ait été préparée et qu'elle conduit à prendre des décisions, telles que le démembrement de la propriété au moment du départ à la retraite du dirigeant, ou la conclusion d'un engagement de conservation des titres.

Partie 6
Études de cas de stratégie patrimoniale

Chapitre

25 Stratégie patrimoniale

Vincent CORNILLEAU

La « stratégie patrimoniale » est un générique souvent employé en gestion de patrimoine. C'est, en réalité, une approche particulière du patrimoine consistant à prendre du recul sur les éléments qui le composent et sur les « outils », c'est-à-dire les solutions d'investissement et les conventions particulières, déjà mis en place par celui qui le détient. Cette approche emprunte le respect d'une méthode qui accorde de l'importance à la forme de l'intervention du CGP : comportement humain et commercial[1], tapuscrit remis au client, et organisation du travail[2]. La consistance du conseil est tout aussi importante. Il s'agit alors de mettre des compétences au service de l'individu dans la résolution de sa problématique patrimoniale.

La stratégie patrimoniale repose finalement sur l'enchaînement de deux actions :

– l'ingéniosité d'un conseil adapté à un environnement familial, juridique et fiscal déterminé ;
– la capacité à accompagner le client dans la mise en œuvre de cette stratégie.

L'objet de ce chapitre est de construire **des pistes de réflexion** sur l'élaboration d'une stratégie patrimoniale, à partir d'une hypothèse de base relativement courante.

1. *Infra* « L'approche globale du patrimoine ».
2. *Infra* « Le diagnostic patrimonial ».

Section 1 LE RECENSEMENT PATRIMONIAL

Monsieur José Gonzalez est né le 30 novembre 1949. Il s'est marié le 6 juillet 1977 sous le régime de la communauté légale avec Katie, née le 15 octobre 1950. Ils n'ont pas fait de donation au dernier des vivants. De cette union sont nés deux enfants, Olivier, 30 ans et Grégoire 23 ans.

1 Situation sociale

Madame Gonzalez est guide de tourisme dans un parc d'attraction proche de Paris. Monsieur Gonzalez est cadre d'une société « DFFG Capital », spécialisée dans le conseil en Fusions et Acquisitions. Il y exerce la fonction d'ingénieur financier.

2 Libéralités antérieures

Monsieur et Madame Gonzalez n'ont jamais effectué de donations vers leurs enfants. Ils n'ont reçu aucune libéralité de leurs parents à ce jour.

3 Composition du patrimoine privé

Tableau 24.4

	M.	Communauté	Mme
Immobilier : – Résidence principale – Résidence secondaire		 700 000 € 250 000 €	
Valeurs mobilières : – FCP – SICAV	30 000 €	2 000 000 €	10 000 €
Liquidités :		500 000 €	
TOTAL	**30 000 €**	**3 450 000 €**	**10 000 €**

4 Composition du patrimoine professionnel

Monsieur Gonzalez a participé à la création de DFFG Capital au commencement de son activité professionnelle, en 1968. Il en détient 170 000 titres qui représentent 5 % du capital social. Aujourd'hui, cette société s'est fortement valorisée grâce au développement d'un réseau commercial chargé d'apporter des affaires et de remployer les capitaux dégagés par les opérations de conseil. À tel point que DFFG Capital vient de se faire acheter, fin 2007, par une compagnie d'assurances.

Les titres de Monsieur Gonzalez valaient à la constitution de la société 1 €. En 2008, suite au rachat, ces titres sont évalués à 40 €. Monsieur Gonzalez se retrouve donc à la tête d'un patrimoine professionnel de 6 800 000 €.

5 Objectifs patrimoniaux

Monsieur Gonzalez souhaite stopper son activité professionnelle pour se livrer à sa nouvelle passion : la voile. Madame Gonzalez arrêtera probablement de travailler aussi. Ils ont pour objectifs :

- de se constituer des revenus complémentaires pour leur retraite ;
- d'anticiper la transmission des nouveaux capitaux de manière égalitaire vers les enfants.

L'entente du couple est parfaite.

6 Contraintes

D'un point de vue civil, les conditions dans lesquelles seront détenus les biens sont déterminantes pour organiser les pouvoirs des époux sur ces derniers. D'un point de vue fiscal, si la perception de revenus complémentaires suffisants à rétablir leur train de vie actuel ne pose à priori pas de problème, les conditions dans lesquelles vont être perçus ces revenus sont primordiales. Il faudrait en effet tenir compte :

- de l'ISF ;
- de l'impôt plus-value ;
- de la fiscalité sur les revenus, notamment au travers du bouclier fiscal ;
- des droits de succession et de l'anticipation de la transmission vers les enfants, au premier décès comme un second.

Repères **Plan**

Afin de répondre aux objectifs des époux Gonzalez, nous proposons le plan suivant :

Section 1 : Que se passerait-il en cas de vente de l'intégralité des titres puis du décès de Monsieur Gonzalez ? C'est la phase d'audit de notre réflexion.

Section 2 : Que faudrait-il faire pour aider Monsieur Gonzalez à mieux atteindre ses objectifs ? C'est la phase de préconisations patrimoniales.

Section 3 : Synthèse, afin de mesurer la pertinence du conseil/sa valeur ajoutée.

Section 4 : Proposition de solutions pour le remploi des capitaux.

Avertissement : l'ensemble des opérations s'est déroulé durant l'année civile 2009.

Section 2 L'AUDIT PATRIMONIAL

L'audit patrimonial nous permet, notamment, de qualifier juridiquement les biens qui composent le patrimoine du couple, et de cerner les règles de pouvoir qui entourent la gestion de ces biens. Il s'agit plus généralement de tirer les conséquences juridiques et fiscales d'une situation présente au regard de leurs objectifs.

1 Vente des titres

1.1 Aspects juridiques

Monsieur Gonzalez s'est marié après avoir acquis les titres DFFG. Ils constituent donc pour lui des biens propres (art. 1405 du Code civil). Il peut en disposer sans l'accord de son épouse (art. 1428 du Code civil). Leur vente entraîne la perception d'un prix. Attention, à défaut de déclaration de remploi[1] lors du réinvestissement, ce prix de vente serait présumé commun (art. 1402 du Code civil).

1.2 Aspects économiques et fiscaux

Vente et impôt sur la plus-value

Monsieur Gonzalez ne se situe dans aucun des régimes d'exonération de l'impôt sur la plus-value mobilière[2]. Il va donc subir le taux de 30,1 % pour l'imposition de

1. Respectant les conditions de l'article 1434 du Code civil.

2. Il n'est pas un dirigeant partant à la retraite et ne détient pas ses titres depuis plus de 6 ans au moins depuis le 1er janvier 2006 : régime des articles 150-O D bis et 150-0 D ter du CGI.

la plus-value. Sans prendre en compte une éventuelle revalorisation du prix d'acquisition des titres[1], la vente de 100 % des titres entraîne un impôt plus-value de :

Valeur d'un titre (prix de vente)	40,00 €
Prix d'acquisition	1,00 €
Plus-value	39,00 €
Impôt plus-value (30,1 %)	11,74 €
Prix de vente net par titre	27,26 €
Prix perçu net d'impôt	4 634 370 €

Suite à la vente, Monsieur va placer 4 634 370 €, ce qui va lui permettre d'obtenir des revenus complémentaires pour sa retraite. Nous pouvons penser que ce placement procurera un rendement net moyen de 4 % par an, soit environ 185 000 € de revenus complémentaires par an, et sans entamer le capital placé.

Vente et ISF

Monsieur Gonzalez ne bénéficiait pas de l'exonération d'ISF au titre des biens professionnels, car il ne remplissait pas les conditions de l'article 885 O bis du CGI. Par ailleurs, Monsieur Gonzalez n'a jamais souscrit d'engagement de conservation de titres lui permettant de bénéficier d'une exonération de 75 % sur l'assiette taxable de ses titres, tel que disposé à l'article 885 I quater du CGI. Suite au rachat de DFFG Capital en 2007, le prix du titre s'étant envolé, l'ISF était donc devenu un réel problème.

Plafonnement de l'ISF : La vente des titres en 2009 a entraîné une plus-value considérée comme un revenu imposable pour la détermination de la réduction d'ISF. Cette plus-value encaissée en 2009 empêche le mécanisme du plafonnement de fonctionner pour l'année 2010.

Vente et impôt sur le revenu

Il nous faut considérer la possibilité de réduire l'impôt sur le revenu grâce au mécanisme du bouclier fiscal. Parfois confondu avec le plafonnement de l'ISF, il s'y superpose. Il s'applique en second, en prenant en compte le montant de l'ISF, éventuellement plafonné. Compte tenu de la forte plus-value dégagée en 2009, Monsieur Gonzalez ne pourra actionner le bouclier fiscal qu'en 2011, au titre des impôts payés en 2010 sur les revenus 2009.

1. En raison de frais d'acquisition non exposés dans le cadre de cette hypothèse qui viendraient s'imputer sur la plus-value brute taxable.

2 Transmission des capitaux en cas de décès

Pour la réalisation de ce cas, focalisons-nous sur la transmission des capitaux issus de la vente des titres.

2.1 Monsieur décède en premier

Les capitaux issus de la vente des titres DFFG sont des biens propres de Monsieur Gonzalez[1]. Ils composent sa masse successorale.

Aspects civils

Monsieur Gonzalez n'a pas d'enfant d'un précédent mariage connu à ce jour. Il n'y a pas de testament. À défaut de donation au dernier des vivants, Madame a le choix entre prélever ¼ en pleine propriété ou 100 % en usufruit (art. 757 du Code civil). Considérons que Madame opte pour 100 % en usufruit. Elle pourra ainsi vivre de la gestion des capitaux issus de la vente des titres.

Aspects fiscaux

L'objectif est ici de se focaliser sur la transmission par décès des capitaux issus de la vente, en les isolant du reste du patrimoine taxable, afin de mieux comparer cette situation à nos solutions.

- **Détermination du taux de succession applicable**

La masse successorale de Monsieur se compose de :

La moitié des biens communs	1 725 000 €
100 % de la vente des titres DFFG	4 634 370 €
Ses autres biens propres	30 000 €
Total	6 389 370 €

Au décès de Monsieur, Madame a 59 ans. La nue-propriété transmise vaut donc 50 % (art. 669 du CGI). La masse taxable pour les enfants est de 3 194 685 €, soit 1 597 341 € chacun. Le taux de taxation progressif aux droits de succession est donc de 35 %.

- **Calculs des droits de succession dus sur les capitaux issus de la vente**

Concernant Madame : Exonération des droits de succession sur l'usufruit reçu.

1. Hypothèse d'une convention de remploi respectant les conditions de l'article 1434 du Code civil.

Concernant les enfants : Les droits s'élèvent globalement à 501 010 €.

Assiette brute en pleine propriété	4 634 370 €
Assiette brute en nue-propriété	2 317 185 €
Assiette brute par enfant	1 158 592 €
Abattement	– 156 357 €
Assiette nette	1 002 235 €
Droits de succession	250 505 €
Total	501 010 €

Pour le paiement de ces droits, les enfants peuvent choisir de le reporter au décès de l'usufruitier, moyennant le paiement d'un taux d'intérêt légal (articles 1717 et 397 du CGI).

2.2 Transmission des capitaux issus de la vente au deuxième décès

Lors du décès de Madame Gonzalez, Grégoire et Olivier recevront les biens objets du démembrement de propriété (capitaux issus de la vente et biens propres de Monsieur) en exonération de droits de succession (art. 1133 du CGI). Des droits de succession seront dus sur les biens en pleine propriété que Madame a recueilli du partage de la communauté au premier décès, de la même manière que sur ses biens propres, s'ils n'ont pas été consommés.

Attention, la fiscalité serait beaucoup plus dure si Monsieur décédait en second, car les capitaux lui appartenant en propre seraient transmis en pleine propriété vers les enfants.

2.3 Synthèse

Durant la vie des époux : La vente des titres a entraîné la perception d'un prix de vente net d'impôt plus-value de 4 634 370 €. Ce capital placé lui permet de percevoir environ 185 000 € de revenus annuels[1], sans entamer le capital. Ces revenus supporteront l'impôt sur le revenu ou un prélèvement libératoire. Ils pourraient conduire à payer l'ISF.

Transmission aux enfants : Au décès des époux Gonzalez, les enfants perçoivent le capital de 4 634 370 € sous la forme des placements effectués. Pour cela, ils auront payés 501 010 € de droits de succession, soit un capital net transmis de : 4 133 360 €.

1. 4 634 370 × 4 % = 185 374 €.

Une alternative consiste à donner les titres avant de les céder[1] c'est-à-dire d'opérer la transmission à titre gratuit des titres vers les enfants, puis de vendre ces titres entre les mains des enfants et des parents. Son intérêt est d'anticiper sur la transmission tout en effaçant l'impôt sur la plus-value. Cette opération nécessite d'être préparée.

Section 3 PRÉCONISATIONS PATRIMONIALES

1 Les stratégies qui précèdent la vente

Monsieur Gonzalez a tout intérêt à ameublir ses droits sociaux, c'est-à-dire à les apporter à la masse des biens communs.

1.1 Le changement de régime matrimonial

Idée

Une fois devenus des biens communs, les titres peuvent être transmis à la fois par Monsieur et par Madame. Quels avantages ? Cela permet de doubler les abattements lors des donations, mais aussi de mieux profiter de la progressivité des droits de mutation à titre gratuit.

Exemple

Monsieur Driant détient un bien d'une valeur de 1 000 000 €. Il a un fils unique, Frédéric, qu'il souhaiterait aider à s'installer par une donation en pleine propriété.

Si ce bien est un bien propre

Valeur en pleine propriété	1 000 000 €
Abattement	– 156 357 €
Base taxable	843 643 €
Droits à payer au taux progressif de **30 %** :	197 116 €
Réduction de 50 % :	98 558 €
	Total : 98 558 €

Si ce bien est un bien commun

Valeur en pleine propriété par donateur :	500 000 €
Abattement :	– 156 357 €

1. V. Cornilleau et B. Dalmas, « Pratique du démembrement de propriété », Litec Professionnel n° 344 et suivants.

Base taxable :	343 643 €
Droits à payer au taux progressif de **20 %** :	66 956 €
Réduction de 50 % :	33 478 €
Total :	**33 478** €

Soit une économie fiscale de 65 080 €. C'est, en partie, pourquoi les changements de régimes matrimoniaux sont souvent préconisés pour préparer la transmission du patrimoine d'un couple dont tout ou partie des biens sont propres. Attention, cette économie ne doit pas faire oublier les conséquences civiles d'un tel ameublissement, notamment en termes de partage de pouvoir.

Les époux Gonzalez vont ainsi apporter les titres à la communauté. Pour cela, ils doivent changer de régime matrimonial.

Procédure

L'article 1397 du Code civil dispose que, après deux années de mariage, les époux peuvent modifier les règles qui régissent leur union par un acte notarié. Depuis 2004, ce changement est peu coûteux pour les époux[1]. De plus, la Loi du 23 juin 2006[2] en a simplifié la procédure. Les enfants étant tous majeurs, le passage au tribunal d'instance n'est plus nécessaire. Les époux Gonzalez pourraient adopter le régime de la communauté universelle. Grâce à ce régime, l'ensemble des biens meubles et immeubles, présents (sous réserve d'apport à la communauté) et à venir, deviennent communs. C'est le régime idéal pour les époux qui souhaitent avant tout se protéger l'un et l'autre. Une clause d'attribution intégrale en pleine propriété permettrait au conjoint survivant de jouir et de disposer des mêmes biens jusqu'à son propre décès. Il ne reste donc plus qu'à prendre rendez-vous avec le notaire et organiser les donations des titres de DFFG Capital.

1.2 La donation des titres

En 2009, les époux Gonzalez ont donné 100 % des titres en nue-propriété.

Incitations fiscales

Non seulement la donation gomme la plus-value latente taxable sur le bien transmis, mais elle bénéficie d'avantages fiscaux importants :

– abattements de 156 357 € (cet abattement devient 156 984 € en 2010) par donateur et par donataire, entre parents et enfants ;

1. L. n° 2003-1311, 30 déc. 2003, art. 19-5. En cas de changement de régime matrimonial, l'article 1133 bis du CGI permet une exonération du droit fixe et du droit de timbre de dimension sur l'acte du notaire portant le changement ou la modification du régime matrimonial en vue de l'adoption d'un régime communautaire, ainsi que sur les actes dressés en vue de l'accomplissement des formalités que cette modification ou ce changement rendent nécessaires.

2. Loi n° 2006-728 du 23 juin 2006 portant réforme des libéralités et des successions.

– rappel fiscal tous les six ans permettant de purger le compteur des donations, tant sur les abattements que pour les tranches utilisées du barème des droits de mutation à titre gratuit ;
– réduction des droits de donation, en fonction de l'objet de la donation (pleine propriété ou nue-propriété) et de l'âge du donateur.

Les contribuables seront prudents dans le remploi des capitaux démembrés afin de ne pas risquer un redressement sur le fondement de l'abus de droit[1].

Forme et contenu de l'acte

La donation partage est à privilégier. Elle fige la valeur des biens donnés au jour de la donation pour le rapport des donations et garantie ainsi une stricte égalité entre les enfants au jour de la succession. L'acte stipulera la **réversion de l'usufruit** vers le conjoint survivant, afin que ce dernier conserve un train de vie identique à celui mené durant leur vie commune. Depuis l'exonération des droits de succession du conjoint survivant, cette réversion n'est plus taxée. Une **clause d'interdiction d'aliéner** les titres reçus par les nus-propriétaires sauf accord des donateurs viendra renforcer la sécurité juridique de notre stratégie. Enfin, une **clause de retour** en cas de décès du donataire est souvent stipulée.

Donation en nue-propriété

Grâce aux donations en nue-propriété, les époux Gonzalez anticipent sur la transmission de leur patrimoine et conservent les revenus qui leurs sont nécessaires pour leurs vieux jours. Les époux Gonzalez sont tous les deux âgés de moins de 61 ans le jour de la donation en 2009, la valeur de la nue-propriété donnée est de 50 % (art. 669 du CGI).

Valeur en pleine propriété	6 800 000 €
Valeur en nue-propriété	3 400 000 €
Valeur donnée par époux	1 700 000 €
Base taxable par enfant	850 000 €
Abattement individuel	– 156 357 €
Assiette taxable	693 643 €
Droits à payer au taux progressif de 30 %	152 116 €
Réduction de 35 %	53 240 €
Total par enfant et par donateur	98 875 €
Total global	395 500 €

1. Article 64 LPF. Pour le Comité consultatif pour la répression des abus de droit (CCRAD), il n'y a pas d'abus de droit à donner avant de céder. Mais « sous réserve que le donateur ne se réserve pas la libre disponibilité du prix de cession ».

2 La vente des titres DFFG

Une fois les titres donnés, il ne reste plus qu'à les vendre au prix de cession de 6 800 000 €. Les titres ont été donnés en nue-propriété et les parents et enfants s'entendent pour vendre les titres. Cette vente entraîne le paiement d'un impôt plus-value sur l'usufruit réservé, à la charge des nus-propriétaires[1].

Attention, la vente d'un actif démembré entraîne obligatoirement le partage du prix de vente (art. 621 du Code civil), sauf convention contraire conclue avant la vente prévoyant le remploi ou un quasi-usufruit. Au regard des objectifs des époux Gonzalez, le remploi est envisagé. Le prix de cession sera donc reporté sur d'autres actifs démembrés aux moyens d'une convention de subrogation réelle[2] afin d'en percevoir les revenus.

Pour ce qui est de la prise en charge des droits par le donateur, en principe, c'est aux donataires à qui revient la charge du paiement des droits de donation. Par exception, lorsque les frais et droits d'une donation sont mis à la charge du donateur, l'administration fiscale ne les considère pas comme une donation supplémentaire (art. 1712 du CGI). Si la prise en charge des droits par le donateur est courante, elle n'est pas toujours opportune. C'est le cas en l'espèce lorsque usufruitiers et nus-propriétaires vendent les titres donnés.

2.1 Les époux Gonzalez ont pris à leur charge les droits de donation

Dans ce cas, les enfants donataires, à qui revient la charge de l'impôt plus-value, ne pourront pas revaloriser le prix de revient de leurs titres du montant des droits de mutation acquittés.

Calcul de l'impôt plus-value sur l'usufruit réservé[3] :

Prix de cession	6 800 000 €
Prix d'acquisition :	
– valeur initiale de la pleine propriété des titres	170 000 €
– accroissement de la nue-propriété[4]	3 298 000 €
+ Majoration pour frais de mutation	0 €
Prix d'acquisition revalorisé	3 468 000 €
Montant de la plus-value liée à l'usufruit	3 332 000 €
Impôt au taux de 30,1 %	1 002 932 €

1. Instruction fiscale du 13 juin 2001.

2. Pour un modèle de convention de subrogation, voir Cornilleau V. et Dalmas B., *Pratique du démembrement de propriété*, Litec, n° 663 et s..

3. Instruction fiscale du 13 juin 2001, paragraphes n° 148 à 154.

4. Valeur de la nue-propriété à la donation 3 400 000 € – Valeur d'acquisition de cette nue-propriété en retenant l'âge de l'usufruitier à la date de la cession 102 000 € = 3 298 000 €.

2.2 Les enfants ont pris à leur charge le paiement des droits de donation

Prix de cession	6 800 000 €
Prix d'acquisition :	
– valeur initiale de la pleine propriété des titres	170 000 €
– accroissement de la nue-propriété	3 298 000 €
+ Majoration pour frais de mutation	395 500 €
Prix d'acquisition revalorisé	3 863 500 €
Montant de la plus-value liée à l'usufruit	2 936 500 €
Impôt au taux de 30,1 %	883 886 €

Nous remarquons que la prise en charge des droits de mutation par les enfants permet une économie d'impôt plus-value de : 395 500 × 30,1 % = 119 045 €.

Remarque

La plupart du temps, les enfants paient cet impôt grâce à des donations de titres en pleine propriété ou un partage partiel de titres au moment de la vente[1]. Mais les parents peuvent aussi donner des liquidités en pleine propriété.

3 La perception de revenus complémentaires

100 % des titres ont été donnés en nue-propriété. Les parents usufruitiers et les enfants nus-propriétaires remploient les capitaux issus de la vente.

Quels sont les revenus à consommer par les usufruitiers ? 6 800 000 € placés à 4 % par an rapporteraient environ 272 000 € par an. En réalité, pour comparer cette alternative à la vente pure et simple des titres DFFG, nous devons prendre en compte l'appauvrissement global des patrimoines suite à cette opération :

Prix de cession	6 800 000 €
Droits de donation	395 500 €
Impôt plus-value	883 886 €
Solde net à placer	5 520 614 €

Placés à 4 %, ils procurent un revenu d'environ 220 000 €.

1. Pour un cas réel chiffré, voir Vincent Cornilleau et Bruno Dalmas « Pratique du démembrement de propriété », ed. Litec Professionnel n° 649 et suivants.

Tout comme dans la première hypothèse, les époux Gonzalez auront à subir l'ISF sur les capitaux démembrés[1], et bénéficieront éventuellement du bouclier fiscal sur l'imposition de leurs revenus.

4 Le décès des époux Gonzalez

Les époux Gonzalez ont adopté le régime de la communauté universelle. Si une attribution intégrale a été stipulée au contrat de mariage, l'ensemble des biens est transmis au conjoint survivant, et hors droit de succession. Au décès du survivant des deux époux, les enfants reçoivent l'intégralité des biens composant le patrimoine.

Concernant les seuls capitaux issus de la vente des titres DFFG, la clause de réversion d'usufruit stipulée à l'acte de donation permet au survivant d'en jouir jusqu'à son propre décès, et sans payer de droits de succession, qu'il y ait eu stipulation d'un avantage matrimonial, ou non[2]. Les enfants en percevront la pleine propriété hors droit de succession au décès du dernier usufruitier (art. 1133 du CGI).

Section 4 SYNTHÈSE DE LA PRÉCONISATION

La vente « pure et simple » des titres DFFG a le mérite de la simplicité. De plus, elle permet à Monsieur Gonzalez de conserver tout pouvoir de disposition sur ses capitaux. Il pourra les consommer s'il le souhaite. Cette liberté a un prix : elle se révèle la solution la plus coûteuse fiscalement. La donation des titres en pleine propriété serait aussi possible, mais les solutions permettant aux époux de conserver les revenus sur les biens donnés aux enfants risquent la qualification d'abus de droit par l'administration fiscale. La donation en nue-propriété est la voie médiane : les époux Gonzalez conservent les revenus et transmettent le capital. Nous pouvons constater que cette solution permet de transmettre 1 387 254 € de plus vers les enfants.

1. Article 885 G du CGI.
2. Grâce à l'exonération des droits de succession et de la réversion de l'usufruit vers le conjoint survivant.

Tableau 24.5

COMPARATIF FISCAL		
	Vente	Donation en nue-propriété (les enfants paient les droits) puis vente
Prix de cession	6 800 000 €	6 800 000 €
Impôts plus-value	1 995 800 €	883 886 €
Droits de donation	–	395 500 €
Net perçu	4 634 370 €	5 520 614 €
Revenus bruts*	185 000 €	222 000 €
Droits de succession	501 010 €	–
Net transmis aux enfants	4 133 360 €	5 520 614 €

* Hors ISF et hors application du bouclier fiscal.

D'autres réflexions sont possibles. Nous n'avons envisagé que la vente de 100 % des titres comparée à une donation de 100 % des titres en nue-propriété. Les donations peuvent aussi s'alterner et se cumuler. Il existe de multiples combinaisons de stratégies. Trois d'entre elles sont à noter :

1) La conservation d'une partie des titres en pleine propriété et la conclusion d'un engagement de conservation des titres « ISF » sur le fondement de l'article 885 I quater du CGI.

Quels en seraient les effets attendus ? Dans un premier temps, l'engagement de conservation permet une diminution de 75 % de la base taxable des titres, et donc une économie substantielle d'ISF. Dans un second temps, les titres conservés plus de 8 ans donneront lieu à exonération totale d'impôt sur la plus-value[1] (art. 150 0 D bis du CGI). Inconvénients : C'est une stratégie de capitalisation en optimisation d'impôts qui ne peut être menée seule car elle ne permet pas la perception de revenus complémentaires[2]. C'est une prise de risque tant sur l'évolution du cours du titre que sur la pérennité des avantages fiscaux en vigueur.

2) La donation de titres en pleine propriété permet une exonération totale de l'impôt sur la plus-value et un déplacement de la charge d'ISF sur les enfants, souvent situés dans une tranche inférieure à celle des parents. Si la perception de revenus complémentaires semble alors compromise, il faut envisager le recours à la société civile. Cette alternative complexe à mettre en œuvre n'est pas sans entraîner de risque au regard de la notion d'abus de droit.

3) Mus par la principale volonté de changer d'environnement géographique, et afin de satisfaire au mieux la vie de loisirs qui les attend, Monsieur et Madame Gonzalez pourraient aussi se délocaliser. Afin d'optimiser fiscalement cette déloca-

1. Les prélèvements sociaux resteront dus, soit 11 % en 2007.

2. Sauf les éventuels dividendes des actions DFFG.

lisation, il serait alors préférable de ne céder les participations qu'une fois installé dans leur nouveau lieu de vie, à condition bien sûr que la fiscalité sur les plus-values y soit plus favorable. Mais ceci est une autre problématique…

Section 5 LE REMPLOI DES CAPITAUX

1 Ligne directrice

D'un point de vue fiscal, le choix des produits d'investissement devra prendre en compte la volonté de percevoir des revenus complémentaires, en optimisation d'impôts IR et ISF. En effet, en fonction de la nature des produits financiers (les enveloppes d'accueil des capitaux issus de la vente) et de leur contenu (actions, obligations, produits de taux, immobiliers) une fiscalité particulière va s'appliquer. Il faut donc concilier : exigence de performance du placement, aversion au risque, disponibilité des capitaux, liberté de gestion, et fiscalité.

1.1 Préférez la capitalisation à la distribution

Nous le savons, la fiscalité sur les revenus est bien souvent plus pénalisante que la fiscalité sur les plus-values. Notre stratégie sera donc d'éviter les produits qui distribuent des revenus, pour privilégier les produits dits de capitalisation. Sur ces derniers, les époux Gonzalez pourront exercer un contrôle des revenus en fonction de leurs besoins. Ce contrôle dans la perception de revenus complémentaires permet par ailleurs de mieux maîtriser la réduction ISF liée au mécanisme du plafonnement. En effet, ces produits de capitalisation dégageront des produits dont l'assiette de taxation est très faible. Ces produits permettent de distinguer les revenus économiques (les revenus réellement encaissés) de la notion fiscale de revenus imposables (revenus pris en compte pour la détermination de l'impôt sur les revenus, de l'ISF et du bouclier fiscal) En effet, revenus économiques et revenus imposables ne s'équivalent pas toujours. Car, pour le calcul du plafonnement, seuls les revenus imposables sont pris en compte. Ces revenus imposables étant plus faibles que les revenus réellement encaissés, le plafonnement joue plus facilement. La logique est la même concernant l'application du bouclier fiscal.

Exemple

Monsieur Gonzalez souscrit un contrat d'assurance-vie et rachète tous les ans sur ce contrat une somme de 150 000 €. Ce rachat comporte les premières années une partie très faible d'intérêts et de plus-values. Disons 3 % la première année. Ainsi, Monsieur Gonzalez déclare en revenu imposable 4 500 € pour le calcul du plafonnement, alors qu'il jouit d'une somme de 145 500 € (son revenu économique) pour satisfaire son train de vie.

L'idée est donc de répartir les capitaux, autant que faire se peut, sur des placements tels que l'assurance-vie (nous ne le préconisons que pour les capitaux investis en pleine propriété de préférence[1]), les contrats de capitalisation et dans une moindre mesure, des portefeuilles titres. La société civile à l'impôt sur les sociétés pourrait aussi s'avérer judicieuse.

1.2 Exemples de quelques outils d'accueil des capitaux

Hormis un investissement immobilier, notre préconisation pourrait s'articuler autour de trois grandes familles de produits financiers.

L'assurance-vie

Pour des capitaux conservés en pleine propriété, le contrat d'assurance-vie permet de percevoir des revenus complémentaires très faiblement fiscalisés et de transmettre des capitaux hors droit de succession. Certaines compagnies proposent des contrats à bonus de fidélité, qui offrent la particularité d'une valeur de rachat qui ne se valorise que très faiblement pendant la période dite de fidélité[2]. Ce système permet une taxation plus faible à l'ISF[3], quasiment à la valeur nominale, la valeur de rachat ne se valorisant que très peu. Attention, ces contrats sont dédiés à l'épargne de long terme car, pendant la période de fidélité, les capitaux doivent être indisponibles.

Le contrat de capitalisation

Les contrats de capitalisation bénéficient du même régime fiscal que l'assurance-vie en ce qui concerne les rachats. Ils restent taxables aux droits de succession, mais sont compris pour leur valeur nominale pour le paiement de l'ISF. Toute la valorisation est ainsi exonérée d'ISF. La souscription de plusieurs contrats et l'organisation de rachats successifs permettront de réduire d'autant mieux la base taxable à l'ISF.

Les portefeuilles de valeurs mobilières

Dans certaines situations, les comptes titres ont pour vocation de fournir des revenus complémentaires peu ou pas fiscalisés. Depuis la Loi de finances pour 2009, le seuil annuel de cession de valeurs mobilières a été fixé à 25 730 €. C'est donc une mesure à utiliser puisqu'elle permet d'obtenir 25 730 € de revenus complémentaires

1. Vincent Cornilleau et Bruno Dalmas « Pratique du démembrement de propriété », ed. Litec Professionnel n° 440 et suivants.

2. En général 8 ans parfois prorogeable pendant une période identique.

3. Confirmé par la réponse ministérielle Pinte n°7706 du 22 janvier 2008.

sans aucun impôt, ni prélèvements sociaux. La marge de manœuvre est néanmoins assez réduite car le seuil de cession annuel est assez facilement dépassé.

À défaut d'exonération, dans les quatre premières années du placement, les revenus complémentaires issus de ventes d'une partie du portefeuille seront taxés au taux de l'impôt plus-value de droit commun, soit 30,1 %. Ce taux étant plus bas que celui du prélèvement libératoire de l'assurance-vie et des contrats de capitalisation[1], ces derniers ne devraient être employés aux rachats qu'en n+5. Bien sûr, il convient aussi de tenir compte du taux d'imposition à l'impôt sur le revenu du contribuable, qui peut être plus bas que le taux d'imposition à l'impôt plus-value, notamment en cas de passage à la retraite ou d'absence de revenu une période donnée. Dans ce cas, les rachats sur assurance-vie ou contrat de capitalisation, avec option pour l'IR, resteraient préférables[2].

Il faut donc **organiser des relais** entre les différents produits d'accueil des capitaux.

2 L'importance de l'allocation des actifs

Le choix de l'allocation des actifs est une étape primordiale dans la stratégie patrimoniale. C'est cette allocation qui va délivrer une performance au patrimoine géré. Il serait, en effet, dommage de bénéficier des meilleurs conseils juridiques et fiscaux si, au final, les capitaux ne délivrent pas tout leur potentiel de valorisation. Cette allocation des actifs concerne plus spécialement le travail des ingénieurs financiers.

Déterminer le profil de l'investisseur. Il existe trois grands types de profil d'investisseurs :

- **le profil défensif** correspond à un investisseur prudent qui préfère une performance faible mais certaine ;
- **le profil équilibré** correspond à l'investisseur qui recherche une performance raisonnable compte tenu d'une prise de risque modérée ;
- **le profil dynamique** est attribué à l'investisseur recherchant une performance supérieure à la moyenne et qui accepte de prendre un risque, lui aussi, supérieur à la moyenne.

Ces profils sont très subtils à déterminer. Ils varient en fonction du contexte économique et de l'horizon d'investissement, c'est-à-dire de la durée du placement.

1. 47,1 % les quatre premières années : 35 % + 12,1 % de prélèvements sociaux.

2. Toutes ces comparaisons n'ayant de sens qu'entre des produits ayant des performances égales, ce qui rend l'exercice assez théorique.

Exemple

En 2003, un nouvel investisseur réputé prudent aura été plus ou moins exposé sur le marché des actions. S'il était rentré sur les marchés financiers fin 2007, ce même investisseur « prudent » serait moins orienté sur ce secteur, car le contexte économique et boursier a évolué.

C'est la raison pour laquelle une allocation d'actifs pertinente est une allocation d'actifs suivie dans le temps. Elle doit constamment s'adapter, afin d'indexer le profil de l'investisseur sur l'évolution des risques liés aux marchés boursiers. Une fois l'allocation d'actifs déterminée, elle est répartie sur l'ensemble des produits d'accueils des capitaux, en fonction de leur utilisation, et notamment de leur vocation à fournir des revenus complémentaires dans le temps.

Chapitre 26

Approche dynamique du règlement patrimonial d'une succession

Frédéric PETIT

Section 1 PRÉSENTATION DE LA SUCCESSION CLERMONTOIS

1 Les personnes en présence

1.1 Le défunt, Dominique Clermontois

Monsieur Dominique Clermontois, né le 06 octobre 1945 est décédé à l'Ile de Ré, dans sa résidence secondaire, à l'âge de 61 ans, le 11 septembre 2007.

Époux en uniques noces de Madame Chantal LE PUY, née le 06 janvier 1958, âgée de 49 ans, avec laquelle il s'est marié à Ambert, le 14 février 1975, sous le régime de la communauté réduite aux acquêts avec stipulation de parts inégales ½ pleine propriété et ½ usufruit suivant leur contrat de mariage.

De cette union sont issus deux enfants, Marc et Aurélie.

1.2 Les ascendants et collatéraux du défunt

Monsieur Dominique Clermontois est issu de l'union de Monsieur Clermontois, décédé le 02 juillet 2002 et d'Aliénor de Haute-Loire, âgée de 80 ans, mariés sous le régime de la communauté. Monsieur et Madame Clermontois avaient établi une donation entre époux.

Lors du règlement de la succession de son père, sa mère a opté pour l'usufruit.

Monsieur Dominique Clermontois a un frère, César qui a un enfant, Cléo.

2 Les différents patrimoines

2.1 Situation patrimoniale d'Aliénor Clermontois (la grand-mère)

Tableau 26.1

	Valeur décès	Valeur actuelle
Monétaire (liquidités en quasi-usufruit)	60 000	30 000
Actions (détenue en quasi-usufruit)	90 000	100 000
Résidence principale (pavillon)	(après application – 20 %) 228 000	300 000
Résidence secondaire	460 000	460 000

2.2 Situation patrimoniale de Dominique et Chantal Clermontois

Actifs propres Madame

Obligations arrivant à maturité en 2010 (acquisition en remploi) : 250 000

Actifs propres Monsieur

Actifs monétaires et financiers détenus en nue-propriété :

- Créance en quasi-usufruit sur monétaires : 10500
- Créance en quasi-usufruit sur titres : 17 500

Actions (Arcelor, Suez, Total, Eurotunnel) : 160 000

Immobilier détenu en nue-propriété :

- Résidence secondaire (300 000 × 1/4 × 70 %) 52 500
- Résidence secondaire (460 000 × 1/4 × 70 %) 80 500

Actifs de communauté

Monétaire (liquidités) : 200 000

Actions : 586 266

- 1 063 actions TOTAL GABON acquises il y a 2 ans, pour 353 €
- Le cours au jour du décès est de 654,87 €
- Le dividende est de 39,29 €/action
- Taux de rendement 6 %

Meubles meublant : 10 000

Immobilier :

- Résidence principale (taux de rendement 4 %) : 300 000
- Résidence secondaire acquise il y a 16 ans : 400 000
- Immeuble locatif, détenu en usufruit suite à donation-partage de la nue-propriété : 450 000

Assurance-vie : 2 contrats souscrits par Monsieur en 2004

- AXA « Mes héritiers » : 150 000
- AFER « Mon conjoint, à défaut mes enfants, à défaut mes héritiers » : 300 000

Les actes antérieurs

- Monsieur et Madame Clermontois se sont consentis en 1985 une donation classique au dernier des vivants.
- Monsieur et Madame Clermontois ont donné en 1997 la nue-propriété de l'immeuble locatif. La valeur en pleine propriété était à l'époque de 2 300 000 F (350 633 €).

3 Les objectifs poursuivis

3.1 Objectifs de Chantal Clermontois

– avoir toute liberté de jouir et disposer de la résidence principale ;
– disposer au maximum du patrimoine (Madame déclare qu'elle n'y entend rien en matière de patrimoine boursier, elle souhaiterait donc ne pas conserver la gestion de ses portefeuilles…) ;
– acquérir des revenus complémentaires ;
– envisager la vente de la résidence secondaire pour des raisons affectives suite au décès de son époux dans cette maison ;
– envisager la transmission à ses enfants et en particulier dès à présent d'un capital leur permettant d'acquérir tout ou partie d'un logement ;
– envisager si possible la transmission en cas de son décès avec le moins de droits de succession possible à payer ;
– ne souhaite pas à tout prix conserver l'usufruit successif sur les biens propres de son époux.

3.2 Objectifs des enfants

– acquérir un logement ; ils estiment leur besoin financier pour la réalisation de ce projet à 250 000 € chacun environ ;
– anticiper au mieux le règlement successoral vis-à-vis de leur mère et de leur grand-mère ;
– ils précisent que l'entente est parfaite avec leur mère.

4 L'approche classique : le non règlement de succession

Le doyen Jean Aulagnier a rappelé que trop souvent le notaire est un liquidateur « PASSIF » de la succession : le notaire ne prépare aucunement la relation qui doit s'instaurer avec les héritiers pour le présent et surtout pour l'avenir. Cette approche classique présente des risques pour le conjoint survivant usufruitier tant sur les liquidités (obligation d'emploi, qui ne le rend pas quasi-usufruitier) que sur les titres (risques de double taxation au second décès) ou encore sur l'immobilier (répartition des droits économiques et politiques en usufruitier et nu-propriétaire).

4.1 Les droits de succession au 1er décès

Avantage matrimonial au profit de Madame : Madame prélève la moitié en pleine propriété et la moitié en usufruit de la communauté.

Calcul des droits de succession de Madame : Madame opte pour l'usufruit de la succession, elle est depuis le 22 août 2007 exonérée de droits de succession. Il en est de même sur l'assurance-vie (757-B et 990-I du CGI).

Calcul des droits de succession des enfants : La nue-propriété est calculée en fonction de l'usufruit ouvert (qui est de 30 % pour la grand-mère et de 60 % pour la mère).

4.2 Biens propres

Tableau 26.2

Créance de restitution (issue de la succession du grand-père) :	
– Monétaires (1/4 × 60 000) × 70 %	10 500
– Actions (1/4 × 100 000) × 70 %	17 500
Immobilier :	
– Résidence principale détenue en nue-propriété (1/4 × 300 000) × 70 %	52 500
– Résidence secondaire détenue en nue-propriété (1/4 × 460 000) × 70 %	80 500
Portefeuille titres (acquis avant mariage) : 4/4 × 40 %	64 000

4.3 Actifs d'origine communautaire

Tableau 26.3

Immobilier :	
– 1/2 × 40 % Résidence principale	60 000
– 1/2 × 40 % Résidence secondaire	80 000
Portefeuille titres : 1/2 × 40 %	117 253
Monétaire : 1/2 × 40 %	40 000
Meubles :	2 000

Total Actifs Succession : 524 2530 €

Revenant à chacun pour : 262 126,50 €

À déduire : – 150 000 (abattement personnel en 2007)

Soit une base taxable de : (112 126,50 € × 20 %) – 1 700 = 20 725,30 €

Total 1er décès (droits + frais) : 41 500 €

4.4 Les droits de succession au 2e décès

Tableau 26.4

Portefeuille titres :	
– Portefeuille titres (propre Mme) **– 1/2 Portefeuille titres commun (mais risque d'une taxation sur la totalité)**	250 000 293 133
Immobilier	
– 1/2 Résidence principale **– 1/2 Résidence secondaire**	150 000 200 000
Capital touché suite à l'assurance-vie	450 000
Liquidités (après le paiement des frais et droits du 1er décès)	158 500
Meubles (à défaut de partage, il y a confusion du mobilier, on ne prend donc pas la moitié)	10 000

Total Actifs Succession : 1 511 633 €

Revenant à chacun pour : 755 816,50 €

À déduire : – 150 000 (abattement personnel)

Soit taxable : (605 816,50 € × 30 %) – 53 700 = 128 044,95 €

Total droits 2e décès : 256 090 €

Section 2 L'ANALYSE DES BIENS COMPOSANT LA SUCCESSION ET PRÉCONISATIONS IMMÉDIATES

1 Liquidités, titres, meubles : utilité de la convention de quasi-usufruit

La convention de quasi-usufruit, répond à l'objectif de protection du conjoint en ce qu'elle lui permet de disposer librement tant des liquidités que des titres ; à défaut les enfants pourraient demander qu'il soit fait emploi. L'ensemble des comptes sera ouvert au nom du conjoint. On prévoira, dans l'intérêt des enfants, une clause d'indexation de la dette de restitution, tant sur l'argent (à défaut valeur nominale) que sur les titres (à défaut valeur des titres initiaux évalués au jour de la restitution) ; la clause prévoira un indice de remplacement, une valeur plancher (ex. : la valeur initiale) et une valeur plafond (ex. : la plus élevée entre la valeur des biens réemployés et la valeur des titres indexés) ; des garanties (ex. : information du nu-propriétaire) ; une date de paiement… Une telle convention déplace la charge des plus-values sur le quasi-usufruitier, évite un risque de double taxation fiscale ; est plus économique qu'un partage et est plus souple qu'une société civile.

2 Prédécès du nu-propriétaire : comment évaluer la créance de restitution au titre du quasi-usufruit ?

2.1 Quasi-usufruit sur une somme d'argent

Le quasi-usufruitier est redevable d'une **dette de restitution** envers le nu-propriétaire, d'une valeur nominale. Au décès du nu-propriétaire figure à l'actif de sa succession une créance de restitution. Elle est pourtant souvent oubliée… Pour quelle valeur doit-on la porter à l'actif de la déclaration de succession ?

Solution 1 : Approche « pleine propriété »

Sur un plan économique, on devrait actualiser cette créance. Il s'agit de la valeur actuelle (décès du nu-propriétaire) d'une somme future (valeur connue égale au montant porté dans la convention de quasi-usufruit) à recevoir au décès du quasi-usufruitier (détermination de la date d'exigibilité en fonction de son espérance de vie). Cette analyse est suivie par certains (J. Aulagnier) et réfutée par d'autres (Exemple : mémento F. Lefebvre « Patrimoine » n°3920). En effet, pour ces derniers, la créance serait à porter pour sa valeur nominale sans actualisation. C'est effectivement ce que semble indiquer l'article 760 du CGI : « pour les créances à terme, le droit est perçu sur le capital exprimé dans l'acte et qui en fait l'objet ». Il ne semble donc même pas possible d'appliquer l'article 669 du CGI. Cependant cette analyse revient à nier que le quasi-usufruit est un simple usufruit. Or l'Administration elle-même sous entend le contraire lorsqu'elle n'admet pas la déduction de la dette de restitution de l'ISF du quasi-usufruitier. Tout repose donc sur la nature juridique du quasi-usufruit : « pleine propriété » ou « usufruit assorti d'une extension de pouvoirs ».

Solution 2 : Approche « démembrement »

Nous privilégions cette dernière conception, ainsi justifiée par F. Zenati[1] : « L'obligation de restituer induit une obligation de remplacer… Une chose qui se consomme peut perdurer en étant renouvelée » ; « L'obligation de substitution évite l'extinction du droit de nue-propriété par disparition de son objet » ; « Son droit de

1. *La nature juridique du quasi-usufruit ou la métempsychose de la valeur*, Mélanges Catala, Litec.

disposer est finalisé, fonctionnel et non libre, il ne conserve pas le droit de disposer de la valeur puisqu'il s'oblige à restituer ». Et par M. Grimaldi[1] : « Le quasi-usufruitier est par définition, par essence, tenu envers le nu-propriétaire d'une dette qui, par son objet et son caractère démontre qu'il reste fondamentalement un usufruitier ».

2.2 Quasi-usufruit consenti sur des valeurs mobilières

Solution 1 : Approche « pleine propriété »

Art. 587 C. Civ : «… à charge de rendre, à la fin de l'usufruit, soit des choses de même quantité et qualité soit leur valeur estimée à la date de restitution ». Au décès du nu-propriétaire, la créance est donc indéterminée dans son montant ; sur le plan fiscal, il convient donc de faire une déclaration estimative (valeur en pleine propriété des titres au jour du décès du nu-propriétaire) et une révision de la perception lorsque le montant exact sera connu.

Solution 2 : Approche « démembrement »

Il nous semble que la créance de restitution devrait porter sur la valeur en nue-propriété des titres initialement objet du quasi-usufruit tel qu'ils sont cotés au jour du décès du nu-propriétaire. Dans cette approche, si les titres existent toujours dans le patrimoine du quasi-usufruitier à son décès, le nu-propriétaire en devient automatiquement plein propriétaire.

Reste qu'à notre connaissance, **l'Administration ne s'est pas prononcée formellement sur l'évaluation de la créance de restitution au titre du quasi-usufruit.**

Tableau 26.5

	Approche Pleine propriété	Approche démembrement
Liquidités	Créance à terme (art. 760 du CGI) Capital exprimé dans la convention de quasi-usufruit évalué en pleine propriété : 15 000*	Capital exprimé dans la convention de quasi-usufruit évalué en nue-propriété au jour décès du nu-propriétaire : 10 500*
Valeurs mobilières	Créance indéterminée dans son montant : Valeur en pleine propriété des titres objet du quasi-usufruit évalués au décès du nu-propriétaire : 25 000*	Valeur en nue-propriété des titres objet du quasi-usufruit évalués au décès du nu-propriétaire (en principe la restitution porte sur ces titres quelle que soit la composition du portefeuille ultérieur) : 17 500*

* sauf à tenir compte d'une indexation ou d'une subrogation.

1. *Démembrement de propriété : stratégies actuelles et perspectives*, colloque 27.09.99.

3 Donation antérieure en nue-propriété : conséquences fiscales de l'ouverture de l'usufruit successif

Rappel des faits : En 1997, M. et Mme consentent une donation-partage de la nue-propriété de l'immeuble locatif avec usufruit réversible sur la tête du conjoint survivant : usufruit de Monsieur de 30 % et usufruit de Mme de 50 %.

Au décès de Monsieur :

Il n'y a plus taxation de la réversion à l'ouverture de l'usufruit de Madame en 2007. La nue-propriété vaut 40 %. Les enfants taxés initialement sur la base de 70 % pourront demander la restitution de droits.

Le calcul des droits, en 1997, s'est opéré de la façon suivante : Mme a 39 ans, Mr a 52 ans :

- **Part donnée par Monsieur** : 1 150 000 F, soit en nue-propriété (70 %) = 805 000 F, soit 402 500 F pour chaque enfant. Abattement 300 000 F. Montant des droits : 9 250 F × 2 = 18 500 F.
- **Part donnée par Madame** : 1 150 000 F, soit en nue-propriété (50 %) = 575 000 F, soit 287 500 F pour chaque enfant. Abattement 300 000 F. Montant des droits = 0.

N.B : on supposera ici que les droits ont été acquittés par les enfants… À défaut, la restitution constitue une créance taxable dans la succession du donateur.

Décès du père en 2007 :

Il faut alors calculer les parts recueillies par les héritiers de Mr Clermontois. On recalcule leur part de donation en fonction de l'usufruit de leur mère (âge fixé au jour de la donation faite par le mari) déterminé suivant le barème applicable à l'époque (art. 762 CGI).

La part de chaque enfant était en réalité de :

- Part donnée par Monsieur : 1 150 000 F
- Soit en nue-propriété (50 %) = 575 000 F, soit 287 500 F pour chaque enfant
- Abattement 300 000 F donc montant des droits : 0

Ils ont droit à une restitution de 18 500 F soit 2 820 €, à réclamer au plus tard le 31/12 de la 2e année suivant le décès (art. 196-1 LPF).

4 Assurance-vie : gestion du dénouement du contrat et sort de la clause bénéficiaire « mes héritiers »

4.1 Sort de la clause

Article L. 132-8 Code des assurances : « Les héritiers sont considérés comme bénéficiaires déterminés ; ils ont droit au bénéfice de l'assurance en proportion de leurs parts héréditaires. »

Le conjoint est un héritier légitime[1] (légal, par donation entre époux…). Faut-il alors tenir compte de la dévolution *ab intestat* ? (par exemple, 100 % usufruit) ou tenir compte des libéralités ? (par exemple : 1/4 en pleine propriété et 3/4 en usufruit). La réponse est donnée par un Arrêt[2] : par « Mes héritiers », il faut donc comprendre « tous les successeurs ». La jurisprudence assimile l'institué contractuel gratifié de l'universalité des biens à un légataire universel ; la même solution s'applique à un légataire à titre universel (*cf.* art. 1010 du C. civ.). La donation entre époux de biens à venir est assimilable à un legs quant à sa nature juridique (*cf.* Michel Grimaldi).

Donc, ici, le bénéfice du contrat sera réparti en fonction de l'option du conjoint survivant. La clause « mes héritiers » peut ainsi aboutir à un démembrement.

Mme Clermontois est donc usufruitière des capitaux, non en vertu du contrat de mariage mais en vertu ici de son option au titre de l'article 757 du Code civil (les époux n'avaient pas fait de « donation entre époux »). La question est alors de savoir si Mme est quasi-usufruitière ?

En premier lieu, le droit commun de l'usufruit a vocation à s'appliquer (art. 601 et 603 C. Civ.) et dés lors l'usufruitier doit fournir caution, à défaut il doit employer les capitaux en concertation avec le nu-propriétaire. Une clause contraire est possible (le texte n'étant pas d'ordre public), mais tel n'a pas été le cas ici. En second lieu la question est de savoir si l'article 1094-3 C. civ. est applicable (texte d'ordre public, applicable aux libéralités entre époux, en usufruit, en présence de descendants et permettant à ceux-ci de demander emploi des sommes d'argent) ? La doctrine semble partagée : pour certains, l'assurance-vie est vecteur d'une donation indirecte[3] ; pour d'autres, l'article 1094-3 ne serait pas applicable au motif que l'assurance-vie est hors succession[4]. Dans les deux cas il y a nécessité d'établir une convention de quasi-usufruit !

1. Depuis l'ordonnance du 23.12.58 lui conférant la saisine.

2. Cour Cass. Civ. 1re du 04 avril 1978 (*cf.* : 4 sœurs dont une légataire universelle ; c'est elle qui est considérée bénéficiaire en tant que seule héritière).

3. Mémento Patrimoine 2005/2006 n° 28453.

4. M. Grimaldi et B. Savoure, « L'usufruit et le quasi-usufruit : questions de droit civil », *Droit et Patrimoine*, nov. 1999.

4.2 Aspects fiscaux de la clause bénéficiaire démembrée

L'article 990-I concerne les primes versées après 13 octobre 1998 et avant 70 ans (et après 70 ans si contrat souscrit avant le 20 novembre 1991), qui sont, après abattement de 152 500 € par bénéficiaire, taxable forfaitairement à 20 % (taxation acquittée par la compagnie sur la valeur de rachat pour les contrats d'assurance-vie et sur les primes versées pour les contrats d'assurances décès).

Démembrement : combien de bénéficiaires ?

Réponse ministérielle Perruchot[1] : « L'usufruitier est le seul redevable de la taxe de 20 % dès lors qu'il est le bénéficiaire exclusif du capital décès. À ce titre il bénéficie de l'abattement de 152 500 €. La circonstance que les sommes, rentes ou valeurs soient réparties par la volonté du nu-propriétaire et de l'usufruitier n'est pas de nature à remettre en cause cette analyse. Il est précisé que lorsque les sommes rentes ou valeurs sont versées, lors du dénouement du ou des contrats, à plusieurs usufruitiers désignés comme bénéficiaires, chacun d'entre eux bénéficie d'un abattement de 152 500 €. »

Cette position de l'Administration est CRITIQUABLE !

- si l'on s'en tient à l'orthodoxie juridique, en cas de clause bénéficiaire démembrée, et même en cas de quasi-usufruit, il y a bien **deux titulaires** de droits distincts et donc deux bénéficiaires ;
- l'Administration ne fait pas, sur le plan fiscal, de distinguo entre usufruit et quasi-usufruit ;
- l'Administration adopte une position contraire pour les contrats relevant de l'article 757 B CGI ! ;
- au surplus elle énonce : « que les sommes soient réparties par la volonté de l'usufruitier et du nu-propriétaire n'est pas de nature à remettre en cause cette analyse » ; on s'étonne alors puisque cela vise donc un **quasi-usufruit** ab initio **suivi d'une répartition** des droits mettant fin au démembrement et donc par définition l'usufruitier n'est plus le bénéficiaire exclusif du capital ! ;
- enfin, remarquons que rien n'est dit sur le **réemploi** : sans doute la position de l'Administration serait-elle identique (toujours à tort) en cas d'un dénouement en quasi-usufruit suivi d'un réemploi conventionnel à l'initiative des bénéficiaires, mais le serait-elle encore si le souscripteur a lui même prévu une obligation de réemploi du capital en démembrement de propriété ?

Cette position de l'Administration est néanmoins devenue un AVANTAGE !

1. Rép. Min. Perruchot n° 60024 du 09.08.05 ; Rép Min. Chatel n° 50207 du 09.08.05 ; Rép Min. Dassault n° 1870 du 25.08.05 ; reprises dans une instruction 7K-1-06 du 12.01.06.

Depuis la loi du 21 août 2007, qui exonère de tout droit le conjoint survivant y compris au titre de l'article 990-I, le contrat sera toujours exonéré de droits dés lors que le conjoint est bénéficiaire en usufruit ou en quasi-usufruit.

Faut-il appliquer l'article 751 du CGI ?

- **NON** s'il y a quasi-usufruit et que l'on considère que le quasi-usufruit n'est pas un usufruit (position à notre avis discutable ; position non tenable en cas de sortie en UC).
- **NON** si l'on considère que la preuve contraire est rapportée du fait que le démembrement n'est pas créé par l'usufruitier ou le nu-propriétaire mais par un tiers (le souscripteur)[1].

Ya t-il un risque d'application de l'article L. 64 LPF (Abus de droit) ?

- **NON** s'il n'y a pas exclusivité du but fiscal (Objectifs civils à faire figurer dans l'acte).
- NON car l'auteur de l'éventuel abus de droit n'est pas la personne à qui il profite.

Ya t-il un risque d'application de l'article 773-2° CGI ?

- **NON** car la dette n'est pas consentie par le défunt (quasi-usufruitier) à l'un de ses enfants (nue-propriétaire), si le quasi-usufruit résulte de la clause bénéficiaire (application article 587 CCiv – dette légale).
- **OUI** si la clause prévoyait un remploi et que les parties se sont mises d'accord sur un quasi-usufruit (mais NON si la convention de quasi-usufruit résulte d'un acte notarié ou sous seing privé à date certaine).

4.3 Renonciation au bénéfice d'un capital décès : intérêts et conséquences fiscales

Le droit propre du bénéficiaire d'un contrat d'assurance-vie ne devient définitif que par son acceptation (L. 132-9 C. Ass). S'il renonce, ce sont les bénéficiaires subsidiaires désignés qui ont vocation à recevoir le capital assuré. En réalité, il s'agit plus d'un refus d'acceptation que d'une renonciation à un droit acquis (de telle sorte que le droit propre contre la compagnie n'a jamais transité par le patrimoine du bénéficiaire non acceptant). Il est donc impératif que la clause soit correctement rédigée (par exemple, dans le cas d'une clause « mes enfants nés ou à naître, à défaut mes héritiers », si l'enfant renonce, il est néanmoins « héritier » de la succession. Donc le capital ne revient pas aux petits-enfants à moins de renoncer à la succession).

1. Voir Rép Mi Poudevigne (18.12.1965) : 751 non applicable lorsque l'usufruitier et le nu-propriétaire tiennent leurs droits d'un tiers donateur.

Repères

En prévision d'une bonne gestion post-successorale des contrats d'assurance-vie, il est conseillé de souscrire plusieurs contrats.

En effet, on ne pourrait renoncer partiellement : risque de taxation (donation indirecte).

Ex. : clause bénéficiaire : « le conjoint survivant à défaut mes enfants du premier lit » ⇒ le conjoint pourrait accepter tout puis faire un don manuel.

La multiplicité des contrats va permettre au bénéficiaire d'accepter les uns et de renoncer aux autres, et ainsi d'obtenir « du sur-mesure » selon ses objectifs.

La solution fiscale[1] : « La renonciation du premier bénéficiaire du contrat d'assurance-vie a pour effet d'attribuer le droit au capital au second bénéficiaire désigné. Par suite les droits de succession éventuellement dus sur la valeur du capital acquis au décès de l'assuré... sont liquidés en fonction du lien de parenté existant entre le second bénéficiaire et l'assuré ».

Madame Chantal Clermontois va renoncer au bénéfice du contrat AFER et va accepter le contrat AXA. Ceci correspond à l'objectif des enfants qui vont ainsi toucher chacun 150 000 € et ce en franchise de droits.

Section 3 LES STRATÉGIES POST-SUCCESSORALES

1 Partage, pour conférer à Madame la pleine propriété sur la résidence principale

1.1 Avant partage

Tableau 26.6

Pavillon	100 % de l'usufruit (Mme)	
	50 % de la nue-propriété (Mme) 37 140	50 % de la nue-propriété (enfants) 37 140
Actions	100 % de l'usufruit (Mme)	
	50 % de la nue-propriété (Mme) 37 140	50 % de la nue-propriété (enfants) 37 140

1. Rép Min. Roques JOAN 27 septembre 1993.

Partage en démembrement

Calcul de la nue-propriété économique[1] : Mme Chantal Clermontois est âgée de 49 ans. Son espérance de vie est de : 35,588 années.

Résidence principale (300 000 €)

Taux de rendement net : 4,00 %

L'usufruit économique ressort à : 75,24 %

La nue-propriété économique ressort à : 24,76 %

soit : 74 280 €

Portefeuille d'actions TOTAL GABON (586 266 €)

Taux de rendement net : 6,00 %

L'usufruit économique ressort à : 87,43 %

La nue-propriété économique ressort à : 12,67 %

soit : 74 280 €

Tableau 26.7

Droits des parties	Mme	Enfants
1/2 de la nue-propriété de la RP	37 140	37 140
1/2 de la nue-propriété des actions	37 140	37 140
Attribution	**Mme**	**Enfants**
Totalité de la nue-propriété de la résidence principale	74 280	
Totalité de la nue-propriété des actions		74 280

1.2 Après partage

Madame se retrouve pleine propriétaire du pavillon et usufruitière de la totalité du portefeuille. Les enfants sont nu-propriétaires de la totalité du portefeuille (les biens désormais détenus par les enfants sont plus importants, alors même qu'il n'y a pas eu de donation).

1. Données issues du portail intranet des notaires de France « NOTAIRE EN LIGNE » module « CALCULS FINANCIERS » selon la méthode de calcul tiré de l'ouvrage *Calculs financiers et évaluations mathématiques en gestion de patrimoine* distribué par l'ADSN, dans la collection « Institut Notarial du Patrimoine ».

Pavillon	Mme : 100 % en pleine propriété
Actions	Usufruit : 100 % à Madame
	Nue-propriété : 100 % aux enfants

Figure 26.1

Sur le plan fiscal :

- 1,1 % sur la nue-propriété indivise (valeur art. 669 CGI) ;
- réduction de l'assiette des biens restant à transmettre ;
- effacement des plus values latentes sur le portefeuille titres (effet déclaratif du partage).

Mais application de la présomption de l'article 751 CGI[1] : le partage constitue la preuve contraire à la présomption (il en est de même pour l'échange[2]). Pour cela, il faut remplir deux conditions :

- **Partage complet dont il faut prouver la sincérité :** par exemple, preuve du paiement de la soulte s'il y a lieu, justifier les éléments de calcul retenus pour une évaluation économique (le barème 669 n'étant pas impératif ce que l'Administration reconnaît elle même par ailleurs), cause de l'acte (ici récupérer la pleine propriété de la résidence principale)…
- **Déclaration du partage** : le démembrement est d'origine successorale, des droits de mutation ont été acquittés… Au sujet d'un partage de communauté avec attribution de biens aux uns en usufruit et aux autres en nue-propriété : « Le partage peut constituer la preuve contraire s'il s'applique à l'ensemble des biens indivis et si les lots dont il constate l'attribution, correspondent réellement aux droits des copartageants tels qu'ils résultent de la dévolution légale ou testamentaire de la succession » (Rép Mi JO 31/10/28).

2 Remploi en démembrement du portefeuille d'actions vers un contrat de capitalisation pour résoudre les soucis de gestion de Madame

2.1 Souscription en démembrement de propriété

La souscription en démembrement d'un contrat d'assurance-vie est-elle valide ?

1. Instruction du 27 mars 1996 (7G – 2 – 96) n° 25 et Instruction du 25 septembre 1998 (7G – 14 – 98)
2. Rép Mi PFIMLIN JO 12/02/54.

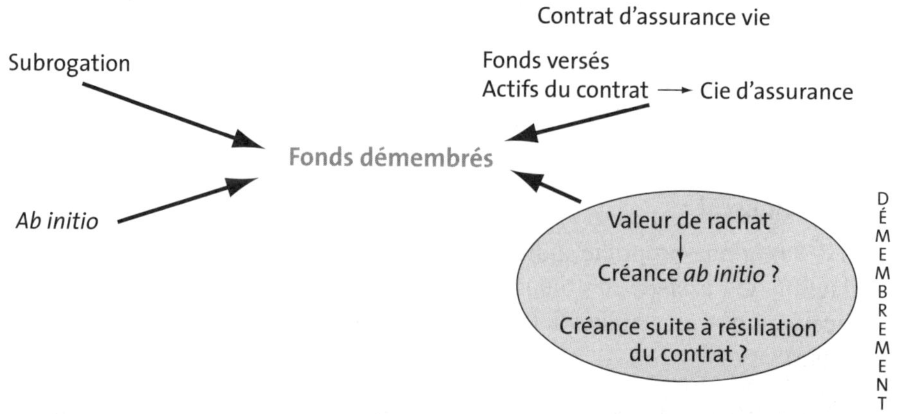

Figure 26.2

Au départ **deux conceptions** existent quant à la faisabilité d'un démembrement sur un contrat d'assurance-vie. **Pour certains**, l'article 581 du Code civil dispose que l'usufruit peut être établi sur toute sorte de bien mobilier ou immobilier. Dés lors il est possible d'envisager un démembrement sur un droit de créance. Le droit de créance dont il s'agit serait le droit au rachat (faut-il encore que le contrat en soit pourvu : cas du contrat d'assurance-vie contre-assuré par exemple). Le démembrement ne s'effectue donc, ni sur les capitaux dont les parties se sont dessaisies au profit de la compagnie, ni sur les actifs de cette dernière qui en est seule propriétaire.

D'autres alors nuancent[1] cette position, en se référant à la jurisprudence sur l'insaisissabilité du contrat d'assurance-vie : le droit d'exercer un rachat est un droit personnel parce qu'il correspond à la résiliation de la stipulation pour autrui (modification de la clause bénéficiaire).

C'est d'avantage une créance de résiliation qu'une créance *ab initio*. Le caractère personnel de cette demande de résiliation empêche alors un démembrement en usufruit et nue-propriété. Les parties n'ont chacune qu'une fraction de prérogatives du titulaire.

C'est donc davantage, une convention, qui va organiser la relation entre deux titulaires (une représentation mutuelle) : qui va demander la résiliation générant une créance contre la compagnie ? Comment répartira-t-on les fonds ainsi reçus ? C'est donc par un artifice de la volonté que l'on va arriver au même résultat qu'un démembrement (par la volonté de l'homme. Art. 579 du Code civil). La créance née de la résiliation peut, elle, faire l'objet d'un démembrement. Mais quid alors des droits de l'usufruitier ? La participation bénéficiaire se compose de bénéfices qui viennent

1. A. Depondt, « Le démembrement du contrat d'assurance vie » JCPN 2004 art. 1087, P. Jsa et JJ Branche, « Remploi de bien démembré et assurance vie », *Profession Patrimoine* de septembre 2002.

s'agréger au capital : donc des produits (revenant au nu-propriétaire) et non pas des fruits. Ici aussi la volonté des parties sera nécessaire.

Enfin, on notera, que le démembrement pourrait se reporter (plus valablement, mais pas avec les mêmes avantages) sur un contrat de capitalisation.

2.2 Nécessité d'une convention pour créer les conditions d'un démembrement

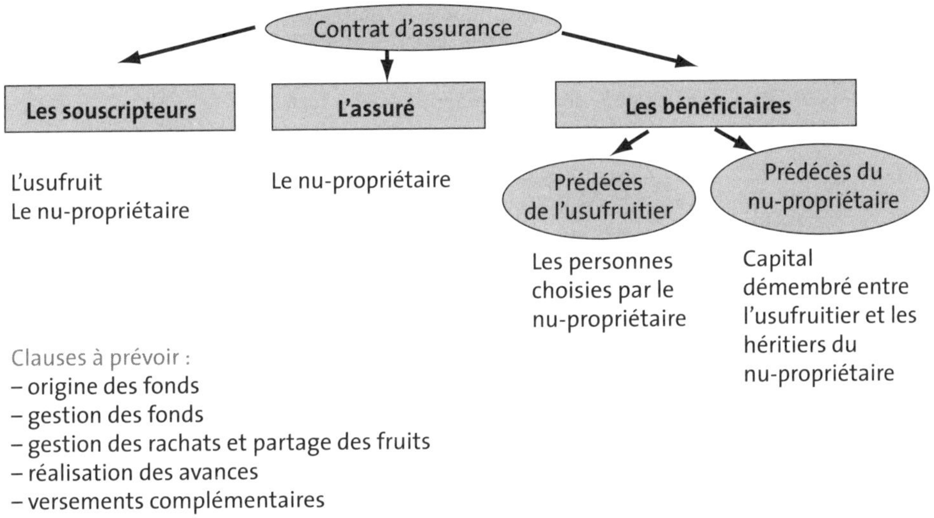

Figure 26.3 — Nécessité d'une convention pour créer les conditions d'un démembrement

Une convention spéciale et préalable à la souscription déterminera les droits de chacun et leurs modalités d'exercice : voir tableau suivant.

Tableau 26.8

Co-souscripteurs	Usufruitier et nu-propriétaire : Évaluation économique des droits de chacun. ⇒ Nécessité de relater l'origine des fonds démembrés pour limiter le risque de l'article 751 CGI (risque plus si démembrement *ab initio* que par subrogation : conseil : souscription en nue-propriété par une société civile dont les héritiers seront les associés)
L'assuré (Le décès de l'assuré déclenche le paiement du capital décès)	**Le nu-propriétaire :** Il serait absurde que ce soit l'usufruitier : – Au décès de l'usufruitier, la souscription en démembrement assure déjà par elle même la transmission du contrat au nu-propriétaire (art. 517 C Civ) ; – Risque d'application de l'article 757B CGI alors même que la prime aurait été payée par une personne de moins de 70 ans ; – Au surplus, si prédécès du nu-propriétaire, le contrat n'étant pas dénoué, cette nue-propriété serait taxable aux DMTG pour ses héritiers ; – Le seul avantage serait d'éviter une éventuelle application de l'article 990 i CGI.
Les bénéficiaires	Au regard du droit des biens : – L'usufruitier ne peut transmettre à son décès, une propriété qu'il n'a pas, ou un usufruit qu'il n'a pas non plus ; – Il pourrait juste transmettre son usufruit mais pour sa durée de vie à lui ; – Par contre le nu-propriétaire peut désigner n'importe qui comme bénéficiaire. ⓘ : Au décès du nu-propriétaire assuré, l'usufruit du contrat cesse et ne se reporte donc pas automatiquement sur le capital décès. Il doit donc être bénéficiaire en usufruit. **Prédécès de l'usufruitier : Les bénéficiaires seront ceux choisis par le nu-propriétaire.** **Prédécès du nu-propriétaire : Capital démembré entre l'usufruitier et les héritiers du nu-propriétaire.** On prévoira les modalités de ce démembrement (remploi ; partage ; convention de quasi-usufruit) notamment au regard de la situation fiscale.
Gestion des rachats et Partage des fruits	Nécessité de définir les fruits : – Participation bénéficiaire : intérêts ; dividende ; plus-values... – Plusieurs possibilités s'offrent aux parties. – Mais afin d'éviter un risque de requalification fiscale en donation indirecte, on calquera sur le droit des biens par exemple : Contrats en euros : L'excédent de valeur annuelle acquise par le capital investi pourra être saisi par l'usufruitier (et il s'interdit de prélever au-delà seul) sous forme de rachat partiel, avec l'accord dès à présent du nu-propriétaire, qui s'interdit de demander un quelconque remboursement sans l'accord de l'usufruitier. Contrats en unités de compte : Prévoir un rendement minimum en prélevant sur une fraction des éventuelles plus-values. On prévoira qu'au-delà : accord des 2 parties ; sort du démembrement... ⓘRisque fiscal : Certains ont fait observer que qualifier les retraits opérés par l'usufruitier, de fruits, risquait de conduire à les imposer intégralement (alors que normalement, seule la fraction de plus values intégrée au retrait est normalement imposable, art. 125 OA CGI)
Choix des supports et arbitrages (contrat multi supports ou en unités de compte)	On pourrait ici aussi suivre le droit des biens, et appliquer les solutions rendues sur le portefeuille de valeurs mobilières (*cf.* Arrêt BAYLET). La convention devra en déterminer les titulaires, l'étendue de la liberté d'arbitrage, les modalités d'informations...
Avances	Interdire ou aménager. Prévoir par exemple, que le nu-propriétaire demandant une avance, devra verser les intérêts afin de sauvegarder les droits de l'usufruitier.
Versements complémentaires	Préférable de n'envisager que le versement de fonds démembrés entre les mêmes parties, pour éviter tout soucis fiscal.

2.3 Fiscalité de la souscription en démembrement d'un contrat d'assurance-vie

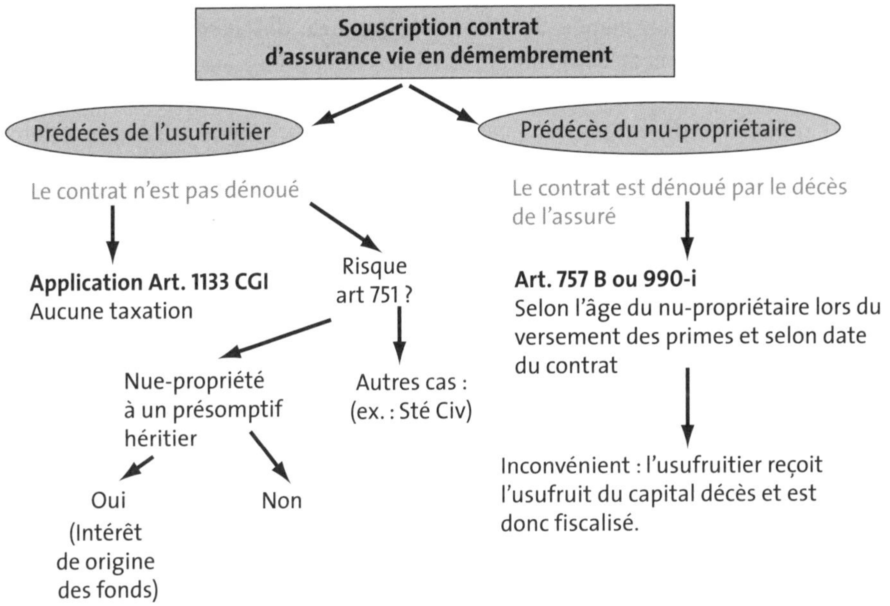

3 Vente de la résidence secondaire : Madame ne souhaitant plus y aller et les enfants souhaitant du *cash* (donation-partage + convention quasi-usufruit)

Le partage du prix est pénalisant fiscalement car il réintroduit des droits en pleine propriété dans le patrimoine du conjoint survivant (sur lesquels les enfants seront taxés à son décès), mais il permet aux enfants de jouir immédiatement d'une somme d'argent. L'idée est d'effectuer une donation-partage pour utiliser l'abattement renouvelable tous les 6 ans avec une convention de quasi-usufruit sur la partie démembrée.

Calcul de la donation en nue-propriété du portefeuille propre de Mme :

250 000 € × 40 % = 100 000 €,

Soit chacun = 50 000 – 156 357 (abattement en 2009) – Droits = 0

Calcul de la donation de la moitié en pleine propriété du prix de vente de la résidence secondaire :

Une convention de quasi-usufruit sera établie pour l'autre moitié (200 000 €) détenue par le conjoint survivant en usufruit et par les enfants en nue-propriété.

Montant de la donation : 200 000 €

Calcul des droits : 100 000 – 106 357 (slolde d'abattement) = 0

Il est fortement recommandé de prévoir une clause dès le stade de l'attestation immobilière (comme cela est pratiqué dans les donations) aux termes de laquelle l'usufruit se reportera en vertu d'une subrogation conventionnelle sur le prix de vente et qu'en cas d'acquisition l'usufruit sera reporté sur le bien nouvellement acquis.

4 Souscription d'un contrat d'assurance à rachats programmés pour répondre aux soucis de revenus de Madame et pour transmettre aux enfants

Cela va se faire par le réinvestissement des fonds grevés de quasi-usufruit, provenant des titres et/ou du bénéfice de l'assurance-vie et/ou du prix de vente d'un immeuble, sur un contrat Assurance-vie dont les enfants sont bénéficiaires en pleine propriété.

D'une manière générale, cette stratégie doit être bien maîtrisée fiscalement.

Elle peut s'avérer désastreuse, si le patrimoine restant à transmettre (futur actif successoral) est inférieur à la dette de restitution issue du quasi-usufruit (futur passif de succession). En effet dans le cas où la prime versée sur le contrat d'assurance, serait taxable, il faut savoir que la dette de restitution ne pourra se déduire de cette prime, car celle-ci est hors succession. La solution serait de rédiger une clause bénéficiaire « à titre onéreux », c'est-à-dire servant de paiement à la dette de restitution, cette dernière n'étant alors déductible de l'actif successoral que pour le surplus s'il y a lieu.

Au contraire la stratégie est très favorable fiscalement lorsque d'une part la prime est non taxable et que d'autre part, il y a suffisamment d'actif pour imputer la dette de restitution : la même somme est en quelque sorte transmise deux fois. Face à l'Administration, des arguments existent : l'intérêt économique pour le quasi-usufruitier du placement en assurance-vie ; la plus grande liberté d'action qui lui est accordée en souscrivant seul plutôt qu'en démembrement (ex. : liberté quant aux rachats). Cependant la prudence est toujours de mise : placement sur plusieurs contrats préexistants ; pas le même montant que la dette de restitution…

Section 4 APRÈS LA MISE EN ŒUVRE DES STRATÉGIES : SITUATION DES HÉRITIERS

Répartition du patrimoine :

Tableau 26.9

Usufruit	Quasi-usufruit	Plein propriété	
		Enfants	Conjoint survivant
– Portefeuille de valeurs mobilières (Mme) : 250 000 – Immeuble locatif : 450 000 – Contrat de capitalisation : 586 266	– Meubles : 5 000 – Liquidités : 58 500 (100 000 – 41 500 frais et droits 1re succession) – Portefeuille de valeurs mobilières (Mr) : 160 000 – Partie prix de vente de la résidence secondaire : 200 000 + Assurance-vie 150 000 = 573 500 ➔ Réinvestissement 300 000 en contrat d'assurance-vie.	– 200 000 (Donation sur partie prix vente résidence secondaire) – 300 000 (assurance-vie)	– RP 300 000 – Meubles 5 000 – Liquidités 80 000 (100 000 – 20 000 frais et droits stratégie)

Droits de succession au second décès (survenant en 2009) :

Tableau 26.10

À la 2nde succession, si rien n'est fait		Après stratégie	
Portefeuille de valeurs mobilières (Mme)	250 000		
1/2 résidence secondaire	200 000	Solde cession résidence secondaire	50 000
1/2 Portefeuille de valeurs mobilières	293 133	Portefeuille de valeurs mobilières	160 000
1/2 résidence principale	150 000	Résidence principale	300 000
Contrat d'assurance-vie	450 000		
Liquidités	57 630	Liquidités (après frais et droits – 61 500)	138 500
Meubles	10 000	Meubles	10 000
		Passif	– 573 500
Total	1 410 763	Total	85 000
Droits : 217 463 €		**Droits : 0**	

Chapitre

27 Étude de cas SCI

Serge ANOUCHIAN

Monsieur Jean Aymar dirige une société prospère dans la distribution d'articles culturels. Ses locaux devenus trop exigus, il fait l'acquisition, via une SCI, d'un bien immobilier que la SCI finance par un crédit sur 15 ans.

Les caractéristiques de cette acquisition sont les suivantes :

Tableau 27.1

Prix d'acquisition	752 000	Dont 92 000 de frais d'achat
Apport personnel	50 000	Il a « raclé » ses fonds d'économie !
Emprunt souscrit	702 000	
Taux - Durée	5 %	15 ans, assurance incluse
Échéance annuelle	67 632	Échéances constantes
Loyer de départ	75 000	Revalorisation de 1,5 % par an
Taxes foncières	3 500	Revalorisation de 1,5 % par an
Taux impôt/Revenu	40 %	Suivant taux de 2008
CSG, CRDS...	12,1 %	Taux applicable depuis le 01.01.2009
Bail 3, 6, 9		Stipulant « toutes charges aux locataires »

Jean Aymar fait confiance à son banquier habituel qui lui assure que les loyers prévisionnels de 75 000 euros couvraient largement le remboursement d'un emprunt à 100 % sur 15 ans au taux de 5 %, assurance comprise. Ainsi fut fait !

Il vient vous consulter, avant la fin de la première année, car son calcul d'impôt prévisionnel fait apparaître un accroissement d'impôt de 18 964 € alors que la trésorerie disponible de la SCI ne sera que de 3 868 €, soit un décaissement de 14 696 € qu'il n'avait pas prévu !

Il vous demande « toute affaire cessante » de lui expliquer ce mystère et surtout de l'aider à trouver une solution pour sortir de ce mauvais pas !

1 Consultation

La première conclusion, comme le démontre le tableau (**annexe 1**), c'est que les ennuis ne font que commencer ! L'explication est simple ! La SCI génère des revenus fonciers qui sont imposés, que ce résultat soit disponible ou non[1]. Il faudra donc annoncer à Jean Aymar qu'il n'est pas au bout de ses peines, et que sur les 15 ans à venir, c'est au total 280 000 € qu'il aura à décaisser !

Bien entendu, compte tenu d'un rendement assez favorable, l'investissement s'avère très judicieux, et particulièrement profitable au terme du remboursement. Le loyer procure un rendement de 10 %, ce qui s'explique notamment par les conditions avantageuses d'acquisitions. Mais la situation de Jean Aymar l'empêche, au moins pour les cinq années à venir, de prélever sur sa trésorerie personnelle les sommes prévues par le tableau ci-dessus.

Que faire ?

– Une augmentation de loyer serait une solution ruineuse, quand bien même les locaux pourraient être loués à un prix supérieur.
– Un emprunt *in fine* n'est pas plus envisageable, car Jean Aymar ne dispose pas de liquidités propres à garantir le remboursement de l'emprunt à l'échéance.
– Une option à l'impôt sur les sociétés (IS) est à écarter car une revente du bien à l'orée de la retraite n'est pas exclue. Autant garder l'espoir d'une exonération définitive au bout de 15 ans.

L'idéal serait de bénéficier des conditions de l'assujettissement à l'IS, sans toutefois y opter, puisqu'une telle option est irréversible et prive le détenteur des parts de la société civile de l'exonération des plus-values de cession acquise après 15 ans de détention ! En effet, si la SCI déclarait ses résultats sous le régime de l'IS, le tableau deviendrait le suivant (voir tableau **annexe 2**). Le financement se déroulerait alors

1. Voir chapitre « La société civile ».

éminemment mieux, et cela pour deux raisons concomitantes. La base fiscale du revenu serait diminuée des amortissements[1] et le taux d'impôt sur les sociétés de 33,33 % est évidemment moins pénalisant que les 52,1 %[2] en matière de revenus fonciers !

Ajoutons à cela que la loi comptable et fiscale autorise de comptabiliser en charge, dès la première année, les frais annexes d'acquisition qui s'élèvent au cas présent à 92 000 €, et l'on aura compris pourquoi ce schéma aboutit à créer un crédit d'impôt la première année, et demande des efforts largement moins soutenus les années suivantes.

Mais comment bénéficier de ce régime, même temporairement, **sans opter à l'IS** ?

La solution consiste pour Jean Aymar à céder à sa société d'exploitation, l'usufruit des titres de la SCI pour une durée temporaire que nous conseillerons de 16 ans.

Avant d'en mesurer les effets, il convient de chiffrer la valeur économique de l'usufruit des parts de la SCI. Cet usufruit va permettre à la société d'exploitation de percevoir les fruits de la SCI représentés par les loyers sous déduction des charges et ce, pendant 16 ans. La valeur de cet usufruit est donc égale, selon la formule chère à Jean Aulagnier, et consacrée par la jurisprudence, à la valeur actualisée des flux de revenus, en l'occurrence des **flux de trésorerie**, engendrés pendant les seize prochaines années, comme calculée sur le tableau de l'annexe 2. Le seul vrai problème technique réside dans le choix du taux d'actualisation. Sur 16 ans, l'incidence du taux est considérable !

Par exemple, compte tenu des flux ci-dessus, les valeurs actuelles de l'usufruit des parts sociales, sur une durée de 16 ans peuvent varier de :

Tableau 27.2

Taux d'actualisation	Valeur actuelle
9,97 %	23 672
2 %	47 105
5 %	34 283
10 %	23 637

1. Amortissements de la construction, soit 528 000 € sur une durée de 33 ans, le terrain n'étant jamais amortissable.

2. Depuis le 01.01.09.

C'est-à-dire que le prix d'acquisition d'un usufruit de seize ans peut varier selon le taux choisi de 23 637 à 47 105 euros[1] !

Au cas présent, plusieurs éléments militent en faveur du taux de 9,97 % :

– c'est le taux actuel de rendement du bien (loyer perçu/investissement) ;
– le prix décaissé permettra à la société d'exploitation de rentabiliser réellement l'investissement ;
– le prix perçu par Jean Aymar est minimisé et génère une plus-value légère, ce qui s'explique par la faible durée de détention, et l'apport personnel ;
– ce prix, dont le calcul économique et financier est difficile à remettre en cause, sera le plus facile à défendre vis-à-vis de l'administration fiscale car elle ne pourra mettre en œuvre ni l'arsenal de la répression de l'abus de droit (art. L. 64 du LPF), ni l'acte anormal de gestion. En effet, la motivation de la société est avant tout financière et juridique et que son investissement est fondé sur un taux de rentabilité de plus de 9 %[2] !

Voyons maintenant les incidences de ce schéma, respectivement pour Jean Aymar et sa société d'exploitation.

Pour Jean Aymar

Il encaisse le prix de cession de 23 672 euros et devra s'acquitter d'un impôt sur les plus-values de 29 %. Par simplification, nous négligerons l'incidence du prix d'acquisition des parts de la SCI. Pendant 16 ans, il ne sera pas titulaire des revenus et, par conséquent, sera déchargé de toute imposition, y compris au titre de l'ISF ce qui, par ailleurs, était déjà le cas[3]. Au terme des seize ans, l'usufruit s'éteindra et la pleine propriété des parts sera reconstituée. Jean Aymar redeviendra, sans aucune imposition supplémentaire, plein propriétaire des parts de la SCI et des revenus attachés.

Pour lui, les objectifs sont parfaitement atteints, il conserve son patrimoine et le revenu futur, ainsi que l'espoir de plus-value potentielle à la revente. Par ailleurs, non seulement il « ne mettra plus la main à la poche » pour payer chaque année un complément d'impôt, mais il reçoit une somme de près de 17 000 euros après impôt[4] ! De plus, s'il le souhaite, il pourra en profiter pour transmettre à ses enfants la nue-propriété des parts de la société civile dans des conditions idéales, c'est-à-dire pour un coût quasiment nul, compte tenu des nouveaux abattements de la loi TEPA. Bref, c'est le bonheur !

1. Sur le sujet, P. Fernoux, « Gestion fiscale du patrimoine, fiche stratégique de l'immobilier nu », *Revue fiduciaire*.

2. À comparer au rendement actuel des SICAV inférieur à 3 % !

3. Remarquons, malgré tout, que cette stratégie favorise l'application éventuelle du bouclier fiscal.

4. Soit : prix de cession de l'usufruit temporaire de 23 672 €, moins l'impôt sur plus-value de 29 %.

Pour la société d'exploitation

Elle décaisse le prix de son usufruit temporaire de 23 672 €, qui sera considéré comme une immobilisation incorporelle, amortissable sur 16 ans, soit 1 480 € par an. Elle s'acquitte des droits d'enregistrements calculés selon le barème précité de l'article 669-II du CGI qui prévoit qu'en cas d'usufruit temporaire, sa valeur est fixée par référence à la pleine propriété, soit 23 % de la pleine propriété par période de 10 ans. Au cas présent, les droits d'enregistrements, au taux de 5,1 %, seraient assis sur 46 % de la pleine propriété. Dans notre exemple, la SCI, créée il y a peine 1 an, a financé son investissement par un emprunt à 100 %. La valeur réelle des parts, compte tenu de l'endettement, peut-être estimé à 50 000 euros, soit à 46 % une valeur de l'usufruit de 23 000 euros, et donc des droits d'enregistrements, sans abattement, s'agissant d'une SC à prépondérance immobilière, de 1 173 euros.

En matière d'IS, la société d'exploitation devra imposer le résultat dégagé par la SCI, sous déduction de l'amortissement de l'usufruit. Corrélativement, les sommes réellement distribuées par la SCI ne seront pas imposées (art. 238 bis K du CGI). Ce qui donne, sur seize ans, le tableau figurant en **annexe 3**.

Au niveau de la société d'exploitation, le calcul de l'impôt sur les sociétés a été prévu au taux unique de 33 1/3 %, car on peut supposer que la société continuera à faire des bénéfices annuels supérieurs à 38 120 €.

On peut aussi remarquer que, dès la première année, la société d'exploitation percevra de la société civile une trésorerie de 3 868 €. Elle bénéficie également d'un crédit d'impôt la première année grâce à la prise en compte des frais d'acquisition (qui s'élèvent à 23 864 €), ce qui représente en trésorerie une ressource (recette) de 27 732 €, qu'il est bon de comparer au prix d'acquisition de l'usufruit temporaire des parts qu'elle a effectivement décaissées (23 672 €) ! Bien sûr, pendant les 14 années suivantes, la société d'exploitation devra supporter un décaissement annuel, d'ailleurs tout à fait minime, pour percevoir, à l'issue du remboursement par la société civile de l'emprunt contracté, un montant significatif de 64 930 €.

Globalement, et sous réserve de quelques précautions dont il sera question ci-dessous, la société d'exploitation aura également réalisé une opération très profitable :

– sur le plan financier, en faisant un investissement dont la rentabilité faciale est de plus de 9 %, et dont le décaissement réel s'échelonne sur les 14 années suivantes ;
– sur le plan juridique, par une rédaction adroite des statuts, elle sera à même de sécuriser sur une très longue période ses conditions locatives, tant au niveau du coût de la location que des autres conditions (travaux, déménagement, changement d'objet).

Pour la société civile

En réalité, le seul changement consiste à établir une comptabilité commerciale BIC-IS, au moins tant que l'usufruit est détenu par une société commerciale. À l'extinction de l'usufruit, Jean Aymar redevenant plein propriétaire, il faudra revenir à une déclaration fiscale 2072 établie comme en matière de revenus fonciers.

Voyons maintenant les précautions à prendre.

2 Clause des statuts

Bien sûr, et ainsi que nous l'avons maintes fois répété, il faudra porter une attention particulière à la rédaction de ses statuts, et notamment sur les clauses suivantes :

Sur la présence et le vote lors des assemblées

– Il n'est pas utile, ici, de revenir sur le long et douloureux débat qui agite la communauté professionnelle sur le fait de savoir qui, de l'usufruitier ou du nu-propriétaire, est associé. Il suffit de façon très pragmatique de se souvenir que seul le nu-propriétaire est, au plan du droit civil et du droit fiscal, propriétaire. Cela, pourtant, ne doit pas conduire à exclure l'usufruitier de toute participation aux assemblées générales ordinaires, voire même le laisser prendre part au vote concernant l'affectation des résultats.
– En ce qui concerne notre situation, il faut préconiser d'inscrire dans les statuts que l'usufruitier devra être convoqué à toutes les assemblées générales, et qu'il disposera du droit de vote en ce qui concerne les résolutions d'affectation du résultat annuel.
– Enfin, il y a lieu de prévoir de maintenir son droit de vote, pour toutes les résolutions décidant des relations locatives de l'immeuble, propriété de la société civile.

Sur la répartition des résultats

– Le calcul ayant abouti à la valeur de l'usufruit temporaire des parts sociales a été établi sur le montant de la trésorerie réellement distribuée à l'associé, à savoir la société d'exploitation.
– Comme nous l'avons vu, le résultat de la société civile, malgré l'obligation d'amortir le bien immobilier, sera toujours supérieur à la trésorerie disponible. Pour la majorité des auteurs, l'usufruitier des parts sociales qui se contenterait de n'appréhender que la partie du bénéfice disponible en trésorerie, serait susceptible de commettre au profit du nu-propriétaire une donation indirecte, dont les conséquences civiles et fiscales sont relativement importantes[1].

1. Voir cependant arrêt contraire commenté par R. Gentilhomme, *Revue de droit fiscal,* n° 19-20 sur CA Lyon n° 06/03324.

- Sans revenir ici sur le débat, éminemment technique et compliqué, relatif à la véritable nature de la donation indirecte, nous pensons qu'une rédaction de répartition du résultat prévue dès l'origine dans les statuts de la société civile serait de nature à réduire ce risque. Il suffit, par exemple, d'adopter statutairement une clause selon laquelle la distribution du résultat aux associés ne pourra jamais être supérieure aux liquidités existantes. Le surplus du résultat étant affecté au report à nouveau.
- À mon sens[1], l'usufruitier des parts sociales, dont il convient de répéter qu'il n'est pas le véritable associé, recevrait la juste contrepartie de son investissement financier, puisque son prix d'acquisition a été très exactement calculé sur le montant de la trésorerie à percevoir[2].

3 Promesse de bail à terme

À titre presque superfétatoire, il est possible de prévoir, dans l'acte de cession de l'usufruit temporaire des parts sociales, qu'au terme de cet usufruit, la société d'exploitation gardera la faculté de poursuivre ou non le bail qu'il lui a été consenti dans les conditions de la législation en vigueur.

4 Clause bénéficiaire de l'assurance-vie

Remarquons, tout d'abord, que la souscription d'un contrat d'assurance destiné à rembourser l'emprunt en cas de décès du souscripteur n'est pas automatique dans le cadre du schéma envisagé. En effet, il est fréquent que, tant la société civile que la société d'exploitation, soient constituées de plusieurs associés qui exercent dans les locaux en question leurs activités professionnelles. Le décès simultané de plusieurs associés étant rarissime et, de plus, la société d'exploitation continuant vraisemblablement à fonctionner, il n'est pas rare que le prêteur se contente d'hypothéquer le bien qu'il finance.

Cependant, dans le cas où le prêteur exigerait la souscription d'une assurance décès, il convient, encore plus que dans les schémas traditionnels, de surveiller la clause bénéficiaire du capital décès. En effet, ainsi que nous l'avons déjà évoqué, la présence parmi les associés, fût-il usufruitier, d'un associé personne morale, entraîne l'obligation pour la société civile d'établir une comptabilité commerciale en respec-

1. Il semble que cet avis ne soit pas partagé par tous les professionnels.

2. Remarquons que de nombreuses opérations sont commercialisées par des professionnels sur ce type de schéma de séparation entre l'usufruitier qui achète en réalité des revenus futurs qu'il compte bien évidemment réellement encaisser, et le nu-propriétaire, investisseurs qui n'ayant pas besoin de revenus, se contentent de consolider son patrimoine futur.

tant les contraintes comptables et fiscales. En cas de survenance d'un décès, le versement du capital décès à la société civile, alors même qu'elle est assujettie à établir une comptabilité commerciale se transformerait en seconde catastrophe. La perception d'un capital, via une assurance décès, serait en effet assujettie, dans les livres de la société 'associée, à l'impôt sur les sociétés au taux en vigueur, alors même que ce capital serait destiné en totalité à rembourser l'emprunt. En d'autres termes, les associés seraient obligés de financer le tiers du capital ainsi perçu[1].

C'est pourquoi, il convient d'*exiger* du prêteur, que le bénéficiaire du capital décès soit une personne physique nommément désignée, quitte à mandater comme séquestre provisoire un notaire[2] chargé, à la perception de ce capital, de désintéresser par priorité le prêteur à hauteur du capital restant dû[3].

En conclusion, voilà un schéma qui correspond assez bien au souhait du plus grand nombre de ceux qui pratiquent ce genre d'investissement, mais dont la mise en œuvre nécessite sagesse et discernement, notamment en ayant recours à de bons professionnels.

1. Les textes fiscaux permettent d'étaler sur cinq ans la perception de l'indemnité perçue.

2. Il s'agit, en général, du notaire qui sera appelé à se charger des formalités de déclaration de succession du défunt.

3. Il ne faut pas cacher qu'il n'est pas facile, dans la pratique, de faire comprendre ces enjeux, à certains de nos « amis les banquiers ».

Annexe 1 — Simulation de l'acquisition via une SCI (imposable à l'IR)

Année	1	2	3	4	5	6	7	8	9	10	11	12	13	14	15	16
Loyer	75 000	76 125	77 267	78 426	79 602	80 796	82 008	83 238	84 487	85 754	87 041	88 346	89 671	91 016	92 382	93 767
Intérêts	35 100	33 473	31 765	29 972	28 089	26 112	24 036	21 856	19 567	17 164	14 641	11 991	9 209	6 288	3 221	0
Foncier	3 500	3 553	3 606	3 660	3 715	3 770	3 827	3 884	3 943	4 002	4 062	4 123	4 185	4 247	4 311	4 376
Revenu	36 400	39 099	41 896	44 794	47 798	50 914	54 145	57 498	60 977	64 588	68 338	72 232	76 278	80 481	84 850	89 392
Encaissement	71 500	72 573	73 661	74 766	75 887	77 026	78 181	79 354	80 544	81 752	82 979	84 223	85 487	86 769	88 071	89 392
Emprunt	67 632	67 632	67 632	67 632	67 632	67 632	67 632	67 632	67 632	67 632	67 632	67 632	67 632	67 632	67 632	0
Impôt	18 964	20 371	21 828	23 338	24 903	26 526	28 210	29 956	31 769	33 651	35 604	37 633	39 741	41 931	44 207	46 573
Solde	**– 15 097**	**–15 430**	**– 15 799**	**– 16 204**	**– 16 648**	**– 17 133**	**– 17 661**	**– 18 235**	**– 18 857**	**– 19 530**	**– 20 258**	**– 21 042**	**– 21 886**	**– 22 794**	**–23 769**	**42 819**
Cumul en €	**– 15 097**	**– 30 527**	**– 46 326**	**– 62 530**	**– 79 178**	**– 96 310**	**– 113 971**	**– 132 206**	**– 151 063**	**–170 593**	**–190 851**	**–211 893**	**– 233 779**	**–256 573**	**– 280 342**	**– 237 523**

Annexe 2 — Simulation de l'acquisition via une SCI (imposable à l'IS)

Année	1	2	3	4	5	6	7	8	9	10	11	12	13	14	15	16
Loyer	75 000	76 125	77 267	78 426	79 602	80 796	82 008	83 238	84 487	85 754	87 041	88 346	89 671	91 016	92 382	93 767
Intérêts	35 100	33 473	31 765	29 972	28 089	26 112	24 036	21 856	19 567	17 164	14 641	11 991	9 209	6 288	3 221	0
Amortissements	16 000	16 000	16 000	16 000	16 000	16 000	16 000	16 000	16 000	16 000	16 000	16 000	16 000	16 000	16 000	16 000
Foncier	3 500	3 553	3 606	3 660	3 715	3 770	3 827	3 884	3 943	4 002	4 062	4 123	4 185	4 247	4 311	4 376
Frais achat	92 000															
Revenu	– 71 600	23 099	25 896	28 794	31 798	34 914	38 145	41 498	44 977	48 588	52 338	56 232	60 278	64 481	68 850	73 392
Encaissement	71 500	72 573	73 661	74 766	75 887	77 026	78 181	79 354	80 544	81 752	82 979	84 223	85 487	86 769	88 071	89 392
Emprunt	67 632	67 632	67 632	67 632	67 632	67 632	67 632	67 632	67 632	67 632	67 632	67 632	67 632	67 632	67 632	0
Impôt SARL	– 23 864	7 699	8 631	9 597	10 598	11 637	12 714	13 831	14 991	16 194	17 444	18 742	20 091	21 492	22 948	24 461
Solde trésorerie SCI	3 868	4 940	6 029	7 134	8 255	9 394	10 549	11 722	12 912	14 120	15 346	16 591	17 854	19 137	20 438	89 392
Solde annuel	27 732	– 2 759	– 2 602	– 2 463	– 2 343	– 2 243	– 2 165	– 2 110	– 2 079	– 2 074	– 2 098	– 2 151	– 2 236	– 2 355	– 2 509	64 930
Cumul	27 732	24 973	22 371	19 908	17 565	15 321	13 156	11 047	8 968	6 893	4 796	2 644	408	– 1 947	-4 456	60 474

Annexe 3 — Acquisition via une SCI dont l'usufruit des parts est détenu par une société à l'IS

Année	1	2	3	4	5	6	7	8	9	10	11	12	13	14	15	16
Loyer	75 000	76 125	77 267	78 426	79 602	80 796	82 008	83 238	84 487	85 754	87 041	88 346	89 671	91 016	92 382	93 767
Intérêts	35 100	33 473	31 765	29 972	28 089	26 112	24 036	21 856	19 567	17 164	14 641	11 991	9 209	6 288	3 221	0
Amortissements	16000	16000	16000	16000	16000	16000	16000	16000	16000	16000	16000	16000	16000	16000	16000	16000
Foncier	3 500	3 553	3 606	3 660	3 715	3 770	3 827	3 884	3 943	4 002	4 062	4 123	4 185	4 247	4 311	4 376
Frais achat	92 000															
Revenu	– 71 600	23 099	25 896	28 794	31 798	34 914	38 145	41 498	44 977	48 588	52 338	56 232	60 278	64 481	68 850	73 392
Encaissement	71 500	72 573	73 661	74 766	75 887	77 026	78 181	79 354	80 544	81 752	82 979	84 223	85 487	86 769	88 071	89 392
Emprunt	67 632	67 632	67 632	67 632	67 632	67 632	67 632	67 632	67 632	67 632	67 632	67 632	67 632	67 632	67 632	0
Solde	3 868	4 940	6 029	7 134	8 255	9 394	10 549	11 722	12 912	14 120	15 346	16 591	17 854	19 137	20 438	89 392

Dans la société d'exploitation

Année	1	2	3	4	5	6	7	8	9	10	11	12	13	14	15	16
Résultat fiscal	– 71 600	23 099	25 896	28 794	31 798	34 914	38 145	41 498	44 977	48 588	52 338	56 232	60 278	64 481	68 850	73 392
Amort. usufruit	– 1 480	– 1 480	– 1 480	– 1 480	– 1 480	– 1 480	– 1 480	– 1 480	– 1 480	– 1 480	– 1 480	– 1 480	– 1 480	– 1 480	– 1 480	– 1 480
Base imposable	– 73 080	21 620	24 416	27 314	30 319	33 434	36 666	40 018	43 497	47 109	50 859	54 753	58 798	63 002	67 370	71 912
IS	– 24 116	7 134	8 057	9 014	10 005	11 033	12 100	13 206	14 354	15 546	16 783	18 068	19 403	20 791	22 232	23 731
Trésorerie perçue	3 868	4 940	6 029	7 134	8 255	9 394	10 549	11 722	12 912	14 120	15 346	16 591	17 854	19 137	20 438	89 392
Impôt payé	24 116	– 7 134	– 8 057	– 9 014	– 10 005	– 11 033	– 12 100	– 13 206	– 14 354	– 15 546	– 16 783	– 18 068	– 19 403	– 20 791	– 22 232	– 23 731
Solde disponible	27 984	– 2 194	– 2 029	– 1 880	– 1 750	– 1 640	– 1 551	– 1 484	– 1 442	– 1 426	– 1 437	– 1 477	– 1 549	– 1 654	– 1 794	65 661
Cumul	27 984	25 790	23 761	21 881	20 131	18 491	16 941	15 456	14 014	12 588	11 151	9 674	8 125	6 471	4 677	70 338

Index

A

B

C

D

E

F

G

Q

R

S

T

U

V

W

54649 - (I) - (1,8) - OSB 80° - NOC - MLN

Achevé d'imprimer sur les presses de Snel – Z.I. des Hauts-Sarts - Zone 3 – Rue Fond des Fourches 21 – B-4041 Vottem (Herstal)
Tél +32(0)4 344 65 60 - Fax +32(0)4 286 99 61 — Avril 2010 – 50713

Dépôt légal de la 1re édition : avril 2009 – Dépôt légal : mai 2010 – *Imprimé en Belgique*